U0692753

中華書局校刊

聚珍仿宋版

十三經注疏

九

儀禮注疏

中華書局

儀禮疏卷第二十六上

唐朝散大夫行大學博士弘文館學士臣賈公彥等撰

明日賓朝服拜賜于朝拜食與侑幣皆再拜稽首朝謂大門外疏明日至稽首○注朝謂大門外○釋曰自此盡訝聽之論賓拜謝主君之事云朝謂大門外者以其經云拜賜于朝無儐入之文又聘禮以柩造朝亦無毀入之故皆言朝云云朝謂大門外也若然案閔三年左氏傳云季友將生使卜楚丘之父卜之曰男也其名曰友在公之右閒於兩社爲公室輔注兩社周社亳社之閒朝廷執政所在但諸侯左宗廟右社稷在大門之內則諸侯外朝不在大門內者但外朝在大門外兩社之閒遙繫外朝而言執政所在又此食禮拜侑幣聘禮歸饔餼直言拜饔與餼不之拜束帛者彼使人致之故不拜此食禮君親賜不拜之

訝聽之受其言入告出報也此下大夫有士訝疏訝聽之○注受其至士訝○釋曰云此下大夫有士訝者此篇是子男使下大夫小聘又案周禮掌訝大夫有士訝故云此下大夫有士訝也

上大夫八豆八簋六鉶九俎魚腊皆二俎記公食上大夫異於下大夫之數豆加葵菹蝸醢四四爲列俎加鮮魚鮮腊三三爲列無特疏上大夫至二俎○注記公至無特○釋曰云豆加葵菹蝸醢者案周禮醢人朝事之豆云韭菹醓醢昌本麋臡菁菹鹿臡茆菹麋臡案上文下大夫六豆用鹿臡以下仍有茆菹麋臡在今上大夫八豆不取茆菹麋臡而取饋食之豆葵菹蝸醢者鄭以特牲少牢參之彼二篇俱以饋食爲始皆用周禮饋食之豆特牲兩豆用饋食葵菹蝸醢少牢四豆二豆與特牲同兩豆用朝事之豆韭菹醓醢注云韭菹醓醢朝事之豆也而饋食用之豐大夫禮以此觀之故此公食大夫兼用饋食之豆亦是豐大夫禮也云俎加鮮魚鮮腊者上文下大夫七俎牛羊豕魚腊腸胃與膚此云九俎明加鮮魚鮮腊云無特者陳饌要方上七俎者東西兩行爲六俎一俎在特

于俎東此九俎爲三行故無特雖無特膚亦爲下魚腸胃倫膚若九若十有一下大夫則若七若九此以命數爲差也九謂再命者也十一謂三命者也七謂一命者也九或上或下者再命謂小國之卿次國之大夫也卿則曰上大夫則曰下大國之孤視子男

疏魚腸至若九○注此以至子男○釋曰云此以命數爲差也者案周禮典命公侯伯之卿三命大夫再命士一命子男之卿再命大夫一命士不命則諸侯之臣分爲三等三命再命一命不命與一命同此經魚腸胃倫膚亦分爲三等有十一有九有七則十一當三命九當再命七當一命若然惟有上下二文者以公侯伯之大夫與子男之卿同再命卿爵尊爲上大夫爵卑爲下則上言若九者子男之卿也下言若九者公侯伯大夫也故鄭云卿則曰上大夫則曰下云大國之孤視子男者欲見此經唯見三命以下案周禮典命大國之孤四命又大行人云大國之孤執皮帛以繼子男又云其他皆視小國之君若然孤與子男同十三侯伯十五上公十七差次可知庶羞西東毋過四列謂上下大夫也古文毋爲無疏庶羞至四列○注謂上至爲無○釋曰上文云庶羞旁四列此上大夫饌內言庶羞西東毋過四列則東西橫行上下大夫皆四以爲行下大夫四四十六東西四行南北亦四行上大夫東西四行南北五行矣上大夫庶羞二十加於下大夫以雉兔鶉鴽鴽無母疏上大至鶉鴽○注鴽無母○釋曰云鴽無母者案爾雅釋鳥云鴽鴾母郭氏曰鶴也青州人呼曰鴾母莊子曰田鼠化爲鴽淮南子云蝦蟆所化也月令曰田鼠化爲鴽然則鴽鴾一物也

若不親食謂主國君有疾病若它故疏若不親食○注謂主至它故○釋曰自此盡聽命論主君不親食使大夫致禮於賓館之事疾病之外別云他故者君有死喪之事故聘禮云主人畢歸禮賓唯饔餼之受謂畢致饗食但賓不受之使大夫各以其爵朝服以侑幣致之執幣以將命豆實實于罋陳于楹外二以並北陳簋實實于筐。陳于楹內兩楹

閑二以並南陳陳甒筐於楹閑者象授受於堂中也南北相當以食饌同列耳甒北陳者變於食甒數如豆醢芥醬從焉筐米四今文並作併

疏豆實至南陳○注陳甒至作併○釋曰云南北相當以食饌同列耳者案上文正食之時黍稷亦南陳今於楹閑陳筐米亦南陳是正食及此饌陳是同列也云甒北陳者變於食者上文正食之時宰夫自東房薦豆六設於醬東西上陳之今於楹閑二以併北陳故云變於食也云甒數如豆者以菹醢各異物不可同甒故。甒數如豆上大夫八豆則八甒下大夫六豆則六甒云醢芥醬從焉者以其三牲不殺生列於門內醢經百日乃成不由不殺故有醢庶羞之醢同是醬類故使之相從但庶羞之醢更無別種宜同一甒芥醬宜亦一甒知有芥醬者以其有生魚故知有也云筐米四者上文上大夫八簋今乃生致之黍稷宜各一筐稻粱二筐故云筐米四

又庶羞陳于碑內生魚也魚腊從焉上大夫加鮮魚鮮腊雉兔鶉鴽不陳于堂辟正饌

疏庶羞陳于碑內○注生魚至正饌○釋曰云生魚者上文魚腊是魚之中膾者皆是生魚也案鄭注周禮云燕人膾魚方寸切其腴以啗所貴是也此則全生不膾何者十膾在豆與胾炙俱設今胾炙在牲未殺膾全不破可知若然庶羞之內衆羞俱有鄭獨云生魚者以其胾炙在牲不殺於。此無矣雖有乾腊雉兔之等以生魚爲主故云生魚也云魚腊從焉者雖無三牲之肉有乾魚腊可知云上大夫加鮮魚鮮腊雉兔鶉鴽者以其下大夫七鼎無鮮魚鮮腊上大夫九鼎加鮮魚鮮腊可知雉兔鶉鴽亦生致之矣云不陳于堂辟正饌者以其庶羞本在堂上正饌之西今在碑內故云辟正饌也若然不陳於碑南者以其本合在堂今宜近堂故在碑北

庭實陳于碑外執乘皮者也不參分庭一在南者以言歸。宜近內

疏庭實陳于碑外○注執乘皮者至近內○釋曰執乘皮者不參分庭一在南者以言歸宜近內者庭實正法皆參分庭一在南而陳之故昏禮記云納徵執皮者參分庭一在南今云碑外繼碑而言近北矣彼參分庭一在南陳之者謂在主人之庭參分。庭陳之擬與賓向外故近南此陳於客館擬。與賓入內故鄭云以言歸故在內也

牛羊豕陳于門內

西方東上爲其踐汙館庭使近外疏牛羊至東上○注爲其至近外○釋曰案上庶羞與庭實在碑之內近內陳之此牛羊豕陳於門內繼門言之云爲其踐汙館庭使近外也若然致饔餼牛羊豕亦在此此云使近外者以饔餼有腥有熟故略其生者近門是其常此既不殺牛羊豕宜近內故決之也

賓朝服以受如受饔禮朝服食禮輕也疏賓朝至饔禮○注朝服食禮輕也○釋曰云朝服食禮輕者以其歸饔餼時卿韋弁賓皮弁受此食禮賓朝服受不皮弁故云食禮輕

無擯以己本宜往疏無擯○注以己本宜往○釋曰云以己本宜往者明主君無故速賓在廟行食禮而有侑幣賓無儐法主君有故致食禮幷有侑幣亦不合有儐故云以己本宜往

明日賓朝服以拜賜于朝訝聽命賜亦謂食侑幣疏注賜亦謂食侑幣○釋曰云亦者亦上速賓食時拜食與侑幣今亦然故云亦

大夫相食親戒速記異於君者也速召也先就告之歸具既具復自召之疏大夫至戒速○注記異至召之○釋曰自此盡大夫之禮論主國大夫食賓之禮別於主君之事云記異於君者案下文其他皆如公食大夫之禮故知自此已下皆記異於君法是以此經大夫親戒速決君不親戒速此則異於君也以其下諸文皆異故云記異於君者也云先就告之歸具既具復自召之者以其戒具兩有皆親爲之故爲此解與鄉飲酒鄉射同故彼二文皆云戒賓既歸布筵設尊乃親速賓是也

迎賓于門外拜至皆如饗拜饗大夫相饗之禮也今亡古文饗或作鄉

降盥受醬湆侑幣束錦也皆自阼階降堂受授者升一等皆者謂受醬受湆受幣也侑用束錦大夫文也降堂謂止階上今文無束

賓止也主人三降賓不從疏賓止也○注主人三降賓不從○釋曰云主人三降者案上文鄭注皆者謂受醬受湆受幣皆自阼階降此鄭云主人三降即上三者不數主人降盥者案鄉飲酒所言降盥者皆爲洗爵故賓從降此降盥不爲洗爵故鄭不數之案聘禮致饔餼賓降堂受老束錦大夫止注云止不降使之餘尊此賓不降者雖

賓主敵以主人降堂至地故賓止不降也不賓執粱與湆之西序端不敢食於尊處【疏】賓執至序端〇注不敢食於尊處〇釋曰
此兩大夫敵故之西序端上公食大夫。大。夫降階下臣卑故也主人辭賓反之卷加席主人辭賓反之辭幣降
一等主人從從辭賓降受侑幣再拜稽首主人送幣亦然敵也【疏】受侑至亦然〇注敵也〇釋曰案郊特牲
云大夫之臣不稽首非尊家臣以辟君也又案左氏傳。哀十七年公會齊侯盟于蒙孟武伯相齊侯稽首公拜齊人怒武伯曰非天子寡君無所稽首若然臣
於君乃稽首平敵相。於當頓首今言敵而稽首者以食禮相尊敬雖敵亦稽首與臣拜君同故也辭於主人降一等主人從辭謂
辭其臨己食卒食徹于西序端亦親徹東面再拜降出拜亦拜卒食其他皆如公食大夫之
禮【疏】其他至之禮〇。釋曰云其他謂豆數俎體陳設皆不異上陳但禮異者謂親戒速君則不親迎賓公不出此大夫出大門公受醬湆幣不降此大夫
則降也公食大夫大夫降食於階下此言西序端上公食卷加席公不辭此則辭之皆是異也若不親食則公作大夫朝服以
侑幣致之作使也大夫有故君必使其同爵者爲之致禮列國之賓來榮辱之事君臣同賓受于堂無擯。與受君禮同【疏】賓受
于堂無擯〇注與受君禮同〇釋曰云與受君禮同者聘禮賓受致饔幣云堂中西北面注趨主君之命也堂中西中央之西此雖無儐受幣亦與之同也
記不宿戒食禮輕也此所以不宿戒者謂前期三日之戒申戒爲宿謂前期一日【疏】記不宿戒〇注食禮至一日〇釋曰祭祀散齊七日爲戒
致齊三日爲宿此則與祭祀異此不宿戒者謂不爲三日之戒又不爲一日之宿故鄭云此所以不宿戒者謂前期三日之戒申戒爲宿謂前期一日者若然
必知三日之戒一日之宿者大射前期三日宰夫戒宰及司馬又少牢辟人君有前期一日之宿此雖人君禮以食禮輕故知有三日之戒一日之宿既無前

日之事宜與鄉飲酒鄉射禮同當日爲之故皆不言日數故下注云食賓之朝宿與戒之賓則從戒而來不復召是也　戒不速食賓之朝夙與戒之

賓則從戒者而來不復召　不授几異於醴也【疏】不授几○注異於醴也○釋曰決禮賓時公親授几也　無阼席公不坐　亨于門

外東方必於門外者大夫之事也東方者主陽【疏】亨于門外東方○注必於至主陽○釋曰案上經甸人亨人之等亨人是士官不得言大夫之

事言大夫之事者解亨在門外之禮也燕禮注云亨於門外臣所掌也言臣亦是大夫事少牢廩爨饔爨皆在門之外亦大夫事特牲云主婦視。饎爨于西堂下

者以其無廩人主之故在內若然鄉飲酒雖是大夫之事以其取祖陽氣之始故亦於門內　司宮具几與蒲筵常緇布純加

萑席尋玄帛純皆卷自末司宮大宰之屬掌宮廟者也丈六尺曰常半常曰尋純緣也萑細葦也末經所終有以識之必長筵者以

有左右饌也今文萑皆。爲莞【疏】司宮至自末○注司宮至爲莞○釋曰云司宮大宰之屬掌宮廟者案燕禮云司宮尊于東楹之西注司宮天子曰小宰

聽酒人之成要者也注雖不同其義一也但燕禮司宮云設尊故以小宰解之此司宮設几席故以大宰之屬解之案大宰之下有宮人掌宮中除汙穢之事

郎此司宮彼不言設几席者以天子具官别有司几筵又有小宰諸侯兼官故司宮兼司几筵及小宰也云丈六尺曰常半常曰尋者此皆無正文案周禮考

工記云車有六等之數云軫崇四尺謂之一等又云戈長六尺六寸既建而迤之崇於軫四尺謂之二等人長八尺崇於戈四尺謂之三等殳長尋有四尺崇

於人四尺謂之四等車戟常崇于殳四尺謂之五等酋矛常有四尺崇于戟四尺謂之六等自軫至矛皆以四尺爲差以是約之即知常是丈六尺尋是八尺

也云萑細葦者以類言之其實全别是以詩云葭菼注云葭蘆菼薍則葦一名蘆一名薍一名萑一名菼此萑又與莞蒲之莞不同彼莞謂蒲也云有以識之

者席無異物爲記但織之自有首尾可爲記識耳云必以長筵者以有左右饌者。賓在戶牖之閒南面上陳饌之時正饌在左庶羞在右陳饌雖不在席上皆

陳於席前當席左右其閑容人故。謂長筵也宰夫筵出自東房。筵本在房宰夫敷之也天子諸侯左右房疏○宰夫至東房注筵本至右房○釋曰上云司宮具几筵具之在房宰夫敷之而已天子諸侯左右房以其言東房對西房若大夫士直有東房而已故直云在房也賓之乘車在大門外西方北面立賓車不入門廣敬也凡賓即朝中道而往將至下行而後車還立于西方賓及位而止北面卿大夫之位當車前凡朝位賓主之閑各以命數爲遠近之節也疏賓之至面立○注賓車至節也○釋曰云賓車不入門廣敬也者曲禮云客車不入大門與此同覲禮云偏駕不入王門偏駕謂同姓金路之等乘墨車以朝墨車亦云不入大門與此亦同云凡賓即朝中道而往者內則云男子由右女子由左車從中央故賓乘車中道云而後車還立于西方者案少儀云僕於君子始乘則式君子下行然後還立注云還車而立以俟其去是還立于西方鄉外云賓及位而止北面者案玉藻云賓立不當門彼亦謂聘使也云卿大夫之位當車前者案大行人云上公立當軹侯伯立當前。疾子男立當衡又云大國之孤朝位當車前者則卿大夫立亦與孤同一節兼云大夫者小聘曰問使下大夫立與孤卿同當車前故連言也云凡朝位賓主之閑各以命數爲遠近之節者案大行人云上公朝位賓主之閑九十步侯伯七十步子男五十步注云朝位謂大門外賓下車及王車出迎所立處又云凡諸侯之卿其禮各下其君二等以下及大夫士皆如之若然如諸侯則依命數臣下其君二等則不得依命數矣而云依命數者依命數據君而言其臣依君命數而降之故鄭總以命數言之也鉶。芼牛。藿。羊苦豕薇皆有滑藿豆葉也苦苦荼也滑堇荁之屬今文苦爲。芐疏鉶芼至有滑○注藿豆至爲芐○釋曰云滑堇荁之屬者案士虞記云鉶芼用苦若薇有滑夏用葵冬用荁鄭注云荁堇類也乾則滑夏秋用生葵冬春用乾荁此經云皆有滑不言所用之物故取士虞記解之云之屬者其中兼有葵也贊者盥從俎升俎其所有事疏贊者盥從俎升○注俎其所有事○釋曰直言此者豆亦從下升不言從豆升者贊者不佐祭豆直佐祭俎故云俎其所有事是以上經云三牲之肺不離贊者辯取之壹以授賓若然黍稷亦贊祭不彼黍稷升者黍稷設之在後故也黍稷雖後升先祭者以其先食黍稷後食肉故也

簠有蓋冪 稻粱將食乃設去會於房蓋以冪冪巾也今文或作幕

疏 簠有蓋冪○注稻粱至作幕○釋曰簠簋相將簋既有會明簠亦有會可知但黍稷先設故郤會於敦南簠盛稻粱將食乃設故鄭云去會于房蓋以冪冪巾也至於陳設冪亦去之經云有蓋冪者據出房未設而言

凡炙無醬 已有鹹和

疏 凡炙無醬○注已有鹹和○釋曰云凡者欲解儀禮一部之內牛羊豕炙皆無醬配之云已有鹹和者若今人食炙然

上大夫蒲筵加萑席其純皆如下大夫純 謂三命大夫也孤為賓則莞筵紛純加繅席畫純也

疏 上大至夫純○注謂三至純也○釋曰經云上大夫不辨命數則子男之卿再命其席亦同下大夫鄭言謂三命大夫者欲見公侯伯之卿三命亦與子男下大夫同公之孤四命其席則異鄭據三命而言云孤為賓則莞筵紛純加繅席畫純者案周禮司几筵云筵國賓于牖前莞筵紛純加繅席畫純云左彤几與此記三命已下席不同故知彼國賓謂筵孤也無正文故云則也

卿擯由下 不升堂也

疏 卿擯由下○注不升堂也○釋曰此謂上擯擯招賓主升降周還之事故云不升堂

上贊下大夫也 上謂堂上擯贊者事相近以佐上下為名

疏 上贊下大夫也○注上謂至為名○釋曰案上經云贊者告具於公而贊賓食故云上贊使下大夫為之

上大夫庶羞酒飲漿飲庶羞可也 於食庶羞宰夫又設酒漿。以。之食庶羞可也以優賓

疏 上大夫至可也○注於食至優賓○釋曰案上經云上大夫庶羞二十豆此記人復記之者欲見上大夫食加飯之時得兼食庶羞又食會飯及庶羞之時宰夫更設酒飲漿飲故鄭云食庶羞宰夫又設酒漿所以食庶羞可也所以然者優賓故也

於拜食與侑幣皆再拜稽首 嫌上大夫不稽首

儀禮卷第九經一千七百六十
注二千七百八十三

儀禮疏卷第二十六上元通後分今依要義

珍倣宋版印

儀禮注疏卷二十六上校勘記

阮元撰盧宣旬摘錄

上大夫

茆菹麋臡 毛本通解要義麋俱作麇○按周禮注作麋是也

仍有茆菹麋臡在 毛本麋作鹿陳閩監本通解要義俱作麇下同

一俎在特于俎東 陳閩同毛本于作干

魚腸胃倫膚

公侯伯大夫也 伯下要義有之字

庶羞西東

古文毋爲無 爲鍾本作作

豆實實于罋○簋實實于筐 筐徐陳閩葛楊氏俱作篚唐石經集釋通解敖氏俱作筐按注及疏內筐字各本皆同則經文亦當作筐

故罋數如豆 陳閩俱無罋

庶羞陳于碑內

於此無矣陳閩通解要義同毛本此作兔○按此是也

庭實陳于碑外

宜近內宜徐本作且集釋通解楊氏俱作宜

參分庭陳之監本要義同毛本庭下有一字

擬與賓入內通解要義同毛本與作於

無擯擯唐石經徐本集釋敖氏俱作擯通解楊氏毛本俱作儐說見聘禮

明日賓朝服

亦謂食侑幣食下敖氏有與字

拜食與侑幣毛本拜誤作賓

大夫相食

皆記異於君者者單疏陳監俱作法

賓執粱與湇

上公食大夫大夫降階下陳閩通解同毛本大夫二字不重出

受侑幣

又案左氏傳哀十七年 哀下陳閩俱有公字

平敵相於 陳本通解要義同毛本於作施

其他

釋曰云其他 此段疏八十六字今本俱誤作注

賓受于堂無擯 擯唐石經集釋敖氏俱從手徐本通解楊氏毛本俱从人

記亨于門外東方

主婦視饎爨於西堂下者 陳本通解同閩監俱誤饎作饍毛本要義作膳○按特牲饋食作饎不作膳

司宮具几

今文萑皆爲莞 爲釋文作作與疏異

賓在戶牖之閒 通解同毛本賓作實

故謂長筵也 浦鏜云必誤謂

宰夫筵出自東房 毛本房誤作方

賓之乘車

侯伯立當前疾按大行人疾字詩疏引作侯是唐初人所見本作侯也此疏亦作疾未知賈氏原本如是抑後人誤改歟

鉶芼鉶釋文作鈃○牛藿周學健云石經牛字作半○按石經牛字今已刓缺蓋初作半而後改爲牛也藿徐陳閩葛通解俱作藋集釋作藿徐本注仍作藿

今文苦爲芐芐徐葛俱誤作苄

上大夫庶羞

所以食庶羞可也毛本所以作以之

儀禮注疏卷二十六上校勘記

覲禮第十【疏】。覲禮第十〇鄭目錄云覲見也諸侯秋見天子之禮春見曰朝夏見曰宗秋見曰覲冬見曰遇朝宗禮備覲遇禮省是以享獻不見焉三時禮亡唯此存爾覲禮於五禮屬。賓大戴第十六小戴第十七別錄第十〇釋曰鄭云春見曰朝等大宗伯文云朝宗禮備覲遇禮省者按曲禮下云天子當扆而立諸侯北面而見天子曰覲天子當宁而立諸公東面諸侯西面曰朝鄭注諸侯春見曰朝受摯於朝受享於廟生氣文也秋見曰覲一受之於廟殺氣質也朝者位於內朝而序進覲者位於廟門外而序入王南面立於扆宁而受焉夏宗依春冬遇依秋春秋時齊侯唁魯昭公以遇禮相見取易略也覲禮今存朝宗遇禮今亡據此。彼而言是朝宗禮備覲遇禮省可知鄭又云是以享獻不見焉者享謂朝覲而行三享獻謂二享後行私覿私覿後即有私獻其珍異之物故聘禮記云既覿賓若私獻奉獻將命注云時有珍異之物或賓奉之所以自序尊敬也猶以君命致之臣聘猶有私獻況諸侯朝覲有私獻可知是以周禮大宰。職云大朝覲會同贊玉幣玉獻注云幣諸侯享幣玉獻獻國珍異亦執玉以致之大朝覲會同既有私獻者四時常朝有私獻可知案下文有之享亦當有獻而云享獻不見者案周禮大行人云上公冕服九章介九人賓主之閒九十步廟中將幣三享侯伯子男亦云鄭云朝先享不言朝者朝正禮不嫌有等彼據春夏朝宗而言不見秋冬者以四時相對朝宗禮備故見之覲遇禮省故略而不言此下文見享者不對春夏故言之鄭云是以享獻不見者據周禮大行人而說也必知鄭據大行人者以其引周禮四時朝見即云是以享獻不見明鄭據周禮大行人而言也有人解享字上讀以獻不見爲義者苟就此文有享無獻不辭之甚也

儀禮　鄭氏注

儀禮卷第十

覲禮至于郊王使人皮弁用璧勞侯氏亦皮弁迎于帷門之外再拜郊謂近郊去王城五

十里小行人職。曰凡諸侯入王則。逆勞于畿則郊勞者大行人也皮弁者天子
之朝朝服也璧無束帛者天子之玉尊也不言諸侯言侯氏者明國殊舍異禮
不凡之也郊舍狹寡爲帷宮以
受勞掌舍職曰爲帷宮設旌門
【疏】觀禮至再拜○注郊謂至旌門○釋曰自此
盡乃出論侯氏至近郊天子使使者勞侯氏
之事云郊謂近近郊者案聘禮云至於近郊君使卿勞故知此郊者亦近郊也知
近郊去王城五十里者成周與王城相去五十里而君陳序云分正東郊成周
鄭云今河南洛陽相去則然是近郊五十里也引小行人職者約近郊勞是大
行人以其尊者宜逸小行人既勞于畿明近郊使大行人也案大行人上公三
勞侯伯再勞子男一勞此雖不辨勞數案小行人云凡諸侯入王則逆勞于畿
不辨尊卑則五等同有畿勞其子男唯有此一勞而已侯伯又加遠郊勞上公
又加近郊勞則此云近郊據上公而言若然聘禮使臣聘而云近郊勞者臣禮
異於君禮君禮宜先遠臣禮宜先近故也若然聘書傳略說云天子之子十八曰
孟侯者於四方諸侯來朝迎於郊孝經注亦云天子使世子郊迎者皆異代法
非周禮也案。玉人職云案十有二寸棗栗十有二列諸侯純九大夫純五夫人
以勞諸侯注云夫人謂王后勞諸侯皆九勞大夫皆五此文不見者以其聘禮
於聘客。主國夫人尙有勞以二竹簋方明后亦有略言王勞不言后文不具也
云皮弁者天子之朝朝服者司服云眡朝則皮弁故知在朝服皮弁至入廟乃
裨冕也云璧無束帛者天子之玉尊者此對諸侯玉卑故聘禮云束帛加璧是
諸侯臣所執小行人合六幣云璧以帛琮以錦琥以繡璜以黼是諸侯所執以
致享皆有束帛配之諸侯玉卑故也此乃行勞所用以享禮況之耳云不言諸
侯言侯氏者明國殊舍異禮不凡之也者言諸侯則凡之總稱言侯氏則指一
身不言凡之也而所勞之處或非一國舍處不同故不總言諸侯而云侯氏也云
郊舍狹寡爲帷宮以受勞者周禮十里有廬三十里有宿五十里有市市。有館
郊關之所各自有舍或來者多館舍狹寡故不在館舍以帷爲宮以受勞禮也
云掌舍職曰爲帷宮設旌門者謂爲帷宮則設旌旗以表四門彼天子所舍平
地之事引之者證諸侯行亦有帷宮設旌爲門之事也案聘禮使卿勞賓受於

門內司儀諸。侯之臣相爲國客亦是受勞於館不爲帷宮者彼臣禮卿行旅從徒衆少故在館此諸侯禮君行師從徒衆多故於帷宮襄二十八年左氏傳云子產相鄭伯以如楚舍不爲壇注云至敵國郊除地封土爲壇以受郊勞又外僕言曰先大夫相先君適四國未嘗不爲壇今子草舍無乃不可乎子產曰大適小則爲壇小適大苟舍而已焉用壇彼亦是諸侯相朝當爲壇以。帷。爲宮受勞之事也

使者不荅拜遂執玉三揖至于階使者不讓先升侯氏升聽命降再拜稽首遂升受玉不荅拜者爲人使不當其禮也不讓先升奉王命尊也升者升壇使者東面致命侯氏東階上西面聽之疏使者至受玉○注不荅至聽之○釋曰云升者升壇者以帷宮無堂可升故知升者升壇也云使者東面致命侯氏東階上西面聽之者知面位如此者並約下文就館賜侯氏車服而知也

使者左還而立侯氏還璧使者受侯氏降再拜稽首使者乃出左還還南面示將去也立者見侯氏將有事於己俟之也還玉重禮疏使者至乃出○注左還至重禮○釋曰直云使者左還不云拜送玉者凡奉命使皆不拜送若卿歸饔餼不拜送幣亦斯類也若身自致者乃拜送下文儐使者及聘禮私覿私面皆拜送幣是也云左還還南面示將去也者以其東面致命而左還明左還者南面也未降而南面示將去故也云立者見侯氏將有事於己俟之者經云而立卽云侯氏還璧故知立者見侯氏將有還玉之事於己故俟之不降云還玉重禮者案聘義圭璋還之璧琮加束帛報之所以輕財重禮彼以璧琮不還則爲輕財者以其璧琮加束帛故爲輕財不還此以天子之璧不加束帛尊之與圭璋同故亦還之爲重禮也

侯氏乃止使者使者乃入

侯氏與之讓升侯氏先升授几侯氏拜送几使者設几荅拜侯氏先升賓禮統焉几者安賓所以崇優厚也上介出止使者則。己布席也疏侯氏至荅拜○注侯氏至席也○釋曰自此盡遂從之論侯氏儐使者遂從入。朝之事云侯氏先升賓禮統焉

者行賓禮是賓客之禮是以賓在館爲主人主人先升使者爲賓賓後升故云禮統焉謂賓統有此堂也云几者安賓所以崇優厚者按大宰云贊玉几注云立而設几優尊也此使者亦不坐而設几故云所以優厚也聘禮卿勞不受儐不設几者諸侯之卿卑故不與此同也云上介出止使者則己布席者經不云上介。出止使者鄭云上介出止使者案至館皆不敢當皆使上介出請事又見此經云使者乃入始云侯氏與之讓升是侯氏不出故知使上介止使者也云則己布席者以其素不云布席而云設几几不可設於地明有席席之所設唯在此時案聘禮受聘云几筵既設是几筵相將故云上介出止使者則己布席也

侯氏用束帛乘馬儐使者使者再拜受侯氏再拜送幣儐使者所以致尊敬也拜者各於其階

疏侯氏至送幣○注儐使至其階○釋曰云儐使者所以致尊敬也者案聘禮使卿用束帛勞賓賓不還束帛賓儐卿以束錦此使者以玉勞侯氏侯氏還玉仍亦儐使者是致尊敬天子之使故也知拜各於其階者此賓與使行敵禮若鄉飲酒鄉射賓主拜各於其階也

使者降以左驂出侯氏送于門外再拜侯氏遂從之驂馬曰驂左驂設在西者其餘。三馬侯氏之士遂以出授使者之從者于外從之者遂隨使者以至朝

疏使者至從之○注騑馬至至朝○釋曰知左驂設在西者陳四馬與人以西爲上案聘禮禮賓時賓執左馬以出此亦以左驂出故知左驂設在西也又知其餘三馬侯氏之士遂以出授使者之從者于外者亦案聘禮禮賓執左馬以出記云主人之庭實則主人遂以出賓之士訝受之此侯氏在館如主人明三馬亦侯氏之士以出授使者從者可知云從之者遂隨使者以至朝者亦如聘禮云下大夫勞賓使者遂以賓入至於朝其義同故知義然也

天子賜舍以其新至道路勞苦未受其禮且使即安也賜舍猶致館也所使者司空與小行人爲承擯今文賜。皆作錫

疏天子賜舍○注以其至作錫○釋曰自此盡乘馬論賜侯氏舍館侯氏儐使之事云賜舍猶致館者猶聘禮賓至於朝君使卿致館此不言致館言賜舍者天子尊極故言賜舍也云所

使者司空與者聘禮使卿致館此亦宜使卿知是司空非卿者周禮以天地春夏秋冬六卿無者無致館之事司空主營城郭宮室館亦宮室之事故知所使者司空也但司空亡。無正文故云與以疑之知小行人爲承儐者案聘禮致館賓主人各擯介故知此亦陳擯介必知使小行人爲承擯者案小行人云及郊勞眡館將幣爲承而擯是其義也

曰伯父女順命于王所賜伯父舍此使者致館辭

疏曰伯至父舍○注此使者致館辭○釋曰此及下經皆云伯父者案下文謂同姓大國舉同姓大國則同姓小國及異姓之國禮不殊也

侯氏再拜稽首受館儐之束帛乘馬王使人以命致館無禮猶。儐之者尊王使也侯氏受館於外既則儐使者於內

疏儐之束帛乘馬○注王使至於內○釋曰云王使人以命致館無禮猶儐之者尊王使也者決聘禮卿無禮致館賓無束帛儐卿此王使亦無禮致館其賓猶儐使者用束帛乘馬故云尊王使也云侯氏受館於外者案聘禮大夫帥至館卿致館而云賓迎再拜卿退賓送再拜則聘禮致館不在外此不見大夫帥至館即云天子賜舍是侯氏受舍于外可知與聘禮異也知既則儐使者於內者以其既受館則爲己所有明儐使者在內可知也

天子使大夫戒曰某日伯父帥乃初事大夫者。卿爲訝者也掌訝職曰凡訝者賓客至而往詔相其事戒猶告也其爲告使順循其事也初猶故也。古文帥作率

疏天子至初事○注大夫至作率○釋曰自此盡再拜稽首論天子使大夫戒侯氏期日使行覲禮之事知大夫是卿爲訝者以其周禮秋官掌訝職云諸侯有卿訝故知大夫即卿爲訝者云其爲告使順循其事也初猶故者以其四時朝覲自是尋常故使恒循故事之常也

侯氏再拜稽首受覲日也

諸侯前朝皆受舍于朝同姓西面北上異姓東面北上言諸侯者明來朝者衆矣顧其入覲不得並耳受舍於朝受次於文王廟門之外聘禮記曰宗人授次次以。帷少退于君之次則是次也言舍者尊舍也天子使掌次爲之諸侯上介先朝受焉此覲也言朝者覲遇之禮雖簡其來之心猶若朝也分

別同姓異姓受之將有先後也春秋傳曰寡人若朝于薛不敢與諸任齒則周禮先同姓

疏○諸侯至北上○注言諸至同姓○釋曰此一經論前朝一日諸侯各遣上介受次於朝之事云言諸侯者明來朝者衆矣者上注云言侯氏者明國殊舍異禮不凡之於此言諸侯凡之者以其諸國同時遣上介故言來朝者衆矣若其行禮自有前後故鄭云顧其入覲不得並耳云受舍於朝受次于文王廟門之外者以其春夏受贄於朝無迎法受享於廟有迎禮秋冬受贄受享皆在廟並無迎法是以大門外無位既受覲於廟故在大門外受次知在文王廟門外者案聘禮云不腆先君之祧既拚以俟則諸侯待朝聘之賓皆在大祖之廟以其諸侯者無二祧遷主所藏皆在始祖之廟故以始祖爲祧案天子待覲遇亦當在祧祭法云天子七廟有二祧又案周禮守祧職云掌守先王先公之廟祧鄭注遷主所藏曰祧穆之遷主藏於文王廟昭之遷主藏於武王廟今不在武王廟而在文王廟者父尊而子卑故知在文王廟也若然先公木主藏於后稷廟受覲遇不在后稷廟者后稷生非王故不宜在焉云言舍者尊舍也者此賓以帷爲次非屋舍尊天子之次故以屋舍言之是尊舍也若天子春夏受享諸侯相朝聘迎賓客者皆有外次即聘禮記宗人授次次是也有外次於大門外者則無廟門外之內次天子覲遇在廟者有廟門外之內次無大門外之外次此文是也云天子使掌次爲之者案周禮掌次云掌王次之法以待張事故知使掌次爲之諸侯兼官無掌次使館人爲之故聘禮云館人布幕于寢門外鄭注云館人掌次舍帷幕者是也云諸侯上介先朝受焉者知使上介者案下文諸侯覲於天子爲宮方三百步上介皆奉其君之旂置于宮明知此亦使上介也云其來之心猶若朝也者案周禮大宗伯云春曰朝秋曰覲鄭注云朝之言朝也欲其來之早覲之言勤也欲其勤王事各舉一邊而言其實早勤王通有也故鄭云其來之心猶若朝故變覲言朝也云分別同姓異姓受之將有先後者案此經同姓西面異姓東面案下曲禮云天子當依而立諸侯北面而見天子曰覲彼此皆是覲禮彼諸侯皆北面不辨同姓異姓與此不同者此謂廟門外爲位時彼謂入見天子時故鄭注云覲者位於廟門外而序入入

謂北面見天子時引春秋者案隱十一年經書滕侯薛侯來朝左傳曰爭長薛侯曰我先封滕侯曰我周之卜正也薛庶姓也我不可以後之公使羽父請於薛侯曰君與滕君辱在寡人周諺有之曰山有木工則度之賓有禮主則擇之周之宗盟異姓爲後寡人若朝于薛不敢與諸任齒君若辱貺寡人則願以滕君爲請薛侯許之乃長滕侯也若然彼服注云爭長先登授玉此位在門外引之者以其在先即先登外内同故引以爲證

侯氏裨。冕釋幣于禰將覲質明時也裨冕者衣裨衣而冠冕也裨之爲言埤也天子六服大裘爲上其餘爲裨以事尊卑服之而諸侯亦服焉上公衮無升龍侯伯鷩子男毳孤絺。卿大夫玄此差司服所掌也禰謂行主遷主矣而云禰親之也釋幣者告將覲也其釋幣如聘大夫將受命釋幣于禰之禮既則祝藏其幣歸乃埋之於祧西階之東今。文。冕。皆。作。絻。

疏侯氏至于禰○注將覲至爲絻○釋曰此經明諸侯之在館內將覲於王先釋幣告於行主之禮知將覲質明時者案聘禮賓厥明釋幣于禰故知此亦質明時也云裨之言埤者讀從詩政事一埤益我取裨陪之義云天子六服大裘爲上其餘爲。埤者天子吉服有九而言六服者據六冕而言以大裘爲上無埤義衮冕以下皆爲。裨故云其餘爲裨云以事尊卑服之者即司服所云王祀昊天上帝則大裘而冕祀五帝亦如之祀先王則衮冕以下至羣小祀則玄冕舉天子而言故云以事尊卑服之云而諸侯亦服焉者亦據司服而言諸侯唯不得有大裘上公則衮冕以下故鄭云此差司服所掌也云上公衮無升龍者案白虎通引禮記曰天子乘龍載大旗象日月升龍傳曰天子升龍諸侯降龍以此言之上得兼下下不得僭上則天子升降俱有諸侯。直有降龍而已若然彼升龍文承大旗之下知不施於旗而據衣服者案司常云交龍爲旂又云諸侯建旂注云諸侯畫交龍一象其升朝一象其下復則旌旗升降俱有而白虎通云諸侯降龍者據衣服而言案玉藻諸侯玄冕以祭不得服衮冕以下是以鄭注司服云諸侯自於其家則降若然諸侯自家祭降魯與二王之後皆不得用衮冕鷩冕毳冕則。此及孤卿大夫絺冕玄冕者是入君廟及入天子之廟故服也今云諸侯告禰用裨冕者將入天子之廟故服以告禰謂若曾子問云諸侯裨冕以朝鄭注云爲將廟受亦斯之類也云禰謂行主遷主矣者案禮記曾子問云師行必以遷廟主行乎孔子曰天子巡守以遷廟主行載于齊車言必有尊也彼雖據天子其諸侯行亦然以其皆有遷廟木主若然大夫無木主聘禮賓釋幣于禰者大夫雖無木主以幣帛主其神亦爲行主也而云禰親之者以其在外唯有遷主可事故不言遷主而云禰也云其釋幣如聘大夫將受命釋幣于禰之禮者案聘禮將行釋幣于禰此禰無文故約與之同乃受命卽出行故云將受命釋幣于禰皆是告將行無祭祀知。既則祝藏其幣歸乃埋之於祧西階之東者此無正文案聘禮祝告祝又入取幣降卷幣實于。笄埋于西階東此亦與彼同云祧者諸侯遷主藏於始祖之廟諸侯既以始祖之廟爲祧遷主歸還入祧廟故知此幣埋於祧西階之東也

乘墨車載龍旂弧韣乃朝以瑞玉有繅

墨車大夫制也乘之者入天子之國車服不可盡同也交龍爲旂諸侯之所建弧所以張縿之弓也弓衣曰韣瑞玉謂公桓圭侯信圭伯躬圭子穀璧男蒲璧繅所以藉玉以韋衣木廣袤各如其玉之大小以朱白。蒼爲六色今文玉爲。圭繅或爲璪

【疏】乘墨至有繅○注墨車至爲璪○釋曰自此盡乃出論諸侯發館至天子廟門之外以次行覲禮之事云墨車大夫制也者案周禮巾車職云孤乘夏篆卿乘夏縵大夫乘墨車士乘棧車庶人乘役車故知乘車大夫制也必言墨車大夫制者。對玉路金路象路之等天子諸侯之制也云乘之者入天子之國車服不可盡同者巾車云同姓金路異姓象路四衞革路並得與天子同據在本國所乘下記云偏駕不入王門偏駕金路象路等是也既不入王門舍於客館乘此墨車以朝也云交龍爲旂諸侯之所建者司常職文也云弧所以張縿之弓也者爾雅說旌旗正幅爲縿故以。此弧弓張。縿之兩幅故云張縿之弓也云弓衣曰。韣者案月令云后妃帥九嬪御乃禮天子所御帶以弓韣授以弓矢于高禖之前言帶以弓韣韣是弓衣可知云瑞。玉謂公桓圭之等皆大宗伯典瑞職文。云繅所以藉玉至。爲六色其義疏已見於聘禮記

天子設斧依於戶牖之閒左右几

依如今綈

素屏風也有。繡斧文所以示威也斧謂之黼几玉几也左右者優至尊也其席莞席紛純加繅席畫純加次席黼純

疏天子至右几○注依如至黼純○釋曰云依如今綈素屏風也者案爾雅牖戶之閒謂之扆以屏風爲斧文置於依。地孔安國顧命傳云扆屏風畫爲斧文置戶牖閒是也言綈素者綈赤也素白也漢時屏風以綈素爲之象。古者白黑斧文故鄭以漢法爲況云有繡斧文所以示威也者案周禮繢人云青與赤謂之文赤與白謂之章白與黑謂之黼黑與青謂之黻五色備謂之繡此白黑斧以。比方繡次爲之故云有繡斧文所以示威也云斧謂之黼者據繡次言之白與黑謂之黼卽爲此黼字也據文體形質言之刃白而銎黑則爲此斧字故二字不同也云几玉几也者案周禮司几筵云左右玉几故知此几是玉几也注左右有几優至尊也亦與此同又案大宰云贊玉几鄭注云玉几王所依也立而設几優尊者但几唯須其一又几坐時所以馮依今左右及立。而設之皆是優至尊也兩注相兼乃具云其席莞席以下亦司几筵文案彼云大朝覲大饗射凡封國命諸侯王位設黼依依前南鄉設莞席紛純等鄭注云紛純者紛如。綬有文而狹繅席者削蒲。蒻展之編以五采若今合歡矣畫純者謂畫雲氣次席者桃枝。席有次列成文此次席卽顧命所謂篾席也篾謂竹青據竹而言次謂次列據文體而說是以顧命云牖閒南嚮敷重篾席孔傳云桃枝竹義與鄭同

天子衮冕負斧依

衮衣者裨之上也繢之繡之爲九章其龍天子有升龍有降龍衣此衣而冠冕南鄉而立以俟諸侯見

疏天子衮冕負斧依○注衮衣至侯見○釋曰云負斧依者負謂背之南面也云衮衣者裨之上也者但裨衣者自衮冕至玄冕五者皆裨衣故云裨之上也上文云裨衣者總五等諸侯指其衣有三等不得定其衣號故。言。總裨衣此據天子一身故指其衣體言衮冕云繢之繡之爲九章。者衣繢而裳繡衣在上爲陽陽主輕浮故對方爲繢次裳在下爲陰陰主沈深故刺之爲繡次是以尚書衣言作繢裳言紩繡爲九章者鄭注司服云冕服九章登龍於山登火於宗彝尊其神明也九章初一曰龍次二曰山次三曰華蟲次四曰火次五曰宗彝皆畫以爲繢次六曰藻次七曰粉米次八曰黼次九

曰黻皆絺以爲繡則袞之衣五章裳四章凡九也云南鄉而立者此文及司几筵雖不云立案下曲禮云天子當宁而立又云當扆而立在朝在廟皆云立故知此南面而立以俟諸侯之見也

嗇夫承命告于天子

嗇夫蓋司空之屬也爲末擯承命於侯氏下介傳而上上擯以告。于天子天子見公擯者五人見侯伯擯者四人見子男擯者三人皆宗伯爲上擯春秋傳曰嗇夫馳

疏嗇夫至天子○注嗇夫至夫馳○釋曰云嗇夫蓋司空之屬也者無正文知司空屬者案五官之內無嗇夫之名故知是司空之屬但司空職亡故言蓋以疑之云末擯承命於侯氏下介傳而上上擯以告于天子者案周禮司儀職兩諸侯相朝皆爲交擯則此諸侯見天子交擯可知此所陳擯介當在廟之外門東陳擯從北鄉南。門西陳介從南鄉北各自爲上下此經先云嗇夫承命告于天子天子則命先從侯氏出下文天子得命呼之而入命又從天子下至侯氏卽令入故下注云君乃許入若然此覲遇之禮略唯有此一辭而已無三辭之事司儀云交擯三辭者據諸侯自相見於大門外法其天子春夏受享於廟見於大門外亦可交擯三辭矣云天子見公擯者五人以下並大行人文云皆宗伯爲上擯者案大宗伯職云朝覲會同則爲上相鄭注云相詔王禮也出接賓曰擯入詔禮曰相若四時常朝則小行人爲承擯故小行人職云將幣爲承而擯此文嗇夫爲末擯若子男三擯此則足矣若侯伯四擯別增一士若上公五擯更別增二士若時會殷。同則肆師爲承擯故肆師職云大朝覲佐擯鄭注云爲承擯是其義也引春秋傳者案左氏傳昭十七年夏六月朔日有食之叔孫昭子救日食引夏書云辰不集于房瞽奏鼓嗇夫馳庶人走鄭引者欲見嗇夫是卑官得爲末擯之意也

天子曰。非他伯父實來予一人嘉之伯父其入予一人將受之

言非他者親之辭嘉之者美之辭也上擯又傳此而下至嗇夫侯氏之下介受之傳而上上介以告其君君乃許入今文實作寔嘉作賀

疏天子至受之○注言非至作賀○釋曰此經直云伯父其入不云迎之禮記郊特牲云覲禮天子不下堂而見諸侯故無迎法若然案夏官齊僕云掌馭金路以賓朝覲

宗遇饗食皆乘金路其法儀各以其等爲車送逆之節者覲遇雖無迎法至於饗餼與春夏同故連言之侯氏入門右坐奠圭。再拜稽首入門。而右執臣道不敢由賓。客位也卑。者見尊奠摯而不授疏侯氏至稽首○注入門至不授○釋曰云卑者見尊奠摯而不授者案士昏禮曰云壻執鴈升奠鴈又云若不親迎則婦入三月然後壻見主人出門壻入門奠摯再拜出鄭注云奠摯者壻有子道不敢授也又士相見凡臣見於君奠摯再拜與此奠圭皆是卑者不敢授而奠之擯者謁謁猶告也上擯告以天子前辭欲親受之如賓客也其辭所易者曰伯父其升疏○擯者謁○注謁猶至其升○釋曰云其辭所易者曰伯父其升者此又不見謁告之辭鄭注云上擯告以天子前辭者謂擯者謁以上辭云天子曰非他伯父實來予一人嘉之伯父其入予一人將受之是擯者於門外傳王辭告之使入此擯者謁告還用彼辭所改易者唯改入字爲升故云伯父其升也以其喚使升堂親受之也

侯氏坐取圭升致命王受之玉侯氏降階東北面再拜稽首擯者延之曰升升成拜乃出。擯者請之侯氏坐取圭則遂左降拜稽首送玉也從後詔禮曰延延進也疏侯氏至乃出○注擯者至進也○釋曰云侯氏坐取圭則遂左降者以經侯氏得擯者之告坐取圭即言升致命無出門之文明知遂向門左從左堂塗升自西階致命也云從後詔禮曰延延進也者以其賓升堂擯者不升若特牲少牢祝延尸使升尸升祝從升與此文同皆是從後詔禮之事

儀禮疏卷第二十六下

儀禮注疏卷二十六下校勘記　　阮元撰盧宣旬摘錄

覲禮第十

覲禮第十　此本與上同卷

覲禮於五禮屬賓　賓下集釋有禮字

據此彼而言　陳閩俱無彼字要義有盧文弨改彼爲注

是以周禮大宰職云　要義無職字

覲禮〇迎于帷門之外　帷石經補缺誤作惟

小行人職曰　張氏曰注曰小行人職日按監本日作曰從監本〇按嚴徐鍾本俱作曰

則逆勞于畿　逆徐本作迎

案玉人職云　毛本玉作王唯陳本作玉不誤

主國夫人　主陳閩俱作王

市有館　有下要義有郊字非

司儀諸侯之臣　侯陳本作公

以帷爲宮受勞之事也　要義同帷爲二字毛本倒

侯氏乃止使者

則己布席也　張氏曰注曰上介出止使者則己布席也按杭本己作巳從杭本○按嚴徐鍾本集釋俱作巳

遂從入朝之事　陳閩要義同毛本朝作廟

經不云上介出止使者　要義無出字

使者降

其餘三馬　三徐陳閩葛通解楊氏俱作二集釋作三○按疏作三

天子賜舍

今文賜皆作錫　嚴本集釋同毛本無皆字

但司空亡無正文　陳閩監本要義楊氏同毛本無無字

曰伯父　唐石經無曰字

儐之束帛乘馬

無禮猶儐之者　儐徐陳閩葛俱作擯誤陳閩疏同

天子使大夫戒曰

卿爲訝者也 陸氏曰卿或作鄉非張氏曰監巾箱杭本皆作鄉從釋文嚴本

古文帥作率 嚴本同毛本古作今

諸侯前朝

次以帷 帷徐陳閩本俱作惟誤葛本亦作惟

天子七廟 七陳閩俱作太○按太字非

掌王次舍之灋 要義無王字○按周禮作掌王次之灋疏云次者次則舍也此本誤衍舍字

侯氏裨冕 裨閩監俱誤从示注疏並同

孤絺 陸氏曰絺劉本作希○按司服註讀希爲絺以希爲字之誤

今文冕皆作絻 注末嚴本有此六字與此本標目合毛本脫徐本亦脫按作標目作爲

其餘爲埤者 毛本要義埤作裨

衮冕以下皆爲裨故云其餘爲裨 毛本下裨字作埤要義裨作埤埤作裨按註云大裘爲上其餘爲裨以裨對上則似當作埤疏內除云裨之外凡裨字疑皆當作埤

諸侯直有降龍而已 直陳本作宜

則此及孤卿大夫絺冕元冕者 毛本要義此下有等字

知旣則祝藏其幣 要義同毛本旣作祧○按旣與注合

卷幣實于筓 毛本筓作篚要義作笲○按聘禮作筓

乘墨車

以朱白蒼爲六色 此本聘禮疏引此句蒼作倉

今文玉爲圭 嚴本通解同毛本圭作璧

對玉路金路象路之等 要義同毛本對作封

故以此弧弓張縿之兩幅 陳閩俱無此字縿陳本誤作驂閩空

云弓衣曰韣者 韣誤從韋

云瑞玉 陳閩同毛本玉作王

云繅云上要義有后字

至爲六色 爲要義作於

天子設斧依于戶牖之間

有繡斧文　繡徐陳閩葛俱作屏集釋通解楊敷俱作繡與疏合

置於依地　地要義作也

象古者白黑斧文　陳閩俱脫古字

以比方繡次爲之　毛本比作此

今左右及立而設之　要義同毛本而作兩○按而是也

紛如綬　陳本同毛本綬作授○按周禮注作綬

削蒲弱展之　浦鏜云蒻誤弱○按蒻弱古字通考工記輪人曰故竑其幅廣以爲之弱注云弱菑也今人謂蒲本在水中者爲弱

桃枝蓆　毛本蓆作䈢浦鏜云席誤䈢

天子袞冕

故言總裨衣　言總要義倒

爲九章者　者陳閩俱作首是也

嗇夫承命

上擯以告于天子嚴本集釋同毛本無于字

門西陳介陳本要義同毛本門作行

若時會殷同同陳閩俱作門

天子曰非他石經補缺脫曰字

侯氏入門右坐奠圭圭閩監葛本俱作主

入門而右嚴本集釋通典楊敷同毛本通解無而字

不敢由賓客位也張氏曰監本客作之從監本

卑者見尊張氏曰釋文見侯注云卑見同卑見謂此也中無者字

侯氏坐取圭〇乃出出通解作退

儀禮注疏卷二十六下校勘記

儀禮疏卷第二十七

唐朝散大夫行大學博士弘文館學士臣賈公彥等撰

四享皆束帛加璧庭實唯國所有四當爲三古書作三四或皆積畫此篇又多四字字相似由此誤也大行人職曰諸侯廟中將幣皆三享其禮差又無取於四也初享或用馬或用虎豹之皮其次享三牲魚腊籩豆之實龜也金也丹漆絲纊竹箭也其餘無常貨此地物非一國所能有。唯所有分爲三享皆以璧帛致之

疏四享至所有○注四當至致之○釋曰自此盡事畢論侯氏行覲禮訖相隨即行三享之事云四當爲三古書作三四或皆積畫此篇又多四字字相似由此誤也者知四當爲三者諸文唯謂三享無四享之事所以誤作四者由古書作三四之字或皆積畫者堯典云帝曰次三岳鼻陶云外薄三海泰誓序云作泰誓三篇是古書三四皆積畫也云此篇又多四字者下有四傳擯又云路下四亞之又云束帛四馬四門四尺四字既多積畫三又似三由此故誤爲四字也引大行人者欲證三享爲正。文云其禮差又無取於四也者案聘禮小聘曰問不享大聘雖有享不言數明一享而已案大行人五等諸侯皆同三享若然三與一及不享是其禮之差無取於四之義故從三爲正云初享或用馬或虎豹之皮者案下經先陳馬聘禮特言皮故知初享以此二者爲先言或者聘禮記云皮馬相閒可也又聘禮經夕幣時皮則左首展幣時更云馬則幕南北面此下經亦用馬案郊特牲云虎豹之皮示服猛也是其或用馬或用虎豹之皮爲初享也云其次享三牲魚腊籩豆之實以下皆禮器文是以禮器云大饗其王事與三牲魚腊四海九州之美味也籩豆之薦四時之和氣也內金示和也束帛加璧尊德也龜爲前列先知也金次之見情也丹漆絲纊竹箭與衆共財也其餘無常貨各以其國之所有則致遠物也彼諸侯國王爲祫祭而致之與此因覲致之。同以其因覲即助祭。因。祭即致享物若不當三年祫祭即特致三享也云皆以璧帛致之者案聘

禮束帛加璧享君束錦加琮享夫人小行人亦云璧以帛琮以錦是五等諸侯享天子與后此云璧帛致之者據享天子而言若享后即用琮錦但三享在庭分爲三段一度致之據三享而言非謂三度致之爲皆也凡享者貢國所有或因朝而貢或歲之常貢歲之常貢則小行人云春入貢及大宰九貢是也因朝而貢者則大行人云侯服歲一見其貢祀物之等是也皆有璧帛以致之案小行人云合六幣圭以馬璋以皮璧以帛琮以錦琥以繡璜以黼此六物者以和諸侯之好故注云合同也六幣所以享也五等諸侯享天子用璧享后用琮其大各如其瑞皆有庭實以馬若皮皮虎豹之皮用圭璋者二王之後也二王後尊故享用圭璋而特之禮器曰圭璋特義亦通於此其於諸侯亦用璧琮耳子男於諸侯則享用琥璜下其瑞也凡二王後諸侯相享之玉大小各降其瑞一等若如此言鄭知五等享玉各如其瑞者見玉人職云璧琮九寸諸侯以享天子言九寸據上公琮以享后不言者文不具公依命數與瑞等則侯伯子男之享玉亦如其瑞可知又知五等自相享各降其瑞一等者又見玉人職云瑑琮八寸諸侯以享夫人鄭云獻於所朝聘君之夫人兼言聘者欲見聘使亦下君之瑞一寸與君同直言瑑琮享夫人不言瑑璧以享君亦文不具若然侯伯子男自相享各降其瑞一寸可知圭璋據二王後享天子與后者五等諸侯既用璧琮二王後尊明用圭以享天子用璋以享后可知又知二王後自相享亦用璧琮者以五等諸侯降於享天子明二王後退用璧琮可知知子男自相享用琥璜者以其子男瑞用璧享天子可與瑞同自相享不得與瑞等降用琥璜可知若然子男之臣自相聘亦享用琥璜不得踰君故也又知五等之臣聘享之玉皆降其君一寸者又見玉人云瑑圭璋八寸璧琮八寸以覜聘八寸據上公之臣則侯伯子男臣各降其君一寸可知案孝經緯援神契云二王後稱公大國稱侯則二王之後爲公而則前謂公者案典命云上公九命爲伯其國家宮室車旗衣服禮儀皆以九爲節鄭注云上公者謂王之三公有德者加命爲二伯二王之後亦爲上公若然典命云王之三公八命有功加一命爲二伯則周公召公是也本國猶稱侯則魯侯燕伯是也

奉束帛匹馬卓上

九馬隨之中庭西上奠幣再拜稽首卓讀如卓王孫之卓卓猶的也以素的一馬以爲上書其國名後當識其何産也馬必十匹者不敢斥王。之乘用成數敬也【疏】奉束至稽首○注卓讀至敬也○釋曰云中庭西上者案昏禮云參分庭一在南又聘禮云庭實皮則攝之注云參分庭一在南又米筥設于中庭鄭注云言當中庭者南北之中也則此云中庭亦是南北之中不參分庭一在南者以其三享同陳須入庭深設之故也云卓讀如卓王孫之卓卓猶的也者以音字既同而讀從之卓王孫是司馬相如之妻文君之父也於十馬之內以素的一馬以爲上故訓卓爲的也云書其國名後當識其何産也者謂若晉有鄭之小駟復有屈産之類是也云馬必十匹者不敢斥王之乘用成數敬也者此爲庭實故用十匹案康王之誥二伯率諸侯而入皆布乘黄朱而陳四匹者彼據二王之後以國所有享新王享物陳於庭用圭以馬致享馬不得上堂亦陳於庭直以圭升堂致命乘馬若乘皮故以四爲禮非所享之物故用四馬與此異也

擯者曰予一人將受之亦言王欲親受之【疏】擯者至受之○注亦言至受之○釋曰云亦言王欲親受之者亦上親受之也

侯氏升致命王撫玉侯氏降自西階東面授宰幣西階前再拜稽首以馬出授人九馬隨之王不受玉撫之而已輕財也以馬出隨侯氏出授。王人於外也王不使人受馬者。主于享王之尊益君侯氏之卑益臣【疏】侯氏至隨之○注王不至益臣○釋曰云授宰幣王既撫玉不受幣幣卽束帛加璧幷玉言幣故小行人合六幣皮馬與玉皆爲幣此單言宰卽大宰大宰主幣故周禮大宰職云大朝覲會同贊玉幣玉獻玉几玉爵注云助。王受此四者是也云王不受玉撫之而已輕財也者案聘義圭璋還之爲重禮璧琮。不還爲輕財是以圭璋親受璧琮初卽不受爲輕財故也云以馬出隨侯氏出授王人於外也者謂侯氏牽馬而出馬隨侯氏之後出授王人於外也云王之尊益君侯氏之卑益臣者春夏受贄於朝雖無迎法王猶在朝至受享又迎之而稱賓主至覲禮受享皆無迎法不下堂而見諸

侯已是王尊爲君禮臣卑爲臣禮王猶親受其玉今至于三享貢國所有行供奉之節故使自執其馬王不使人受之於庭者是王之尊益君侯氏之卑益臣故也聘禮享用皮及賓私覿馬皆使人受之者見他國之君不臣人之臣故與此異也若然聘禮享君尚有幣問卿大夫此諸侯覲天子享天子訖亦當有幣問公卿大夫是以隱七年左氏傳云初戎朝于周發幣于公卿。而凡伯。不賓服注云戎以朝禮及公卿大夫發陳其幣凡伯以諸侯爲王卿士不修賓主之禮敬報於戎是以冬天王使凡伯來聘還戎伐之於楚丘以歸是諸侯朝天子亦有聘及公卿大夫之事也

事畢三享訖乃右肉袒于廟門之東乃入門右北面立告聽事右肉袒者刑宜施於右也凡以禮事者左袒入更從右者臣益純也告聽事者告王以國所用爲罪之事也易曰折其右肱。无咎

疏乃右至聽事○注右肉至無咎○釋曰自此盡降出論侯氏受刑王免之降出之事刑袒於右者右是用事之便又是陰陰主刑以不能用事故刑袒於右也云凡以禮事者左袒者無問吉凶禮皆袒左知者士喪禮云主人出南面左袒扱諸面之右檀弓云延陵季子葬其子於。嬴博之閒葬訖左袒故云凡以該之引易曰折其右肱无咎者案易豐䷶卦九三云折其右肱无咎凡卦爻二至四三至五兩體交互各成一卦先儒謂之互體故鄭隨其義而注云三艮爻艮爲手互體爲巽巽又爲進退手而便於進退右肱也猶大臣用事於君君能誅之故无咎引之者證刑理宜於右之義云告聽事者告王以國所用爲罪之事也者加得字解之當云告王以國所用爲者得非罪之事也正是罪之一辭解擬受刑之意又解云告王以己無罪引下文伯父無事解之不辭之甚也

無擯者謁諸天子天子辭於侯氏曰伯父無事歸寧乃邦謁告寧安也乃猶。女也

侯氏再拜稽首出自屏南適門西遂入門左北面立王勞之再拜稽首擯者延之曰升升成拜降出王辭之不即左者當出隱於屏而襲之也天子外屏勞之勞其道勞也

疏侯氏至降

出○注王辭至勞也○釋曰云當出隱於屏而襲之也者以屏外不見天子爲隱向者右祖今王辭以無事故宜襲也云天子外屏者據此文出門乃云屏南卽是外屏云天子外屏取禮緯之文故禮緯云天子外屏諸侯內屏大夫以簾士以帷是也

天子賜侯氏以車服迎于外門外再拜賜車者同姓以金路異姓以象路服則袞也驚也毳也古文曰迎于門外也

疏天子至再拜○注賜車至外也○釋曰自此盡亦如之論王使人賜侯氏車服之事云同姓金路異姓象路案周禮巾車掌五路自玉路至木路玉路以祀尊之不賜諸侯金路云同姓以封象路云異姓以封革路云以封四衞木路云以封蕃國鄭云同姓謂王子母弟率以功德出封雖爲侯伯其畫服猶如上公賜魯侯鄭伯服則袞冕得乘金路以下與上公同則大公與杞宋雖異姓服袞冕乘金路矣異姓謂舅甥之國與王有親者得乘象路異姓侯伯同姓子男皆乘象路以下四衞謂要服以內庶姓與王無親者自侯伯子男皆乘革路以下蕃國據外爲總名皆乘木路而已鄭直言金路象路者略之也云服則袞也驚也毳也據司服而言案司服上陳王之吉服有九下云公之服自袞冕而下如王之服侯伯自驚冕而下如公之服子男自毳冕而下如侯伯之服也

路先設西上路下四亞之重賜無數在車南路謂車也凡君所乘車曰路路下四謂乘馬也亞之次車而東也詩云君子來朝何錫予之雖無予之路車乘馬又何予之玄袞及黼重猶善也所加賜善物多少由恩也春秋傳曰重錦三十兩

疏路先至車南○注路謂至十兩○釋曰云凡君乘車曰路者鄭注周禮云路大也君之居以大爲名是以云路寢路門之等引春秋者閔二年左氏傳云狄人伐衞又云及狄人戰于熒澤衞師敗績遂滅衞夜與國人出狄入衞遂從之又敗諸河宋桓公逆諸河宵濟立戴公以廬於曹齊侯使公子無虧帥車三百乘甲士三千人以戍曹歸公乘馬祭服五稱牛羊豕雞狗皆三百與門材歸夫人魚軒重錦三十兩鄭引之證重賜無數在車南也

諸公奉篋服加命書于其上升自西階東面大史是右言諸公者

王同時分命之而使賜侯氏也右讀如周公右王之右是右者始隨入於升東面乃居其右古文是為氏也疏諸公至是右○注言諸至氏也○釋曰云

言諸公者王同時分命之而使賜侯氏也者以其言諸非一之義以諸侯來覲者衆各停一館故命諸公分往賜之云右讀如周公右王之右者案襄二十

一年左氏傳晉欒盈出奔楚范宣子殺羊舌虎因伯華於是祁奚老矣聞之乘馹而見宣子祁奚曰夫謀而鮮過惠訓不倦者叔向有焉社稷之固也猶將十

世宥之以勸能者今壹不免其身以棄社稷不亦惑乎鯀殛而禹興伊尹放太甲而相之卒無怨色管蔡為戮周公右王若之何其以虎也棄社稷鄭引此

者證大史是右是佐公而在公右之義也云是右者始隨入於升東面乃居其右者證大史卑明始時隨公後升詣公東面大史。乃居其右故云是右謂於是乃

居公右而並東面知並立者以其在公右宣王命故也

侯氏升西面立大史述命讀王命書也侯氏降兩階之

閒北面再拜稽首受命升成拜大史辭之降也春秋傳曰且有後命以伯舅耋老毋下拜此辭之類疏升成拜○注大史至之類

○釋曰引春秋者僖九年經夏公會宰周公齊侯宋子衛侯之等于葵丘傳云王使宰孔賜齊侯胙曰天子有事于文武使孔賜伯舅胙齊侯將下拜孔曰且

有後命天子使孔曰以伯舅耋老加勞賜一級無下拜對曰天威不違顏咫尺小白余敢貪天子之命無下拜恐隕越于下以遺天子羞敢不下拜下拜登受

鄭引之者證此大史述王辭侯氏下拜亦如此。故。鄭。云。此辭之類也但彼以齊侯年老故未降已辭此下拜禮也故降拜乃辭之彼齊侯不升成拜者亦以年

老故也

大史加書于服上侯氏受受篋服使者出侯氏送再拜儐使者諸公賜服者

東帛四馬儐大史亦如之既云拜送乃言儐使者以勞有成禮略而遂言疏使者至如之○注既云至遂言○釋曰云既云拜送

乃言儐使者以勞有成禮略而遂言者經云侯氏送再拜者事勢宜終故連言之其實儐使者在拜送前必以之儐後略言者以儐有成禮可依故後略言案

上篇以來每有儐禮皆是成篇之法是成禮也

同姓大國則曰伯父其異姓則曰伯舅同姓小邦則曰叔父其異姓小邦則曰叔舅

據此禮。云伯父同姓大邦而言

疏○同姓至叔舅○注據此至而言○釋曰案周禮冢宰職云掌建邦之六典以佐王治邦國注云大曰邦小曰國邦之所居亦曰國彼經或邦國連言或單言國則邦國連言據諸侯單言國據王以邦在國上故云大曰邦小曰國唯王建國是邦之所居亦曰國彼對文則例散文則通故此大國言國小國言邦也鄭云據此禮云伯父同姓大邦而言者鄭欲解稱伯父叔父不要同姓為定之意云據此云伯父者卽上文云伯父此文卽云同姓大國則曰伯父是以云據此禮云伯父同姓大邦而言。若。也。據文則不要同姓與大國案下曲禮東西二伯不問同姓異姓皆稱伯父州牧而稱叔父鄭云牧尊於大國之君而謂之叔父辟二伯亦以此為尊是。也。又云同姓大國則曰伯父者唯據此禮而云伯父而言不據他文故鄭此注決為不定之意

饗禮乃歸

禮謂食燕也王或不親以其禮幣致之略言。饗禮互文也掌客職曰上公三。饗三食三燕侯伯再饗再食再燕子男一饗一食一燕

疏饗禮乃歸○注禮謂至一燕○釋曰云禮謂食燕也者案聘禮及諸文言饗皆單云饗無云禮鄭所引掌客五等饗食燕三者具有今饗下有禮故以禮為食燕也云王或不親以其禮幣致之鄭言此者欲解經變食燕而言。之禮見王有故不親食燕則以禮幣致之故言之禮云略言饗禮互文者直言饗見王無故親。饗之若王有故亦以侑幣之禮致之食燕公之禮見王有故以幣之禮致之亦宜有王無故親食燕故云互文也引掌客者見五等諸侯饗食燕皆具有證經之禮是食燕之義也以此文為互則饗食燕皆有酬幣侑幣是以掌客職三饗三食三燕云云卽云若弗酌則以幣致之鄭注云若弗酌謂君有故不親饗食燕彼是諸侯自相待法此鄭引之證經天子待諸侯法則天子待諸侯三者皆有幣可知案掌客云王巡守從者三公眡上公之禮卿眡侯伯之禮大夫眡子男之禮則天子使公卿大夫存覜省至諸侯之。國諸侯與之饗食。燕皆有幣與諸侯同可知也若

大國之孤聘於天子及鄰國其饗食燕有侑幣酬幣亦與子男同故大行人云凡大國之孤執皮帛以繼小國之君出入三積不問一勞又云其他皆眡小國
之君鄭注云他謂貳車及介牢禮賓主之閒擯者將幣祼酢饗食之數故知饗食燕亦有幣也案聘禮云若不親食使大夫各以其爵朝服致之以侑幣如致
饗無儐致饗以酬幣亦如之是親饗食之有幣可知又云燕與俶獻無常數又不言致燕以幣則無致燕之禮親燕亦無酬幣鹿鳴序云燕羣臣嘉賓也既飲
食之又實幣帛筐篚以將其厚意則飲食據饗食有幣若然發首云燕羣臣嘉賓者文王於羣臣嘉賓恩厚燕之無數故先言其實無幣也若然天子燕己臣
及四方卿大夫諸侯燕己臣及四方卿大夫皆無酬幣也

諸侯覲于天子爲宮方三百步四門壇十有二尋深四尺加方明于其上

四時朝覲受之於廟此謂時會殷同也。宮謂壝土爲埒以象牆壁也爲宮者於國外春會同則於東方夏會同
則於南方秋會同則於西方冬會同則於北方八尺曰尋十有二尋則方九十六尺也深謂高也從上。曰深司儀職曰爲壇三成成猶重也三重者自下差之
爲三等而上有堂焉堂上方二丈四尺上等中等下等每面十二尺方明者上下四方神明之象也上下四方之神者所謂。神。明也會同而盟明神監之則謂
之天之司盟有象者猶宗廟之有主乎王巡守至于方嶽之下諸侯會之亦爲此宮以見之司儀職曰將會諸侯則。命爲壇三成宮旁一門詔王儀南鄉見諸
侯也【疏】諸侯至其上○注四時至侯也○釋曰自此盡四傳儐論會同王爲壇見諸侯之事云四時朝覲受之於廟者案曲禮下經言之春夏朝宗在朝不
在廟而言四時朝覲皆在廟者朝宗雖在朝受享則在廟故一幷言之云此謂時會殷同也者以司儀職云將合諸侯則令爲壇三成與此爲一事則合者合諸
侯也故知此爲壇見諸侯謂時會殷同時也案大宗伯云時見曰會殷見曰同鄭注云時見者言無常期諸侯有不順服者王將有征討之事則既朝覲王爲
壇於國外合諸侯而命事焉春秋傳曰有事而會不協而盟是也殷猶衆也十二歲王如不巡守則六服盡朝朝禮既畢王亦爲壇合諸侯以命政焉所命之

政如王巡守殷見四方。四方四時分來終歲則遍若如。此注則時會殷同亦有朝覲在廟而獨云四時朝覲在廟者以其周禮大行人諸侯依服數來朝時會無常期假令當方諸侯有不順服則順服者皆來朝王其中則有當朝之歲者復有不當朝之歲者若當朝之歲者自於廟朝覲若不當朝之歲者當在壇朝若十二年王不巡守則殷朝亦云既朝乃於壇者六服之內若以當歲者即在廟則依服數十二歲合有侯服年年朝者在廟朝覲其五服自甸男采衛要五服若以十二歲王巡守總合朝服不得獨在廟在壇朝故鄭會同皆言既朝覲乃爲壇於國外也朝事儀未在壇朝而先言帥諸侯拜日亦謂帥已朝者諸侯而言也云爲宮者於國外春會同則於東方云云者經直言爲壇鄭知逐四方爲之者案司儀云將合諸侯則令爲壇三成鄭注云合諸侯謂有事而會也爲壇於國外以命事天子春帥諸侯拜日於東郊則爲壇於國東夏禮日於南郊則爲壇於國南秋禮山川丘陵於西郊則爲壇於國西冬禮月。與四瀆於北郊則爲壇於國北既拜禮而還加方明於壇上而祀焉鄭引此文不及朝事儀而言故知爲壇皆依方爲之但四方之壇並宜在四郊之內以其拜日之等於近郊退來就壇明壇在近郊之內但去城不知遠近或四方皆依成數東方八里南方七里西方九里北方六里四方此其定分案職方王會同或出畿在諸侯之國故職方氏令諸侯。共待之事則無常數云八尺曰尋者依考工記云殳長尋有四尺從軫差之知尋長八尺云三重者自下差之爲三等而上有堂焉堂上方二丈四尺上等中等下等每面十二尺者此以下基九十六尺上下三等每等兩相各丈二尺共二丈四尺三等總七丈二尺通堂上二丈四合九丈六尺也云方明者上下四方神明之象也者謂合木爲上下四方故名方此則神明之象故名明此。樂解得名方明神之義也云所謂明神也者所謂秋官司盟之職云北面詔明神既盟則貳之是也云則謂之天之司盟有象者案春秋襄十一年經書公會晉侯宋公之等伐鄭鄭人懼行成秋七月同盟于亳范宣子曰不慎必失諸侯乃盟載書曰凡我同盟毋蘊年毋壅利毋保姦毋留慝救災患恤禍亂同好惡奬王室或閒茲命司慎司盟名山名川明神殛之注云二司天神。司。盟司愼。不敬。者盟司察。明者是爲天之司盟也云有象者猶宗廟之有主乎者以其宗廟木主亦上下四方爲之故云猶宗廟之有主無正文約同之故云乎以疑之雖同四方爲之但宗廟主止一神而已此下文以六色爲六神用六玉禮之有此別但取四方同而已云王巡狩至於方岳之下諸侯會之亦爲此宮以見之者案下文祭天燔柴祭山丘陵升祭川沈祭地瘞鄭注云升沈必就祭者也則是謂王巡守及諸侯之盟祭也者是王巡守在方岳亦爲此宮可知是以司儀注云王巡守殷國而同則其爲宮亦如此與以其與宮同也案司儀云王合諸侯令爲宮據時會而言其巡守據王就方岳殷國此王有故不行諸侯同來此二者其壇文約與時會同故云與以疑之是以鄭注大宗伯云殷同王亦爲壇於國外亦時會有文者也引司儀者彼此同是一事但文有詳略此文言者取司儀以足之云南鄉見諸侯也者王在堂上公於上等侯伯於中等子男於下等奠玉拜皆升堂授玉乃降也

方明者木也方四尺設六色東方青南方赤西方白北方黑上玄下黃設六玉上圭下璧南方璋西方琥北方璜東方圭

六色象其神六玉以禮之上宜以蒼璧下宜以黃琮而不。以者則上下之神非天地之至貴者也設玉者刻其木而著之

疏方明至方圭○注六色至著之○釋曰云上宜以蒼璧下宜以黃琮者案大宗伯云蒼璧禮天黃琮禮地青圭禮東方赤璋禮南方白琥禮西方玄璜禮北方據彼文上宜用蒼璧下宜用黃琮今於四方還依宗伯唯上不用璧下不用琮故鄭云而不以者則上下之神非天地之至貴者也案宗伯注此禮天以冬至謂天皇大帝在北極者也禮地以夏至謂神在崐崙者也鄭云非天地之貴其天地之貴卽昊天崐崙是也既非天地之貴卽日月之神故下云祭天燔柴祭地瘞鄭注天地謂日月也若然日月用圭璧者典瑞云圭璧以祀日月故用圭璧也四方用圭璋之等案大宗伯注云禮東方以立春謂蒼精之帝而大昊句芒食焉餘三方皆據天帝人帝人神則此亦非彼神也以其下文有日月四瀆山川丘陵之神迎。拜以爲明神故知非天。帝。人。帝之等是

以司盟云凡邦國有疑會同則掌其盟約之載及其禮儀北面詔。明神鄭注云有疑不協也明神神之明察者謂日月山川也覲禮加方明於壇上所以依之也是鄭解方明之神明日月山川之等非天帝也若然四方禮神還用圭璋琥璜非天神還用禮玉者尊此明神而與天神同故用之也云刻其木而著之者雖無正文以意言之以其非置於坐以禮神於上下猶南北爲順刻木於四方亦順不刻木安於中則不可故知義然也

上介皆奉其君之旂置于宮尚左公侯伯子男皆就其旂而立

置於宮者建之豫爲其君見王之位也諸公中階之前北面東上諸侯東階之東西面北上諸伯西階之西東面北上諸子門東北面東上諸男門西北面東上尚左。者建旂公東上侯先伯伯先子子先男而位皆上東方也諸侯入壝門或左或右各就其旂而立王降階南鄉見之三揖土。揖庶姓時揖異姓天揖同姓見揖位乃定古文尚作上

疏上介至而立○注置於至作上○釋曰云上介皆奉其君之旂置于宮尚左者此雖不言前期鄭云豫爲其君見王之位也則亦前期一日可也公侯就旂據臨朝之時也此旂鄭雖不解鄭注夏官中夏辨號名此表朝位之旂與銘旌及在軍徽幟同皆以尺易刃小而爲之也云中階之前已下皆朝事儀明堂位文以朝事儀論會同之事明堂位明公朝諸侯于明堂不在宗廟皆與此同故鄭依之也言上者皆以近王爲上云尚左者建旂公東上侯先伯伯先子子先男而位皆上東方者以其侯伯別階相對子男雖隔門亦相對皆以東爲上故云侯先伯子先男也云諸侯入壝門或左或右各就其旂而立者案下注云諸侯初入門王官之伯帥之則此云諸侯入壝門或左或右者是二伯初帥之各依左右若康王之誥云大保帥西方諸侯入應門左畢公帥東方諸侯入應門右皆北面此雖無應門亦二伯帥諸侯初入宮門或左或右亦皆北面立定乃始各就其旂而立王乃降南面見之而揖必知王有降揖之事者燕禮大射公降揖羣臣使定位故知王亦然又知王土揖庶姓之等者此是司儀職王在壇揖諸侯之事彼與此同鄭彼注云土揖推手小下之也時揖平推手也天揖推手小舉之以推手曰揖引手曰擅

故為此解也若然覲禮天子不下堂而見諸侯今王降者以在壇會同相見與覲異故也以其覲禮廟門設擯此則堂壇門設擯是以雖繼覲禮之下覲禮無降揖法此與諸侯對面相見故有降揖之事

四傳擯王既揖五者升壇設擯升諸侯以會同之禮其奠瑞玉及享幣公拜於上等侯伯於中等子男其於下等擯者每延之升堂致命王受玉撫玉降拜於下等及請事勞皆如覲禮是以記之覲云四傳擯者每一位畢擯者以告乃更陳列而升其次公也侯也伯也各一位子男俠門而俱東上亦一位也至庭乃設擯則諸侯初入門王官之伯帥之耳古文傳作傅

疏四傳擯○注王既至作傳○釋曰知奠瑞玉及享幣公拜於上等侯伯於中等子男於下等擯者每延之升堂致命王受玉撫玉降拜於下等者三等拜禮皆司儀職文擯者延之升堂以下約上覲禮之法云王受玉謂朝時撫玉謂享時是以司儀三等之下云其將幣亦如之鄭云將幣享也又云及請事勞皆如覲禮者請事謂上文侯氏奠圭擯者請侯氏王欲親受之勞謂侯氏受刑後王勞之故云皆如覲禮云公也侯也伯也各一位者以其面位同故各自設擯云子男俠門而俱東上亦一位也者以其雖隔門相去近又同北面東上故共一位設擯故有四傳擯云至庭乃設擯者對上覲禮門外設擯案此上經諸侯各就其旂而立乃云四傳擯則在諸侯之北故知至庭乃設擯云則諸侯初入門王官之伯帥之耳者約顧命而知之

天子乘龍載大旆象日月升龍降龍出拜日於東門之外反祀方明此謂會同以春者也馬八尺以上為龍大旆大常也王建大常縿首畫日月其下及旒交畫升龍降龍朝事儀曰天子冕而執鎮圭尺有二寸繅藉尺有二寸搢大圭乘大路建大常十有二旒樊纓十有二就貳車十有二乘帥諸侯而朝日於東郊所以教尊尊也退而朝諸侯由此二者言之已祀方明乃以會同之禮見諸侯也凡會同者不協而盟司盟職曰凡邦國有疑會同則掌其盟約之載書及其禮儀北面詔明神既盟則藏之言北面詔明神則明神有象也象者其方明乎及盟時又加於壇上乃以載辭告焉詛祝掌其祝號

疏天子至方明○注此謂至祝號○釋曰自

此盡西門外論將見諸侯先禮日月山川之事云此謂會同以春者也者案下文於南門北門西門之外禮日月四瀆會同以夏秋冬此云拜日於東門之外故知會同以春者也云馬八尺以上爲龍者是周禮廋人職文案彼云馬八尺以上爲龍七尺以上爲騋六尺以上爲馬五尺以上爲駒云大旂大常也者案周禮司常云日月爲常交龍爲旂則旂與常別此既象日月則是大常而云大旂者九旂各有定稱亦有通名故桓二年臧哀伯云三辰旂旗服氏注云九旂之總名故大常亦謂之大旂是以諸侯建交龍爲旂亦謂之常大行人云五等諸侯亦曰建常九斿亦是通稱也云王建大常縿首畫日月其下及旒交畫升龍降龍知義然者以其先言日月後言龍故知縿首畫日月依爾雅說旌旗云正幅爲縿長尋曰。旐謂旌旗身也其下屬旒乃畫日月交龍案左傳云三辰旂旗服注云三辰謂日月星孔君尚書傳亦云畫日月星於衣服旌旗鄭注司服亦云王者相變至周而以日月星辰畫於旌旗所謂三辰旂旗昭其明也若然大常當有星所以司常及此直云日月不云星者既言三辰則日月星俱有周禮司常不言星者司常九旂皆以二字爲名故略不言星是以此文亦略不言星案文大常之上又有交龍則諸侯交龍爲旂無日月王之大常非直有日月兼有交龍司常不言交龍亦是於文略引朝事儀以下至朝諸侯此亦同法故引之證此拜日於東門之事云天子冕而執鎮圭者案玉藻天子玄冕拜日於東門之外則知此亦玄冕也搢大圭者則周禮玉人職大圭長三尺。杼上終葵首是也云乘大路者則周禮玉路也以周之玉路因殷之大路飾之以玉故猶以大路爲名云樊纓十有二就者案巾車鄭注云樊馬大帶纓馬鞅就成也以五采罽飾之一帀爲一成樊與纓各飾爲十二帀十二就也云貳車十有二乘者案周禮大行人云上公貳車九乘侯伯七乘子男五乘而天子十二以爲節故十二乘貳車者飾皆與正路同當亦飾之以玉使人乘之少儀云乘貳車則式佐車則否是也云帥諸侯朝日於東郊者朝日即拜日一也以其。朝必有拜云所以教尊尊也者天子至尊猶往朝日是教天下尊敬其所尊者故云教尊尊也云退而朝諸侯者朝日於東郊退就壇使諸侯朝已云由此二者言之已祀方明乃以會同之禮見諸侯也者言一者諸侯朝事儀與此覲禮其朝事儀朝日退乃始朝諸侯此覲禮加方明於壇上公侯伯子男就其旂而立王乃四傳擯見之是已祀方明乃始見諸侯二者同故云由此二者言之若然朝事儀直有朝日禮畢退見諸侯此覲禮祀方明禮畢乃朝諸侯不同者以其邦國有疑則有盟事朝日既畢乃祀方明於壇祀方明禮畢退去方明於下天子乃升壇與諸侯相見朝禮既畢乃更加方明於壇與諸侯行盟誓之禮若邦國無疑王帥諸侯朝日而已無祀方明之事是以朝事儀直云朝日教尊尊而朝諸侯不言祀方明之事鄭云已祀方明者據此覲禮上下有盟誓而言此天子乘龍及下文禮日之等若有盟誓文當在宮方三百步之上今退文在下者欲見盟誓非常尋常無盟誓之事直朝日而已故也云凡會同者不協而盟者左氏傳云有事而會不協而盟引此者解此經反祀方明之意反祀方明者為不協而盟故也故引司盟證之云既盟則藏之者盟誓既訖寫此盟辭須之於六官司盟之官覆寫一通自藏擬後覆驗云言北面詔明神則明神有象也象者其方明乎鄭云此者司盟云詔明神不言方明此文直言方明不言明神鄭欲合為一事故云言北面詔明神則明神有形象可告以其方明有四方四色是其象無正文以義約為一事故言乎以疑之云及盟時又加於壇上乃以載辭告焉者對前祀方明加於壇上祀訖退而乃朝諸侯訖又加於壇上以載辭告之云詛祝掌其祝號者案春官詛祝職云掌盟詛類造攻說襘禜之祝號注云八者之辭皆所以告神明也盟詛主要誓大事曰盟小事曰詛又云作盟詛之載辭以敘邦國之信是也

禮日於南門外禮月與四瀆於北門外禮山川丘陵於西門外

此謂會同以夏冬秋者也變拜言禮者容祀也禮月於北郊者月大陰之精以為地神也盟神必云日月山川焉者尚著明也詩曰謂予不信有如皦日春秋傳曰縱子忘之山川神祇其忘諸乎此皆用明神為信也

疏禮日至門外○注此謂至信也○釋曰知此謂會同夏秋冬者以經禮日之等各於其門外上經禮日於東門之外已是春會同明知此是夏秋冬也既所禮各於門外為壇亦各合於

其方是以司儀云將合諸侯則令爲壇三成宮旁一門鄭注云天子春率諸侯拜日於東方則爲壇於國東夏禮日於南郊則爲壇於國南秋禮山川丘陵於西郊則爲壇於國西冬禮月四瀆於北郊則爲壇於國北云變拜言禮者容祀也者言拜無祀祀則兼拜上經云拜日無盟誓不加方明於壇直拜日教尊尊而已此經三時皆言禮見有盟誓之事加方明於壇則有祀日與四瀆及山川之事故言禮是以或言拜或言禮云禮月於北郊者月大陰之精以爲地神也者鄭據經三時先北後西不以次第以其祭地於北郊祭月四瀆亦於北郊與地同但日者大陽之精故於東郊南郊於陽方而禮之以月是地神四瀆與山陵俱是地神以山陵出見爲微陰故配西方四瀆爲極陰故月同配北方又以月尊故先言之而又祭於北郊也云盟神必云日月山川焉者爲其著明也者以山川是著見日月是其明故同爲盟神也引詩者曰明詩人以爲明證引春秋者定元年二月孟懿子會城成周宋仲幾不受功郎云士彌牟曰晉之從政者新子姑受功歸吾視諸故府仲幾曰縱子忘之山川鬼神其忘諸乎引之者山川神爲盟神義也不言月者諸文無以月爲盟神之事故不引據此覲禮言月以月明爲盟神可知

祭天燔柴祭山丘陵升祭川沈祭地瘞升沈必就祭者也就祭則是謂王巡守及諸侯之盟祭也其盟揭其著明者燔柴升沈瘞祭禮終矣備矣郊特牲曰郊之祭也迎長日之至也大報天而主日也宗伯職曰以實柴祀日月星辰則燔柴祭天謂祭日也柴爲祭日則祭地瘞者祭月也日月而云天地靈之也王制曰王巡守至于岱宗柴是王巡守之盟其神主日也春秋傳曰晉文公爲踐土之盟而傳云山川之神是諸侯之盟其神主山川也月者大陰之精上爲天使臣道莫貴焉是王官之伯會諸侯而盟其神主月與古文瘞作殪

疏祭天至地瘞○注升沈至作殪○釋曰上論天子在國行會同之禮於國之四郊拜禮於日月山川之神以爲盟主已備於上今更言祭日月山川者據天子巡守於四岳各隨方向祭之以爲盟主故重見此文云升沈必就祭者也者對上經山川丘陵但於四郊望祭之故不言升沈之事此經言升沈必是就山川丘陵故言升沈案爾

雅云祭山曰庪懸祭川曰浮沈不言升此山丘陵云升者卽庪懸也此祭川直言沈不言浮者以牲體或沈或浮不言浮亦文略也云就祭則是謂王巡守及諸侯之盟神也者此經主爲天子春東郊夏南郊皆禮日卽此經祭天燔柴也秋西郊卽此經祭山丘陵升是也冬北郊卽此經祭川沈祭地瘞也以其川卽四瀆也鄭兼言諸侯之盟者以其諸侯自盟亦祭山川爲神主故兼言之此經兼有王官之伯以月爲神主不言者無正文故不言也云其盟揭於著明者亦如上釋以日月爲明山川爲著也云燔柴升沈瘞祭禮終矣者案周禮禋祀實柴燎是歆神始禮未終而言禮終者以其祭禮有三始樂爲下神始禋柴爲歆神始牲體爲薦饌始燔柴是樂爲下神之後是下神之禮終故云禮終案爾雅祭天曰燔柴祭地曰瘞埋柴與瘞相對則瘞埋亦是歆神若然則升沈在柴瘞之閒則升沈亦是歆神之節皆據樂爲下神之後而爲祭禮終矣或可周禮此二者爲歆神至祭祀之後更有此柴瘞升沈之事若今時祭禮祀訖始有柴瘞之事者也引郊特牲者案易緯三王之郊一用夏正春分以後始日長於建寅之月郊天云迎長日之至者預迎之又云大報天而主日也者鄭注云大猶徧謂郊天之時祭尊可以及卑日月以下皆祭以日爲主又云大宗伯職曰以實柴祀日月星辰者此所引不取月與星辰之義直取日而已與此經燔祭文同鄭引此諸文者欲證此經祭天燔柴是祭日非正祭天神以其日亦是天神故以祭天言之是以鄭云則燔柴祭天謂祭日也又云柴爲祭日則祭地瘞者祭月也者以其前文天子在國祀日月燔祭既是日祭地是月可知亦非正地神也云日月而云天地靈之者以其尊之欲爲方明之主故變日月而云天地是神神靈之也云王制曰王巡守至於岱宗柴是王巡守之盟其神主日也者案彼注以爲告至案祀典歲二月東巡守至於岱宗柴注爲考績燔燎柴此又爲祭日柴不同者但巡守至岱宗之下有此三種之柴告至訖別有考績皆正祭之神別有祭日以爲方明之主尙書與王制并此文唯有柴之文故注不同互見爲義明皆有是以此引王制之柴以爲祭日引春秋者僖公二十八年晉文公敗楚於城濮爲踐土之盟傳云山川之神引之證諸侯之盟用山川爲主此不

言宋仲幾者所引之言皆是諸侯之事云月者大陰之精上爲天使臣道莫貴焉者鄭注周禮九嬪職引孔子云日者天之明月者地之理陰契制故月上屬爲天使婦從夫放月紀此二處俱是緯文鄭言此者證王官之伯臣中最尊奉王使出與諸侯盟其神主月以其無正文故言與以疑之鄉來所解諸侯以。山爲主王官之伯以月爲主案襄十一年左傳云秋七月諸侯同盟於亳云司愼司盟名山名川彼非直有山川兼有二司則此所云日月山川者兼有此二司可知又王官之伯非直奉王使出會諸侯而盟若受弓矢之賜得專征伐亦與諸侯爲盟

記。几侯。于東箱王卽席乃設之也東箱東夾之前相翔待事之處

疏記几侯于東箱〇注王卽至之處〇釋曰云王卽席乃設之也者案公食大夫記宰夫筵出自東房則此天子禮几筵亦在東房其席先敷其几且侯于東箱待王卽席乃設之謂若聘禮賓卽席乃授几若然公食大夫宰夫設筵加席几同時預設者公親設湆可以略几故以几與席同時設之若爲神几筵亦同時而設故聘禮几筵設擯者出請命云東箱東夾之前者案上文覲在文王廟中案鄭周禮注宗廟路寢制如明堂明堂有五室四堂無箱夾則宗廟亦無箱夾之制此有東夾者此周公制禮據東都乃有明堂此文王廟仍依諸侯之制是以有東夾室若然樂記注云文王廟爲明堂。制者彼本無制字直云文王廟爲明堂云相翔待事之處者翔謂翺翔無事故公食賓將食辭於公親臨己食公揖退於箱以侯賓食是相翔待事之處也

偏駕不入王門。在旁與己同曰偏同姓金路異姓象路四衛革路蕃國木路駕之與王同謂之。偏駕不入王門乘墨車以朝是也偏駕之車舍之於館與

疏偏駕不入王門〇注在旁至館與〇釋曰云。在旁與己同曰偏者依周禮巾車掌王五。路玉路以祀不賜諸侯金路以賓同姓以封象路以朝異姓以封革路以卽戎以封四衛木路以田以封蕃國此五路者天子所乘爲正四路者諸侯乘之爲偏是據諸侯在旁與王同爲偏云不入王門乘墨。路以朝是也者據上文而言云偏駕之車舍之於館與者偏駕既云不入王門又云乘墨車而。至門外諸侯各停於館明舍在館無正文故言與以疑之

奠圭于繅上

謂釋於地也古文繅作璪疏奠圭于繅上○釋曰此解侯氏入門右奠圭釋於地時當以繅藉承之元損一字乃釋於地此繅謂韋衣木版朱白蒼與朱綠畫之者非謂絢組尺爲繫者彼所以繫玉固者也

儀禮卷第十 經八百三十九 注二千六百八十一

儀禮疏卷第二十七

儀禮注疏卷二十七校勘記

阮元撰盧宣旬摘錄

四享

此地物　集釋無地字

惟所有　惟下集釋有國字

欲證三享爲正文　正文陳閩俱作文也

與此因覲致之同　毛本同作與按今本似誤讀上與字爲平聲屬上句故下句亦作與

因祭卽致享物　陳閩俱脫因祭二字

各降其瑞一寸可知　寸陳閩俱作等按降一寸卽降一等也小行人疏云上公九寸降一等至八寸是也此疏上下言降一寸者屢矣何獨於此而作等乎

奉束帛

不敢斥王之乘　之通典作所

侯氏升致命

授王人於外也　王閩葛通解俱作玉

主于享 徐陳閩葛集釋通解同毛本楊氏主作至張氏曰按疏云今至于三享云云詳其義主字當作至

助王受此四者 陳本同毛本王作玉

璧琮不還爲輕財 要義同毛本不下有授字陳閩授俱作受

而凡伯不賓 陳閩俱無而字不俱作弗

乃右肉袒于廟門之東

无咎 无通解作無與此本標目合

葬其子於贏博之間 陳本要義同毛本贏作嬴○按嬴是也

擯者謁諸天子○歸寧乃邦 邦唐石經嚴本通典集釋通解楊敖俱作邦毛本徐本誤作拜

乃猶女也 女葛本作汝

天子賜侯氏以車服

蓽路云以封四衛木路云以封蕃國 陳閩俱脫以封四衛木路云七字

路先設

次車而東也 毛本東誤作束

又何予之嚴本集釋楊敖同毛本予作與

云凡君乘車曰路者閩監同毛本凡作几○按乘上注有所字

諸公奉篋服

乘駟而見宣子毛本駟作驛○按駟是驛非說詳左傳注疏校勘記

太史乃居其右毛本乃誤作又

升成拜

亦如此故鄭云此辭之類也陳閩俱無故鄭云此四字

同姓大國

據此禮云伯父毛本云誤作曰據字敖在伯父下屬下句

同姓大邦而言若也據文若要義作者許宗彥云若也據文乃若據他文之訛

亦以此爲尊是也也要義作此

饗禮乃歸

略言饗禮饗楊氏作享下並同

上公三饗徐陳閩葛集釋通解敖氏同毛本饗作享

欲解經饗食燕而言之禮要義同毛本之作饗○按之是也下同

見王無故親饗之陳閩要義同毛本饗作享

至諸侯之國國陳閩俱作禮

諸侯與之饗食燕皆有幣陳閩要義同毛本燕作禮

諸侯覲於天子

宮謂壝土爲埒張氏曰注曰官謂壝土爲埒按諸本官皆作宮從諸本○按嚴徐鍾本俱作宮

從上曰深浦鏜云按秋官司儀職疏引此作從上向下爲深義尤悉○按通典巡守篇引此亦有向下二字

所謂神明也神明監本集釋楊氏俱作明神與疏合

則命爲壇集釋通解楊氏毛本同命字徐本未刻陳閩監本俱作會爲徐本作焉

殷見四方四方四時分來四方二字陳閩俱不重出

若如此注要義同毛本無此字

冬禮月與四瀆於北郊陳閩同毛本與作於○按與是也

故職方氏令諸侯供待之事 供待陳閩俱作共待

此樂解得名方明神之義也 樂要義作鄭

司盟司慎不敬者盟司察明者 毛本同惟明字作盟要義作司慎司不敬者司盟司察盟者

及諸侯之盟祭也者 陳閩俱無及字

方明者木也

而不以者 以下通典有此字

迎拜以爲明神 拜閩本作帝

故知非天帝人帝之等 陳閩俱無帝人帝三字

北面詔盟神 毛本盟作盥○按盟字亦非周禮作明鄭注云明神神之明察者

上介皆奉其君之旂

尚左者建旂 毛本者作皆徐本無皆字陳閩葛本集釋通解俱作者與疏合楊氏作皆

土揖庶姓 徐陳集釋通解同毛本土作上閩葛誤作士閩本疏同

以其覲禮廟門設擯 要義同毛本擯作儐下同陳本此作擯下作儐

此與諸侯對面相見毛本面誤作門

四傳擯

王受玉撫玉徐閩監葛集釋通解同毛本下玉字作王陳本受玉撫玉俱作王尤誤

王官之伯帥之耳張氏曰注曰王官之伯帥之耳吉觀國所校監本改王爲曰未知孰據篇末之注有是王官之伯會諸侯而盟從諸本官通解作宫

古文傳作傅傅重脩監本誤刻作傳

王既至作傳此本要義傅俱作傳與釋文不合

天子乘龍載大旆旆唐石經集釋楊敖俱作旂注同與疏合張氏曰載大旂諸本旆作旂從諸本

王建大常毛本大誤作太按大讀如字大常猶大旂也今人讀他蓋切非是釋文無音

繅藉尺有二寸藉徐閩葛本俱從竹按藉籍諸本錯出不悉校

既盟則藏之盧文弨云藏戴校集釋依本文改貳但疏云司監之官覆寫一通自藏擬後覆驗則注疏本自作藏然藏卽是貳兩者俱可通而藏字義較顯○按前諸侯覲於天子節疏引此句作貳

長壽曰旐旐監本誤作辰

杅上終葵首　毛本杅誤作抒

以其朝必有拜　陳閩俱重朝字

是教天下尊敬其所尊者　下陳閩俱作子

則有盟事　盟陳閩俱作明

王帥諸侯朝日而已　自此句朝字起至下文而朝諸侯句止凡二十六字陳閩俱脫

爲不協而盟故也　陳閩同毛本爲作會○按爲是

言北面詔明神　明陳閩俱作盟

則明神有象也　自此句起至下文詔明神句止凡二十二字陳閩俱脫

禮日於南門外

此謂會同以夏冬秋者也　按冬秋疏作秋冬

容祀也　容嚴本集釋通解俱作容與述注合毛本作客通典誤作祭

容祀也者　要義同毛本容作客

上經云拜日　經要義作春

則有祀日與四瀆 與閩本作月

鄭據經三時 時陳閩俱作等

故同爲盟神也 毛本盟作明

引詩者曰明 毛本曰作日

卽云 毛本云字重

諸文無以月爲盟神之事 盟陳閩俱作明按盟誓必以明神爲信故稱明神爲盟神篇內盟明二字諸本錯出義既兩通今悉校之以備參攷

祭天燔柴

其盟愒其著明者 愒徐陳通解俱作愒與述注合集釋楊氏毛本从手按釋文音苦蓋反是讀爲忨歲愒日之愒明係愒字今本釋文亦誤作揭唯宋本不誤或曰愒當作楬職金注曰今人之書有所表識謂之楬櫫下其字疏作於

月者太陰之精 者通解作乃

是王官之伯 王通解作五

各隨方向祭之 要義無向字浦鏜改向爲而○按此本向誤作西今從毛本

故兼言之自此句起至下文以月爲神主句止凡十七字監本脫

云其盟愒於著明者毛本愒作揭○按於注作其

是樂爲下神之後後陳閩俱作神

三王之郊三閩本要義俱作二

鄭注云大猶徧注要義作彼陳本作披

燔祭既是日祭要義作柴

案祀典歲二月東巡守按段玉裁校本作堯典

諸侯以山爲主毛本山下有川字

記几俟于東箱記徐本要義俱作設按此下三句爲記文無疑石經補缺亦作辨豈宋時諸本俱誤作設歟俟石經補缺徐陳閩葛俱作俟亦誤集釋通解俱作俟記徐本作設者殆因注而誤也嚴本與徐本同而張氏不加論

文王廟爲明堂制者毛本制誤作注

偏駕不入王門

在旁與己同曰偏在監本集釋通解楊氏俱作在與疏標目合毛本作左

謂之偏駕 集釋楊氏俱重偏字按重偏字則當讀謂之偏爲句而以偏駕二字屬下句以疏攷之此句宜作謂之偏下句却無偏駕二字

云在旁與己同曰偏者 監本要義同毛本在作左

掌王五路 路要義俱作路下並同毛本作輅按陳閩唯四輅者諸侯乘之爲偏句作路○按路是正字周禮本作路

乘墨路以朝是也者 毛本路作車此本作路似誤要義亦作車

乘墨車而至門外 至閩本作舍

奠圭于繅上

謂釋於地也古文繅作璪 注末五字諸本俱脫嚴本有

此解侯氏入門右 毛本右作在

謂韋衣木版 毛本謂下有以字

非謂絇組尺爲繫者 毛本絇誤作約

彼所以繫玉固者也 毛本玉下有使字

儀禮注疏卷二十七校勘記

儀禮疏卷第二十八　　儀禮卷第十一

唐朝散大夫行大學博士弘文館學士臣賈公彥等撰

喪服。第十一。

疏喪服第十一○。案鄭目錄云天子以下死而相喪衣服年月親疏隆殺之禮不忍言死而言喪喪者棄亡之辭若全存居於彼焉。已亡之耳大戴第十七小戴第九劉向別錄第十一○釋曰案禮器云經禮三百曲禮三千鄭云經禮謂周禮也曲猶事也事禮謂今禮也禮篇今亡。本數未聞其中事儀三千若然未亡之時有天子諸侯卿大夫士之喪服其篇各別今皆亡唯士喪禮在若然據喪服一篇總包天子以下服制之事故鄭目錄云天子以下相喪衣服親疏之禮喪服之制成服之後宜在士喪始死之下今在士喪之上者以喪服總包尊卑上下不專據士故在士喪之上是以喪服爲第十一喪服所陳其理深大今之所釋且以七章明之第一明黃帝之時朴略尚質行心喪之禮終身不變第二明唐虞之日淳朴漸虧雖行心喪更以三年爲限第三明三王以降澆僞漸起故制喪服以表哀情第四明既有喪服須明喪服二字第五明喪服章次以精麤爲序第六明作傳之人并爲傳之意第七明鄭玄之注經傳兩解之第一明黃帝之時朴略尚質行心喪之禮終身不變者案禮運云昔者先王未有宮室食鳥獸之肉衣其羽皮此乃伏羲之時也又云後聖有作治其絲麻以爲布帛養生送死以事鬼神此謂黃帝之時也又案易繫辭云古之葬者厚衣之以薪葬之。中野不封不樹喪期無數在黃帝九事章中亦據黃帝之日言喪期無數是其心喪終身者也第二明唐虞之日淳朴漸虧雖行心喪更以三年爲限者案禮記三年問云將由夫患邪淫之人與則彼朝死而夕忘之然而從之則是曾鳥獸之不若也夫焉能相與羣居而不亂乎將由夫脩。飾之君子與則三年之喪二十五月而畢若駟之過隙然而遂之則是無窮也故先王焉爲之立中制節壹使足以成文理則釋之矣然則何以至期也曰至親以期斷是何也曰天地則已易矣四時則已變矣其在天地之中者莫不更始焉以是象之也鄭注云法此變易可以期也又云然則何以三年也注云言法此變易可以期何以乃三年爲又云曰加隆焉爾也焉使倍之故再期也注云言於父母加隆其恩使倍期也據此而言則聖人初欲爲父母期加隆焉故爲父母三年必加隆至三年者孔子荅宰我云子生三年然後免於父母之懷是以子爲之三年報之三年問又云三年之喪人道之至文者也夫是之謂至隆是百王之所同古今之所壹也未有知其所由來者也注云不知其所從來喻此三年之喪前世行之久矣既云喻前世行之久則三年之喪實知其所從來但喻久爾故虞書云二十八載帝乃殂落百姓如喪考妣三載四海遏密八音是心喪三年未有服制之明驗也第三明三王已降澆僞漸起故制喪服以表哀情者案郊特牲云大古冠布齊則緇之鄭注云唐虞已上曰大古又云冠而敝之可也注云此重古而冠之耳三代改制齊冠不復用也以白布冠質以爲喪冠也據此而言則唐虞已上吉凶同服惟有白布衣白布冠而已故鄭注云白布冠爲喪冠又案三王以來以唐虞白布冠爲喪冠又案喪服記云凡衰外削幅裳內削幅注云大古冠布衣布先知爲上外殺其幅以便體也後知爲下內殺其幅稍有飾也後世聖人易之以此爲喪服據此喪服記與郊特牲兩注而言則鄭云後世聖人夏禹也是三王用唐虞白布冠白布衣爲喪服矣第四明既有喪服須明喪服二字者案鄭目錄云不忍言死而言喪喪者棄亡之辭若全存於彼焉已棄亡之耳又案曲禮云天子曰崩諸侯曰薨大夫曰卒士曰不祿庶人曰死爾雅曰崩薨卒不祿皆訓死也是士以上爲義稱庶人言死得其總名鄭注曲禮云死之言澌精神澌盡又案檀弓孔子云喪欲速貧春秋左氏傳魯昭公出居乾侯齊侯唁公於野井公曰喪人其何稱是喪棄亡之辭棄於此存於彼是孝子不忍言父母精神盡澌雖棄於此猶存於彼以此鄭義言之其喪字去聲讀之人或以平聲讀之者雖不與同義亦通也死者既喪生人制服服之者但貌以表心服以表貌故禮記閒傳云斬衰何以服苴苴惡貌也所以苴其內見諸外斬衰貌若苴齊衰貌若枲大功貌若止小功緦麻容貌可也下又云斬衰三升三升半齊衰四升以下是其孝子喪親以衣

服表心但吉服所以表德凶服所以表哀德有高下章有升降哀有淺深布有精麤不同者也第五明喪服章次以精麤爲敘者案喪服上下十有一章從斬至緦麻升數有異異者斬有二義不同爲父以三升爲正爲君以三升半爲義其冠同六升三年齊衰惟有正之四升冠七升繼母慈母雖是義以配父故與因母同是以略爲節有正而已杖期齊衰有正而已父在爲母與爲妻同正服齊衰五升冠八升不杖齊衰期章有正有義二等正則五升冠八升義則六升冠九升齊衰三月章皆義服齊衰六升冠九升曾祖父母計是正服但正服合以小功以尊其祖不服小功而服齊衰非本服故同義服也殤是大功有降有義爲夫之昆弟之長子殤是義其餘皆降服也降服衰七升冠十升義服衰九升冠十一升大功章有降有正有義姑姊妹出適之等是降婦人爲夫之族類爲義自餘皆正衰冠如上釋也緦衰唯有義服四升半皆冠七升而已以諸侯大夫爲天子故同義服也殤小功有降有義婦人爲夫之族類是義自餘皆降服降則衰冠同十升義則衰冠同十二升小功亦有降亦有正有義如前釋緦麻亦有降有正有義皆如上陳但衰冠同十五升抽去半而已自斬以下至緦麻皆以升數升數少者在前升數多者在後要不得以此升數爲敘者一則正義及降升數不得同在一章又緦衰四升半在大功之下小功之上鄭下注云在小功之上者欲審著縷之精麤若然喪服章次雖以升數多少爲前後要取縷之精麤爲次第也第六明作傳之人又明作傳之義傳曰者不知是誰人所作人皆云孔子弟子卜商字子夏所爲案公羊傳是公羊高所爲公羊高是子夏弟子今案公羊傳有云者何何以曷爲孰謂之等今此傳亦云者何何以孰謂曷爲等之問師徒相習語勢相遵以弟子却本前師此傳得爲子夏所作是以師師相傳蓋不虛也其傳內更云傳者是子夏引他舊傳以證己義儀禮見在一十七篇餘不爲傳獨爲喪服作傳者但喪服一篇總包天子已下五服差降六術精麤變除之數既繁出入正殤交互恐讀者不能悉解其義是以特爲傳解第七明鄭玄之注經傳兩解之云鄭氏者北海郡高密縣人姓鄭名玄字康成漢僕射鄭崇八世孫也後漢徵爲大司農而不就年七十四卒於家云注者

注義於經傳之下辨其義意若傳不釋經者則注在傳上以釋經若傳義難明者則在傳下以釋傳又在傳下注皆須題云玄謂以別傳若在傳上注者不須題玄義可知或云注或云傳出注述者意耳或有解云前漢以前云傳後漢以後云注若然王弼王肅之等後漢之人云傳此說非也

傳　子夏

儀禮　鄭氏注

喪服斬衰裳苴絰杖絞帶冠繩纓菅屨者者者明為下出也凡服上曰衰下曰裳麻在首在要皆曰絰絰之言實也明孝子有忠實之心。故為。制。此服。焉首絰象緇布冠之缺項要絰象大帶又有絞帶象革帶齊衰以下用布

疏喪服至屨者○釋曰題此二字於上者與此一篇為總目言斬衰裳者謂斬三升布以為衰裳不言裁割而言斬者取痛甚之意知者案三年問云創鉅者其日久痛甚者其愈遲雜記縣子云三年之喪如斬期之喪如剡謂哀有深淺是斬者痛深之義故去斬也若然斬衰先言斬下疏衰後言齊者以斬衰先斬布後作之故先言斬疏衰先作之後齊之故後云齊斬齊既有先後是以作文有異也云苴絰杖絞帶者以一苴目此三事謂。苴。麻為首絰要絰又以苴竹為杖又以苴麻為絞帶知此三物皆同苴者以其冠繩纓不得用苴明此三者皆用苴又喪服小記云苴杖竹也記人解此杖是苴竹也又絞帶與要絰象大帶與革帶二者同在要要絰既苴明絞帶與要絰同用苴可知又喪服四制云苴衰不補則衰裳亦同苴矣云冠繩纓者以六升布為冠又屈一條繩為武垂下為纓冠在首退在帶下者以其衰用布三升冠六升冠既加飾故退在帶下又齊衰冠纓用布則知此繩纓不用苴麻用枲麻故退冠在下更見斬義也云菅屨者謂以菅草為屨詩云白華菅兮白茅束兮鄭云白華已漚名之為菅濡刃中用則此菅亦是已漚者也已下諸章並見年月唯此斬章不言三年者以其喪之痛極莫甚於斬故不言年月表創鉅而已是以衰。設人功之疏經又言麻之形體至於齊衰已下非一直見人功之疏又見經去麻之狀貌舉齊衰云三年明上斬衰三年可知然此一經為次若此者

以先喪而後服故服在喪下又先斬後乃爲衰裳故斬文在衰裳之上經杖絞帶俱蒙於苴故苴又在前經中經有二事仍以首經爲主故經文在上杖者各齊其心故在絞帶之前冠纓雖加於首以其不蒙於苴故退文在下屨乃服中之。賤最後爲宜聖人作文倫次然○注者者至用布○釋曰云者者明爲下出也者周公設經上陳其服下列其人此經所陳服者明爲下人所出故服下出者明臣子爲君父等所出也案下諸章皆言者鄭。止一解餘皆不釋義皆如此也云凡服上曰衰下曰裳者言凡者鄭欲兼解五服案下記云。衰廣四寸長六寸綴之於心總號爲衰非。正當心而已故諸言衰皆與裳相對至於弔服三者亦謂之爲衰也云麻在首在要皆曰經知一經而兼。二者以子夏傳要首二經俱解禮記諸文亦。首。要並陳故士喪禮云要經小焉故知一經而兼二文也云經之言實也明孝子有忠實之心故爲制此服焉檀弓云經也者實也明孝子有忠實之心故爲制此服焉案問喪云斬衰貌若苴齊衰貌若枲之等皆是心內苴惡貌亦苴惡服亦苴惡是服以象貌貌以象心是孝子有忠實之心若服苴而貌美心不苴惡者是中外不相稱無忠實之心者也云首經象緇布冠之缺項者案士冠禮緇布冠青組纓屬於缺鄭注云缺讀如有頍者弁之頍緇布冠之無笄者著頍圍髮際。結項中隅爲四綴以固冠也此所象無正文但喪服法吉服而爲之吉時有二帶凶時有二經以要經象大帶明首經象頍項可知以。彼頍項爲吉時緇布冠無笄故用頍項以固之今喪之首經與冠繩纓別材而不相綴今言象之者直取經法象頍項而爲之至於喪冠亦無笄直用六升布爲冠一條繩爲纓與此全異也云要經象大帶者案玉藻云大夫以下大帶用素天子朱裏終。裨以玄黃士則練帶裨下末三。赤用緇是大帶之制今此要經下傳名爲帶明象吉時大帶也云又有絞帶象革帶者案玉藻韠之形制云肩革帶博二寸吉備二帶大帶申束衣革帶以佩玉。佩及事佩之等今於要經之外別有絞帶明絞帶象革帶可知案士喪禮云苴經大。鬲要經小焉又云婦人之帶牡麻結本注云婦人亦有首經但言帶者記其異此齊衰婦人斬衰婦人亦有苴經以此而言則婦人吉時雖云女鞶絲以絲爲帶而無頍項今於喪禮哀痛甚亦有二經與絞帶以備喪禮故此。經具陳於上男女俱言於下明男女共有此服也云齊衰已下用布者卽下齊衰章云削杖布帶是也若然。案此經。凶服皆依舊名唯衰與經特制別名者案禮記檀弓云有以故興物者鄭云衰經之制以經表孝子忠實之心衰明孝子有哀摧之義故制此二者而異名見其哀痛之甚故也

傳。曰斬者何不緝也苴經者麻之有蕡者也苴經大搹左。本在下去五分一以爲帶齊衰之經斬衰之帶也去五分一以爲帶大功之經齊衰之帶也去五分一以爲帶小功之經大功之帶也去五分一以爲帶緦麻之經小功之帶也去五分一以爲帶苴杖竹也削杖桐也杖各齊其心皆下本杖者何爵也無爵而杖者何擔主也非主而杖者何輔病也童子何以不杖不能病也婦人何以不杖亦不能病也絞帶者繩帶也冠繩纓條屬右縫冠六升外畢。鍛而勿灰衰三升菅屨者菅菲也外納居倚廬寢苫枕塊。哭晝夜無時歠粥朝一溢米夕一溢米寢不說經帶既虞翦屏柱楣寢有席食疏食水飲朝一哭夕一哭而已既練舍外寢始食菜果飯素食哭無時。盈手曰搹搹。扼也中人之扼圍九寸以五分一爲殺者象五服之數也爵謂天子諸侯卿大夫士也無爵謂庶人也擔猶假也無爵者假之以杖尊其爲主也非主謂衆子也屬猶著也通屈一條繩爲武垂下爲纓著之冠也布八十縷爲升升字當爲登登成也今之禮皆以登爲升俗誤已行久矣雜記曰喪冠條屬以別吉凶三年之練冠亦條屬右縫小功以下左縫外畢者冠前後

屈而出縫於武也二十兩曰溢爲米一升二十四分升之一楣謂之梁柱楣所謂梁闇疏猶𥇆也舍外寢於中門之外屋下。壘墼爲之不。塗墍所謂堊室也素猶故也謂復平生時食也斬衰不書受月者天子諸侯卿大夫士虞卒哭異數

疏 傳曰至無時○釋曰云斬者何問辭以執所不知故云者何云不緝也者荅辭此對下疏衰裳齊齊是緝此則不緝也云苴經者麻之有蕡者也案爾雅釋草云蕡枲實孫氏注云蕡麻子也以色言之謂之苴以實言之謂之蕡下言牡者對蕡爲名言枲者對苴生稱也是以云斬衰貌若苴齊衰貌若枲也若然枲是雄麻蕡是子麻爾雅云蕡枲實者舉類而言若圜曰簞方曰筥鄭注論語云簞筥亦舉其類也下傳云牡麻。者枲麻也不連言經此苴連言經者欲見苴經別於苴杖故下傳別云苴杖後傳牡麻不連言經此苴連言經者彼無他物之嫌獨有經故不須連言經也云苴經大搹左本在下者士喪禮文與此同彼此皆云苴經大搹連言苴者但經連言苴經經中有此二言經大搹先據首經而言也雷氏以搹搤不言寸數則各從其人大小爲搤非鄭義據鄭注無問人之大小皆以九寸圍之不爲正若中人之跡尺二寸也云左本在下者本謂麻根案士喪禮鄭注云下本在左重服統於內而本陽也以其父是陽左亦陽言下是內故云重服統於內以言痛從心內發故也此對爲母右本在上輕服統於外而本陰也云去五分一以爲帶者以其首經圍九寸取五寸去一寸得四寸餘四寸寸爲五分總二十分去四分餘十六分取十五分五分爲寸一爲三寸添前四寸爲七寸幷一分總七寸五分寸之一也云齊衰之經斬衰之帶也者以其大小同故疊而同之也云去五分一以爲帶者謂七寸五分寸之一也中五分去一爲齊衰之帶今計之以七寸中取五寸去一寸得四寸餘二寸寸分爲二十五分爲二寸合爲五十分餘一分者又破爲五分添前爲五十五分亦五分去一總去一十一分餘四十四分在又二十五分爲一寸餘十九分在齊衰之帶總五寸二十五分寸之十九也云大功之經齊衰之帶也去五分一以爲帶者就五寸中去一寸得四寸前二十五分破寸今大功百二十五分破寸則以十九分者各分破爲五分十九分總破爲九十五與百二十五分破寸相當就

九十五分中五分去一去十九餘七十六則大功之經五寸二十五分寸之十九帶則四寸百二十五分寸之七十六又云小功之經大功之帶也去五分一以為帶者又就四寸百二十五分寸之七十六中五分去一前百二十五分破寸今亦四倍加之以六百二十五分破寸然後五分去一為小功帶又云緦麻之經小功之帶去五分一以為帶則亦四倍加之前六百二十五分破寸今則三千一百二十五分破寸五分去一則取四以為緦麻之帶經之等皆以五分破寸既有成法何假盡言然斬衰有二齊衰有四大功小功成人與殤各有二等緦麻殤與成人章又不別若使經帶各依升數則參差難等是以子夏作傳五服各為一節計之似周禮掌客云羣介行人宰史各以爵等為牢禮之數鄭云以命數則參差難等略於臣用爵而已此經亦然也士喪禮云苴經大鬲下本在左要經小焉鄭注云經帶之差自此出焉謂子夏言經帶之差出於士喪之經故鄭指而言之也但斬衰之經圍九寸者首是陽故欲取陽數極於九自齊衰以下自取降殺之義無所法象也云苴杖竹也削杖桐也者傳意見經唯云苴杖不出杖體所用故言苴杖者竹也下章直云削竹亦不辨木名故因釋之云削竹者桐也若然經言苴杖因釋削杖唯上下二章不通於下是以兼釋之至於經帶五服自明故不兼釋然為父所以杖竹者父者子之天竹圓亦象天竹又外內有節象子為父亦有外內之痛又竹能貫四時而不變子之為父哀痛亦經寒溫而不改故用竹也為母杖桐者欲取桐之言同內心同之於父外無節象家無二尊屈於父為之齊衰經時而有變又案變。除削之。使方者取母象於地故也此雖不言杖之麤細案喪服小記云經殺五分而去一杖大如經鄭注云如要經也鄭。知如要經者以其先云經五分為殺為要經其下即云杖大如經明如要經也如要經者以杖從心已下與要經同處故如要經也云杖各齊其心者杖所以扶病病從心起故杖之高下以心為斷也云皆下本者本根也案士喪禮下本注云順其性也云杖者何爵也者自此已下有五問五荅皆為杖起文云者何者亦是執所不知以其吉時五十。已後乃杖所以扶老今為父母之喪有杖有不杖不知故執而問之云爵以爵荅之以其有爵之人必有德有德則能爲父母致病深故許其以杖扶病云無爵而杖者何問辭也庶人無爵亦得杖云檐主也者荅辭也以其雖無爵無德然以適子故假取有爵之杖爲之喪主拜賓送賓成喪主之義也云非主而杖者何問辭也輔病也荅辭也鄭云謂衆子雖非爲主子爲父母致病是同亦爲輔病也云童子何以不杖者案此子夏之問辭有不同或云者何或云何以或云何如或云孰後或云孰謂或云何大夫或云曷爲有此七者荅有義意凡言者何皆謂執所不知故隱元年公羊傳云元年者何何休云諸據疑問所不知故曰者何即此問杖者何是也稱何以者皆據彼決此即下云父爲長子何以三年據期章爲衆子期適庶皆子長子獨三年是據彼決此也此即公羊傳云何以不言即位何休云據文公言即位隱不稱即位是也云何如者問比類之辭即下傳云何爲而可爲人後者同宗則可爲人後是其問比類也云孰後者不問比類依不杖章子夏傳云孰後後大宗禮有大宗小宗故問誰爲後云孰謂者亦是問比類但舊君有二等一是待放之臣二是致仕之臣俱爲舊君是以齊衰三月章云舊君傳曰爲舊君者孰謂也仕焉而已者也由其有二等故問比類也即公羊傳云王者孰謂謂文王是也云何大夫者亦是據彼決此即齊衰三月章云大夫爲舊君傳曰何大夫之謂乎言其以道去君而猶未絕也由其大夫有致仕者有待放者不同故舉何大夫之問也言曷爲者亦是據彼決此故不杖章云大夫曷爲不降命婦也云謂據大夫於姑姊妹出嫁宜降不降故舉曷爲之問也今云童子何以不杖問辭也不能病也荅辭也此庶童子非直不杖以其未冠首加免而已故問喪云免者以何爲也曰不冠者之所服也言何以者據當室童子及成人皆杖唯此庶童子不杖故云何以決之也知當室童子杖者案問喪云禮曰童子不緦唯當室緦緦者其免也當室則免而杖矣謂適子也案雜記云童子哭不偯不踊不杖不菲不廬注云未成人者不能備禮也此獨云不杖餘不言者此上下皆釋杖故言杖不云餘者其實皆無直有衰裳經帶而已又云婦人何以不杖亦不能病也者此亦謂童子婦人若成人婦人正杖知者此喪服上陳其服下陳其人喪服之下男子婦人俱列男子婦人同有苴杖又

喪大記云三日子夫人杖五日大夫世婦杖諸子皆有婦人杖文故知成人婦人正杖也明此童子婦人案喪服小記云女子子在室爲父母其主喪者不杖則子一人杖鄭注云女子子在室亦童子也無男昆弟使同姓爲攝主不杖則子一人杖謂長女也許嫁及二十而笄笄爲成人成人正杖也是其童女爲喪主則亦杖矣若然童子婦人案小功章云爲姪庶孫丈夫婦人之長殤是未成人稱婦人也雷氏以爲此人者服妻爲夫妾爲君女子子在室爲父女子子嫁及在父之室爲父三年如傳所云婦人者皆不杖喪服小記婦人不爲主而杖者唯著此一條明其餘不爲主者皆不杖此說非何者此四等婦人皆在杖科之內何得不杖又禮記諸文說婦人杖者甚衆何言無杖也云絞帶者繩帶也者以絞麻爲繩作帶故云絞帶也王肅以爲絞帶如要經馬鄭不言當依王義雷氏以爲絞帶在要經之下言之則要經五分去一以爲帶但首經象頍項之布又在首要經象大帶用繒又在要故須五分去一以爲帶今絞帶象革帶與要經同在要一則無上下之差二則無麤細可象而云去要經五分一爲絞帶失其義也但經一帶至虞後變麻服葛絞帶虞後雖不言所變案公士衆臣爲君服布帶又齊衰已下亦布帶則絞帶虞後變麻服布於義可也云冠繩纓條屬者喪用繩爲纓屬著也著之冠垂之爲纓也云外畢者前後兩畢之末而向外攝之也云鍛而勿灰者以冠爲首飾布倍衰裳而用六升又加以水濯勿用灰而已冠六升勿灰則七升已上故灰矣故大功章鄭注云大功布者其鍛治之功麤沽之則七升已上皆用灰也云衰三升者不言裳裳與衰同故舉衰以見裳爲君義服衰三升半不言者以縷如三升半成布三升故直言三升舉正以包義也云菅屨者菅菲也外納居倚廬者周公時謂之屨子夏時謂之菲案士喪禮屨外納鄭注云納收餘也王謂正向外編之居倚廬孝子所居居在門外東壁倚木爲廬故既夕記云居倚廬鄭注云倚木爲廬在中門外東方北戶又喪大記云凡非適子者自未葬以於隱者爲廬注云不欲人屬目蓋廬於東南角若然適子則廬於其北顯處爲之以其適子當應接弔賓故不於隱者若然此下有臣爲君則亦居廬案周禮宮正云大喪授廬舍辨其親疏貴賤之居

注云親者貴者居倚廬疏者賤者居堊室又雜記朝廷卿大夫士居廬都邑之士居堊室見諸侯之臣爲其君之禮案喪大記云婦人不居廬若然此經云居倚廬專據男子生文云寢苫枕塊既夕文與此同彼注云苫編藁塊墣也彼又云不說絰帶鄭注云哀戚不在於安若然在中門外者哀親之在外寢苫者哀親之在草故也此。之衰三升枕塊據大夫已上若士則大夫適子爲士者得行大夫禮若正士則枕草衰則縷三升半成布三升雜記所云齊晏平仲爲其父斃衰斬枕草是也但平仲謙爲父服士服耳云哭晝夜無時者哭有三無時始死未殯已前哭不絶聲一無時既殯已後卒哭祭已前阼階之下爲朝夕哭在廬中思憶則哭二無時既練之後無朝夕哭唯有廬中或十日或五日一思憶則哭三無時也卒哭之後未練之前唯有朝夕哭是一有時也云歠粥朝一溢米夕一溢米者孝子遭父母之喪當爲父母致病故喪大記云水漿不入口三日之後乃始食必三日許食者聖人制法不以死傷生恐至滅性故禮許之食雖食。猶節之使朝夕各一溢米而已也曾子有母之喪水漿不入於口。七日。者失禮之法故子思非之云先王制禮過之者俯而就之不至者跂而及之故君子執親之喪水漿不入於口者三日杖而後能起是禮之常法也云寢不說絰帶者案雜記孔子云少連大連善居喪三月不解鄭注云不解倦也又案既夕文與此同鄭注云哀戚不在於安絰帶在衰裳之上而云不說則衰裳在內不說可知此據未葬前故文在虞上既虞後寢有席衰絰說可知也云既虞翦屏柱楣者案王制云天子七月而葬諸侯五月而葬大夫士三月而葬又案士虞禮既葬反日中而虞鄭注士喪三虞云虞安也葬時送形而往迎魂而反反哭之時入廟中上堂不見入室又不見乃至適寢之中舊殯之處爲虞祭以安之禮記檀弓云葬日虞不忍一日離也是日也以虞易奠是也依公羊傳云天子九虞諸侯七虞大夫五虞士三虞今傳言既虞謂九虞七虞五虞三虞之後乃改舊廬西鄉開戶翦去戶傍兩廂屏之餘草柱楣者前梁謂之楣楣下兩頭豎柱施梁乃夾戶傍之屏也云寢有席者案閒傳云既虞卒哭柱楣翦屏芐翦不納鄭云芐今之蒲苹卽此寢有席謂蒲席加於苫上也云。食疏食水飲者未虞以前朝一溢米夕一溢米而爲粥今既虞之後用麤疏米爲飯而食之明不止朝一溢夕一溢而已當以足爲度云飲水者未虞以前渴亦飲水而在既虞後與疏食同言水飲者恐虞後飲漿酪之等故云飲水而已也云朝一哭夕一哭而已者此當士虞禮卒哭之後彼云卒哭者謂卒去廬中無時之哭唯有朝夕於阼階下有時之哭喪服之中三無時哭外唯此卒哭之後未練之前一節之間是有時之哭故云而已言其不足之意云既練舍外寢者謂十三月服七升冠男子除首絰而帶獨存婦人除於帶而絰獨存又練布爲冠著繩屨止舍外寢之中不復居廬也云始食菜果飯素食者案喪大記祥而食肉閒傳云大祥有醯醬中月而禫而飲醴酒始飲酒者先飲醴酒始食肉者先食乾肉曲禮云父母之喪有疾飲酒食肉疾止復初皆爲不以死傷生也云哭無時者此三無時哭中謂練後堊室之中或十日或五日思憶則哭大記云祥而外無哭者禫而內無哭者皆在哭無時之限也○注盈手至異數○釋曰云以五分一爲殺者象五服之數也者鄭五服之內升數至多若絰帶象升數降殺參差難等若五服服爲一節則降殺易明故鄭云象五服之數也云爵謂天子諸侯卿大夫士也者案白虎通云天子爵號又夏殷之士無爵周之道爵及命士卿大夫自然皆爵也是天子以下皆曰爵也云屬猶著也通屈一條繩爲武垂下爲纓著之冠也者案禮記云喪冠條屬以別吉凶若然吉冠則纓武別材凶冠則纓武同材是以鄭云通屈一條繩爲武謂將一條繩從額上約之至項後交過兩相各至耳於武綴之各垂於頤下結之云著之冠者武纓皆上屬著冠冠六升外畢是也云布八十縷爲升者此無正文師師相傳言之是以今亦云八十縷謂之宗宗即古之升也云今之禮皆以登爲升俗誤已行久矣者案鄭注儀禮之時古今二禮並觀疊古文者則從經今文若疊今文者則從經古文今此注而云今之禮皆以登爲升與諸注不同則今古禮皆作升字俗誤已行久矣也若然論語云新穀既升升亦訓爲成今從登不從升者凡織紝之法皆縷縷相登上乃成繒布登義強於升故從登也引雜記者證條屬是喪冠若吉冠則纓武異材云三年之練冠亦條屬者欲見條屬以至大祥除衰杖大祥除喪之際朝服

縞冠當纓武異材從吉法也云右縫小功以下左者案大戴禮云大功已上唯唯小功已下額額然孝子朝夕哭在阼階之下西面弔賓從外入門北面見之大功以上哀重其冠三辟積鄉右爲之從陰唯唯然順小功緦麻哀輕其冠亦三辟積鄉左爲之從陽弔賓入門北鄉望之額額然逆鄉賓二者皆條屬但從吉從凶不同也云外畢者冠前後屈而出縫於武也者冠廣二寸落頂前後兩頭皆在武下鄉外出反屈之縫於武而爲之兩頭縫畢鄉外故云外畢案曲禮云厭冠不入公門鄭注云厭猶伏也喪冠厭伏是五服同名由在武下出反屈之故得厭伏之名檀弓云古者冠縮縫今也衡縫故喪冠之反吉非古也是吉冠則辟積無殺横縫亦兩頭皆在武上鄉内反屈而縫之不得厭伏之名云二十兩曰溢爲米一升二十四分升之一者依筭法百二十斤曰石則是一斛若然則十二斤爲一斗取十斤分之升得一斤餘二斤斤爲十六兩二斤爲三十二兩升取三十兩升得三兩添前一斤十六兩爲十九兩餘二兩兩爲二十四銖二兩爲四十八銖取四十銖升升得四銖餘八銖一銖爲十絫八銖爲八十絫十升升得八絫添前則是一升得十九兩四銖八絫於二十兩仍少十九銖二絫則别取一升破爲十九兩四銖八絫分十兩爲二十四銖則爲二百四十銖又分九兩兩爲二十四銖則九兩者二百一十六銖并四銖八絫添前四百六十銖八絫總爲二十四分分直取二百四十銖餘二百二十四銖八絫在又取二百一十六銖二十四分分得九銖添前分得十九銖有四銖八絫四銖爲十絫總爲四十絫通八絫爲四十八絫二十四分分得二絫是一升爲二十四分分得十九銖添前四銖爲二十三銖將二十絫添前八絫則爲千一絫則十絫爲一銖以此一銖添前二十三銖則爲二十四銖爲一兩一兩添十九兩總二十兩曰溢云楣謂之梁所謂梁闇者所謂書傳文案喪服四制云高宗諒闇三年鄭注云諒古作梁楣謂之梁闇讀如鶉鵪之鵪闇謂廬也廬有梁者所謂柱楣也即此柱楣者也云舍外寢於中門之外屋下壘墼爲之不塗墍所謂堊室也者今至練後不居舊廬還於廬處爲屋但天子五門諸侯三門得有中門大夫士唯有大門内門兩門而已無中門而云中門外者案士喪禮及既

夕外位唯在寢門外其東壁有廬堊室若然則以門爲中門據內外皆有哭位其門在外內位中故爲中門非謂在外門內門之中爲中門也言屋下壘墼爲之者東壁之所舊本無屋而云屋下爲之者謂兩下爲屋謂之屋下對廬偏加東壁非兩下謂之廬也云不塗墍者謂翦屏而已不泥塗墍飾也云所謂堊室者閒傳云父母之喪既虞翦屏期而小祥居堊室彼練後居堊室即此外寢故鄭云所謂堊室也云謂復平生時食也者此食爲飼讀之不得爲食讀之知者天子已下平常之食皆有牲牢魚腊練後始食菜果未得食肉飲酒何得平常時食明專據米飯而言也以其初據一溢米而言既虞飯疏食食亦米飯也此既練後復平生時食。食亦據米飯而言以其古者名飯爲。食與公食大夫者同音也云斬衰不書受月者云云凡喪服所以表哀哀有盛時殺時服乃隨哀以降殺故初服麤至葬後練後大祥後漸細加飾是以冠爲受斬衰裳三升冠六升既葬後以其冠爲受衰裳六升冠七升小祥又以其冠爲受衰裳七升冠八升自餘齊衰以下受服之時差降可知然葬後有受服有不受服案下齊衰三月章及殤大功章皆云無受正大功章即云三月受以小功衰即葛九月者今此斬衰章及齊衰章應言受月而不言故鄭君特解之案雜記云天子七月而葬九月而卒哭諸侯五月而葬七月而卒哭大夫三月而葬五月而卒哭士三月而葬是月而卒哭是天子已下虞卒哭異數尊卑皆葬訖反日中而虞天子九虞諸侯七虞大夫五虞虞訖卽受服士三虞待卒哭乃受服必然者以其大夫已上卒哭在後月虞在前月日已多是以虞卽受服不得至卒哭士葬月卒哭與虞同月故受服待卒哭後也今不言受月者喪服總包天子以下若言七月唯據天子若言五月唯據諸侯皆不該上下故周公設經沒去受服之文欲見上下俱。含故也

儀禮疏卷第二十八

儀禮注疏卷二十八校勘記

阮元撰盧宣旬摘錄

喪服第十一　毛本一下有子夏傳三字釋文作喪服經傳第十一無子夏傳三字瞿中溶云石本原刻作喪服經傳第十一後磨改○按隋書經籍志馬融等注喪服其題皆曰喪服經傳則此四字乃舊題也疏云傳曰者不知何人所作人皆云孔子弟子卜商字子夏所爲師師相傳蓋不虛也若題中本有子夏傳三字則賈氏何必云爾此蓋唐石經誤改而後人習焉不察也

案鄭目錄云　要義同毛本無案字案禮記疏引鄭目錄俱有案字儀禮惟此篇有之正與禮記同例今本刪去蓋誤認鄭目錄云云爲注也

若全存居於彼焉已亡之耳　按下文又引此二句無居字已下有棄字

大數未聞　大要義作本按大字不誤

葬之中野　中陳閩俱作於

將由夫脩飾之君子與　要義同毛本飾作飭○按作飾與禮記三年問合

人道之至文者也　陳本要義同毛本文作大○按大是也

是士以上爲義稱　爲上聶氏有各字是也

雖不與同　陳閩俱無與字

生人制服 制上陳閩俱有爲字

斬有二義不同 陳閩要義同毛本二作正通解作斬有二有正有義無不同二字

惟有正之四升 聶氏要義同毛本通解之作服

以配父 父上陳閩俱有其字

爲夫之昆弟之長子殤 長子陳閩通解俱倒

故同義服也 故陳閩俱作皆

小功亦有降亦有正有義 要義同毛本無下亦字

要不得以此升數爲敘者 敘陳閩俱作殺

又明作傳之義 陳閩同毛本義作意

傳曰者 通解無曰字○按此本因題中無傳字故舉篇中傳曰二字釋之黄氏删曰字蓋未達賈氏之意

語勢相遵 要義同毛本遵作連

以證己義 通解要義楊氏同毛本義作意

六術精麤 陳閩通解楊氏俱無六術二字

若傳義難明者陳閩俱無義字

又在傳下注皆此本皆字屬下句毛本皆作者屬此句

出注述者意耳述下陳閩俱有之字

喪服

者者上者字鍾本誤作屨

明孝子有忠實之心故爲制此服焉下六字毛本脫徐本通典聶氏集釋通解俱有與本疏及疏序合惟楊氏無

以一苴目此三事以一二字陳閩俱倒

謂苴麻爲首經要經苴麻二字陳閩俱倒

濡刃中用通解要義同毛本刃作韌

是以衰設人功之疏浦鏜云沒誤設從下疏校○按段玉裁校本作說

屨乃服中之賤通解同毛本賤下有者字

鄭止一解陳閩同毛本止作君○按止字是

衰廣四寸通解要義同毛本衰作裳○按衰字是

非正當心而已正通解作止按篇中止字多誤作正盧文弨謂唐人書止多作正不必改未知何據俟考

知一經而兼二者二下要義有文字

亦首要並陳首要二字要義倒

結項中結陳閩俱作頍○按士冠禮注作結不作頍疏同

以彼頍項彼陳閩俱作後

天子朱裏終禪禪陳閩俱作辟按玉藻作辟

下末三赤用緇要義同毛本赤作尺

華帶以佩玉佩及事佩之等玉下要義無佩字

苴經大鬲要義同毛本鬲作搹下同

故此經具陳於上經陳閩俱作經

案此經凶服陳閩俱無案字凶俱作喪

傳曰斬者何此傳三節徐本釋文集釋要義俱合爲一節注揔在傳後與疏合通解楊氏俱與毛本同

左本在下毛本本誤作右

絞帶者〇冠繩纓 繩徐本作纓誤〇外畢 畢通典作縪按既夕記作縪

居倚廬寢苫枕塊 釋文云塊本又作凷

盈手曰搹 按篇題疏云在傳下注皆須題云元謂以別傳若在傳上注者不須題元義可知若然傳下之注注首本有元謂二字士喪禮衆婦人戶外北面疏引喪服記傳曰小功以下爲兄弟元謂於此發兄弟傳者云云尤可爲證今本俱無蓋後人所刪也又疑鄭氏原本傳注連寫故題元謂以示識別與周禮同例亦猶毛詩之箋云也但詩箋必在傳後故傳首不加傳字此則有於傳上作注者故傳首復加傳曰以別之凡傳與注皆連寫故傳下之注必總在傳末不得分一傳爲數節

扼也 扼釋文要義俱作扼下同

壘墼爲之 壘集釋作纍

不塗墍 塗釋文作涂

牡麻者枲麻也 陳閩俱無者字〇按下傳有者字

又案變除 除下聶氏有云字案隋志有喪服變除一卷葛洪撰

削之使方者 使下聶氏有下字

鄭知如要絰者 要義同毛本知作云聶氏鄭云作必知

以其吉時五十已後乃杖 毛本要義已作以

亦得杖 要義同毛本亦上有何字

爲之喪主 陳閩俱無之字

輔病也 要義同毛本輔上有云字也下有者字

此七者皆有義意 浦鏜云皆當各字之誤

即此問杖者何是也 陳閩俱無此字

皆據彼決此 決此陳閩俱作所決

俱爲舊君 爲閩本作是

言曷爲者 毛本言作云

緦者其免也 陳閩俱無緦字○按陳閩非也問服有緦

此亦謂童子婦人 此字下陳閩俱有蓋字

笄爲成人成人正杖也 成人二字陳閩俱不重出○按喪服小記重成人二字陳閩非也

王肅以爲絞帶如要絰焉 馬通解要義俱作焉屬下句毛本作焉屬此句

其鍛治之功麤沽之 通解要義同毛本沽作治○按作沽與大功章注合

菅菲也外納居倚廬者 要義同通解毛本無外納居倚廬五字○按毛本分節既與疏異不得不刪易疏文

孝子所居居在門外東壁 要義同通解楊氏毛本俱不重居字

自未葬以於隱者爲廬 陳本通解要義同毛本以作倚通解以下有前字○按喪大記作以無前字

此之衰三升枕塊 毛本要義之作云

雖食猶節之 猶通解作由

水漿不入於口七日者 毛本者字在七日上

云食疏食水飲者 陳閩通解俱無上食字

婦人除於帶 陳本要義同毛本於作要

中月而禫而飲醴酒 陳閩俱重禫字○按閒傳重禫字

鄭五服之內 浦鏜云鄭下當脫以字

垂下爲纓著之冠也者 陳閩俱無著之冠也四字

兩相各至耳 通解同毛本相作廂

從吉法也吉陳閩俱作古

小功以下左者通解要義同毛本左下有縫字○按各本注俱有縫字

大功已上唯唯唯字陳閩俱不重毛本已作以下同

小功已下額額然聶氏通解要義同毛本額額作頟頟下同

弔賓從外入門聶氏通解要義同毛本入作大

落頂前後通解要義同毛本頂作項○按項字誤頂字是也

檀弓云古者冠縮縫檀上陳閩俱有禮字

則辟積無殺橫縫殺通解作數

一銖爲十纍纍陳閩監俱作絫下同通解作參下同○按絫累古今字參者絫之誤

廾四銖八纍通解同毛本廾作升

復平生時食食通解要義同毛本不重食字

以其古者名飯爲食陳閩俱重食字

欲見上下俱含故也毛本欲作亦含作合通解同

儀禮注疏卷二十八校勘記

珍倣宋版印

儀禮疏卷第二十九

唐朝散大夫行大學博士弘文館學士臣賈公彦等撰

父傳曰爲父何以斬衰也父至尊也 疏 父○釋曰周公設經上陳其服下列其人卽此文父已下是爲其人服上之服者也先陳父者此章恩義並設忠臣出孝子之門義由恩出故先言父也又下文諸侯爲天子妻爲夫妾爲君之等皆兼舉著服之人於上乃言所爲之人於下若然此父與君直單舉所爲之人者餘者若直言天子臣皆爲天子故舉諸侯也若直言夫則妾於君體敵亦有夫義妾爲君若直言君與前臣爲君文不殊已外亦。皆嫌疑故兼舉著服之人子爲父臣爲君二者無嫌疑故單舉所爲之人而已云。傳曰爲父何以斬衰也父至尊也者言何以者問比例。以父母恩愛等母則在齊衰父則入於斬比並。不倒故問何以斬不齊衰荅云父至尊者天無二日家無二尊父是一家之尊尊中至極故爲之斬也

諸侯爲天子 疏 諸侯爲天子○釋曰此文在父下君上者以下文君中雖言天子兼有諸侯及大夫此天子不兼餘君君中最尊上故特著文於上也

傳曰天子至尊也 疏 者傳曰天子至尊也○釋曰不發問而直荅之者義可知故直荅而云天子至尊同於父也

君 疏 君○釋曰臣爲之服此君內兼有諸侯及大夫故文在天子下鄭注曲禮云臣無君猶無天則君者臣之天故亦同之於父爲至尊但義故還著義服也

傳曰君至尊也天子諸侯及卿大夫有地者皆曰君 疏 注天子至曰君○釋曰卿大夫承天子諸侯則天子諸侯之下。卿。大。夫有地。者皆曰君案周禮載師云家邑任稍地小都任縣地大都任。畺地是天子卿大夫有地者若魯國季孫氏有費邑叔孫氏有郈邑孟孫氏有郕邑晉國三家亦皆有韓趙魏之邑是諸侯之卿大夫有地者皆曰君以其有地則有臣故也天子不言公與孤諸侯大國亦有孤鄭不言者詩云三事大夫謂三公則大夫中含之也但士無臣雖有地不得君

稱故僕隸等爲其長弔服加麻不服斬也

父爲長子

不言適子通上下也亦言立適以長

疏父爲長子〇釋曰君父尊外次長子之重故其文在此〇注不言至以長〇釋曰言長子通上下則適子之號唯據大夫士不通天子諸侯若言大子亦不通上下案服問云君所主夫人妻大子適婦鄭注云言妻見大夫已下亦爲此三人爲喪主也則大子下及大夫之子不通士若言世子亦不通上下唯據天子諸侯之子是以鄭云不言適子通上下非直長子得通上下冢子亦通上下故內則云冢子則大牢注云冢子猶言長子通於下也是冢子亦通上下也云亦言立適以長者欲見適妻所生皆名適子第一子死也則取適妻所生第二長者立之亦名長子若言適子唯據第一者若云長子通立適以長故也

傳曰何以三年也正體於上又乃將所傳重也庶子不得爲長子三年不繼祖也

此言爲父後者然後爲長子三年重其當先祖之正體又以其將代己爲宗廟主也庶子者爲父後者之弟也言庶者遠別之也小記曰不繼祖與禰此但言祖不言禰容祖禰共廟

疏傳曰何至祖也〇釋曰云何以者亦是問比例以其俱是子不杖章父爲衆子期此章長子則爲之三年故發何以之傳也不問斬而問三年者斬重而三年輕長子非尊極故擧輕以問之輕者尚問明重者可知故擧輕以明重也云正體於上又乃將所傳重也者此是荅辭也以其父祖適適相承爲上已又是適承之於後故云正體於上云又乃將所傳重者爲宗廟主是有此二事乃得三年云庶子不得爲長子三年不繼祖也者此明適適相承故須繼祖乃得爲長子三年也〇注此言至共廟〇釋曰云此言爲父後者然後爲長子三年者經云繼祖即是爲祖後乃得爲長子三年鄭云爲父後者然後爲長子三年不同者周之道有適子無適孫適孫猶同庶孫之例要適子死後乃立適孫乃得爲長子三年是爲父後者然後爲長子三年也云重其當先祖之正體者解經正體於上又云又以其將代己爲宗廟主也者釋經傳重也云庶子者爲父後者之弟謂兄得爲父後者是適子其弟則是庶子是爲父後者之弟不得爲長子三年此鄭據初

而言其實繼父祖身三世長子四世乃得三年也云言庶者遠別之也者庶子妾子之號適妻所生第二者是衆子今同名庶子遠別於長子故與妾子同號也云小記曰不繼祖與禰此但言祖不言禰容祖禰共廟者案祭法云適士二廟官師一廟鄭注云官師中。下。之士祖禰共廟則此容祖禰共廟據官師而言若然小記所云祖禰并言者是適士二廟者也祖禰共廟不言禰直言祖舉尊而言也鄭注小記云言不繼祖禰則長子不必五世者鄭前有馬融之等解爲長子五世鄭以義推之己身繼祖與禰通已三世即得爲長子斬長子唯四世不待五世也此微破先師馬融之義也以融是先師故不正言而云不必而已也若然雖承重不得三年有四種一則正體不得傳重謂適子有廢疾不堪主宗廟也二則傳重非正體庶孫爲後是也三則體而不正立庶子爲後是也四則正而不體立適孫爲後是也案喪服小記云適婦不爲舅後者則姑爲之小功鄭注云謂夫有廢疾他故若死而無子不受重者婦既小功不大功則夫死亦不三年期可知也

爲人後者

疏 爲人後者○釋曰此出後大宗其情本疏故設文次在長子之下也案喪服小記云繼別爲大宗繼禰爲小宗大宗即下文爲宗子齊衰三月彼云後大宗者則此所後亦後大宗者也

傳曰何以三年也受重者必以尊服服之何如而可爲之後同宗則可爲之後何如而可以爲人後支子可也爲所後者之祖父母妻妻之父母昆弟昆弟之子若子若子者爲所爲後之親如親子

疏 傳曰至若子○釋曰云何以三年者以生己父母三年彼不生己亦爲之三年故發問比例之傳也云受重者必以尊服服之者荅辭也雷氏云此文當云爲人後者爲所後之父闕此五字者以其所後之父或早卒今所後其人不定或後祖父或後曾高祖故闕之見所後不定故也云何如而可爲之後問辭同宗則可爲之後荅辭此問亦問比類以其取後取何人爲之荅以同宗則可爲之後以其大宗子當收聚族人非同宗則不可謂同承別子之後一宗之內若別宗同姓亦不可以其收族故也

又云何如而可以爲人後問辭云支子可也荅辭以其他家適子當家自爲小宗小宗當收斂五服之內亦不可闕則適子不得後他故取支子支子則第二已下庶子也不言庶子云支子者若言庶子妾子之稱言謂妾子得後人適妻第二已下子不得後人是以變庶言支支者取支條之義不限妾子而已若然適子不得後人無後亦當有立後之義也云爲所後者之祖父母已下之親至若子謂如死者之親子則死者祖父母則當己曾祖父母齊衰三月也妻之謂死者之妻即後人之母也妻之父母昆弟昆弟之子並據死者妻之父母妻之昆弟妻之昆弟之子於後人爲外祖父母及舅與內兄弟皆如親子爲之著服也若然上經直言爲人後不言爲父此經直言爲所後者之祖父母及妻及死者外親之等不言死者緦麻小功大功及期之骨肉親者子夏作傳舉疏以見親言外以包內骨肉親者如親子可知

妻爲夫傳曰夫至尊也

疏 妻爲夫傳曰夫至尊也○釋曰自此已下論婦人服也婦人卑於男子故次之案曲禮云天子曰后諸侯曰夫人大夫曰孺人士曰婦人庶人曰妻后以下皆以義稱士庶人得其總名妻者齊也婦人無爵從夫之爵坐以夫之齒是言妻之尊卑與夫齊者也若然此經云妻爲夫者上從天子下至庶人皆同爲夫斬衰也傳言夫至尊者雖是體敵齊等夫者猶是妻之尊敬以其在家天父出則天夫又婦人有三從之義在家從父出嫁從夫夫死從子是其男尊女卑之義故云夫至尊同之於君父也

妾爲。君傳曰君至尊也

妾謂夫爲君者不得體之加尊之也雖士亦然

疏 妾爲君傳曰君至尊也○釋曰妾賤於妻故次妻後案內則云聘則爲妻奔則爲妾鄭注云妾之言接聞彼有禮走而往焉以得接見於君子是名妾之義但其並后匹適則國亡家絕之本故深抑之別名爲妾也既名爲妾故不得名壻爲夫故加其尊名名之爲君也亦得接於夫又有尊事之稱故亦服斬衰也云君至尊也者既名夫爲君故同於人君之至尊也○注妾謂至亦然○釋曰云不得體之加尊之也者以妻得體之得名爲夫妾雖接見於夫不得體敵故加尊之而名夫爲君是以服斬也云雖士亦然者案孝經士言爭友則屬隸不得爲臣則士身不

合名君至於妾之尊夫與臣。為異是以雖士妾得稱夫為君故云雖士亦然也

女子子在室為父。女子子者。子。女也別於男子也言在室者謂已許嫁

疏女子至為父〇注女子至許嫁〇釋曰自此盡為父三年論女子子為父出及在室之事制服又與男子不同云女子子者子女也別於男子也者男子女子各單稱子是對父母生稱今於。女。子別加一字故雙言二。子以別於男一子者云言在室者關已許嫁者鄭意經直云女子子為父得矣而別加在室者關已許嫁關通也通已許嫁內則女子十年不出又云十有五年而笄女子子十五許嫁而笄謂女子子年十五笄四德已備許嫁與人即加笄與丈夫二十而冠同死而不殤則同成人矣身既成人亦得為父服斬也雖許嫁為成人及嫁要至二十乃嫁於夫家也

為

布總箭笄髽衰三年此妻妾女子子喪服之異於男子者總束髮謂之總者既束其本又總其末箭笄。篠。竹也髽露紒也猶男子之括髮斬衰括髮以麻則髽亦用麻。以。麻。者自項而前交於額上卻繞紒如著幓頭焉小記曰男子冠而婦人笄男子免而婦人髽凡服上曰衰下曰裳此但言衰不言裳婦人不殊裳衰如男子衰下如深衣深衣則衰無帶下又無衽

疏布總至三年〇注此妻至無衽〇釋曰上文不言布不言三年至此言之者上以哀極故沒其布名與年月至此須言之故也以其笄既用箭則總不可不言用布又上文經至人練有除者此經三者既與男子有殊並終三年乃始除之矣案喪服小記云婦人帶惡笄以終喪彼謂婦人期服者帶與笄終喪此斬衰帶亦練而除笄亦終三年矣故以三年言之云此妻妾女子子喪服之異於男子者鄭據經上下婦人服斬者而言若然周公作經越妻妾而在女子子之下言之者雷氏云服者本為至情故在女子之下為文也若然經之體例皆上陳服下陳人此服之異在下言之者欲見與男子同者如前與男子異者如後故設文與常不例也以上陳服下陳人則上服之中亦有女子子今更言女子子是言其異者若然上文列服之中冠繩纓非女子所服此布總笄髽等亦非男子所服是以為文以易之也云謂之總者既束其本又總其末者鄭解此經云布總者只為出紒後垂為飾者而言以其布

總六升與男子冠六升相對故知據出見者而言是以鄭云謂之總者既束其本又總其末也云箭笄篠。竹也者案尚書禹貢云篠簜既敷孔云篠竹箭是箭篠爲一也又云髽露紒也猶男子之括髮者髽有二種案士喪禮曰婦人髽于室注云始死婦人將斬衰者去笄而纚將齊衰者骨笄而纚今言髽者亦去笄纚而紒也齊衰以上至笄猶髽髽之異於括髮者既去纚而以髮爲大紒如今婦人露紒其象也其用麻布亦如著幓頭然是婦人髽之制也二種者一是未成服之髽卽士喪禮所云者是也將斬衰者用麻將齊衰者用布二者成服之後露紒之髽卽此經注是也云斬衰括髮以麻則髽亦用麻者案喪服小記云斬衰括髮以麻免而以布男子髻髮與免用布有文婦人髽用麻布無文鄭以男子髻髮婦人髽同在小斂之節明用物與制度亦應不殊但男子陽以外物爲名名爲括髮婦人陰以內物爲稱稱爲髽爲異耳鄭引漢法幓頭況者古之括髮其髽之狀亦如此故鄭注士喪禮云其用麻布亦如著幓頭也引喪服小記者彼男子冠婦人笄相對有二時一者男子二十而冠婦人許嫁而笄吉時相對也一者成服後男子喪服婦人箭笄喪中相對也今此小記所云參上下文是據喪中冠笄相對而言引之者證經箭笄是與男冠相對之物也云男子免而婦人髽者亦小記之文此免既齊衰以下用布。爲免則髽是齊衰以下亦同用布爲髽相對而言也但男子陽多變斬衰名括髮齊衰以下名免耳婦人陰少變故齊斬婦人同名髽案士喪禮鄭注云衆主人免者齊衰將袒以免代冠免之制未聞舊說以爲如冠狀廣一寸亦引小記括髮及漢幓頭爲說則括髮及免與髽三者雖用麻布不同皆如著幓頭不別若然成服以後斬衰至總麻皆冠如著幓頭婦人皆露紒而髽也云凡服上曰衰下曰裳此但言衰不言裳婦人不殊裳者以其男子殊衣裳是以衰綴於衣衣統名爲衰故衰裳並見案周禮內司服王后六服皆單言衣不言裳以連衣裳不別見裳則此喪服亦連裳於衣衰亦綴於衣而名衰故直名衰無裳之別稱也云衰如男子衰者婦人衰亦如下記所云凡衰外削幅以下之制如男子衰也云下如深衣者如深衣六幅破爲十二闊頭鄉下狹頭鄉上縫齊倍要也云深衣則衰無帶下者案下記云衣帶下尺注云衣帶下尺者要也廣尺足以掩裳上際也今此裳既縫著衣不見裏衣故不須要以掩裳上際故知無要也云又無衽者又案下記云衽二尺有五寸注云衽所以掩裳際也彼據男子陽多變故衣裳別制裳又前三幅後四幅開兩邊露裏衣是以須衽屬衣兩旁垂之以掩交際之處此既下如深衣縫之以合前後兩邊不開故不須衽以掩之也案深衣云續衽鉤邊注云續猶屬也衽在裳旁者也屬連之不殊裳前後也鉤邊如今曲裾也彼吉服深衣須有曲裾之衽此婦人凶服之衰下連裳雖如深衣不得盡如深衣弁有衽故鄭揔云下無衽則非直無喪服之衽亦無吉服深衣之衽也 傳曰

總六升長六寸箭笄長尺吉笄尺二寸 總六升者首飾象冠數長六寸謂出紒後所垂爲飾也 疏 傳曰總至二寸○釋曰云箭笄長尺吉笄尺二寸者此斬之笄用箭下記云女子子適人爲父母婦爲舅姑用惡笄鄭以爲榛木爲笄則檀弓南宮縚之妻之姑之喪云蓋榛以爲笄是也吉時大夫士與妻用象天子諸侯之后夫人用玉爲笄今於喪中唯有此箭笄及榛二者若言寸數亦不過此二等以其斬衰尺吉笄尺二寸檀弓南宮縚之妻爲姑榛以爲笄亦云一尺則大功以下一不得更容差降鄭注小記云笄所以卷髮既在同卷髮故五服一略爲一節皆用一尺而已是以女子子爲父母既用榛笄卒哭之後折吉笄之首歸於夫家以榛笄之外無可差降故用吉笄也若然總不言吉而笄言之者以其喪中有用吉笄之法。故。小。記。無。折笄。之。法。當。記。文故小記折吉笄之首是也○注總六至飾也○釋曰云總六升者首飾象冠數也上云男子冠六升此女子子總用布當男子冠用布之處故同六升以同首飾故也十五升首飾尊故吉服之冕三十升亦倍於朝服十五升也云長六寸謂出紒後所垂爲飾也鄭知者若據其束本。入所不見何寸數之有乎故鄭以六寸據垂之者此斬衰六寸南宮縚妻爲姑總八寸以下雖無文大功當與齊同八寸總麻小功同一尺吉總當尺二寸與笄同也 子嫁

反在父之室爲父三年 謂遭喪後而出者始服齊衰期出而虞則受以三年之喪受既虞而出則小祥亦如之既除喪而出則已凡女

行於大夫以上曰嫁，行於士庶人曰適人。

【疏】子嫁至三年○釋曰不言女子子直云子嫁者上文已云女子子別於男子此承上故不須具言直云子嫁是女子子可知直云反爲父足矣而云反在父之室者以其出時父已死初服齊衰不與在室同既服齊衰後反被出更服斬衰即與在室同故須言在室也言三年者亦有事須言以其初死服期服死後被出向父家更服斬衰三年與上在室者同。故。須言三年也○注謂遭喪至適人○釋曰鄭知。遭喪後被出者若父未死被出自然是在室與上文同何須設此經明是遭喪後被七出者云始服齊衰者以其遭父喪時未出即不杖期麻屨章云女子子嫁爲父母是也云出而虞則受以三年之喪受者若不被出則虞後以其冠爲受嫁女在室爲父五升衰裳八升總今未虞而出是出而乃虞虞後受服與在家兄弟同受斬衰斬衰初死三升衰裳六升冠既葬以其冠爲受受衰六升冠七升此被出之女亦受衰裳六升總七升與在室之女同故云受以三年之喪受也云既虞而出則小祥亦如之者未虞已前未被出至受後受以出嫁之受以八升衰裳九升總今既虞後乃被出至家又與在室女同至小祥練祭在室之女受衰七升總八升此被出之女與之同故云既虞而出則小祥亦如之云既除喪而出則已者此謂既小祥而出者以其嫁女爲父母期至小祥已除矣除服後乃被出則不復爲父更著服故云既除而出則已也云凡女行於大夫已上曰嫁行於士庶人者曰適人案齊衰三月章云女子子嫁者未嫁者爲曾祖父母傳曰嫁者嫁於大夫未嫁者成人而未嫁者是行於大夫曰嫁不杖章云女子子適人者爲其父母昆弟之爲父後者傳雖不解喪服本文是士故知行於士庶人曰適人庶人謂庶人在官者府史胥徒名曰庶人至於民庶亦同行士禮以禮窮則同之行大夫以上曰嫁若天子之女嫁於諸侯諸侯之女嫁於大夫出嫁爲夫斬仍爲父母不降。知者以其外宗內宗及與諸侯爲兄弟者爲君皆斬明知女雖出嫁反爲君不降若然下傳云婦人不二斬猶曰不二天今若爲夫斬又爲父斬則是二天與傳違者彼不二天者以婦人有三從之義無自專之道欲使一心於其天此乃尊君宜斬不可以輕服服之不得以彼決此若然外宗內宗與諸

侯爲兄弟服斬者豈不爲夫服斬乎明爲君斬爲夫亦斬矣

公士大夫之衆臣爲其君布帶繩屨士卿士也公卿大夫厭於天子諸侯故降其衆臣布帶繩屨貴臣得伸不奪其正

[疏]公士至繩屨○注士卿至其正○釋曰云上卿士也者以其在公之下大夫之上尊卑當卿之位故知是卿士也不言公卿言士者欲見公無正職大夫又承副於卿士之言事卿有職事之重故變言士見斯義也云公卿大夫厭於天子諸侯故降其衆臣布帶繩屨者鄭解公卿大夫天子諸侯並言之者欲見天子諸侯下皆有公卿大夫公卿大夫下皆有貴臣衆臣若然天子諸侯下公卿大夫周禮典命及大宰具有其文此諸侯下公卿典命大國立孤一人是也以其諸侯無公故以孤爲公卿燕禮云若有諸公則先卿獻之鄭注云諸公者大國之孤也孤一人言諸者容牧有三監是以其孤爲公言厭於天子諸侯故除其衆臣布帶繩屨二事其餘服杖冠絰則如常也其布帶則與齊衰同其繩屨則與大功等也云貴臣得伸不奪其正者下傳云室老士貴臣故云貴臣得伸得伸者依上文絞帶菅屨故云不奪其正也

傳曰公卿大夫室老士貴臣其餘皆衆臣也君謂有地者也衆臣杖不以卽位近臣君服斯服矣繩屨者繩菲也室老家相也士邑宰也近臣閽寺之屬君嗣君也斯此也近臣從君喪服無所降也繩菲今時不借也

[疏]傳曰公至菲也○釋曰云室老士貴臣其餘皆衆臣也者傳以經直云衆臣不分別上下貴賤故云室老士二者是貴臣其餘皆衆臣也云有地者衆臣杖不以卽位欲見公卿大夫或有地或無地衆臣爲之皆有杖但無地公卿大夫其君卑衆臣爲之皆得以杖與嗣君同卽阼階下朝夕哭位若有地公卿大夫其君尊衆臣雖杖不得與嗣君同卽阼階下朝夕哭位下君故也○注室老至借也○釋曰云室老家相也者左氏傳云臧氏老論語云趙魏老是家臣稱老云家相者案曲禮云大夫不名家相長妾以大夫稱家是室老相家事者也云士邑宰也者雜記云大夫居廬士居堊室鄭注云士居堊室亦謂邑宰也與此同皆謂邑宰爲士也若然孤

卿大夫有。菜邑者其邑既有邑宰又有家相若魯三卿公山弗擾爲季氏費宰子羔爲孟氏之郕宰之類皆爲邑宰也陽貨冉有子路之等爲季氏家相亦名家宰若無地卿大夫則無邑宰直有家宰則孔子爲魯大夫而原思爲之宰是直有家相者也此等諸侯之臣而有貴臣衆臣之事案周禮載師云家邑任稍地小都任縣地大都任畺地是天子公卿大夫有。菜地者也案鄭志荅云天子之卿其地見賜乃有何由諸侯之臣正有此地則天子下有無地者也有。菜地者有邑宰復有家相無地者直有家相可知云近臣閽寺之屬者周禮天子宮有閽人寺人閽人掌守中門之禁晨夜開閉墨者使守門者也寺人掌外內之通令奄人使守后之宮門者也是皆近君之小臣又與衆臣不同無所降其服又得與貴臣等不嫌相逼。通也是以喪服小記云近臣君服斯服矣其餘從而服不從而稅彼亦是近君小臣與大臣異也云君嗣君也者釋傳云君服但其君。以死矣更有君爲死君之服故知是嗣君若然案王制畿內諸侯云不世爵而世祿彼則天子公卿大夫未爵命得有嗣君者以世祿降未得爵亦得爲嗣君況其中兼畿。外諸侯。下卿大夫也且詩云維周之士不顯亦世左氏傳云官有世功則有官族皆是臣有世功子孫得襲爵故雖畿內公卿大夫有嗣君也云繩菲今時不借也者周時人謂之屨子夏時人謂之菲漢時謂之不借者此凶荼屨不得從人借亦不得借人皆是異時而別名也

儀禮疏卷第二十九

儀禮注疏卷二十九校勘記

阮元撰盧宣旬摘録

父

已外亦皆嫌疑　毛本皆作有

傳曰爲父

傳曰　毛本傳上有釋曰二字

以父母恩愛等　以要義作㫤

比竝不例　不陳閩俱作此例要義作同

諸侯爲天子

不兼餘君君中最尊上　君字陳閩俱不重

傳曰君

卿大夫有地者　陳閩俱作有地者卿大夫

大都任畺地　要義同毛本通解畺作疆○按周禮載師作畺

故僕隸等爲其長　長陳閩通解俱作喪要義無

父爲長子

若言大子 大陳閩俱作天

則大子下及大夫之子 上大字要義作天

不言適子通上下 適陳閩俱作世

傳曰何以三年也

故發何以之傳也 傳陳閩俱作問

長子非尊極 要義同毛本尊極作極尊

以其父祖適適相承爲上 爲陳閩通解俱作於

已又是適 已上陳閩俱有爲字

即是爲祖後 即陳閩俱作只

官師中下之士 按祭法注作官師中士下士

妾爲君 爲唐石經徐陳閩葛集釋通解要義楊敖俱作爲毛本作謂

與臣爲異 毛本通解爲作無

女子子在室爲父

子女也子女二字通典倒

別於男子也於嚴本作然張氏曰監本然作於從監本

關已許嫁關徐本作謂通典集釋通解俱作關張氏曰監巾箱杭本謂作關疏云關通也通已許嫁從諸本及疏

今於女子別加一字女子二字陳閩俱倒

故雙言二子陳本要義同毛本子作字按子字是

布總箭笄髽衰三年

篠竹也徐本集釋楊氏同釋文通典通解敖氏毛本俱無竹字按嚴本有竹字與釋文不合而張氏無說蓋偶遺之耳○按段玉裁云篠上仍當有箭字

以麻者自項而前徐本集釋楊氏同毛本通解以麻者作蓋以麻

深衣則衰無帶下衰集釋作縗

云箭笄篠竹也者要義同毛本無竹字

用布爲免爲要義作而

傳曰緦六升

大夫士與妻用象與浦鏜改作之

故小記無折笄之法當記文周學健云十一字蓋緣下文故小記三字而誤衍

入所不見入要義作人通解作入

子嫁反在父之室

故須言三年也陳閩俱無故須二字

鄭知遭喪後被出者陳閩俱無遭字

仍爲父母不降知者知要義作之

公士大夫之衆臣

天子諸侯下公卿大夫公上閩本有有字

傳曰公卿大夫室老士貴臣臣下通典有也字○君謂有地者也通典作君有菜地者皆曰君也按通典八十七卷五服成服篇及八十八卷斬縗三年篇兩引皆同

孤卿大夫有菜邑者通解同毛本菜作采下同要義作采

不嫌相逼通也陳閩通解俱無通字

但其君以死矣要義同毛本以作已

兼畿外諸侯下卿大夫也外陳閩俱作内下毛本作公陳本要義俱作下案以下文考之外字當從陳閩作内以前節疏考之下公二字宜兼有之

儀禮注疏卷二十九校勘記

儀禮疏卷第三十

唐朝散大夫行大學博士弘文館學士臣賈公彥等撰

疏衰裳齊牡麻絰冠布纓削杖布帶疏屨三年者疏猶麤也【疏】疏衰至年者○注疏猶麤也○釋曰此齊衰三年章以輕於斬故次斬後疏猶麤也麤衰者案上斬衰章中為君三升半麤衰鄭注雜記云微細焉則屬於麤則三升正服斬不得麤名三升半成布三升微細則得麤稱麤衰為在三升斬內以斬為正故沒義服之麤至此四升始見麤也若然為父哀極直見深痛之斬不沒人功之麤至於義服斬衰之等乃見麤稱至於大功小功更見人功之顯緦麻極輕又表細密之事皆為哀有深淺故作文不同也斬衰先言斬者一一則見先斬其布乃作衰裳二則見為父極衰先表斬之深重此齊衰稍輕直見造衣之法衰裳既就乃始緝之是以斬衰斬在上齊衰齊在下牡麻絰者斬衰絰不言麻此齊衰絰見麻者彼有杖杖亦苴故不得言麻此絰文孤不兼杖故得言麻也云冠布纓者案斬衰冠繩纓退在絞帶下使不蒙苴齊冠布纓無此義故進之使與絰同處此布纓亦如上繩纓以一條為武垂下為纓也云削杖布帶者並不取蒙苴之義故在常處但杖實是桐不言桐者以斬衰杖不言竹使蒙苴故闕竹字此既不取蒙苴亦不言桐者欲見母比父削殺之義故亦沒桐文也布帶者亦象革帶以七升布為之此即下章帶緣各視其冠是也齊斬不言布此纓帶言布者以對斬衰纓帶用繩故此須言用布之事也疏屨者疏取用草之義即爾雅云疏不熟之疏若然注云疏猶麤者直釋經疏衰而已不釋疏屨之疏若然斬衰章言菅屨見草體者以其重故見草體舉其惡貌此言疏以其稍輕故舉草之總稱自此以下各舉差降之宜故不杖章言麻屨齊衰三月與大功同繩屨小功緦麻輕又沒其屨號言三年者以其為母稍輕故表其年月若然父在為厭降至期今既父卒直申三年之衰猶不申斬者以天無二日家無二尊也是以父雖卒後仍以餘

尊所厭直申三年不得申斬也云者者亦如斬衰章文明者爲下出也

傳曰齊者何緝也牡麻者枲麻也牡麻絰右本在上冠者沽功也疏屨者藨蒯之菲也沽猶麤也冠尊加其麤麤功大功也齊衰不書受月者亦天子諸侯卿大夫士虞卒哭異數

【疏】傳曰至菲也○注沽猶至異數○釋曰緝則今人謂之爲緶也上章傳先云斬者何不緝也此章言齊對斬故亦先言齊者何緝也云牡麻者枲麻也者。此枲對上章苴苴是惡色則枲是好色故閒傳云斬衰貌若苴齊衰貌若枲也云牡麻絰右本在上者上章爲父左本在下者陽統於內則此爲母陰統於外故右本在上也云疏屨者藨蒯之菲也者藨是草名案玉藻云。屨蒯席則蒯亦草類云冠尊加其麤麤功大功也者此鄭雖據齊衰三年而言冠尊加服皆同是以衰裳升數恆少冠之升數恆多冠在首尊既冠從首尊故加飾而升數恆多也斬冠六升不言功者六升雖是齊之末未得沽稱故不見人功此三年齊冠七升初入大功之境故言沽功。始見人功沽麤之義故云麤功見人功麤大不精者也云齊衰不書受月者亦天子諸侯卿大夫士虞卒哭異數者其義說與斬章同故云亦也

父卒則爲母尊得伸也

【疏】父卒則爲母○注尊得伸也○釋曰此章專爲母三年重於期故在前也直云父卒爲母足矣而云則者欲見父卒三年之內而母卒仍服期要父服除後而母死乃得伸三年故云則以差其義也必知義如此者案內則云女子十有五而笄二十而嫁有故二十三年而嫁注云故謂父母之喪言二十三而嫁不止一喪而已故鄭幷云父母喪也若前遭母喪後遭父喪自然爲母期爲父三年二十三而嫁可知若前遭父服未闋即得爲母三年則是有故二十四而嫁不止二十三也知者假令女年二十二月嫁娶之月將嫁正月而遭父喪幷後年正月爲十三月小祥又至後年正月大祥女年二十二欲以二月將嫁又遭母喪至後年正月十三月大祥女。年二十三。將嫁此是父服將除遭母喪猶不得爲申三年況遭父喪在小祥之前何得即申三年也是父服未除不得爲母三年之驗一也又服問注曰爲母既葬衰八升亦據父卒爲母與父在

爲母同五升衰裳八升冠既葬以其冠爲之受衰八升是父卒爲母未得申三年之驗二也閒傳云爲母既虞卒哭衰七升者乃是父服除後乃爲母申三年初死衰四升冠七升既葬以其冠爲之受衰七升與此經同是父服除後爲母乃申三年之驗。是三也諸解者全不得。思此義妄解則文說。義多塗皆爲謬也尊得伸者得伸三年猶未伸斬

繼母如母

【疏】繼母如母○釋曰繼母本非骨肉故次親母後謂己母早卒或被出之後繼續己母喪之如親母故云如母但父卒之後如母明父在如母可知下期章不言者舉父沒後明父在如母可知慈母之義亦然皆省文也故皆舉後以明前也若然直言繼母載在三年章內自然如母可知而言如母者欲見生事死事一皆如己母也

傳曰繼母何以如母繼母之配父與因母同故孝子不敢殊也

因猶親也

【疏】傳曰至殊也○釋曰傳發問者以繼母本是路人今來配父輒如己母故發斯問荅云繼母配父即是。片合之義既與己母無別故孝子不敢殊異之也

慈母如母

【疏】慈母如母○釋曰慈母非父。片合故次後也云如母者亦生禮死事皆如己母

傳曰慈母者何也傳曰妾之無子者妾子之無母者父命妾曰女以爲子命子曰女以爲母若是則生養之終其身如。母死則喪之三年如母貴父之命也。

此主謂大夫士之妾妾子之無母父命爲母子者其使養之不命爲母子則亦服庶母慈。己之服可也大夫之妾子父在爲。母大功則士之妾子爲。母期矣父卒則皆得伸也

【疏】傳曰至命也○釋曰傳別舉傳者是子夏引舊傳證成己義故也欲見慈母之義舊已如此故須重之如己母也云妾之無子者謂舊有子今無者失子之妾有恩慈深則能養他子以爲己子者也若未經有子恩慈淺則不得立後而養。他不云君命妾曰而云父者對子而言父故言父也必先命母者容子小未有所識乃命之或養子是然故先命母也云若是則生養之終其身者案內則云孝子之身終終身也者非終父母之身終其身也彼終其身爲

終孝子之身此終其身下乃云如母死則喪之三年則以慈母輕於繼母言終其身唯據終慈母之身而已明三年之後不復如是以小記云慈母不世祭亦見輕之義也云如母貴父之命也者一非骨。血之屬二非配父之尊但唯貴父之命故也傳所引唯言妾之子與妾相事者案喪服小記云爲慈母後者爲庶母可也爲祖庶母可也鄭云緣爲慈母後之義父之妾無子者亦可命己庶子爲後又云卽庶子爲後此皆子也傳重而已不先命之與適妻使爲母子也若然此父命妾之文兼有庶母祖庶母但不命女君與妾子爲母子而已〇注此謂至伸也〇釋曰鄭知此主謂大夫士之妾妾子之無母父命爲母子者知非天子諸侯之妾與妾子者案下記云公子爲其母練冠麻衣縓緣既葬除之父沒乃大功明天子庶子亦然何有命爲母子爲之三年乎故知主。謂大夫士之妾與妾子也云其使養之不命爲母子則亦服庶母慈己之服可也者小功章云君子子爲庶母之慈己者注云君子子者大夫及公子之適妻子彼謂適妻子備三母有師母慈母保母慈居中服之則師母保母服可知是庶母爲慈母服小功下云其不慈己則緦可也是大夫之適妻子不命爲母子慈己加服小功若妾子爲父之妾慈己加服小功可知若不慈己則緦麻矣士爲庶母緦麻章云士爲庶母傳曰以名服也故此云不命爲母子則亦服庶母慈己者之服可也云大夫之妾子父在爲其母大功者大功章云大夫之庶子爲其母是大功也云士之妾子爲其母期矣者期章云父在爲母不可言士之妾子爲其母期者鄭知者推究其理大夫妾子厭降爲母大功士無厭降明如衆人服期也云父卒則皆得伸也者士父在已伸矣但大夫妾子父在大功者父卒則與士皆得伸三年也

母爲長子

疏母爲長子〇釋曰長子卑故在母下但父爲長子在斬章母爲長子在齊衰以子爲母服齊衰母爲之不得過於子爲己故亦齊衰也若然長子與衆子爲母父在期若夫在爲長子豈亦不得過於子爲己服期乎。然者子爲母有降屈之義父在爲長子本爲先祖之正體無厭降之義故不得以父在屈至期明母爲長子不問夫之在否也

傳曰何以三年也父之所不降母亦不敢降也

不敢降者不敢以己尊降祖禰之正體【疏】傳曰至降也○釋曰云何以三年者此亦問比例父母為衆子期等是子此何以獨三年云父之所不降母亦不敢降也者斬章又云何以三年荅云正體於上將所傳重不降故於母亦云不敢降故荅云父之所不降母亦不敢降若然夫不敢降妻亦不敢降而云父母者以其父母各自為子故父母各云何以三年而問之是以荅各據父母為子而言不據夫妻也○注不敢至正體○釋曰云不敢以己尊降祖禰之正體者上傳於父已荅云正體於上是以鄭解母不降亦與父同以夫婦一體故不降之義亦等

疏衰裳齊牡麻絰冠布纓削杖布帶疏屨期者【疏】疏衰至期者○釋曰案下章不言疏衰已下者還依此經所陳唯言不杖及麻屨異於上者此章疏衰已下與前章不殊唯期一字與前三年有異今不直言其異而還具列之者以其此一期與前三年懸絕恐服制亦多不同故須重列。七服者也但此章雖止一期而禫杖具有案下雜記云期之喪十一月而練十三月而祥十五月而禫注云此謂父在為母卽是此章者也母之與父恩愛本同為父所厭屈而至期是以雖屈猶申禫杖也為妻亦申妻雖義合妻乃天夫為夫斬衰為妻報以禫杖但以夫尊妻卑故齊斬有異

傳曰問者曰何冠也曰齊衰大功冠其受也緦麻小功冠其衰也帶緣各視其冠問之者。見斬衰有。二其冠同今齊衰有四章不知其冠之異同爾緣如深衣之緣今文無冠布纓【疏】傳曰至其冠○釋曰云問者曰何冠也者此還子夏之問荅而言問者曰者子夏欲起發前人使之開悟故假他問荅己之言也云曰齊衰大功冠其受也者降服齊衰四升冠七升既葬以其冠為受衰七升冠八升正服齊衰五升冠八升既葬以其冠為受衰八升冠九升義服齊衰六升冠九升既葬以其冠為受受衰九升冠十升降服大功衰七升冠十升既葬以其冠為受受衰十升冠十一升正服大功衰。八升冠十升既葬以其冠為受受衰十升冠十一升義服大功衰九升冠十一升既葬以其冠為受受衰十一升冠十二升以其初死冠升。皆與既葬衰升數同故云冠

其受也大功亦然云緦麻小功冠其衰也者以其降服小功衰十升正服小功衰十一升義服小功衰十二升緦麻十五升抽其半。七。升。半冠皆與衰升數同故云冠其衰也義疏備於下記也云帶緣各視其冠者帶謂布帶象革帶者緣謂喪服之內中衣緣用布緣之二者之布升數多少視猶比也各比擬其冠也然本問齊衰之冠因荅大功與緦麻小功弁荅帶緣者子夏欲因問博陳其義是以假問荅異常例也〇注問之至布纓〇釋曰云問之者見斬衰有。二其冠同者下記云斬衰三升三升有半冠六升是其冠同也云今齊衰有四章不知其冠之異同爾者下記云齊衰四升其冠七升既葬以其冠爲受受衰七升冠八升唯見此降服齊衰不見正服義服及三月齊衰一章不見以不知其冠之異同故致此問也云緣如深衣之緣者案深衣目錄云深衣連衣裳而純之以采素純曰長衣有表則謂之中衣大此既在喪服之內則是中衣矣而云深衣以其中衣與深衣同是連衣裳其制大同故就深衣有篇目者而言之案玉藻云以其爲長中繼揜尺注云其爲長衣中衣則繼袂揜一尺若今衰矣深衣則緣而已若然中衣與長衣袂皆手外長一尺案檀弓云練時鹿裘衡長袪注云袪謂褎緣袂口也練而爲裘橫廣之又長之又爲。袪則一先時狹短無袪可知若然此初喪之中衣緣亦狹短不得如玉藻中衣繼袂揜一尺者也但吉時麛裘即凶時鹿裘吉時中衣深衣目錄云大夫以上用素士中衣。不用布緣皆用采況喪中緣用布明中衣亦用布也其中衣用布雖無明文亦當視冠若然直言緣視冠不言中衣緣用采故特言緣用布何妨喪時中衣亦用布乎云今文無冠布纓者鄭注儀禮從經今文者注內疊出古文不從古文若從經古文。者。注。內。疊出。今。文不從今文此注既疊出今文明從古文有冠布纓爲正也

父在爲母

疏 父在爲母〇釋曰斬章直言父即知子爲之可知今此言母亦知子爲之而言父在爲母者欲明父母恩愛等爲母期者由父在厭故爲母屈至期故須言父在爲母也

傳曰何以期也屈也至尊在不敢伸其私尊也父必三年然後娶達子之志也

疏 傳曰至之志也〇釋曰上章已論斬

哀不同說故傳直言何以期而不三年決之也屈也者荅辭以家無二尊故於母屈而爲期是以云至尊在不敢伸其私尊也解父在母屈之意也言不敢伸其私尊明子於父母本尊若然不直言尊而言私尊者其父非直於子爲至尊妻於夫亦至尊母則於子爲尊夫不尊之直據子而言故言私尊也若然夫妻敵體而言屈公子爲母練冠在五服之外不言屈者舉尊以見卑屈可知大夫妾子爲母大功亦斯類也云父必三年然後娶達子之志也者子於母屈而期心喪猶三年故父雖爲妻期。而。除三年乃娶者通達子之心喪之志故也不云心而言志者心者萬慮之揔喜怒哀樂好惡六情皆是情則爲志母雖一期哀猶未絕是六情之中而哀偏在故云志也不云心也左氏傳晉叔向云一歲王有三年之喪二據大子與穆后天子爲后亦期而云三年喪者據達子之志而言三年也

妻傳曰爲妻何以期也妻至親也適子父在則爲妻不杖以父爲之主也服問曰君所主夫人妻大子適婦父在子爲妻以杖即位謂庶子

疏妻傳曰至親也○釋曰妻卑於母故次之夫爲妻之年月禫杖亦與母同故同章也以其出嫁天夫爲夫斬故夫爲之亦與父在爲母同傳曰何以期也者傳意以妻擬母母是血屬得期。怪。妻義合亦期故發。此之傳也此問異於常例上問母直云何以期今云爲妻乃云何以期者雷氏云妻卑以擬同於母故問深於常也云妻至親也荅以妻至親故同於母言妻至親者妻既移天齊體與己同奉宗廟爲萬世之主故云至親也○注適子至庶子○釋曰云適子父在則爲妻不杖以父爲之主也者不杖章之文也又引服問者鄭彼注云言妻見大夫已下亦爲此三人爲喪主也若士卑爲此三人爲喪主可知若然至此經爲妻非直是庶子爲妻欲見兼有適子父沒爲妻在其中云父在子爲妻以杖即位謂庶子者案喪服小記云父在。子爲妻以杖即位可。是也引之者證經云是天子以下至士庶人皆不爲庶子之妻爲喪主故夫皆爲妻杖得伸也

父出妻之子爲母出猶去也

疏出妻之子爲母○釋曰此謂母犯七出。去謂去夫氏或適他族或之本家子從而。爲服者也七出者無子一也淫泆二也不事舅姑三也口舌四也盜竊五也妒忌

六也惡疾七也天子諸侯之妻無子不出唯有六出耳雷氏云。子無出母之義故繼夫而言出妻之子也傳曰出妻之子爲母期則爲外祖父母無服傳曰絶族無施服親者屬出妻之子爲父後者則爲出母無服傳曰與尊者爲一體不敢服其私親也在旁而及曰施親者屬母子至親無絶道疏傳曰至私親也○釋曰云出妻之子爲母期則爲外祖父母無服者傳意。似言出妻卽是絶族故於外祖可以無服恐人疑爲之服故傳明言之也又云傳曰者子夏引他舊傳證成己義云絶族者嫁來承奉宗廟與族相連綴今出則與族絶故云絶族也無施服者傍及爲施以母爲族絶卽無傍及之服也云親者屬者舊傳解母被出猶爲之服也云出妻之子爲父後者則爲出母無服者舊傳釋爲父後一者謂父沒適子承重不合。爲出母服意云傳曰者子夏釋舊傳意云與尊者爲一體者不言與父爲體而言與尊者上斬衰章已有傳云正體。於上將所傳重釋相承父祖已上皆是尊者故不言父也但事宗廟祭祀者不欲聞見凶人故雜記云有死於宮中三月不祭況有。故可得祭乎是以不敢服其私親也父已與母無親子獨親之故云私親也○注在旁至絶道○釋曰云在旁而及曰施者詩云莫莫葛藟施于條枚蔦與女蘿施于松上皆是在旁而及曰施此以母爲主旁及外祖今母已絶族不復及在旁故云無施服也云親者屬母子至親無絶道者屬猶續也孝經云父母生之續莫大焉故謂母子爲屬對父與母義合有絶道故云母子至親無絶道父卒繼母嫁從爲之服報傳曰何以期也貴終也嘗爲母子貴終其恩疏父卒繼母嫁從爲之服報○釋曰云父卒繼母嫁者欲見此母爲父已服斬衰三年恩意之極故子爲之一期得伸禫杖但以不生己父卒改嫁故降於己母雖父卒後不伸三年一期而已云從爲之服者亦爲本是路人暫時。之與父。片合父卒還嫁便是路人子仍著服故生從爲之文也報者喪服上下幷記云報者十有二無降殺之。差感恩者皆稱報若此子念繼母恩終從而爲。服母以子恩不可降

殺卽生報文餘皆放此

不杖麻屨者此亦齊衰言其異於上

【疏】曰不杖麻屨者〇注此亦至於上〇釋曰案上斬章布總箭笄亦是異於上鄭不言之至此乃注者。彼亦是異於上不言者以下文更有公士大夫之衆臣爲其君布帶繩屨亦是異於上同是斬衰而有二文皆異故不得言異於上直注云此妻妾女子子異於男子而已此則雖是別章唯此二事異於上故得言之也此此不杖章輕於上禪杖故次之又云此章與上章雖杖與不杖不同其正服齊衰裳皆同五升而冠八升則不異也必知父在爲母不衰四升冠。七升與上三年齊衰同者見鄭注雜記云士以臣從君服之齊衰爲其母與兄弟是父在爲母與兄弟同正服五升八升之驗也又鄭注服問云爲母既葬衰八升是初死衰五升冠八升既葬以其冠爲受受衰八升冠九升是亦爲母同正服衰五升之驗也又案此章云不杖麻屨鄭云言其異於上則上章下疏衰之等亦同又是爲母同正服五升之驗也案下記云齊衰四升冠七升及閒傳云爲母既虞受衰七升者唯據上章父卒爲母齊衰三年者也

祖父母

【疏】祖父母〇釋曰孫爲之服喪服條例皆親而尊者〇在先故斬章先父三年齊衰先母此不杖期先祖亦是其次若然此章有降有正有義服之本制若爲父期祖合大功爲父母加隆至三年祖亦加隆至期是以祖在於章首得其宜也

傳曰何以期也至尊也

【疏】傳曰至尊也〇釋曰云何以期也至尊也者此據母而問所生之母至親唯期而已祖爲孫。止大功孫爲祖既疏何以亦期荅云至尊也者祖爲孫降至大功似父母於子降至期祖雖非至親是至尊故期若然不云祖至尊而直云至尊者以是父之至尊非孫之至尊故直云至尊也

世父母叔父母

【疏】世父母叔父母〇釋曰世叔既卑於祖故次之伯言世世者欲見繼世爲昆弟之子亦期不言報者以昆弟之子猶子若言報爲疏故不言報也

傳曰世父叔父何以期也與尊者一體也然則昆弟之子何以亦期也旁尊也不足以加尊焉故報之也父子一體也夫妻一體也昆弟

一體也故父子首足也夫妻牉合也昆弟四體也故昆弟之義無分然而有分者則辟子之私也子不私其父則不成爲子故有東宮有西宮有南宮有北宮異居而同財有餘則歸之宗不足則資之宗世母叔母何以亦期也以名服也

宗者世父爲小宗典宗事者資取也爲姑。姊。妹在室亦如之【疏】傳曰至名服也○釋曰傳發何以期問比例者雷氏云非父之所尊嫌服重故問也不直云何以言世父叔父者以經摠言而傳離釋故二文欲別問也云與尊者一體也者雖非至尊既與尊者爲一體故服期不言與父爲一體者直言尊者明父爲一體也爲與一尊故。加期也云然則昆弟之子何以亦期也者以世叔。父與二尊爲體故加期昆弟之子無此義何以亦期故怪而致問也云旁尊也不足以加尊焉故報之也者凡得降者皆由己尊也故降之世叔非正尊故生報也云父子一體已下云云傳云此者上既云一體故傳又廣明一體之義凡言體者若人之四體故傳解父子夫妻兄弟還比人四體而言也云父子一體也者謂子與父骨血是同爲體因其父與祖亦爲一體又見世叔與祖亦爲一體也云夫妻一體也者亦見世叔母與世叔。父爲一體也云昆弟一體也者又見一世叔與父亦爲一體也故馬云言一體者還是至親因父加於世叔故云昆弟一體因世叔加於世叔。母故。以夫妻一體也因上世叔是旁尊故以下廣明尊有正有旁之義也人身首足爲上下父子亦是尊卑之上下故父子比於首足因父子兼見祖孫故馬云首足者父尊若首加祖在期子卑若足曾孫在總也云夫婦牉合也者郊特牲云天地合而后萬物興焉是夫婦。半合子胤生焉是。半合爲一體也云昆弟四體也者四體謂二手二足在身之旁昆弟亦在父之旁故云四體也云故昆弟之義無分者此傳兄弟有合離之義以手足四體本在一身不可分別若昆弟共成父身亦不可分別是昆弟之義不合分也云然而有分者則辟子之私也者昆弟理不合分然而分者則辟子之私也使昆弟之子各自私朝其父故須分也云子不私其父則不成爲子者內則云子事父母鷄初鳴咸盥漱櫛縰笄總朝事父母若兄弟同在一宮則尊崇諸父之長者第二已下其子不得私其父不成爲人。人。之子之法也云故有東宮有西宮云云案內則云命士以上父子異宮不命之士父子同宮縱同宮亦有隔別亦爲四方之宮也云世母叔母何以亦期也以名服也者二母是路人以來配世叔父則生母名既有母名則當隨世叔而服之故云以名服也○注宗者至如之○釋曰案喪服小記云繼別爲大宗繼禰爲小宗大宗繼別子之後百世不遷之宗在五服之中者族人爲之月筭如邦人如爲齊衰。齊。衰三月章宗子是也小宗有四皆據五服之內依常著服五世別高祖則別事親者今宗子在期章之內明非大宗子是世父爲小宗典宗事者也云爲姑姊妹在室亦如之者大功章云爲姑嫁大功明未嫁在此期章若然不見姑者雷云不見姑者欲見時早出之義

大夫之適子爲妻 疏大夫之適子爲妻○釋曰云大夫之適子爲妻在此不杖章則上杖章爲妻者是庶子爲妻父沒後適子亦爲妻杖亦在彼章也

傳曰何以期也父之所不降子亦不敢降也何以不杖也父在則爲妻不杖 大夫不以尊降適婦者重適也凡不降者謂如其親服之降有四品君大夫以尊降公子大夫之子以厭降公之昆弟以旁尊降爲人後者女子子。嫁者以出降 疏傳曰至不杖○釋曰怪所以期發比例而問者大夫衆子爲妻皆大功今令適子爲妻期故發問也云父之所不降子亦不敢降也者大功章有適婦注云適子之妻是父不降適婦也云子亦不敢降者謂不敢降至大功與庶子同也云何以不杖也者既不降怪不杖故發問也父在爲妻不杖者父爲適子之婦爲喪主故適子不敢伸而杖也服問云君所主夫人妻大子適婦是大夫爲適婦爲喪主也故子不杖也若然此適子爲妻通貴賤今不云長子通上下而云適子唯據大夫者以五十始爵爲降服之始嫌降適婦其子亦降其妻故明舉大夫不降天子諸侯雖尊不降可知○注大夫至出降○釋曰云大夫不以尊降適婦者重適也者此解經文所不降適子之婦

對大夫爲庶子之婦小功是尊降也云凡不降者謂如其親服服之者謂依五服常法服之云降有四品者鄭因傳有降不降之文遂揔解喪服上下降服之義云君大夫以尊降者天子諸侯爲正統之親后夫人與長子長子之妻等不降餘親則絶天子諸侯絶者大夫降一等即大夫爲衆子大功之等是也云公子大夫之子以厭降者此非身自尊受父之厭屈以降無尊之妻下記云公子爲其母練冠麻麻衣縓緣爲其妻縓冠葛經帶麻衣父卒乃大功是也大夫之子即小功章云大夫之子爲從父昆弟在小功皆是也云公之昆弟以旁尊降者此亦非己尊旁及昆弟故亦降其諸親即小功章云公之昆弟爲從父母昆弟是也案大功章云公之庶昆弟爲母妻昆弟傳曰先君餘尊之所厭不得過大功若然公之昆弟有兩義既以旁尊又爲餘尊厭也云爲人後者女子子嫁者以出降者謂若下文云爲人後者爲其父母報又下文云女子適人者爲其父母昆弟爲父後者此二者是出也凡大夫之服例在正服後今在適昆弟上者以其妻本在杖期直以父爲主故降入不杖章是以進之在昆弟上也

昆弟昆兄也。爲姊妹在室亦如之

疏昆弟〇注昆兄至如之〇釋曰昆弟卑於世叔故次之此亦至親以期斷云昆兄也者昆明也以其次長故以明爲稱弟。弟也以其小故以次弟爲名云爲姊妹在室亦如之者義同於上姑在室也

爲衆子衆子者長子之弟及妾子女子。子。在。室亦如之士謂之衆子未能遠別也大夫則謂之庶子降之爲大功天子國君不服之內則曰冢子未食而見必執其右手適子庶子已食而見必循其首

疏爲衆子〇注衆子至其首〇釋曰衆子卑於昆弟故次之〇注兼云女子子。之義如上姑姊妹但上注鄭云在室此不云在室可知故略不言也昆弟衆子及下昆弟之子者皆不發傳者以其同是一體故無異問姊妹女子子在室不見者亦如上姑不見雷氏云欲見出當及時又大功章見姑姊妹女子子嫁大功明此在室可知故略之也云士謂之衆子未能遠別也者經不云士鄭云士者喪服。平文是士故言士可知也云大夫則謂之庶子降之爲大功者下文大夫之子皆云庶子降一等故大功云天子國君不服之者以其絶旁親故。知不服若然經所云唯據士

也引內則者案彼云子生三月之末釋。日翦髮爲鬌。以見於父若冢子生則見於正寢其。日夫妻共食具視朔食天子則大牢諸侯則少牢大夫特牲士特豚冢子未食而見必執其右手咳而名之執右明授之室事退入夫之燕寢乃食下云其非冢子皆降一等云適子庶子已食而見必循其首者不授室事故也而鄭注未食已食急正緩庶之義言冢子猶言長子通於下也彼言適子謂適妻所生第二已下庶子謂妾子也引之者證言庶子是別於適長者也

昆弟之子傳曰何以期也報之也檀弓曰喪服兄弟之子猶子也蓋引而進之

疏昆弟之子○注檀弓至進之○釋曰昆弟子疏於親子故次之世叔父爲之此兩相爲服不言報者引同己子與親子同故不言報是以檀弓爲證。言進者進同己子故也

大夫之庶子爲適昆弟兩言之者適子或爲兄或爲弟

疏大夫至昆弟○注兩言至爲弟○釋曰此大夫之妾子故言庶若適妻所生第二已下當直云昆弟不言庶也云兩言之者以其適妻所生適子或長於妾子或小於妾子故云兩言之適子或爲兄或爲弟是以經昆弟並言之

傳曰何以期也父之所不降子亦不敢降也大夫雖尊不敢降其適重之也適子爲庶昆弟庶昆弟相爲亦如大夫爲之

疏傳曰至降也○釋曰云父之所不降者即斬章父爲長子是也云子亦不敢降者於此服期是也發何以傳者餘兄弟相爲皆大功獨爲適服期故發問比例之傳也○注大夫至爲之○釋曰云大夫雖尊不敢降其適重之也者釋傳父之所不降云適子爲庶昆弟已下鄭廣明大夫與適子所降者以大夫適子得行大夫禮故父子俱降庶庶又自相降也如大夫爲之皆大功也

適孫

疏適孫○釋曰孫卑於昆弟故次之此謂適子死其適孫承重者祖爲之期

傳曰何以期也不敢降其適也有適子者無適孫孫婦亦如之。周之道適子死則立適孫是適孫將上爲祖後者也長子在則皆爲庶孫耳孫婦亦如之適婦在亦爲庶孫之婦凡父於將爲後者非長子皆期也

疏傳曰至如之○釋曰傳云何以問比例者亦爲衆孫

大功此獨期故發問也云有適子者無適孫者謂適子在不得立適孫爲後也云孫婦亦如之亦謂不立之故云亦如之也○注周之至期也○釋曰云周之道適子死則立適孫是適孫將上爲祖後者也此釋祖爲孫服重之義言周之道對殷道則不然以其殷道適子死弟乃當先立故言周之道也云長子在則爲庶孫耳者既適子在不得立孫明同庶孫之例云凡父於將爲後者非長子皆期也者案喪服小記云適婦不爲舅後者則姑爲之小功注云謂夫有廢疾他故若死而無子不受重者小功庶婦之服也凡父母於子舅姑於婦將不傳重於適及將傳重者非適服之皆如衆子庶婦也是以鄭云凡父母於子舅姑於婦非長子皆期明非長子婦及於非適孫傳重同於庶孫大功可知也若然長子爲父斬父亦爲斬適孫承重爲祖斬祖爲之期不報之斬者父子一體本有三年之情故特爲祖斬祖爲孫本非一體但以報期故。期不得斬也

爲人後者爲其父母報

疏 爲人後者爲其父母報○釋曰此謂其子後人反來爲父母。在者欲其厚於所後薄於本親抑之故次在孫後也若然既爲本生不降斬至禫杖章者亦是深抑厚於大宗也言報者既深抑之使同本疏往來相報之法故也

傳曰何以期也不貳斬也何以不貳斬也持。重於大宗者降其小宗也爲人後者孰後後大宗也曷爲後大宗大宗者尊之統也禽獸知母而不知父野人曰父母何筭焉都邑之士則知尊禰矣大夫及學士則知尊祖矣諸侯及其大祖天子及其始祖之所自出尊者尊統上卑者尊統下大宗者尊之統也大宗者收族者也不可以絕故族人以支子後大宗也適子。不得後大宗

都邑之士則知尊禰近政化也大祖始封之君始祖者。感神靈而生若稷契也自由也及始祖之所由出謂祭天也上猶遠也下猶近也收族者謂

別親疏序昭穆大傳曰。繫之以姓而弗別綴之以食而弗殊雖百世昏姻不通者周道然也

疏

傳曰至大宗○釋曰問者本生父母應斬及三年今乃不杖期故問比例也云不貳斬者荅辭又不貳斬者。持重於大宗者降其小宗此解不貳斬之意也此問荅雖兼母事據父故荅以斬而言案喪服小記云別子爲祖繼別爲大宗謂若魯桓公適夫人文姜生大子名同後爲君次子慶父叔牙季友此三子謂之別子別子者皆以臣道事君無兄弟相宗之法與大子有別又與後世爲始故稱別子也大宗有一小宗有四大宗一者別子之子適者爲諸弟來宗之卽謂之大宗自此以下適適相承謂之百世不遷之宗五服之內親者月筭如邦人五服之外皆來宗之爲之齊衰齊衰三月章爲宗子之母妻是也小宗有四者謂大宗之後生者謂別子之弟小記注云別子之世長子兄弟宗之第二已下長者親弟來宗之爲繼禰小宗更一世長者非。直親兄弟又從父昆弟亦來宗之爲繼祖小宗更一世長者非。直親昆弟從父昆弟又有從祖昆弟來宗之爲繼曾祖小宗更一世長者非直有親昆弟從父昆弟從祖昆弟來宗之又有從曾祖昆弟來宗之爲繼高祖小宗也更一世絕服不。復來事以彼自事五服內繼高祖已下者也四者皆是小宗則家家皆有兄弟相事長者之小宗雖家家盡有小宗仍世事繼高祖已下之小宗也是以上傳云有餘則歸之宗亦謂當家之長爲小宗者也云爲人後者孰後後大宗也者此問小宗大宗二者與何者爲後後大宗也案何休云小宗無後當絕與此義同也又云後大宗者降其小宗此則繼爲人後爲父母倘降明餘皆降也故大功章云爲人後者爲其昆弟是降小宗之類也云曷爲後大宗大宗者尊之統者此問必後大宗何意也明宗子尊統。領是以書傳云宗子燕族人於堂宗婦燕族人於房序之以昭穆既有族食族燕齒序族人之事是以須後不可絕也故云尊之統也云禽獸已下者因上尊宗子遂廣申尊。祖宗子之事也云禽獸知母不知父者爾雅云兩足而羽謂之禽四足而毛謂之獸彼對文而言之也若散文言之獸亦名禽禽獸所生唯知隨母不知隨父是知母不知父云野人曰父母何筭焉者野人謂若論語鄭注云野人粗略與都邑之士相對亦謂國

外爲野人野人稍遠政化都邑之士爲近政化周禮云野自六尺之類者不知分別父母尊卑也云都邑之士則知尊禰者士下對野人上對大夫則此士所謂在朝之士并在城郭士民知義禮者揔謂之爲士也云大夫及學士則知尊祖者此學謂鄉庠序及國之大學小學之學士文王。之世子亦云學士雖未有官爵以其習知四術閑。知六藝知祖義父仁之禮故敬父遂尊祖得與大夫之貴同也諸侯及其大祖天子及其始祖皆是爵尊者其德所及遠之義也云大宗收族已下。謂論大宗立後之意也云適子不得後大宗者以其自當主家事并承重祭祀之事故也○注都邑至道然也○釋曰都邑之士者對天子諸侯曰國采地大夫曰都邑故周禮載師有家邑小都大都春秋左氏諸侯下大夫采地亦。云邑曰築都曰城散文天子已下皆名都邑都邑之內者其民近政化者若然天子諸侯施政化民無以遠近爲異但近者易化遠者難感故民近政化者識深則知尊父遠政化者識淺不知父母有尊卑之別也大祖始封之君者案周禮典命云三公八命卿六命大夫四命其爵皆加一等加一等者。八命爲上公九命。爲牧。八命。爲侯伯七命。爲子男五命此皆爲大祖後世不毀其廟若魯之周公齊之大公衛之康叔鄭之桓公之類皆是大祖者也云始祖感神靈而生若后稷契也自由也及始祖所由出謂祭天者謂祭所感帝還以始祖配之案大傳云王者禘其祖之所自出以其祖配之是后稷感東方青帝靈威仰所生契感北方黑帝汁光紀所生易緯云三王之郊一用夏正郊特牲云兆日於南郊就陽位則王者建寅之月祀所感帝於南郊還以感生祖配祭周以后稷殷以契配之故鄭云謂祖配祭天也又鄭注大傳云王者之先祖皆感大微五帝之精以生則不止后稷與契而已但后稷感青帝所生卽生民詩云履帝武敏歆據鄭義帝嚳後世妃姜原。履青帝大人跡而生后稷殷之先母有娀氏之女簡狄吞燕卵而生契此二者文著故鄭據而言之其實帝王皆有所感而生也云上猶遠也下猶近者天子始祖諸侯及大祖並於親廟外祭之是尊統遠大夫三廟適士二廟中下士一廟是卑者尊統近也若然此論大宗子而言天子諸侯大夫士之等者欲見大宗子統領百世而不遷又上祭別祖子。大祖而不易亦是尊統遠小宗子唯統五服之內是尊統近故傳言尊統遠近而云大宗者尊之統也又云大宗者收族是大宗統遠之事也引大傳者案彼稱姓謂正姓若殷子周姬之類綴之以食者以食禮相連綴使不相疏若宗子與族人行族食族燕者也云百世婚姻不通周道然者對殷道則不然謂殷家不繫之以正姓但五世絕服以後庶姓別於上而戚單於下下婚姻通也引之者證周之大宗子統領族人序以昭穆百世不亂之事也

女子子適人者爲其父母昆弟之爲父後者

疏 女子子至父後者○釋曰女子卑於男子故次男子後

傳曰爲父何以期也婦人不貳斬也婦人不貳斬者何也婦人有三從之義無專用之道故未嫁從父既嫁從夫夫死從子故父者子之天也夫者妻之天也婦人不貳斬者猶曰不貳天也婦人不能貳尊也爲昆弟之爲父後者何以亦期也婦人雖在外必有歸宗曰小宗故服期也從者從其教令歸宗者父雖卒猶自歸宗其爲父後持重者不自絕於其族類也曰小宗者言是乃小宗也小宗明非一也小宗有四丈夫婦人之爲小宗各如其親之服辟大宗

疏 傳曰至服期也○釋曰經兼言父母傳特問父不問母者家無二尊故父在爲母期今出嫁仍期但不杖禫而已未多懸絕故不問女子子在室斬衰三年今出嫁與母同在不杖麻屨懸絕故問云爲父何以期也婦人不貳斬也荅辭云婦人不貳斬者何更問不貳斬之意也云婦人有三從之義已下荅辭前斬章云爲人後不云丈夫不貳斬至此女子子云婦人不貳斬者則丈夫容有貳斬故有爲長子皆斬又喪服四制云門內之治恩揜義門外之治義斷恩至於君父別時而喪仍得爲父申斬則丈夫有二斬至於女子子在家爲父出嫁爲夫唯一無二故特言婦人是異於男子故也若然案雜記云與諸侯爲兄弟者服斬是婦人爲夫并爲君得二斬者然則此婦人不貳斬者在家爲父

斬出嫁爲夫斬爲父期此其常事彼爲君不可以輕服服君非常之事不得決此也言婦人有三從之義者欲言不貳斬之意婦人從人所從卽爲之斬不若然夫死從子不爲子斬者子爲母齊衰母爲子不得過齊衰故亦不斬也云婦人不能二尊者欲見不貳斬之義云曰小宗故服期者欲見大宗子百世不遷婦人所歸雖不歸大宗宗內丈夫婦人爲之齊衰三月小宗宗內兄弟父之適長者爲之婦人之所歸宗者歸此小宗。遂之期與大宗別傳恐人疑爲大宗故辨之曰小宗故服期也○注從者至大宗○釋曰歸宗者父雖卒猶自歸宗知義然者若父母在嫁女自當歸寧父母何須歸宗子傳言婦人雖在外必歸宗明是據父母卒者故鄭據父母卒而言若然天子諸侯夫人父母卒不得歸宗以其人君絕宗故許穆夫人衛侯之女父死不得歸賦載馳詩是也云小宗者言是乃小宗也者鄭解傳意言曰小宗者傳重釋歸宗是乃小宗也云明非一者欲見小家家皆有也云小宗有四者已於上釋云丈夫婦人爲小宗各如其親之服者謂各如五服尊卑服之無所加減云避大宗者大宗則齊衰三月云丈夫婦人五服外皆齊衰三月五服內月筭如邦人亦皆齊衰無大功小功緦麻故云避大宗也

儀禮疏卷第三十

儀禮注疏卷三十校勘記　阮元撰盧宣旬摘錄

疏衰裳齊　三年者○唐石經每章皆跳行

以輕於斬　陳閩俱作輕於斬衰章

麤衰者　陳閩俱脫麤字

爲君三升半麤衰　陳閩俱無衰字

云冠布纓者案斬衰　下七字陳閩俱脫

疏取用草之義　陳閩俱無疏字

若然注云疏　五字陳閩俱脫

直釋經疏衰而已不釋疏屨之疏　通解同毛本經作經陳閩俱脫疏衰而已不釋六字

傳曰齊者何

此枲對上章苴　此陳閩俱作以

屨薊席　屨陳閩通解要義俱作屨○按玉藻作屨

始見人功沽麤之義　始陳閩俱作姑

父卒則爲母

若前遭父服未闋服要義作喪通解喪服二字並有女年二十三將嫁要義同通解年作是毛本通解將作而○按而字是爲母乃申三年之驗是三也要義同毛本通解無是字全不得思此義要義無思字妄解則文說義多塗通解無義字按此八字當四字爲一句妄解則文者謂妄解經文則字之義也黃氏删義字則七字作一句讀恐非

傳曰繼母何以如母

即是片合之義片通解要義俱作片下節疏同毛本作牉魏氏曰片合下經云牉合普半反

傳曰慈母者何也○如母死則喪之三年如閩葛通解俱作慈按傳文兩言如母疏俱屬下讀於文義未順宜俱屬上讀謂生養死喪皆如母也如此則通解以如爲慈之誤不辨自明

此主謂大夫士之妾妾子之無母父命爲母子者其使養之不命爲母子則亦服庶母慈己之服可也徐本通典集釋通解要義敖氏俱如此與疏合毛本脫二十字衍一也字楊氏與毛本同○通典通

解敖氏己下俱有者字

父在爲母大功浦鏜云爲母疏作爲其母下句同

則不得立後而養他要義同毛本通解他下有子字

一非骨血之屬陳本要義同毛本通解敖氏血俱作肉

故知主謂大夫士之妾謂閩本作爲

母爲長子

然者陳閩通解俱作而母爲長子不問夫之在否皆三年者按此蓋黃氏臆改

疏衰裳齊

故須重列七服者也七陳閩俱作士

傳曰問者曰

見斬衰有二徐本集釋通解要義同毛本無見字二作三

正服大功衰八升八陳閩俱作七

皆與旣葬衰升數同通解要義同毛本無皆字

緦麻十五升抽其半七升半 陳閩俱無七升半三字

見斬衰有二 要義同毛本二作三

又爲袪 袪陳閩俱作袂○按陳本非也檀弓上注作袪

士中衣不用布 陳閩通解要義同毛本無不字○按不字疑衍文

若從經古文者注內疊出今文 陳閩俱無下七字閩本從作然

傳曰何以期也屈也

故父雖爲妻期而除 陳閩俱無而除二字

妻傳曰

怪妻義合亦期 怪妻陳閩通解俱作妻惟

故發此之傳也 此下陳閩俱有何以二字通解有何以二字無此字

父在子爲妻以杖卽位可是也 要義同毛本是作知○按作是是也喪服小記作父在庶子爲妻此脫庶字

出妻之子爲母

此謂母犯七出去 去要義作出

子從而爲服者也陳閩俱無爲字通解爲下有之字

子無出母之義陳閩通解俱無子字

傳曰出妻之子爲母朞

傳意似言出妻似陳閩俱作是

不合爲出母服意陳閩俱無爲字

已有傳云正體於上於陳閩俱作與

況有故可得祭乎要義同毛本通解故作服按故字是

父卒繼母嫁

暫時之與父片合片要義同毛本通解無之字毛本片作胖要義通解俱作

無降殺之差差陳閩通解俱作義

從而爲服陳本通解要義同毛本服作報

不杖麻屨者

彼亦是異於上彼陳閩俱作從

不衰四升冠七升七陳閩俱作十

傳曰何以期也

祖爲孫止大功止陳閩俱作正

傳曰世父叔父

爲姑姊妹在室徐本集釋俱有姊妹二字與疏合毛本無盧文弨校疏云姊妹二字衍宋本注中已誤金曰追云鄭於下昆弟節注云爲姊妹亦如之疏云義同於上章姑在室也則此之誤衍明矣○許宗彥云姑姊妹連文或姑姊或姑妹通稱姑姊妹左傳以公之姑姊娶之是也應是注脫二字非疏衍也

故加期也陳閩俱無加字

以世叔父與二尊爲體要義無父字

與世叔父爲一體也陳閩俱無父字

故以夫妻一體也要義同毛本以作云

是夫婦半合要義同毛本半作胖下同

不成爲人人之子之法也要義毛本不重人字陳閩通解敖氏人下俱無之字

如爲齊衰齊衰三月章　齊衰二字陳閩俱不重

傳曰何以期也

女子子嫁者以出降　嫁上通典有許字

昆弟

爲姊妹在室　爲下通典有姑字

弟弟也　下弟字要義作弟下同毛本作第通解此作弟下作第按說文無第字古者兄弟之弟與次弟之弟同字後人不達六書之恉妄爲分別遂改此文

爲衆子

女子子在室　徐本集釋敖氏同通解楊氏毛本俱不重子字盧文弨云在室二字疏無

注兼云女子之義　按之疑子字之誤

喪服平文是士　要義同毛本平作本

故知不服　陳閩俱無知字

釋日翦髮爲鬌　陳閩毛本俱誤釋日爲釋曰要義作日下其日同毛本鬌作鬌要義作鬌與內則合

昆弟之子

是以檀弓爲證 按要義此下有滕伯文爲孟虎齊衰云八字今疏無此說唯通解於經傳後附載檀弓一條要義蓋本諸此當附注篇末或別記於上方抄本誤與疏文相連耳

傳曰何以期也不敢降其適也〇孫婦亦如之 之石經補缺誤作適

則爲庶孫耳者 要義同毛本則下有皆字按各本注俱有皆字

故期不得斬也 陳閩通解俱無期字

爲人後者爲其父母報

反來爲父母在者 按在下疑脫此字

傳曰何以期也〇持重於大宗者 毛本持作特唐石經徐陳通典集釋通解要義楊氏敖氏俱作持與單疏述傳合〇

適子不得後大宗 毛本子作人唐石經徐陳閩通典集釋通解要義楊氏敖氏俱作子

感神靈而生 張氏曰監本感作咸從監本

繫之以姓而弗別 繫徐本通解要義俱作繼通典集釋敖氏俱作繫

持重於大宗者 陳本要義同毛本持作特

非直親兄弟又從父昆弟 直下陳閩通解俱有有字下同

不復來事 通解要義同毛本復作服

明宗子尊統領 要義同毛本通解領下有族人二字

遂廣申尊祖宗子之事也 祖下陳閩通解俱有以及二字

文王之世子 之字衍

閑知六藝 閩通解要義同毛本知作之

謂論大宗立後之意也 謂論二字要義倒按論謂疑當作論爲

亦云邑曰築 要義作亦曰邑邑曰築

八命爲上公九命爲牧八命爲侯伯七命爲子男五命 要義同毛本作三公爲上公九命卿爲牧爲侯伯七命大夫爲子男五命

帝嚳後世妃姜原 毛本原作嫄

履青帝大人跡而生后稷 陳閩同毛本履作屨

又上祭别祖子大祖而不易 陳本要義同毛本子作尬按當云又上祭别子爲太祖而不易

謂殷家不繫之以正姓 陳閩俱無殷字

下婚姻通也 陳閩俱無下字

傳曰爲父何以期也○婦人不能貳尊也 毛本貳作二唐石經徐本通典集釋通解要義楊氏敖氏俱作貳按疏作二恐亦是後人所改

其爲父後持重者 持徐本要義俱作特通典集釋俱作持毛本通解作服

各如其親之服 通典服下有服之二字

與母同在不杖麻屨 要義同毛本屨作屨

遂之期 要義同毛本通解遂下有爲字

儀禮注疏卷三十校勘記

儀禮疏卷第三十一

唐朝散大夫行大學博士弘文館學士臣賈公彦等撰

繼父同居者疏繼父同居者○釋曰繼父本非骨肉故次在女子子之下案郊特牲云夫死不嫁終身不改詩恭姜自誓不許再歸此得有婦人將子嫁而有繼父者彼不嫁者自是貞女守志。而有嫁者雖不如不嫁聖人許之故齊衰三年章有繼母此又有繼父之文也傳曰何以期也傳曰夫死妻穉子幼子無大功之親與之適人而所適者亦無大功之親所適者以其貨財爲之築宮廟歲時使之祀焉妻不敢與焉若是則繼父之道也同居則服齊衰期異居則服齊衰三月。必嘗同居然後爲異居未嘗同居則不爲異居妻穉謂年未滿五十子幼謂年十五已下子無大功之親謂同財者也爲之築宮廟於家。門。之外神不歆非族妻不敢與焉恩雖至親族已絶矣。夫不可二此以恩服爾未嘗同居則不服之疏傳曰至異居○釋曰何以期也者以本非骨肉故致問也傳曰已下並是引舊傳爲問答自此至齊衰朞謂子家無大功之內親繼父家亦無大功之內親繼父以財貨爲此子築宮廟使此子四時祭祀不絶三者皆具卽爲同居子爲之朞以繼父恩深故也言妻不言母者已適他族與己絶故言妻欲見與他爲妻不合祭己之父故也云異居則服齊衰三月必嘗同居然後爲異居者此一節論異居繼父言異者昔同今異謂上三者若闕一事則爲異居假令前三者。仍。是具。後或繼父有子卽是繼父有大功之內親亦爲異居矣。如此父死爲之齊衰三月入下文齊衰三月章繼父是也云必嘗同居然後爲異居者欲見前時三者具爲同居後三者一事闕卽爲異居之意云未嘗同居則不爲異居謂子初與母往繼父家時或繼父有大功內親或己有大功內親或繼父不爲己築宮廟三者一事闕雖同在繼父家亦名不同居繼父全不服之矣○注妻穉至服之○釋曰鄭知妻穉謂年未滿五十者案內則妾年五十閉房不御何得更嫁故未滿五十也云子幼謂年十五已下者案論語云可以託六尺之孤鄭亦云十五已下知者見周禮鄉大夫職云國中自七尺以及六十野自六尺以及六十有五皆征之七尺謂年二十六尺謂年十五十五則受征役何得隨母則知子幼十五已下言已下則不通十五以其十五受征明據十四至年一歲已上也云大功之親謂同財者下記云小功已下爲兄弟則小功已下疏故得兄弟之稱則大功之親容同財共活可知云爲之築宮廟於家門之外者以其中門外有己宗廟則知此在大門外築之也必在大門外築之者神不歆非族故也若在門內於鬼神爲非族恐不歆之是以大門外爲之隨母嫁得有廟者非必正廟但是鬼神所居曰廟若祭法云庶人祭於寢也神不歆非族大戴禮文云夫不可二者據傳云妻明據繼父而言以其與繼父爲妻不可更於前夫爲妻而祭故云夫不可二也云此以恩服爾者以其與繼父期與三月云未嘗同居則不服之者以其同居與異居有服明未嘗同居不服可知

爲夫之君傳曰何以期也從服也疏爲夫之君傳曰至從服也○釋曰此以從服故次繼父下但臣之妻皆稟命於君之夫人不從服小君者欲明夫人命亦由君來故臣妻於夫人無服也不直言夫之君而言爲者以夫之君而言爲者以夫之君從服輕故特言爲夫之君也傳曰何以期者問比例者怪人疏而同親者故發問云從服也以夫爲君斬故妻從服期也

姑姊妹女子子適人無主者姑姊妹報疏姑姊至妹報○釋曰此等親出適已降在大功雖矜之服期不絕於夫氏故次義服之下女子子閒在上不言報者女子子出適大功反爲父母自然猶期不須言報故不言也姑對姪姊妹對兄弟出適反爲姪與兄弟爲大功姪與兄弟爲之降至大功今還相爲期故須言報也傳曰無主者謂其無祭主者也何以期也爲其無祭主故也無主後者人之

所哀憐不忍降之

[疏] 傳曰至主者也○釋曰云無主者謂其無祭主者無主有二謂喪主祭主傳不言喪主者喪有無後無無主者若當家無喪主或取五服之內親又無五服親則取東西家若無則里尹主之今無主者謂無祭主也故可哀憐而不降也○注無主至降之○釋曰云人之所哀憐者謂行路之人見此無夫復無子而不嫁猶生哀愍況姪與兄弟及父母故不忍降之也若然除此之外餘人爲之服者仍依出降之服而不服加以其餘人恩疏故也不言嫁而云適人者若言適人卽謂士也若言嫁之嫁之乃嫁於大夫於本親又以尊降不得言報故云適人不言嫁

爲君之父母妻長子祖父母

[疏] 爲君之父母妻長子祖父母○釋曰此亦從服輕於夫之君及姑姊妹女子子無主故次之言爲者亦如爲夫之君也

傳曰何以期也從服也父母長子君服斬妻則小君也父卒然後爲祖後者服斬 此爲君矣而有父若祖之喪者謂始封之君也若是繼體則其父若祖有廢疾不立父卒者父爲君之孫宜嗣位而早卒今君受國於曾祖

[疏] 傳曰至者服斬○釋曰云父母長子君服斬者欲見臣從君服期若然君之母當在齊衰與君父同在斬者以母亦有三年之服故幷言之云妻則小君也者欲見臣爲小君期是常非從服之例云父卒然後爲祖後者服斬者傳解經臣爲君之祖父母服期若君在則爲君祖父母從服期○注此爲至尊祖○釋曰云此爲君矣而有父若祖之喪者謂始封之君也者若周禮典命三公八命其卿六命大夫四命出封皆加一等是五等諸侯爲始封之君非繼體容有祖父不爲君而死君爲之斬臣亦從服期也云若是繼體則其父若祖有廢疾不立者此祖與父合立爲廢疾不立己當立是受國於曾祖若然此二者自是不立今君立不關父祖又云父卒者父爲君之孫宜嗣位而早卒今君受國於曾祖者此解傳之父卒耳鄭意以父祖有廢疾必以今君受國於曾祖不取受國於祖者若今君受國於祖祖薨則羣臣爲之斬何得從服期故鄭以新君受國於曾祖若然曾祖爲君薨羣臣自當服斬若君之祖薨君爲之服斬臣從服期也若然父卒者父爲君

之孫宜嗣位而早卒則君之祖亦是廢疾或早死不立是以君之父受國於祖復早卒今君乃受國於曾祖也趙商問己爲諸侯父有廢疾不任國政不任喪事而爲其祖服制度之宜年月之斷云何荅云父卒爲祖後者三年斬何疑趙商又問父卒爲祖後者三年已聞命矣所問者父在爲祖如何欲言三年則父在欲言期復無主斬杖之宜主喪之制未知所定荅曰天子諸侯之喪皆斬衰無期彼志與此注相兼乃具也

妾爲女君

疏 妾爲女君○釋曰妾事女君使與臣事君同故次之也以其妻既與夫體敵妾不得體夫故名妾妾接也接事適妻故妾稱適妻爲女君也

傳曰何以期也妾之事女君與婦之事舅姑等 女君君適妻也女君於妾無服報之則重降之則嫌

疏 傳曰至姑等○釋曰傳意謂妾或是妻之姪娣同事一人忽爲之重服故發問也荅曰妾之事女君與婦之事舅姑等者婦之事舅姑亦期故云等但並后匹適傾覆之階故抑之雖或姪娣使如子之妻與婦事舅姑同也○注女君至則嫌○釋曰云女君於妾無服者諸經傳無女君服妾之文故云無服必無服者鄭解其不服之意是以云報之則重還報以期無尊卑降殺大重也云降之則嫌者若降之大功小功則似舅姑爲適婦庶婦之嫌故使女君爲妾無服也

婦爲舅姑

疏 婦爲舅姑○釋曰文在此者既欲抑妾事女君使如事舅姑故婦事舅姑在下欲使妾情先於婦故婦文在後也

傳曰何以期也從服也

疏 傳曰至從服也○釋曰問之者本是路人與子判合則爲重服服夫之父母故問也云從服也者荅辭既得體其子爲親故重服爲其舅姑也

夫之昆弟之子 男女皆是

疏 夫之昆弟之子○注男女皆是○釋曰檀弓云兄弟之子猶子也蓋引而進之進同己子故二母爲之亦如己子服期也云男女皆是者據女在室與出嫁與二母相爲服同期與大功故子中兼男女但以義服情輕同婦事舅姑故次在下也

傳曰何以期也報之也

疏 傳曰何以期也報之也○釋曰報之者二母與子本是路人爲配二父而有母名爲之服期故二母報子還服期若然上世叔之下不言報至此言之者

二父本是父之一體又引同己子不得言報至此本疏故言報也公妾大夫之妾爲其子疏公妾大夫之妾爲其子○釋曰二妾爲其子應降而不降重出此文故次之傳曰何以期也妾不得體君爲其子得遂也此言二妾不得從於女君尊降其子也女君與君一體唯爲長子三年其餘以尊降之與妾子同也疏傳曰至遂也○釋曰傳嫌二妾承尊應降今不降故發問荅云妾不得體君爲其子得遂也者諸侯絕旁期爲衆子無服大夫降一等爲衆子大功其妻體君皆從夫而降之至於二妾賤皆不得體君君不厭妾故自爲其子得伸遂而服期也○注此言至同也○釋曰云唯爲長子三年更云其餘謂己所生第二已下以尊降與妾子同諸侯夫人無服大夫妻爲之大功也女子子爲祖父母疏女子子爲祖父母○釋曰章首已言爲祖父母兼男女彼女據成人之女此言女子子謂十五許嫁者亦以重出其文故次在此也傳曰何以期也不敢降其祖也經似在室傳似已嫁明雖有出道猶不降疏傳曰至祖也○釋曰祖父母正期也已嫁之女可降旁親祖父母正期故不降也故云不敢降其祖也○注經似至不降○釋曰知經似在室者以其直云女子子無嫁文故云似在室云傳似已嫁者以其言不敢則有敢者敢謂出嫁降旁親是已嫁之文此言不敢是雖嫁而不敢降祖故云傳似已嫁也經傳互言之欲見在室出嫁同不降故鄭云明雖有出道猶不降也云出道者女子子雖十五許嫁始行納采問名納吉納徵四禮卽著笄爲成人得降旁親要至二十乃行請期親迎之禮以其笄而未出故云明雖有出道猶不降不直言出而言道者實未出故云出道猶如鄭注論語云雖不得祿亦得祿之道是亦未得祿而云之道亦此類也大夫之子爲世父母叔父母子昆弟昆弟之子姑姊妹女子子無主者爲大夫命婦者唯子不報傳曰大夫者其男子之爲大夫者也命婦者其婦人之爲大夫妻者也無

主者命婦之無祭主者也何以言唯子不報也女子子適人者爲其父母期故言不報也言其餘皆報也何以期也父之所不降子亦不敢降也大夫曷爲不降命婦也夫尊於朝妻貴於室矣命者加爵服之名自士至上公凡九等君命其夫則后夫人亦命其妻矣此所爲者凡六命夫六命婦無主者命婦之無祭主謂姑姊妹女子子也其有祭主者如衆人唯子不報男女同不報爾傳以爲主謂女子子似失之矣大夫曷爲不降命婦據大夫於姑姊妹女子子既以出降其適士者又以尊降在小功也夫尊於朝與己同妻貴於室從夫爵也

疏大夫之子至於室矣○釋曰此言大夫之子爲此六大夫六命婦服期不降之事其中雖有一子女重出其文其餘並是應降而不降故次在女子爲祖下但大夫尊降旁親一等此男女皆合降至大功爲作大夫與己尊同故不降還服期若姑姊妹女子子若出嫁大功適士又降至小功今嫁大夫雖降至大功還爲無祭主哀憐之不忍降還服期也傳云無主者命婦之無祭主者也者鄭兼言命婦欲見既爲命婦不降又無祭主更不降服期之意也傳云何以言唯子不報也鄭云子中兼男女傳唯據女子子鄭不從也云何以期也父之所不降子亦不敢降也者欲見此經云大夫之子得行大夫禮降與不降與父同故傳據父爲大夫爲本以見子亦之也云大夫曷爲不降命婦也已下欲見大夫是尊同大夫妻是婦人非尊同亦不降者傳解妻亦與夫同尊卑之意是以云夫尊於朝妻貴於室以其大夫以上貴士以下賤此中無士與士妻故以貴言之也○注命者至夫爵也○釋曰云命者加爵服之名者見公羊傳云錫者何賜也命者何加我服也又案覲禮諸公奉篋服加命書於其上以命侯氏是命者加爵服之名也云自士至上公凡九等者不據爵皆據命而言故大宗伯云以九儀之命正邦國之位壹命受爵再命受服三命受位四命受器五命賜則六命賜官七命賜國八命作牧九命作伯伯則分陝上公者是九等者也以其典命上公九命侯伯七命子男五命大國孤四命

公侯伯卿三命大夫再命士一命子男卿二命大夫一命此經士不命天子三公八命其卿六命大夫四命上士三命中士二命下士一命此經雖無士鄭總解天子諸侯命臣后夫人命妻之事故兼言士也云君命其夫者君中總天子諸侯云后夫人亦命其妻矣者案禮記云夫人不命於天子自魯昭公始也由昭公娶同姓不告天子天子亦不命明臣妻皆得后夫人命也鄭言此者經云命夫命婦不辨天子諸侯之臣則天子諸侯下但是大夫大夫妻皆是命夫命婦也云此所爲者凡六大夫六命婦者六命夫一謂世父一也叔父二也子三也昆四也弟五也昆弟之子六也六命婦者世母一也叔母二也姑三也姊四也妹五也女子子六也云無主者命婦之無祭主謂姑姊妹女子子也鄭言此者經六命婦中有世母叔母故鄭辨之以其世母叔母無主有主皆爲之期故知唯據此四人而言也云其有祭主者如衆人者自爲大功矣云唯子不報男女同不報爾者以其男女俱爲父母三年父母唯爲長子斬其餘降何得言報故知子不中兼男女是知傳唯據女子子失之矣云大夫曷爲不降命婦者據大夫於姑姊妹女子子旣以出降其適士者又以尊降在小功也者此亦六命婦中有二母故鄭辨之也云夫尊於朝已下鄭亦解姑姊妹女子子之夫貴與己同之義若然案曲禮云四十强而仕五十艾服官政爲大夫何得大夫子又爲大夫又何得爲弟之子爲大夫者五十命爲大夫自是常法大夫之子有德行茂盛者豈待五十乃命之乎是以殤小功有大夫爲其昆弟之長殤大夫旣爲兄弟殤明是幼爲大夫擧此一隅不得以常法相難也

大夫爲祖父母適孫爲士者疏大夫至爲士者○釋曰祖與孫爲士卑故次在此也

傳曰何以期也大夫不敢降其祖與適也不敢降其祖與適則可降其旁親也疏注不敢至親也○釋曰大夫以尊降其旁親雖有差約不顯著故於此更明之經云不降祖與適明於餘親降可知大夫降旁親明矣

公妾以及士妾爲其父母疏公妾至父母○釋曰以出嫁爲其父母亦重出其文故次在此云公謂五等諸侯皆有八妾士謂一妻一妾中間猶有孤猶有卿大夫妻不言之者

舉其極尊卑其中有妾爲父母可知傳曰何以期也妾不得體君得爲其父母遂也然則女君有以尊降其父母者與春秋之義雖爲天王后猶曰吾季姜是言子尊不加於父母此傳似誤矣禮妾從女君而服其黨服是嫌不自服其父母故以明之〔疏〕傳曰至遂也○釋曰傳曰何以期也問者以公子爲君厭爲己母不在五服又爲己母黨無服公妾既不得體君君不厭故妾爲父母得伸遂而服期也○注然則至明之○釋曰鄭欲破傳義故據傳云妾不得體君得爲其父母遂也然則女君體君者○有以尊降其父母者與言與猶不正執之辭也云春秋之義者案桓九年左傳云紀季姜歸于京師杜云季姜桓王后也季字姜紀姓也書字者伸父母之尊是王后猶不待降父母是子尊不加父母傳何云妾不得體君乎豈可女君降其父母是以云傳似誤矣言似亦是不正執故云似其實誤也云禮妾從女君而服其黨服者雜記文也云是嫌不自服其父母故以明之者鄭既以鄭爲誤故自解之鄭必不從傳者一則以女君不可降父母二則經文兼有卿大夫士何得專據公子以決父母乎是以傳爲誤也

疏衰裳齊牡麻絰無受者無受者服是服而除不以輕服受之不著月數者天子諸侯葬異月也小記曰齊衰三月與大功同者繩屨〔疏〕疏衰至受者○釋曰此齊衰三月章以其義服日月又少故在不杖章下上皆言冠帶此及下傳大功皆不言冠帶者以其輕故略之至正大功言冠見其正猶不言帶緦麻又直言緦麻餘又略之若然禮記云齊衰居堊室者據期故譙周亦云齊衰三月不居堊室○注無受至繩屨○釋曰云無受者服是服而除不以輕服受之者凡變除皆因葬練祥乃行但此服至葬即除無變服之理故云服是服而除若大功已上至葬後以輕服受之若斬衰三升冠六升葬後受衰六升是更以輕服受之也云不著月數者天子諸侯葬異月也者大夫士三月葬此章皆三月葬後除之故以三月爲主三月者法一時天氣變可以除之但此經中有寄公爲所寓又有舊君○舊君中兼天子諸侯又有庶人爲國君鄭云天子畿內之民服天子亦如之也但天子七月葬諸侯五月葬爲之齊衰者皆三月藏其服

至葬更服之葬後乃除是以不得言少以包多亦不得言多以包少是以不著月數者天子諸侯葬異月故也云小記者彼記人見此喪服齊衰三月與大功皆不言屨故解此二章同繩屨是以鄭還引之證此章著繩屨也

寄公爲所寓。寓亦寄也爲所寄之國君服

疏○寄公爲所寓注寓亦至君服○釋曰此章論義服故以疏者爲首故寄公在前言寓亦寄者詩式微云黎侯寓於衛寓卽寄其義同故云寓亦寄也作文之勢不可重言寄公爲所寄故云寓也

傳曰寄公者何也失地之君也何以爲所寓服齊衰三月也言與民同也。諸侯五月而葬而服齊衰三月者三月而藏其服至葬又反服之既葬而除之

疏傳曰至同也○釋曰傳依上例執所不知稱者何問比例者等是諸侯各有國土而寄在他國故發問也失地之君也荅辭也失地君者謂若禮記射義貢士不得其人數有讓數有讓黜爵削地削地盡君則寄在他國詩式微黎侯寓於衛彼爲狄人所迫逐寄在衛黎之臣子勸以歸是失地之君爲衛侯服齊衰三月藏其服至葬更服葬訖乃除也云言與民同也者以客在主國得主君之恩故報主君與民同則民亦服之三月藏其服至葬又反服之既葬訖乃除也○注諸侯至除之○釋曰上以釋變除要待葬後諸侯五月葬而言三月故知三月藏服至葬更服葬後乃除可知不於章首言之欲就三月之下解之故也

丈夫婦人爲宗子宗子之母妻。婦人女子子在室及嫁歸宗者也宗子繼別之後百世不遷所謂大宗也

疏丈夫至母妻○釋曰此與大宗同宗親如寄公爲所寓故次在此言丈夫婦人者謂同宗男子女子皆爲大宗子并宗子母妻齊衰三月也○注婦人至大宗也○釋曰此經爲宗子謂與大宗別高祖之人皆服三月也案斬章女子子在室及女反在父室者又不杖章中歸宗婦人爲當家小宗親者期爲大宗疏者三月也云宗子繼別之後者案喪服小記及大傳云繼別爲大宗又云有五世則遷之宗小宗有四是也有百世不遷之宗繼別爲大宗是也云所謂大宗也者卽上文大宗者尊之統是也

傳曰何以服齊衰三月也尊

祖也尊祖故敬宗敬宗者尊祖之義也宗子之母在則不爲宗子之妻服也【疏】傳曰至妻服也○釋曰傳以丈夫婦人與宗子服絶而越大功小功與曾祖同怪其大重故問比例何以服齊衰三月云尊祖也至之義也荅辭也祖謂別子爲祖百世不遷之祖當祭之日同宗皆來陪位及助祭故云尊祖也云尊祖故敬宗者是百世不遷之宗大宗者尊之統故同宗敬之云敬宗者尊祖之義也者以宗子奉事別子之祖是尊祖之義也宗子之母在則不爲宗子之妻服也者謂宗子父已卒宗子主其祭王制云八十齊喪之事不與則母七十亦不與今宗子母在未年七十母自與祭母死宗人爲之服宗子母七十已上則宗子妻得與祭宗人乃爲宗子妻服故云然也必爲宗子母妻服者以宗子燕食族人於堂其母妻亦燕食族人之婦於房皆序以昭穆故族人爲之服也

爲舊君君之母妻【疏】爲舊君君之母妻○釋曰舊君舊蒙恩深以對於父今雖退歸田野不忘舊德故次在宗子之下也但爲舊君有二一則致仕二則待放未去此則致仕者也不云舊臣而云舊君者若云舊臣言謂舊君爲之非喪服體例故云舊君若斬章云父君者則臣子爲之此不復言臣法如君也

傳曰爲舊君者孰謂也仕焉而已者也何以服齊衰三月也言與民同也君之母妻則小君也仕焉而已者謂老若有廢疾而致仕者也爲小君服者恩深於民【疏】傳曰至小君也○釋曰云爲舊君者孰謂也者此經上下臣爲舊君有二故發問云孰謂也云仕焉而已者也者荅辭也傳意以下爲舊君是待放之臣以此爲致仕之臣也云何以服齊衰三月者怪其舊服斬衰今服三月也云言與民同也者以本義合且今義已斷故抑之使與民同也云君之母妻則小君也者雖前後不得同時皆是小君故齊衰三月恩深於人故也○注仕焉至於民○釋曰云仕焉而已者謂老若有廢疾而致仕者也者此解仕焉而已有仕已老者曲禮云大夫七十而致仕云有廢疾者謂未七十而有廢疾亦致仕是致仕之中有二也云爲小君服者恩深於民也

者下文庶人爲國君無小君是恩淺此爲小君是恩深於民也庶人爲國君。不言民而言庶人庶人或有。在官者天子。畿內之民服天子亦如之

【疏】庶人爲國君〇注不言至如之〇釋曰案論語云民可使由之不可使知之注云民者冥也其見人道遠案王制云庶人在官者其祿以是爲差也庶人謂府史胥徒經不言民而言庶人庶人或有在官者據在官者而言之檀弓云君之喪諸達官之長杖謂士大夫爲君杖則庶人不爲君杖斬則下同於民三月也云天子畿內之民亦如之者以其畿外上公五百里侯四百里已下其民皆服君三月則畿內千里是專屬天子故知爲天子亦如諸侯之境內也

大夫在外其妻長子爲舊國君在外待放已去者

【疏】大夫至國君〇注在外待放已去者〇釋曰此大夫在外不言爲本君服與不服者案雜記云違諸侯之大夫不反服違大夫之諸侯不反服以其尊卑不敵若然其君尊卑敵乃反服舊君服則此大夫已去他國不言服者是其君尊卑不敵不反服者也是以直言其妻長子爲舊國君注云在外待放已去者知是待放已去者對上下文而知以其上傳以爲仕焉而已下傳云而猶未絕此傳云長子言未去明身是已去他國與本國絕者故鄭云待放已去者也

傳曰何以服齊衰三月也妻言與民同也長子言未去也妻雖從夫而出古者大夫不外娶婦人歸宗往來猶民也春秋傳曰大夫越竟逆女非禮君臣有合離之義長子去可以無服

【疏】傳曰至未去也〇釋曰并服而問者怪其重何者妻本從夫服君今夫已絕妻不合服而服之長子本爲君斬者亦大夫之子得行大夫禮從父而服之今父已絕於君亦當不服矣而皆服衰三月故發問也〇注妻雖至無服〇釋曰云妻雖從夫而出古者大夫不外娶者鄭欲解傳云妻言與民同之意以古者不外娶是當國娶婦是當國之女今身與妻俱出他國大夫雖絕而妻歸宗往來猶是本國之民其歸者則期章云爲昆弟之爲父後者曰小宗者是也云春秋者案春秋公羊傳莊二十七年莒慶來逆叔姬傳曰大夫越竟逆。女非禮彼云婦此云女鄭以義言之以其未至夫家故云女引之者證古者大

夫不外娶之事云君臣有合離之義者謂諫爭從臣是有義則合三諫不從是無義則離子既隨父故去可以無服矣

繼父不同居者嘗同居今不同【疏】繼父不同居者〇注嘗同居今不同〇釋曰此則期章云必嘗同居然後爲異居者也但章皆有傳唯庶人爲國君及此繼父不傳者以其庶人已於寄公與上下舊君釋訖繼父已於期章釋了是以皆不言也

曾祖父母傳曰何以齊衰三月也小功者兄弟之服也不敢以兄弟之服服至尊也正言小功者服之數盡於五則高祖宜緦麻曾祖宜小功也據祖期則曾祖宜大功高祖宜小功也高祖曾祖皆有小功之差則曾孫玄孫爲之服同也重其衰麻尊尊也減其日月恩殺也【疏】曾祖父母〇釋曰曾高本合小功加至齊衰故次繼父之下此經直云曾祖不言高祖案下緦麻章鄭注云族祖父者亦高祖之孫則高祖有服明矣是以此注亦兼曾高而說也若然此曾祖之內合有高祖可知不言者見其同服故也〇傳曰至尊也〇釋曰云何以齊衰三月也者問者怪其三月大輕齊衰又重故發問也云小功者兄弟之服也案下記傳云凡小功已下爲兄弟是以云小功者兄弟之服也云不敢以兄弟之服服至尊也者傳釋服齊衰之意也〇注正言至恩殺也〇釋曰云正言小功者服之數盡於五者自斬至緦是也云則高祖宜緦麻曾祖宜小功也據爲父期而言之故三年問云何以至期也曰至親以期斷是何也曰天地則已易矣四時則已變矣其在天地之中莫不更始焉以是象之也彼又云然則何以三年也曰加隆焉爾也焉使倍之故再期也是本爲父母加隆至三年故以父爲本而上殺下殺也是故言爲高祖緦麻者謂爲父期爲祖宜大功曾祖宜小功高祖宜緦麻又云據祖期是爲父加隆三年爲祖宜期曾祖宜大功高祖宜小功故鄭云高祖曾祖皆有小功之差此鄭總釋傳云小功者兄弟之服其中含有曾高二祖而言之也又云則曾孫玄孫爲之服同也者曾祖中既兼有高祖是以云曾孫玄孫各爲之齊衰三月也云重其衰麻尊尊也者既不以兄弟之服服至尊故云重其衰麻謂以義服六升衰九升冠尊尊此尊者也云減其日月恩殺也

者謂減五月爲三月者因會高於己非一體恩殺故也

大夫爲宗子

疏 大夫爲宗子○釋曰大夫尊降旁親皆一等尊祖故敬宗是以大夫雖尊不降宗子爲之三月宗子既不降母妻不降可知

傳曰何以服齊衰三月也大夫不敢降其宗也

疏 傳曰至其宗也○釋曰以大夫於餘親皆降獨不降宗子故幷服而問荅云不敢降其宗也者於餘親則降也

舊君大夫待放未去者

疏 舊君○注大夫待放未去者○釋曰此舊君以重出故次在此也鄭知此舊君是待放未去之大夫者鄭據傳而言也案上下四經皆爲舊君不言國庶人爲國君言國其妻長子爲舊國君言國此舊君又不言國者據繼在土地而爲之服正如爲舊君止是不敢進同臣例故服之三月非爲土地故不言國庶人本繼土地故言國也其妻長子本爲繼土地故言國此待放未去本爲君埽其宗廟爲服不繼土地故不言國也

傳曰大夫爲舊君何以服齊衰三月也大夫去君埽其宗廟故服齊衰三月也言與民同也何大夫之謂乎言其以道去君而猶未絕也以道去君爲三諫不從待放於郊未絕者言爵祿尚有列於朝出入有詔於國妻子自若民也

疏 傳曰至絕也○釋曰此爲舊君服對前已去不服舊君此雖未去已在境而爲服故怪其重所以幷服而問也又餘皆不幷人問直云何以齊衰唯此與寄公幷人而問者所怪深重者幷人而言至如寄公本是體敵一朝重服故幷言寄公此待放之臣已在國境可以不服而服之故幷言大夫也○注以道至若民也○釋曰云以道去君謂三諫不從待放者此以道去君據三諫不從在境待放得環則還得玦則去如此者謂之以道去君有罪放逐若晉放胥甲父於衛之等爲非道去君云未絕者言爵祿有列於朝出入有詔於國者下曲禮文爵祿之有列謂待放大夫舊位乃在出入有詔於國者謂兄弟宗族猶存吉凶之事書信往來相告不絕引之者證大夫去君埽其宗廟詔使宗族祭祀爲此大夫雖去猶爲舊君服若然君不使埽宗廟爵祿已絕則是得玦而去則亦不服矣

云妻子自若民也者此鄭還約上大夫在外其妻長子爲舊國君也上下舊君皆不言士者上仕焉者有士可知是以傳亦不言大夫次云大夫在外言大夫者以其士妻亦歸宗與大夫同其大夫長子父在朝長子得行大夫禮未去爲君服斬若士之長子與衆子同父去子雖未去卽無服矣與大夫長子異故特言大夫也此不言士者此主爲待放未絕大夫有此法士雖有三諫不從出國之時案曲禮踰竟素服乘髦馬不蚤鬋不御婦人三月而後卽向他國無待放之法是出國卽不服舊君矣是以此舊君唯有大夫也若然不言公卿及孤者詩云三事大夫則三公亦號大夫則大夫中總兼之矣

曾祖父母爲士者如衆人傳曰何以齊衰三月也大夫不敢降其祖也疏曾祖父母爲士者如衆人○傳曰至其祖也○釋曰問者以大夫尊皆降旁親今怪其服故發問經不言大夫傳爲大夫解之者以其言曾祖爲士者故知對大夫下爲之服明知曾孫是大夫

女子子嫁者未嫁者爲曾祖父母疏女子子至未嫁○釋曰此亦重出故次在男子曾孫下也但未嫁者同於前故曾祖父母今幷言者女子子有嫁逆降之理故因已嫁幷言未嫁傳曰嫁者其嫁於大夫者也未嫁者其成人而未嫁者也何以服齊衰三月不敢降其祖也言嫁於大夫者明雖尊猶不降也成人謂年二十已笄醴者也此著不降明有所降疏注言嫁至所降○釋曰云言嫁於大夫者明雖尊猶不降也者以舉尊以見卑欲明適士者以下不降可知也云成人謂年二十已笄醴者也者以其云成人明據二十已笄以醴禮之若十五許嫁亦笄爲成人亦得降與出嫁同但鄭據二十不許嫁者而言之案上章爲祖父母本無降理不須言不敢又女子子爲祖父母傳亦不敢言降其祖父母傳不言不敢降其祖者至此乃言者謂曾祖輕尙不降況祖父母重者不除可知是舉輕以見重也云此著不降明有所降者案大功章女子子嫁者未嫁者爲世叔父母如此類是有所降也餘者皆不次

大功布衰裳牡麻絰無

受者大功布者其鍛治之功麤沽之疏大功至受者○釋曰章次此者以其本服齊衰斬爲殤死降在大功故在正大功之上義齊衰之下也不云月數者下文有纓絰無纓絰須言七月九月彼已見月故於此略之且此經與前不同前期章具文於前杖章下不杖章直言其異者此殤大功章首爲文略於正具文者欲見殤不成人故。故前略後具亦見相參取義云無受者以傳云殤文。不縟不以輕服受之○注大功至沽之○釋曰云大功布者其鍛治之功麤沽之者斬麤皆不言布與功以其哀痛極未可言布體與。大功至此輕可以見之言大功者斬衰章傳云冠六升不加灰則此七升言鍛治可以加灰矣但麤沽而已若然言大功者用功麤大故沽疏其言小者對大功是用功細小

子女子子之長殤中殤殤者男女未冠笄而死。可殤者女子子許嫁不爲殤也。疏子女子子之長殤中殤○注殤者至殤也○釋曰子女子子在章首者以其父母於子哀痛情深故在前云殤者男女未冠笄者案禮記喪服小記云男子冠而不爲殤女子笄而不爲殤故知男女未冠笄而死可哀。殤者女子子許嫁不爲殤者女子笄與男子冠同明許嫁笄雖未出亦爲成人不爲殤可知兄弟之子亦同此而不別言者以其兄弟之子猶子明同於子故不言且中殤或從上或從下是則殤有三等制服唯有二等者欲使大功下。殤有服故也若服亦三等則大功下殤無服。故聖人之意然也

傳曰何以大功也未成人也。何以無受也喪成人者其文縟。喪未成人者其文不縟故殤之絰不樛。垂蓋未成人也年十九至十六爲長殤十五至十二爲中殤十一至八歲爲下殤不滿八歲以下皆。爲無服之殤無服之殤以日易月以日易月之殤殤而無服故子生三月則。父名之死則哭之未名則不哭也縟猶數也其文數者謂變除之節也不樛垂者不絞其帶之垂者雜記曰大功以上散帶以日易月

謂生一月者哭之一日也殤而無服者哭之而已爲昆弟之子女子子亦如之凡言子者可以兼男女又云女子子者殊之以子關適庶也

【疏】傳曰至不哭也○釋曰云何以大功也問者以成人皆期今乃大功故發問也云未成人也者荅辭以其未成人故降至大功云何以無受也問者以其成人至葬後皆以輕服受之今喪未成人即無受故發問也云喪成人者其文縟已下荅辭遂因廣解四等之殤年數之別并哭與不哭具列其文但此殤次成人是以從長以及下與無服之殤又三等殤皆以四年爲差取法四時穀物變易故也又以八歲已上爲有服七歲已下爲無服者案家語本命云男子八月生齒八歲齔以齒女子七月生齒七歲齔齒今傳據男子而言故八歲已上爲有服之殤也傳必以三月造名始哭之者以其三月一時天氣變有所識眄人所加憐故據名爲限也云未名則不哭也者不止依以日易月而哭初死亦當有哭而已○注縟猶至庶也○釋曰云其文數者謂變除之節也者成人之喪既葬以輕服受之又變麻服葛緦麻者除之至小祥。又以輕服受之男子除於首婦人除於帶是有變除之數也今於殤人喪象物不成則無此變除之節數月滿則除之又云不樛垂者不絞帶之垂。者凡喪至小斂皆服未成服之麻。麻。絰麻帶大功以上散帶之垂者至成服乃絞之小功以下初而絞之今殤大功亦於小斂服麻散垂至成服後亦散不絞以示未成人故與成人異亦無受之類故傳云蓋。不成。也引雜記者證此殤大功有散帶要至成服則與成人異也云以日易月謂生一月者哭之一日也若至七歲歲有十二月則八十四日哭之此既於子女子子下發傳則唯據父母於子不關餘親云殤而無服哭之而已者此鄭總解無服之殤以日易月哭之事也云昆弟之子女子子亦如之者以其成人同是期與衆子同今經傳不言者以其亦猶子故也云凡言子者可以兼男女者謂若期章云子又云昆弟之子是子中兼男女也。又云女子子者殊之以子關適庶關通也爲子中通有長之適若然成人爲之斬衰三年今殤死與衆子同者以其殤不成人與穀物未熟故同入殤大功也故別言子見斯義也王肅馬融以爲日易月者以哭之日易服之月殤之期親則以旬有三日哭緦麻之親者則以三日爲制若然哭緦麻三月喪與七歲同又此傳承父母子之下而哭緦麻孩子疏失之甚也叔父之長殤中殤姑姊妹之長殤中殤昆弟之長殤中殤夫之昆弟之子女子子之長殤中殤適孫之長殤中殤大夫之庶子爲適昆弟之長殤中殤公爲適子之長殤中殤大夫爲適子之長殤中殤公君也諸侯大夫不降適殤者重適也天子亦如之

疏叔父至中殤○釋曰自此盡大夫庶子爲適昆弟之長殤中殤皆是成人齊衰朞長殤中殤○殤降一等在功故於此總見之又皆尊卑爲前後次第作文也云公爲適子大夫爲適子皆是正統成人斬衰今爲殤死不得著代故入大功特言適子者天子諸侯於庶子則絕而無服大夫於庶子降一等故於此不言唯言適子也若然二適在下者亦爲重出其文故也○注公君至如之○釋曰云公君也者直言公恐是公士之公及三公與孤皆號公故訓爲君見是五等之君故言諸侯言天子亦如之者以其天子與諸侯同絕宗故也

其長殤皆九月纓絰其中殤七月不纓絰絰有纓者爲其重也自大功以上絰有纓以上條繩爲之小功已下絰無纓也

疏其長殤至纓絰○注絰有至無纓也○釋曰絰之有纓所以固絰猶如冠之有纓以固冠亦結於頤下也五服之正無七月之服唯此大功中殤有之故禮記云九月七月之喪三時是也云絰有纓者爲其重也者以經云九月纓絰七月不纓絰故知絰有纓爲其情重故也自大功已上絰有纓此鄭廣解五服有纓無纓之事但諸文唯有冠纓不見絰有纓之文鄭檢此經長殤有纓法則知成人大功已上絰有纓明矣鄭知一條繩爲之者見斬衰冠纓通屈一條繩屈之武垂下爲故知此絰之纓亦通屈一條屬之絰垂下爲纓可知小功已下絰無纓也者亦以此經中殤七月絰無纓明小功五月已下絰無纓可知

大功布衰裳牡麻絰纓布帶三月受以小功衰即葛九月者受猶承也傳曰大功布九

升小功布十一升此受之下也以發傳者明受盡於此也又受麻經以葛經閒傳曰大功之葛與小功之麻同凡天子諸侯卿大夫既虞士卒哭而受服正言三月者天子諸侯無大功主於大夫士也此雖有君爲姑姊妹女子子嫁於國君者非內喪也古文依此禮也

【疏】大功至月者○注受猶承也○釋曰此成人大功章輕於前殤章既略於此具言○傳曰至十一升○注此受之至禮也○釋曰云大功布九升小功布十一升者此章有降有正有義降則衰七升冠十升正則衰八升冠亦十升義則衰九升冠十一升十升者降小功十一升者正小功傳以受服不言降大功與正大功直云義大功之受者鄭云此受之下正據受之下發傳者明受盡於此義服大功以其小功至葬唯有變麻服葛因故衰無受服之法故傳據義大功而言也云又受麻經以葛經者言受衰麻俱受而傳唯發衰不言受麻以葛故鄭解之云又受麻以葛經引閒傳者證經大功既葬其麻經受以小功葛者以其大功既葬變麻爲葛五分去一大小與小功初死同卽閒傳云大功之葛小功之麻同一也故引之爲證耳云凡天子諸侯卿大夫既虞士卒哭而受服者以於斬章釋訖言此者欲見天子七月而葬諸侯五月而葬虞而受服若然經正三月者以其天子諸侯絕旁朞無此大功喪以此而言經言三月者主於大夫士三月葬者若然大夫除死月數亦得爲三月也云此雖有君爲姑姊妹女子子嫁於國君者非內喪也者彼國自以五月葬後服此諸侯爲之自以三月受服同於大夫士故云主於大夫士也

姑姊妹女子子適人者

【疏】姑姊至人者○釋曰此等並是本朞出降大功故次在此

傳曰何以大功也出也出必降之者蓋有受我而厚之者

【疏】傳曰至出也○釋曰問之者以本朞今大功故發問也○注出必至之者○釋曰案檀弓云姑姊妹之薄也蓋有受我而厚之者也鄭取以爲說若然女子子出降亦同受我而厚之皆是於彼厚之夫自爲之禫杖朞故於此薄爲之大功

從父昆弟世父叔父之子也其姊妹在室亦如之

【疏】從父昆弟○注世父至如之○釋曰昆弟親爲之朞此從父昆弟降一等故次姑姊妹之下云其姊妹在室亦

如之者義當然也謂之從父昆弟世叔父與祖爲一體又與己父爲一體緣親以致服故云從也降於親兄弟一等是其常故不傳問

爲人後者爲其昆弟

疏 爲人至昆弟○釋曰在此者以其小宗之後大宗欲使厚於大宗之親故。抑之在從父昆弟之下

傳曰何以大功也爲人後者降其昆弟也

疏 傳曰至昆弟也○釋曰案下記云爲人後者於。兄弟降一等者故大功也若然於本宗餘親皆降一等也

庶子男女皆是下殤小功章曰爲姪庶孫丈夫婦人同

疏 庶孫○注男女至婦人同○釋曰卑於昆弟故次之庶孫從父而服祖朞故祖從子而服孫大功降一等亦是其常故傳亦不問也云男女皆是者女孫在室與男孫同其義然也引殤小功者欲見彼殤既男女同證此成人同不異也

儀禮疏卷第三十一

珍倣宋版印

儀禮注疏卷三十一校勘記　　阮元撰盧宣旬摘錄

繼父同居者

而有嫁者　通解要義同毛本而作亦

傳曰何以期也○異居則服齊衰三月　月下唐石經有也字

爲之築宮廟於家門之外　家門之外通典作家之門外

夫不可二　徐陳閩葛通典集釋通解楊氏敖氏同毛本夫作天

假令前三者仍是具　要義同毛本通解仍是作皆

後或繼父有子　通解要義同毛本後上有其字

如此父死爲之齊衰三月　通解要義同毛本如作知

爲夫之君

間此例者　陳本要義同毛本比作此

姑姊妹女子子適人無主者

女子子閒在上不言報者　陳閩通解要義同毛本閒作間

傳曰無主者

仍依出降之服而不服加不服要義作不復

若言嫁之嫁之乃嫁於大夫要義同毛本通解無之嫁之三字

傳曰何以期也

則其父若祖有廢疾不立徐本通典集釋通解楊氏敖氏同毛本無祖字

父爲君之孫孫上通典有子字

必以今君受國於曾祖以要義作於

不取受國於祖者若今君受國於祖下八字今本俱脫要義有但無上六字按通解楊氏此處俱經刪潤尚存下七字

傳曰何以期也妾之事女君

故云無服必無服者毛本無必無服三字

婦爲舅姑

使如事舅姑故婦事舅姑在下通解同毛本無故婦事舅姑五字

傳曰何以期也

與子判合 陳本通解同毛本判作胖

傳曰何以期也

上世叔之下 叔下要義有父字

大夫之子 徐本集釋俱經傳合爲一節注總在傳後與標目合通解楊氏俱同毛本○姑姊妹女子子無主者 女子子下通典有適人二字

凡六命夫 命通典作大按經傳皆以大夫與命婦對言此命字當依通典作大

爲此六大夫六命婦服期不降之事 通解同毛本大字作命字○按大與通典合

壹命受爵 毛本壹作一按周禮作壹

經云命夫命婦 按經不云命夫此命夫亦當作大夫

但是大夫大夫妻 要義同毛本大夫不重出

皆是命夫命婦也 要義同毛本無命夫二字○按疏內惟此命夫不誤蓋此乃作疏者解說之詞非述經注也

凡六大夫六命婦者 毛本大作命

六命夫謂世父一也按上句述注既作大夫則此句命字亦當作大

傳曰大夫者○女子子適人者張氏曰經曰女女子適人者爲其父母期按前章云女子子適人者爲其父母此經下女字當作子從前章○按唐石經正作女子子張氏不引以爲證蓋不見唐石經故也嚴徐鍾本亦皆作女子子

傳以爲主謂女子子徐本通典集釋通解楊氏同毛本作傳唯據女子子

既以出降以徐本通典集釋通解俱作以與疏合毛本作已毛本降下有大功二字徐本集釋俱無與述注合通典通解俱有通典大上有在字按以下句考之則此句當依通典

妻貴於室徐本通典集釋通解同毛本妻作婦

故傳據父爲大夫爲本毛本據下有其字

此中無士與士妻毛本下士字作主

故知唯據此四人而言也云其有祭主者如衆人者自爲之大功矣下十六字毛本脫通解有其有祭主者自爲大功矣十字

既以出降毛本降下有大功二字

傳曰何以期也

不敢降其祖與適通典無敢字與疏合

傳曰何以期也妾不得體君

豈可女君降其父母要義同毛本無可字

疏衰裳齊牡麻絰無受者

又有舊君舊君中兼天子諸侯毛本通解舊君二字不重出

傳曰寄公者何也

又反服之徐本通典集釋敖氏同毛本反作更〇按疏云至葬更服

等是諸侯毛本等作尊

黜爵削地削地盡要義同毛本削地二字不重出

傳曰何以服齊衰三月也通解無服字〇宗子之母在子石經補缺誤作祖字

八十齊喪之事不與要義同毛本喪作衰通解作衰〇按王制是喪字

傳曰爲舊君者

且今義已斷要義楊氏同毛本且作但

恩深於人故也毛本人作民○按賈疏應諱民字

亦致仕是致仕之中有二也要義同毛本無是致仕三字

庶人爲國君

庶人或有在官者通典作庶人或有自在宮者下有謂工匠之屬也六字

天子畿內之民畿釋文作圻云本又作畿

傳曰何以服齊衰三月也妻言與民同也

大夫越竟逆女非禮女要義作婦○按公羊傳是女字要義非也淩曙云來內辭當作女

故去可以無服矣陳本通解同毛本矣作也

繼父不同居者

繼父已於期章釋了毛本通解了作訖楊氏誤作子

傳曰何以齊衰三月也

則曾祖宜大功徐本通典集釋通解楊氏同毛本無宜字

高祖曾祖相貫通典作曾祖高祖盧文弨云通典先曾後高與下言曾孫元孫語

其中含有曾高二祖而言之也要義同毛本通解曾高作高曾○按曾高正與通典所引注合

尊此尊者也通解要義同毛本尊此作此尊按毛本是

舊君

庶人本繼土地監本同毛本土作上

本爲君埽其宗廟爲服要義同毛本埽作歸下節疏並同

傳曰大夫爲舊君○埽其宗廟毛本埽作歸○唐石經徐本通典集釋通解楊氏敖氏俱作埽○嚴杰云檀弓穆公問於子思節疏引亦作埽

爲三諫不從徐陳通解楊氏同毛本通典集釋爲俱作謂

故弃言寄公毛本無故字

可以不服而服之陳閩俱無而服二字

是以此舊君通解同毛本無此字

傳曰嫁者

此著不降徐陳通典集釋通解楊氏同毛本著作者嚴本作止者恐誤

又女子子爲祖父母陳閩又作及毛本無母字通解有

傳亦不敢言降其祖父母傳不言不敢降其祖者毛本無者字按此二句疑有誤當云傳亦不言不敢降其祖諸本衍九字此本者字亦衍通解祇有傳不言不敢降六字又按前女子子傳明言不敢降其祖也此疏云云亦不可解

云此著不降通解同毛本著作者

大功布衰裳

欲見殤不成人故故前略後具毛本不重故字

殤文不縟毛本文作女

未可言布體與人功毛本通解人作大

子女子子之長殤中殤

可殤者殤戴校集釋改作傷按疏云可哀殤者亦當爲可哀傷者

欲使大功下殤有服故也陳本通解同毛本殤作爲

則大功下殤無服故毛本通解故作矣

傳曰何以大功也未成人也何以無受也瞿中溶云石本原刻也何作何也○其文縟文石經補缺誤

作宋○故殤之經不樛垂瞿中溶云石本原刻作樛从手傍○皆爲無服之殤毛本爲上無皆字唐石經徐本聶氏集釋要義楊氏敖氏俱有皆字○則父名之通解脫則字

有所識盻要義同毛本盻作盼陳閩監本通解俱作盼按玉篇云盻俗作盻說文盻目偏合也今俗以盻盼盼混爲一字故遂誤爲盼盼宜作盻

至小祥又以輕服受之要義同毛本又作及按又是也

不絞帶之垂者要義同毛本通解無者字

皆服未成服之麻麻經麻帶要義同毛本無麻經二字

蓋不成也要義同毛本作蓋未成人也閩本作蓋未成人也

又云女子子者毛本又作及通解無及字亦無又字

叔父之長殤中殤

自此盡大夫庶子自此盡通解楊氏俱作自叔父至

殤降一等殤降二字楊氏倒要義無殤字

在功要義楊氏同毛本通解在下有大字

其長殤

則知成人大功已上經有纓明矣陳本通解同毛本上作下

通屈一條繩屈之武通解毛本屈之武作爲武聶氏作屬之於武按此本屈字蓋屬字之誤通解作爲武與前注合

垂下爲纓此本爲下脫纓字據聶氏通解毛本補入

傳曰大功布九升

凡天子諸侯卿大夫既虞自此以下五十四字徐本集釋俱在此節注末與此本合通解楊氏俱在上節與毛本同盧文弨云金曰追亦謂脫誤在上文弨細審當以在上者爲是宋本不可從○按此亦可爲傳注連寫之證鄭於經下注云受猶承也卽載傳而釋之曰此受之下也經注與傳注一氣相承以下或釋經或釋傳皆發明受服之義此注之變例不必與他節同也

非內喪也古文依此禮也毛本脫下六字徐本集釋俱有通解楊氏俱無載校集釋云古文下當有訛脫

於此具言通解同毛本具作其

因故衰無受服之法受陳閩俱作之

不言受麻以葛要義楊氏同毛本無以字

云凡天子諸侯卿大夫既虞自此至末共一百五十四字毛本在上節注下

經正三月者毛本通解楊氏正下有言字

傳曰何以大功也

以本朞毛本以下有其字

故於此薄爲之大功通解楊氏同毛本此下有從字功下有也字

從父昆弟

昆弟親爲之朞昆要義作兄

爲人後者爲其昆弟

故抑之陳閩監本通解同毛本抑作次

傳曰何以大功也

於兄弟降一等者要義同毛本通解兄作昆

儀禮注疏卷三十一校勘記

儀禮疏卷第三十二

唐朝散大夫行大學博士弘文館學士臣賈公彦等撰

適婦適婦適子之妻疏○注適婦適子之妻○釋曰疏於孫故次之其婦從夫而服其舅姑期其舅姑從子而服其婦大功降一等者也傳曰何以大功也不降其適也婦言適者從夫名疏○釋曰此傳問者以其適庶之子其妻等是婦而爲庶婦小功特爲適婦服大功故發問也荅不降其適故也若然父母爲適長三年今爲適婦不降一等服期者長子本爲正體於上故加至三年婦直是適子之妻無正體之義故直加於庶婦一等大功而已

女子子適人者爲衆昆弟父在則同父沒乃爲父後者服期也疏○釋曰前云姑姊妹女子子出適在章首者情重故至此女子子反爲昆弟在此者抑之欲使厚於夫氏故次在此也爲本親降一等是其常故無傳也云父沒乃爲父後者服期也者不杖章所云是也

姪丈夫婦人報爲姪男女服同疏○注爲姪男女服同○釋曰姪卑於昆弟故次之不言男子女子而言丈夫婦人者姑與姪在室出嫁同以姪女言男人見嫁出因此謂姪男爲丈夫亦見長大之稱是以鄭還以男女解之傳曰姪者何也謂吾姑者吾謂之姪疏○釋曰云謂吾姑者吾謂之姪者名唯對姑生稱若對世叔唯得言昆弟之子不得姪名也

夫之祖父母世父母叔父母疏○釋曰以其義服故次在此記云爲夫之兄弟降一等此皆夫之尊故妻爲之大功也傳曰何以大功也從服也

夫之昆弟何以無服也其夫屬乎父道者妻皆母道也其夫屬乎子道者妻皆婦道也謂弟之妻婦者是嫂亦可謂之母乎故名者人治之大者也可無慎乎

道猶行也言婦人棄姓無常秩嫁於父行則爲母行嫁於子行則爲婦行謂弟之妻爲婦者卑遠之故謂之婦嫂者尊嚴之稱是嫂亦可謂之母乎嫂猶叟也叟老人稱也是爲序男女之別爾若己以母婦之服服兄弟之妻兄弟之妻以舅子之服服己則是亂昭穆之序也治猶理也父母兄弟夫婦之理人倫之大者可不慎乎大傳曰同姓從宗合族屬異姓主名治際會名著而男女有別

疏傳曰至慎乎○釋曰問者怪無骨肉之親而重服大功故致問也荅從服也從夫而服故大功也若然夫之祖父母世父母爲此妻著何服也案下緦麻章云婦爲夫之諸祖父母報鄭注謂夫所服小功者則此夫所服朞不報限王肅以爲父爲衆子朞妻小功爲兄弟之子朞其妻亦小功以其兄弟之子猶子引而進之進同己子明妻同可知夫之昆弟何以無服已下總論兄弟之妻不爲夫之兄弟服夫之兄弟不爲兄弟妻服之事云其夫屬乎父道者妻皆母道也其夫屬乎子道者妻皆婦道也此二者尊卑之敘並依昭穆相爲服即此經爲夫之世叔父母服是也云謂弟之妻婦者是嫂亦可謂之母乎者此二者欲論不著服之事若著服則相親近于淫亂故不著服推而遠之遠乎淫亂故無服也又云名者人治之大者也可無慎乎者欲明母之與婦本是路人今來嫁于父子之行則生母婦之名既名母婦即有服有服則相尊敬遠于淫亂者也是母婦之名人理之大可不慎乎當慎之若然兄弟之妻本無母婦之名名兄妻爲嫂者尊嚴之稱名弟妻爲婦與子妻同號者推而遠之下同子妻也是兄弟妻既無母婦之名今名爲嫂婦者假作此號使遠于淫亂故不相爲服也○注道猶至有別○釋曰云謂弟之妻爲婦者卑遠之故謂之婦者使下同子妻則本無婦名假與子妻同遠之也云嫂者尊嚴之稱是嫂亦可謂之母乎者此因弟妻名爲婦以致斯問言不可也云嫂猶叟也叟老人稱也者叟有兩號若孔注尙書西蜀叟叟是頑愚之惡稱若左氏傳云趙叟在後叟是老人之善名是以名爲嫂嫂婦人之老稱故云老人之稱云是爲序男女之別爾者謂不名兄妻爲母是次序昭穆之別也云若己以母婦之服服兄弟之妻兄弟之妻以舅子之服服己則是亂昭穆之序也者此解不得之意何者以弟妻爲婦即以

兄妻爲母而以母服服兄妻又以婦服服弟妻又使妻以舅服服夫之兄又使兄妻以子服服己夫之弟則兄弟反爲父子亂昭穆之次序故不得以兄妻又爲母者也故聖人深塞亂源使兄弟之妻本無母婦之名不相爲服也引大傳者云同姓從宗合族屬者謂大宗子同是正姓姬姜。之類屬聚也合聚族人於宗子之家在堂上行食燕之禮卽繫之以姓而弗別綴之以食而弗殊是也又云異姓主名治際會者主名謂母與婦之名治正也際接也以母婦正接之會聚則宗子之妻食燕族人之婦於房是也云名著而男女有別者謂母婦之名明著則男女各有分別而無淫亂也

大夫爲世父母叔父母子昆弟昆。弟。之子爲士者子謂庶子

疏○注子謂庶子○釋曰大夫爲此八者本朞今以爲士故降至大功亦爲重出此文故次在此也云子謂庶子者若長子在斬章故謂庶子也

傳曰何以大功也尊不同也尊同則得服其親服尊同謂亦爲大夫者親服期

疏○注尊同至服期○釋曰尊同謂亦爲大夫者經言大夫爲之明尊同是亦爲大夫也云親服期者此八者並見期章是也

公之庶昆弟大夫之庶子爲母妻昆弟公之庶昆弟則父卒也大夫之庶子則父在也其或爲母謂妾子也

疏○釋曰云公之庶昆弟大夫之庶子者此二人各自爲母妻爲昆弟服大功此並受厭降卑於自降故次在自降人之下○注公之至子也○釋曰若云公子是父在今繼兄而言。昆弟故知父卒也又公子父在爲母妻在五服之外今服大功故知父卒也云大夫之庶子則父在也者以其繼父而言又大夫卒子爲母妻得伸今但大功故知父在也云其或爲母謂妾子也者以其爲妻昆弟其禮並同又於適妻皆大夫自不降其子皆得伸今在大功明妾子自爲己母也

傳曰何以大功也先君餘尊之所厭不得過。大功也大夫之庶子則從乎大夫而降也父之所不降子亦不敢降也言從乎大夫而降則於父卒如國人也昆弟庶昆弟也舊讀昆弟在下其於厭降之

義宜蒙此傳也是以上而同之父所不降謂適也【疏】傳曰至降也○釋曰問者怪此等皆合重服期今大功故發問也○荅云先君餘尊之所厭不得過大功也者此直荅公之庶昆弟以其公在爲母妻厭在五服一外公卒猶爲餘尊之所厭不得過大功其大夫之子據父在有厭從於大夫降一等大夫若卒則得伸無餘尊之厭也云父之所不降子亦不敢降也者此傳云而降遂言不降者也此傳雖文承大夫下亦兼解公之昆弟未悉公爲何人不降弟公不降子亦不降與大夫同也○注言從至適也○釋曰以大夫尊少身在降一等身沒其庶子則得伸如國人也云昆弟庶昆弟也者若適則在父之所不降之中故知庶昆弟也云舊讀昆弟在下其於厭降之義宜蒙此傳也是以上而同之者言舊讀謂鄭君以前馬融之等以昆弟二字抽之在傳下今皆易之在上鄭檢經義昆弟乃是公之庶昆弟大夫之庶子所爲者父以尊降庶子則庶。子亦厭而爲昆弟大功是知宜蒙此傳則昆弟二字當在傳上與母妻宜蒙此傳同爲厭降之文不得如。舊讀也云一父所不降謂適也者不指不降之人而云謂適者欲見適中非一謂父爲適妻適子之等皆是也

皆爲其從父昆弟之爲大夫者皆者言其互相爲服尊同則不相降其爲士者降在小功適子爲之亦如之【疏】○注皆者至如之○釋曰此文承上公之庶昆弟大夫之庶子之下則是上二人爲此從父昆弟之爲大夫者以其二人爲父所厭降親今此從父昆弟爲大夫故此二人不降而服大功依本服也言皆者鄭云互相爲服者以彼此相爲同是從父昆弟相爲著服故云皆互相見之義故也云其爲士者降在小功者降亦等故也云適子爲之亦如之者雖適不降同故也

爲夫之昆弟之婦人子適人者婦人。子。者女子子也不言女子子者因出見恩疏【疏】○注婦人至恩疏○釋曰此亦重出故次從父昆弟下此謂世叔母爲之服在家期出嫁大功云不言女子子者因出見恩疏者女在家室之名是親也婦者事人之稱是見疏也今不言女與母而言夫之昆弟與婦人子者是因出見恩疏故也

大夫之妾爲君之庶子下傳曰何以大功也妾爲君之黨服得與

女君同指爲此也妾爲君之長子亦三年自爲其子期異於女君也士之妾爲君之衆子亦期【疏】○注下傳至亦期○釋曰妾爲君之庶子輕於爲夫之昆弟之女故次之引下傳曰何以大功也妾爲君之黨服得與女君同指爲此也者彼傳爲此經而作故云指爲此在下者鄭彼云文爛在下爾故也云妾爲君之長子亦三年者妾從女君服得與女君同故亦同女君三年又云自爲其子期異於女君也者以其女君從夫降其庶子大功夫不厭妾故自服其子期是異於女君也云士之妾爲君之衆子亦期謂亦得與女君期者亦是與己子同故也

女。子。子嫁者未嫁者爲世父母叔父母姑姊妹

舊讀合大夫之妾爲君之庶子女子子嫁者未嫁者言大夫之妾爲此三人之服也【疏】○注舊讀至服也○釋曰此是女子子逆降旁親又是重出故次之於此知逆降者此經云嫁者爲世父已下出降大功自是常法更言未嫁者亦爲世父已下非未嫁逆降如何云舊讀合大夫之妾爲君之庶子女子子嫁者未嫁者言大夫之妾爲此三人之服也者此馬融之輩舊讀如此鄭以此爲非故此下注破之也

傳曰嫁者其嫁於大夫者也未嫁者成人而未嫁者也何以大功也妾爲。君之黨服得與女君同下。言爲世父母叔父母姑姊妹者謂妾自服其私親也

此不辭即實爲妾遂自服其私親當言其以。明之齊衰三月章曰女子子嫁者未嫁者爲曾祖父母經與此同足以明之矣傳所云何以大功也妾爲君之黨服得與女君同文爛在下爾女子子成人者有出道降旁親及將出者明當及時也【疏】○釋曰云嫁者其嫁於大夫者也未嫁者成人而未嫁者也此二者依鄭爲世父已下七人本服皆期未嫁者逆降之服大功也云何以大功也妾爲君之黨服得與女君同者此傳當在上大夫之妾爲君之庶子下爛脫誤在此但下言二字及者謂妾自服其私親也九字總十一字既非子夏自著又非舊讀者自安是誰置之也今以義必是鄭君置之鄭君欲分別舊讀者如此意趣然後以注破之云此不辭者謂此分別文句

不是解義言辭也云即實爲妾遂自服其私親當言其以名之者此鄭欲就舊章讀破之案不杖期章云女子子適人者爲其父母昆弟之爲父後者也又云公妾以及士妾爲其父母自爲其親皆言其以明妾爲私親七今此不言其明非妾爲私親一人逆降一人合降不得合云二人是二人爲此七人等逆降者又引齊衰三月章曰女子子嫁者未嫁者爲曾祖父母經與此同足以見之矣者彼二人爲曾祖是正尊雖出嫁亦不降此則爲旁親雖未嫁亦逆降聖人作文是同足以明之明是二人爲此七人不得以嫁者未嫁者上同君之庶子下文爲世父以下爲妾自服私親也云傳所云何以大功也妾爲君之黨服得與女君同文爛在下爾者此傳爲大夫之妾爲君之庶子而發應在女子子之上君之庶子之下以簡札韋編爛斷後人錯置於下是以舊讀將爲本在於此是以遂誤也云女子子成人者有出道降旁親者此鄭依經正解之以其嫁者降旁親是其常而云未嫁者成人未嫁亦降旁親者謂女子子十五已後許嫁笄爲成人有出嫁之道是以雖未出即逆降世父已下旁親也云及將出者明當及時也者謂女子子年十九後年二月冠子娶妻之月其女當嫁今年遭此世父已下之喪若依本服期者過後二月不得及時逆降在大功大功之末可以嫁子則於二月得及時而嫁是以云明當及時也

大夫大夫之妻大夫之子公之昆弟爲姑姊妹女子子嫁於大夫者君爲姑姊妹女子子嫁於國君者疏○釋曰此等姑姊已下應降而不降又兼重出其文故次在此也此大夫大夫妻大夫之子公之昆弟四等人尊卑同皆降旁親姑姊已下一等大功又以出降當小功但嫁於大夫尊同無尊降直有出降故皆大功也但大夫妻爲命婦若夫之姑姊妹在室及嫁皆小功若不爲大夫妻又降在緦麻假令彼姑姊妹亦爲命婦唯小功耳今得在大夫科中者此謂命婦爲本親姑姊妹己之女子子因大夫大夫之子爲姑姊妹女子子寄文於夫與子姑姊妹之中不煩別見也云君爲姑姊妹女子子嫁於國君者國君絕期已下今爲尊同故亦不降依嫁服大功

傳曰何以大功也尊同

也尊同則得服其親服諸侯之子稱公子公子不得禰先君公子之子稱公孫公孫不得祖諸侯此自卑別於尊者也若公子之子孫有封爲國君者則世世祖是人也不祖公子此自尊別於卑者也是故始封之君不臣諸父昆弟封君之子不臣諸父而臣昆弟封君之孫盡臣諸父昆弟故君之所爲服子亦不敢不服也君之所不服子亦不敢服也不得禰不得祖者不得立其廟而祭之也卿大夫以下祭其祖禰則世世祖是人不得祖公子者後世爲君者祖此受封之君不得祀別子也公子若在高祖以下則如其親服後世遷之乃毀其廟爾因國君以尊降其親故終說此義云

疏傳曰至不敢服也○釋曰云何以大功也問者以諸侯絕旁服則大夫降一等今此大功故發問也答曰云尊同也尊同則得服其親服者大夫與諸侯所以亦爲服者各自以爲尊同故服之也若然大夫之下則云命婦大夫之子國君之下不云夫人世子亦同國君不降可知云諸侯之子稱公子已下因尊同遂廣說尊不同之義也但諸侯之子適適相承象賢而旁支庶已下並爲諸侯所絕不得稱諸侯子變名公子案檀弓注云庶子言公卑遠之是以子與孫皆言公見疏遠之義故也云此自卑別於尊者也者謂適既立廟支庶子孫不立廟是自卑別於尊者也云若公子之子孫有封爲國君者謂若周禮典命云公八命卿六命大夫四命其出封皆加一等是公之子孫或爲天子臣出封爲五等諸侯是公公子有封爲國君之事云則世世祖是人也不祖公子此自尊別於卑者也者謂後世將此始封之君世世祖是人也不祖公子謂不復祀別子也云是故始封之君不臣諸父昆弟者以其初升爲君諸父是祖之一體又是父之一體其昆弟既是父之一體又是己之一體故不臣此二者仍爲之著服也云封君之子不臣諸父而臣昆弟者以其諸父尊故未得臣仍爲之服昆弟卑故

臣之不爲之服亦既不臣當服本服期其不臣者爲君所服當服斬以。其與諸侯爲兄弟者雖在外國猶爲君斬不敢以輕服服至尊明諸父昆弟雖不臣亦
不得以輕服服君爲之斬衰可知云封君之孫盡臣諸父昆弟者繼世至孫。漸爲貴重故盡臣之不言不降而言不臣君是絕宗之人親疏皆有臣道故雖未
臣子孫終是爲臣故以臣言之云故君之所爲服子亦不敢不服也者此欲釋臣與不臣君之子與君同之義云君之所爲服者謂君之所不臣者君爲之服
者子亦服之故云子亦不敢不服也云君之所不服子亦不敢服也者然此謂君所臣之者君不爲之服子亦不敢服之以其子從父升降故也○注不得至
義云○釋曰云不得禰不得祖者不得立其廟而祭之也者鄭恐人以傳云不得禰不得祖令卑別之不得將爲禰祖故云不得者不得立其廟而祭之名爲
不得也以其廟已在適子爲君者立之旁支庶不得並立廟故云不得也。云卿大夫以下祭其祖禰鄭言此者欲見公子公孫若立爲卿大夫得立三廟若作
上士得立二廟若作中士得立一廟並得祭其祖禰既不祖禰先君當立別子已下以其公子公孫並是別子若魯桓公生世子名同者後爲君慶父叔牙季
友等謂之公子公子並爲別子不得禰先君桓公之廟慶父等雖爲卿大夫未有廟至子孫已後乃得立別子爲大祖不毀廟已下二廟祖禰之外次第則遷
之也故云卿大夫已下祭其祖禰也雖得祭祖禰但不得禰祖先君也云則世世祖是人不。得祖公子者此。謂鄭疊傳文也云後世爲君者祖此受封之君不
得祀別子也者此鄭解義語以其後世爲君祖此受封君解世世祖是人不得祀別子解不祖公子者也以其別子卑始封君尊是爲自尊別於卑者也云公
子若在高祖以下則如其親服者此解始封君得立五廟。五。廟者大。祖與高祖已下四廟今始封君後世乃不毀其廟爲大。祖於此始封君未有大祖廟唯有
高祖以下四廟則公子爲別子者得入四廟之限故云公子若在高祖以下則如其親。如。其。親謂自禰已上至高祖以次立四廟云後世遷之乃毀其廟爾者
謂始封君死其子立卽以父爲禰廟前高祖者爲高祖之父當遷之又至四世之後始封君爲高祖父當遷之時轉爲大祖通四廟爲五廟定制也故云後世

遷之。乃毀其廟也。云「因國君以尊降其親，故終說此義」云者，自諸臣之子已下，既非經語，而傳汎說降與公子之義，故云終說也。

繐衰裳，牡麻

經，既葬除之者。

疏○釋曰：此繐衰是諸侯之臣爲天子，在大功下、小功上者，以其天子七月葬，既葬除，故在大功九月下、小功五月上。又縷雖如小功，升數又少，故在小功上也。此不言帶屨者，以其傳云「小功之繐」也，則帶屨亦同小功可知。

傳曰：繐衰者何？以小功之繐也。

治其縷如小功，而成布尊四升半。細其縷者，以恩輕也。升數少者，以服至尊也。凡布細而疏者謂之繐。今南陽有鄧繐。疏○注「治其」至「鄧繐」。○釋曰：傳問者，正問縷之麤細，不問升數多少，故荅云小功之繐也。若然，小功繐知據縷麤細非升數者，下記人記出升數，而繐衰四升有半，鄭彼注云「服在小功之上者，欲著其縷之精麤也」，故云。注亦云「治其縷如小功，而成布四升半」也。云「細其縷者，以恩輕也」者，以其諸侯大夫是諸侯臣，於天子爲陪臣，唯有聘問接見天子，天子禮之而已，故服此服，是恩輕也。云「升數少者，以服至尊也」者，諸侯爲天子服至尊，義服斬，縷加三升半；陪臣降君，改服至尊，加一升，四升半也。云「凡布細而疏者謂之繐」者，此喪服謂之繐，由繐而疏；若非喪服，細而疏亦謂之繐。故云凡以繐之。云「今南陽有鄧繐」者，謂漢時南陽郡鄧氏造布，有名繐，言此者，證凡布細而疏，是繐之義。

諸侯之大夫爲天子。

疏○釋曰：此經直云大夫，則大夫中有孤卿，以其小聘使下大夫，大聘或使孤或使卿也。故大行人云「諸侯之孤以皮帛繼子男」，故知大夫中兼孤卿。

傳曰：何以繐衰也？諸侯之大夫以時接見乎天子。

接猶會也。諸侯之大夫以時會見於天子而服之，則其士庶民不服可知。疏○注「接猶」至「可知」。○釋曰：傳問者，怪其重。此既陪臣，何意服四升半布七月乃除？荅云「以時接見乎天子」者，爲有恩，故服之。云「接猶會也，諸侯之大夫以時會見於天子而服之」者，案周禮大宗伯有「時見曰會」，彼諸侯聘時見曰會，無常期曰時會。此鄭云以時會見者，直據諸侯大夫時復會其問覜天子禮，此卽周禮大宗伯云「時聘曰問，殷覜曰視」，鄭注云「時聘者亦無常期，天子有事乃聘之焉竟外之臣既非朝歲不敢瀆爲小禮是天子有事乃遣大夫來聘彼又注云殷覜謂一服朝之歲以朝者少諸侯乃使卿以大禮衆聘焉一服朝在元年七年十一年此時唯有侯服一服朝故餘五服並使卿來見天子此並是以時會見天子天子待之以禮皆有委積飧饔饗食燕與時賜加恩既深故諸侯大夫報而服之也云則其士庶民不服可知者上文云庶人爲國君注云天子畿內之民服天子亦如之卽知畿外之民不服可知今又言之者以畿外內民庶於天子有服無服無明文今因畿外諸侯大夫接見天子者乃有服不聘天子者卽無服明民庶不爲天子服可知故重明之若然諸侯之士約大夫不接見天子則無服明士不接見亦無服可知其有士與卿大夫聘時作介者雖亦得禮介本副使不得天子接見亦不服可知

小功布衰裳澡麻帶絰五月者澡者治去莩垢不絕其本也小記曰下殤小功帶澡麻不絕其本屈而反以報之

疏小功至月者○釋曰此殤小功章在此者本齊衰大功之親爲殤降在小功故在成人小功之上也但言小功者對大功是用功麤大則小功是用功細小精密者也自上以來皆帶在絰下今此帶在絰上者以大功已上絰帶有本小功以下斷本此殤小功中有下殤小功帶不絕本與大功同故進帶於絰上倒文以見重故與常倒不同也且上文多直見一絰包二此別言帶者亦欲見帶不絕本與絰不同故兩見之也又殤大功直言無受不言月數此直言月不言無受者聖人作經欲互見爲義大功言無受此亦無受此言五月彼則九月七月可知又且下章言卽葛此章不言卽葛亦是兼見無受之義也又不言布帶與冠文略也不言屨者當與下章同吉屨無絇也○注澡者至報之○釋曰云澡者治去莩垢者謂以澡麻又治去莩垢使之滑淨以其入輕竟故也引小記者欲見下殤小功中有本是齊衰之喪故特言下殤若大功下殤則入緦麻是以特據下殤云屈而反以報之者謂先以一股麻不絕本者爲一條展之爲繩報合也以一頭屈而反鄉上合之乃絞垂必屈而反以合者見其重故也引之者證此帶亦不絕本屈而反以報之也若然此章亦有大功長殤在小功者未知帶得與斬衰下殤小功同不以絕本不案服

問云小功無變也又云麻之有本者變三年之葛彼云小功無變據成人小功無變三年之葛有本得變之則知大功殤長中在小功者輕帶無變本也以此而言經注專據齊斬下殤小功重者而言其中無有大功之殤在小功帶麻絕本者似若斬衰章兼有義服傳直言衰三升冠六升不言義服衰三升半者也若然姑姊妹出適降在小功者以其成人非所哀痛帶與大功之殤同亦無本也

叔父之下殤適孫之下殤昆弟之下殤大夫庶子爲適昆弟之下殤爲姑姊妹女子子之下殤爲人後者爲其昆弟從父昆弟之長殤

疏○釋曰此經自叔父已下至女子子之下殤八人皆是成人期長殤中殤大功已在上殤大功章以此下殤小功故在此章也仍以尊者在前卑者居後云爲人後者爲其昆弟之長殤從父昆弟之長殤此二者以本服大功今長殤中殤小功故在此章從父昆弟情本輕故在出降昆弟後也

傳曰問者曰中殤何以不見也大功之殤中從上小功之殤中從下

問者據從父昆弟之下殤在緦麻也大功小功皆謂服其成人也大功之殤中從上則齊衰之殤亦中從上也此主謂丈夫之爲殤者服也凡不見者以此求之也

疏○注問者至求之也○釋曰不直云何以而云問者曰者以其傳總問大功小功所問非一故云問者曰與常例不同鄭云問者據從父昆弟之下殤在緦麻也者以其緦麻章見從父昆弟之下殤此章見從父昆弟之長殤唯中殤不見故致問是以據從父昆弟也云大功小功皆謂服其成人也者以其緦麻章傳云齊衰之長中從上大功之殤中從下據此二傳言之禮無殤在齊衰則下齊衰之殤與大功之殤據成人明此大功與小功之殤據服其成人可知也若然此經大功之殤唯有爲人後者爲昆弟及從父昆弟二者長殤中殤在此小功其成人小功之殤中從下自在緦麻於此言之者欲使小功與大功相對故兼言之也云大功之殤中從上則齊衰之殤亦中從上也者以此傳云大功之殤中從上小功之殤中從下而言則大功重者中從上齊衰重於大功明從

上可知故謂舉輕以明重也又云此主謂丈夫之爲殤者服也者鄭以此云大功之殤中從上小功之殤中從下緦麻章云齊衰之殤中從上大功之殤中從下兩文相反故鄭以彼謂婦人爲夫之族類此謂丈夫爲殤者服也鄭必知義然者以其此傳發在從父昆弟丈夫下下文發傳在婦人爲。夫之親下故知義然也云凡不見者以此求之也者居公作經不可具出略舉以明義故云不見者以此求之也

爲夫之叔父之長殤不見中殤者中從下也

【疏】〇注不見至下也〇釋曰夫之叔父義服故次在此成人大功故長殤降一等在小功云不見中殤者中從下也者下傳云大功之殤中從下主謂此婦人爲夫之黨類故知中從下在緦麻也

昆弟之子女子子夫之昆弟之子女子子之下殤爲姪庶孫丈夫婦人之長殤

【疏】〇釋曰云昆弟之子女子子夫之昆弟之子女子子之下殤者此皆成人爲之齊衰期長中殤在大功故下殤在此小功也云爲姪庶孫丈夫婦人之長殤者謂姑爲姪成人大功長殤在此小功不言中殤中從。上不言男子女子而言丈夫婦人亦是見恩疏之義庶孫者祖爲之大功長殤中殤亦在此小功言丈夫婦人亦是見恩疏也

大夫公之昆弟大夫之子爲其昆弟庶子姑姊妹女子子之長殤大夫爲昆弟之長殤小功謂爲士者若不仕者也以此知爲大夫無殤服也公之昆弟不言庶者此。無服無所見也大夫之子不言庶者關適子亦服此殤也云公之昆弟爲庶子之長殤則知公之昆弟猶大夫

【疏】〇釋曰云大夫公之昆弟大夫之子爲其昆弟庶子姑姊妹女子子之長殤者謂此三人爲此六種人成人以尊降至大功故長殤小功中亦從上此一經亦尊卑爲次序也〇注大夫至大夫〇釋曰云大夫爲昆弟之長殤小功謂爲士者若不仕者也凡爲昆弟成人期長殤在大功今大夫爲昆弟長殤小功明大夫爲昆弟降一等成人大功長殤中殤在小功若昆弟亦爲大夫同等。則不降今言降在小功明是昆弟爲士若不仕者也云以此知爲大夫無殤服也者已爲大夫則冠矣丈夫冠而不爲殤是以知大夫無

殤服矣若然大夫身用士禮已二十而冠而有兄。姊殤者己與兄姊同十九而兄姊於年終死已至明年初二十因喪而冠是。已冠成人而有兄姊殤也且五十乃爵命今未二十已得爲大夫者五十乃爵命自是禮之常法或有大夫之子有盛德謂若甘羅十二相秦之等未必要至五十是以得有幼爲大夫者也若然曲禮云四十強而仕則四十然後爲。士今云殤死者爲士若不仕則爲士而殤死亦是未二十得爲士者謂若士冠禮鄭目錄云士之子任士職居士位二十而冠則亦是有德未二十爲士至二十乃冠故鄭引管子書四民之業士亦世焉是也云公之昆弟不言庶者此無服無所見也者經云公之昆弟多兼言庶此特不云公之庶昆弟直云公之昆弟者若爲母則兼云庶以其適母適庶之子皆同服妾子爲母見厭不申今此經不爲母服爲昆弟已下。並。同。長。殤故不言庶也云大夫之子不言庶者關適子亦服此殤也者若言大夫庶子爲昆弟謂言適子不服之若不言庶子則兼適庶是以鄭云不言庶子者關適子關通也通適子亦服此服也云公之昆弟爲庶子之長殤則知公之昆弟猶大夫者舊疑大夫與公之昆弟尊卑異今案此經云公之昆弟與大夫同降昆弟已下成人大功長殤同小功則知此二人尊卑同故云猶大夫也

大夫之妾爲庶子之長殤君之庶子

疏○注君之庶子○釋曰妾爲君之庶子成人在大功已見上章今長殤降一等在此小功云君之庶子者若適長則成人隨女君三年長殤在大功與此異故言君之庶子以別之也

儀禮疏卷第三十二元缺卷今補依要義分

儀禮注疏卷三十二校勘記

阮元撰盧宣旬摘錄

夫之祖父母　案此本自三十二卷至三十七卷並缺今據要義分

故妻爲之大功也　通解要義同毛本無妻字

傳曰何以大功也從服也

道猶行也言婦人棄姓無常秩嫁於父行則爲母行嫁於子行則爲婦行　下二十四字毛本脫徐本通典集釋通解俱有楊氏無浦鏜云爾疋疏亦有

是嫂亦可謂之母乎嫂猶叟也　上八字毛本脫徐本通典集釋通解俱有與疏合通典乎下更有言不可三字按若無言不可三字則空述傳文殊覺無謂注意言嫂者雖是尊嚴之稱然竟謂之母則不可可也不過比之以老人耳賈疏曰云嫂者尊嚴之稱是嫂亦可謂之母乎者此因弟妻名爲婦以致斯問言不可也此首尾述注而中間釋其義疏家每有此例非杜氏取賈氏疏羼入鄭注也宜補入叟釋文作傁

叟老人稱也　人下集釋有之字

婦爲夫之諸祖父母報　陳本要義同毛本報作服

則此夫所服朞不報限　要義同毛本報限作服報

引大傳者云　要義同毛本無者字

姬姜之類之陳閩俱作子

大夫爲世父母○子昆弟昆弟之子昆弟二字通典不重

公之庶昆弟

今繼兄而言昆弟要義通解楊氏同毛本無昆字

傳曰何以大功也○不得過大功也瞿中溶云石本原刻無過字

則庶子亦厭而爲昆弟大功要義同毛本無子字

不得如舊讀也陳閩俱脫讀字

爲夫之昆弟之婦人子適人者

婦人子者徐陳通典通解要義楊敖同毛本集釋無子字要義無者字

大夫之妾

妾爲君之長子亦三年徐陳通典集釋通解楊氏同毛本年作等

女子子嫁者未嫁者瞿中溶云石本原刻無女子

傳曰嫁者○妾爲君之黨服爲下通典有女字前經及本傳兩注並同按喪服小記妾從女君而出則不爲女君之子服注云妾

爲女君之黨服得與女君同亦有女字○按有女字非是○下言爲世父母叔經云君之庶子女子子則是君之黨而非女君之黨也

父母姑姊妹者謂妾自服其私親也按此二十一字乃鄭所引舊讀之文與下此不辭相連皆爲注文而上節鄭注舊讀以下三十二字當次於傳文女君同之下則一氣相連曰言曰下言文義顯然矣鄭引此舊讀而破之曰此不辭蓋鄭破舊說而欲顛倒傳文也自寫者誤分注爲兩截竄舊讀三十二字於傳曰之前而又誤鄭注下言二十一字爲傳文遂爲學者大疑向使此二十一字爲傳則舊讀甚是鄭若破之是破傳非破舊讀矣鄭不言傳誤而但言舊讀誤是傳必不與舊讀合矣蓋鄭意謂傳何以至君同十六字爲庶子以下之傳文而誤爛在女子子節嫁者至者也十九字傳文之下唐以前寫校之人麤淺不審因爛下之文遽疑下言二十一字爲傳文而爛在下耳今依舊讀則少其字爲不辭依鄭讀則顛倒傳文未嫁逆降更招駮議然不必論此是非但論鄭注古本爲何如必是誤注爲傳也新舊二說是非與此無涉也元於乾隆五十八年校太學石經即立此說刪此二十一字見石經校勘記中及元督學山東覆校石經者又復增入此外近儒諸說紛歧皆非也

當言其以明之徐本通典集釋敖氏同毛本明作見張氏曰注曰當言其以明之又曰足以明之矣按釋文見恩注云下以見同下無以見字必是誤作以明也從釋文○按疏述注亦作見

傳曰何以大功也尊同也

不得祖公子者張氏曰注曰不得祖公子又曰不得祀別子按釋文云不復扶又反復謂此二句得字誤也不得者禁止之辭也公子禰先君公孫祖諸侯于禮爲僭禁之可也其曰不得禰不得祖宜也若公子之子孫有封爲國君者則後世不祖公子人情然也何用禁爲不復云者蓋既

祖此則不再祖彼焉爾經于上禰先君祖諸侯皆云不得于下止言不祖義可見矣今改二句之得為復從釋文○按張說當矣但疏以則世世祖是人不得祖公子者兩句為疊傳則得字者字宜俱屬衍文下句得字乃當作復爾釋文不云下同明注中止一復字

以其初升為君　初閩本作祖

又是父之一體　父下陳閩俱有子字

以其與諸侯為兄弟者　其閩本作昔

漸為貴重　通解要義同毛本漸作斬○按漸字是

云卿大夫以下　云陳閩俱作六

不得祖公子者　按得字亦疑衍

此謂鄭疊傳文也　謂字疑衍

不得祀別子也者　按此得字亦當作復後人既改注併改疏

此解始封君得立五廟五廟者　要義同毛本五廟二字不重出

大祖　要義同毛本祖下有一廟二字

則如其親如其親謂自禰已上　要義同毛本如其親三字不重出

云因國君以尊降其親　要義同毛本以下有大祖二字

總衰裳牡麻絰

以其傳云　要義通解楊氏同毛本以其作案下

傳曰總衰者何以小功之總也　段玉裁云之縷唐石經已譌之總程瑤田曰据注亦當依段改正之檀弓下云請總衰而環絰注總衰小功之縷而四升半之衰疏以爲約喪服傳文則此總字當爲縷字之誤許宗彥云傳解爲小功之總注解治縷如小功此遞相解若傳文爲縷則可不更注矣蓋總兼縷及升數兩層也段程皆誤

而成布尊四升半　徐本同毛本無尊字

以服至也　徐本同毛本至下有尊字張氏曰注曰治其縷如小功而成布尊四升半又曰以服至也按疏上句多一尊字下句少一尊字後記總衰之注云不敢以兄弟之服服至尊也與疏下句之義合並從疏

故云注亦云　上云字疑當作此

傳曰何以總衰也

何意服四升半布七月乃除　要義同毛本布作而

其有士與卿大夫聘時作介者　要義同毛本通解無有字

小功布衰裳澡麻帶絰五月者

爲殤降在小功　聶氏通解要義同毛本在下有外字

自上以來　聶氏要義同毛本上作士

且上文多直見一絰包二　包要義作苞是也通解作包

又不言布帶與冠　通解要義敖氏同毛本又作入

吉屨無絇也　吉陳閩通解俱作言

經注專據斬衰下殤小功重者而言　斬衰陳閩監本俱作齊斬通解作齊衰斬

叔父之下殤

八人皆是成人期　陳閩通解楊氏同毛本八作入

長殤中殤大功　通解楊氏同毛本中作下

云爲人後者爲其昆弟之長殤　要義同毛本無之長殤三字按經云爲人後者爲其昆弟李氏以爲昆弟下少之長殤三字蓋据疏知之也

今長殤中殤小功　通解要義同毛本無中殤二字

傳曰問者曰

此主謂丈夫之爲殤者服也 丈徐本通典集釋俱作大通解楊敎毛本俱作丈張氏曰疏作丈從疏

在婦人爲服之親下 服通解要義俱作夫

昆弟之子女子子

中從上 上要義作下通解楊氏俱作上

大夫公之昆弟

此無服 通典無下有母字通解無作庶張氏曰注曰公之昆弟不言庶者此無服無所見也按疏云若爲母則兼云庶以其適母適庶之子皆同服妾子爲母見厭不申今此經不爲母服爲昆弟以下長殤並同故不言庶也考疏之義無蓋庶字也從疏○按須如通典作此無母服乃與疏合張氏改無爲庶雖云從疏實非疏意

同等則不降 通解要義同毛本則作期

而有兄姊殤者 陳本通解要義同毛本姊作弟○按姊是也

是已冠成人而有兄姊殤也 要義同毛本通典已作以

則四十然後爲士 士要義作仕通解作士

爲昆弟已下並同長殤 下四字張氏識誤引作長殤並同

儀禮注疏卷三十二校勘記

儀禮疏卷第三十三

唐朝散大夫行大學博士弘文館學士臣賈公彦等撰

小功布衰裳牡麻絰卽葛五月者。卽就也小功輕三月變麻因。故衰以就葛絰帶而五月也閒傳曰小功之葛與緦之麻同舊說小功以下吉屨無絇也

疏○注卽就至絇也○釋曰此是小功成人章輕於殤小功故次之此章有三等正降義其衰裳之制澡絰等與前同故略也云卽葛五月者以此成人文縟故有變麻從葛故云卽葛但以日月爲足。故不變衰也不列冠屨承上大功文略小功又輕故亦不言也言日月者成人文縟故具言也云卽就也者謂去麻就葛也引閒傳欲見小功有變麻服葛法既葬大小同故變同之也引舊說云小功以下吉屨無絇也者以小功輕非直喪服不見屨諸經亦不見其屨以輕略之是以引舊說爲證絇者案周禮屨人職屨舄皆有絇繶純純者於屨口緣繶者牙底接處縫中有絛絇者屨鼻頭有飾爲行戒吉時有行戒故有絇喪中無行戒故無絇以其小功輕故從吉屨爲其大飾故無絇也

從祖祖父母從祖父母報祖父之昆弟之親

疏○注祖父至之親○釋曰此亦從尊向卑故先言從祖祖父母已上章已先言父次言祖次言曾此從祖祖父母是曾祖之子祖之兄弟。故。次之是以鄭言祖父之昆弟之親者云從祖父母者是從祖祖父之子是父之從父昆弟之親故鄭幷言祖父之昆弟之親云報者恩輕欲見兩相爲服故云報也

從祖昆弟父之從父昆弟之子

疏○注父之至之子○釋曰此是從祖。父之子故鄭云父之從父昆弟之子己之再從兄弟。以上三者爲三小功也

從父姊妹父之昆弟之女

疏○注父之昆弟之女○釋曰此謂從父姊妹在家大功出適小功不言出適與在室姊妹既逆降宗族亦逆降報之故不辨在室及出嫁也

孫適人者孫者子之子女孫在室亦大功也

疏○注孫者至功也○釋曰以女孫在室與男孫同大功故

出適小功也

爲人後者爲其姊妹適人者不言姑者舉其親者而恩輕者降可知疏〇注不言至可知〇釋曰云不言姑者舉其親者而恩輕者降可知案詩云問我諸姑遂及伯姊注云先姑後姊尊姑也是姑尊而不親姊妹親而不尊故云不言姑舉姊妹親者也

爲外祖父母傳曰何以小功也以尊加也疏〇釋曰發問者是傳之不得決此以云外親之服不過緦今乃小功故發問云以尊加也者以言祖者祖是尊名故加至小功言爲者以其母之所生情重故言爲猶若衆子恩愛與長子同退入朞故特言爲衆子也

從母丈夫婦人報從母母之姊妹疏〇注從母母之姊妹〇釋曰母之姊妹與母一體從於己母而有此名故曰從母言丈夫婦人者母之姊妹之男女與從母兩相爲服故曰報云丈夫婦人者馬氏云從母報姊妹之子男女也丈夫婦人者異姓無出入降若然是皆成人長大爲之號

傳曰何以小功也以名加也外親之服皆緦也外親異姓正服不過緦丈夫婦人姊妹之子男女同疏〇注外親至女同〇釋曰云以名加也者以有母名故加至小功云外親之服皆緦也者以其異姓故云外親以本非骨肉情疏故聖人制禮無過緦也言此者見有親與母名即加服之意耳注云外親異姓者從母與姊妹子舅外祖父母皆異姓故緦言外親也

與夫之姑姊妹娣姒婦報夫之姑姊妹不殊在室及嫁者因恩輕略從降疏〇注夫之至從降〇釋曰夫之姑姊妹夫爲之期妻降一等出嫁小功因恩疏略從降故在室及嫁同小功若此釋恐謂未當報然文不爲娣姒設以其娣姒婦兩見更相爲服自明何言報也既報字不爲娣姒其報於娣姒上者以其於夫之兄弟使之遠別故無名使不相爲服要娣姒婦相爲服亦因夫而有姑娣姒婦下云報使娣姒上蒙夫字以冠之也

傳曰娣姒婦者弟長也何以小功也以爲相與居室中則生小功之親焉娣姒婦者兄弟之妻相名也長婦謂穉婦爲娣婦娣婦謂長婦爲姒婦疏〇注娣姒至姒婦〇釋曰傳云

娣姒婦者弟長也者此二字皆以女爲形以弟爲聲則據二婦立稱謂年小者爲娣故云娣弟是其年幼也年大者爲姒故云姒長是其年長假令弟妻年大稱之曰姒兄妻年小謂之曰娣是以左氏傳穆姜是宣公夫人大婦也聲伯之母是宣公弟叔肸之妻小婦也聲伯之母不聘穆姜云吾不以妾爲姒是據二婦年大小爲娣姒不據夫年爲小大之事也

大夫大夫之子公之昆弟爲從父昆弟庶孫姑姊妹女子子適士者從父昆弟及庶孫亦謂爲士者疏〇注從父至士者〇釋曰從父昆弟庶孫本大功此三等以尊降入小功姑姊妹女子子本期此三等出降入大功若適士又降一等入小功也此等以重出其文姑姊妹又以再降故在此鄭云爲父昆弟及庶孫亦謂爲士者以經女子子下總云適士鄭恐人疑故鄭別言之以其從父昆弟及庶孫已見於大功章今在此故三等人降親一等故知此文亦謂爲士者也

大夫之妾爲庶子適人者君之庶子女子子也庶女子子在室大功其嫁於大夫亦大功疏〇注君之至大功〇釋曰此云適人者謂士是以本在室大功出降故小功鄭云嫁於大夫亦大功者直有出降無尊降故也

庶婦夫將不受重者疏〇注夫將不受重者〇釋曰經云於支庶舅姑爲其婦小功鄭云夫將不受重則若喪服小記注云世子有廢疾不可立而庶子立其舅姑皆爲其婦小功則亦兼此婦也

君母之父母從母君母父之適妻也從母君母之姊妹疏〇注君母至姊妹〇釋曰此亦謂妾子爲適妻之父母及君母姊妹知適妻子爲之同也

傳曰何以小功也君母在則不敢不從服君母不在則不服不敢不服者恩實輕也凡庶子爲君母如適子疏〇注不敢至適子〇釋曰何以發問者以既不生己母又非骨肉怪爲小功故發問也荅云不敢不從服者言無情實但畏敬故云不敢不從服也云君母不在者或出或死故直云不在容有數事不在也鄭云不敢不服者恩實輕也者以解不敢意也云如適子者則如適妻之子非正適長而據君母在而云如若君母不在則不如若然君母在

既爲君母父母其己母之母母或亦兼服之若馬氏義君母不在乃可申矣

君子子爲庶母慈己者

君子子者大夫及公子之適妻子【疏】○注君子至妻子○釋曰鄭云君子子者大夫及公子之適妻子者禮之通例云君子子與貴人皆據大夫已上公子尊卑比大夫故鄭據而言焉又國君之子爲慈母無服士又不得稱君子亦復自養子無三母具故知此二人而已必知適妻子者妾子賤亦不合有三母故也

傳曰君子子者貴人之子也爲庶母何以小功也以慈己加也

云君子子者則父在也父沒則不服之矣以慈己加則君子子亦以士禮爲庶母緦也內則曰異爲孺子室於宮中擇於諸母與可者必求其寬裕慈惠溫良恭敬愼而寡言者使爲子師其次爲慈母其次爲保母皆居子室他人無事不往又曰大夫之子有食母庶母慈己者此之謂也其可者賤於諸母謂傅姆之屬也其不慈己則緦可矣不言師保慈母居中服之可知也國君世子生卜士之妻大夫之妾使食子三年而出見於公宮則劬非慈母也士之妻自養其子【疏】○注云君至其子○釋曰云爲庶母何以小功也發問者以諸侯與士之子皆無此服唯此貴人大夫與公子之子猶有此服故發問也答云慈己加也故以緦麻上加至小功也云君子子者則父在也者以其言子繼於父故云父在且大夫公子不繼世身死則無餘尊之厭如凡人則無三母慈己之義故知父在也云父沒則不服之矣者以其無餘尊雖不服小功仍服庶母緦麻也如士禮故鄭又云以慈己加則君子子以士禮爲庶母緦也是其本爲庶母緦麻也內則已下至非慈母也皆內則文彼文承國君與大夫士之子生之下鄭彼注云爲君養子之禮今此鄭所引證大夫公子養子之法以其大夫公子適妻亦得立三母故也云異爲孺子室於宮中者鄭注云特埽一處以處之更不別室還於側室生子之處也云擇於諸母與可者諸母謂父之妾即此經庶母者也云可者彼注云可者傅御之屬也謂母之外別有傅御妾之等有德行者可以充三母也云必求其寬裕慈惠溫良恭敬愼而寡言者寬謂寬弘裕謂容裕慈謂恩慈惠謂惠愛溫謂溫潤良謂良善恭謂恭恪敬

謂敬肅慎謂能謹慎寡言謂審詞語有此十行者得爲子師始終與子爲模範故取德行高者爲之也故彼注云子師。教示以善道者。云其次爲慈母。彼。注。云。慈。母知其嗜欲者德行稍劣者爲慈母即此經慈母是也又云其次爲保母者德行又劣前者爲保母彼注云保母安其居處者云皆居子室者以皆是子母是以居子之室也云他人無事不往者彼注云爲兒精氣微弱將驚動也又云大夫之子有食母者彼注云選於傅御之中喪服所謂乳母也案下章云乳母注云謂養子者有他故賤者代之慈己者若然大夫三母之內慈母有他故使賤者代慈母養子謂之乳母死則服之三月與慈母服異引之者證三母中又有此母也君與士皆無此事云庶母慈己者此之謂也者謂此經庶母慈己則內則所云。之。謂。也。云其可者賤於諸母謂傅姆之屬也者傅姆謂女師鄭注昏禮云姆婦人年五十無子出而不復嫁能以婦道教人者若今時乳母矣鄭注內則云可者傅御之屬與此注不同者無正文故注有異相兼乃具云其不慈己則緦可矣者覆解子爲三母之服謂諸母也。傳云以慈己加。若不慈己則不加明本當緦也云不言師保慈母居中服之可知也者周公作經舉中以見上下故知皆服之矣云國君世子生卜士之妻大夫之妾使食子三年而出見於公宮則劬非慈母者引此者彼既總據國君與卿大夫士養子法向來所引唯據大夫與公子養子法故更見國君養子之禮但國君之子三母具如前說三母之外別有。食子者二者之中先取士妻無堪者乃取大夫妾不幷取之案彼注謂先有子者以其須乳故也劬勞三年子大出見公宮則勞之以束帛此經慈母以其無服故也知國君子於三母無服者案曾子問孔子曰古者男子外有傅內有慈母君命所使教子也何服之有以此而言則知天子諸侯之子於三母皆無服也云士之妻自養其子者此亦內則文取之者以其君大夫養子已具故因論士之養子法彼注云賤不敢使人也

緦麻三月者緦麻布衰裳而麻絰帶也不言衰絰略輕服省文

疏○注緦麻至省文○釋曰此章五服之內輕之極者故以緦如絲者爲衰裳又以澡治莩垢之麻爲經帶故曰緦麻也三月者凡喪服變除皆法天道故此服之輕者法三月一時

天氣變可以除之故三月也云緦麻布衰裳者緦則絲也但古之緦麻字通用故作緦字直云而麻絰帶也案上殤小功章云澡麻絰帶況緦服輕。明亦澡麻可知云不言衰絰略輕服省文者據上殤小功言絰帶故成人小功。與此緦麻有絰帶可知故云略輕服省文也

傳曰緦者十五升抽其半有事其縷無事其布曰緦謂之緦者治其縷細如絲也或曰有絲朝服用布何衰用絲乎抽猶去也雜記曰緦冠繰纓

疏○注謂之至繰纓○釋曰云緦者十五升抽其半者以八十縷為升十五升千二百縷抽其半六百縷縷麤細如朝服數則半之可謂緦而疏服最輕故也云有事其縷無事其布曰緦者案下記云大夫弔於命婦錫衰傳曰錫者十五升抽其半無事其縷有事其布曰錫鄭注云謂之錫者治其布使之滑易也。不錫者不治其縷。哀在內也緦者不治其布哀在外若然則二衰皆同升數但錫衰重故治布不治縷哀在內故也此緦麻衰治縷不治布。哀在外故也云謂之緦者治其縷細如絲也者以其麤細與朝服十五升同故細如絲也云或曰有絲者有治人解有用絲為之故云緦又曰朝服用布何衰用絲乎者此鄭以義破或解朝服。謂。諸。侯。朝。服。緇布衣及天子朝服皮弁服白布衣皆用布至於喪衰何得反絲乎故不可也引雜記緦冠繰纓者以其斬衰纓纓重於冠齊衰已下纓纓與冠等上傳曰齊衰大功冠其受也緦麻小功冠其衰也則此云緦冠者冠與衰同用緦布但繰纓者以灰繰治布為纓與冠別以其衰冠與衰皆不治布纓則繰治以其輕故特異於上也

族曾祖父母族祖父母族父母族昆弟族曾祖父者曾祖昆弟之親也。族祖。父者亦高祖之孫則高祖有服明矣

疏○注族曾至明矣○釋曰此即禮記大傳云四世而緦服之窮也名為四緦麻者也云族曾祖父母者己之曾祖親兄弟也云族祖父母者己之祖父從父昆弟也云族父母者己之父從祖昆弟也云族昆弟者己之三從兄弟皆名為族族屬也骨肉相連屬以其親盡恐相疏故以族言之耳云祖父之從父昆弟之親者欲推出高祖有服之意也以己之祖父與族祖父相與為從昆弟族祖父與己之祖俱是高祖之孫此四緦麻又與

己同出高祖已上至高祖爲四世旁亦四世旁四世既有服於高祖有服明矣鄭言此者舊有人解見齊衰三月章直見曾祖父母不言高祖以爲無服故鄭從下鄉上推之高祖有服可知上章不言者鄭彼注高祖曾祖皆有小功之差服同故舉一以見二也然則又云族祖父者鄭意以族祖父者上連祖父之從父昆弟爲義句也故下亦高祖之孫也明己之祖父即高祖之正孫族祖父高祖之旁孫也

庶孫之婦庶孫之中殤庶孫者成人大功其殤中從上此當爲下殤言中殤者字之誤爾又諸言中者皆連上下也

疏○注庶孫至下也○釋曰庶孫之婦緦者以其適子之婦大功庶子之婦小功適孫之婦小功庶孫之婦緦是其差也云庶孫之中殤注云庶孫者成人大功其殤中從上者則長中殤皆入小功章中故云此當爲下殤言中殤者字之誤爾又諸言中者皆連上下也者謂大功之殤中從上小功緦麻之殤中從下謂殤之内無單言中殤者此經單言中殤故知誤宜爲下也

從祖姑姊妹適人者報從祖父從祖昆弟之長殤不見中殤者中從下

疏○注不見至從下○釋曰此一經皆本服小功是以此經或出適或長殤降一等皆緦麻云不見中殤者中從下者以其小功之殤中從下故也其云從祖父長殤謂叔父者也

外孫女子子之子

疏○注女子子之子○釋曰云外孫者以女出外適而生故云外孫

從父昆弟姪之下殤夫之叔父之中殤下殤言中殤者明中從下

疏○注言中至從下○釋曰從父昆弟成人大功長中殤在小功故下殤在此章也姪者爲姑之出降大功長中殤小功故下殤在此也夫之叔父成人大功長殤在小功故中下殤在此以下傳言之也婦人爲夫之族類大功之殤中從下故鄭據而言之也

從母之長殤報

疏○釋曰從母者母之姊妹成人小功故長殤在此中下之殤則無服故不言云報者以其疏亦兩相爲服也案小功章已見從母報服此殤又云報者以前章見兩俱成人以小功相報此章見從母與姊妹子亦俱在殤死相爲報服故二章並言報也

庶子爲父後者爲其母

疏○釋

曰此爲無冢適唯有妾子父死庶子承後爲其母緦也　傳曰何以緦也傳曰與尊者爲一體不敢服其私

親也然則何以服緦也有死於宮中者則爲之三月不舉祭因是以服緦也君卒

庶子爲母大功大夫卒庶子爲母三年也士雖在庶子爲母皆如衆人【疏】傳曰至緦也○釋曰傳發問者。怪其親重而服輕故問引舊傳者子夏見有成

文引以爲證云與尊者爲一體者父子一體如有首足者也云不敢服其私親也者妾母不得體君不得爲正親故言私親也云然則何以服緦也又發此問

者前荅既云不敢服其私親卽應全不服而又服緦何也荅曰有死於宮中者則爲之三月不舉祭因是以服。緦也。者云有死宮中者縱是臣僕死於宮中亦

三月不舉祭故此庶子因是爲母服緦也有死卽廢祭者不欲聞凶人故也○注君卒至衆人○釋曰云君卒庶。子爲母。大。功。者大功章云公之庶昆弟爲其

母是也以其先君在公子爲母在五服外記所云是也先君卒則是今君庶昆弟爲其母大功先君餘尊之所厭不得過大功今庶子承重故緦云大夫卒庶

子爲母三年也者以其母在大功父卒無餘尊所厭故伸三年士雖在庶子爲母皆如衆人者士卑無厭故也鄭幷言大夫士之庶子者欲見不承後者如此

服若承後則皆緦故幷言之也向來經傳所云者據大夫士之庶子承後法若天子諸侯庶子承後爲其母所服云何案曾子問云古者天子練冠以燕居鄭

云謂庶子王爲其母無服案服問云君之母非夫人則羣臣無服唯近臣及僕驂乘從服唯君所服服也注云妾先君所不服也禮庶子爲後爲其母緦言唯

君所服申君也春秋之義有以小君服之者時若小君在則益不可據彼二文而言曾子問所云據小君在則練冠五服外服問所云據小君沒後其庶子爲

得申故鄭云申君是以引春秋之義母以子貴若然天子諸侯禮同與大夫士禮有異也　士爲庶母【疏】○釋曰上下體例平文皆士若非士則顯

其名位傳云大夫已上爲庶母無服則爲庶母是士可知而經云士者當云傳大夫已上不服庶母庶人又無庶母爲庶母服者唯士而已故詭例言士也

曰何以緦也以名服也大夫以上爲庶母無服【疏】○釋曰發問者除士以外皆無服庶母服獨士有服故發問荅云以名服也以。有母名故有服云大夫以上爲庶母無服者以其降故無服此傳解特稱士之意也

貴臣貴妾【疏】貴臣貴妾○釋曰此。貴臣貴妾謂公士大夫爲之服緦以等非南面故服之也

傳曰何以緦也以其貴也。此謂公士大夫之君也殊其臣妾貴賤而爲之服貴臣室老士也貴妾姪娣也天子諸侯降其臣妾無服士卑無臣則士妾又賤不足殊有子則爲之緦無子則已【疏】○釋曰發問者以臣妾。言不應服故發問之也荅云以其貴也以非南面故飾貴者服之也○。注此謂至則已○釋曰云此謂公士大夫之君也者若士則無臣又不得飾妾貴賤天子諸侯又以此二者無服則知爲此服者是公卿大夫之君得殊其臣妾貴賤而爲之服也云貴臣室老士也者上斬章鄭已注云室老家相也士邑宰也云貴妾姪娣也者案曲禮云大夫不名家相長妾士。昏云雖無娣媵先是上姪娣不具卿大夫有姪娣爲長妾可知故。以貴妾姪娣也云天子諸侯降其臣妾無服者以其絕朞已下故也云士卑無臣者孝經以諸侯天子大夫皆云爭臣士有爭友是士無臣也云妾又賤不足殊者以大夫已上身貴妾亦有貴士身賤妾亦隨之賤者故云妾又賤不足殊也云有子則爲之緦無子則已者喪服小記文

乳母謂養子者有他故賤者代之慈己【疏】○注謂養至慈己○釋曰案內則云大夫之子有食母彼注亦引此云喪服所謂乳母以天子諸侯其子有三母具皆不爲之服士又自養其子若然自外皆無此法唯有大夫之子有此食母爲乳母其子爲之緦也云爲養子者有他故者謂三母之內慈母有疾病或死則使此賤者代之養子故云乳母也

傳曰何以緦也以名服也【疏】○釋曰怪其餘人之子皆無此乳母獨大夫之。子有之故發問也荅以名服有母名。即爲之服緦也

從祖昆弟之子。族父母爲之服【疏】○注族父母爲之服○釋曰云從祖昆弟之子者據己於彼爲再從兄弟之子云族父母爲之服者據彼來呼己爲族父母爲之服緦也

曾孫

孫之子疏〇注孫之子〇釋曰據曾祖爲之緦不言玄孫者此亦如齊衰三月章直見曾祖不言高祖以其曾孫玄孫爲曾高同曾高亦爲曾孫玄孫同故二章皆略不言高祖玄孫也

父之姑歸孫爲祖父之姊妹疏〇注歸孫至姊妹〇釋曰案爾雅云女子謂昆弟之子爲姪謂姪之子爲歸孫是以鄭據而言爲

從母昆弟傳曰何以緦也以名服也疏〇釋曰傳問者怪外親輕而有服者荅云以名服者因從母有母名而服其子故云以名服也必知不因兄弟名以其昆弟非尊親之號是以上小功章云爲從母小功云以名加也爲外祖父母以尊加也知此以名者亦因從母之名而服其子爲義

甥姊妹之子疏〇注姊妹之子〇釋曰云甥者舅爲姊妹之子傳曰甥者何也謂吾舅者吾謂之甥何以緦也報之也疏〇釋曰發問者五服未有此名故問之荅云謂吾舅者吾謂之甥以其父之昆弟有世叔之名母之昆弟不可復謂之世叔故名爲舅舅既得別名故謂姊妹之子爲甥亦爲別稱也云何以緦也報之也者此怪其外親而有服故發問也荅曰報之者甥既服舅以緦舅亦爲甥以緦也

壻女子子之夫也傳曰何以緦報之也疏〇釋曰發問之者怪女之父母爲外親女夫服之荅云報之者壻既從妻而服妻之父母妻之父母遂報之服前疑姪及甥之名而發問此不疑壻而發問者姪甥本親而疑之異稱故發問而壻本是疏人宜有異稱故不疑而問也

妻之父母傳曰何以緦從服也從於妻而服之疏〇注從於妻而服之〇釋曰傳發問者亦怪外親而有服荅云從服故有此服若然上言甥不次言舅此言壻次即言妻之父母者舅甥本親不相報故在後別言舅此壻本疏恐不是從服故即言妻之父母也

姑之子外兄弟也傳曰何以緦報之也疏〇釋曰云外兄弟者姑是內人以出外而生故曰外兄弟傳發問者亦疑是外親而服之故問也荅云報之者姑之子既爲舅之子服舅之子復爲姑之子兩相爲服故云報之也

舅母之昆弟傳曰何以緦從服也從於母而服之

【疏】○注從於母而服之○釋曰傳發問者亦疑於外親而有服荅從服者從於母而服之不言報者既是母之懷抱之外親不得言報也

舅之子內兄弟也

傳曰何以緦從服也【疏】○釋曰云內兄弟者對姑之子云舅之子本在內不出故得內名也傳發問者亦以外親服之故問也荅云從服者亦是從於母而服之不言報者爲舅既言從服其子相於亦不得言報也

夫之姑姊妹之長殤夫之諸祖父母報諸祖父者夫之所爲小功從祖祖父母外祖父母或曰曾祖父母曾祖於曾孫之婦無服而云報乎曾祖父母正服小功妻從服緦【疏】○注諸祖至服緦○釋曰夫之姑姊妹成人婦爲之小功長殤降一等故緦麻也云諸祖父者夫之所爲小功者妻降一等故緦麻者以其本疏兩相爲服則生報名云從祖祖父母外祖父母者此依小功章夫爲之小功者也云或曰曾祖父母者或人解諸祖之中兼有夫之曾祖父母凡言報者兩相爲服曾祖爲曾孫之婦無服何得云報乎鄭破或解也云曾祖父母正服小功妻從服緦者此鄭既破或解更爲成人而言若今本不爲曾祖齊衰三月而依差降服小功其妻降一等得有緦服今既齊衰三月明爲曾孫妻無服

君母之昆弟【疏】○釋曰前章不云君母姊妹而云從母者以其上連君之父母故也此昆弟單出不得直云舅故云君母之昆弟也

傳曰何以緦從服也從於君母而舅服之也君母在則不敢不從服君母卒則不服也【疏】○注從於至服也○釋曰傳發問者怪非己母而服之荅云從服者雖本非己親敬君之母故從於君母而服緦也云君母在則不敢不從服君母卒則不服也者君母之昆弟從服與君母之父母故亦同取於上傳解之也皆徒從故所從亡則已也

從父昆弟之子之長殤昆弟之孫之長殤爲夫之從父昆弟之妻【疏】○釋曰從父昆弟之子之長殤昆弟之孫之長殤此二人本皆小功故長殤在緦麻中殤從下殤無服夫之從父昆弟之妻同堂娣姒降於親娣姒故緦也

傳曰何以緦也以爲相與同室則生緦之親焉

長殤中殤降一等下殤降二等齊衰之殤中從上大功之殤中從下同室者不如居室之親也齊衰大功皆。服其成人也大功之殤中從下則小功之殤亦中從下也此主謂妻爲夫之親服也凡不見者以此求之

疏○傳曰至從下○釋曰何以緦發問者以本路人夫又不服之今相爲服故問之荅云以爲相與同室則生緦之親焉者以大功有同室同財之義故云相與同室則生緦之親焉云長殤中殤降一等下殤降二等者即云齊衰之殤中從上乃是婦人爲夫之族著殤法則此一等二等之傳雖文承上男子爲殤之下要此傳爲下婦人著殤服而發之。若云長殤中殤在小功者據下齊衰中殤從上在大功也下殤降二等者亦是齊衰下殤在小功者也○注同室至求之○釋曰云同室者不如居室之親也者言同室者直是舍同未必安坐言居室者非直舍同又是安坐以上小功章親娣姒婦發傳而云相與居室此從父昆弟之妻相爲即云相與同室是小親疏相並同室不如居室中故輕重不等也云齊衰大功皆服其成人也者以其無殤在齊衰之服明據成人齊衰既是成人明大功亦是成人可知也云大功之殤中從下則小功之殤亦中從下者則舉上以明下上殤。小功注云大功之殤中從上則齊衰之殤亦中從上彼注舉下以明上皆是省文之義故言一以包二也云此主謂妻爲夫之親服也者此傳又承婦人在夫家相爲著服之下又上文殤小功章已發傳據大功小功不據齊衰以其重故據男子爲殤服而言此不言小功上取齊衰對大功以其輕故知婦人義服爲夫之親而發也云凡不見者以此求之者以其婦人爲夫之親從夫服而降一等而經傳不見者以此求也事意盡可知前章注爲丈夫而言此章更爲婦人出故兩處並見也

記

疏○釋曰儀禮諸篇有記者皆是記經不備者也作記之人其疏已在士冠篇

公子爲其母練冠麻麻衣縓緣爲其妻縓冠葛絰帶麻衣縓緣皆既葬除公子君之庶子也其或爲母謂妾子也麻者緦麻之絰帶也此麻衣者如小功布深衣爲不制衰裳變也詩云麻衣如雪縓淺絳也一染謂之縓練冠而

麻衣縓緣三年練之受飾也檀弓曰練練衣黃裏縓緣諸侯之妾子厭於父爲母不得伸權爲制此服不奪其恩也爲妻縓冠葛絰帶妻輕

疏○注公子至妻輕○釋曰云練冠麻麻衣縓緣者以練布爲冠麻者以麻爲絰帶又云麻衣者謂白布深衣云縓緣者以縉爲縓色與深衣爲領緣爲其妻縓冠者以布爲縓色爲冠葛絰帶者又以葛爲絰帶云麻衣縓緣者與爲母同皆既葬除之者與緦麻所除同也云公子君之庶子也者則君之適夫人第二已下及八妾子皆名庶子云其或爲母謂妾子也者以其適夫人所生第二已下爲母自與正子同故知爲母妾子也云麻者緦麻之絰帶也者以經有二麻上麻爲首絰腰絰知一麻而含二絰者斬衰云苴絰鄭云麻在首在要皆曰絰故知此絰亦然知如緦之麻者以其此言麻緦麻亦云麻又見司服弔服環絰鄭云大如緦之絰則此云子爲母雖在五服外絰亦當如緦之絰故鄭以此麻兼緦言之也云此麻衣者如小功布深衣知者案士之妾子父在爲母朞大夫之妾子父在爲母大功則諸侯妾子父在小功是其差次故知此當小功布也云爲不制衰裳變也者此記不言衰明不制衰裳變者以其爲深衣不與喪服同故云變也詩云麻衣如雪者彼麻衣及禮記檀弓云子游麻衣弁閒傳云大祥素縞麻衣注皆云十五升布深衣與此小功布深衣異引之者證麻衣之名同取升數則異禮之通例麻衣與深衣制同但以布緣之則曰麻衣以采緣之則曰深衣以素緣之袖長在外則曰長衣又以采緣之袖長在衣內則曰中衣又以此爲異也皆以六幅破爲十二幅連衣裳則同也云縓淺絳也者對三入爲纁爲淺絳云一染謂之縓者爾雅文案彼云一染謂之縓再染謂之赬三染謂之纁也云縓緣三年練之受飾也知者引檀弓云練衣黃裏縓緣注云練中衣以黃爲內縓爲飾爲中衣之飾據重服三年變服後爲中衣之飾也此公子爲母在五服外輕故將爲人初死深衣之飾輕重有異故不同也云諸侯之妾子厭於父爲母不得申權爲制此服不奪其恩也者諸侯尊絕朞已下無服公子被厭不合爲母服不奪其母子之恩故五服外權爲制此服必服麻衣縓衣者麻衣大祥受服縓緣練之受飾雖被抑猶容有三年之哀故也云爲妻縓冠葛絰帶妻輕

者以緦布爲冠對母用練冠以葛是葬後受服而爲經帶對母用麻皆是爲妻輕故也傳曰何以不在五服之中也君之所不服子亦不敢服也君之所爲服子亦不敢不服也君之所不服謂妾與庶婦也君之所爲服謂夫人與適婦也諸侯之妾貴者視卿賤者視大夫皆三月而葬

疏〇注君之至而葬〇既曰傳發問者怪親母與妻其服大輕故問之荅云君之所不服者以尊降諸侯絕旁朞已下故不服妾與庶婦也公子以厭降亦不敢私服母與妻又云君之所爲服子亦不敢不服也者謂君之正統者也注云君之所不服謂妾與庶婦也者解傳意還釋上公子爲母與妻者也云君之所爲服謂夫人與適婦也者正統故不降也云諸侯之妾貴者視卿賤者視大夫皆三月而葬者大戴禮文鄭不於上經葬之下注之至於此傳下乃引之者鄭意注傳云君之所不服謂妾與庶婦也下乃解妾有貴賤葬有早晚故至此引之見此意也云妾貴者謂諸侯一娶九女夫人與左右媵各有姪娣二媵與夫人之娣三人爲貴妾餘五者爲賤妾也。卿大夫三月而葬。之王制文

大夫公之昆弟大夫之子於兄弟降一等兄弟猶言族親也凡不見者以此求之

疏〇注兄弟至求之〇釋曰此三人所以降者大夫以尊降昆弟以旁尊降大夫之子以厭降是以總云降一等上經當已言訖今又言之者。上雖言之恐猶不盡記人總結之是以鄭云凡不見者以此求之云兄弟猶言族親也者以下云小功已下爲兄弟恐此兄弟亦據小功已下得降故曰猶族親也則此兄弟及下文爲人後者爲兄弟皆。非小功已下猶族親所容廣也

爲人後者於兄弟降一等報於所爲後之兄弟之子若子言報者嫌其爲宗子不降

疏〇注言報至不降〇釋曰謂支子爲大宗子後。反來爲族親兄弟之類降一等云於所爲後之兄弟之子若子者此等服其義已見於斬章云言報者嫌其爲宗子不降者以其出降本親又宗子尊重恐本親爲宗子有不。敢降服之嫌故云報以明之言報是兩相爲服者也

兄弟皆在他邦加一

等不及知父母與兄弟居加一等皆在他邦謂行仕出遊若辟仇不及知父母父母早卒疏○注皆在至早卒○釋曰云在他邦加一等者二人共在他國一死一不死相愍不得辭於親眷故加一等也云不及知父母與兄弟居加一等者謂各有父母或父母有早卒者與兄弟共居而死亦當愍其孤幼相育特加一等云皆在他邦謂行仕者孔子身行七十二國不見仕者以古者有出他國之法故云行仕也又云出遊者謂若孔子弟子朋友同。周遊他國兄弟容有死者又云若辟仇者周禮調人云從父。兄弟之仇不同國兄弟之仇辟諸千里之外皆有兄弟共行之法也云不及知父母父母早卒者或遺腹子或幼小未有知識而父母早死者也

傳曰何如則可謂之兄弟傳曰小功以下爲兄弟於此發兄弟傳者嫌大功已上又加也大功以上若皆在他國則親自親矣若不及知父母則固同財矣疏○注於此至財矣○釋曰發問者上經及記已有小兄弟皆是降等唯此兄弟加一等故怪而致問引舊傳者以有成文故引之云小功已下爲兄弟者以其加一等故也鄭云於此發兄弟傳者嫌大功以上又加也者鄭亦據於此兄弟加一等發傳者嫌大功已上親則親矣又加之故於小功發傳也云大功以上若皆在他國則親自親矣者不可復加者也云若不及知父母則固同財矣者據經不及知父母與兄弟居既親重則財食是同雖無父母恩自隆重不可復加也

儀禮疏卷第三十三元缺卷今補依要義分

儀禮注疏卷三十三校勘記

阮元撰盧宣旬摘錄

小功布衰裳牡麻絰即葛五月者　唐石經徐陳聶氏集釋通解要義楊敖俱有者字石經考文提要云五服提綱凡十見俱有者字毛本無

因故衰以就葛絰帶　徐陳聶氏集釋通解要義楊敖同毛本故作改案前後疏內多言故衰並據此注也

但以日月爲足　足聶氏作促

從祖祖父母

祖之兄弟　此句下故次之是以鄭言祖父之昆弟之親者云十六字毛本通解楊氏俱無按上云從尊向卑此云故次之謂次在前也其曰是以鄭言云云乃承上起下之辭注內祖父二字平讀從祖祖父母是祖之昆弟之親從祖父母是父之昆弟之親注一語包經兩句故賈氏下文別釋從祖父母以明之聶氏引此疏云從祖祖父母是曾祖之子故知是祖父之昆弟之親也此刪節疏文而失其意

是從祖祖父之子　父下聶氏要義俱有母字

從祖昆弟

此是從祖父之子　父下聶氏有母字通解楊氏俱無要義父下有祖字似誤

以上三者　通解楊氏毛本同聶氏要義以作此

爲外祖父母

不過緦 通解要義楊氏同毛本緦下有麻字

故言爲 此句下毛本無猶若衆子恩愛與長子同退入期故特言爲衆子十九字作故言爲也

傳曰娣姒婦者弟長也 釋文云弟大計反本亦作娣敖氏亦作娣按傳意似以弟訓娣以長訓姒敖氏謂此句釋娣婦之爲長婦也下有脫文此說誤甚娣婦爲長婦未之前聞

以弟爲聲 陳閩俱無以字聶氏作弟似爲聲按當作弟以爲聲似字卽以字之誤

則據二婦立稱 要義同毛本立稱作互稱聶氏作立名

謂之曰娣 要義同毛本通解謂作稱

大夫大夫之子

姑姊妹女子子本期 通解要義同毛本不重子字

大夫之妾爲庶子適人者 爲下唐石經初刻及通典俱有君之二字通典庶子下有女子子三字按大功章云大夫之妾爲君之庶子又殤小功章云大夫之妾爲庶子之長殤注云君之庶子此經注云君之庶子女子子也二經皆蒙大功章文省去君之二字注特補之通典以注入經故於注不載首八字

傳曰何以小功也君母在

若君母不在則不如　陳本要義同毛本如作加

傳曰君子子者

此之謂也其可者賤於諸母謂傅姆之屬也　下十三字毛本脫徐本通典集釋俱有與疏合○按釋文重出傅姆二字

則君子子以士禮爲庶母緦也　聶氏要義同毛本不重子字

子師教示以善道者　陳本要義同毛本教作敬按內則注作教

云其次爲慈母　要義同毛本云作至此句下彼注云慈母五字毛本無

其次爲保母者　要義同毛本無次字

則內則所云之謂也云　要義同毛本無之謂也云四字

傳云以慈己加若　傳陳閩要義俱作傳毛本作傅若要義作若毛本作者

別有食子者　食陳閩俱作養

緦麻三月者

況緦服輕明亦澡麻可知明要義作服通解作明

與此緦麻通解要義同毛本與作於

傳曰緦者

不錫者不治其縷聶氏無上不字

哀在內也陳本聶氏通解要義同毛本哀作衰下兩言在內一言在外三哀字俱放此

謂諸侯朝服緇布衣要義無上五字通解無朝服二字緇陳閩俱誤作之

族曾祖父母

族祖父者通典父下有母字又此句上有祖父之從父昆弟父昆弟之親十二字按通典與疏合惟重出父昆弟三字當爲衍文

高祖曾祖皆有小功之差要義同毛本無曾祖二字

從父昆弟姪之下殤

明中從下徐本通典集釋敖氏同毛本通解無明字

長中殤在小功通解要義楊氏同毛本無中字

傳曰何以緦也傳曰與尊者爲一體

怪其親重而服輕 要義同毛本怪作惟

因是以服緦也者 陳閩俱無緦字者字

庶子爲母大功者 要義重子字通解不重閩本無大功者三字

傳曰何以緦也以名服也

以有母名 陳本通解要義同毛本有作其

貴臣貴妾

釋曰此貴臣貴妾 毛本無貴臣二字

傳曰何以緦也以其貴也

此謂公士大夫之君也 此節全注徐本通典集釋俱在傳下通解楊氏毛本俱在傳前

以臣妾言 毛本作以臣與妾

注此謂至則已 此節疏要義在傳疏之後與徐本注合

士昏云 要義同毛本通解昏下有禮字

故以貴妾姪娣也 要義同毛本通解以作日

傳曰何以緦也以名服也

獨大夫之子有之子要義作法

曾孫

據曾祖爲之緦據下要義有彼字通解無

父之姑

女子謂晜弟之子爲姪要義同毛本通解楊氏晜俱作昆

從母昆弟

因從母有母名而服其子通解要義楊氏同毛本因作用

傳曰甥者何也

故謂姊妹之子爲甥要義同毛本謂下有之字

傳曰何以緦報之也唐石經徐本集釋通解要義敖氏同楊氏毛本緦下有也字

爲外親女夫服要義同毛本女下有之字

妻之父母

不次言舅 要義同毛本不作下

傳曰何以緦報之也

以出外而生故曰 通解要義楊氏同毛本曰作也

舅

母之昆弟 昆徐本集釋通解俱作昆毛本楊氏作兄戴震校集釋云考篇內及爾雅釋親皆不稱兄弟母妻之黨始稱之又爲小功以下通稱不宜溷同

傳曰何以緦 舅之子

對姑之子云舅之子 通解要義同毛本無下之字

其子相於 陳本要義同毛本通解於作施

夫之諸祖父母報 閩葛俱脫報字

諸祖父者 徐陳通解要義同毛本通典集釋父下有母字閩本父母二字擠刻

從祖祖父母 按通典此句下有即祖之兄弟也從祖父母即父之堂兄弟也十七字又注末妻從服緦下有於夫皆有名於已從輕遠故不復條目而緦言諸祖也唯曾祖外祖父母不報三十字皆不類鄭注蓋杜氏所坿益唯從祖祖父母四字宜據補

外祖外母程瑤田曰注及疏外祖字皆當爲從祖之譌前小功章連言從祖祖父母從祖父母故此疏云云從祖祖父母從祖父母者此依小功章夫爲之小功者也凡服必由近及遠不當舍從祖父母而服從祖祖父母況据傳外親之服皆緦爲外祖父母小功者以尊加也其夫本加服妻亦不當從服緦又檢記文夫之所爲兄弟服妻降一等條下賈疏云妻從夫服其族親卽上經夫之諸祖父母見於緦麻章据此族親字則注疏兩外字爲從字之譌無疑矣〇按段玉裁校本云當作外祖父母正服小功妻從服緦此以外祖父母破曾祖父母之說也外祖父母正服小功見小功章妻從服緦見禮記服問從無服而有服注賈作疏時未能正誤字耳經明言諸祖父母則祖父母三字成文故注於內親舉從祖祖父母於外親舉外祖父母皆見小功章妻從服緦麻而兩祖父母報之或欲以曾祖父母易去外祖父母故鄭復辨之言假令曾祖父母在內則不得云報言外祖父母在內則與本經禮記合舉從祖祖父母可以關從祖父母舉外祖父母可以關從母皆見小功章妻皆從服緦皆報許宗彥云曾祖父母齊衰三月是尊尊之義其正服是小功若外祖父母小功乃是加服其正服當緦此明載上傳鄭氏不誤段說非也

故緦麻也此句下云諸祖父者夫之所爲小功者妻降一等故緦麻者廿字毛本無通解有十四字

曾祖爲曾孫之婦無服無下要義有降字通解無

君母之昆弟

以其上連君之父母故也浦鏜云君下脫母字

傳曰何以緦

從於君母而舅服之也徐本同而舅服之也集釋通解毛本俱作而服緦也

君母之昆弟要義無之字父母故亦同同字誤在故亦下

取於上傳解之也要義無於字

皆徒從之要義無之字

從父昆弟之子之長殤

同堂娣姒堂要義作室通解作堂

故緦也要義同毛本緦下有麻字通典作故服緦也通解與毛本同

傳曰何以緦也

皆服其成人也服徐本通典集釋要義敖氏俱作服與疏合毛本通解作明通典服上有謂字與前小功殤注同

若云長殤中殤降一等者若下通解有然字

上殤小功注云小通解要義俱作大

記公子爲其母

云練冠麻麻衣縓緣者陳閩通解要義同毛本縓作緣按縓是也

君之庶子也者　要義無者字通解者作然

自與正子同　正通解要義俱作出○按正子有誤作出子者無作世子者此本作世子誤也今改從毛本蓋長適固多爲世子然左氏云誓於天子則爲世子未誓於天子則爲公子故有世子而非適長者可知適長不得輒稱世子也鄭故以正子言之

麻在首在腰皆曰絰　要義同毛本首下無在字按鄭注有在字要義是

以其此言麻緦麻　緦麻下通解要義俱有亦言麻三字要義言作云毛本無此三字

又見司服　要義同毛本司作緦

故知此當小功布也　毛本此作己要義作此

麻衣與深衣制同　要義同毛本無與深衣三字

此服必服麻衣縓衣者　段玉裁校本下衣字作緣

傳曰何以不在五服之中也

公子以厭降　毛本以誤作亦

餘五者爲賤妾也　按要義於此下云下又引齊王子有其母死云云今疏無此說惟通解於經傳後附載孟子一條與前不杖期章昆弟之子疏引孟皮事同但要義於此云下又引則似疏元有此語尤不可曉

三月而葬之王制文　之字衍

大夫公之昆弟

上雖言之上通解作以

皆非小功已下非下通解有專據二字

爲人後者於兄弟降一等於要義作爲與上節疏合按各本俱作於賀循引亦作於古於爲二字通用前注云曾祖於曾孫之婦無服疏亦作爲

○於所爲後之兄弟之子若子戴震校集釋云古人昆弟不稱兄弟凡稱兄弟皆疏遠者上節注云兄弟猶言族親是也所爲後之子者其女子子也所爲後之兄弟則其族親也舉遠以該近之辭若言兄弟之子則義不可通矣通典載賀循引喪服制曰爲人後者爲兄弟降一等報於所爲後者之子兄弟若子其所見記文未舛誤今據以訂正盧文弨云石經已誤疏亦沿誤此條當附載於後○按據通典以正此節之誤始於金榜而戴震云所爲後之子者其女子子也其解未見的確善乎程瑤田之言曰所爲後之子設言所後者之眞子也眞子之兄弟小功以下之親也今爲之服如眞子一般故云若子兩子字非有二物如是而後此經可定蓋合傳記兩若子而爲人後者之服畢舉矣許宗彥云昆弟之子舉其親兄弟之子舉其疏記文本不誤

反來爲族親兄弟之類降一等反要義作及通解作又俱誤

有不敢降服之嫌通解要義同毛本無敢字

兄弟皆在他邦

同周遊他國要義同毛本無周字

從父兄弟之仇兄要義作昆

儀禮注疏卷三十三校勘記

儀禮疏卷第三十四

唐朝散大夫行大學博士弘文館學士臣賈公彦等撰

朋友皆在他邦袒免歸則已謂服無親者當爲之主每至袒時則袒袒則去冠代之以免舊說云以爲免象冠廣一寸已猶止也歸有主則止也主若幼少則未止小記曰大功者主人之喪有三年者則必爲之再祭朋友虞祔而已

疏○注謂服至而已○釋曰謂同門曰朋同志曰友或共遊學皆在他國而死者每至可袒之節則爲之袒而免與宗族五世袒免同云歸則已者謂在他國袒免爲死者無主歸至家自有主則止不爲袒免也鄭云謂服無親者當爲之主者以其有親入五服今言朋友故知是義合之輕無親者也既孤在外明爲之作主可知云每至袒時則袒者凡喪至小斂節主人素冠環絰以視斂訖投冠括髮將括髮先袒乃括髮括髮據正主人齊衰已下皆以免代冠以冠不居肉袒之禮故也云舊說云以爲免象冠廣一寸者鄭注士喪禮云免之制未聞舊說以爲如冠狀廣一寸喪服小記曰齊衰括髮以麻免而以布此用麻布爲之狀如今之著幓頭矣自項中而前反於項上卻繞紒也是著免之義也云歸有主則止也主若幼少則未止者本以在外爲無主與之爲主今至家主若幼少不能爲主則朋友猶爲之主未止引小記者證主幼少不能主喪朋友爲主之義以雖有子是三年之人小不能爲主大功爲主者爲之再祭謂練祥朋友輕爲之虞祔而已以其又無大功已下之親此朋友自外來及在家朋友皆得爲主虞祔乃去彼鄭注以義推之又云小功緦麻爲之練祭可也是親疏差降之法也

朋友麻朋友雖無親有同道之恩相爲服緦之絰帶檀弓曰羣居則絰出則否其服弔服也周禮曰凡弔當事則弁絰服弁絰者如爵弁而素加環絰也其服有三錫衰也緦衰也疑衰也王爲三公六卿錫衰爲諸侯緦衰爲大夫士疑衰諸侯卿及大夫亦以錫衰爲弔服當事乃弁絰否則皮弁辟天子也士以緦衰爲喪服其弔服則疑衰也舊

說以爲士弔服布上素下或曰素委貌冠加朝服論語曰。緇。衣。羔。裘。又。曰羔裘玄冠不以弔何朝服之有乎然則二者皆有似也此實疑衰也其弁經皮弁之時則如卿大夫然又改其裳以素辟諸侯也朋友之相爲服即士弔服疑衰素。裳庶人不爵弁則其。弔。服素。冠委貌

【疏】○注朋友至委貌○釋曰云朋友麻者上文據在他國加袒免今此在國相爲弔服麻經帶而已注云朋友雖無親有同道之恩相爲服緦之經帶者案禮記禮運云人其父生而師教之朋友成之又學記云獨學而無友則孤陋而寡聞論語云以文會友以友輔仁以此而言人須朋友而成也故云朋友雖無親有同道之恩故爲之服知緦之經帶者以其緦是五服之輕爲朋友之經帶約與之等故云緦之經帶也云檀弓曰羣居則經出則否者彼注羣謂七十二弟子相爲朋友彼亦是朋友相爲之法云居則經經謂在家居止則爲之經出家行道則否引之者證此亦然也彼又云孔子之喪二三子皆經而出是爲師出行亦經也云其服弔服也者以其不在五服五服之外唯有弔服故即引周禮弔服之等也周禮者司服職文彼云凡弔事弁經服鄭注亦云弁經者如爵弁而素加環經也言爵弁者制如冕以木爲中朝廣八寸長尺六寸前低一寸二分以。三升布上玄下纁爵弁之體廣長亦然。亦以三。升布但染作爵頭色赤多黑少之色置之於版上今則以素爲之又加環經者。一股麻爲骨又以。一股麻爲繩纏之如環然謂之環經加於素弁之上彼注云經大如緦之經是弔服之經但此文云朋友麻鄭引周禮王弔諸臣之經及三衰證此者以其王於諸臣諸侯於諸臣皆有朋友之義故。泰誓武王。謂諸侯云我友邦冢君是謂諸侯爲友洛誥周公謂武王云孺子其朋是王以諸臣爲朋諸侯於臣亦有朋友之義可知故引周禮弁經與三衰證此朋友麻也若然弁經唯一衰則有三則一弁冠三衰也云其服有三錫衰也緦。麻也疑衰也者案彼云王爲三公六卿錫衰爲諸侯緦衰爲大夫士疑衰鄭司農云錫麻之滑易者也十五升去其半有事其布無事其縷緦亦十五升去其半有事其縷無事其布疑衰十四升。玄謂無事其縷哀在內。無事其布哀在外疑之言擬也擬於吉者也云諸侯及卿大夫亦以錫衰爲弔服當事乃弁經否則皮

弁辟天子也者案禮記服問云公爲卿大夫錫衰以居出亦如之當事則弁絰大夫相爲亦然爲其妻往則服之出則否注云出謂以他事不至喪所是諸侯及卿大夫亦以錫衰爲弔服也天子常弁絰諸侯卿大夫當事大斂小斂及殯時。乃弁絰非此。時則皮弁是辟天子也云士以緦衰爲喪服者士卑無降服是以緦爲喪服既以緦爲喪服不得復將緦爲弔服故。向下取疑衰爲弔服也舊說者以士弔服無文故舊說云以爲士弔服布上素下云或曰素委貌冠加朝服者前有此二種解者故鄭引論語破之云論語曰緇衣羔裘言此者欲解緇衣羔裘與下羔裘玄冠爲一物並是朝服是以云又曰羔裘玄冠不以弔何朝服之有乎此破舊以言朝服不合首加素委貌又布上素下。近。是天子之朝服又不言首所加故非之也云然則二者皆有似也者以其未小斂已前容有著朝服弔法則子游曾子弔是也但非正弔法之服又布上素下近士之弔服素下故云二者皆有似也云此實疑衰也者總破二者也云弁絰皮弁之時則如卿大夫然者以其三衰共有弁絰當事著皮弁亦同故知二者如卿大夫然也云又改其裳以素辟諸侯也者諸侯及卿大夫否則皮弁辟天子此諸侯之士不著疑裳而用素又辟諸侯也云朋友之相爲服即士弔服疑衰素裳者是鄭正解士之弔服云庶人不爵弁者則其冠素委貌不言其。服。則白布深衣。以。白布。深。衣庶人之常服又尊卑始死未成服已前服之故庶人得爲弔服也向來所釋皆據鄭君所引而言案司服諸侯如王之服言之鄭則諸侯皆如王亦有三衰服問直云君弔用錫衰未辨緦衰。疑。衰所施用案文王世子注云君雖不服臣卿大夫死則皮弁錫衰以居往弔當事則弁絰於士蓋疑衰同姓則緦衰若然案士喪禮君若有賜焉則視斂注云賜恩惠也斂大斂君視大斂皮弁服襲裘主人成服之後往則錫衰此注又與文王世子違者士喪禮既言有恩惠則君與此士有師友之。恩特加與卿大夫同其諸侯卿大夫則有錫衰士唯疑衰其天子卿大夫士既執摯與諸侯之臣同則弔服亦同也天子孤與卿同六命又亦名爲卿諸侯孤雖四命與卿異及其聘之介數與卿降君二等等同則孤弔服皆與卿同也天子三公與王子母弟得稱諸侯其弔服亦與畿外諸侯同三衰也凡弔服直云素弁環絰不言帶或有解云有絰無帶但弔服既著衰首有絰不可著吉時之大帶吉時之大帶既有采矣麻既不加于采采可得加於凶服乎明不可也案此經注服緦之絰帶則三衰絰帶同有可知其以三衰所用皆是朋友故知凡弔皆有帶矣首言環絰則其帶未必如環但亦五分去一爲帶糾之矣其弔服除之案雜記云君於卿大夫比葬不食肉比卒哭不舉樂是知未吉則凡弔服亦當依氣節而除並與緦麻同三月除之矣爲士雖比殯不舉樂其服亦當既葬除矣

君之所爲兄弟服室老降一等公士大夫之君疏○注公士至之君○釋曰天子諸侯絶朞今言爲兄弟服明是公士大夫之君於旁親降一等者室老家相降一等不言士士邑宰遠臣不從服若然室老似正君近臣故從君所服也

夫之所爲兄弟服妻降一等庶子爲後者爲其外祖父母從母舅無服不爲後如邦人疏○釋曰妻從夫服其族親卽上經夫之諸祖父母見於緦麻章夫之世叔見於大功章夫之昆弟之子不降嫂叔又無服今言從夫降一等記其不見者當是夫之從母之類乎云庶子爲後者爲其外祖父母從母舅無服者以其與尊者爲一體既不得服所出母是以母黨皆不服之不言兄弟而顯尊親之名者雷氏云爲父後者服其本族若言兄弟恐本族亦無服故汎著其尊親之號以別於族人也

宗子孤爲殤大功衰小功衰皆三月親則月筭如邦人言孤有不孤者不孤則族人不爲殤服服之也不孤謂有廢疾若年七十而老子代主宗事者也孤爲殤長殤中殤大功衰下殤小功衰皆如殤服而三月謂與宗子絶屬者也親謂在五屬之内等數也月數如邦人者與宗子有期之親者成人服之齊衰期長殤大功衰九月中殤大功衰七月下殤小功衰五月有大功之親者成人服之齊衰三月卒哭受以大功衰九月其長殤中殤大功衰五月下殤小功衰三月有小功之親者成人服之齊衰三月卒哭受以小功衰五月其殤與絶屬者同有緦麻之親者成人及殤皆與絶屬者同疏○注言孤至者同○釋曰宗子謂繼

別爲大宗百世不遷收族者也云孤爲殤者謂無父未冠而死者也云大功衰小功衰者以其成人齊衰故長殤中殤皆在大功衰下殤在小功衰也云皆三月者以其衰雖降月本三月法一時不可更服故還依本三月也云親則月筭如邦人者上三月者是絕屬者若在五屬之內親者月數當依本親爲限故云如邦人也注云言孤有不孤者鄭以記文云孤明對不孤者故曲禮注云是謂宗子不孤彼不孤對此孤也云不孤則族人不爲殤服服之也者以父在猶如周之道有適子無適孫以其父在爲適子則不爲適孫服同於庶孫明此本無服父在亦不爲之服殤可知也云不孤謂父有廢疾者案喪服小記云適婦不爲舅後者則姑爲之小功注云謂夫有廢疾他故若死而無子不受重者是子不孤謂父有廢疾不立其子代父主宗事云若年七十而老子代主宗事者案曲禮云七十曰老而傳注云傳家事任子孫是謂宗子不孤是父年七十子代主宗事者云與宗子有期之親者成人服之齊衰期者謂宗子親昆弟及伯叔昆弟之子姑姊妹在室之等皆是也自大功親以下盡小功親以上成人月數雖依本皆服齊衰者以其絕屬者猶齊衰三月明親者無問大功小功緦麻皆齊衰者也既皆齊衰故三月既葬受服乃始受以大功小功齊衰也至於小功親已下殤與絕屬者同者以其成人小功五月殤即入三月是以與絕屬者同皆大功衰小功衰三月故與絕屬者同也云有緦麻之親者成人及殤皆與絕屬者同者以其絕屬者爲宗子齊衰三月緦麻親亦三月是以成人及殤死皆與絕屬者同也

改葬緦謂墳墓以他故崩壞將亡失尸柩也言改葬者明棺物毀敗改設之如葬時也其奠如大斂從廟之廟從墓之墓禮宜同也服緦者臣爲君也子爲父也妻爲夫也必服緦者親見尸柩不可以無服緦三月而除之

疏○注謂壙至除之○釋曰云謂壙墓以他故崩壞將亡失尸柩者也者鄭解改葬之意云他故者謂若遭水潦漂蕩之等壙墓崩壞將亡失尸柩故須別處改葬也云改葬者明棺物毀敗改設之如葬時也者直言棺物毀敗而改設不言依服則所設者唯此棺如葬時也云其奠如大斂者案既夕記朝廟至廟中更設遷祖奠云如大斂奠即此移柩向新葬之處所設之奠亦如

大斂之奠士用豚三鼎則大夫已上更加牲牢大夫用特牲諸侯用少牢天子用大牢可知云從廟之廟從墓之墓禮宜同也者卽設奠之禮。朝。廟。是。也。又朝廟載柩之時士用輁軸大夫已上用輴不用蜃車飾以帷。荒則此從墓之墓亦與朝廟同可知故云禮宜同也云服緦者臣爲君也子爲父也妻爲夫也知者若更言餘服無妨更及齊衰已下今直言緦之輕服明知唯據極重而言故以三等也不言妾爲君以不得體君差輕故也不言女子子婦人外成在家又非常故亦不言諸侯爲天子諸侯在畿外差遠改葬不來故亦不言也云必服緦者親見尸柩不可以無服者君親死已多時哀殺已久可以無服但親見君父尸柩暫時之痛不可不制服以表哀故皆服緦也故云三月而除者謂葬時服之及其除也亦法天道一時故亦三月除也若然鄭言三等舉痛極者而言父爲長子子爲母亦與此同也

童子唯當室緦。

童子未冠之稱也當室者爲父後承家事者爲家主與族人爲禮於有親者雖恩不至不可以無服也

疏○注童子至服也○釋曰此云當室者周禮謂之門子與宗室往來故爲族人有緦服云童子未冠之稱者謂十九已下案內則年二十。敦行孝弟十九已下未能敦行孝弟非當室則無緦麻以當室故服緦也云當室者爲父後承家事者以其言當室是代父當家事故云爲家主與族人爲禮於有親者則族內四緦麻以來皆是也云雖恩不至不可以無服也者以其童子未能敦行孝弟故云恩不至與族爲禮而爲服故服之也若然不在緦章者若在緦章則外內俱報此當室童子直與族人爲禮有此服不及外親故不在緦章而在此記也

傳曰不當室則無緦服也

疏○釋曰記自云唯當室緦自然不當室則無緦服而傳言之者案曲禮云孤子當室冠衣不純采但是孤子皆不純以采曲禮言之者嫌當室與不當室異故言之此傳恐不當室與當室者同故明之也

凡妾爲私兄弟如邦人。

嫌厭降之也私兄弟。自其族親也然。則女君有以尊降其兄弟者謂士之女爲大夫妻。大夫之女爲諸侯夫人諸侯之女爲天王后。也父卒昆弟之爲父後者宗子亦不敢降也

疏○注嫌厭至降也○釋曰妾言凡者總天

子以下至士故凡以該之也云嫌厭降之也者解記此之意君與女君不厭妾故云嫌厭之其實不厭故記人明之云私兄弟自其族親也者以其兄弟總外內之稱若言私兄弟則妾家族親也云然則女君有以尊降其兄弟者以其女君與君體敵故得降其兄弟旁親之等子尊不加父母唯不降父母則可降其兄弟旁親云謂士之女爲大夫妻大夫之女爲諸侯夫人諸侯之女爲天王后者此等皆得降其兄弟旁親也云父卒昆弟之爲父後者宗子亦不敢降也者雖得降其兄弟此爲父後者不得降容有歸宗之義歸於此家故不降

大夫弔於命婦錫衰命婦弔於大夫亦錫衰弔於命婦命婦死也弔於大夫大夫死也小記曰諸侯弔必皮弁錫衰服問曰公爲卿大夫錫衰以居出亦如之當事則弁經大夫相爲亦然爲其妻往則服之出則否疏○注弔於至則否○釋曰云弔於命婦命婦死也者鄭恐以記云大夫弔命婦者以爲大夫死其妻受弔於命婦故云命婦死也知不弔命。婦爲命婦夫死者以其記人作文宜先弔大夫身然後弔其婦故以命婦死弔其夫解之也引小記者以記人直言身上衰不言首服故引小記也言諸侯弔必皮弁者言諸侯不言君謂諸侯因朝弔異國之臣著皮弁錫衰雖成服後亦不弁經也引服問者有己君謂弁有卿大夫與命婦相弔法云以居者君在家服之出亦如之出行不至喪所亦服之云當事則弁經者謂當大小斂及殯皆弁經也云大夫相爲亦然者一與君爲卿大夫同爲其妻降于大夫出則否引之者證大夫與命婦相弔服錫衰同也

傳曰錫者何也麻之有。錫。者也錫者十五升抽其半無事其縷有事其布曰錫謂之錫者治其布使之滑易也。不錫者不治其縷哀在內也總者不治其布哀在外君及卿大夫弔士雖當事。皮錫衰而已士之相弔則如朋友服矣疑衰素裳凡婦人相弔吉笄無首素總疏○注謂之至素總○釋曰問者先問其名荅云麻之有錫者也荅以名錫之意但言麻者以麻表布之縷也又云錫者十五升抽其半者以其縷之多少與總同云無事其縷有事其布者事猶治也謂不治其縷治其布以哀在內故也總

則治縷不治布衰在外以其王爲三公六卿重於畿外諸侯故也鄭云謂之錫者治其布使之滑易以治解事以滑易解錫謂使錫錫然滑易也云君及卿大夫弔士雖當事皮弁錫衰而已者是士輕無服弁經之禮有事無事皆皮弁衰而已見其不足之意也若然文王世子注諸侯爲異姓之士疑衰同姓之士緦衰今言士與大夫又同錫衰者此言與士喪禮注同亦是君於此士有師友之恩者也云士之相弔則如朋友服矣者朋友麻是朋友服也上注士弔服用疑衰素裳腰首服麻弔亦朋友服也云凡婦人相弔吉笄無首素緦者上文命婦弔於大夫錫衰未解首服至此乃解之者婦人弔之首服無文故特傳釋錫衰後下近婦人吉笄無首布緦乃解之必知用吉笄無首素緦者下文女子子爲父母卒哭折吉笄之首布緦此弔服用吉笄無首素緦又男子冠婦人笄相對婦人喪服又笄緦相。對上注男子弔用素冠故知婦人弔亦吉笄無首素緦也

女子子適人者爲其父母婦爲舅姑惡笄有首以髽卒哭子折笄首以笄布總言以髽則髽有著笄者明矣

疏○釋曰此二者皆期服○注言以至明矣○但婦人以飾事人是以雖居喪內不可頓去脩容故使惡笄而。有首至卒哭女子子哀殺歸於夫氏故折吉笄之首而著布總也案斬衰章吉笄尺二寸斬衰以箭笄長尺檀弓齊衰笄亦云。尺則齊衰已下亦與斬同一尺不可更變故折吉笄首而已其總斬衰已六升長六寸鄭注總六升象冠數。則。齊。衰。總。亦。象。冠數。正服齊衰冠八升則正齊衰總亦八升是以總長八寸笄總與斬衰長短爲差。但笄不可更變折其首總可更變宜從大功總十升之布總也言以髽者則髽有著笄明矣鄭言此者舊有人解喪服小記云男子免而婦人髽免而無笄則髽亦無笄矣但免髽自相對不得以婦人與男子有笄無笄相對故鄭以經云惡笄有首以髽髽笄連言則髽有著笄明矣

傳曰笄有首者惡笄之有首也惡笄者櫛笄也折笄首者折吉笄之首也吉笄者象笄也何以言子折笄首而不言婦終之也櫛笄者以櫛之

木爲笄或曰榛笄有首者若今時刻鏤摘頭矣卒哭而。喪之大事畢女子子可以歸於夫家而著吉笄。吉笄尊變其尊者婦人之義也折其首者爲其大飾也據在夫家宜言婦終之恩〇注櫛笄至之恩〇釋曰案記自云惡笄之有首也者終子道於父母之恩【疏】卽惡笄自有首明矣而傳更云笄有首重言之者但惡者直木理麤惡非木之名。若然斷衰笄。用。箭。齊。衰用櫛俱是惡傳恐名通於箭故重疊言之名不通於箭直謂此齊衰櫛木爲惡木也又云惡笄者櫛笄也者既疊不通箭乃釋木名故云櫛木之笄也云折笄首者折吉笄之首也者以記折笄首文承惡笄之下恐折惡笄之首故傳辨之以折首去飾不可以初喪重時有首至卒哭哀殺之後乃更去首應輕更重於義不可故傳以爲初死惡笄有首至卒哭更著吉笄嫌其大飾乃折去。首而著之也又云吉笄者象笄也者傳明吉時之笄以象骨爲之據大夫士而言案弁師天子諸侯笄皆玉也鄭云櫛笄者以櫛之木爲笄者此櫛亦非木名案玉藻云沐櫛用樿櫛髮晞用象櫛鄭云樿白理木爲櫛櫛卽梳也以白理木爲梳櫛也彼樿木與象櫛相對此櫛。笄。與。象。笄。相。對故鄭云櫛笄者以櫛之木爲笄云或曰榛笄者案檀弓云南宮縚之妻之姑之喪夫子誨之髽曰爾毋從從爾爾毋扈扈爾蓋榛以爲笄長尺而總八寸彼爲姑用榛木爲笄此亦婦人爲姑與彼同但此用樿木彼用。櫛木不同耳蓋二木俱用故鄭兩存之也云笄有首者若今刻鏤摘頭矣鄭時摘頭之物刻鏤爲之此笄亦在頭而去首爲大飾明首亦刻鏤之故舉漢法況之也云卒哭而喪之大事畢女子子可以歸於夫家者但以出適女子與在家婦俱著惡笄婦不言卒哭折吉笄首女子子卽言折吉笄之首明女子子有所爲故獨折笄首耳所爲者以女子外成既以哀殺事人可以加容故著吉笄仍爲大飾折去其首故以歸於夫家解之若然喪大記云女子子既練而歸與此注違者彼小祥歸是其正法此歸者容有故許之歸故云可以權許之耳云吉笄尊變其尊者婦人之義也婦人之事人不可頓凶居喪不可盡飾故著吉笄又折笄首是婦人事人之義異於男子也若然案服問云男子重首婦人重要此云笄尊者彼男女相對故云婦人重要若婦人不同對男子然亦是上體尊於下體故云笄尊也云據在夫家宜言婦者傳解記文女子適人猶云子折笄首云終之者終子道於父母之恩者子對父母生稱父對舅姑立名出適應稱婦故雖出適猶稱子終初未出適之恩也

妾為女君君之長子惡笄有首布總**疏**○釋曰妾為。女。君。之服得與女君同為長子亦三年但為情輕故與上文婦事舅姑齊衰同惡笄有首布總也

凡衰外削幅裳內削幅幅三袧削猶殺也大古冠布衣布先知為上外殺其幅以便體也後知為下內殺其幅稍有飾也後世聖人易之以此為喪服袧者謂辟兩側空中央也祭服朝服辟積無數凡裳前三幅後四幅也**疏**○注削猶至幅也○釋曰自此已下盡袪尺二寸記人記衰裳之制用布多少尺寸之數也云凡者總五服而言故云凡以該之云衰外削幅者謂縫之邊幅向外。裳內削幅者亦謂縫之邊幅向內云幅三袧者據裳而言為裳之法前三幅後四幅幅皆三辟攝之以其七幅布幅二尺二寸幅皆兩畔各去一寸為削幅則二七十。四尺若不辟積其腰中則束身不得就故須辟積其。腰中也腰中廣狹。在人麤細故袧之辟攝亦不言寸數多少但幅別以三為限耳鄭云大古冠布衣布者案禮記郊特牲云大古冠布齊則緇之鄭注云唐虞以上曰大古也是大古冠布衣布也云先知為上外殺其幅以便體也後知為下內殺其幅稍有飾也者此亦唐虞已上黃帝已下故禮運云未有麻絲衣其羽皮謂黃帝已前下文云後聖有作治其。絲。麻以為布帛後聖謂黃帝是黃帝始有布帛是時先知為上後知為下便體者邊幅向外於體便有飾者邊幅向內。觀之。美也云後世聖人易之以此為喪服者又案郊特牲云緇布冠冠而敝之可也注此重古而冠之耳三代改制齊冠不復用也以白布冠質以為喪冠也以此言之唐虞。以。下冠衣皆白布吉凶同齊則緇之鬼神尚幽闇三代改制者更制牟追章甫委貌為行道朝服之冠緇布冠三代將為始冠之冠白布冠質三代為喪冠也若然此後世聖人指夏禹身也以其三代最先故也云袧者謂辟兩側空中央也者案曲禮以脯脩置者左朐右末鄭云屈中云朐則此言袧者亦是屈中之稱一幅凡三處出之辟兩邊相著自然中央空矣幅別皆

然也云祭服朝服辟積無數者朝服謂諸侯與其臣以玄冠服爲朝服天子與其臣以皮弁服爲朝服祭服者六冕與爵弁爲祭服不云玄端亦是士家祭服中兼之凡服唯深衣長衣之等六幅破爲十二幅狹頭向上不須辟積其實腰間已外皆辟積無數似喪冠三辟積吉冠辟積無數也然凡裳前三幅後四幅者前爲陽後爲陰故前三後四各象陰陽也唯深衣之等連衣裳十二幅以象十二月也

若齊裳內衰外

齊緝也凡五服之衰一斬四緝緝裳者內展之緝衰者外展之

疏○注齊緝至展之○釋曰據上齊斬五章有一斬四齊此據四齊而言不一斬者上文已論五服衰裳縫之外內斬衰裳亦在其中此據衰裳之下緝之用針功者斬衰不齊無針功故不言也若言者不定辭以其上有斬不齊故云若也言裳內衰外者上言衰外削幅此齊還向外展之上言裳內削幅此齊還向內展之並順上外內而緝之此先言裳者凡齊據下裳而緝之裳在下故先言裳順上下也鄭云齊緝也者據上傳而言之也云凡五服之衰一斬四緝者謂齊衰至緦麻並齊齊既有針功緦之名則沒去齊名亦齊可知也言展之者若今亦先展訖乃行針功者也

負廣出於適寸

負在背上者也適辟領也負出於辟領外旁一寸

疏○注負在至一寸○釋曰以一方布置於背上上畔縫著領下畔垂放之以在背上故得負名適辟領卽下文適也出於辟領外旁一寸總尺八寸也

適博四寸出於衰

博廣也辟領廣四寸則與闊中八寸也兩之爲尺六寸也出於衰者旁出衰外不著寸數者可知也

疏○注博廣至知也○釋曰此辟領廣四寸據兩相而言云出於衰者謂比胸前衰而言出也云博廣也者若言博博是寬狹之稱上下兩旁俱名爲博若言廣則唯據橫闊而言今此適四寸據橫故博爲廣見此義焉云辟領廣四寸者據項之兩相向外各廣四寸云則與闊中八寸也者謂兩身當縫中央總闊八寸一邊有四寸幷辟領四寸爲八寸云兩之爲尺六寸也者一相闊與辟領八寸故兩之總一尺六寸云出於衰者旁出衰外者以兩旁辟領向前望衰之外也云不著寸數者可知也者以衰廣四寸辟領橫廣總尺六寸除中央四寸當衰衰外兩旁各出衰六寸故云不

著寸數可知也衰長六寸博四寸廣袤四寸也前有衰後有負板左右有辟領孝子哀戚無所不在疏○注廣袤至不在○釋曰袤長
也據上下而言也綴於外衿之上故得廣長當心云前有衰後有負板者謂負廣出於適寸及衰長六寸博四寸云左右有辟領者謂左右各四寸云孝子哀
戚無所不在者以衰之言摧孝子有哀摧之志負在背。上者荷負其悲哀在背也云適者以哀戚之情指適緣於父母不兼念餘事是其四處皆有悲痛是無
所不在也衣帶下尺衣帶下尺者要也廣尺足以掩裳上際也疏○注衣帶至際也○釋曰謂衣腰也云衣者即衰也但衰是當心廣四寸者取
其衰摧在於偏體故衣一名為衰今此云據在上曰衣舉其實稱云帶者此謂帶衣之帶非大帶革帶者也云衣帶下尺者據上下闊一尺若橫而言之不著
尺寸者人有麤細取。足為限也云足以掩裳上際也者若無腰則衣與裳之交際之閒露見。表衣有腰則不露見故云掩裳上際也言上際者對兩旁有衽掩
旁兩廂下際也衽二尺有五寸衽所以掩裳際也二尺五寸與有司紳齊也上正一尺燕尾。二尺五寸凡用布三尺五寸疏○注衽所至五
寸○釋曰云掩裳際也者對上腰而言此掩裳兩廂下際不合處也云二尺五寸與有司紳齊也者玉藻文案彼士已上大帶垂之皆三尺又云有司二尺有
五寸謂府史紳即大帶也紳重也屈而重故曰紳此但垂之二尺五寸故曰與有司紳齊也云上正一尺者取布三尺五寸廣一幅留上一尺為正正者正方
不破之言也一尺之下從一畔旁入六寸乃。向。下邪向下一畔一尺五寸去下畔亦六寸橫斷之留下一尺為正如是則用布三尺五寸得兩條衽衽各二尺
五寸兩條共用布三尺五寸也然後兩旁皆綴於衣垂之向下掩裳際此謂男子之服婦人則無以其婦人之服連衣裳故鄭上斬章注云婦人之服如深衣
則衰無帶下又無衽是也袂屬幅屬猶連也連幅謂不削疏○注屬猶至不削○釋曰屬幅者謂整幅二尺二寸凡用布為衣物及射侯皆去邊
幅一寸為縫殺今此屬連其幅則不削去其邊幅取整幅為袂必不削幅者欲取與下文衣二尺二寸同縱橫皆二尺二寸正方者也故深衣云袂中可以運

肘二尺二寸亦足以運肘也衣二尺有二寸此謂袂中也言衣者明與身參齊二尺二寸其袖足以容中人之肱也衣自領至要二尺二寸倍之四尺四寸加辟領八寸而又倍之凡衣用布一丈四寸

疏○注此謂至四寸○釋曰云此謂袂中也者上云袂據從身向袪而言此衣據從上向掖下而言云言衣者明與身參齊者袂所以連衣爲之衣即身也兩旁袂與中央身總三事下與畔皆等故變袂言衣欲見袂與衣齊參也故云與身參齊云二尺二寸其袖足以容中人之肱也者案深衣云袂中可以運肘鄭注云肘不能不出入彼云肘此云肱也凡手足之度鄭皆據中人爲法故云中人也云衣自領已下云云者鄭欲計衣之用布多少之數自領至腰皆二尺二寸者衣身有前後今且據一相而言故云衣二尺二寸倍之爲四尺四寸總前後計之故云倍之爲四尺四寸也云加闢中八寸者闢中謂闢去中央安項處當縫兩相總闢去八寸若去一相正去四寸若前後據長而言則一相各長八寸通前兩身四尺四寸總五尺二寸也云而又倍之者更以一相五尺二寸幷計之故云又倍之云凡衣用布一丈四寸者此唯計身不計袂與袪及負衽之等者彼當丈尺寸自見又有不全幅者故皆不言也

袪尺二寸袪袖口也尺二寸足以容中人之併兩手也吉時拱尚左手喪時拱尚右手

疏○注袪袖至右手○釋曰云袪袖口也者則袂末接袪者也云尺二寸者據複攝而言圍之則二尺四寸與深衣之袪同故云尺二寸足以容中人之併兩手也吉時拱尚左手喪時拱尚右手者案檀弓云孔子與門人立拱而尚右二三子亦皆尚右孔子曰我則有姊之喪故也二三子皆尚左鄭云復正也喪尚右右陰也吉尚左左陽也是其吉時拱尚左喪時拱尚右也以袪橫既與深衣尺二寸既據橫而言不言緣之深淺尺寸者同故緣口深淺亦與深衣同寸半可知故記人略不言也

衰三升三升有半其冠六升以其冠爲受受冠七升衰斬衰也或曰三升半者義服也其冠六升齊衰之下也斬衰正服變而受之此服也三升三升半其受冠皆同以服至尊宜少差也

疏○注衰斬至差也○釋曰自此至篇末皆論衰冠升數多

少也以其正經言斬與齊衰及大功小功緦麻之等並不言布之升數多少故記之也云衰三升三升有半其冠六升者衰異冠同者以其三升半謂縷如三升半成布還三升故其冠同六升也云以其冠爲受受冠七升者據至虞變麻服葛時更以初死之冠六升布爲衰更以七升布爲冠以其葬後衰殺衰冠亦隨而變輕故也云衰斬衰也者總二衰皆在斬衰章也云或曰三升半者義服也者以其斬章有正義子爲父父爲長子妻爲夫之等是正斬云諸侯爲天子臣爲君之等是義斬此三升。半。實。是義服但無正文故引或人所解爲證也上章子夏傳亦直云衰三升冠六升亦據正斬而言不言義服者欲見義服成布同三升故也云六升齊衰之下也者齊。衰之降服四升正服五升義服六升以其六升是義服故云下也云斬衰正服變而受之此服也者下注云重者輕之故也云三升三升半其受冠者同以服至尊宜少差也者以父與君尊等恩情則別故恩深者三升恩淺者三升半成布還三升故云少差也

齊衰四升其冠七升以其冠爲受受冠八升言受以大功之上也此謂爲母服也齊衰正服五升其冠八升義服六升其冠九升亦以其冠爲受凡不著之者服之首主於父母【疏】○注言受至父母○釋曰此據父卒爲母齊衰三年而言也云言受以大功之上也者以其降服大功衰七升正服大功衰八升故云大功之上云此謂爲母服也者據父卒爲母而言若父在爲母在正服齊衰前已解訖云齊衰正服五升其冠八升義服六升其冠九升亦以其冠爲受凡不著之者服之首主於父母者上斬言三升主於父此言四升主於母正服以下輕故不言從可知也

緦衰四升有半其冠八升此。謂諸侯之大夫爲天子緦衰也服在小功之上者欲著其縷之精麤也升數在齊衰之中者不敢以兄弟之服服至尊也【疏】○注此謂至尊也○釋曰云諸侯之大夫爲天子緦衰也者是正經文也云服在小功之上者欲著其縷之精麤也者據升數合在杖期上以其升數雖少以縷精麤與小功同不得在杖期上故在小功小功之上也云升數在齊衰之中者不敢以兄弟之服服至尊也者據縷如小功小功已下乃是兄弟故云不敢以兄

弟之服服至尊至尊則天子是也

大功八升若九升小功十升若十一升此以小功受大功之差也不言七升者主於受服欲其文相值言服降而在大功者衰七升正服衰八升其冠皆十升義服九升其冠十一升亦皆以其冠為受也斬衰受之以下大功受之以正者重者輕之輕者從禮聖人之意然也其降而在小功者衰十升正服衰十一升義服衰十二升皆以即葛及緦麻無受也此大功不言受者其章既著之

【疏】〇注此以至著之〇釋曰云此以小功受大功之差也者以其小功大功俱有三等此唯各言二等故云此以小功受大功之差也以此二小。功衰。衰受二大功之冠為衰二大功初死冠還用二小功之衰故轉相受也云不言七升者主於受服欲其文相值者以其七升乃是殤大功殤大功章云無受此主於受故不言七升者也云欲其文相值值者當也以其正大功衰八升冠十一升與降服小功衰十升同既葬受衰十升冠十一升義服大功衰九升其冠十一升與正服小功衰同既葬以其冠為受受。衰十一升冠十二升初死冠皆與小功衰相當故云文相值也是冠衰之文相值云言服降而在大功者衰七升正服衰八升其冠皆十升義服九升其冠十一升亦皆以其冠為受也鄭言此者既解為文相值又覆解文相值之事若然降服既無受而亦覆言之者欲見大功正服與降服冠升數同之意必冠同者以其自一斬及四齊衰與降大功冠皆校衰三等及至正大功衰八升冠十升冠與降大功同上校二等者若不進正大功冠與降同則冠宜十一升義大功衰九升者冠宜十二升則小功緦麻冠衰同則降小功衰冠當十二升正服小功衰冠同十三升義服小功當冠衰十四升緦麻冠衰當十五升十五升即與朝服十五升同與吉無別故聖人之意進正大功冠與降大功同則緦麻不至十五升若然正服大功不進之使義服小功至十四升緦麻十五升抽其半豈不得為緦乎然者若使義服小功十四升則與疑衰同非五服之差故也又云斬衰受之以下大功受之以正者重者輕之輕者從禮聖人之意然也者聖人之意重者恐至滅性故抑之受之以輕服義服齊衰六升是也輕者從禮者正大功八升冠十升既葬衰十升受以降服小功義服大功衰九升冠十一升既葬衰十一升受以正服小功二等大功皆不受以義服小功是從禮也是聖人有此抑揚之義也云其降而在小功者衰十升正服衰十一升義服衰十二升皆以即葛及緦麻無受者此鄭云皆以即葛及無受文出小功緦麻章以其小功因故衰唯變麻服葛爲異也其降服小功已下升數文出閒傳故彼云斬衰三升齊衰四升五升六升大功七升八升九升小功十升十一升十二升緦麻十五升去其半有事其縷無事其布曰緦此哀之發於衣服者也鄭注云此齊衰多二等大功小功多一等服主於受是極列衣服之差也鄭彼注顧此文校多少而言云服主於受據此文不言降服大功小功緦麻之受以其無受又不言正服義服齊衰者二者雖有受齊斬之受主於父母故亦不言若然此言十升十一升小功者爲大功之受而言非小功有受彼注云是極列衣服之差者據彼經總言是極盡陳列於服之差降故其言之與此異也

儀禮卷第十一 經四千四百二十八 注五千七百七十八

儀禮疏卷第三十四 元缺卷今補 依要義分

儀禮注疏卷三十四校勘記

阮元撰盧宣旬摘錄

朋友皆在他邦

舊說云集釋要義敖氏俱無云字盧文弨云疏亦當刪

主若幼少少要義作小

主人素冠環經以視斂訖毛本重斂字陳閩斂斂二字俱誤作見

主若幼少則未止者少要義亦作小下證主幼少仍作少陳本惟證主幼少作小餘俱作少

主若幼少不能爲主要義無少字

是三年之人小陳閩要義同毛本三作二〇按三是也

以其又無大功已下之親要義同毛本又作有

朋友麻

則弁經服自服字起至下文環經也止凡十三字陳閩監葛俱脫

緦衰也徐本集釋同毛本衰作麻

當事乃弁經乃徐本集釋俱作乃與疏合毛本作則

緇衣羔裘又曰六字陳閩監葛俱脫

疑衰素裳此句下集釋有冠則皮弁加經六字浦鏜云下按周禮司服疏引此注有冠則皮弁之經六字

則其弔服素冠委貌陳閩監葛俱作則其冠素委貌與疏合

以三升布上元下纁三上浦鏜云脫十字

亦以三升布亦字陳閩俱在升下

一股麻爲骨又以一股麻爲繩毛本上一字上有以字陳閩俱無兩一字

故泰誓武王謂諸侯云陳本要義同毛本泰誤作秦謂作告

緦麻也麻要義作衰與徐本注合

元謂無事其縷要義同毛本元下有蓋字

無事其布哀在外要義同毛本無作有

及殯時乃弁經毛本乃作及浦鏜亦作乃段玉裁校本作則

非此時則皮弁要義同毛本無時字

故向下取疑衰爲弔服也要義同毛本無向字

近是天子之朝服要義同毛本近是作是近

其服則白布深衣要義無其服二字毛本深衣下無以白布深衣五字

未辨緦衰疑衰所施用疑衰二字陳閩俱重出

則君與此士有師友之恩要義同毛本恩作惠

有絰無帶要義同毛本無作有

但弔服既著衰要義同毛本但作袒

其以三衰所用按其以疑當作以其

皆是朋友要義同毛本是作于

則其帶未必如環其陳閩俱作有

君之所爲兄弟服

室老似正君近臣通解要義同毛本正作止○按止疑是字之誤

故從君所服也故陳閩俱作敬

夫之所爲兄弟服

是以母黨皆不服之通解要義同毛本無之字

宗子孤爲殤

以其父在爲適子通解要義同毛本爲作無

五月殤即八三月通解要義楊氏同毛本五月作至下陳本誤作王小

改葬緦

將亡失尸柩也尸釋文作屍毛本聶氏柩下有者字徐本集解要義敖氏俱無

言改葬者徐本集釋同毛本無言字

其奠如大斂之奠要義作斂按釋文云大斂力驗反宋本釋文大作其張氏從之改奠爲斂與疏不合

即設奠之禮朝廟是也又朝廟載柩之時陳閩俱無朝廟是也又五字

飾以帷荒陳閩同毛本荒作巟

童子唯當室緦按此節及下凡妾爲私兄弟如邦人要義併作一條其注亦併爲一未知何義

傳曰不當室

案内則年二十敦行孝弟毛本敦作故浦鏜改故爲敦

此傳恐不當室與當室者同通解不字在與字下

凡妾爲私兄弟

自其族親也自徐本集釋要義敖氏俱作自與疏不合毛本作目

然則女君有以尊降其兄弟者徐本集釋要義同毛本無然則二字

大夫之女徐本集釋要義同毛本大上有與字

爲天王后也徐本集釋同毛本也作者要義無

大夫弔於命婦錫衰

知不弔命婦不字陳閩俱在婦字下

傳曰錫者何也麻之有錫者也敖氏曰有錫疑當作滑易蓋二字各有似以傳寫而誤也鄭司農注司服職云錫麻之滑易者也其據此記未誤之文與〇按錫者滑易也有錫者治其布使之滑易也有卽有事其布之有若但云麻之滑易則麻自滑易不見有事其布之意敖言先鄭作滑易殊屬傅會恐後人併據以改後鄭之本故附論之

不錫者不治其縷徐本楊氏同毛本錫上無不字按前緦麻三月者疏引此注惟聶氏無不字各本俱有

士雖當事雖徐陳集釋俱作雖與疏合毛本作唯重脩監本誤作准

皮錫衰而已毛本皮下有弁字徐本無張氏曰監本云皮弁錫衰從監本

皆皮弁衰而已衰要義作言

亦是君於此士士上要義有公字

上注士弔服弔服要義作喪禮

又笄總相對對要義作將

女子子適人者

故使惡笄而有首陳閩俱脫有字

則齊衰已下通解要義同毛本無則字

鄭注總六升象冠數此句下通解要義俱有則齊衰總亦象冠數八字毛本無

傳曰笄有首者○吉笄者象笄也毛本吉誤作言

卒哭而喪之大事畢喪閩監葛本俱誤作笄

吉笄尊變其尊者婦人之義也十二字徐本集釋俱在折其首者上毛本在下通解無許宗彥云變者以吉笄易惡笄也注先解吉笄爲婦人之義後乃解折首爲其太飾語勢相承徐本是也

若然斬衰笄用箭　若陳閩俱誤作笄無用箭二字

齊衰用櫛　陳閩俱無齊衰二字

乃折去首而著之也　首要義作笄

彼樿木與象櫛相對　此句下通解要義俱有此櫛笄與象笄相對八字毛本無

但此用樿木彼用櫛本　按櫛疑當作榛

妾爲女君

妾爲女君之服　程瑤田曰妾爲女君見不杖麻屨章爲君之長子經不見其服故賈疏曰妾爲君之黨服得與女君同爲長子亦三年也今疏作妾爲女君之服蓋君之黨三字轉寫譌作女君之三字也今据經傳服例參考改正〇按大功章大夫之妾爲君之庶子疏云妾爲君之長子亦三年者妾從女君服得與女君同故亦同女君三年此疏與彼正同然則此句但須改爲字作從若據小記注妾爲女君之黨服得與女君同則可於之下加黨字

凡衰外削幅

裳內削幅者　通解要義楊氏同毛本無裳字

則二七十四尺　要義同毛本通解楊氏四下有丈四二字案要義是

故須辟積其要中也通解要義同毛本無其字

在人麤細要義同毛本通解敖氏在作任

治其絲麻按禮運當作麻絲

觀之美也毛本聶氏同通解要義俱作覩之善也

唐虞以下毛本以作已聶氏下作上

六冕與爵弁爲祭服陳本通解要義同毛本六作袞

其實要閒已外實通解作宅毛本作餘

似喪冠三辟積吉冠辟積無數也陳本要義同毛本上冠字作服無吉冠辟積四字通解有

若齊裳內衰外

而言不一斬者陳閩通解要義同毛本言不作不言〇按而言二字屬上此據四齊爲句一字疑亦當作言

以其上有斬上陳閩俱作止

不齊通解要義同毛本不上有下字陳本作不不齊

亦齊可知也陳閩通解要義同毛本亦作而

適博四寸

則與闊中八寸也李氏曰闊中或作闕中謂闕去中央以安項也

旁出衰外徐陳集釋通解楊敖俱有外字與疏合毛本無

博是寬狹之稱是通解作見

衰長六寸

負在背上者通解要義同毛本無上字

衣帶下尺

取足爲限也陳閩通解要義敖氏同毛本足作定

露見表衣表陳閩俱誤作要通解作裏

衽二尺有五寸

燕尾二尺五寸二敖氏作一按敖氏是也用布三尺五寸兩端各留正一尺中間一尺五寸邪裁之爲燕尾也但諸本皆誤惟敖氏不誤豈以意改之與抑别有所據與

乃向下通解楊敖俱無向下二字要義有

袂屬幅

謂整幅二尺二寸聶氏要義楊氏同毛本上二字作三通解誤作一

衣二尺有二寸

加辟領八寸徐本集釋通解楊氏同毛本辟領作闊中李氏曰賈氏作闕中

此衣據從上向掖下而言通解無此字

欲見袂與衣齊參也要義同毛本通解參作三

云加闕中八寸者闕聶氏通解要義俱作闕是也下同毛本作闊按盧文弨校引李云闊賈氏作闕疏內皆作闕中

袪尺二寸

既與深衣尺二寸既據橫而言通解無兩既字按此處疑有錯簡當云以袪橫據橫而言既與深衣尺二寸同許宗彥云當作不言緣之深淺尺寸者以袪據橫而言既與深衣尺二寸同故緣云云

不言緣之深淺尺寸者者下要義有同故二字毛本無按同字當在上文既與深衣尺二寸下故即疏末故記人之故要義節去末句遂升故字於緣口之上耳

衰三升

此三升半半閩本作𠂡陳本初作𠂡後改半

實是義服要義同毛本實是作是實

齊衰之降服四升毛本衰作服通解要義俱作衰

繐衰四升有半

此謂諸侯之大夫徐本集釋通解要義敖氏同毛本無謂字

大功八升若九升

以此二小功衰衰功下陳閩俱有大功二字毛本不重衰字

受衰十一升衰陳閩俱作冠

此哀之發於衣服者也哀通解作哀是也毛本作衰

儀禮注疏卷三十四校勘記

唐朝散大夫行大學博士弘文館學士臣賈公彥等撰

士喪禮第十二

疏士喪禮第十二○鄭目錄云士喪其父母自始死至於既殯之禮喪於五禮屬。凶大戴第四小戴第八別錄第十二○釋曰鄭云自始死至於既殯之禮者自從也既已也謂從始死已殯之後未葬之前皆錄之是已下殯後論朔奠筮宅井槨卜葬日之事也又云喪於五禮屬凶者案周禮大宗伯掌五禮吉凶賓軍嘉此於五禮屬凶若然天子諸侯之下皆有士此當諸侯之士知者下云君若有賜不言王又喪大記云君沐粱大夫沐稷士沐粱鄭云士喪禮沐稻此云士沐粱蓋天子之士也又大斂陳衣與喪大記不同鄭亦云彼天子之士此諸侯之士以此言之此篇諸侯之士可知但公侯伯之士一命子男之士不命一命與不命皆分爲三等各有上中下及行喪禮其節同但銘旌有異故下云爲銘各以其物亡則以緇長半幅物謂公侯伯之士一命已上生時得建旌旗亡謂子男之士生時無旌旗之物者唯此爲異又鄭直云士喪父母不言妻與長子二者亦依士禮故下記云赴曰君之臣某死赴母妻長子則曰君之臣某之某死是禮同故得同附於君之臣記不云父者以其經主於父死故記不言也

儀禮　鄭氏注

士喪禮死于適室幠用斂衾。適室正寢之室也疾者齊故于正寢焉疾時處北墉下死而遷之。當牖下有牀衽幠覆也斂衾大斂所。幷用之衾衾被也小斂之衾當陳喪大記曰始死遷尸于牀幠用斂衾去死衣

疏○注適室至死衣○釋曰自此盡帷堂論始死招魂綴足設奠帷堂之事云適室正寢之室也者若對天子諸侯謂之路寢卿大夫士謂之適室亦謂之適寢故下記云士處適寢總而言之皆謂之正寢是以莊三十二年秋八月公薨于路寢公羊傳云路寢者何正寢也穀梁傳亦云路寢正寢也言正寢者對燕寢與側室非正案喪大記云君夫人卒於路寢大夫世婦卒於適寢內

子未命則死于下室遷尸于寢士士之妻皆死于寢鄭注云言死者必。皆於正處也以此言之妻皆與夫同處若然天子崩亦於路寢是以顧命成王崩延康王於翼室翼室則路寢也若非正寢則失其所是以僖三十三年冬十二月公薨於小寢左氏傳云卽安也是譏不得其正云疾者齊故於正寢焉疾時處北墉。下死而遷之。當牖下有牀衽者此並取下記文但文有詳略文次不與本同云疾者齊故遷于正寢焉以其齊須在適寢是以故在正寢鄭彼注云正情性也衽是臥席故彼云下莞上簟設枕焉云幠覆也斂衾大斂所并用之衾者經直云衾不辯大小鄭知非小斂衾是大斂衾者鄭云小斂之衾當陳者不用小斂衾以其大斂未至故且覆尸是以小斂訖大斂之衾當陳則用夷衾覆尸是其次也此所覆尸尸襲後將小斂乃去之是以下襲訖亦云幠用衾鄭注云始死時斂衾必覆之者為其形褻言大斂所用之衾者案喪大記君大夫士皆小斂一衾大斂二衾今始死用大斂一衾以覆尸及至大斂之時兩衾俱用一衾承薦於下一衾以覆尸故云大斂所并用之衾引喪大記者欲見加斂衾以覆尸以去死衣鄭彼注云去死衣病時所加新衣及復衣也去之以俟沐浴是也

復者一人以爵弁服簪裳于衣左何之扱領于帶復者有司招魂復魄也天子則夏采祭僕之屬諸侯則小臣為之爵弁服純衣纁裳也禮以冠名服簪連也

【疏】○注復者至連也○釋曰言復者一人者諸侯之士一命與不命並皆一人案雜記云復西上者鄭注云北面而西上陽長左也復者多少各如其命之數若然案典命諸侯卿大夫三命再命一命天子三公八命其卿六命大夫四命上士三命中士再命下士一命上公九命侯伯七命子男五命皆依命數九人以下則天子宜十二為節當。十。有。二人也云復者有司者案喪大記復者小臣則士家不得同僚為之則有司府史之等也不言所著衣服者案喪大記小臣朝服下記亦云復者朝服則尊卑皆朝服可知必著朝服者鄭注喪大記云朝服而復所以事君之衣也復者庶其生氣復既不蘇方始為死事耳愚謂朝服平生所服冀精神識之而來反。衣以其事死如事生故復者皆。朝服也若然天子崩復者皮弁服也云

招魂復魄也者出入之氣謂之魂耳目聰明謂之魄死者魂神去離於魄今欲招取魂來復歸于魄故云招魂復魄也云天子則夏采祭僕之屬者案周禮天官夏采職云大喪以冕服復於大祖以乘車建綏復於四郊鄭注云求之王平生嘗所有事之處乘車玉路於大廟以冕服不出宮也又夏官祭僕職云大喪復於小廟鄭注云小廟高祖以下也始祖曰大廟又隸僕云大喪復於小寢鄭注云小寢高祖以下廟之寢也始祖曰大寢此不言隸僕以其隸僕與祭僕同僕官之屬中兼之案檀弓君復於小寢大寢小祖大祖庫門四郊鄭注云尊者求之備也亦他日所嘗有事是諸侯復法言庫門據魯作說若凡平諸侯則皋門舉外門而言三門俱復則天子五門及四郊皆復不言者文不具卿大夫以下復自門以內廟及寢而已婦人無外事自王后以下所復處亦自門以內廟及寢而已云諸侯則小臣爲之者喪大記文也云爵弁服純衣纁裳也者案士冠禮云陳服於房中西墉下東領北上爵弁服纁裳純衣是也士用爵弁者案雜記云士弁而祭於公冠而祭於己是士服爵弁助祭於君玄冠自祭於家廟士復用助祭之服則諸侯以下皆用助祭之服可知故雜記云復諸侯以褒衣冕服爵弁服鄭注云復招魂復魄也冕服者上公五侯伯四子男三褒衣亦始命爲諸侯及朝覲見加賜之衣也褒猶進也則衮冕之類若然冕服者有六除大裘有衮冕鷩冕毳冕絺冕玄冕上公衮冕而下侯伯鷩冕而下子男毳冕而下皆爵弁若然孤自絺冕而下卿大夫玄冕爵弁士爵弁而已天子孤卿大夫士其衣亦與之同三公執璧與子男同其服亦同若然大裘是祭天地之服又與四郊建綏而復不用大裘而冕則門及廟寢等用衮冕以下與上公同但復者依命數衣服不足覆取上服重用之以充其數王后以下案雜記云復衣夫人稅衣褕狄鄭。鞠。衣。展。衣。褖。衣至褕狄是侯伯夫人案周禮內司服掌王后六服褘衣褕狄闕狄鞠衣展衣褖衣王后及上公夫人二王後及魯之夫人皆用褘衣下至褖衣侯伯夫人與王之三夫人同褕翟以下至褖衣子男夫人與三公夫人自闕狄以下至褖衣孤之妻與九。嬪鞠衣展衣褖衣卿大夫妻與王之世婦展衣褖衣士妻與女御褖衣而已云禮以冠名服者案士冠禮皮弁爵弁並列於階下執之而空陳服於房云皮弁服爵弁服是以冠名服鄭言此者欲見復時唯用緇衣纁裳不用爵弁而經言爵弁服是禮以冠名服也云簪連也者若凡。常衣服衣裳各別今此招魂取其便故連裳於衣

升自前東榮中屋北面招以衣曰皋某復三降衣于前

北面招求諸幽之義也皋長聲也某死者之名也復反也降衣下之也喪大記曰凡復男子稱名婦人稱字

【疏】○注北面至稱字○釋曰案喪大記復有林麓則虞人設階無林麓則狄人設階鄭云階所乘以升屋者虞人主林麓之官也狄人樂吏之賤者階梯也簨虡之類有林麓謂君與夫人有國有采地者無林麓謂大夫士無采地者則此升屋之時使狄人設梯復聲必三者禮成於三北面招求諸幽之義也者禮記檀弓文以其死者必歸幽暗之方故北面招之求諸幽之義引喪大記者證經復時所呼名字云男子稱名者據大夫以下若天子崩則云皋天子復若諸侯薨則稱皋某甫復若婦人稱字則尊卑同此經含有男子婦人之喪故言男子稱名婦人稱字案喪服小記云男子稱名婦人書姓與伯仲是也

受用篋。升自阼階以衣尸

受者受之於庭也復者其一人招則受衣亦一人也人君則司服受之衣尸者覆之若得魂反之

【疏】○注受者至反之○釋曰鄭知受之於庭者以其降衣前受而升自阼階明知受之於堂下在庭可知云復者其一人招則受衣亦一人也者以其服唯一領明知各一人也自再命以上受者亦各依命數云人君則司服受之者案喪大記云北面三號捲衣投于前司服受之以其大夫士無司服之官明據君也云衣尸者覆之若得魂反之者此服衣浴而去之不用襲斂故喪大記云始死遷尸于牀幠用斂衾去死衣鄭注云死衣病時所加新衣及復衣也彼又云復衣不以衣尸不以斂鄭注云不以衣尸謂不以襲也斂謂小斂大斂而云覆之直取魂魄反而已

復者降自後西榮

不由前降不以虛反也降因徹西北。扉若云此室凶不可居然也自是行死事

【疏】○注不由至死事○釋曰云不由前降不以虛反也者凡復者緣孝子之心望得魂氣復反復而不蘇則是虛反今降自後是不欲虛反也云

降因徹西北厞者案此文及喪大記皆言降自西北榮皆不言徹厞鄭云徹厞者案喪大記將沐甸人爲垼于西牆下陶人出重鬲管人受沐乃煑之甸人取所徹廟之西北厞薪。而爨之諸文更不見徹厞薪之文故知復者降時徹之故鄭云降因徹西北厞也西北名爲厞者案特牲尸謖之後改饌於西北隅以爲陽厭而云厞用鋋鄭云厞隱也故以西北隅爲厞也必徹毀之者鄭云若云此室凶不可居然也自是行死事者復而不蘇下文楔齒綴足之等皆是行死事也

楔齒用角柶爲將。含恐其口閉。急也【疏】○注爲將至急也○釋曰案記云楔貌如軛上兩末鄭云事便也此角柶其形與扱醴角柶制別故屈之如軛中央入口兩末向上取事便也以其兩末向上出入易故也

綴足用燕几綴猶拘也爲將。屨恐其辟戾也今文綴爲對【疏】○注綴猶至爲對○釋曰案記云綴足用燕几校在南御者坐持之鄭注云校脛也尸南首几脛在南以拘足則不得辟戾矣以此言之几之兩頭皆有兩足今豎用之一頭以夾兩足恐倒故使御者坐持之案喪大記小臣楔齒用角柶綴足用燕几君大夫士一几也又案周。禮天官玉府大喪共含玉復衣裳角枕角柶則自天子以下至於士其禮同言燕几者燕安也當在燕寢之內常馮之以安體也

奠脯醢醴酒升自阼階奠于尸東鬼神無象設奠以馮依之【疏】。○注鬼神至依之○釋曰案檀弓曾子云始死之奠其餘閣也與鄭注云不容改新也則此奠是閣之餘食爲之案下小斂一豆一籩大斂兩豆兩籩此始死俱。言亦無過一豆一籩而已下記云若醴若酒鄭注云或卒無醴用新酒此醴酒雖俱言亦科用其一一不並用以其小斂酒醴具有此則未具是其差

帷堂事小訖也【疏】○注事小訖也○釋曰云事小訖也者以其未襲斂必帷之者鬼神尚幽闇故也

乃赴于君主人西階東南面命赴者拜送赴。告也臣君之股肱耳目死當有恩【疏】○注赴告至有恩○釋曰此及下經論使人告君之事云臣君之股肱耳目者案虞書云帝曰臣作朕股肱耳目注云大體若身云死當有恩是以下有弔及贈襚之事也案檀弓云父兄命赴者鄭注云謂

大夫以上也士主人命之是尊卑禮異也

親有賓則拜之

賓僚友羣士也其位猶朝夕哭矣

疏○注賓僚至哭矣○釋曰此謂因命赴者有賓則拜之若不因命赴者則不出是以下云唯君命出鄭云始喪之日哀戚甚在室故不出是也云賓僚友羣士也者同官爲僚同志爲友羣士卽僚友也以其始死唯赴君此僚友未蒙赴及卽來是先知疾重故未赴卽來明是僚友之士非大夫及疏遠者若有大夫則經辨之而稱大夫是以下文因君襚卽云有大夫則特拜之是也云其位猶朝夕哭矣者謂賓弔位猶如賓朝夕哭位其主人之位則異於朝夕而在西階東南面拜之拜訖西階下東面下經所云拜大夫之位是也

入坐于牀。東衆主人在其後西面婦人俠牀東面

衆主人庶昆弟也婦人謂妻妾子姓也亦適妻在前

疏○注衆主至在前○釋曰自此盡北面論主人以下哭位之事云入坐者謂上文主人拜賓訖入坐于牀東。是。其衆主人直言在其後不言坐則立可知婦人雖不言坐案喪大記婦人皆坐無立法言俠牀者男子牀東婦人牀西以近而言也案喪大記士之喪主人父兄子姓皆坐于東方主婦姑姊妹子姓皆坐于西方此義恐錯此經有不命士喪大記無不命士又與大記文不同釋亦不合子姓皆坐于西方注云士賤同宗尊卑皆坐此除主人之外不坐者此據命士彼據不命命之士知者案喪大記云大夫之喪主人坐于東方主婦坐于西方其有命夫命婦則坐無則皆立是大夫喪尊者坐卑者立是知此非主人皆立據命士大記云尊卑皆坐據不命之士云婦人謂妻妾子姓者下云親者在室其中有姑姊妹故此注直言妻妾子姓也喪大記兼言姑姊妹者彼無別文見親者者在室故注總言之也言亦適妻在前者亦在衆主人前也

親者在室

謂大功以上父兄姑姊妹子姓。在此者

疏○注謂大至此者○釋曰知親者謂大功以上。者。以。大。功。以。上有同財之義相親暱之理下有衆婦人戶外據小功以下疏者故知此爲大功以上也云父兄姑姊妹在此者上注據死者妻妾子姓也此注據主人之兄弟姑姊妹子姓而言若然父謂諸父兄謂諸兄從父昆弟姑謂主人之姑姊妹謂從父姊妹子姓謂主人之

孫於死者謂曾孫玄孫爲曾祖高祖齊衰三月當在大功親之內故云子姓在此者衆婦人戶外北面衆兄弟堂下北面衆婦人衆兄弟小功以下疏○注衆婦人至以下○釋曰案喪服記云兄弟皆在他邦加一等傳曰小功以下爲兄弟玄謂於此發兄弟傳者嫌大功以上又加也大功以上若皆在他國則親自親矣是大功以上爲親者則上文是也是以知此婦人在戶外是小功以下可知若然同是小功以下而男子在堂下者以其婦人有事自堂及房不合在下故男子在堂下婦人戶外堂上耳

君使人弔徹帷主人迎于寢門外見賓不哭先入門右北面使人士也禮使人必以其爵使者至使人入將命乃出迎之寢門內門也徹帷扆之事畢則下之疏○注使人士至下之○釋曰自此盡不辭入論君使人弔禮之事鄭知禮使人必以其爵者案聘禮使人歸饔餼及致禮皆各以其爵此君使人弔朝士明亦以其爵使士可知此儀禮見諸侯弔法若天子則不以其爵各以其官是以周禮大僕職云掌三公孤卿之弔勞鄭云王使往又小臣職云掌士大夫之弔勞又御僕職掌羣使之弔勞又案宰夫職云凡邦之弔事掌其戒令與幣器注弔事弔諸侯是其皆以官不以爵也云使者至使人入將命乃出迎之者將命謂傳賓主人之言擯者也案下小斂後云有襚者則將命擯者出請入告注云喪禮略於威儀既小斂擯者乃用辭若然則此雖有擯者未用辭故此下經不云主人出迎經不云擯者鄭探其意使者使人入將命所使之人入將命即包主人擯者也云寢門內門也者以其大夫士唯有兩門有寢門有外門者以其下云主人拜送于外門外故知此寢門內門也云徹帷扆之者謂褰帷而上非謂全徹去知事畢則下之者案下君使人襚徹帷明此事畢下之可知

弔者入升自西階東面主人進中庭弔者致命主人不升賤也致命曰君聞子之喪使某如何不淑疏○注主人至不淑○釋曰上云主人迎于寢門外此云弔者入謂入寢門以其死在適寢云主人不升賤也者對大夫之喪其子得升堂受命知者案喪大記大夫於君命迎于寢門外

使者升堂致命主人拜于下言拜于下明受命之時得升堂必知大夫之子得升堂受命者案喪大記云大夫之喪將大斂君至主人迎先入門右君卽位于序端主人房外南面卒斂宰告主人降北面於堂下君撫之主人拜稽顙鄭注云大夫之子尊得升視斂下文又云士之喪將大斂君不在其餘禮猶大夫也以君常視士殯故言君不在若有恩賜君視大斂則不得如大夫言君不在者謂士之子不升堂在君側以此言之士受君命不得升堂以其賤明大夫之子得升受命乃降拜可知是以大戴禮云大夫於君命升聽命降拜是也云致命曰以下鄭知有此辭者案雜記諸侯使人弔鄰國之君喪而云弔者入升自西階東面致命曰寡君聞君之喪寡君使某如何不淑彼據鄰國之君故稱寡此使士弔己國之士故直云君不言寡也

主人哭拜稽顙成踊稽顙頭觸地成踊三者三

疏○注稽顙至者三○釋曰云稽顙頭觸地者案禮記檀弓曰稽顙而后拜頎乎其致也爲稽首之拜但觸地無容卽名稽顙云成踊三者三案曾子問君薨世子生三日告殯云衆主人卿大夫士哭踊三者三凡九踊也。

賓出主人拜送于外門外君使人襚徹帷主人如初襚者左執領右執要入升致命襚之言遺也衣被曰襚致命曰君使某襚

疏○注襚之至某襚○釋曰云主人如初者如上弔時迎于寢門外以下之事也云襚之言遺也者謂君有命以衣服遺與主人云衣被曰襚者案左傳隱元年秋七月天王使宰咺來歸惠公仲子之賵穀梁傳曰乘馬曰賵衣衾曰襚貝玉曰含錢財曰賻是也云致命曰君使某襚者亦約雜記文此君襚雖在襲前主人襲與小斂俱不得用君襚大斂乃用之知者案喪大記云君無襚大夫士畢主人之祭服親戚之衣受之不以卽陳注云無襚者不陳不以斂謂不用之爲小斂至大斂乃用之故下文大斂之節云君襚不倒注云至此乃用君襚主人先自盡是也

主人拜如初襚者入衣尸出主人拜送如初唯君命出升降自。西階遂拜賓有大夫則特拜之卽位于。西階下東面不踊大夫雖不辭入也唯君命出以明大夫以下時來弔襚不出也始喪之日哀戚甚在室故不出拜賓也大夫則特拜別於士旅拜也即位西階下未忍在主人位也不踊但哭拜而已不辭而主人升入明本不爲賓出不成禮也

疏○注唯君至禮也○釋曰云主人拜如初者亦如上主人進中庭哭拜稽顙成踊云襚者入衣尸出者案既夕記襚者委衣于牀不坐衆襚者委于牀上不坐則此襚者左執領右執要以衣尸亦不坐云唯君命出者欲見孤卿大夫士雖有弔襚來皆不出故云唯著異也云遂拜賓者因事曰遂以因有君命故拜賓若無君命則不出戶云大夫雖不辭入也者謂主人小斂後賓致辭云如何不淑乃復位踊今以初死大夫雖不辭主人升入室云以明大夫以下時來弔襚不出也者言唯君命出明大夫己下時來弔襚不出可知經云拜大夫者以因君命出見故也云未忍在主人位也者至小斂後始就東階下西南面主人位也云明本不爲賓出不成禮也者總解不爲之踊及雖不辭而入二事

親者襚不將命以即陳大功以上有同財之義也不將命不使人將之致於主人也即陳陳在房中

疏○注大功至房中○釋曰自此盡適房論大功兄弟及朋友弔襚之事云大功以上謂弁異門齊衰故云以上云即陳陳在房中者下云如襚以適房故知此陳陳在房中也

庶兄弟襚使人以將命于室主人拜于位委衣于尸東牀上。庶兄弟即衆兄弟也變衆言庶容同姓耳將命曰某使某襚拜于位室中位也

疏○注庶兄至位也○釋曰知庶兄弟即衆兄弟者見上文云親者在室又云衆兄弟堂下北面注云是小功以下又云親者襚此云庶兄弟襚以文次而言故知庶兄弟即衆兄弟也云變衆言庶容同姓耳者以同姓絕服者有襚法鄭必知變衆言庶即容同姓者見喪服不杖麻屨章士言衆子大夫言庶子鄭云士謂之衆子未能遠別也是庶者疏遠之稱故知言庶容同姓云將命曰某使某襚者某謂庶兄弟名使某襚者名但庶兄弟是小功緦麻之親在堂下使有司歸家取服致命於主人若同姓容不在始來弔襚也云拜于位室中位也者以其非君命

不出故知拜于室中位也朋友襚親以進主人拜委衣如初退哭不踊親以進。親之恩也退下堂反賓位也主人徒哭不踊別於君襚也疏○注親以至襚也○釋曰云別於君襚也者上文君襚之時主人哭拜稽顙成踊此朋友襚主人徒哭不踊故云別於君襚

徹衣者執衣如襚以適房凡於襚者出有司徹衣疏○注凡於至徹衣○釋曰云執衣如襚者上文君襚之時襚者左執領右執要此徹衣者亦左執領右執要故云如襚也云凡於襚者出有司徹衣者案此徹衣之文在諸襚者之下言之故雜記諸侯使人弔含襚賵訖乃云主人有司故云凡於襚者出有司徹衣

爲銘各以其物亡則以緇長半幅經末長終幅廣三寸書銘于末曰某氏某之柩銘明旌也雜帛爲物大。夫之所建也以死者爲不可別故以其旗識識之愛之斯錄之矣亡無也無。旌不命之士也半幅一尺終幅二尺在棺爲柩今文銘皆爲名。末。爲旃也疏○注銘明至旃也○釋曰自此至西階上論書死者銘旌之事此士喪禮記公侯伯之士一命亦記子男之士不命故此銘旌總見之也云爲銘各以其物者案周禮司常大夫士同建雜帛爲物今云各以其物而不同者雜帛之物雖同其旌旗之杠長短則異故禮緯云天子之旗九刃諸侯七刃大夫五刃士三刃但死以尺易刃故下云竹杠長三尺長短不同故言各以別之此據侯伯之士一命者也云銘明旌也者檀弓文雜帛爲物大夫之所建也者此司常文也言雜帛者爲旗旌之縿以絳帛爲之以白色之帛裨緣之鄭彼注云大夫士雜帛言以先王正道佐職是也云以死者至錄之矣者檀弓文案彼自銘明旌至錄之矣引之者事恰盡重與奠自爲下事之別不得以周禮小祝之職杜子春解敷爲重鄭不從其義故以證破子春又鄭注檀弓云謂重與奠此引。證。銘旌者鄭君兩解之以彼兼有重與奠亦是錄死者之義此銘旌是錄死者之名故兩注不同案周禮小祝云設敷置銘杜子春引檀弓曰銘明旌也以死者爲不可別故以其旗識之愛之斯錄之矣子春亦爲此解云無。旌不命之士也者謂子男之士也云半幅一

尺終幅二尺者經直云長半幅不言廣則亦三寸云赬末長終幅廣三寸則廣三寸總結之但布幅二尺二寸今云二尺者鄭君計侯與深衣皆除邊幅一寸此亦兩邊除二寸而言之凡書銘之法案喪服小記云復與書銘自天子達於士其辭一也男子稱名婦人書姓與伯仲鄭注云此謂殷禮也殷質不重名復則臣得名君周之禮天子崩復曰臯天子復諸侯薨復曰臯某甫復其餘及書銘則同以此而言除天子諸侯之外其復男子皆稱姓名是以此云某氏某之柩云在棺為柩者。下曲禮文以其銘旌表柩不表屍故據柩而言

竹杠長三尺置于宇。西階上 杠銘橦也宇梠也 疏 ○注杠銘至梠也○釋曰此始造銘訖且置於宇下西階上待為重訖以此銘置於重又下文卒塗始置於肂若然此時未用權置於此及於重也云宇梠也者案爾雅釋宮云檐謂之樀郭云屋梠謂當檐下故特牲記云饎爨在西壁鄭注云西壁堂之西牆下舊說云南北直屋梠稷在南是也

甸人掘坎于階閒少西為坄于西牆下東鄉 甸人有司主田野者坄塊竈西牆中庭之西今文鄉為面 疏 ○注甸人至為面○釋曰自此盡西階下論掘坎為坄饌陳沐浴之具此坎不論淺深及所盛之物案既夕記云掘坎南順廣尺輪二尺深三尺南其壤下文沐浴餘潘及巾柶等棄埋之於此坎也云甸人有司主田野者士無臣所行事皆。是有司屬吏之等言主田野者案周禮甸師其徒三百人掌帥其屬而耕耨王藉是掌田野士雖無此官亦有掌田野之人謂之甸人云坄塊竈者案既夕記云坄用塊是以塊為竈名為坄用之以煑沐浴者之潘水知在中庭之西者經直云于西牆下不繼階宇明近南中庭之西也

新盆。槃瓶廢敦重鬲皆濯造于西階下 新此瓦器五種者重死事。盆以盛水槃承。渜濯瓶以汲水也廢敦敦無足者所以盛米也重鬲鬲將。縣重者也濯滌溉也造至也猶饌也以造言之喪事遽 疏 ○注新此至事遽○釋曰云盆以盛水者案下文祝淅米時所用槃以盛渜濯者謂置於尸牀下時餘潘水名為渜濯知以此槃盛者下文別云士有冰用夷槃彼是寒尸之槃故知此承渜濯云瓶以汲水也者

下文管人汲用此瓶也知廢敦無足者若有足直名敦故下文徹朔奠云敦啓會面足注云面足執之令足閒鄉前也是其有足直名敦凡物無足稱廢是以士虞禮云主人洗廢爵主婦洗足爵下廢爵注云爵無足是也云所以盛米也者以下文而知云重鬲鬲將縣重者也下文鬻餘飯乃縣於重此時先用貴。沐。潘故云將縣重者也以其事未至故言將也云以造言之喪事遽者以其不言饌造者造是造次故以造言之喪事遽也

陳襲事于房中西領南上不綪

襲事謂衣服也綪讀爲䋮。䋮屈也襲事少上陳而下不屈江。沔之閒謂縈收繩索爲䋮古文綪皆爲精

疏○注襲事至爲䋮○釋曰自此至繼陳不用論陳襲所用之事云襲事謂衣服也者此先陳之至下文商祝襲時乃用之不但用者三稱而已其中庶襚之等雖不用亦陳之以多爲貴案下小斂大斂先陳先用後陳後用依次第而陳此襲事以其初死先成先陳後成後陳喪事遽備之而已故不依次也云襲事少上陳而下不屈者所陳之法房戶之內於。戶東西領。南。上以衣裳少從南至北則盡不須䋮屈知戶東陳之者取之便故也云江沔之閒者案禹貢云嶓冢導漾東流爲漢孔傳云泉始出山爲漾水南東流爲沔水至漢中東行爲漢水南有江水北有沔水故云江沔之閒以縈收繩索爲䋮引之證取䋮爲屈義也

明衣裳用布

所以親身爲圭絜也

疏○注所以至絜也○釋曰案下記云明衣裳用幕布注云幕布帷幕之布則此布用帷幕之布但升數未聞知親身者下浴訖先設明衣故知親身也云爲圭絜也者以其言明明者絜淨之義故知取圭絜者也

鬠笄用桑長四寸纋中

桑之爲言喪也用爲笄取其名也長四寸不冠故也纋笄之中央以安髮

疏○注桑之至安髮○釋曰以鬠爲鬠義取以髮會聚之意云桑之爲言喪也者爲喪所用故用桑以聲名之是以云取其名也云長四寸不冠故也者凡笄有二種一是安髮之笄男子婦人俱有即此笄是也一是爲冠笄皮弁。笄爵弁笄唯男子有而婦人無也此二笄皆長不唯四寸而已今此笄四寸者僅取入鬠而已以其男子不冠冠則笄長矣此注及下注知死者不冠者下記云其母之喪鬠無笄注云無笄猶丈夫之

不冠也以此言之生時男子冠婦人笄今死婦人不笄則知男子亦不冠也家語云孔子之喪襲而冠者家語王肅之增改不可依用也云纋笄之中央以安髮者兩頭闊中央狹則於髮安故云以安髮也

布巾環幅不鑿環幅廣袤等也不鑿者士之子親含反其巾而已大夫以上賓爲之含當口鑿之嫌有惡古文環作還

疏○注環幅至作還○釋曰此爲飯含而設所以覆死者而云廣袤等也者布幅二尺二寸鄭計布廣狹側除邊幅二寸以二尺爲卒則此廣袤等亦二尺也云不鑿者士之子親含反其巾而已者下經云主人左扱米實于右三實一貝左中亦如之是士之子親含此經云不鑿明反其巾而已也又知大夫以上賓爲之含當口鑿之嫌有惡者案雜記云鑿巾以飯公羊賈爲之也鄭云記士失禮所由始也士親飯必發其巾大夫以上賓爲飯焉則有鑿巾以此經云不鑿則大夫以上鑿謂若士月半不殷奠則大夫以上月半殷奠可知以其大夫以上有臣臣爲賓賓飯含嫌有惡故鑿之也

掩練帛廣。終幅長五。尺析其末。掩裹首。也析其末爲將結於頤下又還結於項。

疏○注掩裹至項中○釋曰掩若今人幞頭但死者以後二脚於頤下結之與生人爲異也此陳之耳若設之案下經云商祝掩瑱設幎目注云掩者先結頤下既瑱幎目乃還結項是也

瑱用白纊瑱充耳纊新綿

疏○注瑱充耳纊新綿○釋曰案下記云瑱塞耳詩云充耳充耳卽塞也生時人君用玉臣用象又著詩云充耳以素充耳以黃之等注云所以懸瑱則生時以黃以素又以玉象等爲之示不聽讒今死者直用纊塞耳而已異於生也云纊新綿者案禹貢豫州貢絲纊故知纊新綿對緼是舊。絮也

幎目用緇方尺二寸䞓裏著組繫幎目覆面者也幎讀若詩。云葛藟縈。之縈䞓赤也著充之以絮也組繫爲可結也。古文。幎。爲。涓

疏○注幎目至結也○釋曰鄭讀從葛藟縈。之縈者以其葛藟縈于樹木此面衣亦縈於面目故讀從之也云組繫爲可結也者以四角有繫於後結之故有組繫也

握手用玄纁裏長尺二寸廣五寸牢中旁寸著組繫牢讀爲。樓樓。謂削約握之中央

以安手也今文樓爲纋旁爲方【疏】○注牢讀至爲方○釋曰名此衣爲握以其在手故言握手不謂以手握之爲握手云牢讀爲樓樓謂削約握之中央以安手也者經云廣五寸牢中旁寸者則中央廣三寸廣三寸中央又容四指而已四指指一寸則四寸四寸之外仍有八寸皆廣五寸也讀從樓者義取樓斂挾少之意云削約者謂削之使約少也

決用正王棘若檡棘組繫纊極二決猶闓也挾弓以橫執弦詩云決拾既次正善也王棘與檡棘善理堅刃者皆可以爲決極猶放弦也以沓指放弦令不挈也生者以朱韋爲之而三死用纊又二明不用也古文王爲玉今文檡爲也世俗謂王棘弤鼠【疏】○注決猶至弤鼠○釋曰云挾弓以橫執弦者方持弓矢曰挾未射時已然至射時還依此法以闓弦故云挾弓以橫執弦也引詩者證決是闓弦之物云王棘與檡棘者科用其一皆得不謂兼用二者云以沓指放弦令不挈也者謂以此二者與決爲藉令弦不決挈傷指耳云生者以朱韋爲之而三者大射所云朱極三者是也彼但爲君設文引證士禮則尊卑生時俱三皆用朱韋死者尊卑同二用纊也

此冒緇質長與手齊䞓殺掩足冒韜尸者制如直囊上曰質下曰殺質正也其用之先以殺韜足而上後以質韜首而下齊手上玄下纁象天地也喪大記曰君錦冒黼殺綴旁七大夫玄冒黼殺綴旁五士緇冒䞓殺綴旁三凡冒質長與手齊殺三寸【疏】○注冒韜至三尺○釋曰云制如直囊者下經云設冒櫜之故云如直囊云上曰質下曰殺質正也者案此經以冒爲總目下別云質與殺自相對則知上曰質質正者以其在上故以正爲名引喪大記君與大夫士皆以冒對殺不云質則冒既總名亦得對殺爲在上之稱皆云綴旁者以其冒無帶又無鈕一定不動故知旁綴質與殺相接之處使相連尊卑降殺而已云其用之先以殺韜足而上後以質韜首而下齊手者凡人著服先下後上又質長與手齊殺長三尺人有短者質下覆殺故後韜質也

爵弁服純衣謂生時爵弁之服也純衣者纁裳古者以冠名服死者不冠【疏】○注謂生至不冠○釋曰云謂生時爵弁之服也者凡襲斂之服無問尊卑皆先盡上服生時

服卽士之常服以助祭者也云纁裳者士冠禮文云古者以冠名服死者不冠者以死者不冠而經云爵弁皮弁此直取以冠名服不用其冠故云此也**皮弁服**皮弁所衣之服也其服白布衣素裳也疏○注皮弁至裳也○釋曰云皮弁所衣之服也者亦見死者不冠不用皮弁今直取以冠名服是皮弁所衣著之服也知其服白布衣素裳者士冠禮注衣與冠同色裳與屨同色以皮弁白而白屨故士冠禮云素積白屨是也雜記云朝服十五升則皮弁天子朝服與諸侯朝服同十五升布也**褖衣**黑衣裳赤緣謂之褖褖之言緣也所以表袍者也喪大記曰衣必有裳袍必有表不禪謂之一稱古文褖爲緣疏○注黑衣至爲緣○釋曰知此褖衣是黑衣裳者此褖衣則玄端知者以其士冠禮陳三服玄端皮弁爵弁有玄端無褖衣此士喪襲亦陳三服與彼同此無玄端有褖衣故知此褖衣則玄端者也玄端有三等裳此喪禮質略同玄裳而已但此玄端連衣裳與婦人褖衣同故變名褖衣也若然連衣裳者以其用之以表袍袍連衣裳故也是以雜記云子羔之襲也繭衣裳與稅衣纁袡曾子曰不襲婦服彼曾子譏用纁袡不譏其稅衣是稅衣以表袍故連衣裳而名褖衣引喪大記者欲見褖衣以表袍之意若然雜記云繭衣大記云袍不同者玉藻云纊爲繭縕爲袍鄭云衣有著之異名也其實連衣裳一也云赤緣謂之褖者爾雅文彼釋婦人嫁時褖衣此引之者證此褖衣雖不赤緣褖衣之名同故引爲證也**緇帶**黑繒之帶疏○注黑繒之帶○釋曰上雖陳三服同用一帶者以其士唯有此一帶而已案玉藻云士練帶緇辟是黑繒之帶據禪者而言也但生時著服不重各設帶此襲時三服俱著共一帶爲異也**韎韐**一命縕韍疏○注一節縕韍○釋曰韎者據色而言以韎草染之取其赤韐者合韋而爲之故名韎韐也云一命縕韍者玉藻文但祭服謂之韍他服謂之韠士一命名爲韎韐亦名縕韍不得直名韍也但士冠禮玄端爵韠皮弁素韠爵弁服韎韐今亦三服共設韎韐者以其重服亦如帶矣**竹笏**笏所以書思對命者玉藻曰笏天子以球玉諸侯以象大夫以魚須文竹士以竹本象可也又曰笏度二尺有六寸其中博三寸其殺六分而去一又曰天子搢珽

方正於天下也諸侯荼前詘後直讓於天子也大夫前詘後詘無所不讓今文笏作忽【疏】○注笏所至作忽○釋曰云笏所以書思對命者亦玉藻文引玉藻者證天子以下笏之所用物不同及長短廣狹有異言公侯不言伯子男亦與公侯同案彼鄭云謂之珽珽之言挺然無所屈也或謂之大圭長三尺或者或玉人職文鄭又云荼讀爲舒遲之舒舒懦者所畏在前也詘謂圜殺其首不爲椎頭諸侯唯天子詘焉是以謂笏爲荼大夫前詘後詘無所不讓也鄭注云大夫奉君命出入者也上有天子下有己君又殺其下而圜前後皆詘故云無所不讓彼雖不言士士與大夫同

夏葛屨冬白屨皆繶緇絇純組綦繫于踵冬皮屨變言白者明夏時用葛亦白也比皮弁之屨士冠禮曰素積白屨以魁柎之緇絇繶純純博寸綦屨係也所以拘止屨也綦讀如馬絆綦之綦【疏】○注冬皮至之綦○釋曰云變言白者明夏時用葛亦白也者案士冠禮云屨夏用葛冬用皮今此變言白者欲互見其義以夏言葛冬當用皮冬言白明夏亦用白又士冠禮云爵弁纁屨素積白屨玄端黑屨以三服各自用屨屨從裳色其色自明今死者重用其服屨唯一故須見色若然三服相參帶用玄端屨用皮弁韎韐用爵弁各用其一以當三服而已云此皮弁之屨者以其色白即所引士冠禮曰素積白屨者爲證是也引緇絇繶純者欲解士冠禮繶絇純同用緇此經繶雖在緇上明亦用緇可知繶謂條在牙底相接之縫中絇在屨鼻純謂緣口皆以條爲之但爲則對方爲繢次屨則比方爲繡次爲異耳云綦屨係也者經云繫于踵則綦當屬于跟後以兩端向前與絇相連于脚跗踵足之上合結之名爲繫于踵也云讀如馬絆綦之綦者此無正文蓋俗讀馬有絆名爲綦拘止馬使不得浪去此屨綦亦拘止屨使不縱誕也

庶襚繼陳不用庶衆也不用不用襲也多陳之爲榮少納之爲貴【疏】○注庶衆至爲貴○釋曰直云庶襚即上經親者襚庶兄弟襚朋友襚皆是故云庶襚云繼陳謂繼襲衣之下陳之云不用不用襲也者以其繼襲衣而言不用明不用襲至小斂則陳而用之唯君襚至大斂乃用也云多陳之爲榮者庶襚皆陳之是也少納之爲貴者襲時唯用三陳

是也貝三實于笄貝水物古者以為貨江水出焉笄竹器名疏○注貝水至器名○釋曰自此盡夷槃可也論陳飯含沐浴器物之事此云貝
三下云稻米則士飯含用米貝古檀弓云飯用米貝亦據士禮也案喪大記云君沐粱大夫沐稷士沐粱鄭云士喪禮沐稻此云士沐粱蓋天子之士也飯與
沐米同則天子之士飯用粱大夫用稷諸侯用粱鄭又云以差率而上之天子沐黍與則飯亦用黍可知但士飯用。米不言兼有珠玉大夫以上飯時兼用珠
玉也雜記云天子飯九貝諸侯七大夫五士三鄭注云此蓋夏時禮也周禮天子飯含用玉案典瑞云大喪共飯玉含玉雜記云含者執璧彼據諸侯而用璧
唯大夫含無文。哀十一年左氏傳云公會吳子伐齊陳子行命其徒具含玉示必死者春秋時非正法若趙簡子云不設屬椑之類文五年王使榮叔歸含且
賵何休云天子以珠諸侯以玉大夫以璧士以貝春秋之制也禮緯稽命徵云天子飯以珠含以竟未釋周大夫所用以玉蓋亦異代法云貝水物者按書傳云
紂因文王散宜生等於江淮之閒取大貝如車渠以獻于紂遂放文王是貝水物出江水也又云古者以為貨者漢書食貨志云五貝為朋又云有大貝壯貝
之等以為貨用是古者以為貨也知笄是竹器名者以其字從竹又聘禮云夫人使下大夫勞以二竹簋方其實棗蒸栗婚禮婦見舅姑執笄以盛棗栗此雖
盛貝不盛棗栗其笄並竹器也稻米一豆實于筐豆四升疏○注豆四升○釋曰昭公三年晏子辭沐巾一浴巾二
皆用綌於笄巾所以拭。汗垢浴巾二者上體下體異也綌麤葛疏○注巾所至麤葛○釋曰云浴巾二者上體下體異此士禮上下同用綌
按玉藻云浴用二巾上絺下綌彼據大夫以上分別上下為貴賤故上用細下用麤也櫛於。簞簞葦笥疏○注簞葦笥○釋曰案曲禮云凡以
弓劍包苴簞笥問人者注云圓曰簞方曰笥則是簞笥別此注簞葦笥者舉其類按論語云顏回一簞食注云簞笥也亦舉其類謂若蕢麻與枲麻雄雌異而
鄭注云蕢麻枲麻也亦舉其類也浴衣於篋浴衣已浴所衣之衣以布為之其制如今通裁疏○注浴衣至通裁○釋曰知浴衣已浴所衣之

衣者下經云浴用巾挋用浴衣是既浴所著之衣用之以晞身明以布爲之云如今通裁者以其無殺卽布單衣漢時名爲通裁故舉漢法爲況

皆饌于西序下南上皆者皆。具以下東西牆謂之序中以南謂之堂疏○注皆者至之堂○釋曰謂從序半以北陳之云東西牆謂之序者爾雅釋宮文云中以南謂之堂者諸於序中半以南乃得堂稱以其堂上行事非專一所若近戶卽言戶東戶西若近房卽言房外之東房外之西若近楹卽言東楹西楹若近序卽言東序下西序下若近階卽言東階西階若自半以南無所繼屬者卽以堂言之卽下文淅米于堂是也其實戶外房外皆是堂故論語云由也升堂矣未入于室是室外皆名堂也

儀禮疏卷第三十五 元缺卷今補依要義分

儀禮注疏卷三十五校勘記

阮元撰盧宣旬摘錄

士喪禮第十二

喪於五禮屬凶　凶下集釋有禮字

亡則以緇長半幅　毛本半誤作百

士喪禮

疾時處北墉下　毛本墉作牖釋文集釋俱作庸陸氏曰本又作墉徐本通典通解敖氏俱作墉

死而遷之當牖下　徐陳釋文通典集釋通解楊敖同毛本當作南○按室制南有牖而北無牖或亦有之謂之向毛詩傳及說文皆云向北出牖也故既夕記作北墉下喪大記作北牖下若作北牖則近室之牖宜稱南以別之若作北墉則不必言南牖也據疏內稱南牖北牖者非一似可兩通

大斂所并用之衾　通典無并字

必皆於正處也　皆通解作歸○按喪大記作皆不作歸

疾時處北墉下死而遷之當牖下　毛本墉作牖當作南要義牖作墉南作當並與徐本注合

復者一人

當十有二人也十有二字誤倒

識之而來反反下衍衣字

故復者皆朝服也監本要義同毛本無朝字

鄭鞠衣展衣褖衣至榆狄許宗彥云當作鄭注云用稅衣上至榆狄

孤之妻與九嬪毛本嬪作殯盧文弨改殯爲嬪

若凡常衣服要義同毛本常下有時字

受用篋篋唐石經徐本通解楊敖俱作篋釋文集釋毛本俱作篋陸氏曰本或作篋石經考文提要定作篋云喪大記注司服以篋待衣于堂前可證

復者降自後西榮

降因徹西北厞釋文云厞扶未反本或作屝音非

而釁之通解要義楊氏俱同毛本而作用○按喪大記作用毛本是也

楔齒用角柶

爲將含釋文曰含本亦作唅後放此

恐其口閉急也急楊氏作結

綴足用燕几

爲將屨徐陳通典集釋通解楊氏同毛本屨作屨

又按周禮天官玉府禮要義作官

奠脯醢醴酒此節疏內此始死俱言之下脫脯醢二字

奠脯至尸東要義有此五字按此本殘缺每節標目皆無可考要義偶有此五字故錄之

乃赴于君

赴告也告上敖氏有走字鍾本告作古誤按敖氏蓋据既夕注增入

入坐于牀東毛本牀誤作堂

是其衆主人直言在其後要義無是其二字

親者在室

父兄姑姊妹子姓在此者在上楊氏有之字

謂大功以上此句下要義有者以大功以上六字毛本無

君使人弔

掌三公孤卿之弔勞此句下要義有鄭云王使往五字毛本無○按五字當有

有寢門者外門者要義無外門者三字毛本有○案似當作知寢門非外門者

主人哭拜稽顙成踊

凡九踊也此句下要義有喪服小記爲父母長子稽顙大夫弔之雖緦必稽顙者三廿二字蓋從他書錄入非疏文

君使人襚

按左傳隱元年要義同毛本隱下有公字

主人拜如初○升降自西階自下徐本有階字○即位于西階下于唐石經徐陳集釋通解楊敖俱作于毛本作如

親者襚

論大功兄弟陳本無弟字閩本弟字擠入

庶兄弟襚○委衣于尸東牀上尸閩葛俱誤作戶

即衆兄弟也即通典作則

朋友襚

親之恩也通典重親字

爲銘

大夫之所建也夫下通典集釋敖氏俱有士字○按據周禮司常注則士字當有

無旌徐本通典集釋通解楊氏同毛本旌作旗

今文銘皆爲名末爲旆也毛本末作未徐本集釋末作未通解末爲二字未刻餘與徐本同案未乃末字之誤

此引證銘旌者要義同毛本證銘作銘證

云無旌旌要義作旌與徐本注合毛本作旗

下曲禮文要義同毛本無下字

竹杠長三尺置于宇西階上敖氏曰宇屋檐也不宜與西階上連文宇字蓋因于字而衍也周官小祝職鄭司農注引此無宇字浦鏜云記檀弓設披節疏引此亦無宇字敖言是也○按先鄭本或與後鄭異檀弓疏所引自據小祝注爾

甸人掘坎于階閒

皆是有司屬吏之等毛本無是字要義有

新盆槃瓶廢敦重鬲盆通典作瓮注及下同

槃承湅濯張氏曰監本湅誤作湮案釋文湅奴亂反從釋文及諸本

鬲將縣重者也徐本敖氏同通典集釋楊氏毛本縣下有於字張氏曰釋文前重字注云於重同則此重字上有於字從釋文

此時先用煑沐潘要義同毛本沐潘作潘沐

陳襲事于房中

讀爲綪綪屈也徐本集釋通解楊氏同毛本敖氏不重綪字

江沔之閒釋文云沔音緬水名也一本作沱大何反江別爲沱

於戶東西領南上戶閩本誤作尸南上要義作西鄉

鬠笄用桑

皮弁笄爵弁笄要義同毛本無上笄字

布巾環幅不鑿

及其巾而已徐本同集釋通解毛本及俱作反張氏曰注曰及其巾而已案疏及作反從疏○按通典亦作反

掩練帛廣終幅毛本廣誤作纊○長五尺五陳閩葛本俱誤作伍

掩裹首也也通典作者

爲將結於頤下於徐本作放

又還結於項巾張氏曰注曰又還結于項巾按監杭本毛本巾作中從監杭本

瑱用白纊

對組是舊絮也要義同毛本絮作緜

幎目用緇

讀若詩云葛藟縈之縈云徐本聶氏集釋通解楊氏俱作云毛本作曰之字徐本通解俱不重聶氏集釋楊敖毛本俱重

爲可結也古文幎爲涓下五字毛本脫徐本集釋通解俱有○按釋文出爲涓二字

鄭讀從葛藟縈之縈者之字要義不重與徐本注合毛本重

握手用元纁裏

牢讀爲樓案尔疋釋詁摟聚也釋文云摟从手本或作樓非然則此注樓字亦當从手說文手部摟曳聚也又毛詩角弓式居婁驕箋云婁斂也婁與摟古字通

樓謂削約握之中央毛本謂作爲徐本通典聶氏集釋通解楊敖俱作謂與疏合

今文樓爲纋樓集釋作牢按鄭既讀牢爲樓因曰今文樓爲纋少牢上佐食以綏祭注云綏或爲挼挼讀爲墮古文墮爲肵與此同例

義取樓斂挾少之意毛本樓誤作縷挾浦鏜改約盧文弨改狹

決用正王棘

決拾既次徐本同集釋通解楊氏毛本次俱作佽

極猶放弦也通典聶氏俱無弦字金曰追云大射儀朱極三注極猶放也無弦字則有者誤衍也

令不挈也釋文曰挈苦結反劉本作契苦計反案徐本挈下無指字與疏合釋文通典聶氏毛本俱有

古文王爲玉玉徐本集釋俱作王通解毛本作三

今文檡爲也檡爲也徐本作澤爲也毛本集釋通解俱作擇爲澤張氏曰注曰今文澤爲也案杭本云檡爲澤從杭本○按也疑宅字之誤

云王棘與檡棘者毛本檡誤作擇

冒緇質

君錦冒黼殺徐陳集釋通解楊敖同毛本錦作綿○按喪大記作錦徐本是

大夫元冒黼殺黼楊氏作黻張氏曰監杭本黼作黻巾箱嚴本之爲黼其以禮記喪大記之文乎禮器曰君黼大夫黻喪大記之本蓋誤也從監杭本

綴旁三三敖氏作二

爵弁服純衣

謂生時爵弁之服也　毛本弁下有所衣二字徐本通典集釋俱無與疏合通解楊氏俱有○按釋文所衣注云下所衣同是爲此節作音也

褖衣

黑衣裳赤緣謂之褖　徐本通典同毛本謂之作之謂集釋通解楊氏之謂下俱復有之字張氏曰注曰黑衣裳赤緣謂之褖案釋文云緣之則緣下有之字從釋文○按張氏但言緣下有之字不言謂下無之字黃楊二家俱得之今本誤會張意遂刪去下之字

不禪　徐本集釋通解楊氏同毛本禪作襌

以其士冠禮陳三服　要義楊氏同毛本士下有是字

竹笏

天子以球玉　球徐本楊氏俱作球釋文集釋通解毛本俱作璆盧文弨云玉藻文本作球下搢珽依玉藻此璆亦當作球

天子搢珽　珽釋文作珵云本又作珽同張氏曰監本作珵○按說文有珽無珵

舒懦者　陳本通解同毛本懦作儒

夏葛屨○皆繶緇約純　張氏曰釋文云緇純中無約字鄭氏注周禮屨人全引此文亦無約字鄭氏又云言繶必有約純言約亦有繶

純今之有絇字後人加之也從釋文〇按疏有絇字

明夏時用葛亦白也 集釋重葛字無也字

比皮弁之屨 徐本楊氏同集釋通解敖氏毛本比俱作此張氏曰監杭本作此從監杭本

貝三實于笲

但士飯用米 要義同毛本米作稻

哀十一年左氏傳云 毛本哀下有公字要義無下文文公同

沐巾一

巾所以拭汙垢 汙徐陳葛本通典集釋楊氏俱作汚

櫛於簞 於唐石經徐陳閩葛釋文通典集釋通解要義楊敖俱作於毛本作用

簞葦笥 葦徐陳釋文通典集釋通解楊氏俱從艸毛本從竹

皆饌于西序下

皆具以下 徐陳集釋通解楊氏同毛本具作貝張氏曰上文云貝三蓋自貝三以下皆饌于西序傳寫者誤以貝爲具後經云受具按諸本亦作貝

儀禮注疏卷三十五校勘記

珍倣宋版印

儀禮疏卷第三十六

唐朝散大夫行大學博士弘文館學士臣賈公彦等撰

管人汲不說繘屈之管人有司主館舍者不說繘將以就祝濯米屈縈也疏○注管人至縈也○釋曰自此盡明衣裳論沐浴及寒尸之事云不說繘屈之者以其喪事遽。則知吉尙安舒汲宜說之矣云管人有司主館舍者士既無臣所行事者是府史故知管人是有司也聘禮記云管人爲客三日具沐五日具浴此爲死者故亦使之汲水也云不說繘將以就祝濯米者以下經云祝淅米明此管人將以就堂授祝祝濯米可知祝淅米于堂南面用盆祝夏祝也淅汏也疏○注祝夏至汏也○釋曰知是夏祝者見下記云夏祝淅米差盛之是也管人盡階不升堂受潘煑于垼用重鬲盡階三等之上喪大記曰管人受沐乃煑之甸人取所徹。廟之西北厞薪。用爨之疏○注盡階至爨之○釋曰云盡階者三。階上也云用重鬲者以其先煑潘後煑米爲鬻懸于重故煑潘用重鬲也云取所徹。廟之西北厞薪用爨之者此薪卽復人降自西北榮所徹者也祝盛米于敦奠于貝北復於筐處疏○注復於筐處○釋曰敦卽上廢敦也云復於筐處者向末淅實于筐今淅訖盛于敦所置之處還於筐所以擬飯之所用也士有冰用夷槃可也謂夏月而君加賜冰也夷槃承尸之槃喪大記曰君設大槃造冰焉大夫設夷槃造冰焉士併瓦槃無冰設牀禮第有枕疏○注謂夏至有枕○釋曰謂夏月者以周禮凌人職云夏須冰據臣而言月令二月出冰據君爲說云而君加賜冰也者喪大記云士無冰用水此云有冰明據士得賜者也云夷槃承尸之槃者案喪大記注禮自仲春之後尸。既。襲既小斂先內冰槃中乃設牀於其上不施席而遷尸焉秋涼而止是也引喪大記已下欲證士有賜乃有冰又取用冰之法案彼注造猶內夷槃小爲第爲簀謂無席如浴時牀也特欲通冰之寒氣若然淩人云大喪共夷槃冰則天子有夷槃鄭注淩人云漢禮器制度大槃廣八尺長丈二尺深三尺漆赤中諸侯稱大槃辟天子其大夫言夷槃此士喪又用夷槃卑不嫌但小耳故鄭云夷槃小焉

外御受沐入外御小臣侍從者沐管人所責潘也疏○注外御至潘也○釋曰此云外御者對內御爲名故下記云其母之喪則內御者浴則此外御是士之侍御僕從者故尙書冏命云今予命汝作大正正于羣僕侍御之臣此雖無臣亦有侍御僕從者也知沐管人所責潘也者以其上文管人責潘此外御受沐人明所受之於管人也

主人皆出戶外北面象平生沐浴倮裎子孫不在旁主人出而襢第疏○注象平至襢第○釋曰云象平生沐浴倮裎者倮謂赤體裎猶袒也將浴尸倮袒無衣故子孫不在旁主人出也下記云御者四人抗衾而浴鄭云抗衾爲其倮裎蔽之也以浴尸時袒露無衣故抗衾以蔽之也云而襢第者又下記云襢第鄭云襢袒也袒簀去席盝水便是也

乃沐櫛挋用巾挋晞也清也古文挋皆作振疏○注挋晞至作振○釋曰挋謂拭也而云晞也清也者以其櫛訖又以巾拭髮乾又使清淨無潘糷拭訖仍未作紒下文待蚤揃訖乃髻用組是其次也

浴用巾挋用浴衣用巾用拭之也喪大記曰御者二人浴浴水用盆沃水用枓疏○注用巾至用枓○釋曰枓酌水器受五升方有柄今用大匏不方用挹盆中水以沃尸又案喪大記浴水用盆沃水用枓沐用瓦盆明沐浴俱有盤及枓此沐浴盤枓亦皆有也引喪大記者證人之數及浴之器物也

渜濯棄于坎沐浴餘潘水巾櫛浴衣亦并棄之古文渜作緣荊沔之閒語疏○注沐浴至閒語○釋曰潘水既經溫煑名之爲渜已將沐浴謂之爲濯已沐浴訖餘潘水棄于坎知巾櫛浴衣亦棄之者以其已經尸用恐人褻之若棄杖者棄于隱者故知亦棄于坎云古文渜作緣荊沔之閒語者禹貢云荊河惟豫州則鄭見豫州人語渜而緣是以古文誤作緣也

蚤揃如他日蚤讀爲爪斷爪揃鬚也人君則小臣爲之他日平生時疏○注蚤讀至生時○釋曰鄭讀蚤從爪者此蚤乃是詩云其蚤獻羔祭韭古早字鄭讀從

手爪。之。爪知人君則小臣爲之者喪大記云小臣爪足注云爪足斷足爪是也

鬠用組乃笄設明衣裳

用組組束髮也古文鬠皆爲括。

疏○注用組至爲括○釋曰鬠紒乃可設明衣以蔽體是其次也

主人入即位

已設明衣可以入也

疏○釋曰自此盡反位論布襲衣裳笄飯含之事

商祝襲祭服褖衣次

商祝祝習商禮者商人教之以敬於接神宜襲布衣牀上祭服爵弁服皮弁服皆從君助祭之服大蜡有皮弁素服而祭送終之禮襲衣於牀牀次含牀之東衽如初也喪大記曰含一牀襲一牀遷尸於堂又一牀

疏○注商祝至一牀○釋曰云商祝祝習商禮者雖同是周祝仰習夏禮則曰夏祝仰習商禮則曰商祝也云商人教之以敬於接神宜者案表記云殷人尊神率民以事神尊而不親言尊敬故知殷人教以敬是以使之襲於接神宜若然此篇及既夕以夏人教忠從小斂奠大斂奠及朔半薦新祖奠大遣奠皆是夏祝爲之其閒雖不言祝名亦夏祝可知其徹之者皆不言祝名則周祝徹之也殷人教以敬但是接神皆商祝爲之其閒行事若祝取銘之類不言祝名者亦周祝可知唯既夕是開殯時以周祝徹饌而堂下二事不可並使周祝故夏祝取銘置于重案周禮有大祝小祝喪祝詛祝甸祝此篇及既夕言夏祝商祝周祝禮以喪祝行事皆當喪祝者也天子以下喪禮云亦當喪祝行事也云襲布衣牀上者喪大記云襲一牀故知襲時布衣牀上也此雖布衣未襲待飯含訖乃襲下經爲次是也云襲祭服爵弁服皮弁服皆從君助祭之服者以其爵弁從君助祭宗廟之服雜記云士弁而祭于公是也皮弁從君聽朔之服玉藻云皮弁以聽朔於大廟是也云大蜡有皮弁素服而祭送終之禮也者郊特牲文引之者證皮弁之服有二種一者皮弁時白布衣積素爲裳是天子朝服亦是諸侯及臣聽朔之服二者皮弁時衣裳皆素葛帶榛杖大蜡時送終之禮凶服也此士之襲及士冠所用聽朔者不用此素服引者欲見郊特牲皮弁素服是大蜡送終之服非此襲時所用者也知襲衣於牀牀次含牀之東者以其死于北。墉下遷尸于當牖下沐浴而飯含引大記云含一牀襲一牀遷尸于堂又一牀者喪事所以即遠故知襲牀次含牀之東云衽

如初也者袵臥席下莞上簟彼一牀之下又云皆有枕席君大夫士一也故知袵如初含時也

主人出南面左袒扱諸面之右盥于盆上洗貝執以入宰洗柶建于米執以從俱入戶西鄉也今文宰不言執

疏○注俱入至言執○釋曰云扱諸面之右者面前也謂袒左袖扱於左腋之下帶之內取便也云洗貝執以入者洗訖還於笄內執以入云宰洗柶建于米者亦於廢敦之內建之鄭知俱入戶西鄉者以下經始云主人與宰牀西東面故知此時西鄉也

商祝執巾從入當牖北面徹枕設巾徹楔受貝奠于尸西當牖北面值尸南也設巾覆面爲飯之遺落米也如商祝之事位則尸南首明矣

疏○注當牖至明矣○釋曰云受貝者就尸東主人邊受取笄貝從尸南過奠尸西牀上以待主人親含也鄭云當牖北面值尸南也者知尸當牖者見既夕記設牀第當牖袵下莞上簟遷尸於上是尸當牖今言當牖北面故知值尸南可知云設巾覆面爲飯之遺落米也者但士之子親含發其巾不。嫌穢惡今設巾覆面者爲飯時恐有遺落米在面上故覆之也云如商祝之事位則尸南首明矣者舊有解云遷尸於南牖時北首若北首則祝當在北頭而南鄉以其爲徹枕設巾要須在尸首便也今商祝事位以北面則尸南首明矣若然未葬已前不異於生皆南首檀弓云葬於北方北首者。從鬼神尚幽闇鬼道事之故也唯有喪朝廟時北首順死者之孝心故北首也

主人由足西牀上坐東面不敢從首前也祝受貝米奠之口實不由足也

疏○注不敢至足也○釋曰云祝受貝米奠之口實不由足也者前文祝入當牖北面是由尸首故受生人貝奠之并受米奠于尸西故主人空手由足過以其口實不可由足恐褻之故也

祝又受米奠于貝北宰從立于牀西在右米在貝北便扱者也宰立牀西在主人之右當佐飯事

疏○注米在至飯事○釋曰云米在貝北便扱者以其祝先奠貝于尸西祝又受米從首西過奠于貝南便矣今不於貝南奠之而奠于貝北故云便主人之扱也云宰立牀西在主人之

右當佐飯事者此不敢取詔辭自右之義直以米在主人之右故宰亦在右故云當佐飯事也主人左扱米實于右三實一貝左中亦如之又實米唯盈于右尸口之右唯盈取滿而已疏尸○注于右至而已○釋曰云于右口之右者尸南首云右謂口東邊也云唯盈取滿而已者以經左右及中各三扱米更云實米唯盈則九扱恐不滿是以重云唯盈也主人襲反位襲復衣也位在尸東疏○注襲復至尸東○釋曰云襲復衣也者以其鄉袒則露形今云襲是復著衣故云復衣知位在尸東者以其鄉者在尸西今還尸東西面位也商祝掩瑱設幎目乃屨綦結于跗連絇掩者先結頤下既瑱幎目乃還結項也跗足上也絇屨飾如刀衣鼻在屨頭上以餘組連之止足坼也疏○注掩者至坼也○釋曰自此盡于坎論襲尸之事云掩者先結頤下既瑱幎目乃還結項也者經先言掩後言瑱與幎目鄭知後結項者以其掩有四腳後二腳先結頤下無所妨故先結之若即以前二腳向後結于項則掩於耳及面兩邊瑱與幎目無所施故先結頤下待設瑱塞耳并施幎目乃結項後也云跗足上也者謂足背也云絇屨飾如刀衣鼻在屨頭上者以漢時刀衣鼻況絇在屨頭上以其皆有孔得穿繫于中而過者也若無絇則謂之鞮屨是以鄭注周禮鞮鞻氏云鞮屨者無絇之屝云以餘組連之者以其綦繫既結有餘組穿連兩屨之絇使兩足不相恃離故云止足坼也乃襲三稱遷尸於襲上而衣之凡衣死者左衽不紐襲不言設牀又不言遷尸於襲上以其俱當牖無大異疏○注遷尸至大異○釋曰云遷尸於襲上而衣之者以其上文已布衣衣於含東牀上而未襲今已飯含訖乃遷尸以衣著於尸故云遷尸於襲上而衣之也云凡衣死者左衽不紐者案喪大記云小斂大斂祭服不倒皆左衽結絞不紐注云左衽衽鄉左反生時也云襲不言設牀又不言遷尸於襲上以其俱當牖無大異者此對大斂小斂布衣訖皆言遷尸於斂上以其小斂于戶內大斂于阼階其處有異故也此襲牀與含牀並在南牖下小別而已無大異故不言設牀與遷尸也若然疾者於北墉下廢牀始死

遷尸於南牖卽有牀故上文主人入坐於牀東主婦牀西以其夏卽寒尸置冰於尸牀之下雖不言設牀有牀可知故將飯含祝以米貝致於牀西也大記唯言含一牀襲一牀大斂不言牀者以大小斂衣裳多陳於地故不言牀襲衣裳少含時須漉水又須寒尸故並須牀也此士襲三稱小斂十九稱大斂三十稱案雜記注云士襲三稱子羔襲五稱今公襲九稱則尊卑襲數不同矣諸侯七稱天子十二稱與以無正文故云與以疑之喪大記云小斂十有九稱尊卑同大斂君百稱五等同大夫五十稱以下文士三十稱天子諸侯卿大夫士命數雖殊稱數亦等三公宜與諸侯同

明衣不在筭。筭數也。不在數。明衣襌衣不成稱也。疏〇注筭數至稱也〇釋曰云不在數明衣襌衣不成稱也者喪大記云袍必有表不襌衣必有裳謂之一稱其褖衣雖襌以袍爲表故云稱明衣襌衣而無裏不。成。稱故不數也

設韐帶搢笏。韐帶韎韐緇帶不言韎緇者省文亦欲見韐自有帶韎韐帶用革搢。插也。插衣帶之右旁古文韐爲合也疏〇注韐帶至合也〇釋曰云韐帶韎韐緇帶者案上陳服之時有韎韐有緇帶故云是韎韐緇帶也云不言韎緇者省文亦欲見韐自有帶者本正言韎韐帶亦同得爲省文今言韎韐者用革帶也以其生時緇帶以束衣革帶以佩韍王之等生時有二帶死亦備此二帶是以雜記云朱緣帶申加大帶於上注云朱綠帶者襲衣之帶飾之雜以朱綠異於生也此帶亦以素爲之申重也重於革帶也革帶以佩韍必言重加大帶者明雖有變必備此二帶是也案玉藻云雜帶君朱綠大夫玄華士緇辟又案雜記云率帶諸侯大夫皆五采士二采注云此謂襲尸之大帶也以此而言生時君大夫二色今死則加以五采士生時一色死更加二色是異於生若然又雜記朱綠帶注云朱綠帶者襲衣之帶飾之雜以朱綠異於生也此帶亦以素爲之彼是帶衣之帶非大帶諸侯禮則士大夫亦宜有之此不言文不具也但人君衣帶用朱綠與大帶同此則大夫士飾與大帶同也云搢插也插於帶之右旁者以右手取之便故也

設決麗于掔。自飯持之。設握乃連掔。麗施也。掔手後節中也。飯大擘指本也。決以韋爲。之藉有彄彄內端爲紐外端

有橫帶設之以紐擐大擘本也因沓其彄以橫帶貫紐結於擘之表也設握者以綦繫鉤中指由手表與決帶之餘連結之此謂右手也古文麗亦爲連擘作捥【疏】○注麗施至作捥○釋曰云決以韋爲之籍有彄彄內端爲紐外端有橫帶者以下當大擘本鄉掌爲內端屬紐子鄉手表爲外端屬橫帶也云設之以紐擐大擘本也因沓其彄以橫帶貫紐結於擘之表也者以鄭言之大指短其著之先以紐擐大擘本然後因沓其彄於指乃以橫帶繞手一。二貫紐反向手表結之鄭雖云結于擘之表且內於帶閑末即結此橫帶即上組繫是也云設握者以綦繫鉤中指由手表與決帶之餘連結之者案上文握手長尺二寸裹手一端繞於手表必重宜於上掩者屬一繫於下角乃以繫繞手一币當手表中指向上鉤中指又反而上繞取繫鄉下與決之帶餘連結之云此謂右手也者以其右手有決今言與決同結明是右手也下記所云設握者此謂左手鄭云手無決者也

設冒櫜之幠用衾

櫜韜盛物者取事名焉衾者始死時斂衾今文櫜爲櫜【疏】○注櫜韜至爲櫜○釋曰云取事名焉者此本名冒而云櫜櫜是韜盛之名今以此冒櫜盛尸故名爲櫜是取盛物之事名焉云衾者始死時斂衾者篇首始死云幠用斂衾注云大斂之衾今雖襲訖乃用大斂衾以其襲時無衾小斂之衾陳之與前未襲同不言斂衾單言衾是斂衾可知故不言也

巾柶鬠蚤埋于坎

坎至此築之也將襲辟奠既則反之【疏】○注坎至至反之○釋曰云坎至此築之也者上文直云渜濯棄于坎不言埋以其末築故也至此言埋者事訖當築之故也必至此乃築之者以其斂事遽無暇即埋又慮更有須埋者故至此覆尸訖乃埋之前爲坎者是甸人也則此埋之亦甸人也云將襲辟奠既則反之者言此者以初死脯醢醴酒之奠爾來不言恐不知所安之處但始死設于尸東。方襲。事必當辟之襲訖反之於尸東以其不可空無所依故也案下記云小斂辟奠不出室彼還是襲奠辟小斂則此辟襲奠亦不出室仍不言處大斂時辟小斂奠于序西南則此宜室西南隅至大斂辟小斂奠則言于序西南有文可知也若然此奠襲後因名襲奠故下鄭注云將小斂則避襲奠

重木刊鑿之

甸人置重于中庭參。分庭一在南木也縣物焉曰重刊斲治鑿之為縣簪孔也士重木長三尺疏○注木也至三尺○釋曰自此至于重論設重之事云木也縣物焉曰重者解名木為重之意以其木有物縣於下相重累故得重名云鑿之為縣簪孔也者下云繫用軡用軡內此孔中云簪者若冠之笄謂之簪使冠連屬於紒此簪亦相連屬於木之名也云士重木長三尺者鄭言士重木長三尺則大夫以上各有等當約銘旌之杠士三尺大夫五尺諸侯七尺天子九尺據竪之者橫者宜半之鄭不言大夫以上無正文故。也

夏祝鬻。餘飯用二鬲于西牆下夏祝祝習夏禮者也夏人教以忠其於養宜鬻餘飯以飯尸餘米為鬻也。重。主。道。也士二鬲則大夫四諸侯六天子八與簋同差疏○。注夏祝至同差○釋曰云于西牆下者西牆下有竈即上文甸人為垼是也云夏人教以忠其於養宜者案禮記表記云夏道尊命敬神而遠之近人而忠焉書傳略說亦云夏后氏主教以忠是夏人教以忠也曲禮云君子不盡人之歡不竭人之忠鄭云歡謂飲食忠謂衣服若忠不對歡歡忠亦飲食故此飲食使夏祝忠者養宜也前商祝奠米飯米夏祝徹之今乃鬻之而盛於鬲是以下記云夏祝徹餘飯注云徹去鬻是也云重主道也者檀弓文彼注云始死未作主以重主其神也即是虞祭之後以木主替重處故云重主道也引之者證此重是木主之道也云士二鬲則大夫四諸侯六天子八與簋同差者亦無正文鄭言之者以其同盛黍稷故知同差也案特牲用二敦少牢用四敦同姓之大夫士用簋故皆以簋言之明堂位云周之八簋詩云陳饋八簋皆天子禮自上降殺以兩明諸侯六祭統諸侯禮而云四簋黍見其脩於廟中也二簋留。陽厭不用餕故不言也

冪。用疏布久之繫用軡縣于重冪用葦席北面左衽帶用軡賀之結于後久讀為灸謂以蓋塞鬲口也軡竹簽也以席覆重辟屈而反兩端交於後左衽西端在上賀加也。今文冪皆。作密疏○注久讀至作密○釋曰云冪用疏布久之者鄭久讀為灸灸塞義謂直用麤布蓋鬲口為塞也云軡竹簽也者案顧命云牖閒南

鄉敷重篋席卽此軡筵一也謂竹之青可以爲繫者云以席覆重辟屈而反兩端交於後左衽西端在上者據人北面以席先於重北面南掩之然後以東端爲下向西西端爲上向東是爲辟屈而反兩端交於後爲左衽右衽然後以簦加束之結於後也 祝取銘置于重祝習周禮者也疏○釋曰以銘未用待殯訖乃置於肂今且置於重必且置于重者重與主皆是錄神之物故也

厥明陳衣于房南領西上綪絞橫三縮一廣終幅析其末綪屈也絞所以收束衣服爲堅急者也以布爲之縮從也橫者三幅從者一幅析其末者令可結也喪大記曰絞一幅爲三疏○注綪屈至爲三○釋曰自此盡東柄論陳小斂衣物之事云厥明者對昨日始死之日爲厥明此陳衣將陳弁取以斂皆用篋是以喪大記云凡陳衣者實之篋取衣者亦以篋升降者自西階是也云絞所以收束衣服爲堅急者此總解大小斂之絞若細而分之則別故鄭注喪大記云小斂之絞也廣終幅析其末以爲堅之強也大斂之絞一幅三析用之以爲堅之急也云以布爲之知者下記云凡絞紟用布倫如朝服注云倫比也此絞直言從橫幅數不言長短者人有短長不定取足而已引喪大記證絞爲三析之事

緇衾赬裏無紞紞。被也斂衣或倒被無別於前後。可也凡衾制同皆五幅也疏○注紞被至幅也○釋曰云斂衣或倒者案下文云祭服不倒則餘服有倒者皆有領可記也云被無別於前後可也者被本無首尾生時有紞爲記識前後恐於後互換死者一定不須別其前後可也云凡衾制同皆五幅也者此無正文喪大記云紟五幅無紞衾是紟之類故知亦五幅

祭服次爵弁服皮弁服疏○注爵弁服皮弁服○釋曰凡陳斂衣先陳絞紟於上次陳祭服於下故云祭服次至大斂陳衣亦先陳絞紟衾次陳君襚祭服所以然者以絞紟爲裹束衣故皆絞紟爲先但小斂美者在內大斂美者在外故小斂先布散衣後布祭服大斂則先布祭服後布散衣是小斂美者在內大斂美者在外也襲時美者在外是三者相變也

散衣次褖衣以下袍。繭之屬疏○注褖衣至之屬○釋曰袍繭有著之異名同入散衣之屬也

凡十有九稱祭服與散衣疏○釋曰士之服唯有爵弁皮弁褖衣而已云十九稱當重之使充十九必十九者案喪大記小斂衣十有九稱君陳衣于序東大夫士陳衣于房中注云衣十有九稱法天地之終數也則天子以下皆同十九稱言法天地之終數者天地之初數天一地二終數則云天九地十人在天地之閒而終故取終數為斂衣稱數尊卑共為一節也

陳衣繼之庶襚疏○注庶襚○釋曰知庶襚者以其襲時陳衣訖乃云庶襚繼陳不用此亦陳衣訖乃云陳衣繼之明亦是庶襚

不必盡用取稱而已不務多疏○釋曰襲時言庶襚繼陳則全不用此陳衣繼之下云不必盡用則兼用之不必盡而已以其小斂用衣多主人自盡足故容用之也云取稱而已不務多者衣服雖多不得過十九耳

不饌于東堂下脯醢醴酒冪奠。用功布實于簞在饌東。功布鍛濯灰治之布也凡在東西堂下者南齊坫古文奠為尊疏○注功布至為尊○釋曰知功布鍛濯灰治之布者案喪服傳云冠六升鍛而勿灰七升已下鍛濯灰治之是以殤大功章云大功布衰裳注云大功布者其鍛治之功麤治之則此云功布者大功之布故云鍛濯灰治之也云凡在東西堂下者南齊坫知者既夕記云設棜于東堂下南順齊于坫饌于其上兩甒醴酒若然則凡設物於東西堂下者皆南與坫齊北陳之堂隅布坫以土為之或謂堂隅為坫也

設盆盥于饌東。有巾為奠設盥也喪事略故無洗也疏○注為奠至洗也○釋曰云為奠設盥也者謂為設奠人設盥洗及巾云喪事略故無洗也直以盆為盥器也下云夏祝及執事盥執醴先酒即是於此盥也但諸文設洗篚者皆不言巾至於設洗篚不言巾者以其設洗篚內有巾可知故不言凡不就洗篚皆言巾者既不就洗篚恐揮之不用故言巾是以特牲少牢尸尊不就洗篚及此喪事略不設洗篚皆見巾是也

苴絰大鬲。下本在左要絰小焉散帶垂長三尺牡麻絰右本在上亦散帶垂皆饌于東方苴絰斬衰之絰也苴麻者其貌苴以為絰服重者尚麤惡絰之言實

也鬲搤也中人之手。搤圍九寸絰帶之差自此出焉下本在左重服統於內而本陽也要絰小焉五分去一牡麻。絰者齊衰以下之。絰也牡麻。絰者其貌易服輕者宜差好也右本在上。輕。服本於陰爲統於外散帶之垂者男子之道文多變也饌于東方東坫之南苴絰爲上

疏

○注苴絰至爲上○釋曰此陳絰帶者以其小斂訖當服未成服之麻故也云亦散帶垂者不言尺寸亦與苴絰同垂三尺云苴絰斬衰之絰也者案喪服斬衰章云喪服斬衰裳苴絰杖故知此苴絰斬衰之絰云苴麻者其貌苴以爲絰者案禮記閒傳云斬衰貌若苴彼據人之形貌若苴麻明麻之形貌亦苴可知故此指麻之貌苴者以爲絰云服重者尚麤惡者對齊衰已下服輕不尚麤惡故閒傳云齊衰貌若枲大功貌若止是不尚麤惡也云絰之言實也者檀弓云絰也者實也鄭注喪服云明孝子有忠實之心是明孝子之心與服相稱不虛服此服也云鬲搤也中人之手搤圍九寸者此無正文喪服及此皆言苴絰大鬲鬲是搤物之稱故據中人一搤而言大者據大拇指與大巨指搤之故言大也云絰帶之差自此出焉者案喪服傳云苴絰大搹左本在下去五分一以爲帶齊衰之絰斬衰之帶也自此斬衰之帶差至緦麻之帶故云絰帶之差自此出焉云下本在左重服統於內而本陽也者謂斬衰統於內以解本在下而本陽以解在左對齊衰之絰右本在上輕。服本於陰而統外案雜記云親喪外除鄭云日月已竟而哀未忘兄弟之喪內除注云日月未竟而哀已殺此言統內統外者亦據哀在內外而言本陽本陰者亦據父者子之天爲陽母者子之地爲陰而言也云要絰小焉五分去一者亦據喪服傳而言首絰圍九寸五分之五寸正去一寸得四寸餘四寸每寸爲五分四寸爲二十分去四分得十六分取十五分爲三寸餘一分在總得七寸五分寸之一彼傳因即分之至緦麻云齊衰之絰斬衰之帶也以其俱七寸五分寸之一又。去五分一以爲帶七寸取五寸去一寸得四寸。彼二寸一寸爲二十五分二寸爲五十分一分爲五分添前爲五十五分總去十一分餘有四十四分二十五分爲一寸添前四寸爲五寸仍有十九分在是齊衰之帶總有五寸二十五分寸之十九彼又云大功之絰齊衰之帶以其俱五寸二十五分

寸之十九又去五分一以爲帶五寸去一寸得四寸餘二十五分寸之十九者一分爲五分十分爲五十分又九分者爲四十五分添前五十總爲九十五分去一者五十去十四十五去九總得七十六據整寸破之而言此四寸百二十五分一寸之七十六以爲小功之經大功之帶以下仍有小功之帶但小功之帶以小功之經又五分去一下至緦麻之帶皆以五倍破寸計之可知耳云牡麻經者齊衰以下之經也者一案喪服齊衰大功皆言牡麻經小功又言澡麻則齊衰以下皆牡麻經傳曰牡麻者枲麻也對苴經爲麻之有蕡色如苴黎則此雄麻色好者故閒傳云齊衰貌若枲是以鄭云牡麻經者其貌易服輕者宜差好也云散帶之垂者男子之道文多變也者此小斂經有散麻帶垂之至三日成服絞之對婦人陰質初而絞之與小功以下男子同知饌于東方東坫之南苴經爲上者以其對下牀第夷衾之等在西坫南故此亦在東坫南也若然經直言東方知不在東堂下東方者以其小斂陳饌皆在東堂下若此亦在東堂下當言陳于饌東饌北何須言東方乎明此非東堂下也知苴經爲上者以其經先言苴經明依此爲首南陳之也

婦人之帶牡麻結本在房

婦人亦有。苴經但言帶者記其異此齊衰婦人斬衰婦人。亦苴經也

疏○注婦人至經也○釋曰知婦人亦有苴經者喪服首云○苴經杖下經男子婦人俱陳則婦人亦有苴經禮記服問之等每云婦人麻經之事故知婦人亦有經今此經不言婦人苴經者記其異謂男子帶有散麻婦人則結本無異者。且男子小功緦麻小斂有帶則絞之亦結本婦人帶結本可以兼之矣云此齊衰婦人者以其牡麻。宜言齊衰以下至緦麻皆同牡麻也云斬衰婦人亦苴經也者此亦據帶而言以其帶亦名經則喪服云苴經杖鄭云麻在首在要皆曰經彼經既兼男女則婦人有苴麻爲帶經可知經不言者以義可知故省文也此帶牡麻兼男子小功以下陳之則別處以其男子陳之于坫南此經云在房明知異處也

牀第夷衾饌于西坫南

第簀也夷衾覆尸之衾喪大記曰自小斂以往用夷衾夷衾質殺之裁猶冒也

疏○注第簀至冒也○釋曰云夷衾覆尸之衾者小斂訖奉尸夷于堂幠用夷衾矣故陳之

於西坫南案曲禮云在牀曰尸在棺曰柩此夷衾小斂以往用之覆尸柩今直言覆尸者鄭據此小斂未入棺而言云喪大記曰自小斂以往用夷衾者對小斂已前用大斂之衾今小斂以往大斂之衾當陳之故用夷衾證小斂不用之兼明夷衾之制鄭言小斂以往則此夷衾本爲覆尸覆柩不用入棺矣是以將葬啓殯覆棺亦用之矣云夷衾質殺之裁猶冒也者案上文冒之材云冒緇質長與手齊赬殺掩足注云上曰質下曰殺此作夷衾亦如此上以緇下以赬連之乃用也其冒則韜下韜上訖乃爲綴旁使相續此色與形制大同而連與不連則異也

西方盥如東方爲舉者設盥也如東方者亦用盆布巾饌於西堂下疏○注爲舉至堂下○釋曰云爲舉者謂將舉尸者則下經士盥二人是也云西堂下知者以其東方盥在東堂下則知此西方亦在西堂下可知

陳一鼎于寢門外當東塾少南西面其實特豚四鬄去蹄兩胉脊肺設扃鼏鼏西末素俎在鼎西西順覆匕東柄。鬄解也四解之殊肩髀而已喪事略去蹄去其甲爲不絜清也胉脅也素俎喪尚質既饌將小斂則辟襲奠今文鬄爲剔胉爲迫古文鼏爲密疏○注鬄解至爲密○釋曰此亦爲小斂奠陳之鼏用茅爲編言西末則茅本在東方四解之殊肩髀而已喪事略者凡牲體之法有二一者四解而已此經直云四鬄卽云去蹄明知殊肩髀爲四段案士冠禮云若殺則特豚載合升注云合左右胖此下文大斂亦云豚合升則吉凶之禮豚皆合升而鄭云喪事略者但喪中奠雖用成牲亦四解故既夕葬奠云其實羊左胖豕亦如之是以鄭總釋喪中四解之事故云喪事略若禘郊大祭雖吉祭亦先有豚解後爲體解是以禮運云腥其俎孰其殽鄭云腥其俎謂豚解而腥之孰其殽謂體解而爓之是國語亦云禘郊之事則有全脀王公立飫則有房俎親戚燕飲則有殽脀若然禘郊雖先有全脀後有體解豚解禮運所云者是也若然此經云四鬄幷兩胉脊與脊總爲七體若豚解皆然也云既饌將小斂則辟襲奠者旣始死之奠襲後改爲襲奠以恐妨斂事故知辟襲奠前襲時已辟之今將小斂亦辟之亦當於室之西南隅如將大斂辟小斂奠於序西南也凡奠在室外經宿者皆辟之於序西南是以小斂奠與祖奠等皆辟之於序西南朝廟遷祖之奠不設於序西南以其以再設為褻是以遷之即設新之也

士盥二人以並東面立于西階下立俟舉尸也今文並為併疏○注立俟舉尸也○釋曰舉尸謂小斂從襲牀為遷尸於戶內服上即下文士舉遷尸反位是也

布席于戶內下莞上簟有司布斂席也

商祝布絞紟散衣祭服祭服不倒美者在中斂者趨方或顛倒衣裳祭服尊不倒之也美善也善衣後布於斂則在中也既後布祭服而又言善者在中明每服非十稱也疏○注斂者至稱也○釋曰云斂者趨方或顛倒衣裳者以其襲時衣裳少不倒小斂十九稱衣裳多取其要方除祭服之外或倒或否云祭服尊不倒者士之助祭服則爵弁服皮弁服并家祭服玄端亦不倒也云善衣後布於斂則在中也者以其斂衣半在尸下半在尸上今於先布者在下則後布者在中可知也云既後布祭服而又言善者在中明每服非一稱也者欲見祭服文在散衣之下即是後布祭服祭服則是善者復云云善者在中則祭服之中更有善者可知故云每服非一稱以其總十九稱之中善者非一稱也

士舉遷尸反位遷尸於服上

設牀第于兩楹之間衽如初有枕衽寢臥之席也亦下莞上簟疏○注衽寢至上簟○釋曰曲禮云請席何鄉請衽何趾鄭云坐問鄉臥問趾因於陰陽是衽為臥席云亦下莞上簟者詩斯干宣王寢席而言下莞上簟是尋常寢席無問貴賤者下莞上簟

卒斂徹帷尸已飾

主人西面馮尸踊無筭主婦東面馮亦如之馮服膺之

主人髺髮袒眾主人免于房始死將斬衰者雞斯將齊衰者素冠今至小斂變又將初喪服也髺髮者去笄纚而紒眾主人免者齊衰將袒以免代冠冠服之尤尊不以袒也免之制未聞舊說以為如冠狀廣一寸喪服小記曰斬衰髺髮以麻免而以布此用麻布為之狀如今之著幓頭矣自項中而前交於額上卻繞紒也于房于室

釋髻髮宜於隱者今文免皆作絻古文髻作括【疏】○注始死至作括○釋曰知始死將斬衰者雞斯者案禮記問喪云親始死雞斯徒跣鄭注云雞斯當爲笄纚以成服乃斬衰是始死未斬衰故云始死將斬衰者雞斯也云將齊衰者素冠者喪服小記云男子冠而婦人笄冠笄相對問喪親始死男子云笄纚明齊衰男子素冠可知云今至小斂變者謂服麻之節故云變也云又將初喪服也髻髮者去笄纚而紒者此即喪服小記云斬衰髻髮以麻爲母髻髮以麻免而以布是母雖齊衰初亦髻髮與斬衰同故云去笄纚而紒紒上著髻髮也云象主人免者齊衰將袒以免代冠者此亦小斂節與斬衰髻髮同時此皆據男子若婦人斬衰婦人以麻爲髽齊衰婦人以布爲髽髽與髻髮皆以麻布自項而向前交於額上卻繞紒如著幓頭焉免亦然但以布廣一寸爲異也云于房于室釋髻髮宜於隱者弁下文婦人髽于室兼言之也

婦人髽于室

始死婦人將斬衰者去笄而纚將齊衰者骨笄而纚今言髽者亦去笄纚而紒也齊衰以上至笄猶髽髽之異於髻髮者既去纚而以髮爲大紒如今婦人露紒其象也檀弓曰南宮縚之妻之姑之喪夫子誨之髽曰爾毋縱縱爾爾毋扈扈爾其用麻布亦如著幓頭然【疏】○注始死至頭然○釋曰知婦人將斬衰者去笄而纚者喪服小記云男子冠而婦人笄冠笄相對將斬衰男子既去冠而著笄纚則婦人將斬衰亦去笄而纚可知又知將齊衰者骨笄而纚者上引男子齊衰始死素冠則知婦人將齊衰骨笄而纚也云今言髽者亦去笄纚而紒也者謂今至小斂節亦如上將斬衰男子去笄纚而髻髮則此將斬衰婦人亦去笄纚而麻髽齊衰婦人去骨笄與纚而布髽矣鄭不云斬衰婦人去纚而云去笄纚者專據齊衰婦人而言文略故也鄭所以云而紒紒即髽也故喪服注亦云髽露紒也云齊衰婦人以上至笄猶髽者謂從小斂著未成服之髽至成服之笄猶髽不改至大斂殯後乃著成服之髽代之也云髽之異於髻髮者既去纚而以髮爲大紒如今婦人露紒其象也者古者男子婦人吉時皆有笄纚有喪至小斂則男子去笄纚著髻髮婦人去纚而著髽髽形先以髮爲大紒紒上斬衰婦人以麻齊衰婦人以布其著之如男子髻髮與免故鄭依檀弓縱

縱匽匽之後乃云其用麻布亦如著幓頭然既髻髮與髽皆如著幓頭而異爲名者以男子陽外物爲名而謂之髻髮婦人陰內物爲稱而謂之髽也但經云于西房大夫士無西房故於室內戶西皆於隱處爲之也

士舉男女奉尸侇于堂幠用夷衾男女如室位踊無筭侇之言尸也夷衾覆尸柩之衾也堂謂楹閒牀笫上也今文侇作夷

疏○注侇之至作夷○釋曰云侇之言尸也者尸之衾曰夷衾尸之牀曰夷牀幷此經侇尸不作移字皆作侇者侇人旁作之故鄭注喪大記皆是依尸爲言也云幠用夷衾者初死幠用大斂之衾以小斂之衾當陳今小斂後大斂之衾當擬大斂故用覆棺之夷衾以覆尸也

主人出于足降自西階衆主人東卽位婦人阼階上西面主人拜賓大夫特拜士旅之卽位踊襲絰于序東復位拜賓鄉賓位拜之也卽位踊東方位襲絰于序東。東夾前

疏○注拜賓至夾前○釋曰云衆主人東卽位者雖無降階之文當從主人降自西階主人就拜賓之時衆主人遂東卽位於阼階以主人位南西面也於時阼階空故婦人得向阼階上西面也云復位者復阼階下西面位云拜賓鄉賓位拜之也者經云主人降自西階卽云主人拜賓明不卽位而先拜賓是主人鄉賓位拜賓可知云卽位踊東方位者謂主人拜賓訖卽鄉東方阼階下卽西面位踊○踊訖襲絰也云襲絰于序東。東夾前者經云主人降自西階更無升降之文而云序東東夾前者主人卽位。踊訖而。去襲絰于序東謂鄉堂東東。西當序牆之東又當東夾之前非謂就堂上東夾前也云復位者復阼階下西面位

乃奠祝與執事爲之舉者盥右執匕卻之左執俎橫攝之入阼階前西面錯錯俎北面舉者盥出門舉鼎者右人以右手執匕左人以左手執俎因其便也攝持也西面錯○錯鼎於。此宜西面錯俎北面俎宜西順之

疏○注舉者至順之○釋曰右執匕左執俎者謂鄉北入內東方爲右人西方爲左人故鄭云右人以右手執匕

左人以左手執俎各用內手舉鼎外手執匕俎故云便也云錯鼎於此宜西面者對在門外時北面陳鼎鄉內爲宜也

右人左執匕抽扃予左手兼執之取鼏委于鼎北加扃不坐抽扃取鼏加扃於鼏上皆右手今文扃爲鉉古文予爲與鼏爲密

【疏】○注抽扃至爲密○釋曰云抽扃取鼏加扃於鼏上皆右手者以其經云左執匕卽云抽扃予左手兼執之不言用右手故鄭明之以其右人用左手執匕卽知抽扃已下用右手似若左執爵用右手祭脯祭薦取便也

乃朼載載兩髀于兩端兩肩亞兩胉亞脊肺在於中皆覆進柢執而俟乃朼以朼次出牲體右人也載受而載於俎左人也亞次也凡七體皆覆爲塵柢本也進本者未異於生也骨有本末古文朼爲七髀爲脾今文胉爲迫柢皆爲胝

【疏】○注乃朼至爲胝○釋曰凡七體者前左右肩臂臑屬焉後左右髀肫胳屬焉并左右脅通脊爲七體也案下文大斂豚合升言合升則髀亦升之矣凡言合升多言皆并髀升非獨喪禮若體解升者皆髀不升鄭云近竅賤也云皆覆爲塵者諸進體皆不言覆此言覆者由無尸而不食故覆之也云進本者未異於生也者公食大夫亦進本是生人法今以始死故未異於生也

夏祝及執事盥執醴先酒脯醢俎從升自阼階丈夫踊甸人徹鼎巾待于阼階下執事者諸執奠事者巾功布也執者不升已不設祝既錯醴將受之

【疏】○注執事至受之○釋曰云甸人徹鼎巾者以其空無事故徹案公食大夫云甸人舉鼎順出奠于其所謂當門也或云徹鼎者誤何者前陳饌于東堂下脯醢醴酒鼏奠用功布實于簞何徹之有也云執者不升已不設祝既錯醴將受之者此執者不升唯據執巾者故鄭云祝既錯醴將受之當覆酒醴故下云祝受巾是也

以奠于尸東執醴酒北面西上執醴酒者先升尊也立而俟後錯要成也

豆錯俎錯于豆東立于俎北西上醴酒錯于豆南祝受巾巾之由足降自西

階婦人踊奠者由重南東丈夫踊巾之爲塵也東反其位疏○注東反其位○釋曰云由足降自西階婦人踊者主人
位在。阼階下婦人位在上故奠者升丈夫踊奠者降婦人踊各以所見先後爲
踊之節也云奠者由重南東丈夫踊者此奠者奠訖主人見之更與主人爲踊
之節也奠者降反位必由重南東者以其重主道神所馮依不知神之所爲故
由重南而過是以主人又踊也注云東反其位者其位盡在盆盥之東南上
賓出主人拜送于門外廟門外也疏○注廟門外也○釋曰廟門者士死于適室以鬼神所在則曰廟故名適寢爲廟也乃代
哭不以官代更也孝子始有親喪悲哀憔悴禮。防其以死傷生使之更哭不絕聲而已人君以官尊卑士賤以親疏爲之三日之後哭無時周禮挈
壺氏凡喪縣壺以代哭疏○注代更至代哭○釋曰此經論君及大夫士於小斂之後隨尊卑代哭之事注云人君以官尊卑士賤以親疏爲之者案喪
大記云君喪縣壺乃官代哭大夫官代哭不縣壺士代哭不以官注云自以親疏哭也此注不言大夫舉人君與士其大夫有大記可參以官可知故不言也
云三日之後哭無時者禮有三無時之哭始死未殯哭不絕聲一無時殯後葬前朝夕入於廟阼階下哭又於廬中思憶則哭是二無時既練之後在堊室之
中或十日或五日一哭是三無時練則葬後有朝夕。在阼階下哭唯此有時無無時之哭也引挈壺氏者證人君有縣壺爲漏尅分更代哭法大夫士則無縣
壺之義也有襚者則將命擯者出請入告主人待于位喪禮略於威儀既小斂擯者乃用辭出請之辭曰孤某使
某請事疏○注喪禮至請事○釋曰云喪禮略於威儀既小斂擯者乃用辭者案上文始死云有賓則拜之君使人弔皆不云擯者出請入告之事至此
乃云擯者出請入告是喪禮略於威儀既小斂擯者乃用辭也云出請之辭曰孤某使某請事者此約雜記諸侯使人弔鄰國諸侯之喪嗣君在阼階之下使
擯者出請云孤某使某請事此亦宜然故引爲證也擯者出告須以賓入須亦待也出告之辭曰孤某須矣疏○注須亦至須矣○

釋曰云出告之辭曰孤某須矣者此約雜記辭爲證也賓入中。庭北面致命主人拜稽顙賓升自西階出于足西面委衣如於室禮降出主人出拜送朋友親襚如初儀西階東北面哭踊三降主人不踊朋友既委衣又還哭於西階上不背主人疏○注朋友至主人○釋曰云朋友親襚如初儀者謂初死時庶兄弟襚使人以將命于室朋友襚親以進親之恩是也云西階東北面哭踊三降主人不踊者案前初死朋友襚親以進退哭不踊注云主人徒哭不踊以爲朋友不哭主人徒哭此朋友堂上北面哭據朋友哭知上文退哭非朋友哭者前文朋友君命俱來君之使者不哭朋友亦不哭故退哭據主人此朋友特來無君命故哭與彼異不可相決襚者以褶則必有裳執衣如初徹衣者。亦如之升降自西階以東帛爲褶無絮雖。複與禪同有裳乃成稱不用表也以東藏以待事也古文褶爲襲疏○注帛爲至爲襲○釋曰案喪大記云小斂君大夫複衣複衾大斂君褶衣褶衾大夫士猶小斂也若然則士小斂大斂皆同用複而襚者用褶者所以襚主人未必用之襚耳云帛爲複無絮雖複與禪同有裳乃成稱不用表也者此決雜記云子羔之襲也繭衣裳與稅衣乃爲一稱以其絮褻故須表此雖有表裏爲褶衣裳別則裳又無絮非褻故有裳乃成稱不須表也言雖複與禪同者案喪大記君大夫士褶衣與複衣相對有著爲複無著爲褶散文褶亦爲複也案喪大記有衣必有裳乃成稱據禪衣祭服之等而言此褶雖複與禪同亦得裳乃成稱也云不用表也者見異於袍繭也云藏以待事也者以待大斂事而陳之也宵爲燎于中庭宵夜也燎。火燋疏○注宵夜也燎。火燋○釋曰案少儀云主人執燭抱燋注云未爇曰燋古。者以荊燋爲燭故云燎。火燋也或解庭燎與手執爲燭別故郊特牲云庭燎之百由齊桓公始也注云僭天子也庭燎之差公蓋五十侯伯子男皆三十大夫士無文大燭或云以布纏葦以。蠟灌之謂之庭燎則此云庭燎亦如之云大者對手執者爲大

也

儀禮疏卷第三十六元缺卷今補依要義分

儀禮注疏卷三十六校勘記　阮元撰盧宣旬摘錄

管人汲

則知吉尙安舒　則要義作明

祝淅米于堂

祝夏祝也淅汏也　此注閩本誤作小字於淅西厤反下作圈隔之不標注字葛本因之竟缺此注汏徐本釋文集釋俱作汏通解毛本作沃○按釋文音徒賴反則作汏是也

管人盡階不升堂

甸人取所徹廟之西北扉薪用爨之　廟毛本誤作朝無用字徐陳釋文集釋通解楊敖俱有用字與疏合○按喪大記原文有用字○此節疏內三階上也階乃等字之訛

士有冰

尸既襲既小斂　陳閩俱無既襲二字○按喪大記注有既襲二字

主人皆出戶外北面

象平生沐浴倮裎　倮徐本釋文通解楊氏俱作倮集釋毛本作裸裎徐本通解楊氏俱作程鍾本釋文集釋毛本俱作裎張氏曰注曰

象平生沐浴倮裎案監本及釋文裎作程既夕禮謂其倮裎案監本亦作程並從監本及釋文○按鍾本既夕注亦作程

下記云毛本下作大下又下記云同

爲其倮裎爲陳閩監本要義俱作爲毛本作謂案上俠張氏引既夕注亦作謂字倮要義作倮與徐本注合毛本作裸

乃沐

又以巾拭髮乾要義同毛乾作乹○按此句釋晞字之義晞乾也

渜濯棄于坎

古文渜作緣緣釋文集釋俱作湪

棄于隱者毛本隱作坎陳閩通解要義俱作隱按隱字是

蚤揃如他日

斷爪揃鬢也釋文云鬢本亦作須案須鬢古今字

鄭讀從手爪之爪要義無之爪二字

鬠用組

古文鬠皆爲括浦鏜云周禮弁師注括引作檜檜栝字異義同疑括乃栝字之誤

商祝襲祭服

以其死於北墉下　毛本墉作牖段玉裁校本牖作墉

商祝執巾從

不言穢惡　言陳閩俱作嫌

從鬼神尙幽闇　從楊氏作於

主人左扱米〇又實米唯盈　盧文弨云又楊倞注荀子禮論引作凡

以經左右及中　毛本經誤作今

商祝掩瑱

後二脚先結頤下　二要義作三誤通解楊氏毛本俱作二

無絇之屝　毛本屝作屨陳本作履要義作屝〇按屝字是

以其綦繫旣結　要義同毛本綦作屨

使兩足不相恃離　毛本無恃字要義有

乃襲三稱

以其俱當牖俱徐陳閩葛集釋通解楊氏俱作俱按作俱與疏合毛本作居

明衣不在算

不在數張氏曰注曰不在數明衣案釋文云不數中無在字從釋文盧文弨云疏亦無在字○按張從釋文無在字故讀不數明衣爲句疏雖有故不數也之語其述注仍有在字

以袍爲表陳本要義同毛本表作裏○按表是也

不成稱陳本無成字閩本無稱字

設韐帶搢笏

搢插也插釋文集釋俱作捷下同

設決麗于掔掔唐石經嚴徐集釋俱作掔下及注同鍾本誤作擘通解毛本作掔按掔掔二字形近易訛郎說文掔字注中已誤作掔矣

決以韋爲之籍釋文通典通解俱無之字

結於掔之表也毛本掔作擘集釋作擘

乃以橫帶繞手一二二楊氏作兩

巾柶鬠蚤埋于坎

方襲事盧文弨改事爲時案安知方字非妨字之譌古書有疑則闕之勿遽改

重木刊鑿之○參分庭一參唐石經徐本集釋通解要義楊敖俱作參通典聶氏毛本俱作三許宗彥云下節夏祝注重主道也四字及疏五十三字皆屬此節之文傳寫者誤入下節經文注疏之內宜改正

夏祝鬻餘飯陸氏曰鬻本又作粥

二簋留陽厭不用餕陽監本誤作之

冪用疏布陸氏曰冪本又作鼏

今文冪皆作密徐本集釋通解同毛本今作古作作用○按通部皆古文作密此不當作今

祝取銘置于重

以銘未用銘要義作重

厥明陳衣于房

從者一幅從楊氏作縱

倫如朝服陳閩通解要義同毛本如作之○按下記正作如陳本是也

緇衾赬裏無紞

紞被也徐本同釋文通典集釋通解楊敖毛本被下有識字張氏曰紞被之識也所以識前後也無識字則句不成文

被無別於前後可也徐本通典集釋楊敖同毛本通解無可字按有可字與疏合

散衣次

袍繭之屬繭釋文集釋要義俱作襺

饌于東堂下○冪奠用功布奠通典作尊○在饌東東通典作北下節同

古文奠爲尊祭釋文出爲奠二字則陸本蓋作古文尊爲奠與通典相應

設盆盥于饌東

爲奠設盥也奠下敖氏有者字

至於設洗篚不言巾者陳本要義同毛本至於作凡

凡不就洗篚皆言巾者陳本要義同毛本凡作至於

苴絰大鬲鬲敖氏作搹陸氏曰鬲又作搹同○按敖據喪服傳定作搹然喪服傳疏内搹字此本要義皆作鬲

服重者尚麤惡惡通解作焉○按疏作惡

中人之手搤圍九寸陸氏曰搤本又作扼

牡麻絰者 楊氏無絰字下同敖氏此有下無

輕服本於陰而統於外 徐本集解通解同毛本輕服作服輕○按作輕服不誤

輕服本於陰而統外 毛本輕作絰金曰追改作輕服云若作服輕與上注重服統於內本陽不一例

又去五分一以爲帶 毛本去誤作云

彼二寸 按彼疑破字之誤

婦人之帶

婦人亦有苴絰 苴敖氏作首周學健云與帶對言自宜爲首絰但疏似作苴今仍監本

亦苴絰也 亦下監本衍有字

且男子小功緦麻 陳閩俱無且字

宜言齊衰以下至緦麻 陳監要義同毛本宜作直

陳一鼎于寢門外○覆匕東柄 柄敖氏作枋

辟小斂奠於序西南也 案後經其餘取先設者節疏云將設後奠則徹先奠於西序南毛本西序誤作序西此句序西疑亦當作西序諸本皆誤

商祝布絞衾○祭服不倒 倒唐石經作到顧炎武張爾岐並云石經誤石經攷文提要云釋文傎倒乃發注文音則經文非倒字明矣

或傎倒衣裳 陸氏曰傎本又作顛

既後布祭服 布祭二字誤倒

半在尸下半在尸上 要義同毛本無半在尸下四字

主人髺髮袒 髺鍾本誤作髻注及後並同

又將初喪服也 喪楊氏作變通典集釋通解俱作喪張氏曰監本喪作變從監本

云又將初喪服也 喪要義作變

主人出于足

襲絰於序東東夾前 兩東字之間通解有一圈疏亦然案圈處疑有當字當東夾前明在堂下

即位於阼階以主人位南西面也 以閩本通解敖氏俱作下是也

踊訖襲絰也 陳閩俱無踊字

更無升降之文 升陳閩俱誤作外浦鏜云降字疑階字之誤

主人卽位踊訖 陳閩俱重踊字

而去襲絰于序東 浦鏜改去爲云

東西當序牆之東 陳閩俱無西字案西字衍文

舉者盥

錯鼎於此宜西面 錯下要義有匕故二字此揚氏作北

右人左執匕

古文予爲與 徐本要義同毛本與作于通解誤作午集釋作于

卽云抽扃予左手兼執之 浦鏜云予監本誤于毛本誤於○按陳閩俱作于

乃朼載載兩髀于兩端 載通解不重

凡七體皆覆爲塵 徐監通典集釋通解七俱作七與疏合毛本揚氏作匕

今文胉胉爲迫 嚴本重胉字徐本爲上空一字鍾本爲上有皆字集釋通解毛本胉字不重張氏曰注曰今文胉胉爲迫按監本無一胉字從監本

夏祝及執事盥○佃人徹鼎 鼎或誤作冪見疏 ○巾待於阼階下 待監本誤作侍

已不設已通典作枇

云甸人徹鼎巾者閩本無巾字

或云徹鼎者誤鼎閩本作冪按此及上條皆當從閩本賈氏讀甸人徹鼎為句因或本誤鼎為冪故特辨之下云冪奠用功布實于簞何徹之有正辨冪字之誤也後人誤斷經句併改疏文失之遠矣一說上條巾字當移補此句鼎字下亦通

豆錯俎錯于豆東

主人位在阼階下陳閩俱無阼字

乃代哭不以官

禮防其以死傷生防釋文作坊云本亦作防瞿中溶云說文防或从土作堃坊即堃之省文

有朝夕在阼階下哭要義同毛本在作有案在字是

賓入中庭北面致命毛本中誤作出

襚者以褶○徹衣者亦如之敖氏無者字

雖複與禪同複通典敖氏俱作復

宵為燎于中庭

燎火燋火監本釋文集釋俱作大陸氏曰燋本作燭案大字是

注宵夜也燎火燋火監本要義俱作大下同

古者以荊燋爲燭者要義作人

以蠟灌之陳閩監本蠟俱作臈毛本作蠟

儀禮注疏卷三十六校勘記

儀禮疏卷第三十七

唐朝散大夫行大學博士弘文館學士臣賈公彥等撰

厥明滅燎陳衣于房南領西上綪絞紟衾二君襚祭服散衣庶襚凡三十稱紟不在筭不必盡用紟單被也衾二者始死斂衾今又復制也小斂衣數自天子達大斂則異矣喪大記曰大斂布絞縮者。三橫者三

疏○注紟單至者三○釋曰云君襚祭服散衣者士祭服有助祭爵弁服自家。祭玄端服散衣非祭服朝服之等云庶襚者謂朋友兄弟之等來襚者也云紟不在筭者案喪大記紟五幅無紞鄭云今之單被也以其不成稱故不在數內云不必盡用者案周禮守祧職云其遺衣服藏焉鄭云遺衣服大斂之餘也卽此不盡用者也云衾二者始死斂衾今又復制者此大斂之衾二始死幠用斂衾以小斂之衾當陳之故用大斂衾小斂已後用夷衾覆尸故知更制一衾乃得二也云小斂衣數自天子達者案喪大記君大夫小斂已下同云十九稱則天子亦十九稱注云十九稱法天地之終數也案易繫辭生成之數從天一地二天三地四天五地六天七地八天九地十是十九爲天地之終數云大斂則異矣者案此文士喪大斂三十稱喪大記士三十稱大夫五十稱君百稱不依命數是亦喪數略則上下之大夫及五等諸侯各同一節則天子宜百二十稱此鄭雖不言襲之衣數案雜記注云士襲三稱大夫五稱公九稱諸侯七稱天子十二稱與以其無文推約爲義故云與以疑之

東方之饌兩瓦甒其實醴酒角觶木柶毼豆兩其實葵菹芋蠃醢兩籩無縢布巾其實栗不擇脯四脡此饌但言東方則亦在東堂下也毼白也齊人或名全菹爲芋縢緣也詩云竹。柲緄縢布巾籩巾也籩豆具而有巾。盛之也特牲饋食禮有籩巾今文蠃爲蝸古文縢爲甸

疏○注此饌至爲甸○釋曰云此饌但言東

方則亦在東堂下也者案上小斂之饌云于東堂下此直言東方則亦東堂下鄭云亦。者亦上小斂也云齊人或名全菹爲芋者案鄭於周禮醢人注云細切爲虀全物若䐑爲菹若然凡菹者全物不得芋名此云齊人名全菹爲芋者菹法舊短四寸者全之若長於四寸者亦切之則葵長者自然切乃爲菹但喪中之菹葵雖長而不切取齊人一全菹一爲芋之解也引詩者欲見縢爲緣義云籩豆具而有巾盛之也者使小斂一豆一籩籩豆不具故無巾若然籩有巾豆無巾者以豆盛菹醢濕物不嫌無巾故不言其實有巾矣案此注引特牲記籩巾鄭彼注云籩有巾者果實之物多皮核優尊者此言盛之不同引之者以其彼爲尸尸食故云優尊者此爲神神不食故云盛之引之直取證有巾覆之同

奠席在饌北斂席在其東

大斂奠而有席彌神之

疏〇注大斂至神之〇釋曰云彌神之者以其小斂奠無巾大斂奠有巾已是神之今於大斂奠又有席是彌神之也

掘肂見衽

肂埋棺之坎。者也掘之於西階上衽小要也喪大記曰君殯用輴。欑至于上畢塗屋大夫殯以幬欑置于西序塗不。暨于棺士殯見衽塗上帷之又曰君蓋用漆三衽三束大夫蓋用漆二衽二束士蓋不用漆二衽二束

疏〇注肂埋至二束〇釋曰云肂埋棺之坎者肂訓爲陳謂陳尸於坎鄭即以肂爲埋棺之坎也知於西階上者檀弓孔子云夏后氏殯於東階殷人殯於兩楹之閒周人殯於西階之上故知士亦殯于西階之上此殯時雖不言南首南首可知鄭注上文云如商祝之事位則尸南首。以檀弓又云葬於北方北首三代之達禮也禮運云故死者北首生者南鄉亦據葬後而言則未葬已前不。忍異於生皆南首唯朝廟時北首故既夕云正柩于兩楹閒用夷牀注云是時柩北首必北首者朝事當不背父母以首鄉之故也引喪大記者云畢塗屋者畢盡也四面及上盡塗之如屋然云大夫殯以幬欑置于西序者大夫不得如人君於西階離序而四面欑之大夫但遍西序以木幬覆棺。營欑置於西序云塗不暨于棺者彼注云欑中狹小裁取容棺暨及也但。欑木不及棺而。已云士殯見衽塗上者即此經掘肂而見其小要於上塗之而已云帷之者鬼神尚幽闇君大夫士皆同也云又曰君蓋用

漆三衽三束者古者棺不釘彼鄭注云用漆者塗合牡牡之中也衽小要也棺蓋每一縫爲三道小要每道爲一條皮束之故云君蓋用漆三衽三束大夫士降于君故二衽二束大夫有漆士無漆也引之者證經肂與衽之義也

棺入主人不哭升棺用軸蓋在下。軸輁軸也輁狀如牀軸其輪。輓而行 疏 ○注軸輁至而行○釋曰云輁狀如牀軸其輪者此注文略案既夕云遷于祖用軸注云軸輁軸也軸狀如轉轔刻兩頭爲軹輁狀如長牀穿。桯前後著金而關軸焉大夫諸侯以上有四周謂之輴天子畫之以龍是也

熬黍稷各二筐有魚腊饌于西坫南熬所以惑蚍蜉令不至棺旁也爲舉者設盆盥於西 疏 ○注熬所至於西○釋曰喪大記云熬君四種八筐大夫三種六筐士二種四筐君魚腊焉注云熬者煎穀也將塗設於棺旁所以惑蚍蜉使不至棺也引此士喪禮曰熬黍稷各二筐又云設熬旁一筐大夫三種加以粱君四種加以稻四筐則首足皆一其餘設於左右若然則此士二筐首足各一筐其餘設於左右可知也云爲舉者設盆盥於西者以小斂既云設盆盥饌于東方明大斂用西方之盆盥矣以其先陳盥後陳鼎故於鼎上言之也

陳三鼎于門外北上豚合升魚鱄鮒九腊左胖髀不升其他皆如初合升合左右。體升於鼎其他皆如初謂豚體及。匕俎之陳如小斂時合外四鬄亦相互耳 疏 ○注合升至互耳○釋曰云其他皆如初謂豚體及匕俎之陳如小斂時者謂豚。七體之等一依前斂時也云合升四鬄亦相互耳者小斂云四鬄四解爲七體亦左右體合升今升左右體亦四解可知也故云相互也

燭俟于饌東燭燋也饌東方之饌有燭者堂雖明室猶闇火在地曰燎執之曰燭 疏 ○注堂雖至曰燭○釋曰云堂雖明室猶闇者前小斂陳衣于房無燭者近戶得明故無燭此大斂於室之奧故有燭以待之云在地曰燎者謂若郊特牲云庭燎之百又詩。云庭燎之光如此之類皆在地。曰燎此云執之曰燭及少儀云主人執燭抱燋此之類皆是人之手執燭也庭燎且燕禮亦謂之大燭也司烜氏亦謂之墳燭也

祝徹盥

于門外入升自阼階丈夫踊祝徹祝與有司當徹小斂之奠者小斂設盥于饌東有巾大斂設盥于門外彌有威儀疏○注祝徹至威儀○釋曰此直云祝徹盥于門外者不知何時設此案上小斂陳饌訖卽言設盥則陳大斂饌訖亦設盥於門外也祝徹巾授執事者以待授執巾者於尸東使先待於阼階下爲大斂奠又將巾之祝還徹醴也疏○注授執至醴也○釋曰云授執巾者於尸東使先待於阼階下者此巾前爲小斂奠巾之今祝徹巾還爲大斂奠巾之前小斂奠升自阼階設于尸東祝受巾於阼階下而升今大斂奠亦升自阼階設于奧亦宜受巾於阼階下而升故知祝授巾於執巾者使先待於阼階下也又知祝還徹醴者下文徹饌先取醴故也徹饌先取醴酒北面北面立相待俱降其餘取先設者出于足降自西階婦人踊設于序西南當西榮如設于堂爲求神於庭孝子不忍使其親須臾無所馮依也堂謂尸東也凡奠設于序西南者畢事而去之疏○注爲求至去之○釋曰云堂謂尸東也者謂如尸東堂上陳設之次第故云尸東也云凡奠設于序西南者畢事而去之者言凡奠謂小斂奠大斂奠遷柩奠祖奠但將設後奠則徹先奠於西序南待後奠事畢則去之故小斂奠設之於此不巾以不久設故也醴酒位如初執事豆北南面東上如初者如其醴酒北面西上也執醴尊不爲便事變位疏○注如初至變位○釋曰前設小斂奠于尸東時醴酒先升北面西上執豆俎者立於俎北西上至此執豆俎者豆北東上爲便事訖向東爲便故東上變位以執醴者尊仍西上是不得爲便事變位也乃適饌東方之新饌疏○注東方之新饌○釋曰以其將設大斂新饌於室故知是新饌也帷堂徹事畢婦人尸西東面主人及親者升自西階出于足西面袒袒大斂變也不言髽免髻髮小斂以來自若矣疏○注袒大至若矣○釋曰知袒爲大斂變者前將小斂袒今言袒下文卽行大斂事故知爲大斂變也云不言髽免

髻髮小斂以來自若矣者決前小斂袒男有髻髮免婦人有髽今大斂袒不言者自小斂以來有此至成服乃改若如也自如常有故不言之也 士盥位如初亦既盥並立西階下疏○注亦既至階下○釋曰言亦者亦如小斂時士盥二人並立于西階下以待遷尸也 布席如初亦下莞上簟鋪於阼階上於楹閒爲少南疏○注亦下至少南○釋曰布席如初初謂小斂時下莞上簟云鋪於阼階上者案喪大記云小斂於戶內大斂於阼是也云於楹閒爲少南者取南北節以其言阼階上故知於楹閒爲少南近阼階也 商祝布絞紟衾衣美者在外君襚不倒至此乃用君襚主人先自盡疏○注至此至自盡○釋曰云至此乃用君襚主人先自盡者喪大記君無襚大夫士注云不陳不以斂彼無襚大夫士止謂不陳爲小斂用之故云無襚大夫士以其上文士喪始死君使人襚何得云君全無襚大夫士也故以不陳不以斂解之至大斂乃用君襚於小斂所用主人先自盡也 有大夫則告後來者則告以方斂非斂時則當降拜之疏○注後來至拜之○釋曰案檀弓大夫弔當事而至則辭焉注云辭猶告也擯者以主人有事告也主人無事則爲大夫出喪大記云士之喪於大夫不當斂則出注父母始死悲哀非所尊不出也上文有君命則出迎于門外是始死唯君命出若小斂後則爲大夫出故雜記云當袒大夫至雖當踊絕踊而拜之反改成踊若士來卽成踊乃拜之也 士舉遷尸復位主人踊無筭卒斂徹帷主人馮如初主婦亦如之主人奉尸斂于棺踊如初乃蓋棺在肂中斂尸焉所謂殯也檀弓曰殯於客位疏○釋曰士舉遷尸謂從戶外夷牀上遷尸於斂上下云奉尸斂于棺謂從阼階斂上遷尸鄉西階斂於棺中乃加蓋於棺上也○注棺在至客位○釋曰云棺在肂中斂尸焉者欲見先以棺入肂中乃奉尸入棺中云所謂殯也者卽所引檀弓殯於客位者是也以尸入棺名斂亦名殯也 主人降拜大夫之後至者北面視肂北面於西階東疏○注北面於西階東○釋

曰小斂後主人阼階下今殯後拜大夫後至者殯訖不忍即阼階因拜大夫即於西階東北面視肂而哭也衆主人復位婦人東復
位阼階上下之位【疏】〇注阼階上下之位〇釋曰衆主人與婦人於賓無事故殯後即鄉東阼階上下之位也設熬旁。一筐乃塗踊
無筭以木覆棺上而塗之爲火備卒塗祝取銘置于肂主人復位踊襲爲銘設柎樹之肂東【疏】〇注爲銘至肂
東〇釋曰上文始死則作銘訖置于重今殯訖取置于肂上銘所以表柩故也云肂東者以不使當肂於東可知乃奠燭升自阼階祝
執巾席從設于奧東面執燭者先升堂照室自是不復奠于尸祝執巾與執席者從入爲安神位室中西南隅謂之奧執燭南面巾委
於席右【疏】〇注執燭至席右〇釋曰云執燭者先升堂照室者以其設席于奧當先照之爲明也云自是不復奠于尸者鄭欲解自始死已來襲奠小斂
奠皆在尸旁今大斂奠不在西階上就柩所故於室內設之則自此已下朝夕奠朔月。奠新奠皆不於尸所總解之知執燭南面者以其燭先入室南面照之
便故也云巾委於席右者以巾爲神故知委於席右也祝。反降及執事執饌東方之饌士盥舉鼎入西面北上
如初載魚左首進鬐三列腊進柢如初如小斂舉鼎執匕俎扃鼏朼載之儀魚左首設而在南鬐脊也左首進鬐亦未異於
生也凡未異於生者不致死也古文首爲手鬐爲耆【疏】〇注如初至爲耆〇釋曰云左首進鬐亦未異於生也者案公食右首進鬐此云左首則與生異而
云亦未異於生者下文注載者統於執設者統於席彼公食言右首據席而言此左首據載者統於執若設於席前則亦右首也云不致死也者檀弓云之死
而致死之不仁而不可爲也今進魚不異於生則亦是之死不致死之故引爲證也祝執醴如初酒豆籩俎從升自阼階
丈夫踊甸人徹鼎如初祝先升【疏】〇注如初祝先升〇釋曰以其小斂祝執醴醴在先此云如初故知祝先升也奠由楹內

入于室醴酒北面亦如初疏〇注亦如初〇釋曰以其小斂之醴酒先升北面西上此經亦言北面明與小斂同故云亦如初謂如初小斂經不言如初文略也設豆右菹菹南栗栗東脯豚當豆魚次腊特于俎北醴酒在籩南巾如初右菹菹在醢南也此左右異於魚者載者統於執設者統於席醴當栗南酒當脯南疏〇注右菹至脯南〇釋曰云設豆右菹者凡設醢菹常在右今特言之者此從北鄉南而陳嫌先設者在北故言右言右菹則醢自然在左是以鄭云右菹菹在醢南也注云此左右異於魚者載者統於執設者統於席者鄭以上文魚言左首據載者統於執故云左首及設則右首此言設豆右菹據設者統於席前若執來即左菹也云醴當栗南酒當脯南者以其陳饌要成尊者後設故先設栗脯於北乃於南設醴酒酒在東故醴在栗南酒在脯南也既錯者出立于戶西西上祝後闔戶先由楹西降自西階婦人踊奠者由重南東丈夫踊爲神馮依之也疏〇注爲神至之也〇釋曰鄭解丈夫見奠者至重即踊者重主道爲神馮依之故丈夫取以爲踊節也賓出婦人踊主人拜送于門外入及兄弟北面哭殯兄弟出主人拜送于門外小功以下至此可以歸異門大功亦存焉疏〇注小功至存焉〇釋曰云北面哭殯者案喪大記云大夫士哭殯則杖哭柩則輯杖注云哭殯謂既塗也哭柩謂啓後也此哭不言杖者文略也云小功以下至此可以歸者案喪服記云小功以下爲兄弟則此兄弟可以兼男女也云異門大功亦存焉者大功容有同門有同財故喪服以小功以下爲兄弟但大功亦容不同門不同財之義以異門疏至此亦可以歸故云亦存焉謂存在家之注也既殯雖歸至朝夕朔奠之日近者亦入哭限也若至葬時皆就柩所故既夕反哭云兄弟出主人拜送注云兄弟小功以下也異門大功亦可以歸是也衆主人出門哭止皆西面于東方闔門主人揖就次

次謂斬衰倚廬齊衰堊室也大功有帷帳小功緦麻有牀第可也【疏】○注次謂至可也○釋曰凡言次者廬堊室以下總名是賓客所在亦名次也故引禮記閒傳爲證案閒傳云父母之喪居倚廬寢苫枕甴不說絰帶齊衰居堊室芐翦不納大功寢有席小功緦麻牀可也齊衰既居堊室故大功以下有帷帳也

君若有賜焉則視斂既布衣君至賜恩惠也斂大斂君視大斂皮弁服襲裘主人成服之後往則錫衰【疏】○注賜恩至錫衰○釋曰案雜記云公視大斂公升商祝鋪席乃斂注引喪大記曰大夫之喪將大斂既鋪絞紟衾君至此君升乃鋪席則君至爲之改始新之此經上下不言改新者文不具也云斂大斂者案喪大記云君於士既殯而往爲之賜大斂焉此經云若有賜明君於士視大斂也云君視大斂皮弁服襲裘者案喪服小記云諸侯弔必皮弁錫衰言諸侯不言君者以其彼是弔異國之臣法案服問云公爲卿大夫錫衰以居出亦如之當事則弁經不見君弔異士服案文王世子注君爲同姓之士緦衰異姓之士疑衰並據成服後今大斂未成服緣弔異國之臣有服皮弁之法則君弔士未成服之前可服皮弁襲裘襲裘之文出檀弓子游弔小斂後襲裘帶經而入此小斂後亦宜然也云成服之後往則錫衰者亦約服問君弔卿大夫之法若然文王世子注同姓之士緦衰異姓之士疑衰不同者彼謂凡平之士此士於君有師友之恩特賜與大夫同也

主人出迎于外門外見馬首不哭還入門右北面及衆主人袒不哭厭於君不敢伸其私恩【疏】○注不哭至私恩○釋曰案喪大記云男子出寢門見人不哭平常出門時此迎君宜哭

巫止于廟門外祝代之小臣二人執戈先二人後巫掌招弭以除疾病小臣掌正君之法儀者周禮男巫王弔則與祝前檀弓曰君臨臣喪以巫祝桃茢執戈以惡之所以異於生也皆天子之禮諸侯臨臣之喪則使祝代巫執茢居前下天子也小臣君行則在前後君升則俠阼階北面凡宮有鬼神曰廟【疏】○注巫掌至曰廟○釋曰云巫掌招彌以除疾病者周禮春官男巫職文彼注云招招福也彌讀爲

敉。敉安也謂安凶禍也云小臣掌正君之法儀者夏官小臣職文云男巫王弔則與祝前者亦男巫職文云祝者則周禮春官喪祝職云王弔則與巫前是也引之者證經巫祝小臣之事也引檀弓者證彼與此經異故云皆天子之禮也以其巫祝桃茢具故爲天子禮也云諸侯臨臣之喪則使祝代巫執茢居前下天子也者此據喪大記而言案彼云大夫既殯而君往焉巫止于門外祝代之先君釋菜于門內祝先升自阼階負墉南面君即位于阼小臣二人執戈立于前二人立于後文與此經同文有詳略耳云小臣君行則在前後者非直爲弔喪則凡平行皆有此小臣從以其與君爲儀衞者云君升則俠阼階案顧命云二人雀弁夾階是其類也云凡宮有鬼神曰者以經云廟謂適寢爲廟故云有鬼神曰廟

君釋采。入門主人辟釋采者祝爲君禮門神也必禮門神者明君無故不來也禮運曰諸侯非問疾弔喪而入諸臣之家是謂君臣爲謔疏○注釋采至爲謔○釋曰引禮運者證君無故而入臣家故將入必禮門神也彼注引陳靈公與孔寧儀行父數如夏氏以取弑焉是君臣相謔致禍之事也

君升自阼階西鄉祝負墉南面主人中庭祝南面房中東鄉君牆謂之墉主人中庭進益北疏○注祝南至益北○釋曰祝必負墉南面鄉君者案喪大記云君稱言視祝而踊鄭注視祝而踊祝相君之禮當節之也故須鄉君也云主人中庭進益北者前主人先入門右中庭之南今云中庭明益北至庭也

君哭主人哭拜稽顙成踊出出不敢必君之卒斂事

君命反行事主人復位大斂事

君升主人主人西楹東北面命主人使之升

升公卿大夫繼主人東上乃斂公大國之孤四命也春秋傳曰鄭伯有耆酒爲窟室而夜飲酒擊鐘焉朝至未已朝者曰公焉在其人曰吾公在壑谷伯有者公子子良之孫良霄疏○注公大至壑谷○釋曰案典命云公之孤四命故云大國之孤四命也引春秋者襄三十年左氏傳文鄭爲伯爵不合立孤但良霄鄭之公族大夫貴重之極以比大國之孤故臣子尊其君亦號爲公引之者證經

。公是公之孤也以其天子有三孤副。貳三公。大國無公唯有孤亦號爲公是以燕禮亦謂之爲公也卒公卿大夫逆。降復位主人
降出逆降者後升者先降位位如朝夕哭弔之位疏○注逆降至之位○釋曰卒者謂卒斂也云主人降出者亦是不敢久留君先出下文君反主人主
人反鄉中庭君乃撫尸主人乃拜稽顙踊出出謂主人出鄉門外立君反主人主人中庭君。坐撫當心主人拜稽
顙成踊出撫手案之凡馮尸興必踊今文無成疏○注撫手至無成○釋曰云凡馮尸興必踊者喪大記文此經直云君坐撫當心主人直踊又
不言馮尸而鄭云凡馮尸興必踊者欲見撫卽馮之類與亦踊故得與主人拾踊也是以喪大記君於臣撫之父母於子執之子於父母馮之婦於舅姑奉之
舅姑於婦撫之馮尸不當君所又云凡馮尸興必踊是馮爲總名故君撫之亦踊也君反之復初位衆主人辟于東壁南
面以君將降也南面則當坫之東疏○注以君至之東○釋曰云君反之復初位初位卽中庭位知者以其文承中庭位故也云以君將降也南面則當
坫之東者下文君降西鄉命主人馮尸則君降當在阼階下西面命之故衆主人辟君東壁南面南面則西頭爲首有當堂角之坫故云當坫之東也君
降西鄉命主人馮尸主人升自西階由足西面馮尸不當君所踊主婦東面馮
亦如之君必降者欲孝子盡其情奉尸斂于棺乃蓋主人降出君反之入門左視塗肂在西階上入
門左由便趨疾不敢久留君君升卽位衆主人復位卒塗主人出君命之反奠入門右亦復中庭
位疏○注亦復中庭位○釋曰經云入門右注復中庭位謂在門右南北當中庭也乃奠升自西階以君在阼疏○注以君在阼○釋
曰以其凡奠皆升自阼階是爲君在阼故辟之而升西階也君要節而踊主人從踊節謂執奠始升階及既奠。由重南東時也疏

○注節謂至時也○釋曰云節謂執奠始升階及既奠由重南東時也者案上文大斂奠升時丈夫踊降時婦人踊由重南而東丈夫踊此注不云降時踊者以經直有君與主人丈夫踊節故不言降時踊節也

卒奠主人出哭者止以君將出不敢讙囂聒尊者也君出門廟中哭主人不哭辟君式之辟逡遁辟位也古者立乘式謂小俛以禮主人也曲禮曰立視五巂式視馬尾

疏○注辟逡至馬尾○釋曰君入臣家至廟門乃下車則貳車本不入大門下云貳車畢乘主人哭拜送者明出大門矣云辟逡遁辟位也者案曲禮云君出就車左右攘辟則此云辟亦是主人攘辟故云逡遁辟位也云古者立乘者以其坐乘則不得式而小俛故云古者立乘也知式是禮主人者曲禮云式宗廟曾子問卿大夫見君之尸皆下之尸必式是凡式皆是禮前物爲式引曲禮者欲見式小俛彼注巂猶規也車輪轉之一帀爲一規案周禮冬官輪崇六尺六寸圍三徑一三六十八一帀則一丈九尺八寸五規則五箇一丈九尺八寸總爲九丈九尺六尺爲一步總十六步半凡平立視視前十六步半若小俛爲式則低頭視馬尾故連引曲禮云式視馬尾也

貳車畢乘主人哭拜送貳車副車也其數各視其命之等君出使異姓之士乘之在後君弔蓋乘象路曲禮曰乘君之乘車不敢曠左左必式

疏○注貳車至必式○釋曰云其數各視其命之等者案周禮大行人云上公貳車九乘侯伯貳車七乘子男貳車五乘故知視命數也云君出使異姓之士乘之在後者禮記坊記云君不與同姓同車與異姓同車彼謂與君同在一車爲御與車右者也此經云貳車畢乘明亦使異姓之士乘之在後可知云君弔蓋乘象路者案周禮巾車職王有五路玉金象革木諸侯則同姓金路已下異姓象路已下四衛革路已下蕃國唯有木路若然唯王與同姓異姓得弔乘象路今云蓋乘象路者以諸侯言之唯據上公與侯伯於王有親者得用象路弔臨其臣以巾車又云象路以朝釋曰王以朝及燕出入雖不言弔臨然弔臨亦是出入之事故云蓋以疑之若四衛諸侯侯伯已下與王無親者亦各乘己所賜之車革路木路之等今鄭於貳車之下言所乘車者

以其言貳車其飾皆與正車同故於貳車以下言君之所乘車也引曲禮者乘君之乘車則貳車是也以其與君爲副貳卽是君之乘車也彼注云君存惡空
其位則此乘車亦居左以其人君皆左載無御者在中鄭注周禮亦有車右也云左必式者不敢立。相視。薦常爲式耳 襲入卽位衆主人
襲拜大夫之後至者成踊後至布衣而後來者 疏○注後至至來者○釋曰知布衣而後來者若未布衣時來卽入前卿大夫從
君之內今承上君大夫之下別君拜大夫之後至者明布衣後來不得與前卿大夫同時從君入者故鄭以布衣之後解之 賓出主人拜送
自賓出以下如君不在之儀 疏○注自賓至之儀○釋曰上經君在之時卿大夫士從君者不得與主人爲禮君出後有賓來卽乃得別與主人爲禮故
云自賓出以下如君不在之儀也 三日成服杖拜君命及衆賓不拜棺中之賜既殯之明日全三日始歠粥矣
禮尊者加惠明日必往拜謝之棺中之賜不施己也曲禮曰生與來日 疏○注既殯至來日○釋曰云既殯之明日者上厭明滅燎者是三日之朝行大
斂之事今別言三日成服則除上三日更加一日是四日矣而言三日者謂除死日數之爲三日也云全三日始歠粥矣者謂成服日乃食粥除此日已前是
未全三日不食至四日乃食也案喪大記云三日不食謂通死日不數成服日故云三日不食孝經三日而食者是除死日數故云三日而食也云禮尊者加
惠明日必往拜謝之者案既夕記云主人乘惡車注云拜君命是也引曲禮者彼注云與猶數也生數來日謂成服杖以死明日數也死數往。日。謂殯斂以死
日數也此士禮貶於大夫者大夫以上皆以來日數引之以證此士喪禮與大夫已上異也 朝夕哭不辟子卯既殯之後朝夕及哀至。乃
哭不代哭也子卯桀紂亡日凶事不辟吉事闕焉 疏○注既殯至闕焉○釋曰云既殯之後朝夕及哀至乃哭者此據殯後阼階下朝夕哭廬中思憶則
哭云不代哭也者決未殯以前大夫以上以官代哭士以親疏代哭不絕聲云子卯桀紂亡日者詩云韋顧既伐昆吾夏桀左傳云乙卯昆吾稔之日昆吾與

夏桀同時誅則桀以乙卯亡案尚書牧誓序云時甲子昧爽武王伐紂之日是紂以甲子日死王者以爲忌日云凶事不辟者卽此經是也云吉事闕焉者檀弓云子卯不樂是吉事闕也

婦人卽位于堂南上哭丈夫卽位于門外西面北上外兄弟在其南南上賓繼之北上門東北面西上門西北面東上西方東面北上主人卽位辟門外兄弟異姓有服者也辟開也凡廟門有事則開無事則閉疏○注外兄至則閉○釋曰喪大記云祥而外無哭者則此外位皆有哭今直云婦人哭則丈夫亦哭矣但文不備也案下注云兄弟齊衰大功者主人哭則哭小功緦麻亦卽位乃哭是也云外兄弟異姓有服者謂若舅之子姑姊妹從母之子等皆是有服者也云凡廟門有事則開無事則閉者有事謂朝夕哭及設奠之時無此事等則閉之鬼神尚幽闇故也

婦人拊心不哭方有事止讙囂疏○注方有事止讙囂○釋曰云方有事者謂下經徹大斂奠設朝奠之事也

主人拜賓旁三右還入門哭婦人踊先西面拜乃南面拜東面拜也疏○注先西至拜也○釋曰知先西面後東面者以經云旁三右還入門故知先西面後乃東遂北面入門以一面故云旁

主人堂下直東序西面兄弟皆卽位如外位卿大夫在主人之南諸公門東少進他國之異爵者門西少進敵則先拜他國之賓凡異爵者拜諸其位賓皆卽此位乃哭盡哀止主人乃右還拜之如外位矣兄弟齊衰大功者主人哭則哭小功緦麻亦卽位乃哭上言賓此言卿大夫明其亦賓爾少進前於列異爵卿大夫也他國卿大夫亦前於列尊之拜諸其位就其位特拜疏○注賓皆至特拜○釋曰旣云如外位又案外位主人之南有外兄弟其南乃有賓此內位主人之南卽有卿大夫不言兄弟者以外兄弟雖在主人之南以少退故卿大夫繼主人而言也云諸公門東少進者謂門東有士故云少進少

進於士此所陳位不言士之屬吏者案大夫家臣位在門右則士之屬吏亦在門右又在賓之後也云賓皆即此位乃哭盡哀止主人乃右還拜之如外位矣者以其云外位明拜之亦右還如外位也云兄弟齊衰大功者主人哭則哭者以其大功已上親無門外內位但主人哭則亦哭矣小功緦麻疏故入即進前於士之列也云異爵卿大夫也者以主人是士明異爵是卿大夫也云他國卿大夫亦前於列者以經云他國之異爵者門西少進亦當前於士之位也云拜諸其位就其位特拜者以其異爵則亦卿大夫大夫故知特拜一一拜諸其位也

徹者盥于門外燭先入升自阼階丈夫踊徹者徹大斂之宿奠祝取醴北面取酒立于其東取豆籩俎南面西上祝先出酒豆籩俎序從降自西階婦人踊序次也疏○注序次也○釋曰序次者次第入使相當此經所言先後則祝執醴在先次酒次豆籩次俎爲次第也設于序西南直西榮醴酒北面西上豆西面錯立于豆北南面籩俎既錯立于執豆之西東上酒錯復位醴錯于西遂先由主人之北適饌遂先者明祝不復位也適饌適新饌將復奠疏○注遂先至復奠○釋曰云遂先者明祝不復位也者以其云遂先先即祝不得復位遂適東相新饌也乃奠醴酒脯醢升丈夫踊入如初設不巾入入於室也如初設者豆先次籩次酒次醴也不巾無菹無栗也菹栗具則有俎有俎乃巾之疏○注入入至巾之○釋曰注云入入於室也者以其設奠在室中故也云如初設者豆先次籩次酒次醴也者以其大斂有俎籩豆又多今言如初設直豆籩酒醴見用者先後次第耳云不巾無菹無栗也者以大斂奠兼有菹栗則巾之是以檀弓云喪不剝奠也與祭肉也與其大斂皆有俎俎有祭肉故巾之也若然朝廟之奠亦是宿奠無菹栗有巾者爲在堂而久設塵埃故也錯者出立于戶西西上滅燭出祝闔戶先

降自西階婦人踊奠者由重南東丈夫踊賓出婦人踊主人拜送哭止乃奠奠則禮畢矣今文無拜疏○注哭止至無拜○釋曰云祝闔戶先降者以其出戶時祝闔戶在後故須云祝先降也云哭止乃奠者謂朝夕哭止拜賓乃奠奠則禮畢矣是以檀弓云朝奠日出是也

衆主人出婦人踊出門哭止皆復位闔門主人卒拜送賓揖衆

主人乃就次朔月。奠用特豚魚腊陳三鼎如初東方之饌亦如之朔月月朔日也自大夫以上月半。又奠如初者謂大斂時疏○注朔月至斂時○釋曰知大夫以上月半又奠者下經云月半不殷奠士不者大夫以上則有之謂若下文云不述命大夫已上則有之又若特牲云士不諏日大夫已上則諏諸士言不者大夫已上則皆有之故知大夫以上又。有月半奠也云如初者謂大斂時者以其上陳大斂事此言如初故知如大斂時也

無籩有黍稷用瓦敦有蓋當籩位黍稷併於甒北也於是始有黍稷死者之於朔月月半猶平常之朝夕大祥之後則四時祭焉疏○注黍稷至祭焉○釋曰云於是始有黍稷者始死以來奠不言黍稷至此乃言之故云於是始有黍稷也云死者之於朔月月半猶平常之朝夕者謂猶生時朝夕之常食也案既夕記云燕養饋羞湯沐之饌如他日注云燕養平常所用供養也饋朝夕食也羞四時之珍異若然彼謂下室中不異於生時殯宮中則無黍稷今至朔月月半乃有之若朔月月半殯宮中有黍稷下室則無故既夕記云朔月若薦新則不饋于下室注云以其殷奠有黍稷也下室如今之內堂是也是以云猶平常朝夕決之也云大祥之後則四時祭焉者士虞禮禫月吉祭猶未配是大祥之後得四時祭若虞祭之後卒哭之等雖不四時亦有黍稷是其常也

主人拜賓如朝夕哭卒徹徹宿奠也舉鼎入升皆如初奠之儀。卒朼釋匕于鼎俎行朼者逆出甸人徹鼎其序醴酒菹醢黍稷俎俎行

者組後執執組者行鼎可以出其序升入之次【疏】○注組行至之次○釋曰云組行者組後執執組者行鼎可以出者案下文設時豆錯組錯黍稷後設則組宜在黍稷前今在黍稷後而言組行者欲見組雖在黍稷前設以執之在後欲與鼎匕出爲節故云組行即匕鼎出也云其序升入之次者謂如經醴已下次第也

其設于室豆錯組錯腊特黍稷當籩位敦啓會卻諸其南醴酒位如初常。籩位。組南黍。黍東稷會蓋也今文無敦【疏】○注當籩至無敦○釋曰知當籩位組南黍黍東稷者依特牲所設爲之也

祝與執豆者巾乃出共爲之也

主人要節而踊皆如朔夕哭之儀月半不殷奠殷盛也士月半不復如朔盛奠下尊者【疏】○注殷盛至尊者○釋曰云下尊者以下大夫以上有月半奠故也

有薦新如朔奠薦五穀若時果物新出者【疏】○注薦五至出者○釋曰案月令仲春開冰先薦寢廟季春云薦鮪于寢廟孟夏云以彘嘗麥。先。薦。寢。廟仲。夏。云羞以含桃先薦寢廟皆是薦新如朔奠者牲牢籩豆一如上朔奠也

徹朔奠先取醴酒其餘取先設者敦啓會面足序出如入啓會徹時不復蓋也面足執之令足閒鄉前也敦有足則敦之形如今酒敦【疏】○注啓會至蓋也○釋曰以前設時即不蓋至徹亦不蓋今經云敦啓會嫌先蓋至徹重啓之故云不復蓋也

其設于外如於室外序西南

筮宅冢人營之宅葬居也冢人有司掌墓地兆域者營猶度也詩云經之營之【疏】○。注宅葬至營之○釋曰案周禮有冢人掌公墓之地辨其兆域此士亦有冢人掌墓地兆域故云冢人營之也

掘四隅外其壤掘中南其壤爲葬將北首故也【疏】○注爲葬至故也○釋曰云爲葬將北首者解掘中南其壤爲葬時北首故壤在足處案檀弓云葬於北方北首三代之達禮也是葬時北首也

既朝哭主人皆往兆南北面免絰兆域也。所營之處免絰者求吉不敢純凶【疏】○注兆域至純凶○釋曰

案雜記云大夫卜宅與葬日有司麻衣布衰布帶因喪屨緇布冠不蕤占者皮弁下又云如筮則史練冠長衣以筮占者朝服彼有司與占者之服不純吉亦不純凶此乃主人之服不純吉免經亦不純凶也

命筮者在主人之右命尊者宜由右出也少儀曰贊幣自左詔辭自右疏注○命尊者自右○釋曰云命尊者宜由右出也者對贊幣卑者在左故引少儀爲證也

筮者東面抽上韇兼執之南面受命韇藏筴之器也兼與筴執之今文無兼疏者○注韇藏至無兼○釋曰云抽上韇者則下韇未抽待用筮時乃幷抽也

命曰哀子某爲其父某甫筮宅度茲幽宅兆基無有後艱某甫。且字也若言山甫孔甫矣宅居也度謀也茲此也基始也言爲其父筮葬居今謀此以爲幽冥居兆域之始得無後將有艱難乎艱難謂有非常若崩壞也孝經曰卜其宅兆而安厝之古文無兆基作期疏○注某甫至作期○釋曰云某甫。且字也者謂二十。加冠時。且字云若言山甫孔甫矣者此亦二十加冠所稱故士冠禮云伯某甫仲叔季唯其所當鄭亦以孔甫之字解某甫則孔甫之等是實字以某甫擬之是且字也是以諸侯薨復者亦言某甫鄭云某甫且字是爲之造字也引孝經卜其宅兆者證宅爲葬居又見上大夫以上卜而不筮故雜記云大夫卜宅與葬日下文云如筮則史練冠鄭注云謂下大夫若士也則卜者謂上大夫上大夫卜則天子諸侯亦卜可知但此注兆爲域彼注兆爲吉兆不同者以其周禮大卜掌三兆有玉兆瓦兆原兆。孝經。注亦云兆塋域此文主人皆往兆南北面兆爲。塋域之處義得兩全故鄭注兩解俱得合義

筮人許諾不述命右。還北面指中封而筮卦者在左述循也既受命而申言之曰述不述者士禮略凡筮因會命筮爲述命中封中央壤也卦者識爻卦畫地者古文述皆作術疏○注述循至作術○釋曰云不述者士禮略者但士禮命筮辭有一命龜辭有二大夫已上命筮辭有二命龜辭有三士命筮辭有一者即上經是直有命筮無述命又無即席西面命筮辭是命筮辭唯有一也下文卜日有族長涖

卜爲事命龜直云哀子某以下又有卽席西面。一命龜注云不述命亦士禮略是士命龜辭有二又知大夫以上命筮辭有二命龜辭有三者案少牢是大夫筮禮彼上文云主人曰孝孫某來日丁亥以下是爲。一事命筮下又云遂述命曰假爾大筮有常是直云孝孫某來日丁亥已下將卽西面命筮冠於述命之上共爲一辭通前爲。事命筮有二若卜則有爲事命龜通述命又有卿當席西面命爲三知大夫龜亦有述命士云不者士喪禮士之卜筮皆云不述命士云不者大夫已上皆有謂若士月半不殷奠大夫則殷奠之類。知大夫命龜不將述命與卽西面命龜共爲一命龜亦。只有二者案此士喪注述命命龜異龜重威儀多也對少牢述命與命龜爲二通。前。命。龜。爲三若然則天子諸侯亦命筮辭有二命龜辭有三可知也知士不述命非爲喪禮略者特牲之。吉禮亦云不述命故知士吉凶皆不述命非爲喪禮略也

卒筮執卦以示命筮者命筮者受視反之東面旅占卒進告于命筮者與主人占之曰從卒筮卦者寫卦示主人乃受而執之旅衆也反與其屬共占之謂掌連山歸藏周易者從猶吉也

疏○注卒筮至吉也○釋曰經云卒筮執卦以示命筮者不言主人注云寫卦示主人不言命筮者其實皆示經直云命筮者以命筮人於卦吉凶審故據而言之是以下覆告命筮與主人二人並告明與前不異也云與其屬共占之謂掌連山歸藏周易者案洪範卜筮云三人占則從二人之言注云卜筮各三人大卜掌三兆三易以其龜有三兆玉兆瓦兆原兆筮有三易連山歸藏周易連山者夏家易以純艮爲首。艮。爲。山象山之出雲連連不絕故易名連山歸藏者殷之易以純坤爲首坤爲地萬物歸藏於地故易名歸藏周以十一月爲正月一陽爻生爲天統故以乾爲首乾爲天天能周而於四時故易名周易也

主人經哭不踊若不從筮擇如初儀更擇地而筮之歸殯前北面哭不踊易位而哭明非常

疏○注易位至非常○釋曰朝夕哭當在阼階下西面今筮宅來北面哭者是易位非常故也

既井椁主人西面拜工左

還槨反位哭不踊婦人哭于堂既已也匠人爲槨刊治其材以井構於殯門外也反位拜位也既哭之則往。施之竁中矣主人還槨亦以既朝哭矣【疏】○注既已至哭矣○釋曰自此盡亦如之論將葬須觀知槨材與明器之材善惡之事案禮記檀弓云既殯旬而布材與明器注云木工宜乾腊則此云井槨及明器之材布之已久故云既已也。又須作之豈今始獻材也但至此時將用故主人親看視是以云既哭之則往施之竁中也云匠人爲槨刊治其材者此解經主人拜工之事以其冬官主百工百工之內匠人主木工之事所云者拜匠人以其爲槨刊治其。材有功故主人拜之也云以井構於殯門外也者以下文獻材於殯門外則此亦在殯門外此不言下言者以明器之材多弁有獻素獻成之事故具言處所也反位拜位者謂反。西面拜位知既哭施之竁中者以其文承筮宅以下見其即入壙故也知主人還槨亦以既朝哭矣者以其筮宅與卜日皆在朝哭訖明還槨亦既朝哭言亦者亦彼二事也

獻材于殯門外西面北上綪主人徧視之如哭槨獻素獻成亦如之材明器之材視之亦拜工左還。形法定爲素飾治畢爲成【疏】○注材明至爲成○釋曰上經已言槨此經言材故鄭言明器之材也檀弓云既殯旬而布材與明器明器與材別言故彼言材爲槨材也又此下別言素與成則此明器之材未斲治先獻之驗其堪否也云形法定爲素飾治畢爲成知義然者以其言素素是未加飾名又經言獻材是斲治明素是。形法定斲治訖可知又言成。成。是就之名明知飾治畢也此明器須好故有三時獻法上槨材既多故不須獻直還觀之而已

卜日既朝哭皆復外位卜人先奠龜于西塾。上南首有席楚焞置于燋。在龜東楚荊也荊焞所以。鑽。灼龜者燋炬也所以然火者也周禮菙氏掌共燋。契以待卜事凡卜以明火爇燋。遂。灼其焌契以授卜師遂以役之【疏】○注楚荊至役之○釋曰云楚荊也者荊本是草之名以其與荊州之荊名同楚又是荊州之國故或言荊也荊焞所以鑽灼龜者古法鑽龜用荊謂之荊焞也云燋炬

也者謂存火者爲炬亦用荆爲之故鄭云所以然火者也周禮菙氏掌共燋契以待卜事者案彼下注杜子春云明火以陽燧取火於日玄謂焌讀如戈鐏之鐏謂以契柱燋火而吹之也契既然以授卜師用作龜也役之使助之是楚焞與契爲一皆謂鑽龜之荆讀爲戈鐏之鐏者取其銳頭爲之灼龜也

族長涖卜及宗人吉服立于門西東面南上占者三人在其南北上卜人及執燋席者在塾西族長有司掌族人親疏者也涖臨也吉服服玄端也占者三人掌玉兆瓦兆原兆者也在塾西者南面東上

疏○注族長至東上○釋曰云族長有司掌族人親疏也者以其言族長故知掌族人親疏也云吉服服玄端也者案雜記云大夫卜宅與葬日有司麻衣又云如筮則史練冠長衣此宗人直云吉服不言服名則士之吉服祭服爲吉服士之祭服爲玄端而巳宗人掌禮之官非卜筮者著玄端則筮史亦服練冠長衣雜記所云是求吉故筮者不純凶也云占者三人掌玉兆瓦兆原兆者案周禮大卜掌三兆之法注云兆者灼龜發於火其形可占者其象似玉瓦原之舋罅是用名之焉上古以來作其法可用者有三原原田也杜子春云玉兆帝顓頊之兆瓦兆帝堯之兆原兆有周之兆此三兆者當代之別名及占之又有體色墨坼之等故占人云君占體大夫占色史占墨卜人占坼注云體兆象也色兆氣也墨兆廣也坼兆舋也體有凶吉色有善惡墨有大小坼有微明尊者視兆象而已卑者以次詳其餘也周公卜武王占之曰體王其無害凡卜體吉色善墨大坼明則逢吉是其卜事據此三兆也云在塾西者南面東上者以其取堂南行事明不得背之北面故知南面取近爲尊故知東上也

闔東扉主婦立于其內扉門扉也

席于闑西閾外爲卜者也古文闑作槷閾作䦢

宗人告事具主人北面免絰左擁之涖卜即位于門東西面涖卜族長也更西面當代主人命卜

疏○注涖卜至命卜○釋曰云涖卜族長也者上文所云是也以其改鄉西面下文受龜受視受命訖即云命曰哀子某則族長非直視高兼行命龜

之事也故云當代主人命卜也周禮天子卜法則與士異假使大事則大宗卜伯涖卜小宗伯陳龜貞龜命龜大卜眂高作龜次事小事以下各有差降也

人抱龜燋先奠龜西首燋在北既奠燋又執龜以待之

疏○注既奠至待之○釋曰云卜人抱龜燋者謂從塾上抱鄉閾外待也先奠龜於席上乃復奠燋在龜北云既奠燋又執龜以待之者鄉時先奠龜次奠燋既奠燋又取龜執之以待。待者下經授與宗人宗人受之是也

宗人受卜人龜示高以龜腹甲高起所當灼處示涖卜也

疏○注以龜至卜也○釋曰凡卜法案禮記云禎祥見乎龜之四體鄭注云春占後左夏占前左秋占前右冬占後右今云腹甲高者謂就龜之四體腹下之甲高。者。部之處鑽之以示涖卜也

涖卜受視反之宗人還少退受命受涖卜命授龜宜近受命宜郤也

命曰哀子某來日某。卜葬其。父某甫考降無有近悔考登也降下也言卜此日葬魂神上下得無近於咎悔者乎

疏○注考登至者乎○釋曰云某甫者。亦上孔甫之類且字也云魂神上下者總指一切神無所偏指也云咎悔者亦謂冢墓有所崩壞也

許諾不述命還。即席西面坐命龜與授卜人龜負東扉宗人不述命亦士禮略凡卜述命命龜異龜重威儀多也負東扉俟龜之兆也

疏○注宗人至兆也○釋曰云宗人不述命亦士禮略者以少牢述命此云不述命故云士禮略云凡卜述命命龜異龜重威儀多也者言凡非一則大夫已上皆有述命述命命與命龜異故知此不述而有即席西面命龜若大夫以上有述命命者自然與西面命龜異可知言凡卜述命命龜異龜重威儀多對筮時述命命筮同筮輕威儀少云俟龜之兆也者下文告于主婦。主。婦哭是也

卜人坐作龜興作猶灼也周禮卜。人凡卜事示高揚火以作龜致其墨與起也

疏○注作猶至起也○釋曰周禮卜師凡卜揚火以作龜致其墨者此據小事故不使大卜眂高作龜

宗人受龜示涖卜涖卜受視反之宗人退東面乃旅占

卒不釋龜告于涖卜與主人占曰某日從不釋龜復執之也古文曰爲日疏○注不釋至爲日○釋曰云不釋龜者似元執不釋注云復執之也者似釋後重執之二疑之閒謂宗人退東面旅占之時授人傳占占訖授宗人宗人復執之與本不釋相似故經云不釋龜也授卜人龜告于主婦主婦哭不執龜者下主人也告于異爵者使人告于衆賓衆賓僚友不來者也疏○釋曰上云既朝哭皆復外位外位中有異爵卿大夫等故就位告之云使人告于衆賓者既言使人告明不在此故鄭云不來者也卜人徹龜宗人告事畢主人経入哭如筮宅賓出拜送若不從卜宅如初儀

儀禮卷第十二經三千三百九十六注五千四百五十九

儀禮疏卷第三十七元缺卷今補依要義分

儀禮注疏卷三十七校勘記

阮元撰盧宣旬摘錄

厥明滅燎

橫者三 案喪大記作橫者五

自家祭玄端服 陳閩俱無祭字通解自下玄上止有一字未刻

東方之饌○兓豆兩 豆通解誤作鬲

竹𥫗緄縢 𥫗通典作閟案詩作閟陸於彼釋云本亦作𥫗

盛之也 段玉裁校本作神之也云下文注云彌神之正蒙此疏同

鄭云亦者亦上小斂也 要義無亦者二字

掘肂見衽

肂埋棺之坎者也 徐本通解俱有者字與疏不合毛本集釋敖氏俱無楊氏坎下空一字

君殯用輴 輴宋本釋文从木張氏曰此必後人因禮記之文改從車爾既夕禮注謂之楯同

欑至于上 毛本欑誤从手下及疏同陸氏曰劉本作㩅音同

欑置于西序 徐陳閩監葛本集釋同與疏合毛本置作至案大記欑至于西序宋本及日本古本足利本皆作置見山井鼎七經孟子考文

與孔疏合

塗不墍于棺陸氏曰墍其器反劉本作墍古慨反

以檀弓又云要義同毛本無以字

不忍異於生陳閩俱無忍字

營欑置於西序陳閩通解俱無營字

但欑木不及棺而已已下要義有也字○按通解欑作塗是也

棺入主人不哭

軸輁軸也上軸字嚴本作輴張氏曰監杭本輴作軸從監杭本○按既夕禮遷于祖用軸疏引此注亦作軸

輓而行陸氏曰輓本又作挽

穿桯前後著金桯毛本誤作程案既夕注桯字諸本亦有作程者

陳三鼎于門外

合左右體升於鼎體通典作胖

謂豚體及匕俎之陳匕徐本作上通典集釋俱作匕張氏曰監杭本上作匕從監杭本

謂豚七體之等七監本誤作匕

燭俟于饌東

又詩曰曰要義作云

皆在地曰燎閩監通解要義同毛本曰作爲

祝徹盥于門外〇丈夫踊丈石經補缺誤作大

其餘取先設者〇南當西榮毛本當作堂榮誤從水

則徹先奠於西序南西序二字誤倒

待後奠事畢要義無事畢二字

乃適饌毛本適誤作設

主人奉尸斂于棺

釋曰云要義此節疏與上節疏合爲一條此云字上有下字

旁一筐金曰追云敖繼公曰旁一筐喪大記引作旁各一筐各謂各黍稷也

乃奠

朔月奠新奠毛本上奠字作荐陳閩監本通解俱作薦要義作奠案奠字當在薦字上

祝反降毛本祝誤作燭

設豆右菹

菹在醢南也醢徐本集釋俱作醴通解敖氏俱作醢

嫌先設者在北毛本北作左陳本作此要義作北

言右菹則醢自然在左毛本菹作俎陳閩要義俱作菹案菹字是

菹在醢南也醢要義作醴與徐本注合

此言設豆右菹陳閩監本通解要義同毛本菹作俎○案菹字是下同

即左菹也陳閩通解要義同毛本菹作俎

賓出婦人踊

但大功亦容不同門不同財之義毛本容作有陳閩監本俱作容要義容下有有字

異門大功亦可以歸毛本門下有者字要義無與既夕注合○按通解亦無者字

君若有賜焉則視斂斂嚴徐俱作劍鍾本集釋通解俱作斂張氏曰監本劍作斂注云斂大斂從注及監本○君至二字鍾本

在下節之首

此士於君有師友之恩 陳本要義同毛本於作與

巫止于廟門外

巫掌招弭以除疾病 弭徐陳集釋楊氏俱作弭釋文毛本作彌云又作弭通解脫此句盧文弨云彌亦通用○按說文有弭無彌周禮亦作弭

小臣掌正君之法儀者 小上徐本通典集釋楊氏俱有周禮二字通解無

周禮男巫 周禮通典作春官按以上三句皆見周禮首句亦男巫職文下既別引男巫故首句不加周禮字小臣男巫皆周之職官故稱周禮然小臣上既有周禮字則下句不宜疊出依通典作春官取文相變亦可

喪祝王弔則與巫前 此八字此本徐本通典集釋楊氏俱無通解毛本有金日追云是誤以疏爲注也

彌讀爲敉敉安也 要義同毛本不重敉字

君釋采 采釋文通典俱作菜案敖氏曰采讀爲菜蓋從釋文也

升公卿大夫

春秋傳曰鄭伯有耆酒爲窟室而夜飲酒擊鍾焉朝至未已朝者曰公焉在

其人曰吾公在壑谷伯有者公子子良之孫良霄毛本脫三十九字徐本集釋俱有通解楊氏俱與毛本同浦鏜云疏不引全文知注已見也○按釋文有者酒窟室朝至公焉四條

貴重之極要義無重字

證經公是公之孤也要義無上公字

副貳三公毛本貳誤作二

大國無公大要義作公誤

卒公卿大夫逆降復位逆石經補缺誤作送

君反主人○君坐撫當心君石經補缺誤作坐

君要節而踊

由重南東時也由楊氏作猶

由重南面東重毛本誤作二面陳本通解俱作而

君出門

則貳車本不入大門毛本貳誤作二下同

卿大夫見君之尸皆下之尸必式 陳閩俱無皆下之尸四字

凡平立視視前十六步半 要義同毛本不重視字

貳車畢乘 毛本貳誤作二注疏並同

爲御與車右者也 要義同毛本與作於

以巾車又云 要義以字下有其字無巾車又云四字

釋曰王以朝 五字要義無

雖不言弔臨然弔臨亦是出入之事 要義無上六字案周禮司常云道車載旞注云道車象路也王以朝夕燕出入巾車疏備引其文賈氏此疏亦兼引巾車及司常注其中似有後人增竄之詞當悉從要義

不敢立相視舊常爲式耳 浦鏜云衍相字舊字陳閩通解俱誤作舊

三日成服

謂殯斂以死日數也 謂上要義有此字案陳本於上句日字作昆乃誤合日此二字爲一耳

朝夕哭

朝夕及哀至乃哭 乃楊氏作則

婦人即位于堂

辟開也開要義楊氏俱作門誤

皆是有服者也要義同毛本皆是作是皆

主人堂下直東序西面

就其位特拜位毛本誤作拜特敖氏作而

亦當前於士之位也要義同毛本無之字

徹者盥于門外燭先入毛本燭誤作獨

朔月奠月鍾本誤作日注中月字仍不誤

月半又奠又通解作有

又有月半奠也毛本有作用要義作有案有是

舉鼎入升○卒杝毛本卒誤作執

其設于室

常遷位嚴本同毛本常作當張氏曰監本常作當從監本

俎南黍俎敖氏作菹

黍東稷黍陳本誤作稷疏同

有薦新

以彘嘗麥先薦寢廟仲夏云要義無下七字似誤

筮宅

注宅葬至營之此段疏陳閩俱無通解亦不載

既朝哭

所營之處徐本集釋敖氏同毛本通解所作新○按所字是

命曰哀子某

某甫且字也且徐鍾陳閩葛本楊氏俱作其嚴監通典集釋敖氏俱作且通解作某○按且字是其某並誤

謂二十加冠時且字加上毛本誤衍五字案疏內唯此及後疏云某甫者以上孔甫之類且字也二且字諸本皆同其餘唯監本要義作且他本並作其

孝經注亦云兆塋域陳閩俱脫孝字注字按陳閩固誤然上文云此注兆為域彼注兆為吉兆彼注者謂孝經注也豈鄭解孝

經兆字有二說歟唐御注孝經曰兆塋域也邢疏以爲依孔傳則似非鄭義

兆爲營域之處（營通解作塋）

筮人許諾○右還北面（毛本右誤作左）

又有卽席西面一命龜（陳監要義同毛本一作坐○案作一是也下有共爲一命龜之語）

是爲一事命筮（陳本要義同毛本一作因）

通前爲事命筮有二（事陳本要義俱作士按爲事命筮卽上文所謂因事命筮也）

知大夫命龜（知陳閩俱誤作如）

亦只有二者（毛本只作知要義作只似誤）

通前命龜爲三（陳閩俱脫前命龜爲四字）

特牲之吉禮（吉陳閩俱作士）

卒筮

則從二人之吉（吉要義作言）

艮爲山（要義同毛本無此三字）

既井椁

則往施之竁中矣毛本施誤作於

又須作之陳閩要義同毛本又作久

以其爲椁刊治其材有功要義同毛本材下有者字

謂反西面拜位毛本西誤作四

獻材于殯門外

形法定爲素形葛本作刑與毛本疏誤同

明素是形法定毛本形誤作刑

又言成成是就之名要義同毛本成是作是成

卜日既朝哭○卜人先奠龜于西塾上毛本塾作墪唐石經徐陳閩葛俱作塾

○楚焞置于燋燋石經補缺誤作醮

荆焞所以鑽灼龜者集釋無灼字陸氏曰鑽一本作灼○按沈彤云按釋文是鑽灼二字當衍其一本疏有鑽龜之文集釋又無灼字則所衍必灼字也

掌共燋契徐本集釋楊敖同毛本契作挈釋文作挈云本又作契○按周禮作契

遂灼其焌契以授卜師毛本遂誤作燧灼集釋作歙

役之使助之下之字陳閩俱作人

皆謂鑽龜之荆要義同毛本荆作焌

族長涖卜

其象似玉瓦原之璺罅毛本瓦誤作兆

及占之毛本及誤作今

坼有微明毛本坼誤作圻下同

是其卜專據此三兆也毛本卜下有不字金日追云今本脫不字與上文義不貫依通解補

闑東扉

扉門扉也上扉字毛本誤作扉下扉字楊氏作扇

席于闑西閾外

爲卜者也也通典作席

古文闑作槷是毛本古誤作故槷作槷徐本集釋俱作槷通解作槷○按徐本

宗人告事具

下文受龜受視受命訖要義同毛本下文作宗人陳本作辛文

次事小事以下下要義作上誤

卜人抱龜燋

又取龜執之以待待者陳閩同毛本下待字作之字

宗人受卜人龜

高者部之處要義同毛本作高起之處○按疑當作部起之處

命曰哀子某來日日下唐石經徐本通典楊敖俱有某字集釋通解俱無石經考文提要云某者某甲子○按聶氏三禮圖引此句日字上下甚稀蓋本有某字校者据今本删之耳○卜葬其父某甫其通解楊氏俱作某

亦上孔甫之類毛本亦誤作以

許諾不述命還即席毛本還誤作送

下文告于主婦主婦哭是也主婦二字陳閩俱不重出

卜人坐作龜與

周禮卜人 人集釋敖氏俱作師是也與疏合

卜宅如初儀 宅唐石經徐本通解俱作宅集釋楊敖毛本俱作擇張氏曰上文有云筮擇如初儀此卜日爾非卜宅也擇宅音同故誤顧炎武云擇當依石經作宅張爾岐云擇石本誤作宅

儀禮注疏卷三十七校勘記

儀禮疏卷第三十八 儀禮卷第十三

唐朝散大夫行大學博士弘文館學士臣賈公彦等撰

既夕禮。第十三

疏既夕第十三○鄭目錄云士喪禮之下篇也既已也謂先葬二日已夕哭時與葬閒一日凡朝廟日請啓期必容焉此諸侯之下士一廟其上士二廟則既夕哭先葬前三日大戴第十五小戴第十四別錄名士喪禮下篇第十三○釋曰鄭目錄云士喪禮下篇者依別錄而言以其記下士之始死乃記葬時而揔記之故名士喪禮下篇也鄭又云先葬二日與葬閒一日者驗經云既夕哭請啓期告于賓明旦夙興開殯即遷于祖一日又厥明即葬故知是葬前二日與葬閒一日也云必容者請啓期在葬前二日中閒容朝廟一日故云必容焉鄭又云此諸侯下士一廟其上士二廟則既夕哭先葬前三日者以其一廟則一日朝二廟則二日朝故葬前三日中閒容二日故三日若然大夫三廟者葬前四日諸侯五廟者葬前六日天子七廟者葬前八日差次可知

儀禮 鄭氏注

既夕哭既已也謂出門哭止復外位時疏既夕哭○注既已至位時○釋曰此經論既夕哭請啓期之事夕哭者是主人朝夕哭在殯宮阼階之下禮將請啓殯之時主人於夕哭訖出寢門復外位故鄭云謂出門哭止復外位時者鄭知復外位。請者見上篇卜日禮云既朝哭皆復外位朝夕之哭其禮並同明知此請啓期亦在復外位時若然上篇卜日禮云既朝哭皆復外位此不於既朝哭而待既夕哭者謂明日之朝始啓殯又不可隔夕哭故於既夕請也但復外位之時必有弔賓來亦在外位故請期因告賓也

請啓期告于賓將葬當遷柩于祖有司於是乃請啓肂之期於主人以告賓賓宜知其時也今文啓爲開疏請啓期告于賓○注將葬至爲開○釋曰云將葬當遷柩于祖有司於是乃請啓肂之期於主人以告賓者鄭解時未至而豫前二

日夕哭之後出於門外位請期者明。旦須啓殯以柩朝于祖故有司於此時請啓殯之期告賓使知而來赴弔之事也

夙興設盥于祖廟門外祖王父也下士祖禰共廟疏夙興至門外○注祖王至共廟○釋曰自此盡階閒論豫於祖廟陳饌之事言夙興者謂夕哭請期訖明旦早起豫設盥於祖廟門外擬舉鼎之人盥手案小斂設盆盥在東堂下大斂設盥於門外雖不言東方約小斂盥在東堂下則大斂盥亦門外東方此下陳鼎如大斂奠則此設盥亦在門外東方如大斂也云祖王父也者案祭法云曰考廟曰王考廟此云王父之言出於彼云下士祖禰共廟者又祭法云適士二廟官師一廟鄭注云官師中士下士案下記云其二廟則饌于禰則此經所朝據一廟者而言設盥于祖是下士一廟祖禰共廟據尊者而言也

陳鼎皆如殯東方之饌亦如之皆皆三鼎也如殯如大斂既殯之奠疏陳鼎至如之○注皆皆至之奠○釋曰案上文殯後大斂之陳三鼎有豚魚腊在廟門外西面北上此陳鼎亦如之云東方乞饌亦如之者彼大斂時云東方之饌兩瓦甒其實醴酒觶豆兩其實葵菹芋蠃醢兩籩無縢布巾其實栗不擇脯四脡故今云東方之饌亦如之云皆皆三鼎也者以其言皆明非一鼎皆三鼎可知又不言外內即門外及陳於阼階下亦西面北上外內同云如殯如大斂既殯之奠者以其大斂於阼階即移于棺而殯之殯訖乃于室中設大斂之奠即大斂奠在殯後恐於殯時別有奠故明之云如殯如大斂既殯之奠也

夷牀饌于階閒。夷之言尸也朝正柩用此牀疏夷牀饌于階閒○注夷之至此牀○釋曰云夷之言尸也者遷尸於堂亦言夷尸盤衾皆依尸而言故云夷之言尸也云朝正柩用此牀者謂柩至祖廟兩楹之閒尸北首之時乃用此牀故名夷牀也

二燭俟于殯門外早闇以為明也燭用烝。疏二燭至門外○注早闇至用烝○釋曰自此盡夷衾論啓殯及變服之事二燭者以其發殯宮二者下云燭入注云炤徹與啓建者故於此豫備之云燭用蒸者案周禮甸師氏云以薪蒸役外內饔注云大曰薪小曰蒸又案少儀云主者。執燭抱燋鄭云未爇曰燋燋即蒸故云燭用蒸

也

丈夫髽散帶垂即位如初爲將啓變也此互文以相見耳髽婦人之變喪服小記曰男子免而婦人髽男子冠而婦人笄如初朝夕哭門外位

疏丈夫至如初○注爲將至外位○釋曰云爲將啓變也者凡男子免與括髮散帶垂婦人髽皆當小斂之節今於啓殯時亦見尸柩故變同小斂之時故云爲將啓變也云此互文以相見耳髽婦人之變者既是婦人之變則免是男子之變今丈夫見其人不見免則丈夫當免矣婦人見其髽不見人則婦人當髽矣故云互文以相見耳引喪服小記者證見未成服已前男子免而婦人髽既成服以後男子冠婦人笄若然小斂之時斬衰男子括髮齊衰以下男子免不言男子括髮者欲見啓殯之後雖斬衰亦免而無括髮知者案喪服小記云緦小功虞卒哭則免注云棺柩已藏嫌恩輕可以不免也言則免者則既殯先啓之閒雖有事不免以此而言先啓不免則啓當免矣又喪服小記云君弔雖不當免時也主人必免不散麻雖異國之君免也親者皆免注云不散麻者自若絞垂爲人君變貶於大斂之前既啓之後也親者大功以上也注直言不散麻貶於既啓之後則主人著免不貶矣以此言之啓後主人著免可知若啓後著免亦是貶矣若然後至卒哭其服同矣以其反哭之時更無變服之文故知同也云婦人髽及婦人笄者若未成服之時婦人髽無笄故空云髽成服之後婦人髽有笄故喪服斬衰婦人云箭笄檀弓云南宮縚之妻之姑之喪夫子誨之髽蓋榛以爲笄是成服有笄明矣是以婦人成服云笄也云散帶垂者小斂節大功已上男子皆然若小功已下及婦人無問輕重皆初而絞之云如初朝夕哭門外位者但經直云即位如初知如門外位者以下經始云主人拜賓入即位祖明知此未入門在門外如朝夕哭位也

婦人不哭主人拜賓入即位祖此不象如初者以男子入門不哭也不哭者將有事止讙囂

疏婦人至位祖○注此不至讙囂○釋曰云此不蒙如初者以男子人門不哭者案上篇朝夕哭云主人即位辟門婦人撫心不哭主人拜賓旁三右還入門哭婦人踊此主人入門不哭婦人不哭不踊故不得蒙如初也云將有事者謂將有啓殯之事也

商祝免袒

執功布入升自西階盡階不升堂聲三啓三命哭功布灰治之布也執之以接神爲有所拂。扐也聲三三有聲存神也啓三三言啓告神也舊說以爲聲噫興也今文免作絻

【疏】商祝至命哭〇注功布至作絻〇釋曰云功布灰治之布也者亦謂七升以下之布也云執之以接神爲有所拂。扐也者拂扐猶言拂拭下經云商祝拂柩用功布是拂拭去塵也此始告神而用功布拂扐者謂拂扐去凶邪之氣也云三有聲存神也者案曾子問亦云祝聲三鄭云警神也卽此存神也云舊說以爲聲噫興者鄭注曾子問云聲噫歆。不。云。舊。說亦是舊說也

燭入炤徹與啓肂者

【疏】燭入〇注炤徹與啓肂者〇釋曰上云二燭此鄭云炤徹與啓肂則一燭。於室中炤徹奠一燭於堂照開殯肂也

祝降與夏祝交于階下取銘置于重祝降者祝徹宿奠降也與下祝交事相接也夏祝取銘置于重爲啓肂遷之吉事交相左凶事交相右今文銘皆作名

【疏】祝降至于重〇注祝降至作名〇釋曰此祝不言商夏則周祝也燭既入。室周祝從而入室徹宿奠降降時夏祝自下升取銘降置于重爲妨啓殯故也云祝降者祝徹宿奠降也者謂昨暮所設夕奠經宿故謂之宿奠也此宿奠擬朝廟所用卽下云重先奠。從者是也此奠所徹所置之處雖不言案上篇大斂遷小斂奠于序西南此亦序西南可也云吉事交相左者則鄉射大射皆云降與射者交於階下相左是也云凶事交相右者此凶事不言交相左者以凶事反於吉明交相右可知交相右者周祝降階時當近東夏祝升階當近西是交相右也云今文銘皆作名者此銘及下陳。明器云取銘置于茵。二者皆。名但銘書作名亦通一塗也

踊無筭主人也

【疏】踊無筭〇注主人也〇釋曰下文云商祝拂柩則踊無筭當知開棺柩之時以其踊爲哀號之已甚故知主人也

商祝拂柩用功布幠用夷衾拂去塵也。幠覆之爲其形露

【疏】商祝至夷衾〇注拂去至形露〇釋曰開柩已出時是棺南首夷衾本擬覆柩故斂時不用今得覆棺於後朝廟及入壙。雖不言用夷衾又無徹文以覆棺言之當隨柩入壙矣

遷于祖用軸遷徙

也從於祖朝祖廟也檀弓曰殷朝而殯於祖周朝而遂葬蓋象平生將出必辭尊者軸輁軸也軸狀如轉轔刻兩頭爲軹輁狀如長牀穿程前後著金而關軹焉大夫諸侯以上有四周謂之輴天子畫之以龍

【疏】遷于祖用軸○注遷徙至以龍○釋曰自此盡由足西面論以柩朝廟之事云遷于祖用軸者謂朝廟之時從殯宮遷移于祖廟朝時用輁軸載之案士喪禮將殯云棺入主人不哭升棺用軸則遷于祖時亦升輁軸於階上載之挽柩而下若然未升饌陳之當在堂下是以下記云夷牀輁軸饌于西階東注云明階閒者位近西夷牀饌于祖廟輁軸饌于殯宮而言階閒明在堂下也云檀弓曰殷朝而殯于祖者殷人將殯之時先朝廟訖乃殯至葬時不復朝也云周朝而遂葬者周人殯于路寢至葬時乃朝朝訖而遂葬引之者證經將葬朝祖之事云蓋象平生將出必辭尊者曲禮云出必告反必面是也案聘禮大夫將出聘告于禰乃行介無告禰之事故不得象之云軸輁軸也者下記云夷牀輁軸是也云軸狀如轉轔者此以漢法況之漢時名轉軸爲轉轔轔輪也故士喪禮云升棺用軸注云軸輁軸也輁狀如牀軸其輪輓而行是以輪爲轔也云刻兩頭爲軹者以軸頭爲軹刻軸使兩頭細穿入輁之兩髀前後二者皆然云輁狀如長牀穿程前後著金而關軸焉者此輁既云長如牀則有先後兩畔之木狀如牀髀厚大爲之兩畔爲孔著金釧於中前後兩畔皆然然後關軸於其中言桯者以其厚大可以容軸故名此木爲桯也云大夫諸侯以上有四周謂之輴者大夫殯葬雖不用輴士朝廟用輁軸則大夫朝廟當用輴但天子殯葬朝廟皆用輴諸侯天子畫輴爲龍謂之龍輴檀弓諸侯云輴天子云菆塗龍輴是也此輴皆有四周爲輴故名爲輴也

重先奠從燭從柩從燭從主人從

行之序也主人從者丈夫由右婦人由左以服之親疏爲先後各從其昭穆男賓在前女賓在後

【疏】重先至人從○注行之至在後○釋曰此論發殯宮鄉祖廟之次序柩之前後皆有燭者以其柩車爲隔恐闇故各有燭以炤道若至廟燭在前者升炤正柩在後者在階下炤升柩故下記云燭先入者升堂東楹之南西面後入者西階東北面在下是也云主人從者丈夫由右婦人由左

以服之親疏爲先後者經直云主人從者以主人爲首者而言故鄭總舉男子婦人并五服而言知男子由右婦人由左者以內則云道路男子由右女子由左鄭云地道尊右彼謂吉時此雖凶禮亦依之也云親疏爲先後各從其昭穆者假令昭親則在先昭疏則在後就同昭穆之中又以年之大小爲先後男從主人後女從主婦後云男賓在前女賓在後者謂無服者亦各從五服男子婦人之後爲序也

升自西階柩也猶用子道不由阼也【疏】升自西階○注柩也至阼也○釋曰云猶用子道不由阼也者案曲禮云爲人子者升降不由阼階今以柩朝祖故用子道不由阼也

奠俟于下東面北上俟正柩也【疏】奠俟至北上○注俟正柩也○釋曰既升階當正之於夷牀之上北首既正乃設奠故云俟正柩也

主人從升婦人升東面衆人。東即位東方之位【疏】主人至即位○注東方之位○釋曰主人主婦從柩而升言婦人升東面不言主人西面舉主婦東面主人西面可知故下文云主人西面也云衆人東即位者唯主人主婦升自衆主人以下從柩至西階下遂鄉東階下即位西面位

正柩于兩楹閒用夷牀兩楹閒象鄉戶牖也是時柩北首【疏】正柩至夷牀○注兩楹至北首○釋曰云兩楹閒象鄉戶牖也者以其戶牖之閒賓客之位亦是人君受臣子朝事之處父母神之所在故於兩楹之閒北面鄉之若言鄉戶牖則在兩楹閒而近西矣故下記云夷牀輁軸饌于西階東饌夷牀俟正柩而言西階東則正柩于楹閒近西可知矣云是時柩北首者既言朝祖不可以足鄉之又自上以來設奠皆升自阼階今此下文設奠升降皆自西階下鄭注云奠升不由阼階柩北首辟其足以此而言此時柩北首明矣

主人柩東西面置重如初如殯宮時也【疏】主人至如初○注如殯宮時也○釋曰主人主婦從柩升即當西面東面鄉柩主婦上文即言東面至此乃言主人西面者以其主婦東面位不改故從柩升因言東面男子在柩東西面既改西面位故。待正柩訖乃言西面也其重依上文序從之時重先不先置者以其上待正柩訖乃置之云如初者亦如上篇三分庭一在南二在北

而置之故奠云如殯宮時也

席升設于柩西，奠設如初，巾之，升降自西階。席設于柩之西直柩之西當西階也從奠設如初東面也不統於柩神不西面也不設柩東東非神位也巾之者爲禦當風塵

【疏】○席升至西階○注席設至風塵○釋曰：此論設宿奠於柩西。云席設于柩之西直柩之西當西階也者，知當西階以其柩當戶牖之南，席北鋪之，自然當西階之上。云從奠設。如。初東面也者，如初謂如殯宮朝夕設奠于室中者，從柩而來，此還是彼朝夕奠脯醢醴酒。據。神東面設之於席前也。云不統於柩神不西面也者，謂不近柩設奠，若近柩則統於柩，爲神不西面，故不近東統於柩。知神不西面者，特牲、少牢皆設席于奧東面，則天子諸侯亦不西面可知。云不設柩東東非神位也者，此亦據神位在奧不在東而言也。若然，小斂奠設于尸東者，以其始死未忍異於生。大斂以後奠皆設于室中，亦不統於柩。此奠不設于室者，室中神所在，非奠死者之處故也。云巾之者爲禦當風塵者，案禮記檀弓云「喪不剝奠也與，祭肉也與」，據小斂大斂之等也，有牲肉，故不倮露，故巾之。以此宿奠脯醢醴酒無祭肉，巾之者，以朝夕奠在室不巾，此雖無祭肉，爲在堂風塵，故巾之，異於朝夕在室者也。

主人踊無筭，降拜賓，即位，踊，襲。主婦及親者由足，西面。設奠時婦人皆室戶西南面，奠畢乃得東。面。親者西面，堂上迫，疏者可以居房中。

【疏】○主人至西面○注設奠至房中○釋曰：云降拜賓即位踊襲者，實謂在殯宮看主人開殯朝祖之賓。襲。者，從殯宮。中拜賓入即位，袒至此乃襲，襲者先即位踊，踊訖乃襲經于序東。云設奠時婦人皆室戶西南面奠畢乃得東。面者，知婦人戶西南面者，案下記云「將載柩。祝及執事舉奠，戶西南面東上」，則知此設之時婦人辟之，亦戶西南面，待設奠訖，乃由柩足向柩東西面，不即鄉柩東西面者，以主人在柩東，待設奠訖，主人降拜賓，婦人乃得東也。若然，云親者西面，則大功以上相隨。同西面也。又云堂上迫疏者可以居房中者，以其言親者西面，明疏者小功以下不得堂上西面，爲堂上迫狹，自然在房中西面矣。

薦車，直東榮，北輈。薦進也進車者象生時將行陳駕也今時謂之

魂車輈轅也車當東榮東陳西上於中庭疏薦車至北輈○注薦進至中庭○釋曰自此盡還出論薦車馬設遷祖奠之事薦車者以明旦將行故豫陳車
云進車者象生時將行陳駕也者案曲禮云。君車將駕則僕執策立於馬前已駕僕展軨是生時將行陳駕今死者將葬亦陳車象之也云今時謂之魂車者
鄭舉漢法況之以其神靈在焉故謂之魂車也云輈轅也者周禮考工記有輈人爲輈輈亦謂之轅故云輈轅也云車當東榮東陳西上於中庭者此車既非
載柩之車即下記云薦乘車道車稾車以次言之則先陳乘車次陳道車次陳稾車知東陳西上者下云陳明器于乘車之西明器繼乘車而西明乘車在上
已東有道車稾車故知三者西上也乘車既當東榮則三者不當中庭而云中庭者據南北之中庭不據東西爲中庭也何者以下經云薦馬入門三分庭一
在南馬右還出薦馬者當車南在庭近南明車近北當中庭矣質明滅燭質正也疏質明滅燭○釋曰自啓殯至此時在殯宮在道及祖廟皆
有二燭爲明以尚早故也。今至正明故滅燭也徹者升自阼階降自西階徹者辟新奠不設序西南已再設爲褻疏徹者至西
階○注徹者至爲褻○釋曰云新奠者謂遷祖之奠將設新故徹去從奠以辟新奠也云不設序西南已再設爲褻者爲徹從奠不設于序西南爲再設褻瀆
故不設也其再設者。未啓殯前夕時一設至此朝廟又設是再設也乃奠如初升降自西階爲遷祖奠也奠升不由阼階柩北首辟其
足疏乃奠至西階○注爲遷至其足○釋曰云爲遷祖奠也者謂遷柩朝祖之奠也云如初者亦。於柩西當階之上東面席前爲之則同其饌則異以其
上三鼎及東方之饌皆大斂之奠是也云奠升不由阼階柩北首辟其足者以前大斂小斂及朝。夕奠皆升自阼階降自西階今此遷祖奠升不由阼階故云
辟足辟足者以其來往不可由首又飲食之事不可褻之由足故升自西階也若然徹時所以由足者奠畢去之由足無嫌也主人要節而踊
節升降疏主人要節而踊○注節升降○釋曰云節升降者奠升時主人踊降時婦人踊由重南主人踊此不言婦人文不具也薦馬纓三

就入門北面交轡圉人夾牽之駕車之馬每車二四纓今馬鞅也就成也諸侯之臣飾纓以三色而三成此三色者蓋條絲也其著之如罽然天子之臣如其命數王之革路條纓圉人養馬者在左右曰夾既奠乃薦馬者為其踐汙廟中也凡入門參分庭一在南

【疏】薦馬至牽之〇注駕車至在南〇釋曰薦馬并薦纓者纓為馬設故與馬同時薦之案下記云薦乘車又云纓轡貝勒縣于衡又云道車載朝服槀車載簑笠注云道車槀車之纓轡及勒亦縣于衡也若然薦車之時纓縣于衡此薦馬得有纓者以薦車時縣于衡至此薦馬時又取而用之故兩見之也云駕車之馬者即上文薦車之馬也云每車二四者下經云公贈兩馬注云兩馬士制也故知此車有三乘馬則六四矣云纓今馬鞅也者古者謂之纓漢時謂之鞅故舉漢法為況也云諸侯之臣飾纓以三色而三成者以此下士薦馬纓三就則不依命數則大夫亦同三色知者案巾車上公纓九就侯伯纓七就子男纓五就諸侯之臣不得與子男同五就故知與士同三就此三色則如聘禮記三色朱白蒼也云此三色者蓋條絲也者謂以絲為條無正文故云蓋以疑之云其著之如罽然者鄭注巾車云玉路之樊及纓皆以五采罽飾之十二就其下金路九就象路七就注皆云五色罽飾之此則三采絲為條飾之但著之則同故云其著之如罽然也云天子之臣如其命數者案典命云三公八命其卿六命大夫四命出封皆加一等命數雖卑於諸侯以王人雖微猶序諸侯之上故得與同依命數就依命數其色則無過五采罽以其金路以下與諸侯其飾與王同諸侯之臣既同三色明天子大夫以上亦五采罽與諸侯同但天子之士與三命以下不得依命少於諸侯之臣當同色與諸侯之臣同矣若然公之孤四命以降於天子大夫宜與三卿同三色也云王之革路條纓者至革路木路不用罽而用條絲為纓與此纓三色者同故引為證也云圉人養馬者案周禮校人職云乘馬一師四圉是圉人以養馬以其養馬故使之薦也云在左右曰夾者以車三乘乘馬則六匹每馬二人交轡牽之故云在左右曰夾云既奠乃薦者為其踐汙廟中者車馬相將之物前薦車在奠上今此薦馬在奠後者欲其既薦即出恐踐汙廟中

故後薦之也云凡入門參分庭一在南者大斂陳事在庭分爲三分一分在北則繼堂而言一分在南則繼門而言此既繼門故云三分庭一在南又不言門左門右則當門之北矣

御者執策立于馬後哭成踊右還出主人於是乃哭踊者薦車之禮成於薦馬

疏御者至還○注主人至薦馬○釋曰云主人於是乃哭踊者薦車之禮成於薦馬者以其車得馬而成故前薦車時主人不哭踊至薦馬乃哭是由車成於薦馬故也主人哭踊訖馬則右還而出右者亦取便故也

賓出主人送于門外有司請祖期亦因在外位請之當以告賓每事畢輒出將行而飲酒曰祖祖始也

疏賓出至祖期○注亦因至始也○釋曰自此盡屬引論祖時飾柩車之事此賓即上來弔主人啓殯者朝廟事畢而出主人送之云亦因在外位請之者上既夕哭訖因外位請啓期故云亦也此經不言告賓知告賓者若不告賓時至則設何須請期故知擬告賓故云當以告賓也云每事畢輒出者有司請期之禮每事皆待事畢因主人出在外位乃請之言每事者篇首云請期此云請祖期下文請葬期皆因出在外請之故云每事也云將行而飲酒曰祖祖始也者案詩有韓侯出祖出宿于屠顯父餞之清酒百壺又云出宿于泲飲餞于禰皆是將行飲酒曰祖此死者將行亦曰祖爲始行故曰祖也

曰日側側昳也謂將過中之時

疏曰日側○注側昳至之時○釋曰此主人辭以上文有司請主人祖期主人荅之曰日側者昃是傍側亦爲特義轉爲昃者取差跌之義故從昃也云過中之時者則尚書無逸云文王至于日中昃昃即側也

主人入袒乃載踊無筭

卒束襲袒爲載變也乃舉柩卻下而載之束束棺於柩車賓出遂匠納車于階閒謂此車

疏主人至束襲○注袒爲至此車○釋曰云袒爲載變也者將載主人先袒乃載故云爲載變也云乃舉柩卻下而載之者卻猶却也鄉柩在堂北首今卻下以足鄉前下堂載於車故謂之爲卻也云束束棺於柩車者案禮記喪大記云君蓋用漆三衽三束檀弓曰棺束縮二橫三彼是棺束此經先云載下乃云卒束則束非棺束是載柩訖乃以物束棺使與柩車相持

不動也云賓出遂匠納車于階閒謂此車者案下記云既正柩賓出遂匠納車于階閒此經不辨納車時節故鄭明之

降奠當前束。下遷祖之奠也當前束猶當尸腢也亦在柩車西束有前後也

【疏】降奠當前束○注下遷至後也○釋曰束卒乃云降奠則未束以前其奠使人執之待束訖乃降奠之當束也云當前束猶當尸腢也者下記云卽牀而奠當腢彼在尸東此在柩車西當。前束亦當腢故取。當。腢而言也云束有前後也者以經既言前束則有後束可知故云有前後也

商祝飾柩一池紐前經後緇齊三采無貝飾柩爲設牆柳也巾奠乃牆謂此也牆有布帷柳有布荒池者象宮室之承霤以竹爲之狀如小車笭衣以青布一池縣於柳前士不揄絞紐所以聯帷荒前赤後黑因以爲飾左右面各有前後齊居柳之中央若今小車蓋上蕤矣以三采繒爲之上朱中白下蒼著以絮元士以上有貝

【疏】商祝至無貝○注飾柩至有貝○釋曰此並飾車之事其柩車卽周禮蜃車也四輪迫地其轝亦。一狀如長牀兩畔豎軨子以帷繞之上以荒一池縣於前面荒之。爪端荒上。於。中央加齊云飾柩爲設牆柳也者卽加帷荒是也云巾奠乃牆下記文鄭引之者以此經直云飾柩不言設牆時節故記人辨之以巾覆奠乃牆。謂。此飾柩者也云牆有布帷柳有布荒者案喪大記云飾棺君龍帷黼荒大夫畫帷畫荒士布帷布荒鄭注云布帷布荒者白布也君大夫加文章焉此注牆柳別案喪大記注又云在旁曰帷在上曰荒皆所以衣柳也則帷荒總名爲柳者案縫人云衣翣柳之材鄭注必先纏衣其木乃以張飾也柳之言聚諸飾之所聚若然。對則帷爲牆象宮室有牆壁荒爲柳以其荒有黼黻及齊三采諸色所聚故得柳名總而言之皆得爲牆巾奠乃牆及檀弓云周人牆置翣皆牆中兼有柳縫人衣翣柳之材柳中兼牆矣鄭注喪大記云荒蒙也取蒙覆之義云池者。象宮室之承霤以竹爲之者生人宮室以木爲承霤仰之以承霤水死者無水可承故用竹而覆之直取象平生有而已云狀如小車笭衣以青布者此鄭依漢禮而言云一池縣於柳前者案喪大記君三池大夫二池士一池君三池三面而有大夫二池縣於兩相士一池縣於柳。前面而已云

士不。褕絞者案雜記云大夫不褕絞屬於池下褕者依爾雅釋鳥云江淮而南青質五采皆備成章曰鷂。絞者倉黃之色則人君於倉黃色。繒上又畫鷂雉之形縣於池下大夫則闕之故云大夫則不褕絞屬於池下。池下褕絞一名振容故喪大記云大夫不振容振容者車行振動以爲容儀但大夫不振容池下仍有銅魚縣之士不但不褕絞又無銅魚故喪大記大夫有魚躍拂池士則無鄭注云士則去魚云左右面各有前後者柩車左右以有帷分兩相各爲前後故云前經後緇云齊居柳之中央者雖無正文以其言齊若人之。齊亦居身之中央也云若今小車蓋上蕤矣者漢時小車蓋上有蕤在蓋之中央故舉以爲說云以三采繒爲之上朱中白下。倉者案聘禮記云三采朱白倉彼據繅藉用三采先朱次白下倉此爲齊用三采亦當然故取以爲義也云著以絜者既云齊當人所覩見故知以絜著之使高知元士以上有貝者案喪大記云君齊五采五貝大夫齊三采三貝士齊三采一貝鄭注云齊象車蓋蕤縫合雜采爲之形如瓜分然綴貝落其上及旁。見彼士爲天子元士元士已上皆有貝也此諸侯之士故云無貝也

設披

披。輅柳棺上貫結於戴人居旁牽之以備傾。虧喪大記曰士戴前纁後緇二披用纁今文披皆爲藩

【疏】設披○注披輅至爲藩○釋曰云披輅柳棺上貫結於戴者案喪大記注云戴之言值也所以連繫棺束與柳材使相值因而結前後披也此注云披柳棺上貫結於戴以此而言則戴束兩頭皆結于柳材又以披在棺上輅過然後貫穿戴之連繫棺束者乃結于戴餘披出之於外使人持之一畔有二爲前後披故下記云執披者旁四人注云前後左右各二人是也人君則三披各三人持之備傾虧也引喪大記者證披連戴而施之也云二披用纁者與戴所用異大夫與人君則戴與披用物同故喪大記云君纁戴六纁披六大夫戴前纁後玄披亦如之是其用物同也云今文披皆爲藩者言皆者此文披及下文商祝御柩執披并下記執披者三字皆爲藩今不從之也

屬引

屬猶著也引所以引柩車在軸輴曰紼古者人引柩春秋傳曰坐引而哭之三

【疏】屬引○注屬猶至之三○釋曰引謂紼繩屬。著於柩車云在軸輴曰紼者士朝廟時用軸大夫已上用輴故并言之

言紼見纚體言引見用力故鄭注周禮亦云在車曰紼行道曰引云古者人引柩者雜記乘人專道而行又云諸侯五百大夫三百皆是引人也言古者人引對漢以來不使人引也引春秋者案定公九年左氏傳云齊侯伐晉夷儀敝無存死之齊侯與之犀軒而先歸之坐引者以師哭之親推之三注云坐而飲食之此鄭略引之云坐引者亦謂飲食。之。而哭之。亦。以。師哭之三者亦謂公親推之三也引之者證古者人引也

陳明器於乘車之西明器藏器也檀弓曰其曰明器神明之也言神明者異於生器竹不成用瓦不成味木不成斲琴瑟張而不平竽笙備而不和有鐘磬而無。筍。虡陳器於乘車之西則重北也

疏陳明至之西○注明器至北也○釋曰云明器藏器也者。自筲以下皆是藏器故下云器西南上綪又云茵注云茵在抗木上陳器次而北也則自包筲以下總曰藏器以其俱入壙也引檀弓者案彼注成猶善也竹不可善用謂。籩無縢味當作沬沬靧也又云琴瑟張而不平竽笙備而不和注云無宮商之調又云有鍾磬而無簨虡注云不縣之也橫曰簨植曰虡云陳器乘車之西則重北者無正文上篇薦車云直東榮繼廟屋而言上注云中庭不得云近北明車近不在重今東陳於乘車之西明重北可知

折橫覆之折猶庪也方鑿連木爲之蓋如牀而縮者三橫者五無簀窆事畢加之壙上以承抗席橫陳之者爲苞筲以下緈於其北便也覆之見善面也

疏折橫覆之○注折猶至面也○釋曰云折橫覆之者鄭云蓋如牀則加於壙上時南北長東西短今經云橫明知其長者東西陳之言覆。者。謂善面則折加於壙時擬鄉上看之爲面故善者鄉。下今陳之取鄉下看之故反覆善面鄉上也云折猶庪也者以其窆畢加之於壙上所以承抗席若庪藏物然故云折猶庪也云方鑿連木爲之蓋如牀而縮者三橫者五無簀者此無正文以經云橫覆之明有縱對之既爲縱橫即知有長短廣狹以承抗席故爲如牀解之又知縮者三橫者五亦約茵。與抗木但於壙口承抗席宜大於茵與抗木故知縮三橫五也知無簀者以其縮三橫五以當簀處故無簀也知窆事畢加之壙上以承抗席者下葬時窆事畢云加折卻之加抗席覆之是折窆事畢加之壙上承抗席者也云橫陳

之者爲苞筲以下緈于其北便也者鄭解折不縮者南北順陳而橫陳之章爲折橫陳則東西廣是以苞筲陳之於北便也

抗木橫三縮二 抗禦也所以禦止土者其橫與縮各足掩壙 疏抗木橫三縮二○注抗禦至掩壙○釋曰云所以禦止土者以其在抗席之上故知以禦土也其橫與縮各足。掩者以其壙口大小雖無文但明器之等皆由羨道入諸侯已上又有輴車亦由羨道入壙口唯以下棺則壙口大小容棺而已今抗木亦足掩壙口也

加抗席三 席所以禦塵 疏加抗席三○注席所以禦塵○釋曰既陳抗木於折北又加此抗席三領於抗木之上知不在折上者以抗木直言橫三縮二不言加明別陳於折北抗木之下而此云加抗木之上可知抗席之下而云加茵明又加於抗席之上此三者以後陳者先用故先陳抗木於下次陳抗席而後陳茵先用取後陳於上者便故也是以下文及葬時茵先入壙窆事訖加折壙上則先用抗席後用抗木是其次也若然折於抗席前用而不加於抗席之上者以長大故別陳於南用之仍在茵後其茵用之在明器前入而陳之於明器上者以其同葬具故與抗木同陳於上也但抗席茵相重陳者以其入壙時相當又皆是縱橫重累之物故重加陳之也云席所以禦塵者上云抗木所以禦土此抗席云禦塵者以此二者但壙口以。承。土承塵但抗木在上故云禦塵抗席在下隔抗木慮有塵鄉下故云禦塵是以釋之有異也

加茵用疏布緇翦有幅亦縮二橫三 茵所以藉棺者翦淺也幅緣之亦者亦抗木也及其用之木三在上茵二在下象天三合地二人藏其中焉今文翦作淺 疏加茵至橫三○注茵所至作淺○釋曰云加茵者謂以茵加於抗席之上此說陳器之時云用疏布者謂用大功疏麤之布云緇翦者緇則七入黑汁爲緇翦淺也謂染爲淺緇之色言有幅者案下記云茵著用荼實綏澤焉此鄭注云有幅緣之者則用一幅布爲之縫合兩邊幅爲。帒不去邊幅用之以盛著也故云有幅也云茵所以藉棺者下葬時茵。先屬引乃窆則茵與棺爲藉故先入在棺之下也鄭云幅緣之者蓋縫合既訖乃更以物緣此兩邊幅縫合之處使之牢固不。拆壞因爲飾也云亦者亦

抗木也者抗木云縮二橫三此亦縮二橫三故知亦者亦抗木也云及其用之木三在上茵二在下者上抗木先云橫三後云縮二此茵先云縮二後云橫三並據此陳列之時鄭據入壙而言故云其用之也木三在上茵二在下各舉一邊而言其實皆有二三云象天三合地二者渾天言之則地之上下內外周帀皆有天若然云木二則在下及其用之則茵三在下茵二在上以此而言木與茵皆有天三合地二也云人藏其中焉者亦謂渾天而言上下俱有天地人尸柩藏其中故說卦云參天兩地又云立天之道立地之道立人之道為三材也

器西南上綪器目言之也陳明器以西行南端為上綪屈也不容則屈而反之

【疏】器西南上綪○注器目至反之○釋曰云器目言器之也者器與下為目即下文茵以下是也

茵茵在抗木上陳器次而北也

【疏】茵○注茵在至北也○釋曰茵非明器而言之者陳器從此鄉北為次第故言之故鄭云茵在抗木上陳器次而北是也

苞二所以裹奠羊豕之肉

【疏】苞二○注所以至之肉○釋曰下文既設遣奠而云苞牲取下體故知苞二所以裹奠羊豕之肉也

筲三黍稷麥筲畚種類也其容蓋與簋同一穀也

【疏】筲三黍稷麥○注筲畚至穀也○釋曰案下記云菅筲三則筲以菅草為之筲三各盛一種黍稷麥也云筲畚種類也者舊說云畚器所以盛種此筲與畚盛種同類故舉以為況也云其容蓋與簋同一穀也者案考工記旊人為簋實一穀又云豆實三而成穀案昭三年晏子云四升曰豆豆實三而成穀則穀受斗二升此筲與簋同盛黍稷知受一穀斗二升約同之無正文故云蓋以疑之也

甒三醯醢屑冪用疏布甒瓦器其容亦蓋一穀屑薑桂之屑也由則曰屑桂與薑冪覆也今文冪皆作密

【疏】甒三至疏布○注甒瓦至作密○釋曰云甒瓦器者以甒與甒等字從缶瓦故知是瓦器云其容亦蓋一穀者聘禮記致饔餼云甒斗二升則此甒約同之故云蓋以疑之也知屑是薑桂者以其與內則屑桂與薑同云屑故引內則為證也

甒二醴酒冪用功布甒亦瓦器也古文甒皆作廡

【疏】甒二至功布○注甒亦至作廡○釋曰謂二者所盛須繼甒三而陳之言亦瓦

器亦上甕三也

皆木桁久之桁所以庋苞筲甕甒也久當爲灸灸謂以蓋案塞其口每器異桁【疏】皆木桁久之○注桁所至異桁○釋曰云皆木桁久之者則自苞筲以下皆塞之置於木桁也若然既皆久塞而甕甒獨云冪。者。以。其苞筲之等燥物宜苞塞之而無冪甕甒濕物非直久塞其口又加冪覆之云久當爲灸灸謂以蓋案塞其口者此亦如上設重鬲亦與之同故讀從灸也云每器異桁者以其言皆木桁故知每器别桁也

用器弓矢耒耜兩敦兩杅槃。匜匜實于槃中南流此皆常用之器也杅盛湯漿槃匜盥器也流匜口也今文杅。爲桙【疏】用器至南流○注此皆至爲桙○釋曰謂常用之器弓矢兵器耒耜農器敦杅食器槃匜洗浴之器皆象生時而藏之也

無祭器士禮略也大夫以上兼用鬼器人器也【疏】無祭器○注士禮至器也○釋曰知大夫以上兼用鬼器人器也者案檀弓云宋襄公葬其夫人醯醢百甕曾子曰既曰明器矣而又實之注云言名之爲明器而與祭器皆實之是亂鬼器與人器以此而言則明器鬼器也祭器人器也士禮略無祭器空有明器而實之大夫以上尊者備故兩有若兩有則實祭器不實明器宋襄公既兩有而并實之故曾子非之

有燕樂器可也與賓客燕飲用樂之器也【疏】有燕樂器可也○注與賓至器也○釋曰言可者許其得用故云可也云與賓客燕飲用樂之器也者則升歌有琴瑟庭中有特縣縣磬也

役器甲冑干笮此皆師役之器甲鎧冑兜鍪干楯笮矢。箙【疏】役器甲冑干笮○注此皆至矢箙○釋曰此役器中有干笮無弓矢示不用故不具上用器是常用之器故具陳之也云甲鎧冑兜鍪者古者用皮故名甲冑後代用金故名鎧兜鍪隨世爲名故也但上下役用之器皆麤沽爲之故下記云弓矢之新沽功注云設之宜新沽示不用弓矢云沽餘雖不言皆沽可知也但此笮是送死之具下記云薦乘車鹿淺幦干笮革靾者是魂車所載象生者與此别也

燕器杖笠翣。燕居安體之器也笠竹。篛蓋也翣扇【疏】燕器杖笠翣○注燕居至翣扇○釋曰云燕居安體之器也者以杖者所以扶身笠者所以禦暑翣者所以招涼而

在燕居用之故云燕居安體之器也云笠竹簩蓋也者簩竹青之皮以竹青皮爲之

徹奠巾席俟于西方主人要節而踊

巾席俟於西方祖奠將用焉要節者來象升丈夫踊去象降婦人踊徹者由明器北西面既徹由重南東不設於序西南者非宿奠也宿奠必設者爲神馮依之久也

疏徹奠至而踊○注巾席至久也○釋曰自此盡入復位論還車爲祖奠將之事此徹遷祖奠者爲將還遷車更設祖奠云巾席俟於西方祖奠將用焉者以下經云祖還車還車訖布席設祖奠則布此巾席也故巾席俟祖奠在西方也云節者來象升丈夫踊去象降婦人踊者案上篇徹小斂大斂奠時皆升自阼階丈夫踊降自西階婦人踊今奠在庭無升降之事直有來往經云要節而踊明來象升丈夫踊去象降婦人踊但此經直云主人要節知有婦人亦踊者以下經徹祖奠時云徹者入丈夫踊設于西北婦人踊注云猶阼階升時也徹設於柩車西北亦猶序西南是男子婦人並有踊文則知此要節踊內亦兼婦人也云徹者由明器北西面既徹由重南東者凡奠於堂室者皆升自阼階降自西階奠於庭者亦由重北東方來陳由重北而西徹訖由重南而東象升自阼階降自西階也但設奠於柩車西而東面則徹者由奠東而西面徹之也云不設于序西南者非宿奠也者以其大斂小斂奠及夕奠乃皆經宿故皆設之于序西南爲神馮依此遷祖奠旦始設之今日側徹之未經宿即徹故不設于序西南也

祖。

爲將祖變

疏祖○注爲將祖變○釋曰下經商祝御柩乃祖祖是將祖故此主人祖祖即變也

商祝御柩

亦執功布居前爲還柩車爲節

疏商祝御柩○注亦執至爲節○釋曰云商祝御柩者謂居柩車之前却行詔傾虧使執披人知其節度云亦執功布者下經商祝執功布以御柩執披故此亦如之故。執。布

乃祖。

還柩鄉外爲行始

疏乃祖○注還柩至行始○釋曰商祝既執功布爲御乃還柩車使轅鄉外也祖者始也爲行始去載處而已也

踊襲少南當前東

主人也柩還則當前東南

疏踊襲至前東○注主人至東南○釋曰前祖爲祖變今既祖訖故踊而襲云主人也者前祖。是主人則此襲亦主人也經云少南鄭云則當前

東南者以其車未還之時當前東近北今還車亦當前東少南婦人降卽位于階閒爲柩將去有時也位東上疏婦人至階閒○注爲柩至東上○釋曰婦人降者以柩還鄉外階閒空故婦人從堂上降在階閒云爲柩將去有時者去有時卽明旦遣。而行之是時也今此爲行始也云位東上者以堂上時婦人在阼階西面統於堂下男子今柩車南。還男子亦在車東故婦人降亦東上統于男子也婦人不鄉車西者以車西有祖奠故辟之在車後

祖還車不還器祖有行漸車亦宜鄉外也器之陳自已南上疏祖還車不還器○注祖有至南上○釋曰祖還車者爲載時鄉北今爲行始故須還鄉南故鄭云祖有行漸車亦宜鄉外也不還器者鄭云器之陳自已南上南上者卽上文茵下注云茵在抗木上陳器次而北是也

祝取銘置于茵重不藏故於此移銘加於茵上疏祝取銘置于茵○注重不至茵上○釋曰初死爲銘置于重啓殯祝取銘置于重祖廟又置于重今將行置于茵者重不藏擬埋于廟門左茵是入壙之物銘亦入壙之物故置于茵也是以鄭云重不藏故於此移銘加於茵上也士無廞旌唯有乘車所建攝盛之旃幷此銘旌而已大夫以上有廞旌通此二旌則皆備三旌也

二人還重左還重與車馬還相反由便也疏二人還重左還○注重與至便也○釋曰云重與車馬還相反由便也者以車馬至中庭之東以右還鄉門爲便重在門內面鄉北人在其南以左還鄉門爲便是以二者雖相反各由其便

布席乃奠如初主人要節而踊車已祖可以爲之奠也是之謂祖奠疏布席至而踊○注車已至祖奠○釋曰云主人要節而踊者祖奠既與遷祖奠同車西。又皆從車而來則此要節而踊一與遷祖奠同云車已祖可以爲之奠也者奠本爲柩設其柩未安不得設奠今車。已還名之爲祖尸柩已定可以爲奠也云是之謂祖奠者下記云祝饌祖奠于主人之南是謂。彼祖奠

薦馬如初柩動車還宜新之也疏薦馬如初○注柩動至之也○釋曰上已薦馬今又薦馬者以柩車動而鄉南爲行始宜新之故薦馬如初也

賓出主人送有司請葬期亦因在外

位時【疏】賓出至葬期○注亦因在外位時○釋曰云亦因在外位時者亦入復位

時【疏】上啓期祖期事畢在外位故此亦因事畢出在外位時請葬期也入復位

主人也自死至於殯自啓至入復位○注主人至內位○釋曰云主人者以於葬主人及兄弟恒在內位【疏】其送賓據主人。入今送賓訖入復位明主人也

云自死至於殯自啓至於葬主人及兄弟常在內位者自死至於殯在內位在殯宮中自啓至於葬在內位據在祖廟中處雖不同在內不異故總言之云在

內位者始死未小斂已前位在尸東小斂後位在阼階下若自啓之後在廟位亦在阼階下也

儀禮疏卷第三十八

儀禮注疏卷三十八校勘記　阮元撰盧宣旬摘錄

既夕禮第十三　夕下唐石經徐本釋文楊敖俱有禮字集釋毛本無案既夕摘取篇首二字爲題與有司徹同例似不必有禮字舊本俱有惟單疏標題獨無明刻注疏因之

大戴第十五　毛本作大戴第五刪○案大戴第十五乃公食大夫此當作第五也刪字似後人校語誤入正文○按卷一疏云大戴既夕爲第五

乃記葬時而摠記之　通解要義同毛本記作計

開殯卽還於祖　陳本通解要義同毛本卽作既

既夕哭

鄭知復外位請者　通解要義同毛本請作時

請啓期告于賓

明旦須啓殡　陳閩監本要義同毛本旦作日

夷牀饌于階間　夷唐石經徐本通典要義楊敖俱作夷釋文集釋通解毛本俱作侇陸氏曰侇音夷本亦作夷○按今本經文及注疏夷侇錯出

朝正柩用此牀 釋文無正字通典有與疏合

二燭俟于殯門外

燭用烝 徐本同毛本烝作蒸張氏曰注曰燭用蒸案釋文云烝之承反薪也從釋文案今本釋文亦作蒸又嚴本與徐本同而張氏所引作蒸亦不可解○按說文云蒸或省火作烝

案周禮甸師氏云 要義無氏字○按要義是也

主者執燭抱燋 毛本執誤作報

丈夫髽

啓後主人著免可知 通解要義同毛本無著字

婦人不哭

此不象如初者 徐本同毛本象作蒙集釋通解楊敖俱作蒙張氏曰疏作蒙從疏

商祝免袒

爲有所拂抭也 毛本抭作仿徐本聶氏集釋敖氏俱作抭與此本述注合釋文亦作抭云拂抭本又作仿佛上芳味反下芳丈反楊氏拂仿作彷佛通典仿作柩通解與毛本同金曰追云釋文正作拂抭注云本又作佛仿今上字既作拂則下字自當作抭且疏云猶言拂拭亦於佛仿義遠

案楊氏作彷彿義或與此異○按釋文注彷彿二字金引作佛彷未知何據疏別見後

爲有所拂扐也者聶氏要義同毛本通解扐作彷下同

不云舊說毛本通解無此句

燭入

則一燭於室中炤徹通解楊敹同毛本於作入

祝降

燭旣入室要義同毛本通解室下有時字

卽下云重先奠從者是也奠從下要義有燭從二字○按有則與下文合要義是也

此銘及下陳明器云毛本明誤作銘

二者皆名毛本二誤作已名作銘

商祝拂柩用功布

憮覆之徐本通典集釋通解要義楊敹同毛本無憮字

雖不言用夷衾陳閩俱無雖字

遷于祖用軸

蓋象平生將出必辭尊者毛本集釋生下有時字徐本楊氏俱無與疏合

穿程前後徐葛通典通解楊氏同毛本聶氏集釋俱作桯案疏內桯字單疏及識誤所引俱與毛本同

著金而關軔焉關通典作閟軔徐本集釋俱作軔通典毛本聶氏通解楊氏俱作軸張氏曰疏軔作軸監本亦作軸從疏及監本○按敖氏於士喪禮載此注亦作軔

亦升輁軸於階上亦陳閩俱作以

夷牀輁軸饌于西階東要義同毛本無饌字○按下記有饌字

云周朝而遂葬者陳閩通解要義同毛本遂作隨非也

云軸輁軸也者下軸字陳本無閩本擠入

漢時名轉軸爲轉轔毛本時作法案玉海引作漢時不誤

主人從升○衆人東卽位人上唐石經有主字敖氏曰東卽位者乃衆主人也脫一主字耳以記攷之可見顧炎武曰當依石經盧文弨曰疏疊注亦無主字下云自衆主人以下云以下則不專指衆主人

主人柩東西面

故待正柩訖　毛本待誤作特

席升設于柩西

席設于柩之西　毛本席誤作序

云從奠設如初東面也者　此句下如初二字毛本通解無要義有

據神東面　毛本神作室中通解要義俱作神楊氏作神位陳本無室字閩本室字擠入

主人踊無算

乃得東面　面閩葛通解俱作也案疏云乃由柩足鄉柩東正釋注東字之義又云主人降拜賓婦人乃得東也據此則注面字當依通解作也爲是

襲者從殯宮中拜賓　要義同毛本者下有主人二字中下有降字通解有主人二字無襲者二字

乃得東面者　面通解作也

祝及執事舉奠　毛本祝誤作祈

相隨同西面也　毛本通解同作向

薦車直東榮

君車將駕要義同毛本通解君作若案若字非也

質明滅燭

今至正明陳閩通解同毛本今作令

徹者升自阼階

未啓殯前夕時一設要義同毛本無未字

乃奠如初

亦於柩西當階之上陳閩通解要義同毛本於作爲

及朝夕奠通解要義同毛本無夕字

薦馬纓三就

其著之如罽然著通典作飾

王之革路條纓徐本通典集釋通解楊敷俱作條纓與疏合毛本作絲條

注云兩馬士制也通解要義同毛本無注云兩馬四字案毛本非也

故云蓋以疑之通解同毛本疑作擬○案疑是也

云其著之如罽然者　通解同毛本無其字○案其字當有

至葦路木路不用罽　毛本通解楊氏至俱作王

車馬相將之物　通解同毛本相將作將祖

有司請祖期

何須請期　要義同毛本期作啓

皆因出在外請之　毛本通解外下有位字

顯父餞之　通解同毛本餞作籑○按餞是也

曰日側

側昳也　案段玉裁云當作側讀爲昃昃跌也漢人用跌不用昳

謂將過中之時　敖氏無將字似與疏合過陳本誤作滿

主人入袒　袒石經補缺誤作祖

乃舉柩卻下而載之　徐本通典集釋楊敖俱有乃字與疏合通解毛本無

降奠當前束

下遷祖之奠也 祖通典作柩

此在柩車西當前 毛本通解前作束

故取當隅而言也 毛本無當隅二字

商祝飾柩

衣以青布 毛本布誤作白

其鼈亦一狀如長牀 要義同毛本無一字陳閩俱有刪字案刪字亦後人校語誤入正文

縣於前面荒之爪端 要義同毛本爪作瓜

荒上於中央加齊 要義楊氏同毛本無於字陳本有於無中

謂此飾柩者也 謂監本誤作於此各本誤比

若然對 要義同毛本通解對下有而之言三字

象宮室之承霤 陳本通解要義同毛本象作兼

縣於柳前面而已 陳閩俱無前字

云士不褕絞者 褕要義作褕下竝同毛本通解竝作揄○按褕正字揄假借字

絞者倉黃之色 通解要義同毛本無絞字○按絞字當有

則人君於倉黃色繒上 毛本繒誤作繪下同

故云大夫則不褕絞屬於池下池下 毛本池下二字不重出此本要義俱重出是也

若人之齊 齊楊氏作臍案封禪書天主祠天齊索隱曰言如天之腹齊也齊齎古蓋通用

上朱中白下倉者 倉要義俱作倉毛本作蒼通解載下朱白蒼句亦作倉案各本注俱作蒼

見彼士爲天子元士 要義同毛本見作是

設披

披輅柳棺上貫結於戴 輅通典集釋俱作絡案輅絡古字通

以備傾虧 徐陳通典集釋通解楊敖俱有虧字與疏合毛本無

屬引

坐引而哭之三 引下通典有者字案者字似不可省疏亦似有者字

釋曰 毛本曰下有云引所以引柩車者八字通解要義俱無

屬著於柩車 陳閩俱無著字

亦謂飲食之而哭之通解食下無之字要義無而字此句下毛本無亦以師哭之五字通解要義有

陳明器於乘車之西

有鐘磬而無筍虡筍集釋作簨虡毛本作簴下同徐本集釋俱作虡與此本疏文合案說文虡字在虍部不从竹

則重之北也徐本通典集釋通解俱無之字與此本述注合楊氏有

自脅以下自字下要義有包字

謂籩無縢毛本籩作邊金曰追邊改籩

折横覆之

言覆者謂善面毛本通解者謂作之見

故善者鄉下下陳閩俱作人

亦約茵與抗木陳閩通解同毛本與作爲

抗木横三縮二

其横與縮各足掩者要義同毛本通解掩下有壙字

加抗席三

以承土承塵毛本作以上承塵

加茵用疏布

縫合兩邊幅爲帒通解要義同毛本帒作袋

下葬時茵先要義同毛本通解先下有入字

使之牢固不坼壞坼閩本作拆毛本通解作折

爲三材也毛本材作才

筲三

則筲以菅草爲之陳閩通解同毛本菅作管○案菅字是

罋三罋釋文聶氏俱作甕按疏云罋與甒等字從缶瓦蓋罋字從缶甒字從瓦也聶氏旣作甕遂改疏云甕甒二字皆從瓦○冪用疏布

冪通典作鼏注及下同釋文作冪云本又作鼏

罋斗二升陳本通解要義同毛本斗作十

皆木桁久之

謂以蓋案塞其口毛本同通解無案字○按疏有案字

而甕甒獨云冪者以其苞筲之等燥物者以其陳閭俱誤作覆之云案下文有覆之云三字相連此因彼而誤

用器○兩杅杅監本誤作杆注同陸氏曰杅音于本又作芋音同

今文杅爲桙爲要義作作

役器

矢箙箙楊氏作服陸氏曰箙本又作服○按經傳多假服爲箙

燕器杖笠翣張氏曰案釋文云箑所甲反扇也此非牆翣之翣故從竹從釋文○按說文有翣無箑翣亦翣扇字也牆翣之翣本取象於扇今本釋文作翣張說恐非

笠竹簩蓋也錢大昕曰釋文簩字無音賈疏釋簩爲竹青皮則簩當爲篘字之譌陸所見本亦必作篘篘字禮記屨見故不更加音爾說文無簩字五經文字亦不收惟集韻始收之蓋此注之譌始於北宋矣○按簩與篘形聲俱不相近不知何以致誤

徹奠

直有來往來往毛本作往來此本通解要義俱倒

由重南東者南東毛本作東南此本通解要義俱倒

由重北而西徹訖要義重徹字

祖

爲將祖變徐本通解同集釋要義楊敖毛本祖俱作祖張氏曰疏作祖從疏

商祝御柩

故執布毛本通解作而執功布

乃祖祖通解誤作祖

婦人降

即明旦遣而行之通解要義同毛本而作奠

今柩車南還要義同毛本通解還作還

布席乃奠如初

又皆從車而來陳本通解要義同毛本又作人

今車已還通解同毛本已作既

是謂彼祖奠陳本要義同毛本彼作之

入復位

云主人者陳本同毛本人下有也字

以其送賓據主人入陳本要義同毛本無入字按無入字者是以疏但釋注主人也況疏義方明送賓出在外亦不當遽用入字

儀禮注疏卷三十八校勘記

儀禮疏卷第三十九

唐朝散大夫行大學博士弘文館學士臣賈公彥等撰

公賵玄纁束馬兩公國君也賵所以助主人送葬也兩馬士制也春秋傳曰宋景曹卒魯季康子使冉求賵之以馬曰其可以稱旌繁乎

疏公賵至馬兩○注公國至繁乎○釋曰自此盡入復位杖論國君賵法之事云公國君也者公及大夫皆有臣臣皆尊其君呼之曰公故左氏傳伯有之臣曰吾公在壑谷今此云公則國君非大夫君也以下云主人釋杖迎于廟門外與喪大記如此迎送者皆據國君也云賵所以助主人送葬也者案兩小傳皆云車馬曰賵施于生及送死者。故。云。助。主。人。送。葬。者。也。是。以下注云賵奠於死生兩施是也云兩馬士制也者謂士在家常乘之法若出使及征伐則乘駟馬其大夫以上則常乘駟馬故鄭駮異義云天子駕駟尚書康王之誥康王始即位云諸侯皆布乘黃朱詩云駟騵彭彭武王所乘魯頌云六轡耳耳僖公所乘小雅云駟牡騑騑大夫所乘是大夫以上駕駟之文也引春秋者左氏傳哀公二十三年春宋景曹卒注云景曹宋元公夫人小邾女季桓子外祖母又云季康子使冉有弔且送葬曰敝邑有社稷之事使肥與有職競焉是以不得助執紼使求從輿人注云輿衆也又云曰以肥之得備彌甥也注云彌遠也康子父之舅氏故稱彌甥又云有不腆先人之產馬使求薦諸夫人之宰其可以稱旌繁乎注云稱舉也繁馬飾繁纓也引之者證公有賵馬助人之事

擯者出請入告主人釋杖迎于廟門外不哭先入門右北面及衆主人袒尊君命也衆主人自若西面

疏擯者至人袒○注尊君至西面○釋曰云尊君命也者謂釋杖迎入是尊君命也故下文賓賵擯者出告須注云不迎則此經皆是尊君命故鄭無所指屬君命故鄭解經不哭又前文袒襲皆據主人此則衆主人亦袒亦是尊君命云衆主。人自若西面者以其主人一人迎賓入門門東而右其餘衆

主人不迎賓明自若常位柩東西面可知也馬入設設於庭在重南疏馬入設○注設於庭在重南○釋曰以馬是庭實故云設於庭知在重南者以庭實法皆。參分庭一在南設之又重北陳明器不得設馬故知在重南也賓奉幣由馬西當前輅北面致命賓使者幣玄纁也輅轅縛所以屬引由馬西則亦當前輅之西於是北面致命得鄉柩與奠柩車在階閒少前。參分庭之。北輅有前後疏賓奉至致命○注賓使至前後○釋曰云賓使者案此使者卽士也知者士喪禮君使人弔注使人士也禮使人各以其爵故知是士也云輅轅縛所以屬引者謂以木縛於柩車轅上以屬引於上而挽之故名轅縛也云由馬西則亦當前輅之西者以經直云當前輅不言輅之東西及前後鄉以義言之以其馬在重南當門。柩車在階閒少南亦當門賓由馬西北行當前輅致命明在輅西可知云於是北面致命得鄉柩與奠者以賓當輅西經云北面致命明當奠柩之南北面是得鄉柩與奠也云柩車在階閒少前。參分庭之北者案下記云遂匠納車于階閒是柩車在階閒也云少前者上經祖還車訖。云婦人降卽位于階閒明柩車少南是少前也云。參分庭之北者以其中庭陳明器不得在中庭故知在。參分庭之北謂。參分庭在北分之北此解賓致命之處云輅有前後者以經云前輅明有後以對前故。知輅有前後也主人哭拜稽顙成踊賓奠幣于棧左服出棧謂柩車也凡士車制無漆飾左服象授人授其右也服車箱今文棧作輚疏主人至服出○注棧謂至作輚○釋曰主人哭拜者仍於門右北面以賓致命訖遂哭拜也云成踊者三者三凡九踊云棧謂柩車也凡士車制無漆飾者此棧車卽柩車以其賓由輅西而致命云奠幣於棧者明此棧車柩車卽蜃車四輪迫地無漆飾故言棧也云左服象授人授其右也者案聘禮宰授使者圭時云同面使者在左宰在右而授其右也此車南鄉以東為左尸在車上以東為右故授左服。容授尸之右也宰由主人之北舉幣以東柩東主人位以東藏之疏宰由至以東○注柩東至藏之○釋曰云柩東主人位者解經由主人之北以幣在車東主人在車東故宰由主人位北而鄉左服上取幣以東藏之於內也但此時主人仍在門東北面此位雖無主人既有定位故宰由位北而取幣不得履主人之位故由主人之北也

士受馬以出此士謂胥徒之長也。有勇力者受馬聘禮曰皮馬相閒可也疏士受馬以出○注此士至可也○釋曰云此士謂胥徒之長也有勇力者受馬不得爲屬士以其受幣者宜尊受馬者宜卑故知受馬是胥徒之長以其受馬故知有勇力者也若然婚禮記云士受皮注云士謂中士下士不爲胥徒者彼主人親受幣明受皮非胥徒是正士也引聘禮者欲見此用皮亦可也

主人送于外門外拜襲入復位杖疏主人至位杖○釋曰主人既送賓還入廟門東復位杖也

賓賵者將命賓卿大夫士也疏賓賵者將命○注賓卿大夫士也○釋曰自此盡知生者賻論賓及兄弟賻奠之事云賓卿大夫士也者以其上云君下有兄弟則此賓是國中三卿五大夫二十七士可知言將命者身不來遣使者將命告主人也

擯者出。請入告出告須不迎告曰孤某須疏注不迎至某須○釋曰案雜記諸侯使卿弔鄰國諸侯主人使擯者告賓云孤某須矣故引之爲義

馬入設賓奉幣擯者先入賓從致命如初初公使者

主人拜于位不踊柩車東位也既啓之後與。在室同疏注柩車至室同○釋曰云既啓之後與在室同者案上篇始死時云庶兄弟襚使人以將命于室主人拜于位此主人亦拜于位俱是不爲賓出故云與在室同至于有君命亦出迎也

賓奠幣如初舉幣受馬如初

擯者出請賓出在外請之爲其復有事疏注賓出至有事○釋曰云賓出在外請之爲其復有事者以其賓既行賵訖出更請之爲其復有事若無事賓報事畢送去也

若奠賓致可以奠也疏若奠○注賓致可以奠也○釋曰謂賓不辭此釋所致之物或可堪爲。元缺一字奠於祭。祀者也

入告出以賓入將命如初士受羊如受馬又請士亦謂胥徒之長又復也疏注士亦至復也○釋曰以其受

羊與馬同是畜類故知亦胥徒之類但受羊不須勇力故鄭不言也若賵賵之言補也助也貨財曰賵疏若賵○注賵之至曰賵○釋曰云貨財曰

賵者公羊傳文也入告主人出門左西面賓東面將命主人出者賵主施於主人疏○注主人至主人○釋曰鄭知施

於主人者以下經云知生者賵是施於主人也案春秋文五年春王使榮叔歸含且。賵傳譏一人兼二事此賓所以兼事者彼譏一人獨行不與介各行故譏

若雜記云上客弔卽其介各行含禭賵則不譏則卿大夫士禮一人行數事可也主人拜賓坐委之宰由主人之北東

面舉之反位坐委之明主人哀戚志不在受人物反位反主人之後位疏注坐委至後位○釋曰鄭知反位反主人之後位者以主人在門東

西面而云宰由主人之北鄉賓奠幣之處舉幣明宰位在主人之後故得由主人之北西行是以宰位在主人之後也若無器則捂受之

謂對相。授不委地疏若無至受之○注謂對至委地○釋曰以堂上授有並受法以其在門外若有器盛之則坐委於地若無器則對面相授受故云捂

受之捂卽。遻也對面相逢受也又。請賓告事畢拜送入贈者將命贈送擯者出請納賓如初如其入告

出告須疏注如其至告須○釋曰謂如上賵時擯者出請入告出告須也賓賓奠幣如初亦於棧左服若就器則坐奠

于陳就猶善也贈無常唯玩好所有陳明器之陳疏若就至于陳○注就猶至之陳○釋曰知贈無常者案下記云凡贈幣無常注云賓之贈也玩

好曰贈在所有言玩好者謂生時玩好之具與死者相知皆可以贈死者故此經云若就器則坐奠于陳者就器則是玩好之器也云陳明器之陳者以其廟

中所陳者唯明器卽陳于車之西以外或言薦或言設無言陳者故指明器而言也凡將禮必請而后拜送雖知事畢猶請君子不必

人意疏凡將至拜送○注雖知至人意○釋曰云君子不必人意者義取孔子云無必無固之言也兄弟賵奠可也兄弟有服親者可且

賵且奠許其厚也賵奠於死生兩施【疏】兄弟賵奠可也○注兄弟至兩施○釋曰知兄弟有服親者喪服傳云凡小功以下爲兄弟既言兄弟明有服親者也知非大功以上者以大功以上有同財之義無致賵奠之法云可且賵且奠許其厚也者若然此所知許其賵不許其奠兄弟許其貳賵兼奠而上經亦賓而有賵有奠有賻三者彼亦不使並行俱見之見三禮之中有則任行其一故總見之云賵奠於死生兩施者以下經云知死者贈知生者賻注云各主於所知此賵奠不偏言所主明於生死兩施也

所知則賵而不奠

所知通問相知也降於兄弟奠施於死者爲多故不奠【疏】所知至不奠○注所知至不奠○釋曰云所知通問相知也者言所知明是朋友通問相知言降於兄弟者許賵不許奠也云奠施於死者爲多故不奠者但賵與奠皆生死兩施其奠雖兩施施於死者爲多知者以其言奠爲死者而行故知元缺一字所知爲疏不許行之也

知死者贈知生者賻

各主於所知【疏】知死至爲賻○注各主於所知○釋曰云各主於所知者以其贈是玩好施於死者故知死者行之賻是補主人不足施於生者故知生者行之是各施於所知也

書賵於方若九若七若五

方板也書賵奠賻贈之人名與其物於板每板若九行若七行若五行【疏】書賵至若五○注方版至五行○釋曰以賓客所致有賻有賵有贈有奠直云書賵者舉首而言但所送有多少故行數不同

書遣於策

策簡也遣猶送也謂所當藏物茵以下【疏】書遣於策○注策簡至以下○釋曰云策簡者編連爲策不編爲簡故春秋左氏傳云南史氏執簡以往上書賵云方此言書遣於策不同者聘禮記云百名以上書於策不及百名書於方以賓客贈物名字少故書於方則盡遣送死者明器之等并贈死者玩好之物名字多故書之於策策書明器之物應在上文而於此言之者遣中并有贈物故在賓客贈賵與賵之下特書也

乃代哭如初

棺柩有時將去不忍絶聲也初謂既小斂時【疏】乃代哭如初○注棺柩至斂時○釋曰案喪大記大夫以上官代哭士無官以親疏代哭云初謂既小斂時者案喪大記小斂之後乃代哭初

死直主人哭不絶聲士二日小斂小斂主人解怠容更代而哭也

宵爲燎于門内之右爲哭者爲明

疏宵爲至之右○注爲哭者爲明○釋曰燎大燭必於門内之右門東者奠於柩東西鬼神尚幽闇不須明柩車東有主人。階閒有婦人故於門右照之爲明而哭也

厥明陳鼎五于門外如初鼎五羊豕魚腊鮮獸各一鼎也士禮特牲三鼎盛葬奠加一等用少牢也如初如大斂奠時

疏厥明至如初○注鼎五至奠時○釋曰自此盡主人要節而踊論葬日之明陳大遣奠於廟門外之事知五鼎是羊豕魚腊鮮獸各一鼎者以下經云羊左胖豕亦如之魚腊鮮獸皆如初與少牢禮同故知也云士禮特牲三鼎者特牲饋食禮陳三鼎故知也云盛葬奠加一等用少牢也者以其常祭用特牲今大遣奠與大夫常祭用少牢同是盛此葬奠故加一等用少牢也云如初如大斂奠時者以其上遷祖奠時云如殯謂如大斂明此云如初亦如大斂在廟門外及東方之饌也雖如大斂鼎數仍不同以其大斂三鼎此則五鼎然大小斂時無黍稷朔月則有黍稷此葬奠又無黍稷者大斂前無黍稷者以其初死至朔月乃有之故鄭注云至此乃有黍稷今葬奠更無黍稷者以其始死至殯自啓至葬其禮同故無黍稷亦同也凡牢鼎數或多或少不同若用特豚者或一鼎或三鼎若士冠禮醮子及婚禮盥饋弁小斂之奠與朝禰之奠皆一鼎也三鼎者婚禮同牢士喪大斂朔月遷祖及祖奠皆三鼎而以魚腊配之是也其用少牢者或三鼎或五鼎三鼎者則有司徹云陳三鼎如初以其繹祭殺於正祭故用少牢而鼎三也五鼎者少牢五鼎大夫之常事此葬奠士攝之奠用少牢亦五鼎聘禮致飧衆介皆少牢亦五鼎玉藻諸侯朔月少牢亦五鼎其用大牢者或七或九或十或十二其云七鼎九鼎者公食大夫下大夫大牢鼎七上大夫鼎九是也鼎十與十二者聘禮致飧於賓飪一牢鼎九羞鼎三是十二也又云上介飪一牢鼎七羞鼎三是其十若然案郊特牲云鼎俎奇而籩豆偶以象陰陽鼎有十一與十二者以其正鼎與陪鼎各別數則爲奇數也

其實羊左胖反吉祭也言左胖者。體不殊骨也

疏其實羊左胖○注反吉至骨也○釋曰云反吉祭也

者以其特牲少牢吉祭皆升右胖此云左胖故云反吉祭也云言左胖者體不殊骨也者既言左胖則左邊共爲一段故云體不殊骨雖然下云髀不升則除髀以下膞胳仍升之則。與上肩脅脊別升則左胖仍爲三段矣而云體不殊骨據脊脅以上膞胳已下共爲一亦得爲體不殊骨也

髀不升周貴肩賤髀古文髀作脾

疏髀不升○注周貴肩賤髀○釋曰云髀不升者則膞已上去之取膞胳已下云周貴肩賤髀者案祭統云殷人貴髀周人貴肩故云髀不升

腸五胃五亦盛之也

疏腸五胃五○注亦盛之也○釋曰亦盛之者以其不用特牲而用少牢是盛葬奠案少牢用腸三胃三今加至五亦是盛此奠也

離肺離搓

疏離肺○注離搓○釋曰此非直升腸胃又升離肺者案少儀云牛羊之肺離而不提心注云提猶絕也。刲離之不絕中央少。者使易絕以祭耳此爲食而舉亦名舉肺也

豕亦如之豚解無腸胃如之如羊左胖髀不升離肺也豚解解之如解豚亦前肩後肫脊脅而已無腸胃者君子不食。溷腴

疏豕亦至腸胃○注如之至溷腴○釋曰云亦如之鄭云如之如羊左胖髀不升離肺也者謂豕與羊同者左胖雖同仍與羊異以其羊則體不殊骨上下共爲。二段此豕之左胖則爲四段矣故別云豚解豚解總有七段今取左胖仍爲四段矣云亦前肩後肫脊脅而已者鄭欲爲四段與羊異也云君子不食溷腴者禮記少儀文彼鄭注云謂犬豕之屬食米穀者也腴有似人穢引之者證不取腸胃之義也

魚腊鮮獸皆如初鮮新殺者士腊用兔加鮮獸而無膚者豕既豚解略之

疏魚腊至如初○注鮮新至略之○釋曰云士腊用兔者謂此腊是其乾者云鮮新殺者二者皆用兔必知士腊用兔者雖無正文案少牢禮大夫腊用麋鄭云大夫用麋士用兔與以無正文故云與以疑之此亦云士腊用兔雖不云與亦同疑可知但士腊宜小故疑用兔也云加鮮獸而無膚者。豕既豚解略之者以葬奠用少牢攝盛則當有膚與少牢同以豕既豚解四段喪事略則無膚者亦略之而加鮮獸也

東方之饌四豆脾析蜱醢葵菹蠃醢脾讀爲雞脾。肶之脾脾析百葉也蜱蜯也今文蠃爲蝸

疏

東方至蠃醢○注脾讀至爲蝸醢○釋曰陳鼎既訖又陳東方之饌于主人之南前輅之東其豆有四脾析一蜱醢二葵菹三蠃醢四案周禮鄭注醢人云細切爲齏全物若䐑爲菹又云齏菹之稱菜肉通又經不云菹者類皆是齏則此經云脾析者卽齏也云脾讀爲雞脾肶之脾者鄭讀之欲見此脾雞與脾胃之脾同正謂百葉名爲脾析故讀音從雞脾肶之脾時俗有此語故讀從之也案醢人注云脾析牛百葉也此不云牛者彼天子禮容有牛此用少牢無牛當是羊百葉故不云牛也云蜱蜯也者卽蛤也知蜱卽蛤者以周禮醢人云蠃醢注云蠃蛤也此注云蜱蜯也以蜱蠃是一物故知蜱蜯卽蠃蛤也

四籩棗糗栗脯糗以豆糗粉餌【疏】四籩棗糗栗脯○注糗以豆糗粉餌○釋曰云糗以豆糗粉餌者案籩人云羞籩之實糗餌粉餈鄭云此二物皆粉稻米黍米所爲也合蒸曰餌餅之曰餈糗者擣粉熬大豆爲餌餈之粘著以粉之耳餌言糗餈言粉互相足者此本一物餌言糗謂熬之亦粉之餈言粉擣之亦糗之不言互文而云互相足者凡言互文者是二物各舉一邊而省文故云互文此糗與粉唯一物分爲二文皆語不足故云互相足也又案籩人羞有二籩糗餌及粉餈此經直言糗則舉糗以見餌而無餈故鄭云糗以豆糗粉餌也

醴酒此東方之饌與祖奠同在主人之南當前輅北上巾之【疏】醴酒○注此東至巾之○釋曰鄭知義然者案下記云祝饌祖奠于主人之南當前輅北上巾之注云既祖祝乃饌以此言之祝饌祖奠卽是還柩鄉外乃饌之于主人之南自還柩車至此饌葬奠柩車未動則此葬奠東方之饌亦饌于主人之南當與前同處故注云與祖奠同在主人之南但祖奠與大斂奠同二豆二籩此葬奠四豆四籩籩豆雖不同而同處耳云北上者蓋兩甒在北次南饌四豆豆南饌四籩也

陳器明器也夜斂藏之【疏】陳器○注明器至藏之○釋曰陳饌已訖又陳明器也本作夜斂適似寫誤云適斂者以其上朝祖之日已陳明器此復陳之者由朝祖至夜斂藏之至此厥明更陳之也

滅燎執燭俠輅北面炤徹與葬奠也【疏】滅燎至北面○注炤徹與葬奠也○釋曰昨日朝祖日至夕云宵爲燎于門內之右至此滅燎既滅二人

執燭俠輅北面一人在輅東一人在輅西輅西者。炤祖奠輅東者炤葬奠之饌故注云炤徹與。葬奠也賓入者拜之明自啓至此主人無出禮

疏賓入者拜之○注明自至出禮○釋曰此時有弔葬之賓主人皆不出迎但在位拜之所以不出迎者既啓之後既覩尸柩不可離位以迎賓唯有君命乃出故注云明自啓至此主人無出禮也

徹者入丈夫踊設于西北婦人踊猶阼階升時也亦既盥乃入入由重東而主人踊猶其升也自重北西面而徹設於柩車西北亦。由序西南

疏徹者至人踊○注猶阼至西南○釋曰云徹者入者謂將設葬奠先徹祖奠故云徹者入入謂祝與執事徹祖奠者亦既盥乃入由重東而主人踊至徹訖設柩車西北則婦人踊也云猶阼階升者謂徹小斂奠者門外盥訖入升自阼階丈夫踊今徹者亦門外盥訖入由重東主人踊故云猶其升也云自重北西面而徹設於柩車西北亦猶序西南者此徹祖奠設於柩車西北亦猶小斂大斂朔。月奠設于序西南也

徹者東由柩車北東適葬奠之饌

疏徹者東○注由柩至之饌○釋曰以其徹訖當設葬奠故徹者由柩車北東。適葬奠之饌取而設于柩車西也知由柩車北而東者以其徹者設于柩車西北而云于柩車西若柩車南不得云徹者東故知。在柩車北東行也

鼎入舉入陳之也陳之蓋於重東北西面北上如初

疏鼎入○注舉入至如初○釋曰以其徹者既祖當設葬奠故五鼎皆入入陳也云入陳之也蓋於重東北西面北上如初者以其上篇小斂奠舉鼎入阼階前西面錯大斂奠云舉鼎入西面北上又朔月奠云鼎入皆如初其遷祖奠云陳鼎皆如殯則。皆在阼階下西面北。上今此但云鼎入不言如初無正文故云蓋以疑之既疑而知。在東北西面北上者以其奠祭在室掌設者皆陳鼎於阼階下西面如大小斂。故知也

乃奠豆西上綪籩嬴醢南北上綪籩嬴醢南辟醴酒也

疏乃奠至上綪○注籩嬴至酒也○釋曰云籩嬴醢南辟醴酒也者如上所饌則先饌粺析於西南次北。脾醢次東葵菹次南嬴醢陳設要方則四。籩。宜。亦設於脾析已南綪之爲次今不於脾析已南爲次而發嬴醢已南爲次故知辟醴酒醴酒當設

在脾析之南可知也俎二以成南上不績特鮮獸成猶併也不績者魚在羊東腊在豕東古文特爲俎疏俎二至鮮獸○注成
猶至爲俎○釋曰知俎二以併不績者若績則宜先設羊於西南次北設豕次東設魚次南設腊今於西南設羊次北豕以魚設于羊東設腊于魚北還從南
爲始是不績也其鮮獸在北北無偶故云特也是以鄭云不績者魚在羊東腊在豕東也醴酒在籩西北上統於豆也疏醴酒至北上○
注統於豆也○釋曰云統於豆者豆即脾析也以其云北上上謂二甒醴酒繼豆言北上故云統於豆也奠者出主人要節而踊亦以
往來爲節奠由重北西既奠由重南東疏奠者至而踊○注亦以至南東○釋曰自上已來堂下設奠徹奠皆云主人要節而踊注皆云往來爲節此主
人要節而踊亦以往來爲節奠來時由重北而西既奠由重南而東此奠饌在輅之東言由重北者亦是由車前明器之北鄉柩車西設之設訖由柩車南而
來者禮之常也甸人抗重出自道道左倚之還重不言甸人抗重言之者重既虞將埋之言其官使守視之抗舉也出自道出從
門中央也不由闑東西者重不反變於恆出入道左主人位今時有死者鑿木置食其中樹於道側由此疏甸人至倚之○注還重至由此○釋曰自此盡
徹者出踊如初論將葬重及車馬之等以次出之事云道左倚之者當倚於門東北壁云還重不言甸人者上云二人還重不言甸人至此乃言甸人也云重
既虞將埋之者雜記文彼注云就所倚處埋之但天子九虞諸侯七虞大夫五虞士三虞未虞以前以重主其神虞所以安神雖未作主初虞其神即安於寢
不假重爲神主又士大夫無木主明亦初虞即埋之也云不由闑東西者重不反變於恆出入者恆出入則闑東闑西也云道左主人位者檀弓云重主道注
云始死未作主以重主其神也則重主死者故於主人之位埋之也鄭云今時以下者引漢法證重倚道左之事也薦馬馬出自道車各
從其馬駕于門外西面而俟南上南上便其行也行者乘車在前道車槀車序從疏薦馬至南上○注南上至序從○釋曰云

南上者謂於門外之時南上云便其行也者以其葬於國北在路則南上上者常在前故云便其行也云行者乘車在前道槀序從者案下記云乘車載旜道車載朝服槀車載簑笠是序從也

徹者入踊如初徹巾苞牲取下體苞者象既饗而歸賓俎者也取下體者脛骨象行又組實之終始也士苞三个前脛折取臂臑後脛折取骼亦得俎釋三个雜記曰父母而賓客之所以爲哀

疏徹者至下體○注苞者至爲哀○釋曰云苞者象既饗而歸賓俎者也案雜記文而言之云取下體者脛骨象行者以父母將行鄉壙故取前脛後脛下體行者以送之故云象行也云又俎實之終始也者此盛葬奠用少牢其載牲體亦當與少牢同案少牢載俎云肩臂臑膊骼在兩端又云肩在上以此言之則肩臂臑在俎上端爲俎實之始膊骼在俎下端爲俎實之終今取此兩端脛骨包以歸父母直取脛骨爲象行又兩端爲俎實之終始也云士包三个者自上之差案檀弓云國君七个遣車七乘大夫五个遣車五乘注云人臣賜車馬者乃得有遣車遣車之差大夫五諸侯七則天子九諸侯不以命數喪數略也个謂所包遣奠牲體之數也雜記曰遣車視牢具彼注云言車多少各如所包遣奠牲體之數也然則遣車載所包遣奠而藏之者與遣奠天子大牢包九个諸侯亦大牢包七个大夫亦大牢包五个士少牢包三个大夫以上乃有遣車以此而言士無遣車則所包者不載于車直持之而已士有一包而云包三个鄭又云个謂所包遣奠則士一包之中有三个牲體故云前脛折取臂臑後一脛折取骼者若然大夫云遣車五乘包五个則一包之中有五个五五二十五大牢而爲二十五體則亦取下體前脛取臂臑後脛取骼三牲有九體又就九體折分爲二十五个五包包各五个諸侯亦大牢而包七个天子亦一大牢又加以馬牲牲別有三體則十二體就十二體中細分爲八十一个九包包各九个大夫以上皆不得全體謂若少儀云大牢則以牛左肩臂臑折九个之類亦爲不全體也云亦得俎釋三个者羊組上注云體不殊骨也其髀又不升則骼別爲一段在俎今前脛折取臂臑其肩仍著胖爲一段後脛折取骼仍有肫一節在俎則羊俎仍有兩段在俎豕則左胖豚解爲四

段在組今前脛折取臂臑後脛折取骼仍有四段在組若然羊組有二段豕組有四段相通則二組組有三段在故得爲組釋三个案特牲組釋三个注云爲
改饌於西北隅遺之則此奠雖不改爲饌西北隅留之亦爲分禱五祀也引雜記者案彼云曾子謂或人曰吾子不見大饗乎夫大饗既饗卷三牲之組歸于
賓館父母而賓客之所以爲哀也注云既饗歸賓組所以厚之也言父母家之主今賓客之是孝子哀親之去也取此者以證此。包牲歸父母亦是賓客父母
之事也不以魚腊非正牲也疏不以魚腊○注非正牲也○釋曰云非正牲也者正牲謂上三牲魚腊非正牲故不以魚腊載之故云非正。牲
行器目葬行明器在道之次疏行器○注目葬至之次○釋曰包牲訖明器當行鄉壙故云行器云目葬行明器者卽下云茵包已下是也故云目
葬行也茵苞器序從如其陳之先後疏茵包器序從○注如其陳之先後○釋曰此直云序從者序從卽上文器西南上茵包已下是也故
此亦言茵包其爲首故也以車從次器疏車從○注次器○釋曰上陳明器訖次列車以從明器故云次器也徹者出踊如初於是
廟中當行者唯柩車疏徹者出踊如初○注於是至柩車○釋曰徹者謂包牲訖當徹去所釋者出廟門分禱五祀者徹者出時主人踊云於是廟中當行
者唯柩車者以其上文明器及車馬鄉壙者皆出唯有柩車在廟未出故云於是廟中當行者唯柩車也主人之史請讀賵執筭從
柩東。當前東西面不命毋哭哭者相止也唯主人主婦哭燭在右南面史北面請既而
與執筭西面於主人之前讀書釋筭燭在右南面炤書便也古文筭皆爲筴疏主人至南面○注史北至爲筴○釋曰自此盡滅燭出論讀賵。讀遣之事
經直云史請讀賵鄭知。史北面請者以其主人於車東北面所請者請於主人明史北面。問之故知史北面也又知在主人之前讀之對面當柩故知在主人
之前。西鄉柩也請訖乃西面請時及入時書在前筭在後則史西面之時筭在史南西面今燭在史北近史炤書爲便若在左則隔筭不便也讀書釋

筭則坐必釋筭者榮其多【疏】讀書釋筭則坐○注必釋至其多○釋曰讀書者立讀之敬也釋筭者坐爲釋之便也云必釋筭者榮其多者以其所賵之物言之亦得今必釋筭顯其數者榮其多故也

卒命哭滅燭書與筭執之以逆出卒已【疏】卒命至逆出○釋曰言逆出則入時長在前出時長在後燭言滅不言出者以其燭已滅不。得言燭出其人亦出可知

公史自西方東面命毋哭主人主婦皆不哭讀遣卒命哭滅燭出公史君之典禮書者遣者入壙之物君使史來讀之成其得禮之正以終也燭俠輅【疏】公史至燭出○注公史至俠輅○釋曰知公史是君之典禮書者以其言公史故知君史案周禮大史小史皆掌禮則諸侯史亦掌典禮可知云成其得禮之正以終者以其死葬之以禮是死者得禮之終事故以君史讀而成之也知燭俠輅者上陳設葬奠云執燭夾輅北面故知也

商祝執功布以御柩執披居柩車之前若道有低仰傾虧則以布爲抑揚左右之節使引者執披者知之士執披八人今文無以【疏】商祝至執披○注居柩至無以○釋曰自此盡杖乃行論柩車在道發行之事云執功布者謂執大功之布纛者也云以御柩執披者葬時乘。人故有柩車前引柩者及在傍執披者皆御治之故云御柩執披也云柩車之前若道有低仰傾虧則以布爲抑揚左右之節者道有低謂下坂時道有仰謂上坂時傾虧謂道之兩邊在車左右轍有高下云以布爲抑揚左右之節者道有低則抑下其布使知下坂道有仰則揚舉其布使知上坂云左右者謂道傾虧高下則左右其布使知道之有傾虧也若東轍下則下其布向東西邊執披者持之西轍下則下其布向西東邊執披者持之若然鄭云使引者執披者知之者執披者知其左右引者知其上下也知士執披八人者案下記云執披者旁四人注云前後左右各二人是士執披者八人也

主人袒乃行踊無筭袒爲行變也乃行謂柩車行也凡從柩者先後左右如遷于祖之序【疏】主人至無筭○注袒爲至之序○釋曰云乃行謂柩車行者經云乃行文承主人袒下嫌主人行故云乃

行謂柩車行以行處據柩爲主柩車行主人行可知故舉柩車行也云凡從柩者先後左右如遷于祖之序者上遷于祖時注云主人從者丈夫由右婦人由左以服之親疏爲先後各從其昭穆男賓在前女賓在後此從柩向壙之序一如遷于祖之序故如之也

出宮踊襲哀次

【疏】出宮踊襲○注哀次○釋曰云哀次者以經云出宮踊襲以出宮有此踊襲以出宮有此踊者止爲出宮大門外有賓客次舍之處父母生時接賓之所故主人至此感而哀此次是以有踊踊訖卽襲襲訖而行也故檀弓云哀次亦如之注云次他日賓客所受大門外舍也孝子至此而哀是也

至于邦門公使宰夫贈玄纁束邦門城門也贈送也

【疏】至于至纁束○注邦門至送也○釋曰云邦門者案檀弓云葬于北方北首三代之達禮也此邦門者國城北門也贈用玄纁束帛者卽是至壙窆訖主人贈死者用玄纁束帛也以其君物所重故用之送終也

主人去杖不哭由左聽命賓由右致命柩車前輅之左右也當時止柩車

【疏】主人至致命○注柩車至柩車○釋曰此謂宰夫將致命主人乃去杖不哭由柩車前輅之左右若然在廟柩車南鄉左則在東此出國北門柩車鄉北左則在前輅之西也賓由右致命則在柩車之東矣經直云左右鄭必知據前輅左右者。次柩車在廟門時賓在柩車右主人在柩車左故知此亦當前輅左右也云當時止柩車者下記云唯君命止柩于堩其餘則否注云不敢留神。明此宰夫致命時柩車止也

主人哭拜稽顙賓升實幣于蓋降主人拜送復位杖乃行升柩車之前實其幣於棺蓋之柳中若親受之然復位反柩車後

【疏】主人至乃行○注升柩至車後○釋曰賓既致公贈命訖主人乃哭拜稽顙賓乃升車實幣于棺之蓋中載以之壙上文在廟所贈之幣皆奠於左服此實于蓋中者彼贈幣生死兩施故奠左服此贈專爲死者故實于蓋中若親授之然云復位反柩車後者上在廟位在柩車東此行道故在柩車後也

儀禮疏卷第三十九

儀禮注疏卷三十九校勘記

阮元撰盧宣旬摘錄

公賵玄纁束馬兩

故云助主人送葬者也是以下注云　陳閩俱作故下注云脫中間十字通解併刪故字

擯者出請入告

云衆主人自若西面者　人下陳閩俱有不迎賓明四字案毛本亦無此四字陳閩非

馬入設

皆參分庭一在南設之　要義同毛本通解參作三

賓奉幣

參分庭之北　徐本集釋楊敖同毛本通典通解參俱作三下並同北徐本作此通典集釋通解楊敖俱作北張氏曰注曰參分庭之此案監杭本此作北從監杭本

柩車在階間少南　陳本通解同毛本柩作輅

上經祖還車訖云　毛本通解云下有少南二字

故知輅有前後也　知陳閩俱作此

主人哭拜

容授尸之右也 容陳閩通解俱作客

士受馬以出

有勇力者受馬 有通解作言

擯者出請入告 唐石經徐陳通典集釋通解楊氏同毛本敖氏無出字

馬入設○賓從致命 致通解作將

主人拜于位

與在室同 毛本在誤作左

若奠

或可堪爲奠於祭祀者也 爲下此本空一字毛本祀作祝陳閩通解俱作祀

入告主人出門左

王使榮叔歸含且賵 賵要義作賻○按春秋文五年作賵

若無器則捂受之 捂釋文作梧

謂對相授授下集釋敖氏俱有受字與疏合案張氏士昏禮引此注無受字

捂卽逆也要義同毛本逆作逆下同

又請又鍾本作三金曰追謂上已有又請此當作三請爲正

所知

許賵不許奠也通解要義同毛本賵作贈

故知此本知下元缺一字陳本知下有多字毛本楊氏知下有於死者爲多五字通解於上更有施字

所知爲疏閩本無此四字

書賵於方

有賻有賵聶氏敖氏俱作有賵有賻

書遣於策

故在賓客贈賄與賵之下特書也毛本通解作贈賻與賵要義與此本同

宵爲燎于門內之右

階閒有婦人通解同毛本階作皆○案階字是

其實羊左胖

體不殊骨也徐陳集釋通解楊氏同毛本體作禮

則與上肩脅脊別升通解要義同毛本與作於

離肺

刲離之楊氏同毛本刲作搓○按少儀注作刲

不絕中央少者通解同毛本者作許案者是也

豕亦如之

君子不食溷腴溷集釋作圂

上下共爲二段陳本通解同毛本二作一盧文弨云據下疏羊俎有二段則作二爲是

魚腊鮮獸皆如初

豕旣豚解略之者毛本豕誤作鄭

東方之饌

讀爲雞脾肶之脾肶徐本作肶釋文通典集釋通解俱作肶案說文膍牛百葉也从肉𣬉聲或从比徐鍇曰周禮謂之脾析借脾字據

此則脾肶實一字此注脾肶連文疑有誤說文膍字下注云一曰鳥膍胵疑脾肶當作膍胵徐本作肶或此至聲近相借耶

韲菹之稱菜肉通　毛本菜誤作米

彼天子禮容有牛　毛本容誤作云

云蜱蜯也者　陳閩通解同毛本蜱作脾按蜱是也

醴酒

乃餕之于主人之南　通解同毛本乃作仍

陳器

夜斂藏之　周學健云疏云本作夜斂適似寫誤據此則改適斂爲夜斂反與疏語不符

滅燎

炤徹與葬奠也　炤徐本集釋俱作炤與此本標目合後同毛本通解作照

二人執燭俠輅北面　陳閩通解同毛本二作一

輅西者炤祖奠　通解同毛本楊氏炤下有徹字○按徹字當有此本誤脫

炤徹與葬奠也　毛本葬誤作祖

徹者入

亦由序西南由閩監葛本通典集釋楊氏俱作猶陳本通解俱作曰案由猶古字通用曰卽由字之誤

亦猶小斂大斂朔月奠陳閩通解同毛本月作日

徹者東

東適葬奠之饌毛本適誤作設

故知在柩東北東行也在閩本作由

鼎入

則皆在阼階下西面北上通解要義同毛本皆作此閩本上誤作士

旣疑而知在東北要義同毛本通解在下有重字

故知也通解要義同毛本故下有可字

乃奠

次北脾醢盧文弨改脾爲螷是也

則四籩毛本通解籩下有豆字

宜亦設於脾析巳南　宜亦毛本作亦宜此本倒

俎二以成

腊在豕東　徐陳閩葛集釋通解楊敖同毛本腊作蜡監本誤作醋

奠者出

由柩車南而來者　陳本通解同毛本來作東

徹者入踊如初

包以歸父母　包要義俱作包下同毛本作苞

个謂所苞遣奠　个要義作包

天子亦一太牢　通解同毛本無一字按通解是也

就十二體中　毛本十誤作于

則羊俎仍有兩段在俎　通解同毛本在下無俎字

不以魚腊

故云非正牲　毛本牲誤作也

主人之史〇柩東當前束西面　毛本東誤作車

論讀賵讀遣之事　要義同毛本賵下無讀字

鄭知史北面請者　史陳閩通解要義俱作史是也毛本作使監本誤作始

明史北面問之　問閩本作同

故知在主人之前西鄉柩也　陳本通解同毛本西作面

卒命哭

不得言燭出　陳本通解同毛本得作待

商祝執功布

葬時乘人　通解要義同毛本人作車

出宮踊襲

以出宮有此踊襲　襲陳閩俱作者此句下要義毛本無以出宮有此踊者七字

主人去杖不哭

次柩車在廟門時　毛本通解次作以

不敢留神明案下記注明作也

主人哭拜稽顙

若親受之然徐陳通解楊氏同通典集釋敖氏毛本受俱作授

實幣于棺之蓋中載以之壙自載字起至下此實於蓋中者中字止凡二十二字陳閩俱脫

儀禮注疏卷三十九校勘記

唐朝散大夫行大學博士弘文館學士臣賈公彥等撰

至于壙陳器于道東西北上統於壙【疏】至于至北上○注統于壙○釋曰自此盡拜送論至壙陳器及下棺訖送賓之事云統于壙者對廟中南上此則北上故云統于壙也

茵先入當藉柩也元士則葬用輁軸加茵焉【疏】茵先入○注當藉至茵焉○釋曰云當藉柩也者解茵先入之意以其茵入乃後屬引下棺於其上以須藉柩故茵先入云元士則葬用輁軸加茵焉者元士謂天子之士葬時先以輁軸由羨道入乃加茵於其上乃下棺於中知元士葬用輁軸者檀弓云孺子䵜之喪哀公欲設撥注云撥可撥引輴車所謂紼問於有若有若曰其可也君之三臣猶設之顏柳曰天子龍輴而椁幬諸侯輴而設幬爲榆沈故設撥三臣者廢輴而設撥竊禮之不中者也以此言之天子諸侯殯葬皆用輴朝廟用輴可知大夫雖殯葬不用輴朝廟亦用輴以其士殯葬不用輁軸朝廟得用之明大夫朝廟得用輴故上注云大夫諸侯以上有四周謂之輴以其大夫諸侯以上有四周謂之輴以其大夫朝廟得用輴故言之也諸侯之大夫有三命再命一命殯葬不得用輴天子之元士亦三命再命一命葬得用輁軸者春秋之義王人雖微猶在諸侯之上明天子之士尊謂之爲元元者善之長故得用輁軸不與諸侯大夫同也

屬引於是說載除飾更屬引於緘耳古文屬爲燭【疏】注屬引○於是至爲燭○釋曰云於是說載者謂柩車至壙解說去載與披及引之等除飾者解去帷荒池組之等然後下棺云更屬引於緘耳者案喪大記云君窆以衡大夫士以咸鄭注云衡平也人君之喪又以木橫貫緘耳居旁持而平之今齊人謂棺束爲緘以此而言則棺束君三衽三束大夫士二衽二束束有前後於束末皆爲緘耳以紼貫結之而下棺人君又於橫木之上以屬紼也

主人袒衆主人西面北上婦人東面皆不哭

俠羨道為位【疏】主人至不哭○注俠羨道為位○釋曰主人袒者為下棺變婦人不言北上亦如男子北上可知不哭者為下棺宜靜云俠羨道為位者

羨道謂入壙道上無負土為羨道天子曰隧塗上有負上為隧僖二十五年晉文公請隧弗許是也乃窆主人哭踊無筭窆下棺也今文

窆為封【疏】乃窆至無筭○注窆下棺也○釋曰主人哭踊不言處還於壙東西面也云窆下棺者春秋謂之塴皆是下棺之名也襲贈用制

幣玄纁束拜稽顙踊如初丈八尺曰制二制合之束十制五合【疏】襲贈至如初○注丈八至五合○釋曰云丈八尺曰制者朝貢

禮及巡狩禮皆有此文以丈八尺名為制昏禮幣用二丈取成數凡禮幣皆用制者取以儉為節聘禮云釋幣制玄纁束注云凡物十曰束玄纁之率玄居三

纁居二此注云二制合之束十制五合者則一端丈八尺二端為一匹五匹合為十制也每卒袒拜賓主婦亦拜賓卽位拾

踊三襲主婦拜賓拜女賓也卽位反位【疏】卒袒至三襲○注主婦至反位○釋曰卒謂贈卒更袒拜賓云反位者各反羨道東西位其男賓在衆主

人之南女賓在衆婦之南賓出則拜送相問之賓也凡弔賓有五去皆拜之此舉中焉【疏】賓出則拜送○注相問至中焉○釋曰鄭知賓是相

問之賓也凡弔賓有五此舉中者案雜記云相趨也出宮而退相揖也哀次而退相問也既封而退相見也反哭而退朋友虞祔而退注云此弔者恩薄厚去

遲速之節也相趨謂相聞姓名來會喪事也相揖嘗會於他也相問嘗相惠遺也相見嘗執贄相見也以此而言此經既葬而退是相見問遺之賓舉中以見

上下五者去皆拜送可知卽藏器於旁加見器用器役器也見棺飾也更謂之見者加此則棺柩不復見矣先言藏器乃云加見者器在見

內也內之者明君子之於事終不自逸也檀弓曰有虞氏之瓦棺夏后氏堲周殷人棺槨周人牆置翣【疏】藏器於旁加見○注器用至置翣○釋曰云器

用器役器也者用器卽上弓矢耒耜之等役器卽上甲胄干笮之屬此器中亦有樂器不言者省文知有用器役器者以下別云包筲之等則所藏者是此器

也云見棺飾也者飾則帷荒以其與棺爲飾是以喪大記云飾棺君龍帷黼荒大夫畫帷畫荒士布帷布荒注云飾棺者以華道路及壙中不欲衆惡其心也此柩入壙還以帷荒加於柩故鄭注云及壙中也云更謂之見者加此則棺柩不復見矣者以其唯見此帷荒故名帷荒爲見是棺柩不復見也云先言藏器乃云加見者器在見內也內之者明君子之於事終不自逸也者以用器役器近身陳之是不自逸也引檀弓者見帷荒在柩外周人名爲牆若牆屋然其外又。置翣爲飾也

藏苞筲於旁。於旁者在見外也不言甕甒饌相次可知四者兩兩而居喪大記曰棺椁之閒君容柷大夫容壺士容甒

【疏】藏包筲於旁○注於旁至容甒○釋曰云於旁者在見外也者以其加見乃云藏包筲故知見外也云不言甕甒饌相次可知者以其陳器之法後陳者先用甕甒後用包筲包筲藏明甕甒先藏可知故云相次可知云四者兩兩而居者謂包筲居一旁甕甒居一旁故云兩兩而居也。引喪大記者欲見椁內棺外所容寬狹得容器物之意也

加折卻之加抗席覆之加抗木宜次也

【疏】加折至抗木○注宜次也○釋曰云宜次也者宜謂折上陳之美面鄉上今用即美面鄉下抗席又覆之又折宜承席席宜承木皆是其宜也次者木則先陳後用席則後陳先用是其次也

實土三主人拜鄉人謝其勤勞

【疏】實土至鄉人○注謝其勤勞○釋曰案雜記云鄉人五十者從反哭四十者待盈坎注云非鄉人則少長皆反以此而言於時主人未反哭鄉人並在故今至實土三徧主人拜謝之謝其勤勞勤勞者謂在道助執紼在壙助下棺及實土也

即位踊襲如初哀親之在斯

【疏】即位踊襲如初○注哀親之在斯○釋曰謂既拜鄉人乃於羨道東即位踊無筭如初也云哀親之在斯者以親之在斯故哀號甚踊無筭

乃反哭入。升自西階東面衆主人堂下東面北上西階東面反諸其所作也反哭者於其祖廟不於阼階西面西方神位

【疏】乃反至北上○注西階至神位○釋曰自此盡門外拜稽顙論主人反哭賓弔之事反哭者拜鄉人訖反還家哭於廟入。升西階東面哭云西

階東面反諸其所作也者案檀弓云反哭升堂反諸其所作也注云親所行禮之處是也云反哭者於其祖廟者謂下士祖禰共廟故下經賓出主人送于門
外遂適于殯宮適士二廟者自殯宮先朝禰後朝祖今反哭則先於祖後于禰遂適殯宮也案春秋僖八年經書用致夫人左氏云凡夫人不殯於廟者春秋
之世多行殷法不與禮合也云不於阼階西面西方神位者以特牲少牢主人行事升降皆由阼階今不。於阼階故決之以西方神位知者特牲少牢皆布席
于奧殯又在。西階是西方神位人非行事直哭而已故就神位

主婦人入大。夫踊升自阼階

辟主人也疏婦人至阼階○注辟主人也○釋曰反哭之禮主人男子等先入主婦婦人等後入故婦人入丈夫在位者皆踊婦人不升西階者由主人在西階故鄭云辟主人

主婦入于室踊出即位及丈夫拾踊三

入于室反諸其所養也出即位堂上西面也。拾。更。也疏主婦至踊三○注入于至更也○釋曰案檀弓云主婦入于室反諸其所養也鄭注云親所饋食之。處但主人既在西階親所行禮之處以婦人無外事故於饋食之處哭也云出即位堂上西面也者自小斂奉尸夷于堂已後主婦等位皆在阼階上西面是以知出即位者阼階上西面也云拾更也者凡成踊而拾皆主人踊主婦。人踊賓乃踊故云更也

賓弔者升自西階曰如之何主人拜稽顙

賓弔者衆賓之長也反而亡焉失之矣於是爲甚故弔之者北面主人拜於位不北面拜賓東者以其亦主人位也。今文無曰疏賓弔至稽顙○注賓弔至無曰○釋曰知賓弔是衆賓之長者以其弔賓皆在堂下今升堂釋詞故知賓中爲首者賓之長也云反而亡焉失之矣於是爲甚者亦檀弓文引之證周人反哭而弔哀之甚也云弔者北面者以經云賓弔者升自西階卽云曰如之何不見弔者改面之文明升堂北面可知云主人拜于位者拜于西階上東面位知者以其上。經主人升自西階東面故知。仍東面位也云不北面拜賓東者以其亦主人位也者鄉飲酒鄉射主人酬賓皆於賓東主人位特牲少牢助祭之賓主人皆拜送于西階東面故於東面不移以其亦主人位故

也

賓降出主人送于門外拜稽顙賓降至稽顙○釋曰此於雜記五賓當相見之賓故鄭上注云舉中焉明五賓皆依節而弔也

遂適殯宮皆如啓位拾踊三啓位婦人入升堂丈夫即中庭之位【疏】遂適至踊三○注啓位至即位○釋曰案上喪禮朝夕哭位云婦人即位于堂南上主人堂下直東序西面啓殯時云主人位如初又云主人入即位則此。主啓位婦人亦即位于堂。東面主人即位于堂下直東序西面直東序西面即中庭位也

兄弟出主人拜送兄弟小功以下也異門大功亦可以歸【疏】兄弟至拜送○注兄弟至以歸○釋曰丈夫婦人在殯宮拾踊既訖兄弟入門者出主人拜而送之知兄弟小功以下也者此兄弟等始死之時皆來臨喪殯訖各歸其家朝夕哭則就殯所至葬開殯而來喪所至此反哭亦各歸其家至虞卒。祭還來預焉故喪服小記云緦小功虞卒哭則皆免是也云異門大功亦可以歸者大功以上有同財之義爲異門則恩輕故可歸也

衆主人出門哭止闔門主人揖衆主人乃就次次倚廬也【疏】衆主至就次○注次倚廬也○釋曰云衆主人出門者則主人拜送兄弟因。在門外云闔門者鬼神尚幽闇云次倚廬也者以未虞以前仍依於初東壁下倚木爲廬齊衰居堊室大功張帷喪服傳云既虞柱楣。前屏此直云倚廬據主人斬衰者而言

猶朝夕哭不奠是日也以虞易奠【疏】猶朝夕哭不奠○注是日至易奠○釋曰自啓殯已來常奠今反哭至殯宮猶朝夕哭如前不奠耳檀弓云葬日虞弗忍一日離也是日也以虞易奠故不奠也

三虞虞喪祭名虞安也骨肉歸於土精氣無所不之孝子爲其彷徨三祭以安之朝葬日中而虞不忍一日離【疏】三虞○注虞喪至日離○釋曰云虞虞喪祭名日中而虞不忍一日離皆檀弓文案彼云葬日虞弗忍一日離也又云卒哭曰成事是日也以吉祭易喪祭喪祭則三虞也云虞安也者主人孝子葬之時送形而往迎魂而返恐魂神不安故設三虞以安之云骨肉歸于土精氣無所不之者案檀弓云延陵季子葬其長子於嬴博之閒既窆左袒右還其封云骨肉歸復于土命

也若魂氣則無不。之是其骨肉歸于土精氣無所不之之事言此者欲見迎魂而返以虞祭安之是以鄭云孝子為其彷徨三祭以安之云朝葬日中而虞卽檀弓所云葬日虞弗忍一日離又下士虞記亦云日中而行事是也

卒哭 卒哭三虞之後祭名始朝夕之閒哀至則哭至此祭止也朝夕哭而已

疏 卒哭○注卒哭至而已○釋曰云卒哭三虞之後祭名者三虞者再虞用柔日後虞改用剛日又隔柔日卒哭用剛日故云卒哭三虞之後祭名也云始朝夕之閒哀至則哭至此祭止也者始死主人哭不絕聲小斂之後以親代哭亦不絕聲至殯後主人在廬廬中思憶則哭又有朝夕於阼階下哭至此為卒哭祭唯有朝夕哭而已言其哀殺也然則喪有三無時哭者始死至殯哭不絕聲一無時既殯廬中思憶則哭二無時卒哭祭後唯有朝夕哭為有時至練祭之後又止朝夕哭唯有堊室之中或十日或五日一哭通前為三無時之哭也是以檀弓云哭無時使必知其反也是據練後哭無時也

明日以其班祔 班次也祔卒哭之明日祭名祔猶屬也祭昭穆之次而屬之。今。文。班。為。胖。

疏 明日以其班祔○注班次至為胖○釋曰云班次也者謂昭穆之次第云祔卒哭之明日祭名者以卒哭用剛日祔用柔日是以下士虞記云卒哭祭卽云明日以其班祔故云卒哭之明日祭名云祔猶屬也祭昭穆之次而屬之者以其孫祔於祖祖孫與祖昭穆同故以孫連屬於祖而就祖而祭之也

記 記○釋曰凡記者皆是經不具記之使充經文理備足也

士處適寢寢東首于北墉下 將有疾乃寢於適室今文處為居于為於

疏 士處至墉下○注將有至為於○釋曰云將有疾乃寢於適室者以士喪篇首云士死于適室此記云適寢者適室一也故互見其文若不疾則在燕寢將有疾乃寢臥于適室故變室為寢也云東首者鄉生氣之所云墉下者墉謂之牆喪大記謂之北牖下必在北。墉下亦取十一月一陽生於北生氣之始。故也士喪禮論其死事故不云疾此記人記其不備凡人死皆因疾故記其疾之所在也

有疾疾者齊 正情性也適寢者不齊不居其室

疏 有疾疾者齊○注正情至其室○釋曰云有疾疾者既有疾當齊戒正情性故也

云適寢者不齊不居其室者案鄉黨孔子齊居必遷坐又祭義云致齊於內散齊於外皆在適寢但散齊得鄉外故云於外耳是其齊居適寢也

養者皆齊。憂也。【疏】養者皆齊○注憂也○釋曰案曲禮云父母有疾冠者不櫛行不翔笑不至矧怒不至詈不飲酒食肉疾止復故男女養疾皆齊戒正情性也

徹琴瑟。去樂【疏】徹琴瑟○注去樂○釋曰君子無大故琴瑟不離其側今以父母有疾憂不在于樂故去之案喪大記云疾病內外皆埽君大夫徹縣士去琴瑟注云凡樂器天子宮縣諸侯軒縣大夫判縣士特縣去琴瑟者不命之士亦謂子男之士不命者也

疾病外。內。皆埽。爲有賓客來問也疾甚曰病【疏】疾病外內皆埽○注爲有至曰病○釋曰云疾甚曰病者則外內皆埽爲賓客來問疾自絜清也

徹褻衣加新衣。故衣垢汙爲來人穢惡之【疏】徹褻衣加新衣○注故衣至惡之○釋曰此文承疾病者及養病者則徹褻衣據死者而言則生者亦去故衣服新衣矣徹褻衣謂故玄端已有垢汙故來人穢惡是以徹去之加新衣者謂更加新朝服喪大記亦云徹褻衣加新衣鄭注云徹褻衣則所加者新朝服矣互言之也加朝服者明其終於正也互者褻衣是玄端新衣是朝服。朝。服言新則褻衣是故玄端言褻朝服是絜不褻矣各舉一邊而言明皆有兼也必知褻衣是玄端新衣是朝服者案司服士之齊戒服玄端則疾者與養疾者皆齊明服玄端矣檀弓云始死羔裘玄冠者易之而已羔裘玄冠。卽朝服故知臨死所著新衣則朝服也故鄭云終於正也

御者四人皆坐持體。爲不能自轉側御者今時。侍從之人【疏】御者至持體○注爲不至之人○釋曰案喪大記云體一人注云爲其不能自伸屈也若然四體各一人亦爲不能自轉側詩云輾轉反側據身云不能自屈伸據手足二文相兼乃具云御者今時侍從之人者士雖無臣亦有侍御僕從之人終於其手也

屬纊以俟絶氣。有其氣微難節也纊新絮【疏】屬纊以俟絶氣○注有其至新絮○釋曰案喪大記注云纊今之新緜易動搖置口鼻之上以爲候亦二注相兼乃具云纊新絮卽新緜禹貢豫州貢纖纊明纊新緜也

男子不絶於婦

人之手婦人不絶於男子之手備褻

【疏】男子至之手○注備褻○釋曰案喪大記注云君子重終爲其相褻若然疾時使御者持體弁死于其手。若。婦。人。則。內。御。者。持。體。還。死。于。其。手故喪大記云其母之喪則內御者抗衾而浴僖三十三年冬公薨于小寢左氏傳曰即安。服注云小寢夫人寢也禮男子不絶于婦人之手今僖公薨于小寢譏其近女室是男子不絶于婦人之手備褻也

乃行禱于五祀盡孝子之情五祀博言之士二祀曰門曰行

【疏】乃行禱于五祀○注盡孝至曰行○釋曰云盡孝子之情者死期已至必不可求生但盡孝子之情故乃行禱五祀望祜助病者使之不死也云五祀博言之士二祀曰門曰行者祭法文今禱五祀是廣博言之望助之者衆其言五祀則與諸侯五祀同則祭法云諸侯五祀是也

乃卒卒終也

【疏】乃卒○注卒終也○釋曰自此盡還尸論上篇始死還尸於南牖之事曲禮與爾雅皆云大夫曰卒士曰不祿今士不言不祿而云卒者義取君子曰終小人曰死故鄭云卒終也美言之使與大夫同稱也

主人啼兄弟哭哀有甚有否於是始去笄纚服深衣檀弓曰始死羔裘玄冠者易之

【疏】主人啼兄弟哭○注哀有至易之○釋曰云哀有甚有否者啼即泣也檀弓云高柴泣血三年注云言泣無聲如血出則啼是哀之甚發聲則氣竭而息之聲不委曲若往而不反對齊衰以下直哭無啼是其否也知於是始。去笄纚服深衣者禮記問喪云親始死雞斯徒跣扱上衽注云雞斯當爲笄纚上衽深衣之裳前是其親始。死笄纚服深衣也引檀弓者證服深衣易去朝服之事也

設牀第當牖衽下莞上簟設枕病卒之閒廢牀至是設之事相變衽臥席古文第爲茨

【疏】設牀至設枕○注病卒至爲茨○釋曰經直云士死于適室憮用斂衾不云此等之事故記人言之也云病卒之閒廢牀至是設之者喪大記云疾病寢東首於北。牖下廢牀是其始死亦因在地無牀復而不蘇乃設牀於南牖下有枕席是病卒之閒廢牀於是設之云事相變者謂疾病時去牀既死設牀是生死事相變也衽臥席者曲禮云請席何鄉請衽何趾鄭云坐問鄉臥問趾因於陰陽是衽爲臥席昬禮注

云衽臥席也　遷尸　徙於牖下也於是憮用斂衾　疏　遷尸○注徙於牖至斂衾○釋曰云徙於牖下者則上文牀第當牖者也於是憮用斂衾者釋士喪禮憮用斂衾之時節也　復者朝服左執領右執要招而左　衣朝服服未可以變　疏　復者至而左○注衣朝至以變○釋曰云招而左者以左手執領還以左手以領招之必用左者招魂所以求生左陽陽主生故用左也復者士之有司著朝服左執領謂爵弁服也云衣朝服未可以變者謂始死未可以變之服凶服以其復所以求生故也喪大記小臣復復者朝服彼言小臣據君則上下尊卑復者皆朝服也　楔貌如軛上兩末　事便也今文軛作厄　疏　楔貌至兩末○注事便至作厄○釋曰云如軛者軛謂馬鞅軛馬領亦上兩末今以屈處入口取出時易故鄭云事便也此用柶異於吉時所用也　綴足用燕几校在南御者坐持之　校脛也尸南首几脛在南以拘足則不得辟戾矣古文校爲枝　疏　綴足至持之○注校脛至爲枝○釋曰云几脛在南以拘足則不得辟戾矣者古者几之兩頭各施兩足今。以夾。則豎用之尸南首足鄉北故以几脚鄉南以夾足恐几歃側故使生存侍御者一人坐持夾之使足不辟戾可以著屨也　即牀而奠當腢用吉器若醴若酒無巾柶　腢肩頭也用吉器器未變也或卒無醴用新酒　疏　即牀至巾柶○注腢肩至新酒○釋曰即就也謂就尸牀而設之尸南首則在牀東當尸肩頭也此即檀弓云始死之奠其餘閣也與云用吉器器未變也者謂未忍異於生故未變至小斂奠則變籩豆之等爲變矣云或卒無醴用新酒者釋經若醴若酒科有其一不得並有之事以其始死卒未有醴則用新酒若然醴酒俱有容有醴則用之不更用酒以其始死不備故也若小斂以後則酒醴其設甒二醴酒是也　赴曰君之臣某死赴母妻長子則曰君之臣某之某死　赴走告也今文赴作訃　疏　赴曰至某死○注赴走至作訃○釋曰云母妻長子則曰君之臣某之某死者上某是。士名下某是母妻長子假令長子則云長子某。甲母妻則婦人不以名行直

云母與妻也云赴走告也者言赴取急疾之意故云赴走告也云今文赴作訃者雜記作訃者義取以言語相通亦一塗也

室中唯主人主婦坐兄弟有命夫命婦在焉亦坐別尊卑也

【疏】室中至亦坐○注別尊卑也○釋曰云兄弟有命夫命婦在焉亦坐者若無命夫命婦則皆立可知此士。喪禮故鄭云別尊卑也尊謂命夫命婦案大記君之喪主人主婦坐以外皆立若大夫喪主人主婦命夫命婦皆坐以外皆立也士之喪主人父兄主婦姑姊妹皆坐鄭云士賤同宗尊卑皆坐此命夫命婦之外立而不坐者此謂有命夫命婦來兄弟爲士者則立若。命夫命婦則同宗皆坐也

尸在室有君命衆主人不出不二主

【疏】尸在至不出○注不二主○釋曰經直云主人唯君命出不言衆主人故記人辨之云衆主人不出在尸東耳云不二主者曾子問云喪有二孤廟有二主爲非禮不云不二孤而云不二主者彼廟主與喪孤相對此孤不對廟主孤亦是喪主故以主言之也

襚者委衣于牀不坐牀高由便

【疏】襚者至不坐○注牀高由便○釋曰云牀高由便者曲禮云授立不跪授坐不立此委衣於牀者不坐委之以牀高亦如授立不坐之義故云由便也

其襚于室戸西北面致命始死時也

【疏】其襚至致命○注始死時也○釋曰云始死時者謂未小斂之前尸在室中戸西故北面致命若小斂之後奉尸夷於。堂。則中庭北面致命

夏祝淅米差盛之差擇之

【疏】夏祝至盛之○注差擇之○釋曰經直云祝淅米于堂南面用盆不言夏與盛之故記人言之

御者四人抗衾而浴襢第抗衾。爲其倮。裎蔽之也襢袒也袒簀去席。盝音祿

其母之喪則內御者浴鬠無笄內御女御也無笄猶丈夫之不冠也

【疏】注內御至冠也○釋曰云內御女御者以婦人稱內故以女御爲內御婦人不死男子之手故知內御女御也天子八十一御妻亦曰女御與此別也云無笄猶丈夫之不冠也者喪服小記云男子冠而婦人笄士喪禮男子免不冠此云婦人不笄與男子不冠同故云猶丈夫不冠也

設明衣

婦人則設中帶中帶。若今之。禪襂疏設明至中帶○注中帶至禪襂○釋曰經直云設明衣不辨男子與婦人故此記人云設明衣者男
子其婦人則設中帶鄭云中帶若今禪襂者鄭舉目驗而言但男子明衣之狀鄭不明言亦當與中帶相類有不同之處故別雖名中帶亦號明衣取其圭絜
也卒洗貝反于筓實貝柱右齻左齻象齒堅疏卒洗至左齻○注象齒堅○釋曰經直云實貝於尸左右及中不言
遠近故記人辨之云右齻左齻謂牙兩畔最長者象生時齒堅也夏祝徹餘飯徹去鬻疏夏祝徹餘飯○釋曰經不言夏祝徹故記人記
之瑱塞耳塞充窒疏瑱塞耳○釋曰經直云瑱用白纊用掩之不云塞耳恐同生人縣于耳旁故記人言之也掘坎南順廣尺
輪二尺深三尺南其壤南順統於堂輪從也今文掘為坅也疏掘坎至其壤○釋曰經直云甸人掘坎于階閒不辨大小故記人明
之垼用塊塊塭也古文垼為役疏注塊塭也○釋曰云塊塭者爾雅釋言文孫氏云塭土塊也明衣裳用幕布袂屬幅
長下膝幕布帷幕之布升數未聞也屬幅不削幅也長下膝又有裳於蔽下體深也疏明衣至下膝○注幕布至深也○釋曰云明衣裳用幕布
則衣裳同用幕布云袂屬幅長下膝者唯據衣而言以其下別云裳故也云幕布帷幕之布者周禮幕人云掌帷幕幄帟綬鄭云帷幕皆以布為之幄帟皆以
繒為之以其帷幕所以張之於外恐不相勝舉故須用布鄭亦取此文用幕布為義也故此云帷幕之布云升數未聞者以其不云疏布直云幕布故云未聞
也云屬幅不削幅者布幅二尺二寸凡用布皆削去邊幅旁一寸為二寸計之則此不削幅。謂。繚使相著還以袂。二尺。二寸云長下膝者謂為此衣長至膝下
云又有裳於蔽下體深者凡。平為衣以其有裳故不至膝下此又有裳而言膝下故云於蔽下體深也蔽下體解此經衣至膝下也有前後裳不
辟長及轂不辟。質也轂足跗也凡他服短。無見膚長。無被土疏有前至及轂○注不辟至被土○釋曰云不辟。質也者以其凡男子裳不連衣

故皆前三幅後四幅辟積其要閑示文今此亦前三後四不辟積者以其一服不動不假上狹下寬也云凡他服短無見膚長無被土者他服謂深衣深衣云短毋見膚注云衣取蔽形又云長無被土注云爲汙辱是也此裳及轂至足跗亦是不被土故引爲證也

縓綼緆一染謂之縓今紅也飾裳在幅曰綼在下曰緆

疏 縓綼緆○注一染至曰緆○釋曰云一染謂之縓者爾雅文謂一入赤汁染之卽漢時紅故舉以爲況也云飾裳在幅曰綼者案深衣云純袂緣。純邊注云純謂緣之也緣邊衣裳之側廣各寸半則表裏共三寸矣此在幅亦衣裳之側緣。法如彼也

緇純七入爲緇緇。黑也飾衣曰純謂領與袂衣以緇裳以縓象天地也

設握裏。親膚繫鉤中指結于擥。擥掌後節中也手無決者以握繫一端繞擥還從上自貫反與其一端結之

疏 設握注于擥○注擥掌至結之○釋曰手無決者以其經已云設握一麗于。擥與決運結據右手有決者不言左手無決者故記之云以握繫一端繞擥還從上自貫反與其一端結之者案上文握手用玄纁。裏長尺二寸今裏親膚據從手內置之長尺二寸十掩之手纔相對也兩端各有繫先以一端繞。擥一帀還從上自貫又以一端鄉上鉤中指反與繞擥者結於掌後節中

甸人築坅坎築實土其中堅之穿坎之名一曰坅

疏 甸人築坅坎○注築實至曰坅○釋曰經直云甸人掘坎不云還使甸人築故記人明之曰還使甸人築之也

隸人涅廁隸人罪人也今之徒役作者也涅塞也爲人復往褻之又。亦鬼神不用

疏 隸人涅廁○注隸人至不用○釋曰知隸人罪人者案周禮司。厲職云其奴男子入於罪。隸則中國罪人對夷隸蠻隸貉隸之等是征四夷所得也故鄭舉漢法今之徒役作者也云爲人復往褻之又亦鬼神不用者若然古者非直不共偪浴亦不共廁故得云死者不用也

既襲宵爲燎于中庭宵夜

疏 既襲至中庭○釋曰士之喪死日而襲經不云中庭設燎故記。明。之也

厥明滅燎陳衣記節

疏 厥明滅燎陳衣○注記節○釋曰云記節者爲小斂陳衣當襲之明旦滅燎之時故記節正經不云故記人以明之也

凡絞紟用布

倫如朝服凡凡小斂大斂也倫比也【疏】凡絞至朝服○注凡凡至爲輪○釋曰今文無紟古文倫爲輪　言凡非一之言以其唯小斂至大斂有絞大斂又有紟故知凡中有大小斂也　言類如朝服者雜記云朝服十五升是也

儀禮疏卷第四十

儀禮注疏卷四十校勘記

阮元撰盧宣旬摘錄

茵先入

大夫諸侯以上有四周謂之輤以其十四字此本要義俱複出案疏文宂蔓多類此似非刊本誤衍

屬引

大夫士以咸陳閩監本通解要義同毛本楊氏咸作緘○按喪大記經文作咸

襲贈用制幣

以丈八尺名爲制要義同毛本通解無名字

卒袒拜賓

反位毛本位下有也字徐本楊敖俱無與疏合集釋有案注末楊敖俱有拾更也三字浦鏜說見後

賓出則拜送

謂相聞姓名通解要義同毛本聞作問○按雜記下作聞

藏器於旁

檀弓曰有虞氏之瓦棺夏后氏堲周殷人棺椁周人牆置翣徐本集釋敖氏俱如是通解刪

有虞至棺椁十五字毛本因之盧文弨云陸氏爲臯周作音則有者是

然其外又置翣爲飾也 陳本通解要義同毛本又作反按又是也

藏苞筲於旁 苞監本誤從竹

君容祝 徐本要義楊氏同毛本釋文通典集釋通解敖氏祝俱作柷

後陳者先用甕甒 楊氏同毛本通解要義俱重出先用二字

引喪大記者 通解要義同毛本引作云

乃反哭入 盧文弨云士虞禮注引下有門字

入升西階 毛本升下有自字

反哭升堂 通解要義同毛本升作於○按檀弓下作升

今不於阼階 陳閩監本通解同毛本於作由要義作以

殯又在西階 陳閩俱無西字

婦人入大夫踊 徐本同毛本集釋通解楊敖大俱作丈張氏曰監本大作丈當從監本

主婦入于室

拾更也浦鏜云三字儀禮圖集說皆在前卒袒拜賓節下今案釋文次第當在此

親所饋食之處要義同毛本通解處下有哭也二字○按通解以意增檀弓注無哭也二字

主婦人踊毛本通解無人字

賓弔者

今文無曰徐本集釋同毛本通解作古文無曰字

以其上經通解要義同毛本經下有云字

故知仍東面位也陳本通解要義同毛本仍作乃

遂適殯宮

則此主啓位要義同毛本通解主作如

婦人亦即位于堂東面陳本通解要義同毛本東下有西字閩本西字擠入

兄弟出

至虞卒祭要義同毛本通解楊氏卒下有哭字

衆主人出門哭止

因在門外陳本通解要義同毛本在作依○案在是

既虞柱楣前屏浦鏜云翦誤前

三虞

若魂氣則無不之毛本之下有也字

明日以其班祔

而屬之今文班爲胖下五字毛本俱脫徐本集釋俱有與單疏標目合

記士處適寢

必在北墉下必閩本重脩監本俱作此墉要義作牖

生氣之始故也毛本氣誤作器無故字通解要義俱有

養者皆齊

憂也通解無此注

疾病外內皆埽毛本外內作內外唐石經徐陳閩葛集釋通解要義楊敖俱倒與單疏標目合石經考文提要云疏作外內與禮記喪大記文同

徹褻衣

新衣是朝服朝服言新 朝服兩字毛本不重出

羔裘元冠卽朝服 卽通解要義俱作則

御者四人

今時侍從之人 侍徐陳閩葛集釋通解楊敖俱作侍與單疏述注合毛本作待

男女改服 此節經注唐石經及徐本集釋敖氏俱無通解楊氏毛本俱有石經攷文提要云此因通解而誤蓋通解於士喪禮雜附本經記及喪大記之文此節乃喪大記誤入儀禮又此記五節與喪大記同鄭兩注各異獨此節注不異明係移彼注此又因與士喪禮不合妄改庶人爲主人又彼注上文有新朝服故曰亦朝服此上文無朝服字何以云亦足證孱入盧文弨云通解庶字尚未改○按改庶人爲主人自楊氏始

屬纊以俟絶氣

有其氣微難節也 嚴本同毛本有作爲

男子不絶於婦人之手

若婦人則內御者持體還死於其手 陳閩俱無此十四字

卽安服注云 毛本服作也通解也服二字並有金曰追云首句雖與杜注不殊而禮男子以下二十二字全非杜注則其爲服氏注無

疑

乃行禱于五祀五陳閩葛本俱作伍

乃卒

士曰不祿通解同毛本無曰字案有曰字與曲禮合

主人啼張氏曰釋文云諦大兮反從釋文○按今本釋文仍作啼玩大兮之音乃讀諦爲啼也若本是啼不須作音

於是始去笄纚徐本與單疏述注合集釋通解楊氏毛本去下有冠而二字

知於是始去笄纚毛本去下有冠而二字

笄纚服深衣也通解同毛本笄作雞

設牀第

寢東首於北牖下陳閩同毛本通解牖作墉

楔貌如軶

軶謂馬鞅軶馬領毛本通解謂下有如字

此用柶陳本同毛本用作角

綴足用燕几

今以夾則豎用之毛本通解以作則則作以

赴曰君之臣某死

上某是士名陳閩通解同毛本士作書○按士是也

則云長子某甲母妻甲陳本通解俱作甲屬上句是也毛本作若

室中唯主人主婦坐

此士喪禮毛本喪作之陳閩監本通解要義俱作喪案喪字是

若命夫命婦要義同毛本通解若下有無字按毛本是也

其襚

奉尸夷於堂則陳本通解同毛本夷作侇則作前○按當作則屬下句

御者四人

爲其倮裎徐本通解俱作倮程集釋敖氏毛本俱作裸裎張氏士喪禮識誤云既夕禮謂其倮程監本亦作裎○按張氏以爲爲謂

盝音祿此本徐本集釋俱無此三字毛本有葛本通解俱於盝上加圈

其母之喪

周禮九嬪注云 此本無此六字毛本在女御女之下

設明衣

中帶若今之褌襂 若通解作者褌徐本作褌與單疏標目合釋文集釋通解敖氏毛本俱作褌陸氏曰褌音昆

注中帶至褌襂 毛本褌作褌下同通解要義載下疏亦作褌案通解於注作褌於疏作褌蓋宋時注疏別行黃氏各據本文未暇畫一

明衣裳用幕布

謂繚使相著 謂繚聶氏作但繚之

還以袂二尺二寸 陳閩以俱作一聶氏作爲二尺二寸

凡平爲衣 毛本通解無平字

有前後裳

不辟質也 質徐本通典通解楊氏俱作質與單疏述注合集釋毛本作積下同

短無見膚長無被土 兩無字釋文俱作不集釋上作不下作無

云不辟質也者 毛本質作積

縓綼緆

純袂緣純邊 毛本通解無緣字○按通解非也深衣有緣字

緣法如彼也 通解同毛本法作注案毛本凡注字俱从言此獨從水明爲法字之誤也監本作註則益誤矣

緇純

緇黑也 徐本集釋同毛本通解楊氏黑下俱有色字

設握裏親膚 裏唐石經徐本集釋通解要義楊氏俱作裏敖氏毛本作裹

結于掔 毛本掔作掔唐石經嚴本集釋俱作擘注同說詳士喪禮

設握麗于掔 毛本掔作擘下並同

按上文握手用元纁裏 裏閩本通解要義俱作裏是也下同毛本作裹

先以一端繞掔一匝 要義同毛本掔作繫

隸人涅廁

又亦鬼神不用 盧文弨云亦一作以

按周禮司厲職云毛本通解厲作隸○按毛本誤

其奴男子入於罪隸毛本通解隸下有者字○按不當有者字

旣襲

故記明之也毛本明誤作名閩本之誤作文

儀禮注疏卷四十校勘記

儀禮疏卷第四十一

唐朝散大夫行大學博士弘文館學士臣賈公彥等撰

設楸于東堂下南順齊于坫饌于其上兩甒醴酒酒在南篚在東南順實角觶四木柶二素勺二豆在甒北二以並籩亦如之。楸今之轝也各觶四木柶二素勺。為。少進醴酒兼饌之也勺二醴酒各一也豆籩二以并則是大斂饌也記於此者明其他與小斂同陳古文角觶為角柶

疏設楸至如之○注楸今至角柶○釋曰自此盡出室論陳大小斂奠記經不備之事云角觶四木柶二為夕進醴酒兼饌之也者以其大小斂之奠皆有醴酒醴一觶又用一柶酒用一觶計醴酒但用二觶一柶矣而觶有四柶有二者朝夕酒醴及器別設不同器朝夕二奠各饌其器也云豆籩二以併則是大斂饌者以其小斂一豆一籩大斂乃有二豆二籩故知二為大斂饌云記於此者明其他與小斂同陳者鄭意大斂饌不在大斂節內陳之而在小斂節陳之者以其陳此籩豆之外皆與小斂同故就小斂節內陳之取省文之義也云同陳者謂多少同陳不謂大斂饌陳之亦在小斂節內也

凡籩豆實具設皆巾之籩豆偶而為具具則於饌巾之巾之加飾也明小斂一豆一籩不巾

疏凡籩至巾之○注籩豆至不巾○釋曰云實具設皆巾之者謂於東堂實之於奠設之二處皆巾故云皆巾之云籩豆偶而為具具則於饌巾之巾之加飾也者此鄭指解大斂之實饌於堂東之時巾之加飾對小斂之實於堂東不巾不加飾云明不斂一豆一籩不巾者以其云籩豆具據大斂奠二豆二籩實與奠二處皆巾明小斂奠一豆一籩堂東饌時不巾若然小斂奠設于牀東巾之為在堂經久設塵埃加故雖一豆一籩亦巾之即禮記檀弓云喪不剝奠也與祭肉也與以其有牲肉故也

觶俟時而酌柶覆加之面枋及錯建之時朝夕也檀弓

曰朝奠日出，夕奠逮日。

【疏】鞸俟至建之○注時朝至逮日○釋曰：言此者，記人恐饌時已酌於鞸，故記云俟時而酌也。引檀弓者，謂時是朝夕之時，必朝奠待日出，夕奠須日未沒者，欲得父母之神隨陽而來故也。

小斂辟奠不出室。未忍神遠之也。辟襲奠以辟斂，既斂則不出於室，設于序西南，畢事而去之。

【疏】小斂辟奠不出室○注未忍至去之○釋曰：云未忍神遠之也者，釋奠不出室之義。始死猶生事之，不忍即為鬼神事之，故奠不出室。云辟襲奠以辟斂者，以經云小斂辟奠，故知辟襲奠只為辟斂也。云既斂則不出於室設於序西南者，又解襲奠不出室，若將大斂，則辟小斂奠於序西南。此將小斂辟奠於室至。於既小斂，則亦不出於室，設于序西南，故言不出室。若然，奠不出室。為既斂而。言也。云事畢而去之者，斂事畢，奉尸夷于堂，乃去之而設小斂奠于尸東。

無踊節。其哀未可節也。

【疏】無踊節○注其哀未可節也○釋曰：自死至此，為節賓主拾踊，有三者三，有踊節，而云無踊節者，除三者三之外，其閒踊皆無節，即上文踊無筭是也。云其哀未可節也，亦謂三者三之外無踊節而言也。

既馮尸，主人袒，髻髮，絞帶。衆主人布帶。衆主人齊衰以下。

【疏】既馮至布帶○注衆主至以下○釋曰：小斂于戶內訖，主人袒，髻髮，散帶垂經，不云絞帶，及齊衰以下布帶事，故記者言之。案喪服苴經之外。更有絞帶，鄭注。云經象大帶，又有絞帶象革帶。齊衰以下用布，齊衰無等，皆是布帶也。知衆主人非衆子者，以其衆子皆斬衰絞帶，故知衆主人齊衰以下至緦麻，首皆免也。

大斂于阼。未忍便離主人位也。主人奉尸斂于棺，則西階上賓之。

【疏】大斂于阼○注未忍至賓之○釋曰：經大斂時，直云布席如初，不言其處，故記云大斂于阼。阼是主人位，故鄭云未忍便離主人位也。云主人奉尸斂于棺則西階上賓之者，喪事所以即遠，斂訖，即奉尸斂于棺，賓客之，故檀弓云周人殯于西階，則猶賓之是也。

大夫升自西階，階東，北面，東上。視斂。

【疏】大夫至東上○注視斂○釋曰：知視斂者，以其文承大斂下，故知大夫升為視斂也。

既馮尸，大夫逆降，復位。中庭西面位。

【疏】既馮

至復位○注中庭西面位○釋曰知大夫位在中庭西面者上篇朝夕哭云主人入堂下直東序西面卿大夫在其南卿大夫與主人同西面向殯故知大夫位在中庭西面也

巾奠執燭者滅燭出降自阼階由主人之北東巾奠而室事已

疏 巾奠至北東○注巾奠而室事已○釋曰上篇大斂奠時直云乃奠燭升自阼階無執燭降由主人之北故記人言之云由主人之北東也云巾奠而室事已者既巾訖是室事已故執燭者出也

既殯主人說髦既殯置銘于肂復位時也今文說皆作稅兒生三月鬌髮為鬌男角女羈否則男左女右長大猶為飾存之謂之髦所以順父母幼小之心至此尸柩不見喪無飾可以去之髦之形象未聞

疏 既殯主人說髦○注既殯至未聞○釋曰自此盡乘車論孝子衣服飲食乘車等之事云既殯置銘于肂復位時也者案上篇云主人奉尸斂于棺乃蓋主人降拜大夫之後至者北面視肂卒塗祝取銘置于肂主人復位云復位者從西階下復阼階下位也凡說髦尊卑同皆三日知者喪大記云小斂主人即位于西戶內乃斂卒斂主人馮之主人袒說髦髻髮以麻注云士既殯說髦此云小斂蓋諸侯禮也士之既殯諸侯之小斂於死者俱三日也是尊卑同三日也必三日說髦者案禮記問喪云三日而不生亦不生矣以髦是子事父母之飾父母既不生故去之云今文說皆作稅者此說及下經不說經帶二字皆作稅凡釋今古之文皆在注後此在注中者以其釋經義盡者於注末言之以文更有義者釋今古字訖乃更汎說此注已解今古字訖更釋髦義是也云兒生三月鬌髮為鬌男角女羈否則男左女右者解內則文彼注云夾囟曰角午達曰羈引之者證髦象幼時鬌之義故云長大猶為飾存之謂之髦所以順父母幼少之心是以舜年五十不失孺子之心者也云髦之形象未聞者案詩云髧彼兩髦鄭云髦者髮至眉子事父母之飾以其云髧髧者垂之貌又云兩髦故以髮至眉解之其狀則未聞

三日絞垂成服日絞要經之散垂者

疏 三日絞垂○注成服至垂者○釋曰以。經小斂。曰要經大功以上散帶垂不言成服之時絞之故記人言之云成服日者士禮生與來日則除死三日則經云

三日成服此云三日絞垂之日也小功緦麻初而絞之不待三日也

冠六升外縪纓條屬厭。縪謂縫著於武也外之者外其餘也纓條屬者通屈一條繩為武垂下為纓屬之冠厭伏也

疏 冠六至屬厭○注縪謂至伏也○釋曰云冠六升者據斬衰者而言齊衰以下冠衰各有差降云縪謂縫著於武者古者冠吉凶皆冠武別材武謂冠卷以冠前後皆縫著於武若吉冠則從武上鄉內縫之縪餘在內謂之內縪若凶冠從武下鄉外縫之謂之外縪故去外之者外其餘也云纓條屬者通屈一條繩為武。垂。下為纓屬之冠者吉冠則纓武別材凶冠則纓武同材以一繩從前額上以兩頭鄉項後交通至耳各綴之於武使鄉下纓結之云屬之冠者先為纓武訖乃後以冠屬著武故云屬也云厭伏也者以其冠在武下過鄉上反縫著冠冠在武下故云厭也五服之冠皆厭但此。文上下據斬衰而言也

衰三升衣與裳也

疏 衰三升○注衣與裳也○釋曰經直云衰鄭兼言裳者以其衰裳升數同故經舉衰而通裳但首對身首為尊故冠六升衰三升衰裳同三升也是以吉時朝服十五升至於麻冕鄭亦為三十升布與服一倍而解之

屨外納納收餘也

疏 屨外納○注納收餘也○釋曰案喪服斬衰而言此。則。菅屨也云外納者謂收餘末鄉外為之取醜惡不事飾故也

杖下本竹桐一也順其性也

疏 杖下至一也○注順其性也○釋曰案喪服為父斬衰以苴杖竹為母齊衰以削杖桐桐竹皆下本。本謂根本鄭云順其性者謂下其根本順木之性但為父杖竹者義取父者子之天竹性自然圓象天父子自然至孝為母杖桐者義取桐者同也同之於父言至孝同之於父故喪服貶於父非自然之意也

居倚廬倚木為廬在中門外東方北戶

疏 居倚廬○注倚木至北戶○釋曰知在中門外東方北戶者。一。釋案喪服傳云居倚廬既虞翦屏既練舍外寢鄭彼注云舍外寢於中門之外屋下壘墼為之不塗塈所謂堊室鄭以子夏傳以既練。居堊。屋而言外外為中門外則初死居倚廬。倚。廬亦中門外可知也東方者以中門內殯宮之哭位在阼階下西面鄉殯明廬在中門外亦東方鄉殯是以主人及兄弟卿大夫外位皆西面云北戶者以倚東

壁爲廬一頭至地。明北戶鄉陰。至既虞之後，柱楣翦屏，乃西鄉開戶也。寢苫枕塊。苫編。藁。塊堛也。疏寢苫枕塊○注苫編藁塊堛也○釋曰孝

子寢臥之時寢於苫以塊枕頭必寢苫者哀親之在草枕塊者哀親之在土云苫編藁者案爾雅白蓋謂之苫郭云白茅苫也與此不同者彼取絜白之義此

不取絜白故鄭因時人用藁爲苫而言編藁云塊堛也者亦爾雅文不說絰帶。哀戚不在於安疏不說絰帶○注哀戚不在於安○釋曰云不說

絰帶者冠衰自然不說以其絰帶在冠衰之上故。周。公。設。經舉絰帶而言也哭晝夜無時。哀至則哭非必朝夕疏哭晝夜無時○注哀至至

朝夕○釋曰此謂殯後在廬中除朝夕入哭於廬中思憶則哭無時節故鄭云哀至則哭非必朝夕也非喪事不言不忘所以爲親疏非喪

事不言○注不忘所以爲親○釋曰喪服四制云不言而事行者扶而起言而后事行者杖而起庶人面垢而已則天子諸侯有臣不言而喪事得行者喪事

亦不言大夫士是臣降於君言而事行若然此士禮亦言而事行故於喪非喪事不言也孝經云言不文亦據大夫士也云不忘所以爲親者則喪事也是以

曲禮云居喪未葬讀喪禮既葬讀祭禮喪復常讀樂章喪事而言亦兼此也歠粥朝一溢米夕一溢米不食菜果不在

於餰與滋味粥一糜也二十兩曰溢爲米一升二十四分升之一實在木曰果在地曰蓏疏歠粥至菜果○注不在至曰蓏○釋曰云不在於餰者案周禮

廩人中歲人食三鬴注云六斗四升曰鬴三鬴爲米一斛九斗二升三十日之食則日食米六升四合今日食米。二溢二升有餘是不在於餰又案檀弓云必

有草木之滋焉以爲薑桂之謂也彼薑桂爲滋味此鄭以菜果爲滋味則薑桂之外菜果亦爲滋味也云粥糜也者案爾雅饘糜謂粥之稀者故鄭舉其類謂

性不能食粥者糜亦一溢米同也云二。十兩曰溢爲米一升二十四分升之一者依筭法百二十斤曰石則是一斛若然則十二斤爲一升取十二斤分之升

得一斤餘二斤斤爲十六兩二斤爲三十二兩取三十兩十升升得三兩添前一斤十六兩爲十九兩餘二兩兩二十四銖二兩爲四十八銖取四十銖十升

升得四銖餘八銖銖為十。絫十升一升得八銖則是一升得十九兩四銖八絫於二十兩仍小十九銖二絫則別取一升破為十九兩四銖八絫分十兩兩為二十四銖則為二百四十銖又分九兩兩為二十四銖則為二百。一十六銖并四銖八絫添前得四百六十銖八絫總分為二十四分且取二百四十銖分得十銖餘二百二十銖八絫在又取二百一十六銖二十四分分得九銖添前分得十九銖餘有四銖八絫四銖銖為十絫總為四十絫通八絫二十四分得二絫是一升為二十四分分得一十九銖二絫將十九銖添前四銖為二十三銖將二絫添前八絫則為十絫為一銖以此一銖添前二十三銖則為二十四銖為一兩以一兩添十九兩總二十兩曰溢云實在木曰果在地曰蓏者案周禮九職云二曰園圃毓草木鄭云樹果蓏曰圃案食貨志臣瓚以為在地曰蓏在樹曰果張晏又云有核曰果無核曰蓏則此云在木曰果在地曰蓏用臣瓚之義在木曰果棗栗之屬在地曰蓏瓜瓠之屬

主人乘惡車

拜君命拜衆賓及有故行所乘也雜記曰端衰喪車皆無等然則此惡車王喪之木車也古文惡作堊

【疏】主人乘惡車〇注拜君至作堊〇釋曰云拜君命拜衆賓及有故行所乘也者以其主人在喪恆居廬哭泣非有此事則不行知義然也引雜記者證喪事上下同無別義以其貴賤雖異於親一也故孝經五孝不同及其喪親唯有一章而已亦斯義也云然則此惡車王喪之木車者案巾車云王之喪車五乘發首云木車蒲蔽是王始喪所乘木車無飾與此惡車同故引之見尊卑同也

白狗幦

未成豪狗幦覆。笭也以狗皮為之取其臑也白於喪飾宜古文幦為。冪

【疏】白狗幦〇注未成至為冪〇釋曰案玉藻云士齊車鹿幦此。喪車無飾故用白狗幦覆笭云未成豪狗者爾雅釋畜文也

以蒲蔽

蔽藩

【疏】以蒲蔽〇注蔽藩〇釋曰藩謂車兩邊禦風為藩蔽以蒲草亦無飾也

御以蒲菆

不在於驅馳蒲菆牡蒲莖古文菆作騶

【疏】御以蒲菆〇注不在至作騶〇釋曰御謂御車者士乘惡車之時御車用蒲菆以策馬喪中示不在於驅馳云蒲菆牡蒲莖者案宣十二年楚。雄負羈囚知罃知莊子以其族反之廚武子御每射抽矢菆納諸廚武子之房。服注云菆好箭

又云廚子怒曰非子之求而蒲之愛注云蒲楊柳可以為箭以此而言蒲非直得策馬亦為矢榦也犬服笭閒兵服以犬皮為之取堅也亦白。今。文。犬。為大【疏】犬服〇注笭閒至為大〇釋曰云笭閒兵服者凡兵器建之於車上笭閒喪家乘車亦有兵器自衛以白犬皮為服故云以犬皮為之取其堅固也云亦白者帶用白。狗皮明此亦用白犬皮也木錧取少聲今文錧為鎋【疏】木錧〇注取少至為鎋〇釋曰其車錧常用金喪用木是取少聲也約綏約轡約繩綏所以引升車【疏】約綏約轡〇注約繩至升車〇釋曰知約是繩者案哀十一年左傳云人尋約吳髮短杜注云約繩也故知此約亦謂繩也平常吉時綏轡用索為之今喪中取其無飾故皆用繩為之也木鑣亦取少聲古文鑣為苞【疏】木鑣〇注亦取至為苞〇釋曰平常用馬鑣以金為之今用木故知亦取少聲也馬不齊髦齊翦也今文髦為毛主人之惡車如王之木車則齊衰以下其乘素車繅車駹車漆車與【疏】馬不齊髦〇注齊翦至車與〇釋曰此注解文不於末者亦以釋不齊髦訖別記釋車義故也云齊衰以下其乘素車繅車駹車漆車與案巾車王之喪車五乘木車始死所乘素車卒哭所乘繅車既練所乘駹車大祥所乘漆車既禫所乘此士之喪車亦當五乘主人乘惡車齊衰乘素車與卒哭同大功乘繅車與既練同小功乘駹車與大祥同緦麻乘漆車與既禫同主人至卒哭已後哀殺故齊衰以下節級約與主人同故鄭為此義也若然士尋常乘棧車不革輓而漆之今既禫亦與王以下。同乘漆車者禮窮則同故也主婦之車亦如之疏布裧裧者車裳幃於蓋弓垂之【疏】主婦至布裧〇注裧者至垂之〇釋曰疏布裧在亦如之之下見不與男子同云裧者車裳幃者案衛詩云漸車幃裳注云幃裳童容又案巾車后之翟車有容蓋容則童容也若然則裧與幃裳及容一也故注者互相曉也云於蓋弓垂之者案巾車云皆有容蓋容蓋相將其蓋有弓明於蓋弓垂之也貳車白狗攝服貳副也攝猶緣也狗皮緣服差飾【疏】貳車白狗攝服〇注貳副至差飾〇釋曰依正禮大夫以上有貳車士卑無貳車但以在喪可。有副貳之車非常法則有兵服服又加白狗皮緣之謂之攝服云狗皮緣服差飾者對主人服無緣此則有緣是差也其他皆如乘車如所乘惡車【疏】其他皆如乘車○注如所乘惡車○釋曰云其他者唯白狗攝服爲異其他。謂惡車白狗幦以下齊髦以上。皆。同。主。人惡車也朔月童子執帚卻之左手奉之童子隸子弟若內豎寺人之屬執用左手卻之示未用【疏】○朔月至奉之○注童子至未用○釋曰此盡下室論饋奠埽絜之事案曲禮埽地者箕帚俱執此直執帚不執箕者下文埽室聚諸安故不用箕也云童子隸子弟者案桓二年左傳云士有隸子弟服注云士卑自其子弟爲僕隸祿不足以及宗是其有隸子弟也知有內豎及寺人者士雖無臣亦有內外之言寺人奄者以通宮中之命也云右手用者用之則用右手也從徹者而入童子不專禮事【疏】從徹者而入○注童子不專禮事○釋曰案論語憲問云童子將命先生並行注引玉藻無事則立主人之。南。北面皆不專以禮事故從徹者而入也比奠舉席埽室聚諸安。布席如初卒奠埽者執帚垂末。內鬣從執燭者而東比猶先也。室東南隅謂之安【疏】比奠至而東○注比猶至之安○釋曰案上文。童子從徹者入及此經則從執燭者。出。者以其入則燭在先徹者在後出則徹者在先執燭者在後童子常在成人之後故出入所從不同也云室中東南隅謂之安者爾雅釋宮文燕養饋羞湯沐之饌如他日燕養平常所用供養也饋朝夕食也羞四時之珍異湯沐所以。洗去汙垢內則曰三日具沐五日具浴孝子不忍一日廢其事親之禮於下室日設之如生存也進徹之時如其頃【疏】燕養至他日○注燕養至其頃○釋曰云燕養者謂在燕。寢之中平生。時所有。共養之事則饋羞湯沐之饌是也如他日者今死不忍異於生平之日也云饋朝夕食也者鄭注鄉黨云不時非朝夕日中時一日之中三時食今注云朝夕不言日中者或鄭略。言亦有日中也或以死後略去日中直有朝夕食也知羞四時之珍異者聘禮有禽羞俶獻聘義云時賜鄭云時賜四時珍異故知此羞亦四時珍異也引內則者證經進湯沐亦依內則之日數知下室日設之者言其燕養在燕燕寢又下經云朔月不饋食於下室明非朔月在下室設之也以其燕養在燕寢中設之可知云進。進徹之時如其一頃者一如其平生子進食於父母故雖死象生時若一。食之頃也

朔月若薦新則不饋于下室

以其殷奠有黍稷也下室如今之內堂正寢聽朝事

【疏】朔月至下室○注以其至朝事○釋曰云以其殷奠有黍稷也者大小斂奠朝夕奠等皆無黍稷故上篇朔月有黍稷鄭注云於是始有黍稷唯有下室若生有黍稷今此殷奠大奠也自有黍稷故不復饋食於下室也若然大夫已上又有月半奠有黍稷亦不饋食於下室可知云下室如今之內堂者下室既爲燕寢故鄭舉漢法內堂況之云正寢聽朝事者天子諸侯路寢以聽政燕寢以燕息案玉藻云朝玄端夕深衣鄭注云謂大夫士也。則亦在正寢也

筮宅冢人物土

物猶相也相其地可葬者乃營之

【疏】筮宅冢人物土○注物猶至營之○釋曰自此盡不哭論筮宅卜日之事正經筮宅之事不物土故記人言之云相其地可葬者乃營之者凡葬皆先相乃筮之筮吉。乃掘坎今直云營之不言筮宅者營之中兼筮故經云筮宅冢人。物。土是使冢人。物。土乃筮者也

卜日。吉告從于主婦主婦哭婦人皆哭主婦升堂哭者皆止

事畢

【疏】卜日至皆止○注事畢○釋曰正經直云闔東扉主。人哭不云主婦升堂哭者皆止之事故記明之云卜日吉宗人告從于主婦主婦哭時堂上婦人皆哭主婦升堂堂上婦人皆止不哭

啓之昕外。內。不哭

將有事爲其讙囂既啓命哭古文啓爲開

【疏】啓之至不哭○注將有至爲開○釋曰自上皆記士喪上篇事自此以下皆記此篇葬首將啓殯唯言婦人不哭不云男子故記以明之云內外男女不哭止讙囂故也

夷牀輁軸饌于西階東

明階閒者位近西也夷牀饌於祖廟輁軸饌於殯宮其二廟者於禰亦饌輁軸焉古文輁或。作拱

【疏】夷牀至階東○注明階至作拱○釋曰其夷牀在祖廟輁軸在殯宮以其西階東是同故幷言之鄭云明階閒者位近西也者以正經直云階閒恐

正當兩階之閒故記人明之是以鄭云明階閒者位近西以其柩當殯位之處故夷牀在西還當牖人輁軸以候載柩故近西皆在西階東云其二廟者於禰亦饌輁軸焉者以其先朝禰故至禰廟一移柩升堂明旦乃移。柩於輁軸上載以朝祖廟朝祖廟時下柩訖明日用蜃車輁軸不復更用不饌之故云二廟者於禰亦饌輁軸焉

其二廟則饌于禰廟如小斂奠乃啓祖尊禰卑也士事祖禰上士異廟下士共廟

疏其二至乃啓○注祖奠至共廟○釋曰自此盡主人踊如初論上士二廟先朝。禰奠設及位次之事云其二廟則饌于禰廟者以先朝禰後朝祖故先於禰廟饌至朝設之故也云如小斂奠者則亦門外特豚一鼎東上兩甒醴酒一豆一籩之等也云祖尊禰卑也者欲見上文朝祖時如大斂奠此朝禰如小斂奠多少不同之意也云士事祖禰者總上士及中下之士而言云上士異廟據此經而言下士共廟據經而言中士亦共廟而唯言下士者略之其實中士亦共廟故祭法云適士二廟官師一廟鄭云官師中下之士是也

朝于禰廟重止于門外之西東面柩入升自西階正柩于兩楹閒奠止于西階之下東面北上主人升柩東西面衆主人東即位婦人從升東面奠升設于柩西升降自西階主人要節而踊重不入者主於朝祖而行若過之矣門西東面待之便也

疏朝于至而踊○注重不至便也○釋曰此是上士二廟先朝禰之事。雖言正柩于兩楹閒奠位在戶牖之閒則此于兩楹閒稍近西乃得當奠位亦如輁軸饌于階閒而近西然也云衆主人東即位者柩未升之時在西階下東面北上柩升主人從。升。衆主人已下乃即阼階下西面位云婦人從升不云主婦者以其婦人皆升故總言之云主人要節而踊者奠升主人踊降時婦人踊也云門西東面待之便也者以其祖廟在東柩入禰廟明旦出門東鄉朝祖時其重於柩車先東鄉祖廟便也若先在門東西面及柩入乃迴鄉東則不便故云東面待之便也

燭先入者升堂東楹之南

西面後入者西階東北面在下炤在柩者先先柩者後後柩者適祖時燭亦然互記於此【疏】燭先至在下○注炤在至於此○釋曰此燭本是殯宮中炤開殯者在道時。一。在。柩。前一在柩後今又一升堂一在堂下故鄭云先先柩者後後柩者適祖時燭亦然互記於此者上適祖時直有朝廟在道柩前後之燭至廟直云質明滅燭不見燭之升堂不升堂此文見至廟燭升與不升不見在道燭故云適祖時燭亦然。互記於此以其皆有在道及至廟燭升與不升之事也

主人降卽位徹乃奠升降自西階主人踊如初如其降拜賓至於要節而踊不薦車不從此行【疏】主人至如初○注如其至此行○釋曰云如其降拜賓至於要節而踊者案上。經朝祖時既正柩設從奠訖主人降拜賓至於要節而踊故。此如之也云不薦車不從此行者案上祖禰共廟者朝廟日卽薦車此二廟明日於祖廟薦車馬以其從祖廟行故薦今此禰廟不從此行故不薦也

祝及執事舉奠巾席從而降柩從序從如初適祖此謂朝禰明日舉奠適祖之序也此祝執醴先酒脯醢。俎從之巾席爲後既正柩席升設設奠如初祝受巾巾之凡喪自卒至殯自啓至葬主人之禮其變同則此日數。亦同矣序從主人以下今文無從【疏】祝及至適祖○注此謂至無從○釋曰自此盡不薦論至祖廟陳設。及贈之事云此謂朝禰明日者以其下文朝祖之時序從如初中有燭若同日則朝祖之時已自明矣何須更有燭也以此言之則此朝祖與朝禰別日可知故鄭云舉奠適祖之序也云此祝執醴先酒脯醢俎從之巾席爲後者此。禰奠與小斂奠同小斂奠時云夏祝及執事盥執醴先酒脯醢俎從此經亦祝及執事舉奠明此亦執醴先酒脯醢俎從之此經所云巾席爲後云既正柩席升設設奠如初祝受巾巾之者上正經朝祖時正柩于兩楹閒訖席升設於柩西奠設如初巾之以經直云巾之無祝受巾。知受巾巾之者以上篇設小斂奠訖祝受巾巾之此與小斂奠同明設奠訖祝受巾巾之可知云凡喪自卒至殯自啓至葬主人之禮其變同者主人常在喪位不出唯君命乃出迎及送其變同則此日數亦同以其此

二篇薦者啓日朝禰又明日朝祖又明日乃葬與始死日襲明日小斂又明日大斂而殯亦同日主人主婦變服亦同以其小斂主人散帶主婦髽自啓至葬主人主婦亦同於未殯也云序從主人以下者案上注云主人與男子居右婦人居左以服與昭穆爲位是也

薦乘車鹿淺幦干笮革靾載旜載皮弁服纓轡貝勒縣于衡

士乘棧車鹿淺鹿夏毛也幦覆笭玉藻曰士齊車鹿幦豹犆干盾也笮矢箙也靾韁也旜旌旗之屬通帛爲旜孤卿之所建亦攝焉皮弁服者視朔之服貝勒貝飾勒有干無兵有箙無弓矢明不用古文靾爲殺旜爲膳

疏薦乘至于衡〇注士乘至爲膳〇釋曰此弁下車三乘謂葬之魂車云士乘棧車者巾車之文云鹿淺幦爲車前〇式暨者笭子以鹿夏皮淺毛者爲幦以覆式是以詩韓奕云鞹鞃淺幭傳云鞹革也鞃軾中也淺虎皮淺毛也幭覆軾也引玉藻者彼注云犆謂緣也士之齊車與朝車同引之欲證此鹿幦亦以豹皮爲緣飾云旜旌旗之屬云云者案司常云孤卿建旜大夫士建物此士而用旜故云亦攝焉云皮弁服者視朔之服者案玉藻云諸侯皮弁以聽朔於大廟鄉黨孔子云素衣麑裘亦是視朔之服君臣同服是以此士亦載皮弁視朔之服也云貝勒貝飾勒者貝水物故以貝飾勒云有干無兵有箙無弓矢明不用者以其干與戈戟兵器及箙與弓矢皆相須乃用今有干無兵有箙無弓矢明死者不用故闕之也

道車載朝服

道車朝夕及燕出入之車朝服日視朝之服也玄衣素裳

疏道車載朝服〇注道車至素裳〇釋曰知道車朝夕及燕出入之車者但士乘棧車更無別車而上云乘車下云稾車此云道車雖有一車所用各異故有乘車道車稾車之名知道車朝夕者案玉藻云朝玄端夕深衣鄭注云謂大夫士也私朝之服春秋左氏傳云朝而不夕據朝君於是有朝無夕若然云朝夕者士家朝朝暮夕當家私朝之車又云及燕出入者謂士家游燕出入之車案周禮夏官有道右道僕皆據象路而言道又案司常云道車載旞鄭注云王以朝夕燕出入與此道車同則士乘棧車與王乘象路同名道云朝服日視朝之服者案鄉黨云緇衣羔裘是孔子所服鄭注云諸侯視朝之服是君臣

同服故玉藻云諸侯朝服以日視朝士之道車而用朝君之服不用私朝玄端服者乘車既載孤卿之旜故道車亦載朝君之服攝盛也云玄衣素裳者士冠
禮云主人玄冠朝服緇帶素韠注云不云衣衣象。冠色則不云裳裳象韠色可知故云玄衣素裳也

槀車載。蓑笠槀猶散也散車以田以鄙之車蓑笠備雨服今文槀爲潦凡道車槀車之纓轡及勒亦縣于衡也

疏。槀車載。蓑笠○注槀猶至衡也○釋曰云槀猶散也者案上乘車道車皆據人之乘用爲名不取車上生稱則此散車亦據人乘爲號知散車以田以鄙之車者案司常云斿車載旌注云斿車木路也王以田以鄙謂王行小。小田獵巡行縣鄙此散車與彼斿車同是。游散所乘故與斿車同解若然士亦與王同有以田以鄙者亦謂從王以田以鄙也若正田獵自用冠弁服乘棧車也云蓑笠備雨服者案無羊詩云爾牧來思何蓑何笠彼注云蓑所以備雨笠所以。御暑而此弁云備雨者非直蓑以御雨笠亦以備雨故都人士詩注云笠所以御雨喪事不辟暑是以弁云備雨之服云今文槀爲潦者案周禮輪人爲蓋鄭云禮所謂潦車謂蓋車與若然彼注此文則爲潦車者義亦通矣凡道車槀車之纓轡及勒亦縣於衡者以車三乘皆當有馬有馬則有此三者但記人舉上以明下乘車云纓轡貝勒縣於衡卽此三者亦縣於衡可知

將載祝及執事舉奠戶西南面東上卒束前而降奠席于柩西將於柩西當前束設之

疏將載至柩西○注將於至設之○釋曰經載柩時不云去奠設席之事故記人明之云將於柩西當前束設之者經雖先云舉奠後云降席要須設席乃設奠故云將於柩西當前束設之正經云降奠當前束是也

巾奠乃牆牆飾柩也

疏巾奠乃牆○注牆飾柩也○釋曰正經直云降奠當前束商祝飾柩不云巾奠故記人辨之巾奠訖商祝乃飾柩牆卽帷荒與柩爲飾故變飾柩云牆也

抗木刊剝削之古文刊爲竿

疏抗木刊○注剝削之○釋曰刊削也而云剝者木無皮者直削之有皮者剝乃削之故兼言剝

茵著。用荼實綏澤焉荼茅。秀也綏廉薑也澤澤蘭也皆取其香且。御濕

疏茵著至澤焉○注荼

茅至御濕○釋曰茵內非直用茅秀兼實綏澤取其香知且御濕者以其在棺下須御濕之物故與茶皆所以御濕

葦苞長三尺一編用便易也疏葦苞長三尺一編○注用便易也○釋曰言便易者葦草鄭長截取三尺一道編之用便易故也

菅筲三其實皆瀹米麥皆湛之湯未知神之所享不用食道所以爲敬疏菅筲三其實皆瀹○注米麥至爲敬○釋曰經直云筲三黍稷麥不辨苞之所用及黍稷生熟故記人明之是以云筲用菅草黍稷皆淹而漬之云未知神之所享者以其鬼神幽暗生者不見故淹而不熟以其不知神之所享故也云不用食道所以爲敬者案檀弓云飯用米貝不以食道食道褻則敬故云不用食道所以爲敬也

不祖還車不易位爲鄉外耳未行疏祖還車不易位○注爲鄉外耳未行○釋曰案正經乃祖還乘車道車稾車不辨還之遠近故記人明之雖還車不易本位爲鄉外耳還車未行者皆不易位上經未還奉車在階閒婦人在堂上還車去階閒婦人降堂下若然則是還車易位而云不易位者以其三分其庭爲三位車雖去階閒猶不離三分其庭一在北之位據大判而言不易位也

執披者旁四人前後左右各二人疏執披者旁四人○注前後左右各二人○釋曰前後左右各各二人者謂前之左右後之左右則一旁四人兩旁則八人上經鄭注云備傾虧也

凡贈幣無常賓之贈也玩好曰贈在所有疏凡贈幣無常○注賓之至所有○釋曰正經云公賵用玄纁束帛是贈有常矣上又云賓賵奠幣如初直云奠幣如初不云物色與多少故記人明之以其賓客非一故云凡贈幣無常鄭云賓之贈也云玩好曰贈在所有者詩云知子之來之雜佩以贈之是贈在所有也

凡糗不煎以膏煎之則褻非敬疏凡糗不煎○注以膏至非敬○釋曰正經葬奠直云四籩棗糗栗脯不云糗之煎不故記人明之凡糗直空糗而已不用脂膏煎和之是以鄭云以膏煎之則褻非敬故云不煎此篇唯葬奠有糗而云凡者記人通記大夫以上

唯君命止柩于堩其餘則否不敢留神也堩道也曾子問曰葬既引至於堩疏唯君至則否○注不敢至

於垣○釋曰正經直云柩至邦門君使宰夫贈不云止柩之事故記人明之引曾子問者彼爲日食此爲君命雖不同止柩是同故引之證止柩之事

車至道左北面立東上道左墓道東先至者在東疏車至至東上○注道左至在東○釋曰正經直云陳器于道東西北上統于壙以其入壙故也不云三等之車面位之事故記人明之以其不入壙故東上不統於壙也云道左墓道東者據墓南面爲正故知道左是墓道東也當是陳器之南云先至者在東者以乘車道車槀車三者次第爲先後先至謂乘車也必知此車是乘車之等者以其下有柩車故知此是三等者也

柩至于壙

斂服載之柩車至壙祝說載除飾乃斂乘車道車槀車之服載之不空之以歸送形而往迎精而反亦禮之宜疏柩至載之○注柩車至之宜○釋曰正經直云柩至于壙屬引乃窆不云柩車斂服載之故記人明之云柩車至壙祝說載除飾乃斂乘道槀車服載之不。空之以歸者此解說載謂下棺於地除飾謂除去帷荒柩車既窆乃斂乘車皮弁服道車朝服槀車蓑笠三者之服載之於柩車示不空之以歸者也云送形而往迎精而反者禮記問喪文引之證此不空歸之義云亦禮之宜者形往則送之主人隨柩路是也精反則迎之主人隨精而反是亦禮之宜然也故云禮之宜也

卒窆而歸不驅孝子往如慕反如疑爲親之在彼疏卒窆而歸不驅○注孝子至在彼○釋曰此文解上斂服載之下棺訖實土三孝子從蜃車而歸不驅馳而疾者疑父母之神不歸云孝子往。如慕反如疑者亦禮記問喪文云孝子往如慕者如嬰兒隨母而啼慕反如疑者孝子不見其親不知精魂歸否故疑之云爲親之在彼者謂精魂在彼不歸言此者解經不驅之事

君視斂若不待奠加蓋而出不視斂則加蓋而至卒事爲有他故及辟忌也疏君視至卒事○注爲有至忌也○釋曰君於士既殯而往有恩則與大斂既布衣君至奠訖乃出不辨不得終視斂之事故記人明之是以經二事皆見於禮而言云君視斂若不待奠加蓋而出者一爲君有急事他故是以不得待奠云不視斂則加蓋而至卒事者亦是君

有辟忌不用見尸柩是以加蓋乃來云卒事者待大斂訖乃出

既正柩賓出遂匠納車于階閒遂匠遂人匠人也遂人主引徒役匠人主載柩窆職相左右也車載柩車周禮謂之蜃車雜記謂之團或作輇或作摶聲讀皆相附耳未聞孰正其車之轝狀如牀中央有輴前後出設前後輅轝上有四周下則前後有軸以輇為輪許叔重說有輻曰輪無輻曰輇

疏既正至階閒○注遂匠至曰輇○釋曰既正經不云納柩車時節故記人明之既朝正柩於兩楹之閒當此之時遂匠納柩車於階閒云遂人匠人也者以其周禮有遂人匠人天子之官士雖無臣亦有遂人匠人主其葬事云遂人主引徒役匠人主載柩窆職相左右也者案周禮遂人職云大喪帥六遂之役而致之掌其政令及葬帥而屬六綍及窆陳役注云致役致於司徒給墓上事陳役者主陳列之耳是遂人主引徒也又鄉師職云及葬執纛以與匠師御匶而治役謂監督其事又此遂人與匠人同納車于階閒卽匠人主載窆與遂人職相左右也云車載柩車者以其此云納車于階閒正謂載柩若乘車道車之等則當東榮也不在階閒故知此是柩車也云周禮謂之蜃車者案遂師職云大喪使帥其屬以幄帟先及蜃車之役注云蜃車柩路四輪迫地而行有似於蜃因取名焉是也云雜記謂之團或作輇或作摶聲讀皆相附耳未聞孰正者言或作輇或作摶者皆或禮記別本故云皆相附耳但未知孰正也云其車之轝狀如牀中央有輴前後出者觀鄭此注其轝與輴車同亦一轅為之云設前後輅者正經唯云前輅言前以對後明知亦有後輅云轝上有四周者此亦與輴車同云下則前後有軸以輇為輪者此則與輴異以其輴無輪直有轉轔此有輇輪引許叔重說者案許氏說文云有輪無輻曰輇證此輇無輻也

有祝饌祖奠于主人之南當前輅北上巾之言饌於主人之南當前輅則既祖祝乃饌

疏祝饌至巾之○注言饌至乃饌○釋曰正經直云祖還車及還重訖乃奠如初不云饌處故記人明之祝饌祖奠於主人之南當前輅云則既祖祝乃饌者以其未祖以前柩車鄉北輅在主人之北今云饌于主人之南明知既祖還乃鄉饌之

弓矢之新沽功設之

宜新沽示不用令文沽作古

疏 弓矢之新沽功〇注設之至作古〇釋曰自此盡篇末論死者用器弓矢麤惡之事以其正經直云用器弓矢不辨弓矢善惡及弓矢之名故記人明之設之宜新者為死者。宜用新物云沽示不用者沽謂麤為之

有弭飾焉 弓無緣者謂之弭弭以骨角為飾

疏 有弭飾焉〇注弓無至為飾〇釋曰案爾雅云弓有緣謂之弓無緣謂之弭孫氏云緣繫約而漆之無緣不以繫約骨飾兩頭是此弭也詩云象弭魚服是用象骨弓。隈既用。角明兩頭亦得用故鄭總云骨角為飾

亦張。可。也。 亦使可張

疏 亦張可也〇注亦使可張〇釋曰生時之弓有張弛此死者之弓雖不射而沽略亦使可張故曰亦也

有柲 柲弓檠弛則縛之於弓裏備損傷以竹為之詩云竹柲緄縢古文柲作柴

疏 有柲〇注柲弓至作柴〇釋曰柲弓檠者案冬官弓人造弓之時弓成納之檠中以定往來體此弓檠謂凡平曰弛弓之時以竹狀如弓縛之於弓裏亦名之為柲者以若馬柲然馬柲所以制馬弓柲所以制弓使不。頓傷故謂之柲引詩云竹柲緄縢者緄繩也縢約也謂以竹為柲以繩約之此經之柲雖麤略用亦如此故引之為證

設依撻焉 依纏絃也撻弣側矢道也皆以韋為之今文撻為銛

疏 設依撻焉〇注依纏至為銛〇釋曰言依者謂以韋依纏其弦即今時弓𢐖是也云撻弣側矢道者所以撻矢令出謂生時以骨為之弣側今死者用韋云皆以韋為之者謂依與撻皆以韋為之異於生者也

有韣 韣弓衣也以緇布為之

疏 有韣〇注韣弓至為之〇釋曰知韣弓矢者案月令云帶以弓韣故知韣弓衣也鄭知用緇布為之者此無正文鄭驗當時弓衣用緇布而言也

翭矢一乘骨鏃短衛 翭猶候也候物而射之矢也四矢曰乘骨鏃短衛亦。示不用也生時翭矢金鏃凡為矢五分笴長而羽其一

疏 翭矢至短衛〇注翭猶至其一〇釋曰言候物而射之者案司弓矢鄭注云可以。司候射敵之近者及禽獸鄭君兩注語異義同云骨鏃短衛亦示不用也者案上文沽功鄭云示不用故此亦之云生時。翭矢。金鏃者此亦爾雅釋器文案彼云金鏃翦羽謂之翭是也此言短羽即翦羽也云凡為矢五分笴長而羽其一者

案周禮矢人上陳五矢下乃云五分其長而羽其一故云凡以廣之也案鄭彼注云矢笴長三尺五分羽一則六寸也謂之羽者指體而言謂之衞者以其無羽則不平正羽所以防衞其矢不使不調故名羽爲衞

志矢一乘軒輖中亦短衞志猶擬也習射之矢書云若射之有志輖。摯也無鏃短衞亦示不用生時志矢骨鏃凡爲矢前重後輕也

疏志矢至短衞〇注志猶至輕也〇釋曰云志猶擬也者凡射志意有所準擬故云志猶擬也云習射之矢者案司弓矢鄭注云恆矢之屬軒輖中所謂志以此言之則此恆矢也在八矢之下知是習射矢者以其矢中特輕於習射宜也案六弓唐弓大弓亦授習射者則此矢配唐大也引尚書盤庚者證志爲準擬之事輖摯者鄭讀輖從摯以其車傍周非是軒。摯之。摯故讀從執下至云無鏃短衞亦示不用者知此矢無鏃者上經翭矢言骨鏃此經不云鏃故知無鏃示不用也若然翭矢生時用金鏃死用骨鏃志矢生時用。骨鏃死則令去之云生時志矢骨鏃者亦爾雅釋器文案彼云骨鏃不翦羽謂之志此志矢是也云凡爲矢前重後輕也者案司弓矢鄭注云凡。枉矢之制枉矢之屬五分二在前三在後殺矢之屬。參分一在前二在後矰矢之屬七分三在前四在後恆矢之屬軒輖中若然前重後輕者據殺矢翭矢枉矢絜矢矰矢茀矢而言引之者證此志是恆矢庳矢無前重後輕之義。但周禮有八矢唯用此二矢者以其八矢之內翭矢居前最重恆矢居後最輕既不盡用故取其首尾者也

儀禮注疏卷四十一校勘記

阮元撰盧宣旬摘錄

設棜于東堂下

素勺　徐本同毛本勺下有二字楊氏無此句與疏合集釋通解俱與毛本同

爲少進醴酒　徐本同集釋通解楊氏毛本少俱作夕張氏曰疏少作夕從疏

云豆籩二以併　豆籩二字毛本倒

凡籩豆實具設

故雖一豆一籩　通解要義同毛本豆籩二字俱倒

小斂辟奠不出室

至於既小斂　於陳閩俱作此

爲既斂而言也　爲閩本作以言下陳閩俱有者字

既馮尸

更有絞帶　要義同毛本通解更作又

鄭注云絰象大帶　絰上陳閩通解俱有要字依喪服注增

巾奠

升自阼階阼要義作西

既殯

鬠髮爲髻毛本鬠作鬄陳閩監本集釋敖氏俱作鬠疏放此

三日絞垂

以經小斂日經要義作垂毛本通解作經日毛本陳本通解俱作曰○按作日非也經誤垂

冠六升

外之者徐本集釋俱無之字通解楊氏毛本俱有○按疏有

垂下爲纓垂下二字毛本誤倒

但此文上下陳閩通解要義同毛本文作冠

屨外納

此則菅屨也毛本無則字菅誤作菅

杖下本

桐竹皆下本本謂根本通解同毛本不重本字

居倚廬

一釋按喪服傳云要義同毛本無一釋二字

以既練居堊屋而言外陳閩俱無居字毛本屋作室陳本作屋

則初死居倚廬倚廬亦中門外可知也倚廬二字要義不重出亦下毛本有知字要義無

一頭至地通解要義同毛本地作北

寢苫枕塊

苫編藁藁釋文从禾無艸監本亦從禾案從禾是無艸非

不說經帶說監本誤作設

故周公說經陳閩通解俱無周公說經四字○按設譌說

歠粥

今日食米二溢二監本誤作一

云二十兩曰溢毛本十下有四字要義無與注合

銖爲十絫絫要義作參下同

則爲二百一十六銖要義同毛本一作二按一是也

主人乘惡車

非有此事則不行行陳閩俱作出

白狗幦

覆笭也陸氏曰笭本或作軨

古文幦爲冪冪釋文作幕云音莫集釋亦作幕

此喪車無飾陳閩俱無喪字

御以蒲菆

楚雄負羈因知礬要義同毛本雄作熊

服注云通解要義同毛本服作杜

犬服

亦白今文犬爲大下五字毛本脱徐本集釋俱有與此本標目合通解未刻

凡兵器陳本通解要義同毛本凡作用按凡是也

故云以犬皮爲之犬皮二字毛本誤倒

取其堅固也通解要義同毛本固作故○案注無固字

云亦白者要義同毛本云作髤○按要義是

髤用白狗皮通解要義同毛本狗作犬

馬不齊髦

此士之喪車毛本此上有按字

亦與王以下同乘漆車者陳閩俱無同字

貳車

可有副貳之車陳閩通解要義楊氏同毛本有作以

其他皆如乘車

謂惡車白狗髤以下通解同毛本謂作爲案謂是也

皆同主人惡車也皆同主人毛本誤作主人皆同

從徹者而入

無事則立主人之南北面 浦鏜云北南字誤倒

比奠○聚諸㚇 毛本㚇作窔徐陳釋文集釋通解俱作㚇注同陸氏曰本又作窔 ○埽者執帚垂末 末徐本作末唐石經集釋通解要義楊敖俱作末張氏曰監巾箱杭本末作末從諸本

室東南隅謂之㚇 室下集釋有中字張氏曰疏室下有中字○按少牢注亦有中字

按上文童子從徹者入 毛本童誤作男

及此經則從執燭者出者 出者陳閩俱作在後

燕養饋羞湯沐之饌

所以洗去汙垢 陸氏曰洗悉禮反劉本作淬七對反

謂在燕寢之中 陳閩俱無寢字

平生時所有共養之事 陳閩俱無平字毛本共作供

或鄭略言 陳閩監本通解要義同毛本言作云盧文弨云疑是之字○按草書言云俱似之字

云進進徹之時 毛本通解不重進字

若一食之頃也通解楊氏同毛本食作時○按食是也

朔月若薦新

則亦在正寢也要義同毛本通解則下有聽私朝三字

筮宅

吉乃掘陳閩俱無乃字

冢人物土是許宗彥云物土乃營之之訛此引經文非引記文

主人哭人陳閩通解俱作婦

卜日吉毛本日作曰通解敖氏俱作日與此本標目合周學健云敖氏注云日人質反葢恐人誤讀耳○按唐石經作曰

啓之昕外內不哭外內要義倒與疏合

夷牀輁軸

古文輁或作拱張氏云監本云爲拱從監本○按張説與此本標目合

明旦乃移柩於輁軸上毛本移下無柩字

其二廟

先朝禰奠設禰陳閩俱作祖

朝于禰廟

雖言正柩于兩楹閒雖閩本作畢

主人從升衆主人以下要義同毛本無衆字通解有衆無升

燭先入者升堂

一在柩前陳本無此四字

互記於此者互要義作且下同

主人降即位〇升降自西階唐石經徐本通典集釋楊敷俱有降字通解毛本無石經考文提要云監本沿通解之誤

按上經毛本通解經下有云字

故此如之也毛本通解此下有記所云三字

祝及執事舉奠

酒脯醢俎從之俎通典作葅

則此日數亦同矣亦通解作應

論至祖廟陳設及贈之事要義同毛本及作既

此禰奠與小斂奠同毛本禰作彌盧文弨改彌作禰

知受巾巾之者知下陳閩通解俱有祝字

云序從主人以下者毛本序誤作席

薦乘車〇干笮干石經補缺誤作于

鹿䙷徐本通典集釋通解要義楊敖俱作䙷毛本作辟按釋文辟字無音是亦作䙷

鞃韇也陸氏曰韇劉本作韥

有韇無弓矢要義無弓字

此㚘下車三乘陳閩通解要義同毛本㚘作拜〇按㚘是也

云鹿淺䙷爲車前式覆笭者鹿淺䙷陳本通解要義俱作䙷覆笭閩本作䙷覆笭者楊氏與毛本同爲作謂

鞃軾中也毛本軾作式〇案詩傳式作軾下同

淺虎皮淺毛也毛陳閩通解俱作色案陳閩通解非也

道車載朝服

日視朝之服也 集釋通解毛本同之服二字徐本倒

謂大夫士也私朝之服 要義同毛本通解無也字服監本誤作朝

橐車載蓑笠 橐嚴鍾通解要義楊敖俱从木唐石經徐本聶氏集釋毛本俱从禾注文同蓑唐石經徐本釋文聶氏集釋通解要義楊敖俱从艸注同毛本從簑○按檀弓上孔子之喪節疏引作蓑

橐車載蓑笠 橐字蓑字下並放此要義與此本同

謂王行小小田獵巡行縣鄙 陳閩通解要義楊氏俱重小字毛本不重○按小字當重周禮司常疏云今以小小田獵及巡行縣鄙正與此文同

同是游散所乘 要義同毛本通解楊氏游作斿

笠所以御暑 陳閩通解要義同毛本御作備

茵著用茶 案著單疏標目從竹

茅秀也 浦鏜云秀釋文作莠○按茅莠見釋文注中非摘鄭注

且御溼 陸氏曰御魚呂反劉本作衙音禦

葦苞

葦草卽長浦鏜改卽作既

菅筲三

黍稷皆淹而漬之陳本通解要義同毛本漬作清○按作漬不誤

飯用米貝貝要義作具閩本米貝作茅具○按要義閩本並誤

祖還車

上經未還奉車在階閒奉浦鏜改作車

凡贈幣無常

玩好日贈徐本同毛本日作曰

凡糗不煎

不云糗之煎不煎不二字毛本誤倒

柩至于壙

不空之以歸者要義空作窆下柩車既空示不空之並同通解與毛本同作空○案要義蓋誤合空之兩字爲窆耳下兩空字遂亦作窆浦鏜校謂柩車既空空字應作窆

卒窆而歸

云孝子往如慕陳閩要義同毛本如作而○按如是也

旣正柩

或作摶徐陳通解同毛本摶作搏集釋作槫

及葬執翿通解要義同毛本及作旣○按周禮作及葬執纛

正謂載柩謂通解要義俱作爲

蜃車柩路通解要義同毛本路下有也柩車載柳五字案周禮注有此五字柩車作柩路

其輁與輴車同監本通解要義同毛本輴作輤○案輴字是

弓矢之新

爲死者宜用新物陳閩俱無宜字

有弭飾焉

弓隈旣用角隈閩本通解俱作服角通解作骨

亦張可也唐石經徐本集釋楊敖同毛本通解張可作可張石經考文提要云監本沿通解之誤○按也字唐石經初刻作以後改

古文柲作柴作集釋作爲柴字毛本通解作柴徐本集釋俱作柴與單疏標目合釋文作柴金曰追云尚書費誓古文作柴〇按集韻柴兵媚切地名疑卽柴之別字

使不頓傷陳閩監本通解同毛本頓作損

翭矢一乘張氏曰釋文翭字上更有一矢字從釋文盧文弨云翭上有矢字當是爲翭矢志矢之目〇按今本釋文出翭矢二字張氏所見當作矢翭也

亦示不用也徐本集釋楊敖同毛本通解示作云

可以司候射敵之近者陳本同毛本通解司作伺〇按周禮注作司

云生時翭矢金鏃者毛本翭誤作鏃金誤作今案監本金作今蓋欲改今爲金而未全也

志矢一乘

輖摯也摯徐本敖氏俱作摯釋文集釋通解楊氏毛本俱作墊陸氏云本又作贄〇按贄卽俗摯字因借而誤

非是軒墊之墊陳監通解要義同毛本兩墊字作輕閩本作輊案輊形似輕故毛本誤作輕下文云故讀從執下至則此句不當作墊疏意從車之輕與從執之墊二字不同故特分別言之

志矢生時用骨鏃骨陳閩俱作金

凡枉矢之制　陳閩通解俱無枉字

殺矢之屬參分　要義同毛本通解參作三

但周禮有八矢　通解要義同毛本但作按

鍭矢居前　陳閩俱無矢字

儀禮注疏卷四十一校勘記

儀禮疏卷第四十二

唐朝散大夫行大學博士弘文館學士臣賈公彦等撰

士虞禮第十四

疏士虞禮第十四○鄭目錄云虞。安也士既。葬父母迎精而反日中。祭之於殯宮以安之虞於五禮屬凶大戴第六小戴第十。五別錄第十四○釋曰案此經云側亨于廟門外之右又記云陳牲于廟門外皆云廟目錄云祭之殯宮者廟則殯宮也故鄭注士喪禮凡宮有鬼神曰廟以其虞卒哭在寢祔乃在廟是以鄭注喪服小記云虞於寢祔於祖廟是也

儀禮 鄭氏注

士虞禮特豕饋食饋猶歸也

疏士虞禮特豕饋食○注饋猶歸也○釋曰自此盡南順論陳鼎鑊祭器几筵等之事案左氏傳云卜日曰牲是以特牲云牲大夫已上稱牲亦稱牢故云少牢此虞為喪祭又葬日虞因其吉日故略無卜牲之禮故指豕體而言不云牲大夫以上亦當然雜記云大夫之虞也犆牲又此下記云陳牲於廟門外檀弓云與有司視虞牲皆言牲者記人之言不依常例故也然少牢云司馬刲羊士擊豕不言牲者據殺特須指事而言亦非常例也云饋猶歸者謂以物與神及人皆言饋是以此虞及特牲少牢皆言饋坊記云父母在饋獻不及車馬是生死皆言饋又案周禮玉府云掌凡王之獻金玉兵器注謂百工為王所作可以獻遺諸侯古者致物於人尊之則曰獻通行曰饋以此而言獻雖主於尊其春秋齊侯來獻魯戎捷尊魯也其云饋。者上下通稱故祭祀於神而言饋陽貨饋孔子豚而言饋鄉黨云朋友之饋是上下通言饋膳夫云凡王之饋食用六穀注云進物於尊曰饋此饋之盛者王舉之饌也彼鄭據當文是進于王故云進物于尊其實通也

側亨于廟門外之右東面側亨亨一胖也亨於爨用鑊不於門東未可以吉也是日也以虞易奠祔而以吉祭易喪祭鬼神所在則曰廟尊言之

疏側亨至東面○注側亨至言之○釋曰云側亨亨一。胖也知者案吉

儀禮卷第十四

禮皆全左右胖皆亨不云側此云側亨明亨一胖而已必亨一胖者以其虞不致爵自獻賓已後則無主人主婦及賓已下之俎故唯亨一胖也若然特牲亦云側殺者彼雖亨左右胖少牢二特牲一故以一牲爲側各有所對故也云亨於爨用鑊者亦案少牢有羊鑊故亨在鑊一云不於門東未可以吉也者以虞爲喪祭不於門東對特牲吉禮鼎鑊皆在門東此云門外之右是門之西未可以吉也云是日也至喪祭皆檀弓文云是日謂葬日日中而虞易去奠以死事之故立尸而祭之云祔而以吉祭易喪祭者案下記云三虞卒哭他用剛日亦如初曰哀薦成事鄭注引檀弓文葬日中而虞不忍一日離也是日也以虞易奠卒哭曰成事是日也以吉祭易喪祭如是則卒哭即是吉祭而鄭此注云祔爲吉祭者卒哭對虞爲吉祭卒哭比祔爲喪祭故下記云卒哭祭乃餞云尊兩甒於廟門外之右少南洗在尊東南水在洗東篚在西注云在門之左又少南則鼎鑊亦在門左又云明日以其班祔沐浴又云其他如饋食是祔乃與特牲吉祭同以祔爲吉祭是以云祔而以吉祭易喪祭也云鬼神所在則曰廟尊言之者對時廟與寢別今雖葬既以其迎魂而反神還在寢故以寢爲廟虞於中祭之也

魚腊爨亞之北上爨竈

疏 魚腊至北上○注爨竈○釋曰上豕爨在門右東面此魚腊各別鑊言北上則次在豕鼎之北而云爨竈者周公經爲爨至孔子時爲竈故王孫賈問孔子曰與其媚於奧寧媚於竈是前後異名故鄭舉後決前也

饎爨在東壁西面炊黍稷曰饎饎北上上齊於屋宇於虞有亨饎之爨彌吉

疏 饎爨至西面○注炊黍至彌吉○釋曰以三鑊在西方反吉案特牲云主婦視饎爨于西堂下宗婦主之在西方今在東亦反吉也少牢廩爨在饔爨之北在門外者是大夫主之廩人掌男子之事故與牲爨同在門外東方也知炊黍稷曰饎者案周禮饎人云掌凡祭祀共盛齊盛即黍稷故知也云北上上齊于屋宇者此案特牲記云饎在西壁鄭注云西壁堂之西牆下舊說云南北直屋梠稷在南彼此東西皆言壁彼云屋梠此云屋宇故知此亦齊屋也云於虞有亨饎之爨彌吉者以其小斂大斂未有黍稷朔月薦新之等始有黍稷向吉仍未有爨至此始有亨饎之

爨故云彌吉

設洗于西階西南水在洗西篚在東反吉也亦當西榮南北以堂深疏設洗至在東○注反吉至堂深○釋曰如其上文設爨反吉此亦反吉又上下篇吉時設洗皆當東榮南北以堂深今在西階西南亦當西榮南北以堂深可知也

尊于堂中北墉下當戶兩甒醴酒酒在東無禁冪用絺布加勺南枋酒在東上醴也絺布葛屬疏尊于至南枋○注酒在至葛屬○釋曰云酒在東上醴也者醴法上古酒是人所常飲故在東吉禮玄酒在酒上今以喪祭禮無玄酒則醴代玄酒在上故云上醴也云絺布葛屬者絺綌以葛爲之布則以麻爲之今絺布並言則此麻葛雜故有兩號是以鄭云葛屬也

素几葦席在西序下有几始鬼神也疏素几至席下○注有几始鬼神也○釋曰經几席具有注唯云几者以其大斂奠時已有席至此虞祭乃有几故也然案檀弓云虞而立尸有几筵則席虞祭始有者以几筵相將故連言筵其虞有几若天子諸侯始死則几席具故周禮司几筵云每。敦一几據始殯及葬時是始死即几席具也

苴刌茅長五寸東之實于篚饌于西坫上苴猶藉也疏苴刌至坫上○注苴猶藉也○釋曰此苴而云藉祭故易云藉用白茅無咎

饌兩豆菹醢于西楹之東醢在西一鉶亞之醢在西南面取之得左取菹右取醢便其設之疏饌兩至亞之○注醢在至設之○釋曰此饌繼西楹言之則以西楹爲主向東陳之云一鉶亞之者菹以東也云醢在西南面取之得左取菹右取醢便其設之者以其尸在奧東面設者西面設於尸前菹在南醢在北今於西楹東饌之菹在東醢在西是南面取之得左取菹右取醢至尸前西面又左。菹右醢故云便也

從獻豆兩亞之四籩亞之北上豆從主人獻祝籩從主婦獻尸祝北上菹與棗不東陳別於正疏從獻至北上○注豆從至於正○釋曰此從獻豆籩雖文承一鉶之下而云亞之下別云北上是不從鉶東爲次宜於鉶東北以北爲上向南陳之若然文承一鉶下而云亞之者以其次在

鉶以東去榏漸遠故云亞不謂亞鉶以東也據此陳之次然則東北菹爲首次南醢醢東栗栗北棗棗東棗棗南栗此以東面取之而入北面設之祝前得右菹左醢其籩亦然先陳者先設後陳者後設棗在左亦得其設故鄭云北上菹與棗也云豆從主人獻祝者以其尸前正豆已設訖以爲陰厭不名爲從此二豆主人先獻祝酒後乃薦豆故言從云籩從主婦獻尸祝者以其四籩二籩從主婦獻尸二籩從主婦獻祝亦是從也云不東陳別於正者以二豆與鉶在尸爲獻前爲正此皆在獻後爲非正故東北別也

饌黍稷二敦于階閒西上藉用葦席藉猶薦也古文藉爲席

疏饌黍至葦席○注藉猶至爲席○釋曰云藉猶薦也者謂先陳席○乃陳黍稷於上是所陳席藉薦黍稷也

匜水錯于槃中南流在西階之南簞巾在其東。流匜吐水口也

陳三鼎于門外之右北面北上設扃鼏門外之右門西也今文扃爲。鉉

疏陳三至扃鼏○注門外至爲鉉○釋曰此扃雖先云設其設扃在後知者案士喪禮小斂云右人左執匕抽扃予左手兼執之取鼏委於鼎北加扃則扃在鼏上故先抽扃後去鼏則鼏先設可知扃鼏雖在三鼎之下總言其實陳一鼎訖即設之知者案下記云皆設扃鼏注云嫌既陳乃設扃鼏是也

七俎在西塾之西不饌於塾上統於鼎也塾有西者是室南鄉

疏七俎在西塾之西○注不饌至南鄉○釋曰云不饌於塾上統於鼎也者決下文羞燔俎在內西塾上。而。在。塾。上又云賓降反俎于西塾至於主婦亞獻訖直云賓燔從如初明尸受燔訖賓亦反俎于西塾上是互見義也

羞燔俎在內西塾上南順南順於南面取縮執之便也肝俎在燔東

主人及兄弟如葬服賓執事者如弔服皆即位于門外。如。朝夕臨位婦人及內兄弟服即位于堂亦如之葬服者既夕曰丈夫髽散帶垂也賓執事者賓客來執事也

疏主人至如之○注葬服至事也○釋曰自此盡北面論將虞祭於位及衣服之事云葬服者既夕曰丈夫髽散

帶垂也者此唯謂葬日反日中而虞及三虞時其後卒哭即服其故服是以既夕記注云自卒至殯自啓至葬主人之禮其變同則始虞與葬服同三虞皆同至卒哭卒。去無時之哭則。依其喪服乃變麻服葛也云賓執事者賓客來執事也者以其虞爲喪祭主人未執事故云賓客來執事也案下注云士之屬官爲其長弔服加麻卽此經賓執事者弔服。是也若然此士屬官中有命于其君者是以特牲記賓中有公有司鄭注云公有司亦士之屬命于其君者也案曾子問士則朋友奠不足。取於大功以下又云士祭不足則取於兄弟大功以下者鄭云祭謂虞卒哭時以此而言彼朋友則公有司與此執事一物以僚友言之雖屬官亦爲朋友也

祝免澡葛絰帶布席于室中東面右几降出及宗人卽位于門西東面南上祝亦執事免者祭祝之禮祝所親也澡治也治葛以爲首絰及帶接神宜變也然則士之屬。官爲其長弔服加麻矣至於既卒哭主人變服則除右几於席近南也疏祝免至南上○注祝亦至南也○釋曰云祝亦執事者謂亦上執事也云免者祭祀之禮。祝所親也者案禮記喪服小記云緦麻小功虞卒哭則免注云卒哭緦麻以上至斬衰皆免今祝是執事屬吏之等皆無免法今與緦以上同著免嫌其大重故云祭祀之禮祝所親而可以受服也

宗人告有司具遂請拜賓如臨入門哭婦人哭臨朝夕哭疏宗人至人哭○注臨朝夕哭○釋曰朝夕哭。祭時門外送賓訖入門男子婦人共哭也

主人卽位于堂衆主人及兄弟賓卽位于西方如反哭位既夕曰乃反哭入。門升自西階東面衆主人堂下東面北上。此則異於朝夕疏主人至哭位○注既夕至朝夕○釋曰此明賓將與祭主人及兄弟等卽位之事云如反哭位鄭引既夕者證主人等面位之事也

祝入門左北面不與執事同位接神尊也疏祝入門左北面○注不與至尊也○釋曰云不與執事同位接神尊也者執事卽上兄弟賓卽位于西方如反哭位皆是執事故曾子問喪祭不足則取兄弟故云不與執事同位接神尊也

宗

人西階前北面當詔主人及賓之事【疏】宗人至北面〇注當詔至之事〇釋曰此宗人在堂下是主人在堂時若主人在室宗人即升堂是以下記云主人在室則宗人升戶外北面注云當詔主人室事是也祝盥升取苴降洗之升入設于几東席上東縮降洗觶升止哭縮從也古文縮為蹙【疏】祝盥至止哭〇注縮從也〇釋曰自此盡哭出復位論設饌於神杖不入於門之事也案此文陰厭時主人倚杖入祝從在左西面下記云尸入祝從尸注云祝在主人前也嫌如初時主人倚杖入祝從之初時主人之心尚若親存宜自親之今既接神祝當詔侑尸也主人前自西入向東在階下未得倚杖于序今主人在西階將入室故倚杖于西序主人倚杖入祝從在左西面主人北旋倚杖西序乃入喪服小記曰虞杖不入於室祔杖不升於堂然則練杖不入於門明矣贊薦菹醢醢在北。主婦不薦衰斬之服不執事也曾子問曰士祭不足則取於兄弟大功以下者【疏】贊薦至在北〇注主婦至下者〇釋曰案特牲主婦盥于房中薦兩豆此主婦不薦故決之既引曾子問士祭不足則取於兄弟大功以下者彼文承奠下故引之下卒哭既取大功以下則齊衰不執事可知此齊衰不執事唯為今時至于尸入之後亦執事兩籩棗栗設於會南至於祔祭雖陰厭亦主婦薦主人自執事也知者下記云其他如饋食案特牲云主人在右及佐食舉牲鼎是也若大夫已上尊不執事故少牢云主人出迎鼎注云道之也是不執事也佐食及執事盥出舉長在左舉舉鼎也長在左。西方位也凡事宗人詔之鼎入設于西階前東面北上匕俎從設左人抽扃鼏匕佐食及右人載載載於俎佐食載則亦在右矣今文扃為鉉古文鼏為密卒朼者逆退復位復賓位也俎入設于豆東魚亞之腊特亞次也今文無之贊設二敦于俎南黍其東稷簋實尊黍也【疏】贊設至東稷〇注簋實尊黍也〇釋曰云簋實尊黍也者以經西黍東稷西上故云尊黍也經云敦注言簋者案特牲云佐食分簋鉶注云分簋者分敦黍於會爲有對也敦有虞氏之器也周制士用之變敦言簋容同姓之士得從周制耳然則此注變敦言簋者亦謂同姓之士得用簋故也

設一鉶于豆南鉶菜羹也疏注鉶菜羹也○釋曰此對泰是湆羹

佐食出立于戶西饌已也今文無于戶西疏佐食至戶西○注饌已至戶西○釋曰佐食出者以無事不可以空立故出立于戶西不從今文無于戶西三字者若無此文不知立之所在故不從也

贊者徹鼎反于門外

祝酌醴命佐食啓會佐食許諾啓會卻于敦南復位會合也謂敦蓋也復位出立于戶西今文啓爲開疏祝酌至復位○注會合至爲開○釋曰特牲少牢直言酌奠不言酌醴者以彼直有酒故不言酒是酒可知此酒醴兩有今所奠者醴故須言醴也若然彼單酒此兩有者以其同小斂大斂朔月遷祖祖奠大遣奠等皆酒醴並有故此虞之喪祭亦兩有異於吉祭也

祝奠觶于鉶南復位主人再拜稽首復。位。復主人之左疏祝奠至稽首○注復位至之左○釋曰云復主人之左者上主人倚杖入祝從在。左不見祝更有位故復主人左也

祝饗命佐食祭。饗告神饗此祭祭於苴也饗神辭記所謂哀子某哀顯相夙興夜處不寧下至適爾皇祖某甫。尚饗是也疏祝饗命佐食祭○注饗告至是也○釋曰下云祝祝卒注云祝祝者釋孝子祭辭又下文迎尸後尸墮祭云祝祝主人拜如初此等三者皆有辭此文饗神引記者是陰厭饗神辭下文迎尸上釋孝子辭者經記無文案少牢迎尸祝孝子辭云孝孫某敢用柔毛剛鬣嘉薦普淖用薦歲事于皇祖伯某以某妃配某氏尚饗此是釋孝子辭此迎尸上釋孝子辭宜與彼同但稱哀爲異其迎尸後祝辭者卽下記饗辭云哀子某圭爲而哀薦之饗鄭注云饗辭勸強尸之辭也凡吉祭饗尸曰孝子是以特牲迎尸後云況饗注云饗勸強之也其辭取於士虞記則宜云孝孫某圭爲孝薦之饗是也下二虞卒哭記皆有辭至彼別釋

佐食許諾鉤袒取黍稷祭于苴三

取膚祭祭如初祝取奠觶祭亦如之不盡益反奠之主人再拜稽首。鉤袒如今擐衣也苴所以藉祭也孝子始將納尸以事其親爲神疑於其位設苴以定之耳或曰苴主道也則特牲少牢當有主象而無。何乎疏佐食至稽首○注鉤袒至何乎○釋曰云鉤袒如今擐衣也者經云鉤袒若漢時人擐衣以露臂故云如今擐衣也云孝子始將納尸以事其親爲神疑於其位設苴以定之耳者案上文祝取苴降。洗設於几東者至此乃祭于苴下文乃延尸是孝子迎尸之前用苴以將納尸以事其親爲神疑於其位故設苴以定之解預設苴之意也云或曰苴主道也則特牲少牢當有主象而無何乎者解舊有人云苴主道似重爲主道然故鄭破之云若是苴爲主道特牲少牢吉祭亦當有主象亦宜設苴今而無苴何乎是鄭以苴爲藉祭非主道也若然此據文有尸而言將納尸有苴案下記文無尸者亦有苴又特牲少牢吉祭無苴案司巫祭祀則供匰主及葅館當祀亦有苴者以天子諸侯尊者禮備故吉祭亦有苴凶祭有苴可知

祝祝卒主人拜如初哭出復位祝祝者釋孝子祭辭

祝迎尸一人衰絰奉篚哭從尸尸主也孝子之祭不見親之形象心無所繫立尸而主意焉一人主人兄弟檀弓曰既封主人贈而祝宿虞尸疏祝迎至從尸○注尸主至虞尸○釋曰自此盡如初論迎尸入九飯之事鄭知一人衰絰是主人兄弟者以主人哭出復位無從尸之。理又云衰絰且非疏遠故知一人衰絰是主人兄弟也引檀弓者證祝隨主人葬先反宿虞尸故得有祝迎尸之事云既封者封當爲窆窆下棺也

尸入門丈夫踊婦人踊踊不同文者有先後也尸入主人不降者喪事主哀不主敬疏尸入至人踊○注踊不至主敬○釋曰云踊不同文者有先後也者主人在西序東面衆兄弟西階下亦東面婦人堂上當東序西面故主人與兄弟見尸先踊婦人後見尸故後踊是有先後云尸入主人不降者喪事主哀不主敬者決特牲少牢尸入主人皆降立于阼階東敬尸故此不降爲主哀

淳尸盥宗人授巾淳沃也沃尸盥者賓執事者也疏

淳尸至授巾○注淳沃至者也○釋曰此直言盥不言面位案特牲云尸入門左北面盥宗人授巾上陳器時匜水之等在西階之東合在門左則以器就特牲注云待盥者執其器就之若然特牲設尸盥在門內之右注云尸尊不就洗門內之右象洗在東此虞禮反吉祭故在西階東少牢禮異於士禮故尸盥在西階東與此虞禮同也云沃尸盥者賓執事者也案上文賓與主人皆在執事之中既宗人授巾明沃盥亦賓執事也

尸及階祝延尸延進也告之以升

【疏】尸及階祝延尸○注延進至以升○釋曰案特牲云祝延尸注云延進也在後詔侑曰延又案少牢注云由後詔相之曰延然則延者皆在後也若然記云尸謖祝前鄉尸又曰降階還及門如出。戶注云降階如升時以此言之降在尸前云。如升者直取與尸升同不取後同故禮器詔侑無方是也

尸升宗人詔踊如初言詔踊如初則凡踊宗人詔之

【疏】尸升至如初○注言詔至詔之○釋曰云言詔踊如初則凡踊宗人詔之者以其上無宗人詔踊之事以此宗人詔踊云如初明前踊幷明下文踊皆宗人詔之故鄭云凡也

尸入戶踊如初哭止哭止尊尸婦人入于房辟執事者

【疏】婦人入于房○注辟執事者○釋曰以其婦人在堂上執事者由堂東故辟之入房也

主人及祝拜妥尸尸拜遂坐妥安坐也

【疏】主人至遂坐○釋曰案郊特牲注云尸卽至尊之坐或時不自安則以拜安之此亦然妥安坐也爾雅文

從者錯篚于尸左席上立于其北北席北也

【疏】從者至其北○注北席北也○釋曰此虞禮篚象特牲。肵。俎肵俎置于席北明此篚亦在席北以擬盛尸之饌也

尸取奠左執之取菹擩于醢祭于豆閒祝命佐食墮祭下祭曰墮。墮之猶。言。墮下也周禮曰既祭則藏其墮謂此也今文墮為綏特牲少牢或為羞失古正矣齊魯之閒謂祭為墮

【疏】尸取至墮祭○注下祭至為墮○釋曰云尸取奠左執之者以右手將墮故也云下祭曰墮者以其凡祭皆手舉之向下祭之故云下祭曰墮云墮之猶言墮下者案左傳云子路將墮三都以三都大

高故墮下之取墮爲下祭之義故讀從之引周禮守祧職云既祭藏其墮謂此也者謂此墮祭一也引之者證守祧同之耳云今文墮爲綏又云特牲少牢或爲羞失古正矣者此二字皆非墮下之義故云失古正也云齊魯之間謂祭爲墮者齊南魯北謂祭爲墮者由墮下而祭因即謂祭爲墮是鄭從墮不從綏與羞之意也案特牲云祝命挼祭注云士虞禮古文曰祝命佐食墮祭周禮曰既祭則藏其墮墮與挼讀同耳今文改挼皆爲綏古文此皆爲挼祭也又少牢尸將酢主人時上佐食以綏祭鄭注云綏讀爲墮此三處經中墮皆不同者此五字或爲墮或爲挼或爲羞或爲綏或爲挼此五者鄭既以挼綏及羞三者已從墮復云古文作挼以其特牲及此士虞皆有挼祭故亦兼挼解

佐食取黍稷肺祭授尸尸祭之祭奠祝祝主人拜如初尸嘗醴奠之如初亦祝祝卒乃再拜稽首

疏 佐食至奠之○注如初至稽首○釋曰云如初亦祝祝卒乃再拜稽首者亦如上文迎尸前祝祝卒也

佐食舉肺脊授尸尸受振祭嚌之左手執之右手將有事也尸食之時亦奠肺脊于豆

疏 佐食至執之○注右手至于豆○釋曰案特牲祝命爾敦佐食爾黍稷于席上舉肺脊以授尸尸受振祭嚌之彼舉肺脊在爾敦後此舉肺脊在爾敦前者彼吉祭吉凶相變故也云右手將有事也者爲下文祭鉶嘗鉶是也云尸食之時亦奠肺脊於豆者解經無奠文知不執以食卒者案下文云尸卒食佐食受肺脊實于篚在尸手當云受肺脊又知在豆者特牲云尸實舉於菹豆是也案特牲尸乃食食舉注云舉言食者明凡解體皆連肉少牢云食舉注云舉牢肺正脊也先飯啗之以爲道也此喪祭不言食舉亦食舉可知是以特牲注云肺氣之主也脊正體之貴者先食啗之所以道食通氣也案下文注云尸不受魚腊以喪不備味則亦不食庶羞矣

祝命佐食邇敦佐食舉黍錯于席上邇近也

尸祭鉶嘗鉶右手也少牢曰以柶祭羊鉶遂以祭豕鉶嘗羊鉶

疏 尸祭鉶嘗鉶○注右手至羊鉶○釋曰知以右手者上經云佐食舉肺脊授尸尸受振祭嚌之左手執之鄭云

右手將有事指此嘗鉶用右手也引少牢者證此經嘗祭之時亦用柶案下記云鉶芼用苦若薇有滑夏用葵冬用荁。有柶是用柶祭之義柶泰羹湆自門入設于鉶南胾四豆設于左博異味也湆肉汁也胾切肉也疏泰羹至于左○注博異至肉也○釋曰云設于鉶南者以泰羹湆未設故繼鉶而言之其實鐉北留空處以待泰羹云胾四豆設于左者案特牲四豆設于左南上云左者正豆之左又少牢云上佐食羞胾兩瓦豆有醢設于薦豆之北注云設於薦豆之北以其加也言北亦是左也云博異味者以其有湆有胾故也尸飯播餘于篚不反餘也古者飯用手吉時播餘于會古文播爲半疏尸飯播餘于篚○注不反至爲半○釋曰云古者飯用手者案曲禮云無搏飯又云無放飯飯黍毋以。箸故知古者飯用手言此者證。播飯去手爲放飯云吉時播餘于會者可知故決之三飯佐食舉幹尸受振祭嚌之實于篚飯閒啗肉安食氣疏三飯至于篚○注飯閒至食氣○釋曰云飯閒啗肉安食氣者以其胳脅骨體連肉又在三飯之閒故云飯閒啗肉安食氣又三飯舉胳祭如初佐食舉魚腊實于篚尸不受魚腊以喪不備味疏又三至于篚○注尸不至備味○釋曰云尸不受魚腊者案經佐食舉魚腊不云尸受嚌之明尸不受魚腊可知云以喪不備味者案特牲三舉魚腊尸皆振祭嚌之此佐食舉魚腊實於篚尸不嚌故云喪不備味又三飯舉肩祭如初後舉肩者貴要成也疏又三至如初○注後舉至成也○釋曰云後舉肩者貴要成也者案禮記祭統云周人貴肩故云貴者要成也要成者據後食即飽也舉魚腊俎俎釋三个釋猶遺也遺之者君子不盡人之歡不竭人之忠个猶枚也今俗或名枚曰個音相近此腊亦匕體如其牲也疏舉魚至三个○注釋猶至牲也○釋曰此經直舉魚腊俎盛於篚俎釋三个不言盛牲體者案下記云羹飪升左肩臂臑肫胳脊脅七體此上經佐食初舉脊次舉幹又舉胳終舉肩總舉四體唯有臂臑肫三者佐食即當俎釋三个不復盛牲體故直舉魚腊而已云遺之者君子不盡人之歡不竭人之忠此上曲禮文案彼注歡謂飲食忠謂衣服於此引之并據飲食者彼注對文此注散文則歡與忠通故總證牲體也又案特牲釋三个注云謂改饌於西北隅遺之與此注不同者此注亦有改饌之義又兼有此不盡歡忠之禮云今俗或名枚曰個音相近者經中个人下曁牽俗語名枚曰個者人傍著固字雖不同音聲相近同是一个之義云此腊亦七體如其牲也者案下記牲有七體此腊亦不過特牲體故云如其牲言此以對彼案彼特牲吉祭十一體是以特牲記云腊牲骨乃有十一體與此不同吉禮異故也

如尸卒食佐食受肺脊實于篚反黍如初設九飯而已士禮也篚猶吉祭之有肵俎【疏】尸卒至初設○注九飯至肵俎○釋曰云反黍如初設者案上設黍稷在俎南西黍東稷次上文佐食舉黍錯于席上此尸卒食故反黍于本處如初設云九飯而已士禮也者少牢十一飯諸侯十三飯天子十五飯故云九飯士禮也云篚猶吉祭之有肵俎者案特牲少牢尸舉牲體振祭嚌之皆加於肵俎此尸舉牲體振祭嚌之皆實於篚故云篚猶吉祭之有肵俎

主人洗廢爵酌酒酳尸尸拜受爵主人北面荅拜尸祭酒嘗之爵無足曰廢爵酳安食也主人北面以酳酢變吉也凡異者皆變吉古文酳作酌【疏】主人至嘗之○注爵無至作酌○釋曰自此盡升堂復位論主人初獻尸并獻祝及獻佐食之事云爵無足曰廢爵者案下文主婦洗足爵鄭云爵有足輕者飾也則主人喪重爵無足可知凡諸言廢者皆是無足廢敦之類是也云主人北面以酳酢變吉也者案特牲少牢尸拜受主人西面拜送與此面相反故云變吉也案特牲直有主人送拜雖不見主人面位約與少牢同皆西面也云凡異者皆變吉者案特牲云主人拜送此云主人答拜特牲云尸卒角祝受尸角曰送爵此不云送爵特牲嚌肝訖加於菹豆此嚌肝訖加於俎皆是異於吉時故云凡異者皆變吉

賓長以肝從實于俎縮右鹽縮從也從實肝炙於俎也喪祭進柢右鹽於俎近北便尸取之也縮執俎言右鹽則肝鹽并也【疏】賓長至右鹽○注縮從至并也○釋曰云

縮從也從實肝炙於俎也喪祭進柢者案下記云載猶進柢柢本也謂肝之本頭進之向尸云右鹽於俎近北便尸取之也者從執俎一頭向尸據執俎之人左畔有肝右畔有鹽西面向尸尸東面以右手取肝於俎右畔擩鹽於左畔是以鹽於俎之近北便尸取之云縮執俎言右鹽則肝鹽併也者謂俎既縮執則狹肝鹽不容相遠是執俎人右畔有鹽左畔有肝故云併也

尸左執爵右取肝擩鹽振祭嚌之加于俎賓降反俎于西塾復位取肝右手也加于俎從其牲體也以喪不志於味

【疏】尸左至復位○注取肝至於味○釋曰復位者謂賓長也尸既振肝訖復西階前衆兄弟之南東面位云以喪不志於味者決特牲少牢尸嚌肝訖加葅豆以近身此虞禮尸嚌肝訖不加于葅豆而遠加於俎以同牲體者以喪志不在於味故遠身加俎也若然特牲少牢祝不敢與尸同加於葅豆嚌肝訖加于俎與此尸同者祝無不在位之嫌禮窮則同故也

尸卒爵祝受不相爵主人拜尸答拜不相爵喪祭於禮略相爵者特牲曰送爵皇尸卒爵

祝酌授尸尸以醋主人主人拜受爵尸荅拜醋報

主人坐祭卒爵拜尸答拜筵祝南面祝接神尊也筵用萑席

【疏】筵祝南面○注祝接至萑席○釋曰上文尸用葦席其祝席經記雖不言以尸用在喪故不用萑今祝宜與平常同故用萑也云祝接神尊也者解先得獻之事

主人獻祝祝拜坐受爵主人荅拜獻祝因反西面位

【疏】主人至答拜○注獻祝至面位○釋曰云獻祝因反西面位者以少牢云主人受酢時主人拜受爵尸答拜主人西面奠爵特牲云主人拜受角雖不言西面彼注云退者進受爵反位則西面也是吉祭時主人西面故上注云北面以醋酢變吉也今至醋酢及獻祝訖明因反西面位可知也

薦葅醢設俎祝左執爵祭薦奠爵興取肺坐祭嚌之興加于俎祭酒嘗之肝從祝取肝擩鹽振祭嚌之加于俎卒爵拜主

人荅拜今文無擩鹽【疏】薦菹至答拜○釋曰此直言薦菹醢設俎者不見薦徹之人案下文云祝薦席徹入于房注云徹薦席者執事者則此設者亦執事可知祝坐受主人主人酌獻佐食佐食北面拜坐受爵主人答拜佐食祭酒卒爵拜主人荅拜受爵出實于篚升堂復位篚在庭不復入事已也亦因取杖乃東面立【疏】注篚在至面立○釋曰云篚在庭者此雖無文約同薦車設。遷。奠之等也云不復入事已也亦因取杖乃東。西面立者上文哭時主人升堂西序東面又上文云主人倚杖入今升堂復位不復入室以其事已因得取杖復東面位也主婦洗足爵于房中酌亞獻尸如主人儀爵有足輕者飾也昏禮曰內洗在北堂直室東隅【疏】主婦至人儀○注爵有至東隅○釋曰自此盡入于房論主婦獻尸并獻祝及佐食之事云如主人儀者卽上主人酳尸。尸拜受爵主人北面答拜之等今主婦亞獻亦然故云如主人儀也云爵有足輕者飾也者主婦主人之婦爲舅姑齊衰是輕於主人故爵有足爲飾也引昏禮者證經洗爵于房中不言設洗處宜與昏禮同也自反兩籩棗栗設于會南棗在西尚棗棗美【疏】自反至在西○注尚棗棗美○釋曰案特牲宗婦執兩籩主婦受設于敦南。此主婦自反兩籩不使宗婦者以喪尚縱縱反吉故然上主人獻使贊薦菹醢注云齊斬之服不執事者彼爲主人獻故不使主婦薦此亞獻己所有事故自薦可知尸祭籩祭酒如初賓以燔從如初尸祭燔卒爵如初酌獻祝籩燔從獻佐食皆如初以虛爵入于房初主人儀【疏】尸祭至于房○注初主人儀○釋曰此尸祭籩已下至籩燔從獻佐食皆舉主人獻尸賓長以肝從至佐食祭酒卒爵拜主人答拜受爵出實于篚並如主人儀故皆云如初也賓長洗繶爵三獻燔從如初儀繶爵口足之閒有篆又彌飾【疏】賓長至初儀○注繶爵至彌飾○釋曰此一節論賓長終三獻之事云繶爵口足之閒有篆又彌飾者案屨人繶是屨之牙底之閒縫中之飾則此爵云繶者亦是爵口足之閒有飾可知云又彌飾以其主婦有足已是有飾今口足之閒又加飾也

婦人復位

復堂上西面位事已尸將出當哭踊

疏 婦人復位○注復位至哭踊○釋曰自此盡拜稽顙論祭訖送尸及改饌爲陽厭之事云復堂上西面位者上云主人即位於門外如朝夕臨位婦人及內兄弟服即位於堂亦如之以下更不見別有婦人位明復位者還此位可知又案士喪禮凡臨位婦人即位于堂南上。即面位也云尸將出當哭踊者以哭送此喪祭故踊特牲吉祭不哭踊故亦無此復位之事也

祝出戶西面告利成主人哭

西面告告主人也利猶養也成畢也言養禮畢也不言養禮畢於尸閑嫌

疏 祝出至人哭○注西面至閑嫌○釋曰云西面告告主人也者。以處主人東面故祝西。面對而告之云不言養禮畢於尸閑嫌者若言養禮畢即於尸中閑有嫌諷去之或本閑作閑音以養尸事畢而尸空閑嫌諷去之

皆哭

丈夫婦人於主人哭斯哭矣

疏 皆哭○注丈夫至哭矣○釋曰言上云主人哭則主人之外緦麻以上在位者皆哭故鄭總丈夫婦人於主人哭斯哭矣

祝入尸謖。

謖。起。也祝入而無事尸則知起矣不告尸者無遺尊者之道也古文謖或爲休

疏 祝入尸謖○注謖起至爲休○釋曰云祝入而無事尸則知起矣者雖不告尸無事尸亦知無事禮畢而起矣云不告尸者無遺尊者之道也者謂不告尸以禮畢者尸尊若告之則如發遣尊者故云不告尸者無遺尊者之道也

從者奉篚哭如初

初哭從尸

祝前尸出戶踊如初降堂踊如初出門亦如之

前道也如初者出如入降如升三者之節悲哀同

降

疏 ○祝前至如之○注前道至哀同○釋曰案上文尸入門丈夫踊婦人踊尸及階祝延尸尸升宗人詔踊如初尸入。戶踊如初故此鄭云出如入降如升三者之節悲哀同是以如之得有三者也

祝反入徹設于西北隅如其設也几在南厞用席。

改設饌者不知鬼神之節改設之庶幾歆饗。所以爲厭飫也几在南變。古文明東面

不南面漸也厞隱也于厞隱之處從其幽闇【疏】祝反至用席○注改設至幽闇○釋曰祝反入謂送尸出門而反入徹神前之饌故設於西北隅也云如其設也者謂設于西北隅次第一如奧中東面設云几在南變古文者上文陰厭時設几席于室中東面右几今云几在南明其同必變文者案少牢大夫禮陽厭時南亦几在右此言右几嫌與大夫同南面而右几故變文云几在南與前在奧同故云明東面也又以特牲云祝筵几于室中東面至於改饌云佐食徹尸薦俎敦設于西北隅几在南是與此同也云不南面漸也者以特牲東面右几今虞為喪祭是向吉有漸故設几與吉祭同厞隱也于厞隱之處從其幽闇者謂以席為障使之隱故云厞隱從其幽闇也

祝薦席徹入于房祝自執其俎出

徹薦席者執事者祝薦席則初自房來【疏】祝薦至俎出○注徹薦至房來○釋曰云徹薦席者執事者祝之薦席設與徹不言其人知使執事者以其主人之士不言官者皆為之故也云祝薦席則初自房來者以其上文神席在西序下此祝經記俱不言今知自房來者見公食大夫記云筵出自房昬禮與士冠席皆亦在于房故比祝席亦自房來今還于房可知也

贊闔牖戶

鬼神尚居幽闇或者遠人乎贊佐食者【疏】贊闔牖戶○注鬼神至食者○釋曰云或者遠人者乎禮記郊特牲文此鄭玄之義非直取鬼神居幽闇或取遠人之意故也知是生人之意云贊佐食者自上以來行事唯有祝與佐食以其云祝自執其俎出故知闔牖戶者是佐食也

主人降賓出

宗人詔主人降賓則出廟門

主人出門哭止皆復位

門外未入位【疏】注門外未入位○釋曰知是門外位者以經云出門乃更云皆復位明門外未入位可知

宗人告事畢賓出主人送拜稽顙

送拜者明于大門外也賓執事者皆去即徹室中之饌者兄弟也【疏】宗人至稽顙○注送拜至弟也○釋曰云送拜者明于大門外也者以其上文云復位是殯門外未出大門此云送拜是大門外送拜可知知徹室中之饌者兄弟者賓即執事而云賓出則室中無執事之人唯有兄弟故徹室中之饌者兄弟可知也

記

虞沐。浴。不。櫛。沐浴者將祭自絜清不櫛未在於飾也唯三年之喪不櫛期以下櫛可也今文曰沐浴【疏】記虞沐浴至不櫛〇注沐浴至沐浴〇釋曰云唯三年之喪不櫛期以下櫛可也者經云不據三年爲主案下文班祔而明期以下虞而。沐。浴櫛可也陳牲于廟門外北首西上寢右言牲腊在其中西上變吉寢右者當升左胖也腊用棜檀弓曰既反哭主人與有司視虞牲【疏】陳牲至寢右〇注言牲至虞牲〇釋曰知腊在牲中者士虞唯有一家而云西上明知兼免腊得云西上也云西上變吉者案少牢二牲東上是吉祭東上今此西上是變吉也云寢右者當升左胖也知者若然特牲腊在東置於棜東首牲在西尚右今虞禮反吉故寢右升左胖知腊用棜者按特牲陳鼎於門外北面北上棜在南南順實獸于其上東首是也引檀弓者證虞時。有牲之事虞日中而行事朝葬日中而虞君子舉事必用辰正也再虞三虞皆。質明【疏】日中而行事〇注朝葬至質明〇釋曰云辰正者謂朝夕日中也以朝有葬事故。至日中而行虞事也云再虞三虞皆質明者以朝無葬事故皆質明而行虞事是用朝之辰正也殺于廟門西主人不視豚解主人視牲不視殺凡爲喪事略也豚解解前後脛脊脅而已孰乃體解升於鼎也今文無廟【疏】殺于至豚解〇注主人至無廟〇釋曰云主人視牲不視殺凡爲喪事略也者案特牲饋食禮宗人告濯具賓出主人出皆復外位鄭云爲視牲也又曰告事畢賓出主人拜送夙與主人服如初立于門外東方南面視側殺然則特牲吉祭故主人視牲又視殺今虞爲喪事故主人視牲不視殺是其略也凡者衆辭但此經與特牲饋食不同者皆爲喪事略故云凡以廣之豚解解前後脛脊脅而已孰乃體解升於鼎也者體解下文七體是也羹飪升左肩臂臑肫骼脊脅離肺膚祭三取諸左膉上肺祭一實于上鼎肉謂之羹飪孰也脊脅正脊正脅也喪祭略七體耳離肺舉肺也少牢饋食禮曰舉肺一長終肺祭肺三皆刌膉脰肉也古文曰左股上此字從肉殳。殳。矛之殳。聲【疏】羹飪至上鼎〇注肉謂至殳聲〇釋曰肉謂之羹爾雅釋器文飪孰釋言文云脊脅正脊正脅也者案特牲注云不貶正脊不奪正也然則此爲喪祭體數雖略亦不奪正故知脊脅正脊正脅也云喪祭略七體耳者案特牲尸俎右肩臂臑肫胳正脊二骨橫脊長脅二骨短脅注云士之正祭禮九體貶於大夫有併骨二亦得十一之名合少牢之體數此所謂放而不致者然則此所升唯七體故云喪祭略七體耳云離肺舉肺也者案特牲注云離猶掔也小而長午割之亦不提心謂之舉肺是也引少牢饋食禮者證離肺舉肺之異也云脀脡肉也者案少牢云雍人倫膚九實于一鼎注云倫擇也膚脅革肉擇之取。美者案下注今以脡肉貶於。純吉則此用脀爲貶於純吉之事也云古文曰左股上此字從。肉殳殳矛之殳聲者鄭注儀禮疊古文從經今文又說古文解之者鄭欲兩從故也但字從肉義可知而以殳與股不是。形。人之類其理未審

升魚鱄鮒九實于中鼎差減之

【疏】升魚至中鼎○注差減之○釋曰差減之者案特牲魚十有五今爲喪祭略而用九故云差減之也

升腊左胖髀不升實于下鼎腊七亦體牲之類

【疏】升腊至下鼎○注腊七亦體牲之類○釋曰云腊亦七體牲之類者。牲上文升左肩臂臑肫胳脊脅是牲之七體今升腊左胖亦然特牲記云腊如牲骨是也

皆設扃鼏陳之嫌既陳乃設扃鼏也今文扃作鉉古文鼏作密

【疏】皆設扃鼏陳之○注嫌既至作密○釋曰云嫌既陳乃設扃鼏也者經云陳三鼎後言設扃鼏有嫌故記人辨之皆先扃鼏後陳之也

載猶進柢魚進鬐猶猶士喪既夕言未可以吉也柢本也鬐脊也今文柢爲。胝古文鬐爲耆

【疏】載猶至進鬐○注猶猶至爲耆○釋曰鬐柢二者皆變於吉是以少牢云下利。升豕其載如羊皆進下注云變於。食也又曰腊一純而俎亦進下又曰魚用鮒十有五而俎縮載右首進腴注云亦變於食生也是皆。與此反矣是變於吉也云猶猶士喪既夕言未可以吉也者云與吉反則明與生人同士喪禮小斂云皆。覆進柢注云柢本也進本者未異於生也至大斂載魚左首進鬐腊進柢鄭注云亦未異於生也又葬奠云如初皆未異於生故記人以猶之是以鄉飲酒鄉射記皆云右體進

腠是也
祝俎髀脰脊脅離肺陳于階閒敦東不升於鼎賤也統於敦明神惠也祭以離肺下尸疏祝俎至敦東○
注不升至下尸○釋曰云不升於鼎賤也者祝對上尸俎羹飪升於鼎爲貴者也云統於敦明神惠也者案上文饌黍稷二敦於階閒西上是神之黍稷今陳
祝饌于神饌之東統于神物明惠由神也云祭以離肺下尸者以其尸祭用刌肺祝不用刌肺用離肺故云下尸也淳尸盥執槃西面執
匜東面執巾在其北東面宗人授巾南面槃以盛棄水爲淺汙人也執巾不授巾卑也疏淳尸至南面○注槃
以至卑也○釋曰上經直云淳尸盥宗人授巾不云執槃與執匜執巾及宗人授巾等面位故記人明之主人在室則宗人升戶外
北面當詔主人室事疏主人至北面○注當詔主人室事○釋曰上經唯言宗人告有司具及詔主人踊皆堂下之事今主人入室宗人當升戶外詔
主人室中之事故升堂也佐食無事則出戶負依南面室中尊不空立戶牖之閒謂之依疏佐食至南面○注至中至之依
○釋曰云戶牖之閒謂之扆此爾雅文謂戶西南面也鉶芼用苦若薇有滑夏用葵冬用荁。有柶苦苦荼也荁堇
類也乾則滑夏秋用生葵冬春用乾荁古文苦爲。枯今文或作。芐疏鉶芼至有柶○注苦苦至作芐○釋曰案公食記三牲具則牛藿羊苦豕薇各用其
一若一牲者容兼用其二是以及特牲一豕皆云鉶芼苦薇是科用其一也知荁堇類者內則云堇荁枌榆同爲滑物故知荁堇類也云乾則滑者以其冬用
之故知乾則滑于堇也云夏秋用生葵冬春用乾荁者以其秋與夏同有生葵春初未生者故春約與冬同是以經直云冬明舉夏以兼秋舉冬以兼春也
豆實葵菹菹以西蠃醢籩棗烝栗擇棗烝栗擇則菹刌也棗烝栗擇則豆不。揭籩有。籐也疏豆實至栗擇○注棗烝至
籐也○釋曰云棗烝栗擇則菹刌也棗烝栗擇則豆不。揭籩有。籐也者此雖無正文案士喪禮大斂云。毼豆兩其實葵菹芋蠃醢兩籩無籐布巾其實栗不擇

脯四脡自大斂後皆云如初則葬奠四豆脾析葵菹亦長矣四籩棗糗栗脯亦不擇也至此乃云棗烝栗擇則菹亦切矣豆籩有飾可知尸入祝。從尸祝在主人前也嫌如初時主人倚杖入祝從之初時主人之心尚若親存宜自親之今既接神祝當詔侑尸也疏尸入祝從尸○注祝在至尸也○釋曰上經陰厭時主人先祝入戶至此迎尸祝在主人前先後有異故記人明之是以鄭云祝在主人前也嫌如初時主人倚杖入祝從之也云今既接神祝當詔侑尸也者尸神象是以云既接神祝當詔侑尸即上祝命佐食爾敦舉黍稷及祝酌授尸及祝出告利成祝入尸謖之等是也尸坐不說屨侍神不敢燕惰也。今。文。說。爲。稅疏尸坐不說屨○注侍神至爲稅○釋曰案鄉飲酒燕禮之等凡坐降說屨乃升坐今尸雖坐不說屨者爲侍神不敢燕惰故也

儀禮疏卷第四十二

儀禮注疏卷四十二校勘記　阮元撰盧宣旬摘錄

士虞禮第十四

虞安也　安上集釋楊氏俱有猶字按釋文有猶字李楊自據釋文勿以改疏

士既葬父母　通解要義同毛本楊氏葬下有其字○按此其字與下句而字亦俱見釋文

日中祭　要義楊氏同毛本通解中下有而字

小戴第十五　當作第八第十五乃聘禮

士虞禮

其云饋者　者陳閩俱作也

側亨于廟門外之右

云側亨亨一胖也　毛本胖誤作判

云是日也至喪祭　毛本作云是日也以虞易奠祔而以吉祭易喪祭通解與毛本同

尊兩甒於廟門外之右少南　南下陳閩通解俱有水尊在酒西五字

則鼎鑊亦在門左　要義同毛本此下更有以此知卒哭對虞爲吉祭也十一字通解同

明日以其班祔沐浴又云要義同毛本無沐浴又云四字有用專膚爲折俎取諸脛骼十字通解同

魚腊爨亞之

故王孫賈問孔子曰問下要義有於字

素几葦席

每燾一几陳閩通解要義同毛本燾作敦○按周禮司几筵作每敦一几鄭注敦讀曰燾卽改爲燾字此正義例也

饌兩豆菹醢于西楹之東

又左菹右醢陳閩通解同毛本菹作俎按菹是也

匜水錯于槃中○簞巾在其東巾唐石經徐本釋文集釋楊敷俱作巾通解毛本作布石經考文提要云特牲少牢皆有簞巾

陳三鼎于門外之右

今文扃爲鉉爲釋文要義俱作作

七俎在西塾之西

在内西塾上此句下而在塾上四字毛本通解無

主人及兄弟如葬服○皆卽位于門外外下通典有之左二字

卒去無時之哭陳本通解要義同毛本去作云

則依其喪服陳本通解要義同毛本依作作

卽此經賓執事者弔服是也要義同毛本是作士

取於大功以下要義同毛本通解取上有則字○按此本誤脫曾子問有則字

祝免澡葛経帶

祝所親也祝閩監葛本俱誤作祀

然則士之屬官浦鏜云吏誤官從雜記疏校盧文弨云疏作吏○按上節疏引此注作官

宗人告有司具

朝夕哭祭時毛本通解無祭字

主人卽位于堂

乃反哭入門升自西階徐本集釋通解楊敖同毛本門作則浦鏜云既夕經無此字

此則異於朝夕徐本楊敖同毛本通解無此則二字

贊薦菹醢

衰斬之服徐本集釋通解同通典要義楊氏毛本衰俱作齊按疏作齊

佐食及執事盥出

西方位也徐本集釋楊敷同毛本通解西上有在字

主人再拜稽首

復位復主人之左此注徐本通典集釋楊敷俱在稽首下與單疏標目合通解與毛本同按通解截經文復位以上爲設饌節主人再拜以下爲饗神節遂移此注于復位下

祝從在左毛本左下有右字通解誤作左屬下句

祝饗

告神饗徐本集釋楊氏同通解毛本饗下有也字

下至適爾皇祖某甫尚饗徐本集釋楊氏同毛本通解無尚字

佐食許諾

如今擐衣也擐釋文作擐云音宣手發衣曰擐又作擐音患古患反要義載注及疏亦俱作擐

當有主象而無何乎徐本集釋要義楊氏同毛本通解何作可

按上文祝取苴降洗設于几東者　要義同毛本洗作席按洗是也

祝迎尸一人衰經奉篚　陸氏曰篚本亦作筐

心無所繫　徐本集釋通解楊敖同毛本心作公○按儀禮圖亦作心

無從尸之理　陳閩通解要義同毛本理作禮

尸及階

如出戶　毛本戶誤作尸

云如升者　毛本通解如作以

從者錯篚于尸左

象特牲肵俎肵俎置于席北　肵俎二字毛本通解不重出

尸取奠左執之

隋之猶言隋下也　猶言二字集釋倒張氏曰按釋文云猶隳則言字當在猶字上墮下之隋當作隳今本以隋解隋其誤不待辨從釋文識誤校云隋古通用隋周禮守祧之文可證卽儀禮中亦皆作隋故注以隋解之若隳乃隋之俗體耳注文當作隋之言猶隋張氏不知上隋字與經並應為隋而改下隋字以從俗疏矣○按儀禮內隋祭之隋或作隋或作隋諸本不能畫一說文隋裂肉也唐韻徒果切此字惟周禮有之他經罕見自

隋以來借爲隨字而本音本義亡矣此注以隋下釋隋祭世遂以隋代隋閉有作隋者據周禮正之也

旣祭藏其隋通解要義同毛本祭下有則字按周禮有則字

謂此隋祭一也此要義作比

不從綏與羞之意也通解同毛本意作義

隋與挼讀同耳陳本通解要義同毛本挼作綏按挼是也

佐食舉肺脊授尸

祝命爾敦楊氏同毛本通解爾作邇下同

尸祭鉶嘗鉶

冬用荁閩監同毛本陳本通解荁俱作苴○按記文是荁字

尸飯播餘于篚

飯黍毋以箸陳本通解要義同毛本箸作著○按說文有箸無著

證播飯去手爲放飯通解要義同毛本播作搏

三飯

飯門昭肉安食氣　毛本門作聞張氏曰監巾箱杭本聞作門從諸本

主人洗廢爵

古文酳作酌　錢大昕曰說文無酳字說文酌少少飲也音與酳同學者多聞酌少聞酳故注文譌爲酌釋文於酌無音蓋陸所見本已譌爲酌矣

與此面相反　毛本通解此作北

賓長以肝從

從實肝炙於俎也　從通解敖氏俱作縮

喪祭進柢　柢嚴本敖氏俱从手似誤

尸左執爵

祝不敢與尸同加於菹豆　毛本菹誤作俎

加于俎　通解同毛本于作與

祝酌授尸尸以錯主人　陸氏曰醋本亦作酢

主人坐祭

解先得獻之事毛本通解先得作得先

主人獻祝

獻祝因反西面位面徐本集釋楊氏俱作面與此本標目合通解毛本作南周學健云上主人倚杖入西面是其西面位也

主人拜受角毛本通解角下有尸拜送主人退六字此本無

主人酌獻佐食

約同薦車設遷奠之等也通解同毛本遷奠作薦奠閩本誤作薦尊

乃東西面立者毛本通解無西字

主婦洗足爵于房中

尸拜受爵尸陳閩俱作及

自反兩籩棗栗

設于敦南此此通解楊氏俱作此屬下句毛本作北

賓長洗繶爵

口足之間有篆篆下通典有文字是也

婦人復位

卽面位也要義同毛本通解卽下有西字

祝出尸

以處主人東面以字下陳閩通解俱有其字面陳閩俱無

故祝西面對而告之面閩本作南

祝入尸謖

謖起也祝入而無事上三字毛本俱脫徐本通典集釋楊氏俱有與單疏標目合通解無按通解載釋文於注前已有此三字遂刪

注首

祝前尸出戶

尸入戶誦如初陳閩通解要義同毛本戶作尸○按戶是也

祝反入

庶幾歆饗毛本饗作響徐陳閩葛集釋通解俱作饗

變古文明東面古通典集釋俱作右張氏曰疏云上文設几席于室中東面右几今云几在南明其同必變文者少牢大夫禮亦几在南

此言右几嫌與大夫同予以爲鄭氏稱作經者變上右几之文而已未必及大夫也然古必作右從疏盧文弨校引方云古乃吉之譌文乃又之譌○按張說與通典合方說恐非

變古文者 古要義作右按右字是

今云几在南 要義楊氏同毛本通解云作文按識誤引疏亦作云

陽厭時南 要義同通解楊氏毛本南下有面字

祝薦席徹

以其主人之士 毛本通解士作事

今還于房可知也 毛本通解于作與

贊闔牖戶

鬼神尚居幽闇 通典無居字

或者遠人乎 張氏曰疏者作諸特牲饋食禮注亦曰或諸遠人乎從疏

云或者遠人者乎 上者字要義作諸與識誤合毛本者乎作乎者

知是生人之意 要義同通解毛本無

主人出門哭止 止上通典有者字

宗人告事畢

未出大門 陳閩通解楊氏同毛本大作入監本作人俱誤

記虞沐浴不櫛 敖氏無沐字云本云沐浴而鄭注乃云今文曰沐浴則是鄭氏但從古文元無沐字也毛本記與注首皆云沐浴蓋傳寫者誤衍之盧文弨云沐浴當倒爲浴沐疏云期以下虞而浴沐櫛可證蓋浴而沐沐而櫛櫛而搔翦其次第如是後人見經書多言沐浴遂誤易之耳○許宗彥云今文曰沐浴蓋無不櫛二字異于古文耳觀後經文沐浴櫛搔揃注曰今文曰沐浴搔揃對勘自明矣蓋後注言今文無櫛字此注言今文無不櫛二字以後證前毫無可疑諸校者皆誤

虞而沐浴櫛可也 陳本要義同毛沐浴作浴沐

陳牲于廟門外

證虞時有牲之事 陳閩要義同毛本有作右

日中而行事

再虞三虞皆質明 毛本質誤作執疏同

故至日中而行虞事也 要義同毛本通解至作云

羹飪

此字從肉殳殳矛之殳聲 徐本集釋字上俱有此字與疏合肉下俱無從字○與單疏述注合毛本通解無此字肉下有從字○

按此句當云此字從肉殳聲復於殳下加殳矛之殳四字乃注中之注也後人連讀更衍一從字則聲字如贅旒然

擇之取美者 通解同毛本美作羹○按美字是也

貶於純吉 毛本純作肫浦鏜云純誤肫

此字從肉殳 毛本肉下有從字

不是形人之類 是閩本誤作足人一本改作聲按說文股從肉殳聲與鄭注合賈氏於偏傍之學甚疏

升腊左胖

牲上文升左肩臂臑肫胳脊脅 要義同毛本無牲字

載猶進柢

今文柢爲胝 徐本釋文集釋同毛本胝作眡通解作眡亦誤

下利升豕 通解同毛本升作生○按少牢是升字生字誤

變於食也 毛本通解食下有生字按當有生字

是皆與此反矣通解同毛本與作於

皆覆進柢通解要義同毛本覆作復

祝俎髀脰脊脅離肺脰唐石經初刻作豆後加月

鉶芼○冬用荁荁徐本作苴誤注同

古文苦爲枯陸氏曰劉本作枯○按劉本疑作姑姑枯古通用易大過枯楊鄭以爲無姑山榆

今文或作苄作釋文作爲苄嚴本毛本作苄徐本釋文並作苄閩葛俱作苄

豆實葵菹

則豆不揭毛本揭作毼嚴陳監本釋文集釋通解俱作楬與單疏述注合徐本楊氏俱作揭閩葛俱作毼陸氏曰楬本又作毼

籩有籘也籘嚴本集釋俱作籘與單疏述注合毛本作縢徐陳閩葛監本通解俱作籘楊氏作藤俱誤

則豆不揭陳閩監本俱作楬毛本作毼

籩有籘也籘陳閩監本作籘毛本作縢下同

毼豆兩陳閩監本通解同毛本毼作楬○按士喪禮作毼

尸入祝從尸瞿中溶云祝唐石經原刻作執

尸坐不說屨

侍神不敢燕惰也今文說爲稅下六字徐本集釋通解俱有與單疏標目合楊氏無按毛本脫也字以今文說爲稅五字誤爲釋文

儀禮注疏卷四十二校勘記

儀禮疏卷第四十三

唐朝散大夫行大學博士弘文館學士臣賈公彥等撰

尸謖祝前鄉尸前道也祝道尸必先鄉之爲之節【疏】尸謖祝前鄉尸○注前道至之節○釋曰此記尸謖之時祝前尸之儀也云必先鄉之爲之節者言必先面鄉尸者爲之節度也

還出戶又鄉尸還過主人又鄉尸還降階又鄉尸過主人則西階上不言及階明主人見尸有踧踖之敬【疏】還出至鄉尸○注過主至之敬○釋曰過主人則西階上不言及階明主人見尸有踧踖之敬者以其經出戶降階及門皆指物而言主人者欲見階上不言西階而言主人者欲見主人見尸有踧踖之敬故沒去階名而云主人也

降階還及門如出戶及至也言還至門明其閑無節也降階如升時將出門如出戶時皆還鄉尸也每將還必有辟退之容凡前尸之禮儀在此【疏】降階至出戶○注及至至在此○釋曰言還至門明其閑無節也者以經自階已前皆不言及從階到門言及者以其自階到門其中道遠故特言及以殊之是以鄭云不言還至門明其閑無節謂無還鄉尸之節也云降階如升時將出門如出戶時皆還鄉尸也經直云及門如出戶雖不言降階如升時以將出門如出戶明降階如升時故鄭約出門以明降階也云皆還鄉尸者欲見經還者皆還鄉尸也謂鄉尸乃前道也云每將還必有辟退之容者辟退卽逡巡謙讓之容貌也云凡前尸之禮儀在此者以儀禮一部所云前尸之禮儀在此經爲具悉者

尸出祝反入門左北面復位然後宗人詔降【疏】尸出至詔降○釋曰尸出祝反入門左北面復位者謂祝旣送尸出反入門復位復上文祝入門左北面位故云復位也云然後宗人詔降者謂祝復位宗人乃詔告主人降以其無事故也

尸服卒者之上服上服者如特牲士玄端也不以爵弁服爲上者祭於君之服非所以自配鬼神士之

妻則宵衣耳[疏]尸服卒者之上服○注上服至衣耳○釋曰上經直見主人服不見尸服故記人明之云主服對深衣在下玄端者案特牲經筮日云主

人冠玄端至祭日夙興主人服如初是士之正祭服玄端即是卒者生時所著之祭服故尸還服之云不以爵弁服爲上者祭於君之服非所以自配鬼神者

案曾子問孔子曰尸弁冕而出卿大夫士皆下之注云爲君尸或弁者先祖或有爲大夫士者彼君之先祖爲士尸服爵弁不服玄端。者子孫爲諸侯。先。祖。尸

在。中。故先祖爲士者尸還服助祭於君之服也云士之妻則宵衣耳者以其經直云尸不辨男女士虞既男女別尸明經云尸可以兼男女故鄭并云士之妻

也案特牲正祭主婦著纚笄宵衣明女尸亦宵衣可知

男男尸女女尸必使異姓不使賤者

異姓婦也賤者謂庶孫之妾也尸配尊者必使適也[疏]男男至賤者○注異姓至適也○釋曰虞卒哭之祭男女別尸故男女別言之也云異姓婦也者以男無異姓之禮故也知經

云必使異姓者據與婦爲尸者也不使同。姓與婦爲尸者尸須得孫列者孫與祖爲尸孫婦還與夫之祖姑爲尸故不得使同姓女爲尸也云賤者謂庶孫之

妾也尸配尊者必使適也者男尸先使適孫無適孫乃使庶孫女尸先使適孫妻無適孫妻使適孫妾又無妾乃使庶孫妻即不得使庶孫妾以庶孫之妾是

賤之極者若然庶孫妻亦容用之而鄭云必使適也者據經不使賤有適孫妻則先用適而言其實容用庶孫妻法也必知。無。容用庶孫者以曾子問孔子曰

祭成喪者必有尸尸必以孫孫幼使人抱之無孫則取于同姓可也彼不言適是容無適而用庶此經男女別尸據虞祭而言至卒哭已後自。禫已前喪中之

祭皆男女別尸知者案司几筵云每敦一几鄭注云雖合葬及同時在殯皆異几體實不同祭於廟同。几精氣合少牢吉祭云某妃配是男女共尸篇末云是

月也吉祭猶未配注云是月是禫月也當四時之祭月則祭猶未以某妃配某氏哀未忘也則引少牢吉祭妃配之事爲證明禫月不當四時祭月則不云某

妃配配則共尸可知

無尸則禮及薦饌皆如初

無尸謂無孫列可使者也殤亦是也禮謂衣服即位升降[疏]無尸至如初○注無

尸至升降○釋曰自此盡詔降如初論喪祭無尸之事云無尸謂無孫列可使者知謂無孫○列者禮記云無孫則取同姓之適則大夫士祭先取孫無孫列取同姓之適是有孫列可使復無同姓之適是無孫列可使者也云殤亦是也者禮記曾子問云祭成喪者必有尸明殤死無尸可知曾子問又云宗子直有陰厭庶殤直有陽厭是無尸也云禮謂衣服卽位升降者雖無尸主人亦如葬所服卽位於西序及升降與有尸相似

既饗祭于苴

【疏】既饗祭于苴○釋曰云既饗者正謂祝釋饗神辭告之使令祔之安之釋饗訖佐食取黍稷祭于苴

祝祝卒記異者之節

【疏】祝祝卒○注記異者之節○釋曰云記異者謂記無尸者異於有尸何者有尸祝釋孝子辭釋辭訖爲祝祝卒別有迎尸尸已後饗之事今無尸者祝祝卒饗神訖無迎尸尸已後之事故下文云不綏祭之等是記異者之節也

不綏祭無泰羹湆胾從獻不綏言獻記終始也事尸之禮始於綏祭終於從獻綏當爲墮

【疏】不綏至從獻○注不綏至爲墮○釋曰此四事皆爲尸是以上文有尸者云迎尸而入祝命佐食綏祭又泰羹湆自門入設于鉶南胾四豆設于左又尸食之後主人獻之後賓長以肝從主婦亞獻賓長以燔從賓長獻後亦如之無尸闕此四事自羹已下三事皆蒙無字解之也云不綏言獻記終始也者以見經無尸具陳四事凡祭禮以獻爲終舉終以見始亦得爲義今不但言獻記其終始具言四事者欲明始於綏祭終於從獻故鄭卽云事尸之禮始於綏祭終於從獻者故具言之云綏當爲墮者周禮守祧職云既祭藏其墮字爲正取減爲義

主人哭出復位於祝祝卒

【疏】注主人哭出復位○注於祝祝卒○釋曰謂祝祝卒無尸可迎既無上四事主人遂卽哭出復戶外東面位也

祝闔牖戶降復位于門西門西北面位也

【疏】祝闔至門西○注門西北面位也○釋曰鄭此及下注皆云復位者門西北面位者據上文尸出祝反入門左北面復位也

男女拾踊三拾更也三更踊

【疏】男女拾踊三○注拾更也三更踊○釋曰凡言更踊者主人踊主婦踊賓乃踊三者三爲拾也

如食閒隱之如尸一食九飯之頃也

【疏】如食

閉○注隱之至頭也○釋曰隱之者謂闔牖戶也九飯之頭時節也

祝升止哭聲三啓戶聲者噫歆也將啓戶。警覺神也今文啓爲開

疏祝升至啓戶○注聲者至爲開○釋曰云聲者噫歆也者若曲禮云將上堂聲必揚故云將啓戶警覺神也

主人入親之

疏主人入○注親之○釋曰云親之者啓牖。鄉是。親之事主人無事而入者是主人親至神所恭敬之事也

祝從啓牖鄉如初牖先闔後啓扇在內也鄉牖。一名也如初者主人入祝從在左

疏注牖先至在左○釋曰云牖先闔後啓扇在內也者見上文闔牖戶闔時牖先言此經上云主人入祝從乃言啓牖是戶先開乃啓牖故須。解之扇在內也云鄉牖一名也者案詩云塞鄉墐戶注云鄉北出牖也與此注不同者語異義同北牖名鄉鄉亦是牖故云牖一名也云如初者主人入祝從入在左者鄭以經如初之文在牖。鄉之下恐人以爲啓牖鄉如初上既無啓牖鄉之事明據主人與祝位如初也

主人哭出復位堂上位也

疏主人哭出復位○注堂上位也○釋曰案下文云宗人詔降如初注云詔主人降之乃降堂明此復位者復堂上東面位也

卒徹祝佐食降復位。祝復門西北面位佐食復西方位不復設西北隅者重閉牖戶褻也

疏注祝復至褻也○釋曰鄭知祝與佐食位如此者見上經云主人卽位于堂衆主人及兄弟賓卽位于西方佐食卽賓也故知佐食言復位復西方可知知祝復位復門西北面位者上經祝入門左北面注不與執事同位接神尊也明此祝復位復門西北面位可知云不復設西北隅者重閉牖戶褻也者上經有尸者有陰厭有陽厭無闔牖戶之事今無尸者陰厭時闔牖戶今更設饌於西北隅復更闔牖戶爲褻瀆故不爲也

宗人詔降如初初贊闔牖戶宗人詔主人降之

疏宗人詔降如初○注初贊至降之○釋曰此降謂禮畢降堂也上經云贊闔牖戶主人降賓出注云宗人詔主人降彼謂降堂故鄭知此云如初亦如上經詔降也

始虞用柔日葬之日日中虞欲安之柔日陰。陰取其靜

疏始虞用柔日○注葬之至其靜○釋曰自此下盡哀薦成事論初虞二虞三虞卒哭明三者之祭饗神辭

及用日不同之事云葬之日日中者上文云日中行事是也葬用丁亥是柔日葬始虞用日中故云始虞用柔日也曰哀子某哀顯相夙興夜處不寧曰辭也祝祝之辭也喪祭稱哀顯相助祭者也顯明也相助也詩云於穆清廟肅雍顯相不寧悲思不安敢用絜牲剛鬣敢。昧。冒之辭豕曰剛鬣疏注敢昧至剛鬣○釋曰敢昧冒之辭者凡言敢者皆是以卑觸尊不自明之意故云昧冒之辭云豕曰剛鬣者下曲禮文

香合。黍也大夫士於黍稷之號合言普淖而已此言香合蓋記者誤。耳辭次黍又不得在薦上疏香合○注黍也至薦上○釋曰案下曲禮云黍曰香合粱曰香萁。稷曰明粢是也云大夫士於黍稷之號合言普淖而已此言香合蓋記者誤耳者曲禮所云黍稷別號者是人君法特牲少牢黍稷合言普淖此別號黍爲香合下特號稷爲普淖故知記誤也云辭次黍又不得在薦上者依設薦法先設菹醢次設俎後設黍稷今黍在嘉薦之上此亦記者之誤故鄭非之也若然俎在後今絜牲在黍上者祭以。牲爲主故先言非設時在前也嘉薦普淖嘉薦菹醢也普淖黍稷也普大也淖和也德能大和乃有黍稷故以爲號云疏嘉薦普淖○注嘉薦至號云○釋曰言故以爲號云者鄭以意解之無正文故言云以疑之

明齊溲酒明齊新水也言以新水溲釀此酒也郊特牲曰明水涗齊貴新也或曰當爲明視爲兔腊也今文曰明粢粢稷也皆非其次今文溲爲醙疏明齊溲酒○○注明齊至爲醙○○釋曰云言以新水溲釀此酒也者鄭以溲水邊爲之與縮字義異謂以新水漬。麴乃溲釀此酒又引郊特牲明水涗齊貴新也者彼注云涗猶清也五齊濁泲之使清謂之涗齊及取明水皆貴新也據彼注明水則周禮司烜氏所取月中之水與此明齊新水別鄭引之者彼此雖異引之直取新義。是同故引爲證非謂爲一物也云或曰當爲明視謂兔腊也者士祭有兔腊是故或有人作如此說云今文曰明粢粢稷也皆非其次者若以明齊當爲明視作兔腊解者應在上。與牲爲次何因退在下今文又爲稷解者上已云普淖兼黍稷何用又見稷也故知二者皆非其次也若然特牲少牢無腊號以小物略之哀薦祫事

始虞謂之祫事者主欲。其。祫先祖也以與先祖合為安今文曰。古事【疏】哀薦祫事者○注始虞至古事○釋曰云虞謂之祫事者主欲其祫先祖也者案公羊
傳文二年云大祫者何合祭也合先。君之主於大廟故此鄭亦以祫為合而言但三虞卒哭後乃有祔祭始合先祖。始虞而。已言祫者鄭云以與先祖合為安
故下文云適爾皇祖某甫是始虞預言祫之意也 適爾皇祖某甫 爾女也女死者告之以適皇祖所以安之也皇君也某甫皇祖字也若言
尼甫 饗。勸強之也 再虞皆如初曰。哀薦虞事 丁日葬則己日再虞其祝辭異者一言耳【疏】注丁日至言耳○釋曰己日再虞者
以其後虞用剛日初虞再虞皆用柔日始虞用丁日隔戊日故知再虞用己日云祝辭異者一言耳者一言或有一句為一言若論語云一言以蔽之曰思無
邪是也今此一言則一字為一言謂數一虞云祫再虞云虞三虞云成是也 三虞卒哭他用剛日亦如初曰哀薦成
事 當祔於祖廟為神安於此後虞改用剛日剛日陽也陽取其動也士則庚日三虞壬日卒哭其祝辭異者亦一言耳他謂不及時而葬者喪服小記曰報
葬者報虞。者三月而後卒哭然則虞卒哭之閒有祭事者亦用剛日其祭無名謂之。他者假設言之文不在卒哭上者以其非常也。令正者自相亞也檀弓曰
葬日中而虞弗忍一日離也是日也以虞易奠卒哭。曰成事是日也以吉祭易喪祭明日祔於祖父如是虞為喪祭卒哭為吉祭今文他為它【疏】三虞至成
事○注當祔至為宅○釋曰鄭云當祔於祖廟為神安於此者。卻解初虞再虞稱祫稱虞之意今三虞改用剛日將祔於祖取其動義故也云士則庚日三虞
壬日卒哭者以其己日為再虞後改用剛日故次取庚日為。三虞也卒哭亦用剛日故庚日後。降辛日取壬日為卒哭云祝辭異者亦一言耳者改虞為成是
一言也云他謂不及時而葬者謂有故及家貧不及三月因三日殯日即葬於國北引喪服小記者彼鄭注云報讀為赴疾之赴謂不待三。月因殯日虞所以
安神以送形而往迎魂而反而須安之故疾虞三。月而後卒哭者謂卒去無時之哭鄭云卒哭待哀殺故至三月待尋常葬後乃為卒哭。祭云然則虞卒哭之

閉有祭事者亦用剛日者以虞卒哭已是剛日他祭在後故亦用剛日也云其祭無名謂之他者謂虞卒哭祔祥皆有名此則無名故謂之他云文不在卒哭上者此他祭在卒哭上今退在卒哭下者以其非常又非祭故也引檀弓者證卒哭辭稱成事之義但卒哭爲吉祭者喪中自相對若據二十八月後吉祭而言禫祭已前總爲喪祭也若然此經云三虞與卒哭哀薦成事明文而鄭注檀弓云卒哭而祭其辭蓋曰哀薦成事言蓋疑之者以鄭君以前有人解云三虞與卒哭同爲一事解之者鄭故疑卒哭之辭而云蓋也是以雜記云上大夫之虞也少牢卒哭成事祔皆大牢鄭注云卒哭成事祔言皆則卒哭成事祔與虞異矣是微破前人三虞與卒哭同解者也

獻畢未徹乃餞卒哭之祭既三獻也餞送行者之酒詩云出。宿于。濟飲餞于禰尸。旦將始祔于皇祖是以餞送之古文餞爲踐

疏獻畢未徹乃餞○注卒哭至爲踐○釋曰自此盡不脫帶論卒哭之祭未徹餞尸於寢門外之事鄭云卒哭之祭者案上文直云獻畢未徹乃餞不言卒哭鄭知是卒哭之祭者以其三虞無餞尸之事明旦祔於祖入廟乃有餞尸之禮故鄭據卒哭而言若然三虞不餞尸者以其三虞與卒哭同在寢祔則在廟以明旦當入廟以其易處鄉尊所故特有餞送尸之禮也引詩者彼。生人餞行人之禮爲行始此祭祀餞尸之禮亦鄉祖廟爲行始事雖異餞送飲酒是同故引爲證也知旦將始祔於皇祖者下云明日以其班祔鄭云卒哭之明日也是明日之旦也

尊兩甒于廟門外之右少南水尊在酒西勺北枋少南將有事於北有玄酒即吉也此在西尚凶也言水者喪質無鼏不久陳古文甒爲廡也

疏注少南至廡也○釋曰云少南將有事於北者正謂下文云尸出門右南面已下是也云有玄酒即吉也者以其虞祭用醴酒無玄酒至卒哭云如初則與虞祭同今至餞尸用玄酒。酒則尋常祭祀之酒非醴酒故云卽吉也云此在西尚凶也者以其吉祭祭尊在房。戶之閒至於虞祭尊在室是凶今卒哭餞尸尊在門西不在門東是尚凶故變於吉也

洗在尊東南水在洗東篚在西在門之左又少南

饌籩豆脯四脡

酒宜脯也文脡爲挺古有乾肉折俎二尹縮祭半尹在西塾乾肉牲體之脯也如今涼州烏翅矣折以爲俎實優尸也尹正也雖其折之必使正縮從也古文縮爲蹙疏注乾肉至爲蹙○釋曰云涼州烏翅者經云乾肉折俎則漢時乾脯似之故鄭以今曉古也尸出執几從席從祝入亦告利成入前尸尸乃出几席素几葦席也以几席從執事也疏尸出至席從○注祝入至事也○釋曰云祝入亦告利成入前尸尸乃出者雖餞行飲酒尸將起之時祝亦如虞祭告云利成尸乃餞以前尸也知几席素几葦席也者上經初虞云素几葦席在西席至及再虞三虞及卒哭皆如初不見更設几席之文明同初虞用素几葦席今卒哭祭末餞尸於門外明是卒哭之几席故知是素几葦席也尸出門右南面俟設席也疏尸出門右南面○注俟設席也○釋曰知俟設席者尸在門右南面在坐北立下即云設席之事明俟設席也席設于尊西北東面几在南賓出復位將入臨之位士喪禮賓繼兄弟北上門東北面西上門西北面東上西方東面北上主人出即位于門東少南婦人出即位于主人之北皆西面哭不止婦人出者重餞尸疏注婦人出者重餞尸○釋曰婦人有事自堂及房而已今出寢門之外故云重餞尸也尸即席坐唯主人不哭洗廢爵酌獻尸尸拜受主人拜送哭復位薦脯醢設俎于薦東胊在南胊脯及乾肉之屈也屈者在南變於吉疏尸即至在南○注胊脯至於吉○釋曰云主人拜送者案上祭云主人其拜特牲亦云拜送則拜送吉凶同也云屈者在南變於吉者案曲禮云以脯脩置者左胊右末鄭云屈中曰胊則吉時屈者在左今尸東面而云胊在南則是凶禮屈者在右末頭在左故云變於吉也尸左執爵取脯擩醢祭之佐食授嚌授乾肉之祭尸受振祭嚌反之祭酒卒爵奠于南方反之反於佐食佐食反之於俎尸奠爵禮

有終【疏】注反之至有終○釋曰鄭知反之反於佐食者經云佐食。授嚌尸受振祭嚌嚌訖而云反之明反。與佐食佐食乃反於俎可知也云尸奠爵禮有終者上經云三獻尸皆有酢今餕尸三獻皆不酢而奠之是爲禮有終謂若主人拜送賓不答拜亦是禮有終也主人及兄弟踊婦人亦如之主婦洗足爵亞獻如主人儀婦人踊如初賓長洗繶爵三獻如亞獻踊如初佐食取俎實于篚尸謖從者奉篚哭從之祝前哭者皆從及大門內踊如初男女從尸男由左女由右及至也從尸不出大門者。由廟門外無事尸之禮也古文謖作。休【疏】注男女至作休○釋曰鄭知男女從尸男由左女由右者約上文男子在南。婦。人在北。南爲左北爲右因從此位便故知男子由左婦人由右也云從尸不出大門者由廟門外無事尸之禮也者在廟以廟。爲限在寢門外以大門爲限正祭在廟廟門外無事尸之禮今餕尸在寢門外則大門外無事尸之禮故鄭舉正祭況之從尸不出大門外正取祭。比之故注云由廟門外無事尸之禮也尸出門哭者。止以。餞於外大門猶廟門【疏】尸出門哭者止○注以餞至廟門○釋曰鄭意所以尸出大門哭者便止○者正以餞於寢門以大門爲限似事尸在廟門爲限故鄭云大門猶廟門也賓出主人送拜稽顙送賓拜於大門外【疏】賓出至稽顙○注送賓至門外○釋曰上從尸不出大門者有事尸限故不出大門送之送賓於大門外自是常禮故云送賓拜于大門外但禮有終賓無答拜之禮也

主婦亦拜賓女賓也不言出不言送拜之於闈門之內闈門如今東西掖門【疏】主婦亦拜賓○注女賓至掖門○釋曰上主人送男賓故知此主婦拜女賓也云不言出。送。拜之於闈門之內者決上文男主拜男賓言出送此明主婦送女賓于門之內以其婦人送迎不出門見兄弟不踰閾故也云闈門如今東西掖門者案爾雅釋宮云宮中之門謂之闈則闈門在宮內漢時宮中掖門在東西若人左右掖故舉以爲況也丈夫說絰帶于

廟門外既卒哭當變麻受之以葛也夕日則服葛者為祔期今文說為稅疏丈夫至門外○注既卒至為稅○釋曰云既卒哭當變麻受之以葛也者喪服鄭注云大夫以上虞而受服士卒哭而受服士亦約此文而言也云夕日則服葛者為祔期者今日為卒哭祭明旦為祔前日之夕為祔祭之期變麻服葛是變重從輕明旦亦得變不要夕期之時變之夕時言變麻服葛者鄭云為祔期亦因祔期即變之使賓知變。節故也

入徹主人不與入徹者兄弟大功以下言主人不與則知丈夫婦人在其中古文與為豫疏入徹主人不與○注入徹至為豫○釋曰鄭知入徹是大功以下者見曾子問云士祭不足則取於兄弟大功以下者經云入徹主人不與明取大功小功緦麻之等入徹也云言主人不與則知丈夫婦人在其中者上文直言丈夫說絰不辨親疏下文婦人脫首絰不辨齊衰婦人此云入徹據大功以下則此文入徹主人不與之中丈夫婦人兼有可知以其平常祭時諸宰君婦廢徹不遲則凶祭丈夫婦人亦在但齊斬不與徹耳

婦人說首絰不說帶不說帶齊斬婦人帶不。變也婦人少變而重帶帶下體之上也大功小功者葛帶時亦不說者。未可以輕。文變於主婦之質至祔葛帶以即位檀弓曰婦人不葛帶疏婦人至說帶○注不說至葛帶○釋曰知齊斬。婦人帶不變也者案喪服小記云齊衰。帶惡笄以終喪鄭云有除無變舉齊衰則斬衰帶不變可知齊斬帶不變則大功以下變可知云婦人少變者以其男子既葬首絰腰帶俱變男子陽多變婦人既葬直變首絰不變帶故云少變也云而重帶帶下體之上也者對男子陽重。首在上體婦人陰重腰腰是下體以重下體故帶不變也云大功小功者葛帶者案大功章云布衰裳牡麻絰纓布帶三月受以小功衰即葛九月者又案小功章云布衰裳澡麻帶絰五月者二者章內皆男女俱陳明大功小功婦人皆葛帶可知云時亦不說者未可以輕文變於主婦之質者變是文不變是質不可以大功以下輕服之文變主婦重服之質故經直見主婦不見大功以下也云至祔葛帶以即位者此鄭解大功以下雖。夕時未變麻服葛至祔日亦當葛帶即位也知大功以下夕時未變麻服葛者以其與

主婦同在廟門外主婦不變大功以下亦不變若然夕時不變夕後入室可以變故至祔旦以葛帶即位也引檀弓者亦證齊衰婦人不葛帶之事無尸則不餞猶出几席設如初拾踊三。以餞尸者本爲送神也丈夫婦人亦從几席而出古文席爲筵疏無尸至踊三○注以餞至爲筵○釋曰自此至賓出論卒哭祭無尸可餞之事云几席設如初者雖無尸送神不異故云如初故鄭云餞尸者本爲送神也云丈夫婦人亦從几席而出者以其云出几席設如初即云拾踊三明在門外有尸行禮之處即如丈夫婦人從几席出可知言亦者亦餞尸之時也哭。止。告。事。畢。賓。出。死三日而殯三月而葬遂卒哭謂士也雜記曰大夫三月而葬五月而卒哭諸侯五月而葬七月而卒哭此記更從死起異人之閒其義或殊疏死三至卒哭○注謂士至或殊○釋曰自此盡他辭一也論記人所記其義或殊是以更有此文也云遂卒哭不言三虞者是記人略言之注云謂士也者以其此篇是士虞故知三日三月據士而說引雜記者見大夫已上與士異者以其王制大夫士同有三日而殯三月而葬之文雜記云大夫亦同三月而葬卒哭則士云三月大夫五月卒哭之月不同者曲禮云生與來日死與往日。鄭。云。與。猶。數。也。生。數。來。日。謂。成。服。杖。以。死。來。日。數。也。死。數。往。日。謂殯斂以死日數也大夫以上皆以來日數若然士云三日殯三月葬皆通死日死月數大夫以上殯葬皆除死日死月數是以士之卒哭得葬之三月內大夫三月葬除死月通死月則四月大夫有五虞卒哭在五月諸侯已上以義可知云此記更從死起異人之閒其義或殊者上已論虞卒哭此記更從始死記之明非上記人是異人之閒其辭或殊更見記之事其實義亦不異前記也將旦而祔則薦薦謂卒哭之祭疏將旦而祔則薦○注薦謂卒哭之祭○釋曰謂卒哭之祭日將旦而祔則薦薦謂卒哭之祭云祔則薦者記人見卒哭之祭爲祔而設故連文云將旦而祔則爲此卒哭之而祭也卒辭曰哀子某來日某隮祔爾于爾皇祖某甫尙饗卒辭卒哭之祝辭隮升也尙庶幾也不稱饌明主爲

告祔也今文隮爲齊疏卒辭至尚饗○注卒辭至爲齊○釋曰云卒辭卒哭之祝辭者謂迎尸之前祝釋孝子辭云爾云不稱饎明主爲告祔也者但卒哭
之祭實有牲饌而不稱者以其卒哭祭主爲告神將附於祖而設牲饌故不言也女子曰皇祖妣某氏女孫附於祖母疏女子至某
氏○注女孫祔於祖母○釋曰此女子謂女未嫁而死或出而歸或未廟見而死歸葬女氏之家既葬祔于祖母也婦曰孫婦于皇祖姑
某氏不言爾曰孫婦婦差疏也今文無某氏疏注不言至某氏○釋曰此對上文孫祔于祖而云祔于爾皇祖某甫此則不曰爾而變曰孫婦婦差
疏故不云爾也若然上女子亦不云爾者文承孫下云爾可知直言其皇祖妣異者耳其他辭一也來日某皆祔尚饗疏其他辭一也○
注來日至尚饗○釋曰他辭一者正謂來日某隮祔尚饗女子及孫婦皆有此辭故云其他辭一也其祔女子云來日某隮祔爾于爾皇祖妣某氏尚饗其孫
婦云來日某隮祔孫婦於皇祖姑某氏尚饗饗辭曰哀子某圭爲而哀薦之饗饗辭勸強尸之辭也圭絜也詩曰吉圭爲
饎凡吉祭饗尸曰孝子疏饗辭至之饗○注饗辭至孝子○釋曰饗辭勸強尸之辭也者案特牲禮迎尸入室尸即席坐主人拜妥尸尸荅拜執奠祝饗
鄭云勸強之也其辭引此士虞記則宜云孝孫某圭爲孝薦之饗當此時爲之凡吉祭饗尸曰孝子者此一辭說三則虞卒哭勸尸辭若祔及練祥吉祭其辭亦
用此但改哀爲孝耳故鄭云凡以該之也明日以其班祔卒哭之明日也班次也喪服小記曰祔必以其昭穆亡則中一以上凡祔已復于寢
如既祫主反其廟練而後遷廟古文班或爲辨辨氏姓或然今文爲胖疏明日以其班祔○注卒哭至爲胖○釋曰引喪服小記者彼解中猶間也一以
上祖又祖孫祔祖爲正若無祖則祔于高祖以其祔必以昭穆孫與祖昭穆同故閒一以上取昭穆相當者若婦則祔于夫之所祔之妃無亦閒一以上若妾
祔亦祔于夫之所祔之妾無則易牲祔女君也云凡祔已復于寢如既祫主反其廟者案文二年公羊云大事者何大祫也大祫者何合祭也毀廟之主陳于

大祖未毀廟之主皆升合食于太祖又案曾子問云天子諸侯既祫祭主各反其廟今祔于廟祔已復于寢若大夫士無木主以幣主其神天子諸侯有木主者以主祔祭訖主反于寢如祫祭訖主反廟相似故引爲證也云練而後遷廟者案文二年經云丁丑作僖公主穀梁傳云作僖公主譏其後也作主壞廟有時日於練焉壞廟壞廟之道易檐可也改塗可也是練而遷廟引之者證練乃遷廟祔遷于寢案左氏僖公三十三年傳云凡君薨卒哭而祔祔而作主特祀於主烝嘗禘於廟服注云特祀于主謂在寢烝嘗禘於廟者三年喪畢遭烝嘗則行祭皆於廟言遭烝嘗乃於廟則自三年已前未得遷於廟而禘祭此賈服之義不與鄭同案春官鬯人職云廟用卣鄭注云廟用卣者謂始禘時自饋食始以此言之鄭義若於三年後四時當祭在廟用彝盛鬱必用卣中尊獻象等以盛鬯酒而已故鄭取穀梁練而遷廟特祀新死者於廟故用卣也若然唯祔祭與練祭祭在廟祭訖主反於寢其大祥與禫祭其主自然在寢祭之案下文禫月逢四時吉祭之月即得在廟祭但未配而已又玄鳥詩鄭注云君喪三年既畢禘於其廟而後祫祭于大祖明年春禘于羣廟若如此言則三年喪畢更有特禘者鄭意除練時特禘三年喪畢更有此特禘之禮也

沐浴櫛搔翦。彌自飾也搔當爲爪今文曰沐浴搔翦或爲蚤揃揃或爲鬋

疏 沐浴櫛搔翦○注彌自至爲鬋○釋曰云彌自飾也者上文虞沐浴不櫛注云自絜清不櫛未在於飾鄭雖不言不在於飾沐浴少飾今祔時櫛是彌自飾也

用專膚爲折俎取諸脰膉專猶厚也折俎謂主婦以下俎也體盡人多折骨以爲之今以脰膉貶於純吉今文字爲折俎而說以爲肵俎亦已誣矣古文脰膉爲頭嗌也

疏 用專至脰膉○注專猶至嗌也○釋曰云折俎謂主婦以下俎者鄭知折俎是主婦以下俎者特牲記云主俎瀫折佐食俎瀫折少牢云主婦俎臑折是也

其他如饋食此如特牲饋食之事或云以左胖虞右胖祔今此如饋食則尸俎肵俎皆有肩臂豈復用虞臂乎其不然明矣

疏 其他如饋食○注如特至明矣○釋曰云如特牲饋食之事者知不如士虞饋食禮者虞不致爵則夫婦無俎矣上文有俎則祔時

夫婦致爵以祔時變麻服葛其辭稱孝夫婦致爵與特牲同故云如特牲饋食之事也或云以左胖虞右胖祔者當鄭君時有人解者云虞祭與祔祭共用一牲各用一胖以左胖爲虞祭右胖爲祔祭不是故鄭破之云今此經云如饋食謂如特牲饋食之禮尸俎用右胖解之主人俎左臂左胖之臂以爲虞祭主人豈得復取虞時左胖之臂而用之乎明不然矣

用嗣尸虞祔尚質未暇筮尸

疏 用嗣尸○注虞祔至筮尸○釋曰言用嗣尸則從虞以至祔祭唯用一尸而已云虞祔尚質未暇筮尸者以其哀未殺故云尚質未暇筮尸若然練祥則筮尸矣故喪服小記云練筮日筮尸大祥筮尸可知是以鄭上文注云餞尸。且將始祔於皇祖是用一尸也

曰孝子某孝顯相夙興夜處小心畏忌不惰其身不寧稱孝者吉祭

疏 注稱孝者吉祭○釋曰對虞時稱哀案檀弓虞爲喪祭卒哭爲吉祭卒哭既爲吉祭祔在卒哭後亦是吉祭故鄭以吉祭言之也

用尹祭尹祭脯也大夫士祭無云脯者。今不言牲號而云尹祭亦記者誤矣

疏 用尹祭○注尹祭至誤矣○釋曰鄭知尹祭是脯者下曲禮云脯曰尹祭故知也但曲禮所云是天子諸侯禮用脯號案特牲少牢無云用脯者故云大夫士祭無云脯者唯上餞尸有脯此非餞尸今不言牲號而云尹祭亦記者誤也以其祭上文初虞云敢用絜牲剛鬣今不言牲號而云尹祭是記人誤云亦者亦上香合也

嘉薦普淖普薦溲酒普薦鉶羹不稱牲記其異者今文溲爲醆

疏 注普薦至爲醆○釋曰知普薦是鉶羹者案上文虞禮及特牲皆云祝酌奠于鉶南則鉶在酒前而設此亦普薦在酒上故知也但虞禮一鉶此云饋食則與特牲同二鉶故云普薦也云不稱牲記其異者對與初虞之等稱牲但記其異雖不說牲之號有號可知也若然云記其異者所以嘉薦普淖普薦溲酒與前不異記之以其普薦與前異將言設薦在普淖後溲酒前故幷言其次耳。

適爾皇祖某甫以隮祔爾孫某甫

尚饗欲其祔合兩告之曾子問曰天子崩國君薨則祝取羣廟之主而藏諸祖廟禮也卒哭成事而後主各反其廟然則士之皇祖於卒哭亦反其廟無

主則反廟之禮未聞以其幣告之乎【疏】適爾至尙饗○注欲其至之乎○釋曰云欲其祔合兩告之者欲使死者祔於皇祖又使皇祖與死者合食故須兩告之是以告死者曰適爾皇祖某甫謂皇祖曰隮祔爾孫某甫二者俱饗是其兩告也引曾子問者案彼鄭注象有凶事者聚也云卒哭成事而後主各反其廟者至祔須得祖之木主以孫祔祭故也天子諸侯有木主可言聚與反廟之事大夫無木主聚而反之故云無祔主則反廟之禮未聞云以其幣告之乎者曾子問云無遷主將行以幣帛爲主命此大夫士或用幣以依神而告使聚之無正文故云乎以疑之

暮而小祥

小祥祭名祥吉也檀弓曰歸祥肉古文暮皆作基【疏】暮而小祥○注小祥至作基○釋曰自祔以後至十三月小祥故云暮而小祥引檀弓者彼謂顏回之喪饋祥肉於孔子而言彼云饋今云歸者饋即歸也故變文言之引之者證小祥是祭故有肉也

曰薦此常事

祝辭之異者言常者暮而祭禮也古文常爲祥【疏】曰薦此常事○注祝辭之異者謂小祥辭與虞祔之辭有異異者以虞祔之祭非常一期天氣變易孝子思之而祭是其常事故祝辭異也云暮而祭禮也者喪服小記文案彼云期而祭禮也期而除喪道也祭不爲除喪也注云此謂練祭也禮正月存親親亡至今而期期則宜祭期天道一變哀惻之情益衰衰則宜除不相爲也以是謂小祥祭謂常事也

又暮而大祥曰薦此祥事

又復也【疏】又暮至祥事○注又復也○釋曰此謂二十五月大祥祭故云復暮也變言祥事亦是常事也

中月而禫

中猶閒也禫祭名也與大祥閒一月自喪至此凡二十七月禫之言澹澹然平安意也古文禫或爲導【疏】中月而禫○注中猶至爲導○釋曰知與大祥閒一月二十七月禫徙月樂二十八月復平常正作樂也云禫之言澹澹然平安意也者禫月得無所不佩又於禫月將鄉吉祭又得樂懸故云平安意也但至後月乃是即吉之正也

是月也吉祭猶未配

是月是禫月也當四時之祭月則祭猶未以某妃配某氏哀未忘也少牢饋食禮祝祝曰孝孫某敢用柔毛剛鬣嘉薦普淖用薦歲事于皇祖伯某以某妃配某氏尙饗【疏】是月至未配○注是

月至尙饗○釋曰謂是禫月禫祭仍在寢此月當四時吉祭之月則于廟行四時之祭於羣廟而猶未得以某妃配哀未忘若喪中然也言猶者如祥祭以前不以妃配也案禮記云吉事先近日喪事先遠日則大祥之祭仍從喪事先用遠日下旬爲之故檀弓云孔子既祥五日彈琴而不成聲十日而成笙歌注踰月且異旬也祥亦凶事先遠日案此禫言澹然平安得行四時之祭則可從吉事先近日用上旬爲之若然二十七月上旬行禫祭於寢當祭月即從四時祭於廟亦用上旬爲之引少牢禮者證禫月吉祭未配後月吉如少牢配可知也

儀禮卷第十四 經二千七十九注三千四百四十三 儀禮疏卷第四十三

儀禮注疏卷四十三校勘記

阮元撰盧宣旬摘錄

尸服卒者之上服

不服元端若　若陳閩通解俱作若屬下句毛本若作者

先祖尸在中故先祖爲士者　要義同毛本通解無先祖尸在中故六字

男男尸

不使同姓與婦爲尸者　要義同毛本通解姓下有孫字○按通解刪下尸須得孫列者孫與祖爲尸二句故此句加孫字今注疏本既不刪下二句仍依通解加孫字則贅矣

必知無容用庶孫者　此本無下空一字要義無下有容字通解毛本無無字按要義似得之必知無三字略逗

自禫已前　陳本通解要義同毛本禫作禪下並同○按禫是也

祭於廟同几　通解要義楊氏同毛本几作凡○按几是也

既饗祭于苴

釋曰云既饗者正謂祝釋饗神辭告之使令祔之安之釋饗訖佐食取黍稷祭於苴　疏凡三十二字注疏本毛本俱脫通解要義有

祝祝卒

記異者之節嚴本毛本同監巾箱杭本記作既

不綏祭○戴從獻陸氏曰戴莊吏反劉本作截酢再反

又泰羹湇自門入通解要義同毛本又作有

主人獻之後陳閩通解俱無之後二字

以見經無尸陳本通解要義同毛本經作綏○按經是也

主人哭

出復戶外東面位也陳本通解要義同毛本戶作尸○按戶字是

祝升止哭

警覺神也警通典通解楊氏俱作驚疏同

主人入

啓牖鄉是親之事毛本鄉作嚮顧廣圻云當作祝之事宋本已誤

祝從

鄉牖一名也徐本無一字集釋通解俱有與疏合

故須解之解陳閩俱作辭

在牖鄉之下毛本鄉作饗

卒徹祝佐食降復位毛本無復字唐石經徐本通典集釋通解要義楊敖俱有石經考文提要云鄭注祝復門西北面位佐食復西方位明有復字

始虞用柔日

柔日陰陰取其靜徐本通典楊氏同集釋通解毛本俱不重陰字

敢用絜牲剛鬣

敢昧冒之辭昧冒二字通典倒

香合香通典作薌陸氏曰香本又作薌音同

蓋記者誤耳徐本通解楊敖同毛本集釋耳作爾○案徐本非耳作而已解爾作如此解二字絕不同

粱曰香萁萁要義从艸通解毛本從竹○按萁是也曲禮從艸不從竹

祭以牲爲主通解要義同毛本牲作生○按牲不誤

嘉薦普淖

言故以爲號云者陳閩要義同毛本以作言

明齊溲酒

謂以新水漬麴要義同毛本麴作麯

直取新義是同要義同毛本通解無是字

應在上與牲爲次毛本與誤作特

哀薦祫事

主欲其祫先祖也徐本通典集釋通解楊敹同與疏合毛本無其字其祫通典作合於

今文曰古事古集釋作合周學健云祫之言合也作合字文義方協

合先君之主於大廟君要義作祖

始虞而已言祫者要義同毛本始上有今字通解有今無已

饗唐石經徐陳閩葛俱作饗毛本作響

再虞皆如初日哀薦虞事日唐石經作日下同毛本作曰

三虞卒哭

報葬者報虞者徐本同通典集釋通解楊氏毛本無下者字

謂之他者徐陳葛本通典集釋通解楊氏俱作他與疏合毛本作也

令正者自相亞也令徐陳楊氏俱作令釋文集釋俱作令張氏曰監本令誤作今從諸本

卒哭曰成事曰徐本作日集釋通解楊氏毛本俱作曰張氏曰注曰卒哭曰成事按檀弓日作曰此引檀弓文也從檀弓

卻解初虞再虞稱祫稱虞之意通解要義同毛本卻作郤

故次取庚日爲三虞也陳本通解要義同毛本三作二○按三是也

降辛日取壬日爲卒哭通解同毛本降作隔○按降是也

謂不待三月通解要義同毛本月下有喪字

三月而後卒哭者陳本通解要義同毛本月作日○按月字不誤

乃爲卒哭祭要義同通解毛本祭下有也字

以鄭君以前陳閩要義同毛本君誤作若

獻畢

出宿于濟宿徐本通典集釋通解楊敖俱作宿是也毛本誤作縮濟徐本釋文通典敖氏俱作濟集釋通解楊氏毛本俱作泲

飲餞于禰陸氏曰禰乃禮反劉本作泥音同

尸旦將始祔于皇祖旦徐本作且集釋通解楊氏俱作旦張氏曰疏且作旦其辭曰是明日之旦也從疏

彼生人餞行人之禮生陳閩俱作行

尊兩甒于廟門外之右

無鼏不久陳徐陳閩葛集釋通解楊氏同毛本鼏作鼎

酒則尋常祭祀之酒通解要義同毛本無上酒字

祭尊在房戶之間毛本戶誤作尸

饌籩豆

古文脡爲挺毛本挺誤作梃

有乾肉折俎

如今涼州烏翅矣徐本集釋通解要義楊氏同釋文毛本烏作鳥下同盧文弨云李與周禮合○按釋文作鳥恐亦刊本之誤

尸出

今卒哭祭末餞尸於門外 卒哭二字毛本誤倒浦鏜云末誤未○按疑末下脫徹字

尸卽席坐唯主人不哭 唯唐石經徐本通典楊敖俱作唯陳本集釋通解俱作惟毛本作帷按惟帷相似故誤作帷

主人其拜 毛本通解其作荅

尸受振祭嚌 受唐石經徐本集釋通解楊敖俱作受與疏合毛本作授石經考文提要云上句乃佐食授嚌授受相承

經云佐食授嚌 通解同毛本授作受

明反與佐食 通解同毛本與作扵

主人及兄弟踊

由廟門外無事尸之禮也 由集釋敖氏俱作猶疏同盧文弨云疏云鄭舉正祭況之則固當作猶猶由通

古文謏作休 休陳閩監葛集釋通解俱作休按前經注云古文謏作休則此亦當作休休字鍾本誤作古文作爲沐毛本休亦誤作沐

婦人在北 婦人要義作女子

南爲左 毛本南誤作男

在廟以廟爲限 爲上要義有門字

取正祭比之 陳閩通解同毛本比作北

尸出門哭者止者通典作則按疏云尸出大門哭者便止則作則亦有理

以錢於外毛本錢誤作薦

主婦亦拜賓

云不言出送拜之於闈門之內者送拜二字要義倒

丈夫說經帶于廟門外

使賓知變節故也通解要義楊氏同毛本節作卽○按節字是

婦人說首經

帶不變也變徐本通典集釋楊氏俱作變與疏合通解毛本作說

未可以輕文變於主婦之質未閩本誤作末文徐本通典集解通解楊氏俱作文與疏合毛本作又

知齊斬婦人帶不變也者毛本婦誤作衰

齊衰帶惡笄以終喪陳閩俱無帶字○按陳閩據今喪服小記刪非也喪服布總箭笄疏云喪服小記云婦人帶惡笄以終喪

重首在上體通解要義同毛本楊氏首字重出

雖夕時未變麻服葛毛本夕誤作久

無尸則不餞猶出几席設如初 几監本誤作凡

本爲送神也 通解要義同毛本本作不

哭止告事畢賓出死三日而殯 上七字毛本脫徐本通典集釋通解楊敖俱有張爾岐云唐石經剝蝕尙有賓出二字脚可辨補字缺或亦承監本之誤

是以更有此文也 要義同毛本是作事

死與往日鄭云 自鄭字起至下死數往日句止凡二十四字陳閩俱脫

皆除死日死月數 通解同毛本除作殊

卒辭曰

以其卒哭祭 卒哭二字毛本誤倒

女子曰

歸葬女氏之家 陳閩俱無葬字

婦曰

曰孫婦婦差疏也 徐本通典集釋通解俱重婦字與疏合毛本不重

今文無某氏 此五字毛本脫徐本集釋俱有與單疏標目合通解無

其他辭一也

皆有此辭 通解同毛本無此字

隮祔爾于爾皇祖妣某氏 陳閩通解要義同毛本于作王○按于字是

饗辭曰

勸強尸之辭也者 要義同毛本尸作神浦鏜云尸誤神

執奠祝饗 陳閩通解要義同毛本祝作祀○按特牲饋食作祝

明日以其班祔

孫與祖昭穆同 通解要義同毛本同字在昭字上

云凡祔已復于寢 毛本復誤作夫

易檐可也 要義楊氏同毛本檐作擔○按穀梁文二年傳作檐

按左氏僖公三十三年傳云 傳字要義在氏字下

則行祭皆於廟言 言要義作言屬下句毛本作焉

用彝盛鬱必用卣 要義同毛本鬱作鬯必下陳閩俱衍曰字

禘於其廟 要義同毛本禘作歸

沐浴櫛搔翦 搔監本誤從木翦釋文作揃張氏曰經曰沐浴櫛搔翦按釋文云揃子淺反注鬋同既曰注鬋同則鬋非經文也又注云揃或爲鬋此揃必指經也從釋文○按經文翦字張氏作鬋考嚴徐鍾諸本俱作翦與張氏不合未詳其故注云搔翦或爲蚤揃如釋文及張氏說則翦揃宜互倒乃與經相應戴校集釋刪注中翦揃二字但云搔或爲蚤以爲据釋文不知翦字習見揃鬋難識故但爲揃鬋作音非必注中無翦字也

當爲爪 徐本集釋通解要義楊敖同毛本爲作音

未在於飾 陳本通解要義同毛本未作末○按上文注作未

用專膚爲折俎

古文脰膉爲頭嗌也 嗌監葛俱誤作益集釋作膉亦誤

注專猶至嗌也 毛本嗌誤作益

鄭知折俎是主婦以下俎者 通解要義同毛本無折字

用嗣尸

餕尸旦將始祔于皇祖 旦陳閩俱作且

用尹祭

今不言牲號陳本要義同毛本今作故

嘉薦普淖

故幷言其次耳要義同毛本通解耳作矣

適爾皇祖某甫

而後主各反其廟者主陳閩監本俱誤作王

聚而反之通解要義同毛本聚作祭

朞而小祥

祥吉也吉通解作祭誤

曰薦此常事

注祝辭之異者毛本注下有祝辭至爲祥釋曰七字按要義亦直云注祝辭之異者不載釋曰二字

禮正月存親通解要義同毛本存作有○按存是也喪服小記作存

期則宜祭要義同毛本宜下有用字○按喪服小記無用字

以是謂小祥祭謂常事也　以是毛本作是以下謂字要義作爲

中月而禫

自喪至此　徐陳閩葛通典集釋通解楊氏同毛本此作中

古文禫或爲導　張氏曰釋文前道之注云爲道同此導當爲道從釋文○按說文谷部㐁字注云讀若三年導服之導與此注合不必從釋文作道

從月樂　通解要義同毛本從作後○按檀弓作從

二十八月復平常正作樂也　通解要義同毛本復平常正作後月半常主

又於禫月將鄉吉祭　毛本鄉誤作卽

是月也

謂是禫月禫祭　通解要義同毛本月下有得字

儀禮注疏卷四十三校勘記

儀禮疏卷第四十四　　儀禮卷第十五

唐朝散大夫行大學博士弘文館學士臣賈公彦等撰

特牲饋食禮第十五

疏特牲饋食禮第十五○鄭目錄云特牲饋食之禮謂諸侯之士祭祖禰非天子之士而於五禮屬吉禮○釋曰鄭知非天子之士而云諸侯之士者案曲禮云大夫以索牛士以羊豕彼天子大夫士此儀禮特牲少牢故知是諸侯大夫士也且經直云適其皇祖某子不云考鄭云祖禰者祭法云適士二廟官師一廟官師謂中下之士祖禰共廟亦兼祭祖故經舉祖兼有禰者鄭逹經意祖禰俱言也若祭無問一廟二廟皆先祭祖後祭禰是以文二年左傳云文武不先不窋子不先父是也若祭無問尊卑廟數多少皆同日而祭畢以此及少牢唯筮一日明不別日祭也

儀禮　鄭氏注

特牲饋食之禮不諏日祭祀自孰始曰饋食饋食者食道也諏謀也士賤職褻時至事暇可以祭則筮其日矣不如少牢大夫先與有司於庿門諏丁巳之日。今文諏皆爲詛

疏特牲饋食之禮不諏日○注祭祀至爲詛○釋曰自此至事畢論士將筮日之事云祭祀自孰始曰饋食饋食者食道也者案檀弓云飯用米貝弗忍虛也不用食道用美焉爾鄭注云食道褻米貝美若然食道是生人飲食之道孝子於親雖死事之若生故用生人食道饋之也此釋經不言祭祀而言饋食之意耳云祭祀自孰始者欲見天子諸侯饋食已前仍有灌鬯朝踐饋獻之事但饋食見進黍稷云饋孰見牲體而言天子諸侯堂上朝踐饋獻後迎尸於堂亦進黍稷牲體其犬豕牛羊亦孰之同節也云士賤職褻時至事暇可以祭則筮其日矣者此解經不諏日謂不如大夫以上預前十日與臣諏日而筮之是以鄭云不如少牢大夫先與有司於廟門諏丁巳之日也凡士言不者對大夫以上爲之此士言不諏日少牢大夫諏

日士喪禮月半不殷奠則大夫已上殷奠如此之類皆是也鄭云時至事暇可以祭者若祭時至有事不得暇則不可以私廢公故也若大夫已上尊時至唯有喪故不祭自餘吉事皆不廢祭若有公事及病使人攝祭故論語孔子云吾不與祭。如。不。祭注云孔子或出或病不自親祭使攝者為之不致肅敬於心與不祭同又祭統云是故君子之祭也必身親進之有故則使人可也雖使人也君不失其義者君明其義故也是君大夫有病故皆得使人攝祭若諸侯有朝會之事則不得使人攝故王制云諸侯。礿則不禘禘則不嘗嘗則不烝烝則不礿鄭注云虞夏之制諸侯歲朝廢一時祭又明堂位云是故夏礿秋嘗冬烝鄭注云不言春祠魯在東方王東巡守以春或闕之是諸侯朝會不得攝以諸侯禮大故也案桓八年經書正月己卯烝公羊傳云烝者何冬祭也春曰祠夏曰礿秋曰嘗冬曰烝。常事不書此何以書譏何譏爾譏亟也亟則黷黷則不敬君子之祭也敬而不黷疏則怠怠則忘士不及茲四者則冬不裘夏不葛何休云禮本下為士制四者士有公事不得及茲四時祭者則不敢美其衣服若然則士不暇不得祭又不得使人攝大夫已上有公事乃有攝可知

及筮日主人冠端玄即位于門外西面冠端玄玄冠玄端下言玄者玄冠有不玄端者門謂廟門疏及筮至西面○注冠端至廟門○釋曰云冠端玄玄冠玄端下言玄者玄冠有不玄端者不玄端則朝服下記云助祭者朝服不著玄端故也若然玄端一冠冠兩服也對文則玄端有纁裳玄裳黃裳雜裳若朝服緇布衣而素裳但六入為玄七入為緇大判言之緇衣亦名玄是以散文言之朝服亦名玄端故論語云端章甫鄭云端玄端也諸侯日視朝之服以端是正幅非直服稱端六冕亦有端稱故禮記魏文侯曰吾端冕而聽古樂則唯恐臥是冕服正幅亦名端也云門謂廟門知者士冠禮云筮於廟門。為冠禮筮尚在廟門此為祭廟筮在廟門可知若然士冠言廟非祭恐不在廟故言廟此不言廟者為祭廟筮可知不須言廟也

子姓兄弟如主人之服立于主人之南西面北上所祭者之子孫言子姓者子之所生小宗祭而兄弟皆來與焉宗子祭則族人

皆侍疏子姓至北上〇注所祭至皆侍〇釋曰云子姓者子之所生者案鄭注喪大記云姓之言生也云子之所生則孫是也云小宗祭而兄弟皆來與焉者案喪服小記云繼別爲宗繼禰者爲小宗鄭注云小宗有四或繼高祖或繼曾祖或繼祖或繼禰皆至五世則遷若然繼禰者長者爲小宗親弟等雖異宮皆來祭繼祖者從父昆弟皆來祭繼曾祖者從祖昆弟皆來祭繼高祖者族祖昆弟皆來祭是皆據小宗而言也云宗子祭則族人皆侍者此鄭據書傳而言案書傳康誥云天子有事諸侯皆侍尊卑之義注云事謂祭祀又云宗室有事族人皆侍終日大宗已侍於賓奠然後燕私注云謂卿大夫以下宗室大宗之家引禮記別子爲祖繼別爲大宗繼禰爲小宗賓寮友助祭者若然大宗子祭一族之內皆來助祭引之者證經子姓兄弟若據小宗有服者若據大宗兼有絶服者也

有司羣執事如兄弟服東面北上士之屬吏也疏有司至北上〇注士之屬吏也〇釋曰云如兄弟服者如主人冠端玄左傳云士有隸子弟謂此言爲屬吏而已

席于門中闑西閾外爲筮人設之也古文闑作槷閾作蹙疏席于至閾外〇注爲筮人設之也〇釋曰案士冠禮云筮與席所卦者具饌于西塾乃言布席于門中筮人執筴抽上韇兼執之此不言具饌于西塾而經但言席于門中取筮于西塾又不云抽上韇者皆是互見省文之義

筮人取筮于西塾執之東面受命于主人筮人官名也筮問也取其所用問神明者謂蓍也疏注筮人至蓍也〇釋曰案周禮春官有卜人筮人此士禮亦云筮人故云官名也云筮問也取其所用問神明者謂蓍也者案周禮天府職云季冬陳玉以貞來歲之美惡注云問事之正曰貞凡卜筮實問於鬼神謂卜用龜龜知生數一二三四五之神筮用蓍蓍知成數七八九六之神則此鄭云神明者也若然神既爲生成之神鄭云謂蓍者則蓍亦有神易繫辭有蓍之德圓而神非直筮有成數之神亦有蓍之神也

宰自主人之左贊命命曰孝孫某筮來日某諏此某事適其皇祖某子尚饗宰羣吏之長自由也

贊佐也達也贊命由左者爲神求變也士祭曰歲事此言某事又不言妃者容大祥之後禫月之吉祭皇君也言君祖者尊之也某子者。祖字也伯子仲子也尚庶幾也【疏】宰自至尚饗○注宰羣至庶幾也○釋曰云宰羣吏之長者贊命之。事非長不爲又天子諸侯宰皆尊官故知羣吏之長也云贊命由左者爲神求變也者。決士冠禮宰自右少退贊命鄭注云宰有司主政教者自由也贊佐也命告也佐主人告所以筮也少儀曰贊幣自左詔辭自右此祭祀故宰自左贊命爲神求吉故變於常禮也云士祭曰歲事此言某事又不言妃者容大祥之後禫月之吉祭者案下宿賓云薦歲事據吉。祭而言又少牢吉祭云以某妃配即與士虞記云中月而禫是月也吉祭猶未配此與。彼文同故知是禫月吉祭也云言君祖者尊之也者天子諸侯名曾祖爲皇考此士亦云皇祖故云尊之也云某子者祖字也伯子仲子者以其某在子上爲男子美稱故以某爲伯仲叔季五十字下篇云皇祖伯某鄭注云。伯某。且字也不爲五十字者以某在伯下故爲且字解之與此異也

筮者許諾還即席西面坐卦者在左卒筮寫卦筮者執以示主人士之筮者坐蓍短由便卦者主畫地識爻爻備以方寫之【疏】注士之至寫之○釋曰云士之筮者坐蓍短由便者決下少牢云史曰若遂述命既乃釋韇立筮鄭注云卿大夫之蓍長五尺立筮由便。與士不同知蓍有長短者案三正記云天子蓍長九尺諸侯七尺大夫五尺士三尺是也云卦者有主畫地識爻爻備以方寫之者案士冠禮云筮人許諾右還即席坐西面卦者在左卒筮書卦執以示主人鄭云卒已也書卦者筮人以方寫所得之卦彼云書卦即云執以示主人則筮者書寫以示主人也此經云卒筮寫卦乃云筮者執以示主人則寫卦者非筮人故此鄭云卦者主畫地識爻爻備以方寫之也

主人受視反之反還筮者還東面長占卒告于主人占曰吉長占以其。屬之長幼旅占之【疏】注長占至占之○釋曰經直云長占知非長者一人而云長幼旅占之者士冠禮云筮人還東面旅占明此亦是長幼旅占經直云長者見從長者爲始也若不

吉則筮遠日如初儀遠日旬之外日疏若不至初儀〇注遠日旬之外日〇釋曰案曲禮云吉事先近日喪事先遠日此尊卑禮同也又云旬之內曰近某。日旬之外曰遠某日此尊卑有異云旬之內曰近某日據士禮吉事先近日謂祭祀假令孟月先於孟月上旬內筮筮不吉乃用中旬之內更筮中旬又不吉更於下旬內筮筮不吉即止大夫已上假令孟月祭於前月下旬筮來月之上旬不吉又於孟月之上旬筮中旬中旬不吉又於中旬筮下旬下旬又不吉即止不祭今云遠日旬之外日者謂上旬不吉更於上旬外筮中旬爲旬之外日非謂如大夫已上旬之外謂旬前爲旬外也

宗人告事畢前期三日之朝筮尸如求日之儀命筮曰孝孫某諏此某事適其皇祖某子筮某之某爲尸尚饗三日者容宿賓視濯也某之某者字尸父而名尸連言其親庶幾其馮依之也大夫士以孫之倫爲尸

疏前期至尙饗〇注三日至爲尸〇釋曰自此盡主人退論祭前筮尸宿尸之事云三日者容宿賓視濯也者謂前期二日宿賓一日視濯是以下云厥明夕陳鼎于門外下至夙興皆祭前一日視濯之事以其夙興上事是祭前一日也宿賓又是厥明夕爲期。上則宿賓一與視濯別日又知宿賓是祭前二日此經乃祭前三日筮尸故鄭云容宿賓視濯言容者爲筮尸之後祭日之前有二日容此二事也若然筮尸在祭前三日宿尸云乃。乃是緩辭則與筮尸別日矣以此而言則宿尸與宿賓中無厥明之文則二者同日矣二者。既同日鄭直言容宿賓視濯不言容宿尸者以其宿賓在厥明之上故不嫌宿尸與宿賓別日也云某之某者字尸父而名尸者經直云某之某鄭知字尸父而名尸者曲禮云爲人子者祭祀不爲尸鄭彼注云尊者之處爲其失子道然則尸卜筮無父者又云卒哭乃諱諱則不稱名故知尸父云某是字尸既對父故某爲名云連言其親庶幾其馮依之也者尸父前世與所祭之父同時同時必相識知今。又筮其子爲尸尸又與所祭之子相識父子皆同類故連言其親庶幾其神馮依之也云大夫士以孫之倫爲尸者案祭統云夫祭之道孫爲王父尸所使爲尸者

於祭者子行也父北面而事之所以明子事父之道也注云祭祖則用孫列皆取於同姓之適孫也天子諸侯之祭朝事延尸於戶外是以有北面事尸之禮如是則天子諸侯宗廟之祭亦用孫之倫爲尸而云大夫士者但天子諸侯雖用孫之倫取卿大夫有爵者爲之故鳧鷖詩祭尸之等皆言公尸又曾子問云卿大夫將爲尸於公若大夫士祭尸皆取無爵者無問成人與幼皆得爲之故曾子問孔子曰祭成喪者必有尸尸必以孫孫幼則使人抱之是也

乃宿尸。宿讀爲肅肅進也進之者使知祭日當來。古。文宿。皆。作。羞。凡宿或作速記作肅周禮亦作宿

疏乃宿尸〇注宿讀至作宿〇釋曰云古文宿皆作羞。羞。之不從古文云凡宿或作速謂一。部之內或作速者若公食大夫速賓之類是也云記作肅者曲禮云主人。肅客而入是也又云周禮亦作宿者大宗伯文宿𥈭滌濯是也是以鄭。汎云或也

主人立于尸外門外子姓兄弟立于主人之後北面東上不東面者不爲賓客子姓立于主人之後上當其後

疏主人至東上〇注不東至其後〇釋曰云不東面者來不爲賓客者爲尸者父象也主人有子道故主人北面不爲賓客不敢當尊故不東面此決冠禮宿賓主人東面此。中北面不同也云上當其後者子姓兄弟北面陪主人後東頭爲上者不得過主人故爲上者當主人之後也

尸如主人服出門左西面不敢南面當尊

疏尸如至西面〇注不敢南面當尊〇釋曰此決少牢云主人卽位於廟門外之東方南面以其大夫尊。於。恩有君道故南面當尊此士之孫倫爲尸雖被宿猶不敢當尊也

主人辟皆東面北上順尸

主人再拜尸荅拜主人先拜尊尸

疏注主人先拜尊尸〇釋曰此決下文宿賓賓先拜主人乃荅拜。故。云尊尸是以主人先拜也案少牢云吉則遂宿尸祝擯主人再拜稽首祝告曰孝孫某云云尸拜許諾祝先釋辭訖尸乃拜。許此尸荅拜後宗人乃擯辭者士尸卑主人拜尸卽荅拜不。得擯辭訖大夫之尸尊尊得釋辭訖乃拜

宗人擯辭如初卒曰筮子爲某尸占曰吉敢宿宗人擯者釋主人之

辭如初者如宰贊命筮尸之辭卒曰者著其辭所易也今文無敢疏宗人至敢宿○注宗人至無敢○釋曰云如初者如宰贊命筮尸之辭者案筮尸時

雖不見宰贊命以其云筮尸如求日之儀筮日時有宰贊命則筮尸時亦有宰贊命可知故此得如之也云卒曰者著其辭所易也者前筮尸辭云筮某之某

爲尸尚饗易已上之辭也

祝許諾致命

受宗人辭許之傳命於尸始宗人祝北面至於傳命皆西面受命東面釋之疏祝許諾致命○注受宗至釋之○釋曰云始宗人祝北面至於傳命皆西面受命東面釋之者以其上文始時主人與子姓兄弟立于尸門外北面重行則宗人與祝相隨亦皆北面故云始宗人祝北面至於尸出門左西面主人避之門西東面定位訖宗人進主人之前西面鄉之受命受命訖尸既西面明宗人旋鄉東面釋之可知

尸許諾主人再拜稽首

其許亦宗人受於祝而告主人疏尸許至稽首○注其許至主人○釋曰云其許亦宗人受於祝而告主人者謂祝受尸許諾辭旋西面告宗人宗人告主人尸許諾主人乃再拜稽首

尸入主人退

相揖而去尸不拜送尸尊疏注相揖至尸尊○釋曰鄭知有相揖而去者約下篇少牢云主人退尸送揖不拜是也但彼有送文此經尸入後乃言主人退則尸不送可知此尸不送者士卑故尸被宿之後不送也大夫尊故尸雖受宿猶送大夫也

宿賓賓如主人服出門左西面再拜主人東面荅再拜宗人擯曰某薦歲事吾子將涖之敢宿

薦進也涖臨也言吾子將臨之知賓在有司中今特肅之尊賓耳疏宿賓至敢宿○注薦進至賓耳○釋曰自此盡賓拜送論士將祭宿屬吏內一人爲備三獻賓之事也云言吾子將臨之知賓在有司中者以其云宿將臨之明前筮尸在其中可知以上無戒文今宿之云吾子將涖之明知賓在有司內可知案前文有司羣執事如兄弟服東面北上鄭云士之屬吏此云賓在有司內則賓是士之屬吏可知下記云公有司門西北面東上獻次衆賓私臣門東北面西上獻次兄弟賓及衆賓行事在西階之下復似賓不在有司中者但賓是士之屬吏

內言私臣據巳自辟除者言公有司者亦是士之屬吏命於其君者言賓在有司中者諸士此獻者之中選以爲賓又選爲衆賓以下若在門外時同在門西東面北上及其入爲賓及衆賓者適西階以俟行事公有司門西北面私臣不選爲賓門東北面門外不列者以其未有事入門而列者爲將行事公有司門西私臣門東二者皆無事故經不見記人乃辨之見其與於獻也云今特肅之尊賓耳者賓有司之內不嫌不助祭今特宿之者將使爲賓也

賓曰某敢不敬從主人再拜賓荅拜主人退賓拜送厥明夕陳鼎于門外北面北上有鼏厥其也宿賓之明日夕門外北面當門也古文鼏爲密

疏注厥其至爲密○釋曰自此盡主人拜送論祭前一日之夕視濯與視牲之事云門外北面當門也者以其經直云門外不言門之東西故知當門下篇少牢陳鼎在門東此當門者士卑避大夫故也

棜在其南南順實獸于其上東首順猶從也棜之制如今大木轝矣上有四周下無足獸腊也

疏棜在至東首○注順猶至腊也○釋曰下篇云少牢牲北首東上司馬刲羊司士擊豕宗人告備乃退不言獸少牢五鼎明有獸可知不言之者已有二牲略其小者故不言之也案士虞記陳牲于廟門外北首西上鄭注云言牲腊在其中西上變吉此亦其西北首東足與彼文同彼云變吉者彼牲云北首西上明腊亦北首可知此實獸棜上東首不與牲相統故云變吉云棜之制如今大木轝矣上有四周下無足者鄭舉漢法以曉古諸禮禮記及此儀禮而言棜者以無足解之云獸腊也者特牲鼎有豕魚腊案周禮腊人鄭注云小物全乾爲腊故知豕云牲魚水物云獸是腊可知

牲在其西北首東足其西棜西也東足者尚右也牲不用棜以其生

疏注其西至其生○釋曰豕不可牽之縛其足陳於門外首北出棜東其足寢設其左以其周人尚右將祭故也云牲不用棜以其生者對腊死用棜而言之

洗于阼階東南壺禁在西序豆籩鉶在東房南上几席兩敦在西堂東房房中之東當夾

北西堂西夾。室之前近南耳【疏】注東房至南耳○釋曰大夫士直有東房西室若言房則東房矣故士冠禮陳服于房中西墉下東領北上不言東又昏禮側尊甒醴于房中亦不言東如此之類皆不言東以其直有一房不嫌非東房故不言東今此經特言東房明房內近東邊故云東房也夾室半以南爲之以壁外相望則當夾北也又與少牢籩豆所陳相反少牢近於西方此經則房中之東也言當夾北者以其夾室在房近南東故云房中之東當夾。北也云西堂西夾之前近南耳者案爾雅注夾室前。堂謂之。相此在西。堂在西。相故云西夾之前近南也

主人及子姓兄弟卽位于門東如初初筮位也賓及衆賓卽位于門西東面北上不。象如初者以。宰在而宗人祝不在【疏】注不。象至不在○釋曰云不。象如初者此決上經主人及子姓兄弟卽位于門東如初筮位今賓及衆賓者卽是前者有司羣吏執事當言如初不言者以宰前筮時在門東贊主人辭今宰在門西同行又宗人祝離位賓西北東面南上異於筮位時故不言如初也

宗人祝立于賓西北東面南上事彌至位彌異宗人祝於祭宜近廟【疏】注事彌至位彌異○釋曰云事彌至者謂祭事彌至位彌異者謂宗人祝近門離本位故云位彌異

主人再拜賓荅。再。拜三拜衆賓衆賓荅再拜衆賓再拜者士賤旅之得備禮也【疏】注衆賓至禮也○釋曰云旅之得備禮者謂衆賓無問多少總三拜之旅衆也衆賓共得三拜故云旅之也衆賓再拜者士賤衆賓得備禮案有司徹主人降南面拜衆賓于門東三拜衆賓門東北面皆荅一拜注云言三拜者衆賓賤旅之也一衆賓一拜賤也卿大夫尊賓賤純臣也經云皆荅一拜明人人從上至下皆一一獨荅拜以其純。臣故也所以不再拜者避國公故也此士賓莫問多少皆得一時再拜者以其士賤衆賓得。備禮故也

主人揖入兄弟從賓及衆賓從卽位于堂下如外位爲視濯也

宗人升自西階視壺濯及豆籩反降東北面告濯具濯溉也不言敦鉶者

省文也東北面告緣賓意欲聞也言濯具不言絜以有几席〔疏〕主人至濯具○注濯漑至几席○釋曰云不言敦鋓者省文也者決上文初饌時云豆籩鋓在東方明敦及鋓亦視可知。文不言者省文故也上陳時經有几席鄭注所以不幷言几席省文者經言告濯具几席不在濯內故不得云几席爲省文也云東北面告緣賓意欲聞也者經云卽位于堂下如外位則主人在東階之下宗人降自西階宜東面告濯具以賓在西亦欲聞之故也所以不正面告者爲主人告故也云言濯具不言絜以有几席者。凡洗濯當告絜不洗者告具而已几席不在洗內故直。告濯具不言絜嫌通几席亦。在洗濯之限此決下經門外舉鼎鼏云告絜

賓出主人出皆復外位。爲視牲也。今文復爲反

宗人視牲告充雍正作豕充猶肥也雍正官名也北面以策動作豕視聲氣〔疏〕注充猶至聲氣○釋曰云北面以策動作豕者此無正文經云作是動作之言故知以策動作豕云視聲氣者案禮記內則周禮庖人。唯云豕望視而交睫腥不云豕之聲氣而鄭云視聲氣者但祭祀之牲當充盛肥若聲氣不和卽是疾病不堪祭祀故云視聲氣也

宗人舉獸尾告備舉鼎鼏告絜備具

請期曰羹飪肉謂之羹飪孰也謂明日質明時而曰肉孰重豫勞賓宗人既得期西北而告賓有司〔疏〕請期曰羹飪○注肉謂至有司○釋曰案少牢云宗人曰旦明行事此不云旦明行事而云羹飪者彼大夫尊有君道可以豫勞賓故云時節此士卑無君道故不云旦明而云羹飪是以鄭云重豫勞賓羹飪乃來也云宗人既得期西北面告賓有司者此案少牢云主人門東南面宗人朝服北面曰請祭期主人曰比於子宗人曰旦明行事上文門外賓位在門西東面今既得期鄉西在賓南北面告。賓與有司使知祭日當來也

告事畢

賓出主人拜送

夙興主人服如初立于門外東方。南面視側殺夙早也興起也主人服如初則其餘有不玄端者側殺殺一牲也〔疏〕夙興至側殺○注夙早至牲也○釋曰自此盡於中庭論祭日夙興主人主婦陳設及行位之事云主人服如初則

其餘有不玄端者案下記云特牲饋食其服皆朝服玄冠緇帶緇韠注云於祭服此也皆者謂賓及兄弟筮日筮尸視濯亦玄端至祭而朝服朝服者諸侯之臣與其君日視朝之服大夫以祭今賓兄弟緣孝子欲得嘉賓尊客以事其祖禰故服之緇韠者下大夫之臣夙興主人服如初則固玄端是也鄭云其餘有不玄端者明亦有著玄端者是以下記人辨之云唯尸祝佐食玄端玄裳黃裳雜裳可也皆爵韠鄭注云與主人同服是有同服者有著朝服者故鄭云其餘有不玄端者也云側殺殺一牲也者案少牢主人即位於廟門之外司馬封羊司士擊豕皆主人不視殺案楚語云諸侯宗廟之事必自射其牲封羊擊豕又司弓矢云凡祭祀共射牲之弓矢注云射牲示親殺也殺牲非尊者所親唯射爲可又國語云禘郊之事天子必自射其牲玉藻云凡有血氣之類君子弗身翦也者據凡常非祭祀天子尊于郊射牲諸侯降天子故宗廟亦親殺大夫士不敢與君同故視之而不親殺之側殺殺一牲者案冠禮云側尊一甒醴在服北鄭注云側猶特也無偶曰側以其無玄酒是以少牢云司馬封羊司士擊豕以其二牲不云側也

主婦視饎爨于西堂下

炊黍稷曰饎宗婦爲之爨竈也西堂下者堂之西下也近西壁南齊于坫古文饎作糦周禮作𩟄

疏注炊黍至作𩟄○釋曰知宗婦爲之者以經言主婦視饎爨明主婦自爲也是以下記云宗婦贊薦者執以坐于戶外授主婦尸卒食而祭饎爨鄭以祭饎爨用黍而已是宗婦爲之可知也云爨竈也者周公制禮之時謂之爨至孔子時則謂之竈故論語王孫賈云與其媚於奧寧媚於竈是孔子時爲竈也云西堂下者堂之西下也者以其爲爨不可正在堂下當逼西壁爲之故云堂之西下近西壁也又知南齊于坫者案既夕記云設棜于東堂下南順齊于坫明在東西堂下皆齊於坫可知又鄭下注引舊說云南北直屋梠稷在南是也案少牢云雍人概鼎匕俎于雍爨雍爨在門東南北上廩人概甑甗匕與敦於廩爨廩爨在雍爨之北廩爨既在門外不見主婦有視文主婦未知視之以否主婦視饎爨猶主人視殺牲故易歸妹上六云女承筐無實士刲羊無血鄭注宗廟之禮主婦奉筐米如饎之時兼視之可知云周禮作𩟄者所謂故

書者或作鱻也亨于門外東方西面北上亨煮也煮豕魚腊以鑊各一爨詩云誰能亨魚。溉之釜鬵【疏】注亨煮至釜鬵○釋曰知用鑊者下少牢云羹定雍人陳鼎五三鼎在羊鑊之西二鼎在豕鑊之西故用鑊也羹飪實鼎陳于門外如初初視濯也尊于戶東玄酒在西戶東室戶東玄酒在西尚之凡尊酌者在左【疏】注戶東至在左○釋曰知戶東是室戶東者若據房戶東西則舉東房而言今直云戶東故知室戶東也云玄酒在西尚之凡尊酌者在左為上尊今云玄酒在西故云尚之是以鄉飲酒鄉射皆玄酒在西。事酒在東若燕禮大射唯君。面尊不從此義也實豆籩鉶陳于房中如初如初者取而實之既而反之【疏】注如初至反之○釋曰經云實豆籩。者元缺一字取豆籩實之又言陳于房中如初者明既而反之可知也執事之俎陳于階間二列北上執事謂有司及兄弟二列者因其位在東西祝主人主婦之俎亦存焉不升鼎者異於神【疏】執事至北上○注執事至於神○釋曰鄭知經執事之俎祝主人主婦亦存焉者見士虞記祝俎陳於階閒敦東彼虞不致爵。故見主人主婦俎明此吉祭有致爵主人主婦陳於階閒可知以主婦亦是執事之人也若然少牢主人主婦無俎者以三。獻禮成別為儐尸正祭無致爵故主人主婦無俎儐尸行三獻致爵乃有俎下大夫不儐尸者亦於三獻尸爵止行致爵乃有俎也云不升鼎者異於神者前俎升鼎而入設於階前此鼎在門外不入而言陳於階閒二列故知不升鼎盛兩敦陳于西堂藉用萑。几席陳于西堂如初盛黍稷者宗婦也萑細葦古文用為于【疏】注盛黍稷者宗婦也○釋曰知盛黍稷是宗婦者以其黍稷是宗婦所主故知也尸盥匜水實于槃中簞巾在門內之右設盥水及巾尸尊不就洗又不揮門內之右象洗在東統于門東西上凡鄉內以入為左右鄉外以出為左右【疏】尸盥至之右○注設盥至左右○釋曰云不揮者揮振去水使手乾今有巾故不揮也是以僖二十三年左氏傳云公子重耳在秦秦伯納女五人懷嬴與焉奉匜沃盥既而揮之懷嬴怒是也云門內之右象洗在東者東謂門東據向內爲右故鄭云統於門東西上云凡鄉內以入爲左右鄉外以出爲左右者欲明門內據鄉內以入爲右者也

祝筵几于室中東面爲神敷席也至此使祝接神

【疏】注爲神至接神〇釋曰案上視濯時云宗人祝立於賓西北東面南上鄭注云事彌至位彌異宗人祝於祭宜近廟至入廟時宗人獨升視濯及出門外視牲告充未有使祝之文至此臨祭使祝敷神席故鄭云至此使祝接神故也

主婦纚笄宵衣立于房中南面主婦主人之妻雖姑存猶使之主祭祀纚笄首服宵綺屬也此衣染之以黑其繒本名曰宵詩有素衣朱宵記有玄宵衣凡婦人助祭者同服也內則曰舅沒則姑老冢婦所祭祀賓客每事必請於姑

【疏】主婦至南面〇注主婦至於姑〇釋曰云雖姑存猶使之主祭祀者謂姑老不堪祭祀故姑存猶使之主祭祀也云纚者謂若士冠禮廣終幅長六尺笄安髮之笄非冠冕之笄冠冕之笄男子有婦人無若安髮之笄男子婦人俱有婦人笄對男子冠故內則云男女未冠笄又喪服小記云男子冠而婦人笄是也云宵綺屬也此衣染之以黑其繒本名曰宵者謂此宵衣是綾綺之屬鄭注內司服云男子之褖衣黑則是亦黑也以其士喪禮有褖衣與士冠玄端爲一玄端黑是男子褖衣亦黑則此婦人宵衣亦黑可知其玄則黑之類也故鄭引玉藻君子狐青裘玄宵衣以裼之證婦人玄宵衣亦黑也云其繒本名宵者此字據形聲爲綃從糸省聲但詩及禮記儀禮皆作宵字故鄭云其繒本名曰宵故引詩及禮記爲證引詩者直取字爲證引記謂禮記玉藻非直取證字爲宵亦以證婦人宵衣爲玄也云凡婦人助祭者同服也者經及記不見主婦及宗婦異服之文故知同服對男子助祭祝佐食等與主人服異也少牢云主婦贊者一人亦髮鬄衣移袂與主婦同其餘雖不移袂同亦宵衣可知依內司服天子諸侯王后以下助祭皆不同者人君尊卑差等大夫士卑服窮則同也引內則者彼舅沒時年七十以上姑雖存年六十已上而當傳之家事故子之妻代姑祭雖代姑每事必請於姑引之者證經主婦而含姑未老自爲主婦姑老則

子妻爲主婦也主人及賓兄弟羣執事卽位于門外如初宗人告有司具具猶辦也主人拜賓如初揖入卽位如初初視濯也佐食北面立于中庭佐食賓佐尸食者立于宗人之西【疏】佐食至中庭〇注佐食至之西〇釋曰案下記云佐食當事則戶外南面無事則中庭北面據此而言則此經謂無事時也云立于宗人之西者案士虞禮云主人及兄弟賓卽位于西。方如反哭位注引既夕禮云反哭入門。升自西階東面經又云宗人西階前北面注云當詔主人此特牲吉禮主人行事。由阼階宗人亦在阼階。階南擯主人佐食北面於中庭明在宗人之西可知

儀禮疏卷第四十四

儀禮注疏卷四十四校勘記　　阮元撰盧宣旬摘錄

特牲饋食禮第十五

諸侯之士祭祖禰非天子之士而於五禮屬吉禮集釋校云此條有脫誤釋文引鄭云諸侯之士以歲時祭其祖廟之禮又疏云鄭知非天子之士而云諸侯之士者似釋文所引乃鄭目錄本文此云非天子之士及而字皆疏內字誤入注文十五禮屬吉禮下又脫大戴第七小戴第十三別錄第十五凡十四字○按釋文廟字誤當從疏作禰

特牲饋食之禮

於廟門諏丁巳之日今文諏皆爲詛下六字毛本脫徐本集釋俱有與此本標目合通解無按釋文摘爲詛二字

食道是生人飲食之道通解要義同毛本無生字

耳云祭祀自孰始者毛本耳作且要義作耳屬上句

欲見天子諸侯饋食已前食要義作孰

吾不與祭如不祭要義同毛本無如不祭三字

諸侯礿則不禘要義同毛本礿作祠○按王制作礿

常事不書要義同毛本常作嘗○按公羊作常

及筮日

諸侯日視朝之服毛本日作曰浦鏜云日誤曰

云門謂廟門陳閩同毛本謂作爲

士冠禮云陳閩同毛本士作是○按士字是

爲冠禮筮毛本爲作而○按此本是

席于門中

古文闑作槷文徐陳集釋通解俱作文毛本作人槷徐本釋文集釋通解俱作槷毛本作㮚

筮人取筮于西塾

神既爲生成之神通解同毛本下神字作人

圓而神非通解同毛本非字在神上○按非字屬下句是也

宰自主人之左贊命

祖字也浦鏜改祖爲且非是說見下

贊命之事通解同毛本事作辭陳本誤作辛

決士冠禮毛本決作法

據吉祭而言通解要義同毛本無祭字○按通解是也

此與彼文同毛本彼誤作本

伯某且字也要義無伯字且此本要義俱作且下同毛本且作祖陳本此句誤作但下句亦作且段玉裁云特牲祖字少牢且字皆不誤且之言薦也薦其字也賈疏分別此稱祖字少牢稱且字之指而刻本疏內誤且爲祖致學者不能讀浦鏜之說二篇互訛○按凡言且字者皆謂二十字非謂五十字也少牢疏言之甚明少牢云伯某某在伯下是二十字也此云某子某在子上是五十字也故少牢爲且字此爲祖字

筮者許諾

與士不同通解同毛本與作於○按與字是

筮者還

以其屬之長幼徐本同集釋通解楊氏毛本屬俱作年

若不吉

又云旬之內曰近某日曰字毛本作日下同通解此句作曰下兩句仍誤作日

前期三日之朝

上則宿賓與視濯別日上陳閩俱作士

宿尸云乃乃是緩辭毛本不重乃字

二者既同日毛本無既字

今又筮其子爲尸陳閩通解要義同毛本又作有

朝事延尸於戸外要義同毛本延作筵

乃宿尸

古文宿皆作羞凡宿或作速上六字毛本脱徐本集釋俱有與疏合通解無

疊之不從古文要義同毛本疊作曡

謂一部之內通解要義同毛本部作布

主人肅客而入毛本肅誤作速

是以鄭汎云或也通解要義同毛本汎作況○按汎字是

主人立于尸外門外

此中北面要義同毛本通解監本無中字

尸如主人服

以其大夫尊於恩有君道 要義同毛本通解無於恩二字

主人再拜

故云尊尸 要義同毛本通解故云作今此

尸乃拜許 要義同毛本通解無許字 不得擯辭訖 得當作待

宗人擯辭如初

著其辭所易也今文無敢 下四字毛本脫徐本集釋俱有與此本標目合通解併無也字

宿賓

諸士此獻者之中 士要義作在通解作士刪下五字

記人乃辨之 人陳本通解要義俱作人毛本作久辨通解要義俱作辨毛本作辦

厥明夕

下篇少牢陳鼎在門東 鼎陳本通解要義俱作鼎是也毛本誤作鼒

棜在其南

如今大木轝矣轝宋本釋文作輿

下篇云少牢要義同毛本通解無云字

少牢五鼎鼎陳本通解要義俱作鼎是也毛本作鼏

特牲鼎要義同毛本通解牲下有三字

有豕魚腊有通解作言

設洗于阼階東南

西夾室之前近南耳張氏曰疏無室字此篇末注云東堂東夾之前聘禮經曰西夾亦如之公食大夫立于東夾南注曰箱東夾之前覲禮注曰東箱東夾之前士喪禮注曰襲經于序東東夾前亦不帶室字從疏○按夾室古衹稱夾顧命云東夾西夾無室字至雜記釁廟始稱夾室

當夾北也通解要義同毛本北作之○按北字是

夾室前堂謂之相通解要義同毛本堂作當相作廂下同○按堂是也

賓及衆賓

不象如初者象集釋楊氏俱作蒙張氏曰疏象字于既夕禮作蒙從既夕禮

以宰在徐本集釋楊氏同通解毛本宰作賓

注不象至不在按此象字當作蒙下同

主人再拜賓荅再拜唐石經徐陳閩葛集釋通解要義楊敖同毛本荅再二字倒

以其純臣故也通解要義同毛本無臣字

衆賓得備禮故也要義同毛本備作致○按備是也

宗人升自西階

決上文初饌時云陳本通解同毛本上誤作下

文不言者毛本文作經監本同通解無○按經是也

凡洗濯當告絜通解同毛本無凡字

故直告濯具陳閩通解同毛本告作言

亦在洗濯之限通解同毛本無在字

賓出

爲視牲也今文復爲反下五字毛本脫徐本集釋俱有通解無

宗人視牲告充

周禮庖人唯云毛本唯作職○按唯字是

而鄭云毛本鄭誤作正

請期

而日肉熟徐本同集釋通解毛本監本日俱作曰按曰是也

告賓與有司通解同毛本重賓字

夙興○立于門外東方南面方唐石經徐本集釋通解要義楊敖俱作方毛本作房

緇韠者毛本韠誤作之

是以下記人辨之陳本通解要義同毛本辨作辯

司士繫豕繫要義作擊下同按疏內繫字凡三見通解祇載最後一條亦作擊○按少牢作司士繫豕

君子弗身翦也者毛本翦作踐○按玉藻注云踐當爲翦聲之誤故賈氏即改作翦○按翦是也

主婦視饎爨于西堂下

南齊于坫釋文楊氏俱無于字按疏有

又知南齊于坫者要義同毛本無者字通解自者字起至皆齊于坫並刪

廩人摡甑甗匕與敦於廩爨要義同毛本甑作甑○按作甑與少牢文合

兼視之可知要義同毛本視作事

亨于門外東方

溉之釜鬵張氏曰釋文溉作摡古愛反從釋文○按今本釋文仍作溉

尊于戸東

若據房戸東西毛本戸誤作中

事酒在東毛本事誤作尊

唯君面尊毛本通解面作西

實豆籩鉶

經云實豆籩者者下此本空一字按空處疑是明字

執事之俎

故見主人主婦俎要義同毛本通解故下有不字

以三獻禮成三獻二字通解要義同毛本作獻三

奠兩敦陳于西堂藉用萑萑唐石經初刻作萑

尸盥匜水

東謂門東通解同毛本謂作爲

欲明門內據鄉內以入爲右者也閩本同毛本右者作左右

祝筵几于室中東面

爲神敷席也陸氏曰敷音孚本又作鋪普禾反後同

至此使祝接神徐葛集釋通解楊氏同毛本祝作親

東面南上通解同毛本面作西

至此使祝接神故也毛本無故字

主婦纚笄宵衣〇南面毛本南誤作東

此衣染之以黑諸本此徐本作比集釋通解楊氏俱作此張氏曰諸本比作此從

狐青裘通解要義同毛本裘下有豹褎二字

從絲省省當作肖

亦髲鬄衣移袂 髲通解作髲要義毛本誤作髮移毛本作侈通解要義俱作移下同○按少牢作衣侈釋文云侈本又作移疑移乃移之誤

天子諸侯王后以下助祭 通解要義同毛本無下字

證經主婦而含姑 要義同毛本含作舍

未老自爲主婦 毛本未作夫要義作未○按疏意經言主婦兼姑與子妻言之故曰證經主婦而含姑也曲禮云七十曰老而傳謂傳家事也祭祀猶自主之是舅未沒則姑未老舅爲主人姑爲主婦舅沒則姑老子爲主人子妻爲主婦

佐食北面立于中庭

即位于西方 陳閩俱無方字

升自西階東面 要義同毛本升作外○按既夕作升

主人行事由阼階 要義同毛本無由字通解由誤作面

宗人亦在阼階階南擯 要義同毛本通解階字不重

儀禮注疏卷四十四校勘記

儀禮疏卷第四十五

唐朝散大夫行大學博士弘文館學士臣賈公彥等撰

主人及祝升祝先入主人從西面于戶內祝先入接神宜在前也少牢饋食禮曰祝盥于洗升自西階主人盥升自阼階祝先入南面疏主人至戶內○注祝先至南面○釋曰自此盡稽首論主人主婦及祝與佐食陳設陰厭之事云主人從西面于戶內注引少牢者證主人戶內西面其時祝北墉下南面之事以其未有祝行事之法直監納祭而已下文乃云祝在左爲孝子釋辭乃有事也主婦盥于房中薦兩豆葵菹蝸醢醢在北主婦盥盥於內洗昏禮婦洗在北堂直室東隅宗人遣佐食及執事盥出命之盥出當助主人及賓舉鼎主人降及賓盥出主人在右及佐食舉牲鼎賓長在右及執事舉魚腊鼎除鼏及與也主人在右統於東主人與佐食者賓尊不載少牢饋食禮魚用鮒腊用麋士腊用兔疏注及與至用兔○釋曰鼎在門外北上東爲右人西爲左人右人尊入時在鼎前左人卑入時在鼎後又盡載牲體於俎又設俎于神坐之前主人升乃以東爲主今在堂下主人在右故云統於東也云主人與佐食者賓尊不載者以賓主當相對爲左右以賓尊不載牲體故使佐食對主人使賓爲右人而使執事在左而載也宗人執畢先入當阼階南面畢狀如叉蓋爲其似畢星取名焉主人親舉宗人則執畢導之既錯。又以畢臨。匕載備失脫也雜記曰枇用桑長三尺畢用桑。三尺刊其本與末枇畢同材明矣今此枇用棘心則畢亦用棘心舊說云畢。以御他神物神物惡桑叉則少牢饋食及虞無叉何哉此無叉者乃主人不親舉耳少牢大夫祭不親舉虞。喪祭。祭也主人未執事祔練祥執事用桑叉自此純吉用棘心叉疏宗人至南面○注畢狀至心叉○釋曰云畢狀如叉者下引舊說有他神物惡桑叉之言故以叉而言云蓋為其似畢星取名焉者案詩云有捄天畢載施之行無正文故云蓋以疑之也云主人親舉宗人則執畢導之既錯以畢臨匕載備失脫也知義然者以經言宗人執畢先入是導之也又知既錯以畢臨匕載備失脫也者以經云當阼階南面明鄉主人執事臨匕備失脫可知也云今此枇用棘心則畢亦用棘心者案下記云棘心匕刻是也知畢亦棘心者以雜記匕畢同用桑據喪祭今吉祭匕用棘心則畢亦棘心也云舊說云畢以御他神物神物惡桑叉舊說如此又引少牢士虞已下破舊說之意也云此無叉者乃主人不親舉耳者總解士虞少牢二禮云少牢大夫祭不親舉者大夫尊主人不親舉云虞喪祭祭也主人未執事者對吉祭主人執事有畢彼無也云祔練祥執事用桑叉者以其虞時主人不執事則祔已執事執事用桑叉則雜記所云是也云自此純吉用棘心叉者除祥後則禫月及吉祭用棘心也案易震卦象辭云震來虩虩笑言啞啞震驚百里不喪匕鬯鄭注云雷發聲於百里古者諸侯象諸侯出教令能警戒國內則守其宗廟社稷為之祭主不亡其匕鬯人君於祭匕牲體薦鬯而已其餘不親為也若然諸侯親匕牲體大夫不親者辟人君士卑不嫌得與人君同親匕也

鼎西面錯右人抽扃委于鼎北右人謂主人及二賓既錯皆西面俟也

贊者錯俎加匕贊者執俎及匕從鼎入者其錯俎東縮加匕東柄既則退而左入北面也

疏注贊者至北面○釋曰云其錯俎東縮加匕東柄者少牢云俎皆設于鼎西西肆又云匕皆加于鼎東枋則此加匕於鼎東柄可知云既則退而左人北面也知者以其俎從於鼎西其人當北面於其南載之便是以昏禮亦云北面載執而俟是也

乃枇右人也尊者於事指使可也左人載之

佐食升肵俎鼏之設于阼階西肵謂心舌之俎也郊特牲曰肵之為言敬也言主人之所以敬尸之俎古文鼏皆作密

疏注肵謂至作密○釋曰知肵謂心舌者下記云肵俎心舌皆去本末午割之實於牲鼎載心立舌縮俎是也引郊特牲者見敬有肵俎送于尸前

卒載加匕于鼎卒已也已載畢亦加

焉疏注卒已至加焉○釋曰主人匕牲體宗人以畢助之主人匕事訖加之於鼎則宗人既事亦加於鼎可知主人升入復位俎入設于豆東魚次腊特于俎北入設俎載者腊特饌要方也凡饌必方者明食味人之性所以正疏注入設至以正○釋曰知載人設俎者以其經卒載下即云入設不見別人明是載者設之可知云腊特饌要方也者案經豆在神坐之前豕俎入設於豆東魚俎又次其東若腊俎復在東則饌不得方故腊俎特于俎北取其方故也主婦設兩敦黍稷于俎南西上及兩鉶芼設于豆南南陳宗婦不贊敦鉶者以其少可親之芼菜也疏注宗婦至菜也○釋曰案少牢主婦設金敦宗婦贊三敦以其多故使宗婦贊此士祭祀二敦少故不使宗婦贊主婦可親之也若然案少牢佐食贊鉶宗婦不贊鉶此不以佐食決之而并云宗婦者此決有司徹故有司徹云主婦洗于房中出實爵尊南西面拜獻尸尸拜于筵上受主婦西面于主人之席北拜送爵入于房取一羊鉶坐奠于韭菹西主婦贊者執豕鉶以從主婦不與受訖于羊鉶之西又下至主婦致爵于主人主婦設二鉶與糗脩如尸禮皆是也祝洗酌奠奠于鉶南遂命佐食啓會佐食啓會郤于敦南出立于戶西南面酌奠奠其爵觶也少牢饋食禮啓會乃奠之疏注酌奠至奠之○釋曰引少牢者案少牢祝酌奠遂命佐食佐食啓會乃奠者彼大夫禮與此士禮相變是以與此奠乃啓會異也主人再拜稽首祝在左稽首服之甚者祝在左當爲主人釋辭於神也祝祝曰孝孫某敢用剛鬣嘉薦普淖用薦某事於皇祖某子尙饗疏注稽首至尙饗○釋曰引少牢祝祝已下者欲見迎尸之前釋孝子之辭也卒祝主人再拜稽首祝迎尸于門外尸自外來代主人接之就其次而請不拜不敢與尊者爲禮周禮掌次凡祭祀張尸次疏祝迎尸于門外○注尸自至尸次○釋曰自此盡反黍稷于其所論陰厭後迎尸于正祭之事云尸自外來代主人接之者下注云主人不迎

尸成尸尊故也云就其次而請不拜不敢與尊者爲禮者凡平賓客皆在門西主人出門左西面拜今此經直云迎尸於門外不言祝拜尸荅拜是祝出就次尸乃出次迎之而入門是不敢與尊者爲禮引周禮者證門外張尸次之事也

主人降立于阼階東主人不迎尸成尸尊尸所祭者之孫也祖之尸則主人乃宗子禰之尸則主人乃父道事神之禮廟中而已出迎則爲厭

疏注主人至爲厭○釋曰云主人不迎尸成尸尊者案祭統云君迎牲而不迎尸別嫌也尸在廟門外則疑於臣在廟中則全於君君在廟門外疑於君入廟門則全於臣全於子鄭云不迎尸者欲全其尊也尸神象也鬼神之尊在廟中人君之尊出廟門則伸此士禮雖無君道亦尊尸主人不迎迎之尊不成不迎之則成尸之道尊也云尸所祭者之孫也者禮記云孫爲王父尸是也云祖之尸則主人乃宗子者以其祭祖兄弟來助祭故知宗子小宗大宗五宗皆然書傳云宗子將有事族人皆入侍也云禰之尸則主人乃父道者禮記祭統云夫祭之道孫爲王父尸所使爲尸者於祭者子行也父北面而事之所以明子事父之道也此父子之倫也注云祭祖則用孫列皆取於同姓之適孫是其禰之尸則主人乃父道也云事神之禮廟中而已出迎則爲厭有出廟門主人有君是是厭臣之義故不迎也

尸入門左北面盥宗人授巾侍盥者執其器就之執簞者不授巾賤也宗人授巾庭長尊少牢饋食禮曰祝先入門右尸入門左

疏注侍盥至門左○釋曰引少牢者見上經陳盥在門右今尸入門左尸尊不就盥槃匜巾等鄉門右就尸之義也

尸至于階祝延尸尸升入祝先主人從延進在後詔侑曰延禮器所謂詔侑武方者也少牢饋食禮曰尸升自西階入祝從主人升自阼階祝先入主人從

疏尸至至人從○注延進至人從○釋曰云在後詔侑曰延者案士虞禮尸謖祝前鄉尸鄭注云前道也祝道尸必先鄉之爲之節彼祝居尸前道之此則在尸後詔之故云延也云禮器所謂詔侑武方者彼注武無也祝詔侑尸無常謂若檀弓子事父母左右就養無方今祝延尸道尸亦無常也引少牢者見祝從尸主人又從祝入之事

尸即席

坐主人拜妥尸妥安坐也尸荅拜執奠祝饗主人拜如初饗勸強之也其辭取于士虞記則宜云孝孫某。圭。爲孝薦之饗舊說云明薦之【疏】尸荅至如初○注饗勸至薦之○釋曰云其辭取于士虞記則宜云孝孫某圭爲孝薦之饗者但喪祭稱哀吉祭稱孝故士虞記卒哭饗尸辭曰哀子某圭爲哀薦之饗此既吉祭宜云孝孫某圭爲孝薦之饗以其改哀。云孝故曰宜云也引舊說者證圭爲絜明之義也

祝命挼祭尸左執觶右取菹擩于。醢祭于豆閒命詔尸也挼祭祭神食也。士虞禮古文曰祝命佐食。墮祭周禮曰既祭則藏其墮。墮與挼讀同耳。今。文。改。挼。皆。爲。綏。古。文。此。皆。爲。挼。祭。也擩醢者染於醢【疏】祝命至豆閒○注命詔至於醢○釋曰云挼祭祭神食也者鄉者設饌未迎尸隂厭厭飫神今尸來升席而挼祭祭訖當食神餘引周禮而云墮與挼讀同則二字通用云今文改挼皆爲。綏不從今文引古文者欲見。擩下有祭無醢故。疊之而不從也云。擩醢者染。於醢從經爲正也

佐食取黍稷肺祭授尸尸祭之祭酒啐酒告旨主人拜尸奠觶荅拜肺祭刌肺也旨美也祭酒穀味之。芬。芬者齊敬共之唯恐不美告之。美達其心明神享之【疏】注肺祭至享之○釋曰知肺祭是刌肺也者下記刌肺三鄭注爲尸主人主婦。祭明是刌肺非舉肺也

主祭鉶嘗之告旨主人拜尸荅拜鉶肉味之有菜和者曲禮曰客絮羹主人辭不能亨【疏】注鉶肉至能亨○釋曰云鉶肉味之有菜和者此即公食大夫牛藿羊苦豕薇之等是也以其盛之鉶器因號羹爲鉶故云肉味有菜和者引曲禮者證鉶羹有五味調和。不。合。絮調之義故告旨若大羹。不調以鹽菜無絮調之理也

祝命爾敦佐食爾黍。稷于席上爾近也近之便尸之食也設大羹湇于醢北大羹湇煑肉汁也不和貴其質設之所以敬尸也不祭不嚌大羹不爲神非盛者也士虞禮曰大羹湇自門入今文湇皆爲汁【疏】設大羹湇于醢北○注大羹至爲汁○釋曰云醢北者爲薦左案公食大夫昏禮大羹湇皆在薦右此在左者

神禮變於生人士虞禮大。夫羹湆設于鉶南在右與生人同有不忍異於生故也云不和貴其質者案桓二年左氏傳云大羹不和以鹽菜是貴其質也云不

爲神者陰厭時未設尸來始設爲尸故士虞記云無尸則禮及薦饌皆如初不授祭無大羹湆胾從獻有尸即有大羹湆從獻縱有亦不祭不嚌是不爲神爲

尸非盛者也引士虞禮曰大羹湆自門入者證迎尸後乃從獻來也 舉肺脊以授尸尸受振祭嚌之左執之 肺氣之主

也脊正體之貴者先食啗之所以導食通氣 乃食食舉 舉言食者明凡解體皆連肉 【疏】乃食食舉○注舉言至連肉○釋曰乃食謂食肺云

食舉謂骨體正脊從俎舉鄉口因名體爲舉凡牲體或匕或二十匕皆據骨節而言今言食不可空食骨以體皆連肉也 主人羞肵俎于腊

北 肵俎主於尸主人親羞敬也神俎不親設者貴得賓客以神事其先 【疏】注肵俎至其先○釋曰云肵俎主於尸者以其入後乃設之故知主於尸主人

親進者敬尸故也前神俎使載者設之者欲得尊賓嘉客其事其先故也 尸三飯告飽祝侑主人拜 三飯告飽禮一成也侑勸也或

曰又勸之使又食少牢饋食禮侑辭曰皇尸未實侑也 佐食舉幹尸受振祭嚌之佐食受加于肵俎舉獸

幹魚一亦如之 幹長脅也獸腊其體數與牲同 【疏】注幹長至牲同○釋曰。云長脅文出下記。也云獸腊其體數與牲同知者亦見下記云腊

如牲骨是也 尸實舉于菹豆 爲將食庶羞舉謂肺脊 佐食羞庶羞四豆設于左南上有醢 庶衆也衆

羞以豕肉所以爲異味四豆者膮炙胾醢南上者以膮炙爲上以有醢不得縪也 【疏】注庶衆至縪也○釋曰案公食大夫云旁四列西北上。膷以東。臐膮

牛炙炙南醢以西牛胾醢注云先設醢縪之次也此四豆有醢則不得先設非縪之次故也又復一醢不得與胾炙相對相對之法炙在南醢在北胾在北。醢

南如此見得縪故少牢云韭菹醓醢葵菹蠃醢韭菹在南葵菹在。北注云葵菹在北縪又云羞胾兩瓦豆有醢亦用瓦豆設于薦豆之北注云四豆亦縪羊胾

在南豕胾在北此皆有醢亦得縎者其四豆胾醢具相對故。鄭。皆云縎也以尸又三飯告飽祝侑之如初禮再成也舉骼。

及獸魚如初尸又三飯告飽祝侑之如初禮三成獸魚如初者獸骼魚一也舉肩及獸魚如初

不復飯者三三者士之禮大成也舉先正脊後肩自上而卻下縎而前終始之次也疏注不復至次也○釋曰云舉先正脊後肩自上而卻下縎而前終始之次也者先舉正脊自上也次舉脅即卻也後舉骼即下縎也終舉肩即前也前者牲體之始後者牲體之終故云終始之次也佐食盛肵。俎

俎釋三个佐食取牲魚腊之餘盛於肵俎將以歸尸俎釋三个爲改饌於西北隅遺之所釋者牲腊則正脊一骨長脅一骨及臑也魚則三頭而已个猶枚也今俗言物數有。云若干個。者此讀然疏注佐食至讀然○釋曰云俎釋三个爲改饌於西北隅遺之所釋者。牲腊則正脊一骨長脅一骨及臑也知者案下記云尸俎右肩臂臑肫骼正脊二骨橫脊長脅二骨短脅今以舉正脊一骨長脅一骨及。骼脊脅。各一骨在前腳三節後腳二節各舉其一訖前腳舉肩訖宜次盛臂後腳舉骼訖宜次盛肫前後各一節以歸脊以其次正脊故也前腳唯有臑在并脊脅各一骨爲三也肵舉肺脊加于肵

俎反黍稷于其所尸授佐食佐食受而加之反之也肺脊初在。俎豆疏注尸授至俎豆○釋曰經直云肺脊加於肵俎鄭知尸不自加而授與佐食佐食受而加之者約少牢云上佐食受尸牢肺正脊加于肵注云受者尸授之也。是云肺脊初在。菹豆者上文云尸實舉于。菹豆是也主

人洗角升酌酳尸酳猶衍也是獻尸也。謂之酳者尸既卒食又欲頤衍養樂之不用爵者下大夫也因父子之道質而用角角加人事略者。今文酳皆爲酌疏主人至酳尸○注酳猶至爲酌○釋曰自此盡入復位論主人獻尸及祝佐食之事知是獻尸者下有主婦洗爵獻尸并賓長獻尸故知此是主人。酳尸也云不用爵者下大夫也者此決少牢云主人降洗爵酌酒乃酳尸用爵不用角也云因父子之道質而用角。角加人事略者既辟大夫不用

爵次當用觚而用角者因無臣助祭父子相養之道而用角者父子是質角加人事略得用功少故也尸拜受主人拜送尸祭酒
啐酒賓長以肝從。肝肝炙也。今。文。曰啐。之。古。文長無疏尸拜至肝從○注肝肝至無長○釋曰此直言肝從亦當如少牢賓長羞牢肝
用俎縮執俎肝亦縮進。末鹽在右此亦不言者文不具也尸左執角右取肝擩于鹽振祭嚌之加于菹豆卒
角祝受尸角曰送爵皇尸卒爵主人拜尸荅拜曰送爵者節主人拜祝酌授尸尸以醋主
人醋報也祝酌不洗尸不親酌尊尸也。尸。親。醋。相。報。之。義。古文醋作酢疏注醋報至作酢○釋曰云祝酌不洗者尸當酢主人宜親洗爵酌酒不親洗酌
尸尊故也授代酌由祝代酌故不洗也主人拜受角尸拜送主人退佐食授挼。祭退者進。受爵反位。妥。亦。當。爲。挼
尸將嘏主人佐食。授之授祭亦使祭尸食也其授祭亦取黍稷肺祭。今。文或皆改妥作。挼疏注退者至作挼○釋曰云挼祭亦使祭尸食也者前祝命尸挼
祭祭神食今命主人祭尸食亦如尸祭神食故云亦也云其授祭亦取黍稷肺祭者亦如上佐食取黍稷肺祭。授尸尸祭之相似故云亦也主人坐
左執角受祭祭之祭酒啐酒進聽嘏聽猶待也受福曰嘏嘏長也大也待尸授之以長大之福佐食摶黍授
祝祝授尸尸受以菹豆執以親嘏主人獨用黍者食之主其辭則少牢饋食禮有焉疏佐食至主人○注獨用至
有焉○釋曰案少牢云祝與二佐食皆出盥于洗入二佐食各取黍於一敦上佐食兼受摶之以授尸尸執以命祝卒命祝祝受以東北面于戶西以嘏于主
人但少牢不親嘏者大夫尸尊又大夫禮文此親嘏者士尸卑禮質故也云其辭則少牢饋食禮有焉者案少牢云祝以嘏于主人曰皇尸命工祝承致多福
無疆于女孝孫來女孝孫使女受祿于天宜。稼于田眉壽萬年勿替引之是也云獨用黍者食之主者案上文云爾黍于席上不云爾稷者以稷雖五穀之長

不如黍之美故云食之主是以喪大記云君沐粱大夫沐稷士沐粱士喪禮士沐稻諸侯之士鄭注云差率而上天子。沐黍是黍爲穀之貴也

主人左執角再拜稽首受復位詩懷之實于左袂挂于季指卒角拜尸荅拜詩猶承也謂奉納之懷中季。小也實于左袂挂祛以小指者便卒角也少牢饋食禮曰與受黍坐振祭嚌之。古。文。挂。作卦

【疏】注詩猶至作卦○釋曰云挂祛以小指者便卒角也但。右手執角。左手挂祛以小指不。于左手言便卒角者飲酒之時恐其遺落故挂以小指故云便卒角也

主人出寫嗇于房祝以籩受變黍言嗇因事託戒欲其重稼嗇嗇者農力之成功

【疏】云主人至籩受○注變黍至成功○釋曰案少牢云主人出宰夫以籩受嗇黍主人嘗之納諸內此大夫。尊不。似。有入房直見大夫出宰夫以籩受此主人寫嗇于房祝以籩受以其士賤故也云變黍言嗇因事託戒欲其重稼嗇者以黍者五穀之名非農力成功之稱故以黍爲嗇欲其重稼嗇故少牢鄭注云收斂曰嗇是用農力之言也

筵祝南面主人自房還時

主人酌獻祝祝拜受角主人拜送設菹醢俎行神惠也先獻祝以接神尊之菹醢皆主婦設之佐食設俎

【疏】注行神至設俎○釋曰此。汝佐食以佐食接尸故後獻之祝接神先獻之云菹醢皆主婦設之佐食設俎知者前獻尸時菹醢主婦設之亞獻及致爵於主人籩豆亦皆主婦設之則此設菹醢亦主婦可知又知佐食設俎約少牢主人獻祝佐食設俎故此亦佐食設俎可知

祝左執角祭豆興取肺坐祭嚌之興加于俎坐祭酒啐酒以肝從祝左執角右取肝擩于鹽振祭嚌之加于俎卒角拜主人荅拜受角酌獻佐食佐食北面拜受角主人拜送佐食坐祭卒角拜主人荅拜受角降反于篚升入復位

【疏】祝左至復位○釋曰云主人荅拜受角酌獻佐食者案上獻祝有俎此獻佐食不言俎者

上經云執事之俎陳於階閒二列北上鄭注云執事謂有司以佐食亦在有司內者下記云佐食俎觳折脊脅也又下經賓長獻節鄭注云凡獻佐食皆無從元缺起字其薦俎獻兄弟以齒設之若少牢獻佐食俎卽設于兩階之閒西上大夫將賓尸故卽設佐食俎至於賓尸時佐食無俎也

主婦洗爵于房酌亞獻尸

亞次也次猶貳主婦貳獻不夾拜者士妻儀簡耳

疏注亞次至簡耳○釋曰自此盡以爵入于房論主婦獻尸祝及佐食之事云主婦貳獻不夾拜者士妻儀簡耳者此決少牢主婦亞獻尸時夾拜此士妻下之故云儀簡耳

尸拜受主婦北面拜送

北面拜者辟內子也大夫之妻拜於主人北西面

疏注北面至西面○釋曰案少牢云主婦洗于房中出酌入戶西面拜獻尸鄭注云入戶西面拜由便也不北面者辟人君夫人也拜而後獻者當夾拜也又云尸拜受主婦主人之北西面拜送爵是也若大夫妻貴辟人君夫人士妻賤不嫌得與人君夫人同也

宗婦執兩籩戶外坐主婦受設于敦南

兩籩棗栗棗在西

疏注兩籩至在西○釋曰知者案下記云籩巾以綌也纁裏棗烝栗擇是也知棗在西者依士虞禮云主婦亞獻尸時云自反兩籩棗栗設于會南棗在西鄭云尚棗棗美故知也

祝贊籩祭尸受祭之祭酒啐酒

籩祭棗栗之祭也其祭之亦於豆祭

疏注其祭之亦於豆祭○釋曰知者見上經尸挼祭時云若平取菹擩于醢祭于豆閒又佐食取黍稷肺祭授尸尸祭之不言其處明亦祭於豆閒今此祝贊籩祭之亦不言其處亦祭於豆閒可知又案有司徹云尸取韭菹擩于豆祭于豆閒又尸取麷蕡宰夫贊者取白黑以授尸尸受兼祭于豆祭是籩豆同祭於豆閒也

兄弟長以燔從尸受振祭嚌之反之

燔炙肉也

疏注燔炙肉也○釋曰云反之者謂反燔于長兄弟

羞燔者受加于肵出

出者侑後事也

疏注出者侑後事也○釋曰云侑後事者謂侑主婦獻祝之時更當羞燔于祝知者約上文主人獻尸云賓長以肝從至獻祝時但云以肝從不言其人明亦賓長可知此下文主婦獻祝籩燔

從如初儀明獻祝時亦長兄弟羞燔可知故鄭注云俟後事也尸卒爵祝受爵命送如初送者送卒爵酢如主人儀尸酢主婦如主人儀者自祝酌至尸拜送如酢主人也不易爵辟內子【疏】注尸酢至內子○釋曰云尸酢主婦如主人儀者自祝酌至尸拜送如酢主人也者言此上則如之其異者不並取也謂主人受佐食授自祭之此佐食錯授于地主婦撫之而已是也云不易爵辟內子者以經云酢如主人儀上尸酢主人時不易爵故此主婦受酢亦不易爵可知男女不相襲爵所以今襲爵者辟內子是以少牢云祝受尸爵尸荅拜易爵洗酌授尸主婦拜受爵尸荅拜是其易爵也主婦適房南面佐食挼祭主婦左執爵右撫祭祭酒啐酒入卒爵如主人儀撫挼祭示親祭佐食不授而祭於地亦儀節也入室卒爵於尊者前成禮明受惠也【疏】注撫挼至惠也○釋曰云佐食不授而祭於地亦儀節也者少牢大夫妻云上佐食挼祭主婦西面於主人之北受祭祭之此佐食祭於地主婦撫之而已故云亦儀節云亦者亦前不夾拜也獻祝籩燔從如初儀及佐食如初卒以爵入于房及佐食如初如其獻佐食則拜主人之北西面也【疏】注及佐至面也○釋曰此無正文以佐食北面拜受主婦不宜與佐食同面拜送又言如初明與主人同西面拜故鄭云拜主元缺止此人之北西面與內子同賓三獻如初燔從如初爵止初亞獻也尸止爵者三獻禮成欲神惠之均於室中是以奠而待之【疏】賓三至爵止○注初亞至待之○釋曰自此盡卒復位論賓長獻尸及佐食幷主人主婦致爵之事此一科之內乃有十一爵賓獻尸一也主婦致爵于主人二也主人酢主婦三也主人致爵于主婦四也主婦酢主人五也尸舉奠爵酢賓長六也賓長獻祝七也又獻佐食八也賓又致爵于主人九也又致爵于主婦十也賓獻主人酢十一也云初亞獻也者知不初獻者以主婦亞獻承初獻後賓長又承亞獻後故知如亞獻不得如初獻也又面位及燔從皆如亞獻也云三獻禮成欲神惠之均於室中是以奠而待

之者謂尸得三獻而禮成言其實飲三爵祝與佐食亦得三獻主人主婦各得一酢而已未得獻是神惠未均奠而待之者待主人主婦致爵乃均也案下文衆賓長爲加爵如初爵止鄭注云尸止爵者欲神惠之均于在庭止得一獻亦言均則不以爵數爲均直據得一獻則爲均也

席于戶內爲主人鋪之西面席自房來

主婦洗爵酌致爵于主人主人拜受爵主婦拜送爵主婦拜拜於北面也今文曰主婦洗酌爵疏注主婦至酌爵○釋曰云主婦拜拜於北面也者約有司儐尸於堂主婦致爵于主人主人致爵于主婦北面于阼階上荅拜是也

宗婦贊豆如初主婦受設兩豆兩籩初贊亞獻也主婦薦兩豆籩東面也疏注初贊至面也○釋曰上主婦亞獻時但云宗婦執兩籩又云祝贊籩祭無豆此云贊豆如初明贊豆之時與贊籩同故得言如初知東面者以主人西面故知也

俎入設佐食設之疏俎入設○注佐食設之○釋曰知佐食設之者見有司下大夫不儐尸者主婦致爵於主人。時佐食設俎彼室內行事與士禮略同故鄭約之知佐食設之也

主人左執爵祭薦宗人贊祭奠爵興取肺坐絕祭嚌之興加于俎坐挩手祭酒啐酒絕肺祭之者以離肺長也少儀曰牛羊之肺離而不提心家亦然挩拭也挩手者爲絕肺染汙也。扐肺不挩手古文挩皆作說疏注絕肺至作說○釋曰引少儀者彼注云提猶絕也不絕中央少許者引之證離肺長而不絕故須絕之云忖肺不。挩手者。以已斷絕取祭之不須以手絕之故不挩手也

肝從左執爵取肝擩于鹽坐振祭嚌之宗人受加于俎燔亦如之興席末坐卒爵拜於席末坐卒爵敬也一酌而備再從而次之。示均疏注於席至示均○釋曰此決上主人獻尸賓長以肝從主婦獻尸兄弟以燔從今一酌而肝燔從則與尸等故云亦均亦者亦上酒均於堂內

主婦荅拜受爵酌醋左執爵拜主人荅拜坐祭立飲卒爵拜

主人荅拜主婦出反于房主人降洗酌致爵于主婦席于房中南面主婦拜受爵主人西面荅拜宗婦薦豆俎從獻皆如主人主人更爵酌醋卒爵降實爵于篚入復位主人更爵自酢男子不承婦人爵也祭統曰夫婦相授受不相襲處酢必易爵明夫婦之別古文更爲受疏注主人至爲受○釋曰云主人更爵自酢男子不承婦人爵也者案上主婦獻尸尸酢主婦不易爵鄭注云辟內子致爵于主人則易爵也若然案下記設洗篚在洗西實二爵鄭注云二爵者爲賓獻爵止主婦當致也此賓長所獻爵尸奠之未舉其篚唯有一爵得云易者上主婦亞獻洗爵洗爵于房中則房中有爵又主婦獻祝及佐食訖以爵入于房後主婦致爵于主人還是房內爵後主人致爵于主婦者是下篚之爵主婦飲訖實于房中之篚主人更取房內之爵以酌酢酢訖奠于下篚云主人更爵者謂酌酢爵與房內爵相更鄭注下記云主婦當致者謂主人致爵於主婦則用下篚內爵也

三獻作止爵賓也謂三獻者以事命之作起也舊說云賓入戶北面曰皇尸請舉爵尸卒爵酢酌獻洗。及佐食洗爵酌致于主人主婦燔從皆如初更爵酢于主人卒復位。洗乃致爵爲異事新之燔從皆如初者如亞獻及主人主婦致爵也凡獻佐食皆無從其薦俎獻兄弟以齒設之賓更爵自酢亦不承婦人爵今文曰洗致古文更爲受疏注洗乃至爲受○釋曰此決上文賓獻尸獻祝及佐食皆不洗今致于主人洗故決之也案下篇不儐尸洗爵致于主人注云以承佐食賤新之此云爲異事新之注不同者但爲異事異事則是承賤承賤後則事異言雖不同理則一也云燔從皆如初者如亞獻及主人主婦致爵者謂如上主婦亞獻尸及祝皆燔從此言皆燔從如初故云如亞獻及主人主婦致爵雖云如初則無肝從故經釋云燔從皆如初云凡獻佐食皆無從者謂主人主婦及賓長獻佐食皆無從故云凡鄭言此者以經獻祝及佐食洗爵致于主人主婦燔從皆如初在獻佐食下嫌獻佐食亦然有燔從故鄭辨之若然佐食得獻與祝得獻同亦得如初但無從爲異云其薦俎獻兄弟以齒設之者以上佐食得獻時不見有設薦俎之文下記云佐食於旅也齒於兄弟故佐食薦俎亦與兄弟同時設之也

主人降阼階西面拜賓如初洗拜賓而洗爵爲將獻之如初。如視濯時主人再拜賓荅拜三拜衆賓衆賓荅再拜者

疏主人至初洗〇注拜賓至拜者〇釋曰自此盡賓爵于篚論獻賓及衆賓之事也

賓辭洗卒洗揖讓升酌西階上獻賓賓北面拜受爵主人在右荅拜就賓拜者此禮不主於尊也賓卑則不專階主人在右統於其位。今。文。無。洗

疏賓辭至荅拜〇注就賓至其位〇釋曰云就賓拜者此禮不主於尊也者案鄉飲酒鄉射賓主獻酢各於其階至酬乃同階此因祭如初賓非爲尊之所尊者謂尸也又賓是士家有司卑不得專階故就之使不得專階也對鄉飲酒鄉射得專階也云主人在右統於其位者以其賓得在西階上北面以東爲右主人位在阼階故云統於其位鄭言此者主人就西階異於飲酒主人在右則與飲酒禮同以言故主人常居右也

薦脯醢設折俎凡節解者皆曰折俎不言其體略云折俎非貴體也上賓骼衆賓儀公有司設之

疏薦脯醢設折俎〇注凡節至設之〇釋曰案下記云賓骼鄭云骼左骼也賓俎全體尊賓也折骨而曰折俎明凡節解牲體皆曰折升于俎故名折俎與臑折同名其折義則異彼折骨云不言其體略云折俎非貴體也者案下記云賓骼骼是牲體此經云折俎者亦用骼非貴體故略云折俎若然經尸俎祝佐食及主人主婦俎體皆不言之而鄭注獨云賓俎不言體者尸祝等經不言牲體亦不言折以其體貴故也此賓俎不言牲體而言折明非貴體也云上賓骼衆賓儀者案下記唯云賓骼其衆賓已下皆殽脅不言儀者鄭見有司徹主人獻賓儀司士設俎羊骼一又云衆賓長拜受爵其脅體儀也注云儀者尊體盡儀度餘骨可用而用之尊者用尊體卑者用卑體而已是也云公有司設之者此卽有司徹云司士設俎羊骼一衆賓脅體儀是也此下文云。公有司在門西則此設俎者也

賓左。執

爵祭豆奠爵與取肺坐絶祭嚌之興加于俎坐挩手祭酒卒爵拜主人荅拜受爵酌酢奠爵拜賓荅拜主人酌自酢者賓不敢敵主人主人達其意【疏】注主人至其意○釋曰云賓不敢敵主人主人達其意者以其賓是士之有司之中以卑不敢與主人爲敵酢之是以主人酌以自酢達賓意故也若鄉飲酒鄉射賓皆親酢主人以其賓尊行。敵。禮故也

主人坐祭卒爵拜賓荅拜揖執祭以降西面奠于其位位如初薦俎從設位如初復其位東面少牢饋食禮宰夫執薦以從設于祭東司士執俎以從設于薦東是則皆公有司爲之與【疏】注位如至之與○釋曰以賓位在西階下東面。今受獻於西階上經云執祭以降西面奠于其位又言位如初明復西階下東面位可知也

衆賓升拜受爵坐祭立飲薦俎設于其位辨主人備荅拜焉降實爵于篚衆賓立飲賤不備禮鄉飲酒記曰立卒爵者不拜既爵備盡盡人之荅拜

尊兩壺于阼階東加勺南枋西方亦如之爲酬賓及兄弟行神惠不酌上尊卑異之就其位尊之兩壺皆酒優之先尊東方示惠由近禮運曰澄酒在下【疏】尊兩至如之○注爲酬至在下○釋曰自此盡揖復位論堂下設酬賓之事云行神惠不酌上尊卑異之者決上文獻賓及兄弟皆酌上尊者獻是嚴正故得與神靈共尊至此旅酬禮褻故不敢酌上尊案司尊彝職四時之祭云皆有罍諸臣之所酢少牢上下大夫堂下皆無尊者士卑得與人君同大夫尊辟人君故也云兩壺皆酒優之者設尊之法皆有。玄酒今兩壺皆酒無玄酒優之也案玉藻云唯饗野人皆酒鄭云飲賤者不備禮與此注無玄酒爲優之異者此士之祭禮欲得尊賓嘉客以事其先非賤者故以皆酒爲優之彼饗野人野人是賤者故以不備禮解之也云先尊東方示惠由近者東方主人位西方賓位今先設東方乃設西方者見酒由主人來故云示惠由近。爲始也引禮運者彼注澄爲沈齊酒是三酒酒所以飲諸臣證此壺尊亦

飲在下者也主人洗觶酌于西方之尊西階前北面酬賓賓在左先酌西方者尊賓之義主人

奠觶拜賓荅拜主人坐祭卒觶拜賓荅拜主人洗觶賓辭主人對卒洗酌西面

賓北面拜西面者鄉賓位立於西階之前賓所荅拜之東北【疏】注西面至東北○釋曰以經云主人對卒洗酌西面賓北面拜主人西面授賓北面荅拜明主人之得南過於賓故鄉以義言之云立於西階之前賓所荅拜之東北也主人奠觶于薦北奠酬於薦左非為其不舉行神惠不可同於飲酒【疏】注奠酬至飲酒○釋曰以其神惠右不舉○生人飲酒左不舉今行神惠不可同於飲酒故奠於左與○生人相變故有司徹云二人舉觶酬尸侑○侑奠觶于右鄭注云奠于右者不舉也神惠右不舉變於飲酒是也此酬奠於薦左下文賓舉為旅酬以其神惠故也言不可同飲酒者謂不可同於鄉飲酒故鄉飲酒記云將舉者於右奠者於左其義與此別此下文奠觶於薦南明將舉以初在北飲酒將舉奠於薦南便其復舉賓坐取觶

還東面拜主人荅拜賓奠觶于薦南揖復位還東面就其位薦西奠觶薦南明將舉【疏】賓坐至復位○注還東至將舉○釋曰云揖復位者則初奠時少南於位可知云還東面者則初賓坐取觶薦東西面可知故鄭注云還東面就其位薦西也主人洗爵

獻長兄弟于阼階上如賓儀酬賓乃獻長兄弟者獻之禮成於酬先成賓禮此主人之義亦有薦脀設于位私人為之與【疏】主人至賓儀○注酬賓至之與○釋曰自此盡如衆賓儀論主人獻長兄弟及衆兄弟之事云酬賓乃獻長兄弟者獻之禮成於酬者以其獻賓之禮以酬副之乃禮成故冠禮云乃禮賓以一獻之禮鄭注云獻酢酬賓主人各兩爵而禮成又鄉飲酒獻及酬賓訖乃獻介又此文獻賓即酬賓乃獻兄弟故鄭注獻之禮成於酬也云亦有薦脀設于位者以經云獻長兄弟于阼階上如賓儀則長兄弟初受獻于阼階上時亦薦脯醢設折俎於阼階上祭訖乃執以降設于下

位皆當如賓儀鄭下注云設薦俎於其位者據執祭以降及其位而言也言亦者亦賓鄭必知有薦俎者見於下記云長兄弟及宗人折是也云私人為之與者私人者即私臣下記云私臣門東北面西上是也以賓薦公有司設之則兄弟薦俎私人可知以無正文故言與以疑之也

洗獻衆。兄弟如衆賓儀獻卑而必為之洗者顯神惠此言如衆賓。儀則。如。獻衆賓洗明矣【疏】注獻卑至明矣○釋曰云此言如衆賓儀則如獻衆賓洗明矣者以其。上獻衆賓時雖不言洗此云洗獻衆兄弟如衆賓儀明獻衆賓洗可知不言之者舉下以明上省文之義故也

洗獻內兄弟于房中如獻衆兄弟之儀內兄弟內賓宗婦也如衆兄弟如其拜受坐祭立飲設薦俎於其位而立內賓。其位在房中之尊北不殊其長略婦人者也有司徹曰主人洗獻內賓於房中南面拜受爵【疏】洗獻至之儀○注內兄至受爵○釋曰自此盡入復位論主人獻姑姊妹及宗婦之事云內賓宗婦也者此總云內兄弟下記云內賓宗婦案彼注云內賓姑姊妹宗婦族人之婦若然兄弟者服名故號婦人為兄弟也云其位在房中之尊北者案下記云尊兩壺于房中西。墉下南上內賓立于其北東面南上宗婦北堂東面北上是也云不殊其長略婦人者決上文獻賓於西階上獻兄弟於阼階上皆殊其長此不殊故云略之引有司徹者欲見此內賓受獻時亦南面拜受爵故下注云內賓之長亦南面荅拜言亦者亦前受獻時前雖無文約有司徹內賓之長亦南面荅拜

主人西面荅拜更爵酢卒爵降實爵于篚入復位爵辨乃自酢以初不殊其長也內賓之長亦南面荅拜【疏】注爵辨至荅拜○釋曰云爵辨乃自酢以初不殊其長也者對上賓與長兄弟不得獻衆賓衆兄弟偏主人先自酢也云內賓之長亦南面荅拜者獻時不殊其長酢時猶如賓及兄弟殊其長與男子同男子婦人衆賓以下皆無酢也

長兄弟洗觚為加爵如初儀不及佐食洗致如初無從大夫士三獻而禮成多之為加也不及佐食無從殺也致致於主人主婦【疏】長兄至無從○注大夫至主婦

○釋曰此一經論士三獻之外爲加獻尸之事云如初儀者如賓長三獻之儀但賓長獻十一爵此兄弟之長加獻則降唯有六爵以其闕主人主婦致爵并酢四爵及獻佐食五唯有六在者洗觚爲加獻一也尸酢長兄弟二也獻祝三也致爵於主人四也致爵於主婦五也受主人酢六也云大夫士三獻而禮成者天子大祫十有二獻四時與禘唯有九獻上公亦九獻侯伯七獻子男五獻卿大夫士略同三獻而祭禮成也是以多之者爲加若主人飲酒禮卿大夫三獻士唯一獻而已祭禮士與大夫同者攝盛葬奠亦與元缺一字大夫同少牢五鼎又乘車建旜亦與卿大夫同也

衆賓長爲加爵如初爵止尸爵止者欲神惠之均於在庭

疏衆賓至爵止○注尸爵至在庭○釋曰庭賓及兄弟雖得一獻未得旅酬其已得三獻又別受加爵故停之使庭行旅酬是以云尸爵止者欲神惠之均於在庭也

儀禮疏卷第四十五元缺第六葉今補

儀禮注疏卷四十五校勘記　阮元撰盧宣旬摘錄

宗人執畢先入

宗人則執畢導之　導釋文作道云音導

乂以畢臨匕載　乂徐本作乂與述注合集釋通解楊氏毛本俱作又匕釋文作朼張氏曰監本匕誤作上從諸本○按上字因匕而誤疏亦作匕唯釋文作朼張氏恪遵釋文而此不從朼何耶

三尺刊其本與末　徐本集釋通解楊敖同毛本三上有長字

畢以御他神物　以徐葛集釋俱作以與述注合毛本以作似

虞喪祭祭也　徐本同與述注合葛本集釋楊敖俱作虞喪祭也毛本作虞者祭也

主人未執事　張氏曰監本未誤作求從諸本

有捄天畢　捄陳閩監本俱作求天閩監俱誤作夫

乂以畢臨　要義同通解毛本乂作又下同

以經言宗人執畢先入　陳閩通解同毛本畢作事

備失脫也者　通解同毛本無失字

棘心匕刻是也通解同毛本匕作巳○按作匕與記文合

畢以御他神物陳閩要義同毛本以作似閩本他誤作也

舊說如此要義同毛本如作知

破舊說之意也要義同毛本破作彼○按破是也

云虞喪祭祭也要義同毛本不重祭字

則袝巳執事執事用桑乂要義同毛本巳作以執事二字不重

則雜記所云是也要義同毛本是作事○按是是也

贊者錯俎加匕

東柄柄釋文集釋楊氏俱作枋敖氏作柄陸氏曰枋本亦作柄

佐食升肵俎

肵謂心舌之俎也肵下集釋敖氏俱有俎字

實於牲鼎通解要義同與記文合毛本無於字

卒載加匕于鼎毛本于誤作去

主人升入復位

知載人設俎者陳閩通解同毛本人作入

豕俎入設於豆東通解要義同毛本無俎字

主婦設兩敦黍稷于俎南○及兩鉶芼唐石經重鉶字張氏曰監本云及兩鉶鉶芼多一鉶字從諸本

主婦洗于房中要義同毛本洗下有爵字

拜獻尸要義同毛本拜作升○按有司徹是拜字

主婦設二鉶與糗脩毛本與誤作于

祝洗酌奠○立于尸西南面唐石經徐本集釋通解要義楊敖同毛本無尸字

遂命佐食佐食啓會乃奠者通解要義同毛本佐食二字不重出

主人再拜稽首

當爲主人釋辭於神也陳閩監葛通解俱脫人字又神誤作主

祝迎尸于門外

凡平賓客毛本平誤作來

主人降

疑於君 通解要義同毛本疑上有則字○按祭統有則字

皆取於同姓之適孫 通解要義同毛本無於字○按祭統注有於字

有出廟門 要義同通解毛本無有字○按有字疑當作者屬上句

主人有君是是厭臣之義 通解毛本無是是二字要義是是作是君○按當云主人是君是有厭臣之義

尸入門左北面盥

見上經陳盥在門右 通解同毛本上作士

尸至于階

祝從主人升自阼階 毛本阼誤作祚

尸荅拜

孝孫某主爲孝薦之饗 毛本主作圭嚴本作主張氏曰監本主作圭從監本○按少牢疏引此注爲下有而字

以其改哀云孝 陳閩通解要義同毛本云作爲

祝命挼祭○右取菹擩于醢 釋文無于字與注合按公食大夫擩于醢注云今文無于此經不疊今文古文是今古俱無于也又

公食有于字故注但釋擩義云擩猶染也此經無于字故注補之云換醢者染於醢

士虞禮古文曰徐本集釋通解楊氏同毛本士作古

祝命佐食墮祭墮集釋作隋下同張氏曰注曰士虞禮古文曰祝命佐食墮祭周禮曰既祭則藏其墮按釋文釋挼祭云音墮後隋祭挼祭皆放此後少牢饋食禮經曰墮祭爾敦按釋文亦作隋許規反下同注又曰挼讀爲墮按釋文音綏字注云隋亦放此有司注曰挼讀爲藏其墮之墮按釋文音綏字注云并注挼及墮皆許恚反後放此然則三篇之墮皆隋字也與周禮守祧之文合至于士虞禮之墮祭與舉周禮之文釋文于彼自作墮並從釋文〇按墮祭當概作隋祭釋文字例雜糅張氏曲從之非是

墮與挼讀同耳今文改挼皆爲綏古文此皆爲挼祭也下十五字毛本脫徐本集釋楊氏俱有通解無周學健云士虞禮尸取奠節疏引此注有〇按士虞疏引此注挼祭作擩祭故有五字不同之說

云今文改挼皆爲綏要義同毛本綏作餒

欲見換下有祭無醢要義同毛本換作挼〇按換即擩之俗字挼祭換醢本屬兩事疏恐人誤溷故特辨之說文云擩染也周禮六曰擩祭然則挼祭之挼與換醢之換本俱作擩此節經文換醢注中挼祭宜皆改作擩

故疊之而不從也要義同毛本疊作壘

云換醢者染於醢毛本換誤作挼於誤作欲按疏意擩祭之擩當爲挼擩醢之擩則爲擩未知果鄭意否

佐食取黍稷肺祭授尸

祭酒穀味之芬芬者集釋楊氏毛本同張氏曰注曰祭酒穀味之芳芳者按監本作芬芳從監本〇按徐鍾亦俱作芬芬張氏所據之嚴本獨作芳芳

告之美美上楊氏有以字

主人主婦祭通解毛本婦下祭上有此經云肺四字

祭鉶嘗之

不合絜調之義通解毛本作絜者調和之義

不調以鹽菜毛本通解不上有則字

祝命爾敦佐食爾黍稷于席上黍唐石經初刻作稷

設大羹湇于醢北

士虞禮大夫羹湇陳閩通解俱無夫字要義有

佐食舉幹

云長脅陳閩監本同毛本通解云下有幹字

文出下記也云毛本也作下通解無

佐食羞庶羞四豆

腳以東毛本通解腳誤作脚

膴胖牛炙通解同毛本膴作𦢊○按公食大夫禮作膴

醓南毛本通解醓下有在字

葵菹在北毛本通解北下有縟字

故鄭皆云縟也鄭下衍云字通解併無皆字

舉骼及獸魚如初毛本骼誤作骼

佐食盛肵俎肵徐本作所誤

有云若干個者徐本集釋俱有云字通解毛本無集釋無者字

牲腊牲閩本誤作特

今尸舉正脊一骨陳閩通解同毛本尸作以○按尸是也

及骼脊脅各一骨在陳閩通解骼下俱有肩則二字各下俱有有字

舉肺脊

肺脊初在俎豆徐本同集釋通解楊氏毛本俎俱作菹張氏曰注曰肺脊初在俎豆按疏作菹豆經上文云尸實舉于菹豆注云舉謂肺脊今自菹豆加于肵俎也從疏○按此本述注作菹標目仍作俎毛本則與此相反要以菹爲正

授之也是當作授之是也

云肺脊初在菹豆者毛本菹作俎通解作菹下菹豆同按菹是也

主人洗角

謂之酳者徐本集釋楊氏同通解謂之作云

又欲頤衍養樂之徐陳集釋通解楊氏同毛本欲作却

今文酳皆爲酌錢大昕曰少牢士虞注竝云古文酳爲酌特牲注今文亦當爲古文之譌

故知此是主人酳尸也浦鏜云酳當獻字誤

加人事略者此本通解加上俱重角字毛本不重

尸拜受

今文曰啐之古文無長上五字毛本脫徐本集釋俱有案古文徐本誤作古又嚴鍾俱不誤通解此節無注

肝亦縮進末陳本通解同毛本末作米

祝酌授尸

尊尸也尸親醋相報之義下七字毛本脫徐本集釋楊氏俱有通解無

主人拜受角○佐食授挼祭張氏曰注云妥亦當爲挼又云今文或皆改妥作挼則經文挼蓋妥字也從注○按士虞疏所舉五字獨不及妥大抵挼擩綏妥四字古今文旣參差不一今本又復淆譌不可致詰

進受爵反位妥亦當爲挼下五字毛本脫徐本集釋俱有楊氏作受亦當爲挼通解無

佐食授之挼祭挼徐本作受集釋通解楊氏俱作挼

今文或皆改妥作挼毛本作古文挼作綏徐本集釋俱作今文或皆改妥作挼與此本標目合通解無

亦如上佐食取黍稷肺祭授尸陳本通解同毛本授作挼

佐食摶黍授祝

宜稼于田通解同毛本稼誤作嫁○按少牢作稼是也

天子沐黍要義同毛本無沐字○按有沐字與喪大記注合

主人左執角

季小也小釋文作少云詩召反下同○按要義載注亦作少載疏仍作小

嚌之古文挂作卦下無五字毛本脫徐本集釋要義俱有與此本標目合通解

但右手執角左手挂袪以小指陳閩要義同毛本右左互倒監本俱作左

不干左手干陳閩監本通解俱作于

主人出

此大夫尊毛本尊誤作爭

不似有入房當作不自入房

收斂曰嗇毛本收作秋○按少牢注作收

主人酌獻祝

此汝佐食毛本汝作女○按此句疑有譌脫浦鏜改女爲先亦未是

祝左執角

佐食俎觳折脊脅也觳陳閩俱作獻○按獻字非也下記文作觳

主婦洗爵于房酌亞獻尸毛本酌誤作祝

祝贊籩祭

若平取菹擩于醢 浦鏜云右手誤若平經無手字

酢如主人儀

自祝酌至尸拜送 酌要義作獻

云不易爵辟內子者 爵辟二字毛本誤倒

賓三獻如初

三獻禮成 集釋無此四字

席於戶內

爲主人鋪之 按前經祝筵几於室中注云爲神敷席也陸氏曰本又作鋪後同然則此鋪釋文亦作敷

俎入設

時佐食設俎 毛本時作待陳本通解俱作時屬上句

主人左執爵祭薦

刌肺不挩手 集釋同毛本刌作忖

云忖肺不捝手者毛本捝作拭陳閩通解俱作捝按捝字是

以已斷絶毛本以下有其先二字通解同毛本

肝從

示均示徐本楊氏俱作示與此本標目合集釋通解毛本俱作亦盧文弨云示非疏甚明

主婦出反于房

古文更爲受徐本集釋同毛本古文更作今文授

上主婦亞獻洗爵洗爵于房中要義同毛本通解洗爵二字不重出

則用下篚內爵也內下陳閩通解俱有之字

三獻作止爵

賓入戶北面曰徐陳集釋楊敖同毛本通解戶作尸

尸卒爵酢酌獻洗及佐食徐本同集釋通解楊敖毛本洗俱作祝張氏曰經曰獻洗及佐食巾箱杭本洗作祝監本作祝從監本

○復位毛本復誤作二

亦不承婦人爵今文曰洗致古文更爲受下十字毛本脫徐本集釋俱有與此本標目合通解無

尸及祝皆燔從此言皆燔從如初 毛本無此言皆燔從五字

主人降阼階

如初如視濯時 徐本集釋楊敖同毛本通解無下如字

賓辭洗

統於其位今文無洗 下四字毛本脫徐本集釋俱有通解無按疏標目無

薦脯醢

公有司在門西 通解同毛本無公字

賓左執爵祭豆 左唐石經作佐誤

以其賓尊行敵禮故也 毛本敵禮誤作二干

主人坐祭卒爵拜

今受獻於西階上 通解同毛本今作令

尊兩壺於阼階東

皆有玄酒 通解要義同毛本玄作大

故云示惠由近爲始也毛本爲誤作二

主人奠觶拜

明主人之得南過於賓毛本通解之作不

主人奠觶于薦北

生人飲酒左不舉毛本生作主陳本通解要義俱作生下同

侑奠觶於右奠上通解要義俱重侑字毛本不重○按依有司徹奠上當有侑字

主人洗爵

論主人獻長兄弟及衆兄弟之事毛本衆誤作長

洗獻衆兄弟毛本無衆字唐石經徐本集釋通解楊敖俱有石經考文提要云疏述經明有衆字

此言如衆賓儀儀徐陳集釋通解楊氏俱作儀與疏合毛本作獻

則如獻衆賓洗明矣如集釋作知按作知是也觀疏自明疏述注亦誤作如字通解無獻字

以其上獻衆賓時通解同毛本上作士

洗獻內兄弟于房中

其位在房中之尊北 徐本集釋楊敖同通解毛本無其字

尊兩壺于房中西墉下 毛本墉作牖陳本通解要義俱作墉○按當作墉

長兄弟洗觚爲加爵

幷酢四爵 酢要義作酬

天子大祫十有二獻 要義同毛本通解二作三

祭禮士與大夫同者 與通解要義俱作與下同毛本作於

衆賓長爲加爵

欲神惠之均於在庭也 陳閩通解要義同毛本於在二字倒

儀禮注疏卷四十五校勘記

儀禮疏卷第四十六

唐朝散大夫行大學博士弘文館學士臣賈公彥等撰

嗣舉奠盥入北面再拜稽首嗣主人將爲後者舉。猶。飲也使嗣子飲奠者將傳重累之者大夫之嗣子不舉奠辟諸侯疏嗣舉至稽首〇注嗣主至諸侯〇釋曰自此盡出復位論嗣子飲奠酳獻之事云嗣主人將爲後者不言適而言將爲後者欲見無。長。適立庶子及同宗爲後皆是故汎言將爲後也云舉猶飲也者非謂訓舉爲飲直是嗣子舉而飲之耳云將傳重累之者謂將使爲嗣牽累崇敬承重祭祀之事是以使飲之而獻也云大夫之嗣子不舉奠辟諸侯者案文王世子云其登餕獻受爵則以上嗣注云上嗣君之適長子以特牲饋食禮言之受爵謂上嗣舉奠也獻。謂舉奠洗爵酳入也餕謂宗人遣舉奠盥祝命之餕也大夫之嗣無此禮辟君也今案少牢無嗣子舉奠之事故此注云辟諸侯士卑不嫌得與人君同故有嗣子舉奠之事也奠者即上文祝酌奠奠於鉶南是也郊特牲云舉斝角詔妥尸鄭注云始入舉奠斝若奠角將祭之祝則詔主人拜安之使之坐尸即至尊之坐或時不自安則以拜安之天子奠斝諸侯奠角彼鄭注意亦引此特牲祝酌奠于鉶南也

尸執奠進受復位祭酒啐酒尸舉肝舉奠左執觶再拜稽首進受肝復位坐食肝卒觶拜尸備荅拜焉食肝受尊者賜不敢餘也備猶盡也每拜荅之以尊者與卑者爲禮略其文耳古文備爲復疏尸執至拜焉〇注食肝至爲復〇釋曰直言受肝明有鹽是以下記云嗣舉奠佐食設豆鹽是也云食肝受尊者賜不敢餘也者食之當盡以其食若不盡直云嚌之而已此經云食肝明不敢餘也

舉奠洗酌入尸拜受舉奠荅拜尸。祭酒啐酒奠之舉奠出復位啐之者荅其欲酢己也奠之者復神之奠觶嗣齒於子姓凡非主人升降自西

階

【疏】舉奠至復位○注卒之至西階○釋曰：云卒之者，荅其欲酢己也者，鄉飲酒、鄉射主人獻賓，賓皆卒酒，洗爵即酢主人。此嗣子獻。賓。賓卒之，亦欲。酢己，故卒之，其賓無酢也。云嗣齒於子姓者，姓之言生，子之所生，謂孫行者，今嗣亦孫之流，故齒之也。云凡非主人升降自西階者，案曲禮云爲人子者升降不由阼階，是以雖嗣子亦宜升降自西階。適子孫不升降階，故於此總言。凡也。

兄弟弟子洗酌于東方之尊，阼階前北面舉觶于長兄弟，如主人酬賓儀。弟子後生也。

【疏】兄弟至賓儀○注弟子後生○釋曰：自此盡乃羞，論弟子舉觶將行旅酬之事。云如主人酬賓儀者，謂如上文主人酬賓，就其階同北面並拜，乃飲卒爵，拜，洗酌，乃西面，賓北面拜，位故言如此，亦然。弟子洗觶酌於東方之尊，阼階前東面獻長兄弟，長兄弟北面拜受，弟子奠于薦南，長兄弟坐取觶，還西面拜，弟子北面荅拜，長兄弟奠于薦北，揖復位。若有司徹云兄弟之後生者舉觶於其長，長在左，弟子自飲訖，升酌降，長拜受於其位，舉爵者東面荅拜。鄭注云拜受荅拜不北面者，儐尸禮殺，此不儐尸，則拜送皆北面可知也。弟子後生者，此即有司徹云兄弟之後生者是也。

宗人告祭脀。脀，俎也。所告者衆賓。衆兄弟、內賓也。獻時設薦俎于其位，至此禮又殺，告之祭，使成禮也。其祭皆離肺，不言祭豆可知。

【疏】注脀俎至可知○釋曰：云告祭脀者，謂告衆賓之等，知無長賓者，以其初得獻時即祭肺於階上，此獻時乃設薦俎于其位，故此無長賓也。上。又下長兄弟如賓儀，則亦獻時祭可知，故云宗人所告衆賓、衆兄弟、內賓也。云獻時設薦俎於其位者，得獻時乃薦于堂下及房內之位。云至此禮又殺，告之祭，使成禮也者，案上文加爵致爵不及佐食，無從，殺也。此告之祭使成禮，是再殺，故云又殺也。云其祭皆離肺者，已於記文解之也。云不言祭豆可知者，以衆賓言薦俎從設，言薦即豆也，故云不言祭豆可知。

乃羞。羞，庶羞也。下尸胾醢豆而已。此所羞者自。祝、主人至於內賓，無內羞。

【疏】乃羞○注羞庶至內羞○釋曰：知羞非薦羞者，上文受獻時皆設薦俎於其位，故知此羞乃是庶羞，非薦也。云下尸胾醢豆而已者，上爲尸佐食羞庶羞四豆設於左鄭注四豆膮炙胾醢此祝以下薦羞降于尸當去膮炙故云胾醢豆而已云此所羞者自祝主人至於內賓者言自祝下及內賓。及衆賓兄弟皆在可知又下記云公有司獻次衆賓私臣獻次兄弟則內賓亦及之是以少牢下篇云。乃羞庶羞于賓兄弟內賓及私人不。儐尸亦云乃羞于賓兄弟內賓及私人辯是也若然少牢與有司徹儐尸與不儐尸庶羞與房中羞皆與尸佐食及祝主人主婦皆同時羞之者彼上下大夫禮尊故得與尸同時羞此士禮卑故不得與尸同也。云內羞者以其尸尊尚無內羞況祝卑故無內羞也

賓坐取觶阼階前北面酬長兄弟長。兄。弟。在右薦南奠觶

疏賓坐至在右○注薦南奠觶○釋曰自此盡實觶于篚論行旅酬之閒作止爵之事但此特牲之禮堂下行旅酬無筭爵並在室中者不與旅酬之事上大夫儐尸與旅酬不與無筭爵之事故別使二人舉觶於尸侑尸侑得舉爲旅酬偏及堂下尸與旅酬者以其儐尸在堂。禮殺故也若下大夫不儐尸者堂下無旅酬直行無筭爵於堂下而已尸則不與之所以下大夫無旅酬直有無筭爵者以其禮尸於室中辟國君堂下不設尊故無旅酬直行無筭爵而已以其堂。上。與神靈共尊不得與尸行旅酬故屈之此特牲堂下得旅酬無筭爵並行者以其堂下與神靈別尊故爲加爵禮尸。於室中酌上尊堂下旅酬行神惠酌下尊故上大夫及士之祭禮旅酬行無筭爵或行或不皆參差不等也賓。酬長兄弟長兄弟在右下文長兄弟酬衆賓長自左受旅如初是賓主相酬主人常在東其同在賓中則受酬者在左若鄉飲酒賓酬主人主人立於賓東主人酬介介立於主人之西其衆賓受介酬者自介右鄭注云尊介使不失故位衆受酬者受自左異其義也賓主相酬各守其位不以尊卑變同。類之中受者于左尊右也

賓奠觶拜長兄弟荅拜賓立卒。觶酌于其尊東面立長兄弟拜受觶賓北面荅拜揖復位其尊長兄弟尊也此受酬者拜亦北面

疏注其尊至北面○釋曰以其旅酬無筭爵以飲者酌己尊酬人之時酌彼尊是各自其酒故無筭爵賓弟子及兄弟弟子舉觶於其長各酌于其尊

也云此受酬者拜亦北面者以經長兄弟拜受觶不言面位故鄭云受酢者拜亦北面言亦者亦賓北面也長兄弟西階前北面衆賓長自左受旅如初旅行也受行酬也初賓酬長兄弟長兄弟卒觶酌于其尊西面立受旅者拜受長兄弟北面荅拜揖復位衆賓及衆兄弟交錯以辯皆如初儀交錯猶言東西爲加爵者作止爵如長兄弟之儀於旅酬之閒言作止爵明禮殺並作疏爲加至之儀○注於旅至並作○釋曰前衆賓之長爲加爵如初爵止今還使爲加爵者作止爵也故云如長兄弟之儀云於旅酬之閒言作止爵明禮殺並作者此決上文賓三獻爵止鄭注云三獻禮成欲神惠之均于室中是以奠而待之故有室中主人主婦致爵訖乃三獻作止爵此衆賓長爲加爵如初爵止鄭注云尸爵止者欲神惠之均于在庭而堂下庭中行旅酬未訖爲加爵者作止爵故鄭注云禮殺並作也長兄弟酬賓如賓酬兄弟之儀以辯卒受者實觶于篚長兄弟酬賓亦坐取其奠觶此不言交錯以辯賓之酬不言卒受者實觶于篚明其相報禮終於此其文省疏注長兄至文省○釋曰云長兄弟酬賓亦坐取其奠觶者亦謂亦上賓坐取薦南奠觶此長兄弟所舉奠觶者即上弟子舉觶於其長是也云明其相報禮終於此其文省者以其賓舉奠觶於長兄弟行旅酬盡皆偏長兄弟舉觶於賓行旅酬亦皆偏故云相報禮終言明者嫌其不終所以嫌者嫌其不終所以嫌者賓之酬不言卒受者此不言交錯以辯嫌其不卒不辯其賓賓之酬亦卒受者實觶于篚此亦交錯以辯故鄭云文省賓弟子及兄弟弟子洗各酌于其尊中庭北面西上舉觶於其長奠觶拜長皆荅拜。舉觶者祭。卒觶拜。長皆荅拜。舉觶者洗各酌于其尊。復初位長皆拜舉觶者皆奠觶于薦右奠觶進奠之于薦右非神惠也今文曰奠于鷰右【疏】賓弟至鷰右○注奠觶至鷰右○釋曰自此盡爵無算論二觶並行無算爵之事云奠觶進奠之於鷰右非神惠也者案上尊兩壺於阼階東加勺南柄西方亦如之鄭注云爲酬賓及兄弟行神惠至此云非神惠者彼三獻止爵欲得神惠均于室中衆賓長爲加爵止爵者欲神惠均于在庭故止爵行旅酬雖以尸而奠爵待之亦得爲神惠至此別爲無筭爵在下自相勸故得爲非神惠故奠於鷰右同於。生人飲酒舉者奠於鷰右也長皆執以興舉觶者皆復位荅拜長皆奠觶于其所皆揖其弟子弟子皆復其位復其位者東西面位弟子舉觶於其長所以序長幼教孝弟凡堂下拜亦。皆北面【疏】長皆至其位○注復其至北面○釋曰云復其位者東西面位者上既言皆復位荅拜此復重云復位則上文復位復在庭初舉北面位此重言復位者當復東西面位可知云凡堂下拜亦皆北面者前主人酬賓弟子舉於其長行旅酬。及無算爵兄弟弟子賓弟子舉觶皆北面則知凡堂下雖不見面位者皆北面拜可知云凡賓以下至於私人拜受送皆北面故云凡也爵皆無筭筭數也賓取觶酬兄弟之黨長兄弟取觶酬賓之黨唯己所欲亦交。錯以辯無次第之數因今接會使之交恩定好優勸之利洗散獻于尸酢及祝如初儀降實散于篚利佐食也言利以今進酒也更言獻者以利。待尸禮將終宜一進酒嫌於加酒亦當三也不致爵禮又殺也【疏】利洗至于篚○注利佐至殺也○釋曰自此盡西序下論佐食獻尸祭祀畢之事云利佐食也言利以今進酒也者利與佐食乃有二名者以上文設俎啓會爾敦之時以黍稷爲食故名佐食今進以酒所以供養故名利利即養也故鄭云以今進酒也若然少牢名佐食上利執羊俎下利執家俎者大夫禮文故即兩見其名云更言獻者以利待尸禮將終宜一進酒嫌於加酒亦當三也者此決兄弟長及衆賓長。爲加爵於尸不言獻今進酒更言獻不言加爵故鄭君解其義意以利事尸禮將終宜一進酒不似長兄弟助宗子祭祀爲加爵衆賓之長助主人祭祀設爲加爵嫌此佐食同彼二者爲加爵故變言獻是以鄭云嫌亦當三也亦者亦上主人獻主婦獻賓長爲三獻也長兄弟爲加爵衆賓長爲加爵通洗散獻尸亦。三都并尸飲六士祭事尸禮畢也云不致爵禮又殺也者上文云長兄弟洗觚爲加爵如初儀不及佐食洗致如初無從注云不及佐食無從殺也此又不致故云又殺也

主人出立于戶外西南。事尸禮畢祝東面告利成利猶養也供養之禮成不言禮畢於尸閑之嫌

【疏】祝東面告利成○注利猶至之嫌○釋曰少牢云主人出立于阼階上南。面祝出立于西階上東面祝告曰利成此戶外告。利成彼階上告利成以尊者稍遠於尸若天子諸侯禮畢於堂下告利成故詩楚茨云禮儀既備鍾鼓既戒孝孫徂位工祝致告鄭注云鍾鼓既戒戒諸在廟中者以祭禮畢孝孫。往位堂下西面位也祝於是致孝孫之意告尸以利成是尊者告利成遠於尸也云不言禮畢於尸閑之嫌者閑閑暇無事若然禮畢則於尸閑暇無事有發遣尸之嫌故直言利成而已也

尸謖祝前主人降謖起也前猶導也少牢饋食禮曰祝入尸謖主人降立于阼階東西面祝先尸從遂出于廟門前尸之儀士虞禮備矣

【疏】尸謖至人降○注謖起至備矣○釋曰引少牢者證大夫禮主人立位與士不同又證前尸出廟之事云前尸之儀士虞禮備矣者彼有室中出尸降階出廟前尸之事故云備矣

祝反及主人入復位命佐食徹尸俎俎出于廟門俎所以載肵俎少牢饋食禮曰有司受歸之

【疏】注俎所至歸之○釋曰引少牢者是少牢下篇有司徹下大夫不賓尸之禮彼云佐食徹尸俎佐食乃出尸俎于廟門外有司受歸之此士禮不儐尸與下大夫同故引以相證也

徹庶羞設于西序下爲將餕去之庶羞主爲尸非神饌也尚書傳曰宗室有事族人皆侍終日大宗。已侍於賓奠然後燕私燕私者何也。已而與族人飲也此徹庶羞置西序下者爲將以燕飲與然然則自尸祝至於兄弟之庶羞宗子以與族人燕飲于堂內賓宗婦之庶羞主婦以燕飲於房

【疏】徹庶至序下○注爲將至于房○釋曰知非神饌而云爲尸者以其尸。三。飯後始薦庶羞故徹之乃餕也凡餕者尸餕鬼神之餘祭

者餕尸之餘義取鬼神之惠徧廟中庶羞非鬼神惠故不用也引尚書傳已下者是彼康誥傳文大宗已侍於賓奠者或有作養或有作暮者皆誤以奠爲正也引之者證徹庶羞不入于房而設於西序下以擬燕故也必知祭有燕者案楚茨詩云鼓鍾送尸下云備言燕私鄭注云祭祀畢歸賓客之俎同姓則留與之燕所以尊賓客親骨肉也其上大夫當日儐尸安有燕故有司徹上大夫云主人退注云反於寢也是無燕私若下大夫不儐尸與此士禮同亦當有燕也云與者以經直言設于序下不言燕疑之引書傳爲證有燕故言與以疑之也云然則自尸祝以下知義如此者以兄弟受獻於堂上主婦內賓受獻於房中尸出之後堂房無事故知燕時男子在堂婦人在房可也

筵對席佐食分簋鉶爲將餕分之也分簋者分敦黍於會爲有對也敦有虞氏之器也周制士用之變敦言簋容同姓之士得從周制耳祭統曰餕者祭之末也不可不知也是故古之人有言曰善終者如始餕其是已是故古之君子曰尸亦餕鬼神之餘惠術也可以觀政矣

疏筵對至簋鉶○注爲將至政矣○釋曰自此盡尸外西面論嗣子共長兄弟對餕之事云敦有虞氏之器者禮記明堂位云有虞氏之兩敦上文黍稷之敦是周制士用之云言簋容同姓之士得從周制耳者大夫異姓既用異代之器故少牢特牲皆用敦則同姓之士當同。周制用簋故經言分簋是以文王世子鄭注亦云同姓之士總衰異姓之士疑衰亦同姓與異姓別也引祭統者證餕是鬼神之惠偏廟中若國君之惠徧境內是可以觀政之事也

宗人遣舉奠及長兄弟盥立于西階下東面北上祝命嘗食籑者舉奠許諾升入東面長兄弟對之皆坐佐食授舉各一膚命告也士使嗣子及兄弟籑其惠不過族親也古文籑皆作餕主人西面再拜

疏注命告至作餕○釋曰此決下篇少牢二佐食及二賓長餕明惠大及異姓不止族親而已

祝曰籑有以也兩籑奠舉于俎許諾皆荅拜以讀如何其久也必有以也之以祝告籑釋辭以戒之言女籑于此

當有所以也以先祖有德而享于此祭其坐餕其餘亦當。以之也少牢饋食禮不戒者非親昵也舊說曰主人拜下餕席南疏注以讀至席南〇釋曰云

以讀如何其久也必有以也之以者此辭在詩邶風旄丘篇必有以從之者以此經云有以也者以先祖有功德子孫當嗣之而廟食先祖有德亦合享此祭

故讀從之也是以彼注亦云我君何以久留於。二。佐必以衛有功德故也云其坐餕其餘亦當以之也者亦謂亦似其先祖已上皆爲。以爲似者誤也云少牢

饋食禮不戒者非親昵也者謂二佐食與二賓長是非親昵也引舊說者以經直言主人西面拜不見其。處故引舊說以明下餕席南。面若是者三

丁寧戒之皆取舉祭食祭舉乃食祭鉶食舉食乃祭鉶禮殺疏注食乃祭鉶禮殺〇釋曰前正祭之時尸祭鉶嘗之告旨

訖佐食爾黍於席上尸始食今餕食乃祭鉶故決之云禮殺故也卒食主人降洗爵宰贊一爵主人升酌酳上

餕上餕拜受爵主人荅拜酳下餕亦如之少牢饋食禮曰贊者洗三爵。酌主人受于戶內以授次餕舊說云主人北

面授。下餕爵疏注少牢至餕爵〇釋曰引少牢者欲見此禮主人亦受于戶內以授次餕引舊說以此經云酳下餕主人面位無文當北面也主人

拜祝曰酳有與也如初儀主人復拜爲戒也與讀如諸侯以禮相與之與言女酳此當有所與也與者與兄弟也既知似先祖之德

亦當與女兄弟謂教化之疏注主人至化之〇釋曰云讀如諸侯以禮相與之與者案禮運云諸侯以禮相與者諸侯會同聘問一德以尊天子言此者戒

嗣子與長兄弟及衆兄弟相教化相與以尊先祖之德也兩餕執爵拜荅主人也祭酒卒爵拜主人荅拜兩餕皆

降實爵于篚上餕洗爵升酌酢主人主人拜受爵下餕復兄弟位不復升也上餕即位坐荅

拜既授爵戶內乃就坐疏注既授至就坐〇釋曰以其主人位在戶內下餕席南西面故知上餕授爵於戶內乃就坐主人坐祭卒爵

拜上養荅拜受爵降實于篚主人出立于戶外。西面事。餕者禮畢祝命徹阼俎豆籩設于東序下命佐食阼俎主人之俎宗婦不徹豆籩徹禮略各有爲而已設于東序下亦將燕也【疏】祝命至序下○注命命至燕也○釋曰自此盡畢出論徹薦俎改設饌於西北隅爲陽厭之事云祝命徹阼俎者是佐食徹之當徹阼俎之時堂下賓兄弟俎畢出故下文云佐食徹阼俎堂下俎畢出是也。者然祝命徹阼俎時堂下俎畢出又退在下者欲見先徹室內俎乃徹堂下是以祝命佐食徹阼俎及豆籩又祝自執俎以出又宗婦徹祝豆籩入於房卽佐食改饌西北隅是以作經幷說室內行事乃到本云上佐食徹阼俎時堂下俎畢出也云命命佐食者此命命使徹阼俎下文云佐食徹俎故知祝命者命佐食也云宗婦不徹豆籩徹禮略各有爲而已者以豆籩宗婦贊設之佐食設俎理應佐食還自徹俎宗婦徹豆籩以徹禮略各自有爲而已故宗婦豆籩。今佐食幷徹之故云徹禮略也各有爲而已者謂宗婦徹祝俎豆籩佐食徹阼俎豆籩是各自有爲何必依前所設之時也

祝執其俎以出東面于戶西侅告利成少牢下篇曰祝告利成乃執俎以出【疏】注侅告至以出○釋曰案有司徹下大夫不儐尸改饌于西北隅訖主人出立于阼階上西面祝執其俎以出立于西階上東面司宮闔牖戶祝告利成乃執俎以出于廟門。外有司受歸之彼不儐尸之禮亦與此特牲禮同故引爲證也

宗婦徹祝豆籩入于房徹主婦薦俎宗婦既並徹徹其卑者士虞禮曰祝薦席徹入于房【疏】宗婦至薦俎○注宗婦至于房○釋曰宗婦不徹主人豆籩而徹祝豆籩入房者爲主婦將用之爲燕祝兩豆籩而主婦用之者祝接神尸之類主婦燕姑姊妹及宗女宜行神惠故主人以薦羞幷及祝庶羞燕宗人於堂主婦以祝籩豆用之燕內賓於房是其事也云宗婦既並徹徹其卑者以宗婦不徹主人籩豆而徹祝與主婦是徹其卑者故得並徹引士虞禮者以經自有入房之文注更引士虞禮者有嫌也嫌者以主婦薦俎先在房嫌經入房又爲徹

佐食徹尸薦俎

敦設于西北隅几在南厞用筵納一尊佐食闔牖戶降厞隱也不知神之所在或諸遠人乎尸謖而改饌爲幽闇庶其饗之所以爲厭飫少牢饋食禮曰南面。而饋之設此所謂當室之白陽厭也則尸未入之前爲陰厭矣曾子問曰殤不備祭何謂陰厭陽厭也

疏注厞隱至厭也○釋曰云不知神之所在或諸遠人乎禮記郊特牲之文彼論正祭與繹祭之事此爲陽厭引之者欲見孝子求神非一處故先爲陰厭後爲陽厭之事也引少牢者見彼大夫禮陽厭南面此士禮東面雖面位不同當室之白則同案曾子問庶殤爲陽厭之事故彼云凡殤與無後者祭於宗子之家當室之白尊於東房是謂陽厭鄭注云當室之白謂西北隅得戶之明者也凡言厭者謂無尸直厭飫神故鄭云則尸未入之前爲陰厭矣謂祭于奧中不得尸明故名陰厭對尸謖之後改饌於西北隅爲陽厭以向戶明故爲陽厭也引曾子問云殤不備祭何謂陰厭陽厭也彼上文孔子曰有陰厭有陽厭謂宗子有陰厭無陽厭凡殤有陽厭無陰厭曾子言謂殤死陰厭陽厭。並有故問孔子孔子。引宗子。一有陰厭凡殤一有陽厭引之證成人陰厭陽厭並有之義也

祝告利成降出主人降卽位宗人告事畢賓出主人送于門外再拜。拜送賓也凡去者不荅拜

疏注拜送至荅拜○釋曰云凡去者不荅拜者云凡總解諸文主人拜送賓皆不荅拜鄭注鄉飲酒云禮有終是也若賓。更荅拜是更崇新敬禮故不荅也

佐食徹阼俎堂下俎畢出記俎出節兄弟及衆賓自徹而出唯賓俎有司徹歸之尊賓者

疏注記俎至賓者○釋曰云唯賓俎有司徹歸尸侑之俎不償尸歸尸俎皆不見歸賓俎鄭所以知歸賓俎者正見賓出主人送於門外再拜明賓不自徹俎主人使歸之若助君祭必自徹其俎鄭注曲禮大夫以下或使人歸之是以孔子世家云魯郊不致燔俎于大夫孔子不。稅冕而行士大夫家尊賓則使歸之自餘亦自徹而去也

記

特牲饋食其服皆朝服玄冠緇帶緇韠於祭服此也皆者謂賓及兄弟筮日筮尸視濯亦玄端至祭而朝服朝服者諸

侯之臣與其君日視朝之服大夫以祭。今賓兄弟緣孝子欲得嘉賓尊客以事其祖禰故服之緇韠者下大夫之臣夙與主人服如初則固玄端

疏記特牲至緇韠〇注於祭至玄端〇釋曰此退玄冠在朝服下者欲令近緇色士冠在朝。服。上從而正也云皆者謂賓及兄弟筮日筮尸視濯亦玄端者見上經云筮日主人冠玄端子姓兄弟如主人之服有司羣執事如兄弟服筮尸云如求日之儀至於視濯又不見異服故知皆玄端至祭日夙與云主人服如初初卽玄端明其餘。不如初是朝服可知是以此注云皆者謂賓及兄弟也云朝服者諸侯之臣與其君日視朝之服大夫以祭者案玉藻云諸侯朝服以日視朝下少牢云主人朝服是也緇韠者下大夫之臣者士冠禮云主人玄冠朝服緇帶素韠韠與裳同色此朝服緇韠大夫之臣朝服素韠此緇。韠故云下大夫之臣云夙與主人服如初則固玄端引上經者直言皆朝服恐主人亦在其中故引證主人服玄端與兄弟異也

唯尸祝佐食玄端玄裳黃裳雜裳可也皆爵韠與主人同服周禮士之齊服有玄端素端然則玄裳上士也黃裳中士雜裳下士

疏注與主至下士〇釋曰周禮士之齊服有玄端素端司服文引之者欲見士之齊服有一玄端而裳則異故鄭云然則玄裳以。下。見玄端一而裳有。三也彼注云素端者亦謂。札荒有所禱請服之於此經無所當而連引之耳若然士冠亦有玄端三等裳而引司服者以此特牲祭祀時彼據齊時四命已上齊祭異冠大夫齊祭同冠故就此祭祀引齊時冠服為證也

設洗南北以堂深東西當東榮。榮房翼也水在洗東祖天地之。左海篚在洗西南順實二爵二觚四觶一角一散順從也言南從統於堂也二爵者為賓獻爵止主婦當致也二觚長兄弟。酬衆賓長為加爵二人班同。宜接並也四觶一酌奠其三長兄弟酬賓卒受者與賓弟子兄弟弟子舉觶於其長禮殺事相接禮器曰貴者獻以爵賤者獻以散尊者舉觶卑者舉角舊說云爵一升觚二升觶三升角四升散五升

疏注順從至五升〇釋曰云二爵者為賓獻爵止主婦當致也者以一爵獻尸尸奠之未舉

又一爵主婦當致者案經主婦致爵於主人婦人不見就堂下洗當於內洗則主婦致爵於主人時不取堂下爵而云主婦當致者謂主婦當受致之時用此爵也云四觶一酌奠其三長兄弟酬賓卒受者與賓弟子兄弟弟子舉觶於其長禮殺事相接者酌奠于鉶南是嗣子雖飲還復神之奠觶也餘有三在主人洗一觶酬賓奠於薦北賓舉奠於薦南此未舉也下篚有二觶在又長兄弟洗觶爲加爵衆賓長元缺起此爲加爵如初爵止此亦未舉也下篚仍有一觶在尸羞之後賓始舉奠觶行旅酬辨卒受者以虛觶奠於下篚還有二觶至爲加爵者作止爵長兄弟亦坐舉其奠觶酬賓如賓酬兄弟之儀以辨卒受者未實觶于篚時賓弟子兄弟弟子洗觶各酌舉觶於其長卽用其篚二觶卒受者未奠之故三觶並用也故注云卒受者與賓弟子兄弟弟子舉觶於其長也云禮器曰貴者獻以爵者謂賓長獻尸主人致爵於主婦是也賤者獻以散上利洗散是也尊者舉觶謂若酌奠之及長兄弟酬賓之等是也卑者舉角謂主人獻用角鄭云不用爵者下大夫也則大夫尊用爵士卑用角是也引舊說者爵觚已下升數無正文韓詩雖有升數亦非正經故引舊說爲證也壺棜禁饌于東序南順覆兩壺焉蓋在南明日卒奠冪用綌卽位而徹之加勺覆壺者盝瀝水且爲其不宜塵。冪用綌以其堅絜禁言棜者祭尚厭飫得與大夫同器不爲神戒也疏注覆壺至戒也○釋曰未奠不設冪卒奠乃設之故曰卒奠冪用綌云禁言棜者祭尚厭飫得與大夫同器不爲神戒也者器本無名人與作號棜之與禁因物立名是以大夫尊以厭飫爲名士卑以禁戒爲稱復以有足無足立名故禮記注云無足有似於棜或因名云耳但經已有棜字注云世人因名者誤當無世人字也士曰禁由有足以士虞禮云尊于室中兩甒醴酒無禁禁由足生名禮記云大夫用棜士用禁及鄉飲酒鄉射皆非祭禮是以雖大夫去足猶存禁名至祭則去足名爲棜禁不爲神戒也

籩巾以綌也纁裏。棗烝栗擇。籩有巾者果實之物多皮核優尊者可烝裹之也烝擇互文舊說云纁裏者皆玄被疏注籩有至玄被○釋曰言多皮核者

栗多皮棗多核鉶芼用苦若薇皆有滑夏葵冬苣。苦苦荼也。苣堇屬乾之冬滑於葵詩云周原膴膴堇荼如飴今文苦爲芐芐乃地黃非也

疏注苦苦至非也○釋曰云乾之冬滑於葵者以其冬乾用之不用葵而用苣明知冬則滑於葵也引詩證之詩言堇荼即經苣苦之類也云。今文苦爲芐芐乃地黃非也者爾雅釋草云芐地黃非者以其與薇葵等菜爲不類故知非也

棘心匕刻刻若今龍頭牲爨在廟門外東南魚腊爨在其南皆西面饎爨在西壁。饎炊也西壁堂之西牆下舊說云南北直屋梠。稷在南

疏注饎炊至在南○釋曰云西壁堂之西牆下者案上經云主婦視饎爨于西堂下逼西壁爲之故以舊說辨之也舊說者案爾雅釋宮曰檐謂之樀孫氏云謂室梠周人謂之梠齊人謂之檐謂承檐行材士喪禮銘置于宇西階上鄭注云宇梠是也

肵俎心舌皆去本末午割之實于牲鼎載心立舌縮俎午割從橫割之亦勿沒立縮順其牲心舌知食味者欲尸之饗此祭是以。進之

疏注午割至進之○釋曰云載心立舌縮俎者少牢云舌皆切本末亦午割勿沒其載于肵橫之此言縮俎者彼言橫據俎上云爲橫此言縮據鄉人爲縮是以少牢云皆進下是也云亦勿沒者亦少牢文謂四面皆鄉中央割之不絕中央少許謂之勿沒也

賓與長兄弟之薦自東房其餘在東堂東堂東夾之前近南

疏注東堂至近南○釋曰其餘謂衆賓兄弟之薦也

沃尸盥者一人奉槃者東面執匜者西面淳沃執巾者在匜北匜北執匜之北亦西面每事各一人淳沃稍注之今文淳作。激宗人東面取巾振之三南面授尸卒執巾者受宗人代授巾庭長尊尸入主人及賓皆避位出亦如之避位逡遁嗣舉奠佐食設豆鹽肝宜鹽也佐食當事則戶外南面無事則中庭北面當事將有事而未至凡祝呼佐

食許諾呼猶命也宗人獻與旅齒於衆賓尊庭長齒從其齒幼之次佐食於旅齒於兄弟尊兩壺于房中西墉。下南上爲婦人旅也其尊之節亞西方【疏】注爲婦至西方○釋曰先尊東方者亦惠由之也西方雖是賓以其男子故在前設尊此處爲房內婦人設尊故知亞次西方又經云尊兩壺于阼階東又云西方亦如之明其相亞次此房內婦人之尊上文不見者異之於婦人

內賓立于其北東面西。上宗婦北堂東面北上二者所謂內兄弟內賓姑姊妹也宗婦族人之婦其夫屬于所祭爲子孫或南上或北上宗婦宜統於主婦主婦南面北堂中房而北【疏】注二者至而北○釋曰言所謂者上經云主人洗獻內兄弟于房中。如獻衆兄弟之儀是也云其夫屬于所祭爲子孫者以其在父行則謂之爲母今言宗婦則其夫屬於所祭死者之子孫之妻皆稱婦也云或南上或北上云內賓姑姊妹賓客之類南上自取曲禮云東鄉西鄉以南方爲上宗婦雖東鄉取統于主婦故北上主婦南面故也云北堂中房而北者謂房中半已北爲北堂也

主婦及內賓宗婦亦旅西面西面者異於獻也男子獻於堂上旅於堂下婦人獻於南面旅於西面內賓象衆賓宗婦象兄弟其節與其儀依男子也主婦酬內賓之長酌奠於薦左內賓之長坐取奠於右宗婦之娣婦舉觶於其。姒婦亦如之內賓之長坐取奠觶酬宗婦之姒交錯以辯宗婦之姒亦取奠觶酬內賓之長交錯以辯內賓之少者宗婦之娣婦各舉。奠於其長並行交錯無筭其拜及飲者皆西。面主婦之東南【疏】注西面至東南○釋曰云西面者異於獻也者以受獻時南面也云男子獻於堂上旅於堂下者見上經云婦人獻於南面旅於西面者見於有司徹云其節與其儀依男子也者謂依上經旅酬及無筭爵早晚行事之節皆依男子也云主婦酬內賓之長酌奠於薦左內獻之長坐取奠于右者此約上經主人洗觶酌于西方之尊西階前酬賓時主人奠觶于薦北賓坐取觶奠觶于薦南是也云宗婦之娣婦舉觶於其姒婦亦如之者此亦約上經兄弟弟子洗酌于東方之尊阼階前北面舉觶于

長兄弟如主人酬賓儀是也云內賓之長坐取奠觶酬宗婦之娰交錯以辯者此亦上經正行旅酬節賓坐取觶阼階前北面酬長兄弟云交錯以辯皆如初儀是也云宗婦之娰亦取奠觶酬內賓之長交錯以辯者此亦約旅酬節云長兄弟酬賓如賓酬兄弟之儀以辯卒受者實觶于篚是也云內賓之少者宗婦之娣婦各舉觶於其長者此亦約上經正行無筭爵時云賓弟子及兄弟弟子各酌于其尊舉觶於其長下云爵皆無筭是也云其拜及飲者皆西面主婦之東。南者此經云亦旅西面故知其拜受及拜受飲皆西面又亦旅酬之法飲皆西面知在主婦之東南者以其不背主婦又得邪角相向也

宗婦贊薦者執以坐于戶外授主婦尸卒食而祭饎爨雍爨雍孰肉以尸享祭竈有功也舊說云宗婦祭饎爨。亨者祭雍爨用黍肉而已無籩豆俎禮器曰燔燎於爨夫爨者老婦之祭盛於盆尊於瓶

【疏】注雍孰至於瓶○釋曰云亨者則周禮亨人之官其職主實鑊水爨亨之事以供外內饔故使之祭饔爨也云用黍肉而已無籩豆俎者亦約禮器云盆瓶知之引禮器者案彼云孔子曰臧文仲焉知禮燔柴於奧鄭注云奧當為爨字之誤也或作竈禮尸卒食而祭饎爨雍爨也時人以為祭火神乃燔柴又云夫爨者老婦之祭也盛於盆尊於瓶注云老婦先炊者也盆瓶炊器也明此祭先炊非祭火神燔柴似失之引之者證祭元缺止此爨之事也

賓從尸俎出廟門乃反位賓從尸送尸也士之助祭終其事也組尸俎也賓既送尸復入反位者宜與主人為禮乃去之

【疏】注賓從至去之○釋曰云士之助祭終其事也者謂送尸為終其事既送尸為終其事則更無儐尸之禮若上大夫有儐尸者尸出賓不送以其事終於儐尸故也

尸俎右肩臂臑肫胳正脊二骨橫脊長脅二骨短脅尸俎神俎也士之正祭禮九體貶於大夫有併骨二亦得十一之名合少牢之體數此所謂放而不致者凡俎。實之數奇脊無中脅無前貶於。尊者不貶正脊不奪正也正脊二骨長脅二骨者將舉於尸尸食未飽不欲空神俎

【疏】注尸俎至神俎○釋曰云亦得十一之名合少牢之體數者謂

少牢正體之數十一若牢並骨弁數則十七鄭云此所謂放而不致者致至也所謂禮器彼鄭注云謂若諸侯自山龍以下皆有放象諸侯山龍以下至日月星辰卿大夫又不山龍此士併骨二數乃得十一除此唯九而已亦是放而不至也云凡俎實之數奇者有九有七有五是奇數以其鼎俎奇故實數亦奇而相稱也云脊無中脅無前貶於尊者不貶正脊不奪正也者以少牢大夫禮三脊脅。具有此但有二體貶於大夫大夫卽尊者也等貶牲體不貶正脊者不奪其正長脅亦不貶者義與正脊同云正脊二骨長脅二骨者將舉於尸尸食未飽不欲空神俎者此脊與脅二骨本爲饌厭飫所設也又次尸既舉脊脅而猶有脊脅在既不空神俎義得兩施

膚三爲養用二厭飫一也離肺一離猶掔也小而長午割之亦不提心謂之舉肺

疏離肺一○注離猶至舉肺○釋曰云亦不提心者言亦謂亦少儀云牛羊之肺離而不提心鄭注云提猶絕也掔離之不絕中央少許者是也

刌肺三爲尸主人主婦祭今文刌爲切

魚十有五魚水物以頭枚數陰中之物取數於月十有五日而盈少牢饋食禮亦云十有五而俎尊卑同此所謂經而等也

疏注魚水至等也○釋曰云魚水物以頭枚數者對三牲與腊以體數也云取數於月十有五日而盈者案禮運云月以三五而盈三五而闕文出於彼也云此所謂經而等者亦所謂禮器彼鄭注云謂若天子以下至士庶人爲父母三年是也引之者。謂魚數亦尊卑同也

腊如牲骨不但言體以有一骨二骨者

疏注不但至骨者○釋曰云不但言體以有一骨二骨者若但言體體有九有十一則不至兼二骨者若言牲骨則一骨二骨兼在其中故直言如牲骨也

祝俎髀。脡。脊二骨脅二骨凡接於神及尸者俎不過牲三體以特牲約加其可併者二亦得奇名少牢饋食禮羊豕各三體

疏祝俎至二骨○注凡接至三體○釋曰云祝俎直云脅二骨謂代脅。也。知。者。以尸。俎。無。脡。脊。祝。則。有。之。尸。俎。無。代。脅祝俎有代脅可知云凡接於神及尸者俎不過牲三體以特牲約加其可併者二亦得奇名者。言凡者凡祝佐食賓長長兄弟宗人之等是也接神者謂祝與佐食佐食尸未入爲神設俎卻會祝酌奠

於鉶南，故曰接神也。接尸者，賓爲三獻，長兄弟爲加爵，尸盥，宗人授巾，皆是與尸相接也。知皆三體者，下佐食俎觳折脊脅也，賓骼，長兄弟及宗人折，其餘如佐食俎，故知皆三體也。衆賓之長亦有加爵接於尸，亦應三體，下文但言兄弟及宗人，而衆賓長亦在焉可知，故下文直云衆賓及衆兄弟皆骰脅，注云不備三者賤也，則衆賓長爲加爵，不在賤限，以特牲約加，其可併者二骨者，是尊祝也。佐食也已下卑，無加，故下注云三體卑者從正是也。云少牢饋食禮羊豕各三體者，以少牢二牲，故祝俎無加者，直三體，引之以證此特牲約三體之外加其併骨也。若然，俎實奇數，二牲各三體，共六體，不奇者，通腊髀爲七，則亦奇數也。以其腊既兩髀屬于尻，不殊，故爲一體也。

膚一，離肺一。阼俎：臂，正脊二骨，橫脊，長脅二骨，短脅。主人尊，欲其體得祝之加數，五體，臂左體臂。又加其可併者二，亦得奇名。臂，左體臂。

【疏】「膚一」至「短脅」。○注「主人」至「體臂」。○釋曰：云「臂左體臂」者，以其尸用右，不云折，明全升主人。又云臂，明左臂可知。脅骨多，不嫌得與尸同用右體，猶脊然也。

膚一，離肺一。主婦俎：觳折，觳後足。折分後右足以爲佐食俎，不分左臑折，辟大夫妻。古文觳皆作穀。

【疏】注「觳後」至「作穀」。○釋曰：云「觳後足」者，案既夕記云「明衣裳長及觳」，鄭注云「觳，足跗也」，是觳後足也。云「分後右足以爲佐食俎」者，經不云後右足，鄭知者，以少牢主婦用左臑，此士妻辟之，不用左臑，用後右足，不用後左足，左足大卑，故知用後右足，故知用後右足，故鄭云辟大夫妻也。

其餘如阼俎。餘謂脊脅膚肺。佐食俎：觳折，脊，脅。三體卑者從正。

【疏】「佐食」至「脊脅」。○注「三體卑者從正」。○釋曰：直云脊脅，不定體名，欲見得便用之。少牢佐食俎設于兩階之閒，其俎折一膚，鄭注云「折者，擇取牢正體餘骨，折分用之」，有脅而無薦，亦遠下尸，是無定體也。

膚一，離肺一。賓：骼。長兄弟及宗人：折，其餘如佐食俎。骼，左骼也。賓俎全體，尊賓，不用尊體，爲其已甚，卑而全之，其宜可也。長兄弟及宗人折，不言所分，略之。

【疏】注「骼左」至「略之」。○釋曰：知骼是左骼者，以其尸用右骼，故知賓所用骼是左骼可知也。云長兄弟及宗人

折不言所分略之者此決上文主婦俎觳折佐食俎亦名觳折此不言所分故知略之也

衆賓及衆兄弟內賓宗婦若有公有司私臣皆殽脀

又略此所折骨直破折餘體可殽者升之俎一而已不備三者賤祭禮接神者貴凡骨有肉曰殽祭統曰凡爲俎者以骨爲主貴者取貴骨賤者取賤骨貴者不重賤者不虛示均也俎者所以。明惠之必均也善爲政者如此故曰見政事之均焉公有司亦士之屬命於君者也私臣。自己所辟除者

【疏】注又略至除者○釋曰云又略者上文長兄弟及宗人直言折不言所折骨體已是略此又不言折而言殽脀是又略也言此所折骨值有餘體卽破之可也云祭禮接神者貴者謂長兄弟及宗人已上俎皆三皆有嚌肺以接神及尸貴故三體不止接神尸神象所接尸者亦貴可知自衆賓已下折體而已不接尸神賤無獻故也宗人雖不獻執。巾以。授尸亦名接尸也引祭統者見貴賤皆有骨示均之義云己所辟除者則府史之等不命於君者也

膚一離肺一公有司門西北面東上獻次衆賓私臣門東北面西上獻次兄弟升受降飲

獻在後者賤也祭祀有上事者貴之。亦皆與旅

【疏】注獻在至與旅○釋曰公有司獻在衆賓後私臣獻在兄弟後故云獻在後者賤也云祭祀有上事者貴之者謂衆賓兄弟次賓之卑得獻衆賓擇取公有司可執事者。謂前舉鼎。匕載。羞從。獻。衆。賓。擇。取。公。有。司。酬爵之。屬如此者門外在有司羣執事中入門列在東面爲衆賓餘者在門西位也兄弟雖無上事亦皆在西面位族親故也私臣獻在兄弟後者職賤公有司在衆賓後不執事賤於執事者故曰有上事者貴之宗人獻與旅齒於衆賓則公有司爲之佐食於旅齒於兄弟則私臣之中擇爲賓使爲佐食也是以前文佐食北面立于中庭注云佐食賓佐尸食者是也案前賓得獻薦脯醢設折俎注云公有司設之。及獻兄弟薦脀注云私人爲之與二者皆使執事云非執事者以受獻者不得自設俎暫使二者設之非本執事之人然則公有司私臣薦俎皆使徒隸爲之與云皆與旅者上宗人獻旅云齒於衆賓佐食旅齒於兄弟是但言獻次不言旅以

宗人佐食約之與旅者亦此二人也若天子諸侯祭祀其位無文此公有司在門西北面東上私臣在門東北面西上天子諸侯祭祀可依此位矣同姓無爵者在阼階前西面北上卿西階前東面北上大夫在門東北面士門西北面旅食在其後少牢下篇云衆賓位在門東北面既獻在西階西南衆賓繼上賓而南天子諸侯之賓其位或依此與案祭統云凡賜爵昭爲一穆爲一昭與昭齒穆與穆齒凡羣有司皆以齒此之謂長幼有序此不見昭穆位者主人衆兄弟非昭穆乎故彼注昭穆猶特牲少牢饋食之禮主人之衆兄弟也羣有司猶衆賓下及執事者君賜之爵謂若酬之是也若其有爵者則以爵序之何故然也案文王世子其在外朝則以官其在宗廟之中則如外朝之位宗人授事以爵以官是不以姓其獻之亦以官故祭統云尸飲五君洗玉爵獻卿尸飲七以瑤爵獻大夫尸飲九以散爵獻士及。羣有司皆以齒明尊卑之等是也其酬蓋因此位而昭穆得獻蓋依少牢下篇主人洗升酌獻兄弟阼階上注云兄弟長幼立飲賤不別大夫之賓尊於兄弟又曰辨受爵其位在洗東西面北上升受爵其薦脀設于其位注云先著其位於上乃後云薦脀設于其位明位初在是也此中皆無爵者以此二者差之知無爵者從昭穆有爵者則以官矣。鄉。釋執事者賁卽衆賓無事者公有司私臣注祭統云羣有司猶衆賓下及執事者似衆賓不執事言下及殊卑者指謂公有司私臣是亦得名爲執事言衆賓據尊言謂之不執事者或衆賓中容有不執事者也

儀禮卷第十五 經三千三百單五 注五千五百一十七

儀禮疏卷第四十六 元缺第八葉 第九葉今補

珍倣宋版印

儀禮注疏卷四十六校勘記　阮元撰盧宣旬摘錄

嗣舉奠盥入

舉猶飲也　猶飲陳閩監葛俱誤作飲酒

欲見無長適　通解要義同毛本長適二字倒

獻謂舉奠洗爵酌入也　通解要義同毛本謂作爲

舉奠洗酌入○尸祭酒啐酒　唐石經徐本通解楊敖同集釋毛本無尸字案集釋無者疑近刻譌脫

此嗣子獻賓賓啐之　無兩賓字通解並作尸毛本賓下有皆字通解要義俱

亦欲酢已　要義同通解毛本酢作酌

故於此總言凡也　通解要義同毛本無凡字

宗人告祭脀

衆賓衆兄弟內賓也　徐本集釋楊敖同毛本通解兄上無衆字

上又下長兄弟如賓儀　毛本又作文

乃羞

自祝主人至於內賓毛本祝誤作酌

言自祝下及內賓及衆賓兄弟通解要義同毛本內賓下無及字

乃羞庶羞于賓兄弟毛本乃誤作薦

不儐尸陳本通解要義同毛本儐作殯

云內羞者毛本通解要義云下有無字

賓坐取觶○長兄弟在右上三字陳閩葛本俱脫

禮殺故也陳本通解要義同毛本禮下有後改二字

以其堂上與神靈共尊通解要義毛本上俱作下與通解要義俱作與毛本作於

禮尸於室中通解要義同毛本於作與

賓酬長兄弟毛本酬誤作旅

同類之中毛本類誤作上

賓奠觶拜○賓立卒觶毛本卒作于唐石經徐本集釋通解要義楊敦俱作卒○按卒字是

長兄弟西階前北面衆賓長自左受旅唐石經徐本集釋楊敦同毛本通解無自字

長兄弟酬賓

此長兄弟所舉奠觶者 通解同毛本無弟字

所以嫌者 此句下此本誤複嫌其不終所以嫌者八字通解毛本無

賓弟子及兄弟弟子洗○長皆荅拜舉觶者祭卒觶拜長皆荅拜 下十一字毛本脫唐石經徐本集釋通解楊敖俱有○各酌于其尊 唐石經徐陳閩葛集釋通解楊敖同毛本尊作奠

同於生人飲酒 陳本通解要義同毛本生作主

長皆執以興

亦皆北面 徐本集釋通解楊敖同毛本皆下有作字

行旅酬及無算爵 通解要義同毛本及作又

爵皆無算

亦交錯以辯 毛本錯誤作醋

利洗散

以利待尸禮將終 待集釋作侍按疏作事

衆賓長爲加爵 通解同毛本無爲字

通洗散獻尸亦三 陳本通解同毛本三作二

主人出立于戸外西南 南集釋敖氏俱作面張氏曰下文有云上籑荅拜受爵降實于篚主人出立于戸外西面此南字亦當爲面從下文○按唐石經亦作南張氏以意改爲面而李氏敖氏從之

祝東面告利成

立于阼階上南面 浦鏜云西誤面

此戸外告利成 毛本利誤作禮

孝孫往位堂下西面位也 通解要義同毛本往作徂

徹庶羞

大宗已侍於賓奠 張氏曰監本已誤作己字陸氏曰奠本或作暮或作蓦○按賈疏謂暮蓦皆誤以奠爲正

已而與族人飲也 已上集釋有祭字

以其尸三飯後 毛本三誤作及飯要義作飯通解毛本作飲

其上大夫當日儐尸 通解要義同毛本日作曰

是無燕私若 通解要義同毛本若作者屬此句

以兄弟受獻于堂上 通解要義同毛本上作下

筵對席

周制士用之 徐本集釋通解楊氏同毛本之作虞

可以觀政矣 徐陳閩葛集釋通解楊氏同毛本觀作勸

當同周制用簋 周制二字要義重出

主人西面再拜

祝告薹 告徐本集釋俱作曰通解楊氏毛本作告

言女薹于此 徐本楊氏同集釋于作乎通解毛本無于字

亦當以之也 疏云亦謂亦似其先祖已上皆為以為似者誤也盧文弨云字作以其義為似陸於經文云以依注音似疏釋此句云謂亦似其先祖下注似先祖之德皆作似字乃復云似誤殊所不解○按必有以也毛詩作以不作似鄭注禮時未見毛詩此注引詩必作似後人妄据毛詩改之陸釋經有以云以依注音似或如字固已為騎墻之解矣至賈疏當云已上皆為似為以者誤也今本互易二字遂不可通然疏引詩箋為解亦不合蓋不知鄭氏注禮與箋詩不同而欲強同之轉覺牽涵

我君何以久留於二佐浦鏜據原文改二佐爲此乎

已上皆爲以爲似者誤也說見上陳閩以俱作已尤誤

不見其處通解同毛本處作惠

以明下養席南面毛本通解無面字

卒食

贊者洗三爵酌徐本集釋通解楊敷同毛本無酌字

主人北面授下養爵集釋楊氏同徐本通解下作于

主人坐祭卒爵拜〇立于戶外西面唐石經徐本集釋通解楊敷同毛本外作內

事餕者禮畢毛本餕誤作人

祝命徹阼俎豆籩

者然祝命徹阼俎時要義者作若毛本無者字

今佐食并徹之通解同毛本今作命

祝執其俎以出

乃執俎以出于廟門外通解同毛本無外字

佐食徹尸薦俎敦

南面而饋之設徐本要義同集釋通解楊氏毛本而俱作如按古書假借通用後人多改從本字閒有一二存者宜仍其舊

當室之白則同陳閩通解要義同毛本當作堂○按當字是

陰厭陽厭並有毛本無竝字要義並字作具字

孔子引宗子一有陰厭引陳閩俱作別毛本一作死要義作一下同

祝告利成

拜送賓也徐本集釋通解要義楊氏同毛本拜作荅

若賓更荅拜要義無更字

佐食徹阼俎

唯實俎徐本同集釋通解楊氏毛本實俱作賓張氏曰監本實作賓從監本

孔子不稅冕而行陳本要義同毛本通解稅作脫

記特牲饋食

今賓兄弟 徐本集釋楊氏同通解毛本今作命

士冠在朝服上 要義同毛本服上二字倒陳閩俱脫上字

明其餘不如初 不要義作亦

此緇韠 通解同毛本韠作帶○按韠是也

唯尸祝佐食

然則玄裳以下見玄端一而裳有三也 陳閩俱無下見二字三陳閩通解俱作三毛本作二

亦謂札荒有所禱請服之 毛本札作禮○按作札與鄭注司服注合後人疑札爲礼之譌遂改爲禮

設洗○東西當東榮 毛本榮誤作營

水在洗東

祖天地之左海 左陳閩監葛通解俱作右集釋作左按右非也

篚在洗西

長兄弟酬衆賓長爲加爵 酬徐本要義楊氏俱作酬集釋作及通解毛本作酌周學健云及監本作酌楊氏儀禮圖作酬並譌推尋文義應作及字爲是

宜接並也 徐本集釋要義楊氏同通解毛本宜作迎

其三長兄弟酬賓卒受者 毛本酬作酌

又長兄弟洗觶爲加爵 通解同毛本又作及

在尸羞之後 尸陳閩通解俱作乃

卑者舉角 通解要義同毛本角作爵

壺棜禁饌于東序○冪用綌 張氏曰經曰冪用綌按注作鼏從注○按冪鼏之溷已久毛本注亦作冪其不足憑明矣

且爲其不宜塵 且徐本釋文集釋通解楊敖俱作且是也陳閩監葛俱誤作宜毛本作盇

鼏用綌 徐本通解同集釋楊氏毛本鼏俱作冪

籩巾以綌也纁裹 唐石經徐陳集釋通解楊敖同毛本裹作褁按作褁因注文衺褁字而誤

可衺裹之也 裹徐本作裹下同釋文集釋通解楊氏毛本俱作褁按當作裹

鉶芼○夏葵冬荁 荁徐本作苴誤注同

云今文苦爲芐 毛本今誤作經

牲爨在廟門外東南○饎爨在西壁 壁釋文作辟云步歷反又音壁

稷在南徐陳集釋通解同毛本稷作禝

肵俎

是以進之毛本進誤作祭

沃尸

今文淳作激陸氏曰激一本作浮劉本作徼音敷○按浮與淳形相似而誤徼者又尃之誤故其字音敷也

尊兩壺于房中西墉下徐陳集釋通解楊敖同石經補缺閩監葛本俱誤作墉毛本作牖

內賓立于其北東面西上徐本同集釋通解要義楊敖毛本西俱作南張氏曰監巾箱杭本西作南從諸本

如獻衆兄弟之儀如陳閩監本要義俱作知

主婦及內賓宗婦

宗婦之娣婦娣釋文作弟云大計反或作娣下弟同

舉觶於其姒婦陸氏曰姒音似本或作似

各舉奠於其長奠集釋作觶與疏合

皆西面主婦之東南面下集釋敖氏俱有于字按疏亦脫于字

皆西面主婦之東南者南陳本作南並與注合毛本作面

尸卒食而祭饎爨雍爨

亨者祭雍爨亨徐本楊氏俱作享集釋通解要義俱作亨

尸俎右肩臂臑肫胳

凡俎實之數奇實徐陳集釋通解楊氏俱作實與此本述注合毛本作食下同

貶於尊者徐陳集釋通解楊氏同毛本尊作奠按疏是尊字

三脊脅具有通解同毛本具作俱

魚十有五

謂魚數亦尊卑同也毛本通解謂作諸

祝俎髀脡脊二骨髀唐石經徐本集釋通解楊敖俱作髀毛本作脾脡閩監葛本俱誤作脡

祝俎直云脅二骨謂代脅也知者以尸俎無脡脊祝則有之尸俎無代脅

祝俎有代脅可知自也知至代脅十八字毛本脫此本有通解無知者二字尸俎無代脅下有祝俎有代脅五字餘與此本同按就此本言之但移祝俎有代脅五字置於尸俎無代脅下而以也字屬上謂代脅爲句則文勢自順通解增刪未當

言凡者陳閩同毛本言作亦

下佐食俎轂折脊脅也轂陳閩俱作穀

約三體之外毛本約下有有字

胙俎

又加其可併者二徐本集釋楊氏同毛本加作於通解加字在於字下

主人又云臂通解同毛本又作右

主婦俎轂折

折分後右足以爲佐食俎分下要義有也字按疏述注無折字疑此注折下脫分也二字

辟大夫妻古文轂皆作穀張氏曰監本辟誤作臂字下六字毛本脫徐本集釋俱有與此本標目合

注轂後至作穀作轂毛本作夫妻非也

左足大卑故知用後右足故知用後右足故鄭云辟大夫妻也毛本作左足大卑故也脫中間十八字按複句疑衍故知二字

衆賓及衆兄弟

所以明惠之必均也徐本集釋通解要義同毛本無明字

私臣自己所辟除者按段玉裁云自當是目字此與喪服注私兄弟目其親族也同

執巾以授尸巾閩本誤作申授毛本作接通解要義俱作授

公有司門西北面東上

祭祀有上事者貴之此句下集釋有非執事者四字按注上云獻在後者賤也故此句釋之有事爲貴則無事者賤矣下云亦皆與旅即承賤者言古人文簡似不必如集釋所增

謂前舉鼎匕載羞從獻衆賓擇取公有司酬爵之屬匕通解要義俱作匕是也毛本誤作已屬毛本作事陳閩通解要義俱作屬按此句疑有誤一本改作謂執前舉鼎匕載肝從燔從加爵之事

及獻兄弟薦脀毛本及誤作乃

及羣有司皆以齒毛本羣誤作於

鄉釋執事者貴鄉釋毛本作卿擇陳本作鄉擇○按鄉讀曰曏曏釋猶言舊解也

儀禮注疏卷四十六校勘記

儀禮疏卷第四十七　　儀禮卷第十六

唐朝散大夫行大學博士弘文館學士臣賈公彥等撰

少牢饋食禮第十六 疏 少牢饋食禮第十六○鄭目錄云諸侯之卿大夫祭其祖禰於廟之禮羊豕曰少牢少牢於五禮屬吉禮大戴第八小戴第十一別錄第十六○釋曰鄭知諸侯之卿大夫者曲禮下云大夫以索牛用大牢是天子卿大夫明此用少牢爲諸侯之卿大夫可知賓尸是卿不賓尸爲下大夫爲異也

儀禮　鄭氏注

少牢饋食之禮 禮將祭祀必先擇牲繫于牢而芻之羊豕曰少牢諸侯之卿大夫祭宗廟之牲 疏 少牢饋食之禮○注禮將至之牲○釋曰自此盡如初儀論卿大夫祭前十日先筮日之事云禮將祭祀必先擇牲繫于牢而芻之者案周禮地官充人職云掌繫祭祀之牲牷祀五帝則繫于牢芻之三月享先王亦如之注云牢閑也必有閑者防禽獸觸齧養牛羊曰芻三月一時節氣成案楚語諸侯卿大夫等雖不得三月亦皆有養牲之法故鄭據焉言芻之唯據羊若豕則曰豢故地官槀人職云掌豢祭祀之犬樂記亦云豢豕作酒非以爲禍不言豕曰豢文略也云羊豕曰少牢者對三牲具爲大牢若然豕亦有牢稱故詩公劉云執豕於牢下經云上利升牢心舌注云牢羊豕也是豕亦稱牢也但非一牲即得牢稱一牲即不得牢名故郊特牲與士特牲皆不言牢也

日用丁巳。內事用柔日必丁巳者取其令名自丁寧自變改皆爲謹敬必先諏此日明日乃筮 疏 日用丁巳○注內事至乃筮○釋曰云內事用柔日曲禮文彼云外事以剛日內事以柔日內事謂冠昏祭祀出郊爲外事謂征伐巡守之等若然甲丙戊庚壬爲剛日乙丁己辛癸爲柔日今直言丁巳者鄭云取其令名自丁寧自變改皆爲謹敬之義故也云必先諏此日明日乃筮者以其舉事尚朝旦不可今日謀日即筮是以此文云日用丁巳乃云筮旬有一日是別於後日乃筮也筮旬有一日旬十日也以先月下旬之巳筮來月上旬之巳【疏】筮旬有一日○注旬十至之巳○釋曰知旬十日者此云旬有一日以先月下旬之巳筮來月上旬之巳者除後巳之前通前巳爲十日十日爲齊後巳日則祭若然筮日即齊乃可故下文筮日即云乃戒官不云厥明也鄭直云下旬巳上旬巳據用巳一日而言若用丁言先月下旬丁筮來月上旬丁若丁巳之外辛乙之等皆然鄭必言來月上旬不用中旬下旬者。吉事先近日故也筮於廟門之外主人朝服西面于門東史朝服左執筮右抽上韇兼與筮執之東面受命于主人史家臣主筮事者【疏】筮於至主人○注史家至事者○釋曰云主人朝服西面于門東者此爲將筮故西面案下文爲期于廟門外主人門東南面注云主人不西面者大夫尊於諸臣有君道也者彼不爲卜筮之事故主人南面也又主人朝服者爲祭而筮還服祭服是以上篇特牲筮亦服祭服玄端以此而言天子諸侯爲祭卜筮亦服祭服案司服云享先王則衮冕祭義云易抱龜南面天子衮冕北面雖有明知之心必進斷其志焉是爲祭而卜還服祭服則諸侯爲祭卜筮服祭服可知若爲他事卜筮則異於此孝經注云卜筮冠皮弁衣素積百王同之不改易士冠主人朝服注云尊蓍龜之道是也云史家臣主筮事者案雜記大夫士筮亦云史練冠長衣是史主筮事也主人曰孝孫某來日丁亥用薦歲事于皇祖伯某以某妃配某氏尚饗丁未必亥也直舉一日以言之耳禘于大廟禮曰日用丁亥不得丁亥則己亥辛亥亦用之無則苟有亥焉可也薦進也進歲時之祭事也皇君也伯某且字也大夫或因字爲謚春秋傳曰魯無駭卒請謚與族公命之以字爲展氏是也。某仲叔季亦曰仲某叔某季某某妃某妻也合食曰配某氏若言姜氏子氏也尚庶幾饗歆也【疏】主人至尚饗○注丁未至歆也○釋曰云丁未必亥也直舉一日以言之耳者以日有十辰有十二以五剛日配六陽辰以五柔日配六陰辰若云甲子乙丑之等以日配辰丁日不定故云丁未必亥經云丁亥者不能具載直舉一日以丁當亥而言餘或以己當亥或以丁當丑此等皆得用之也云禘于大廟禮曰日用丁亥者大戴禮文引之證祭用丁亥之義也云不得丁亥則己亥辛亥亦用之者鄭云此吉事先近日唯用上旬若上旬之内或不得丁巳以配亥或上旬之内無亥以配日則餘陰辰亦用之故春秋宣八年經書辛巳有事於大廟文二年經書八月丁卯大事于大廟昭十五年經書二月癸酉有事于武宫桓十四年。乙亥嘗此等皆不獨用丁己之日與亥辰也云無則苟有亥焉可也者此即乙亥是也必須亥者案月令云乃擇元辰天子乃耕注云元辰蓋郊後之吉亥也陰陽。式法亥爲天倉祭祀所以求福宜稼于田故先取亥上旬無亥乃用餘辰也云伯某且字也者以某在伯下若。其在子上者某是伯仲叔季以某且字不得在子上故也云大夫以或因字爲謚者謂因二十冠而字爲謚知者以某且字者觀德明功若五十。字人人皆有非功德之事故知取二。十字爲謚也春秋者案隱八年左氏傳云無駭卒羽父請謚與族公問族於衆仲衆仲對曰天子建德因。生。以賜姓胙之土而命之。氏諸侯以字爲謚因以爲族公命以字爲展氏彼無駭之祖公子展以展爲謚在春秋前其孫無駭取以爲族故公命爲展氏若然無駭賜族不賜謚引之者大夫有因字爲謚。證伯某某或且字有謚者即某爲謚也此經云伯某是正祭之稱也若時有告請。而非常祭祀則去伯直云且字言某甫則聘禮賜饔唯羹飪筮一尸若昭若穆僕爲祝祝曰孝孫某薦嘉禮于皇祖某甫是也若卿大夫無謚正祭與非常祭一皆言五十字在子上與士正祭禮同則云某子故聘禮記云皇考某子是也特牲士禮無謚正祭稱皇考某子若士告請之祭則稱且字故士虞記云適爾皇祖某甫是也

史曰諾西面于門西抽下韇左執筮右兼執韇以擊筮

將問吉凶焉故擊之以動其神易曰蓍之德。圓而神

【疏】史曰至擊筮○注將問至而神○釋曰云史曰諾西面于門西者謂既云諾乃之於門西闑外西面述命乃筮也云左執筮及下云擊筮筮者皆是蓍以其用蓍爲筮因名蓍爲筮云兼執韇者上文已用右手抽上韇此經又用右手抽下韇是二韇兼執之也

云易曰蓍之德。圓而神者鄭彼注云蓍形圓而可以立變化之數故謂之神也引之者證蓍有神故擊而動之也遂述命曰假爾大筮有常孝孫某來日丁亥用薦歲事于皇祖伯某以某妃配某氏尚饗述循也重以主人辭告筮也假借也言因蓍之靈以問之常吉凶之占繇

疏遂述至尚饗○注述循至占繇○釋曰云遂述命者史既受主人命乃右還向閾外西面遂述上主人之辭謂之述命。述。命訖乃連言曰假爾大筮有常此是即席西面命筮與述命同為一辭者對士喪禮卜葬日云不述命若述命即與即席西面命龜異。異者。鄭注云述命命龜異龜重威儀多也對此大夫少牢述命命筮同筮輕威儀少為文也云常吉凶之占繇者謂應凶告吉應吉告凶則不常此吉凶之占依龜之繇辭繇辭則。占龜之長若易之爻辭以占筮也乃釋韇立筮卿大夫之蓍長五尺立筮由便

疏乃釋韇立筮○注卿大至由便○釋曰云卿大夫之蓍長五尺者大戴禮三正記皆有此文立筮由便以其蓍長。立筮為便對士之蓍三尺坐筮為便若。然諸侯蓍七尺天子蓍九尺立筮可知卦者在左坐卦以木卒筮乃書卦于木示。主人乃退占卦者史之屬也卦以木者每一爻畫地以識之六爻備書於。版史受以示主人退占東面旅占之

疏卦者至退占○注卦者至占之○釋曰云卦者史之屬也者以其筮是史故知卦者是史之屬也云書於版者釋經書卦于木木即版也云史受以示主人者以經書卦是畫卦者恐是卦者以示於主人以卦者畢宜還使筮史。受以示主人也吉則史韇筮史兼執筮與卦以告于主人占曰從從者求吉得吉之言

疏注從者至之言○釋曰以主人之祭本以求吉今以疑而問筮筮而得吉是從主人本心故曰從者是求吉得吉之言也乃官戒宗人命滌宰命為酒乃退官戒戒諸官也當共祭祀事者使之具其物且齊也。滌溉。濯祭器埽除宗廟

疏乃官至乃退○注官戒至宗廟○釋曰云官戒戒諸官也當共祭祀事者使之具其物且齊也

滌溉濯祭器埽除宗廟者此其筮祭日得吉當以崇祭事故知官戒戒諸官有此數事此等皆事見於下文故鄭總而言也若不吉則及遠日又筮日如初及至也遠日後丁若後巳【疏】若不至如初○注及至至後巳○釋曰云遠日後丁若後己者案上曲禮云喪事先遠日吉事先近日近日即上旬丁己是也若上旬丁己不吉則至上旬又筮中旬丁己不吉至中旬又筮下旬丁己不吉則止不祭以其卜筮不過三也是以鄭云後丁若後己也宿宿讀爲肅肅進也大夫尊儀益多筮日既戒諸官以齊戒矣至前祭一日又戒以進之使知祭日當來古文宿皆作羞【疏】宿○注宿讀至作羞○釋曰自此盡改筮尸論筮尸宿尸及宿諸官之事云大夫尊儀益多者其大夫宿戒兩有士有宿而無戒是儀略故云大夫儀多也此直是儀多而云益多者據士尸一宿下文大夫尸再宿是儀益多益多猶云彌多也此云前祭一日又戒以進之使知祭日當來弁下文明日朝服筮尸並是前祭一日唯下文前宿一日宿戒尸者是前祭二日以言前宿一日明祭前二日可知也前宿一日宿戒尸皆肅諸官之日又先肅尸者重所用爲尸者又爲將筮【疏】注皆肅至將筮○釋曰云皆肅諸官之日者解經宿是肅諸官之日云又先肅尸者總解經前宿一日宿戒尸謂是肅諸官之日前又先肅尸校一日當祭前二日也云重所用爲尸者肅諸官唯一肅尸有再肅是重所用爲尸者故也云又爲將筮者亦是肅之使知祭日當來故也若然宿與戒前後名不同今合言之者以前有十日之戒後有一日之宿若單言戒嫌同十日若單言宿嫌同一日故宿戒並言明其別也或可此是初戒尸云宿戒尸者故加宿字於戒上也明日朝筮尸如筮日之禮命曰孝孫某來日丁亥用薦歲事于皇祖伯某以某妃配某氏以某之某爲尸尚饗筮卦占如初某之某者字尸父而名尸也字尸父尊鬼神也不前期三日筮尸者大夫下人君祭之朝乃視濯與士異【疏】明日至如初○注某之至士異○釋曰云某之某者字尸父而名尸也者案曲禮云父在不爲尸注

云爲其失子道然則尸卜筮無父者若然凡爲人尸者父皆死矣死者當諱其名今對尸故知不稱尸父之名故上某是尸之父字下某爲尸名是生者可稱名是以云字尸父而名尸也云字尸父尊鬼神也者以不稱名是尊鬼神也云不前期三日筮尸者大夫下人君者決上篇特牲士禮云前期三日筮尸此祭前一日筮尸吉遂宿尸不同之事但天子諸侯前期十日卜得吉日則戒諸官散齊至前祭三日卜尸得吉又戒宿諸官使之致齊士卑不嫌故得與人君同三日筮尸但下人君不得散齊七日耳大夫尊不敢與人君同直散齊九日前祭一日。筮尸并宿諸官致齊也云祭之朝乃視濯與士異者亦是士卑得與人君同祭前一日視濯大夫尊不敢與人君同故與士異也云與士異亦是下人君下人君亦是與士異互換省文爲義也

吉則乃遂宿尸祝擯

筮吉又遂肅尸重尸也既肅尸乃肅諸官及執事者祝爲擯者尸神象

【疏】吉則至祝擯○注筮吉至神象○釋曰云筮吉又遂肅尸重尸也者以其諸官一。肅其。尸元缺一字已宿訖今筮吉又肅再肅者是重尸者也云既。肅尸乃肅諸官及執事者此重解上文宿是此宿尸後事置於上文者彼爲前宿一日宿戒尸之事故云也其實當在此重肅尸之後也云祝爲擯者尸神象者決前筮尸時皆主人出命至此使祝擯以尸是神象故使祝擯也案特牲使宗人擯主人辭又有祝共傳命者士卑不嫌兩有與人君同此大夫尊下人君故闕之唯有祝擯而已又此尸不言出門面位案特牲主人宿尸時尸如主人服出門左西面鄭注云不敢南面當尊則大夫之尸尊尸出門徑南面故主人與尸皆不在門東門西也

主人再拜稽首祝告曰孝孫某來日丁亥用薦歲事于皇祖伯某以某妃配某氏敢宿

告尸以主人爲此事來。肅

尸拜許諾主人又再拜稽首主人退尸送揖不拜

尸不拜者尸尊

【疏】注尸不拜者尸尊○釋曰凡賓主之禮賓去主人皆拜送今云尸送揖不拜者以大夫尸尊故也

若不吉則遂改筮尸

即改筮之不及遠日

【疏】注即改至遠日○釋曰此決上文筮日不

吉筮遠日者以日爲祭祀之本須取丁己之類故須取遠日後旬丁此筮尸不吉不須退至後旬故筮不待遠日也既宿尸反爲期于廟

門之外爲期肅諸官而皆至定祭早晏之期爲期亦夕時也言。既肅尸反爲期明大夫尊肅尸而已其爲賓及執事者使人肅之疏既肅至之外〇

注爲期至肅之〇釋曰自此盡曰諾乃退論宗人請祭期之事云爲期肅諸官而皆至者此卽上文宿同時之事以其後宿尸及宿諸官與爲期皆於祭前之日也知爲期亦夕時也者案特牲云厥明夕陳鼎于門外又下文同日夕時而云請期曰羹飪是夕時則此大夫禮爲期亦夕時可知也知大夫尊直肅尸餘使人肅之者以經云宿尸反卽云爲期明大夫不自肅賓以下可知故云使人肅之也主人門東南面宗人朝服北面曰

請祭期主人曰比於子比次早晏在於子也主人不西面者大夫尊於諸官有君道也爲期亦唯尸不來也疏注比次至來也〇釋曰言比次早晏者一日一夜辰有十二冬日夏夜長短不同是以推量比次日辰之早晏也云主人不西面者大夫尊於諸官有君道也者決特牲主人門外西面士卑於屬吏無君道故也云爲期亦唯尸不來也者言亦特牲爲期時賓及衆賓卽位于門西時無尸此大夫禮餘賓之等並來亦唯尸不來是以主人南面亦爲無尸也宗人曰旦明行事主人曰諾乃退旦明旦日質明明日主人朝服卽位于廟

門之外東方南面宰宗人西面北上牲北首東上司馬刲羊司士擊豕宗人告

備乃退刲擊皆謂殺之此實既省告備乃殺之文互者。省也尙書傳曰羊屬火豕屬水疏明日至乃退〇注刲擊至屬水〇釋曰自此盡東榮論視殺視濯之事案特牲視牲與視殺別日今少牢不言視牲直言刲擊告備乃退者。省此大夫禮視牲告充卽刲擊殺之下人君士卑不嫌故異日矣必。知人君視殺。別日者大宰職云及執事眡滌濯及納亨贊王牲事注云納亨納牲將告殺謂。鄉祭之晨既殺以授亨人又云及。祀之日贊玉幣爵之事注云日旦明也

是其視牲與殺別日案祭義云君牽牲穆荅君卿大夫序從既入門麗于碑卿大夫祖而毛牛尙耳諸侯禮殺于門內此大夫與特牲士皆殺于門外者辟人君云封擊皆謂殺之者冢言擊動之使鳴是視牲也羊言封謂殺之是視殺也大夫視牲視殺同日故互見皆有故鄭云封擊皆謂殺之又云此實既省告備乃殺之文。互。者省也者亦是視牲訖即視殺如。鄉所解下言告備欲見兼有也云尙書傳曰羊屬火豕屬水者此尙書大傳文引之者解司馬封羊以其司馬火官還使封羊。羊屬火故也案周禮鄭注司空奉豕司士乃司馬之屬官今不使司空者諸侯猶兼官大夫。又職職相兼況士無官僕隸爲司馬司士兼其職可知故司士擊豕也

雍人概鼎匕俎于雍爨雍爨在門東南北上雍人掌割亨之事者爨竈也在門東南統於主人北上羊豕魚腊皆有竈竈西有鑊凡概者皆陳之而後告絜

疏注雍人至告絜○釋曰云雍人掌割亨之事者周禮饔人職文云凡概者皆陳之而後告絜者案特牲視濯時皆陳之視訖告絜此亦當然

廩人概甑甗匕與敦于廩爨廩爨在雍爨之北廩人掌米入之藏者甗如甑一孔匕所以匕黍稷者也古文甑爲烝

疏注廩人至爲烝○釋曰云廩人掌米入之藏者周禮地官廩人職文以其穀入倉人米入廩人故也云甗如甑一孔者案冬官陶人職云甗實。二鬴厚半寸脣寸甑實二鬴厚半寸脣寸。七穿鄭司農云甗無底甑以其無底故以一孔解之云匕所以匕黍稷者也者上雍人云匕者所以匕肉此廩人所掌米故云匕黍稷也

司宮概豆籩勺爵觚觶几。洗篚于東堂下勺爵觚觶實于篚卒概饌豆籩與篚于房中放于西方設洗于阼階東南當東榮放猶依也大夫攝官司宮兼掌祭器也

疏注司宮至東榮○注放猶至器也○釋曰案特牲云宗人升自西階視壺濯及豆籩反降東北面告濯具鄭注云不言絜以有几席若然彼几席不概則凡洗篚三者亦不概而并言之者以其同降于東堂下故繼觚觶連言之其實不概也云大夫攝官司宮兼掌祭器者

下文司宮筵神席於奧此又掌豆籩之等故鄭云攝官案內則鄭注云諸侯兼官者彼對天子天子六卿諸侯三卿兼六卿此則大夫對諸侯諸侯具官大夫攝官也

饔定雍人陳鼎五三鼎在羊鑊之西二鼎在豕鑊之西魚腊從羊膚從豕統於牲

【疏】饔定至之西○注魚腊至於牲○釋曰自此盡篚巾于西階東論鼎及豆籩盤匜等之事云魚腊從羊膚從豕統於牲者案公食大夫云甸人陳鼎鄭注云甸人冢宰之屬兼亨人者此大夫雍人陳鼎者周禮甸人掌供薪蒸與亨爨聯職相通是以諸侯無亨人故甸人陳鼎此大夫又無甸人故使雍人與亨人聯職故亨人云職外內饔之爨亨故使饔。人也云魚腊從羊膚從豕者上文摡鼎時鄭云羊豕魚腊皆有竈今陳鼎宜各當其鑊此三鼎在羊鑊之西。二鼎在豕鑊之西故云魚腊從羊膚從豕也其實羊豕魚腊各有鑊也此直有羊豕言皆有鑊前注。何知魚腊皆有竈案士虞禮云側亨於廟門外之右東面魚腊爨在廟門外東南魚腊爨在其南士之魚腊皆有爨則大夫魚腊皆有鑊可知故羊豕魚腊皆有竈也

司馬升羊右胖髀不升肩臂臑膊骼正脊一脡脊一橫脊一短脅一正脅一代脅一皆二骨以並腸三胃三舉肺一祭肺三實于一鼎升猶上也上右胖周所貴也髀不升近竅賤也肩臂臑肱骨也膊骼股骨脊從前為正脅旁中為正脊先前脅先後屈而反猶器之綼也並併也脊脅骨多六體各取二骨併之以多為貴舉肺一尸食所先舉也祭肺三為尸主人主婦古文胖皆作辯髀皆作脾今文並皆為併

【疏】司馬至一鼎○注升猶至為併○釋曰上十一體言一者見其體也下言皆二骨以並見一體皆有二骨也云脊從前為正脅旁中為正脊先前脅先後屈而反猶器之綼也云先前者正脊是也先後者即短脅是也故特牲記云尸俎正脊二骨橫脊長脅二骨短脅鄭注云脊無中脅無前貶也明代脅最在前也脊先前脅先後者取綼屈之義若然脊以前為正其次名脡卻後名橫者。取脡脡然直後言橫者取闊於脡凡名骨皆隨形名之唯言正者以義取稱

焉此言縡者指解脊不取肩胳也若尸舉牲體則脊肩胳爲縡故鄭注特牲云舉先正脊後肩自上而卻下縡而前終始之次也故尸舉牲體如縡也案下注云升之以尊卑此注云猶器之縡也若縡則不得見尊卑若以尊卑升復不得見縡兩注似乖者凡牲體四支爲貴故先序肩臂臑膊胳爲上是尊然後序脊脅於下是卑次應先言。正脊而先言短者又取縡之義也但所序骨體各有宜不可準定也若然既以尊卑升之而祭肺貴序在下者腸胃及肺在內不得與外體爲尊卑之次當以腸內自爲先後之次也云脊脅骨多六體各取二骨併之以多爲貴者此經肩臂已下皆言一至十一體之下總言皆二骨知二骨據脊脅骨多六體各取二骨者案特牲記肩臂臑肫。胳不言二骨至序脊脅卽言二骨以並故知此言皆二骨亦據脊脅可知也

司士升豕右胖髀不升肩臂臑膊骼正脊一脡脊一橫脊一短脅一正脅一代脅一皆二骨以並舉肺一祭肺三實于一鼎豕無腸胃君子不食。溷腴

疏注豕無至溷腴○釋曰云君子不食溷腴禮記少儀文彼注云腴有似於人穢故樂記注云以穀食犬豕曰豢是似人也

雍人倫膚九實于一鼎倫擇也膚脅革肉擇之取美者

疏注倫擇至美者○釋曰知脅革肉者下文云膚九而俎亦橫載革順故知膚者是脅革肉也

司士又升魚腊魚十有五而鼎腊一純而鼎腊用麋司士又升副倅者合升左右胖曰純純猶全也

疏司士至用麋○注司士至全也○釋曰云司士又升副倅者謂是第三俎其司士與前文司士升豕者別知者以下經云司士三人升魚腊膚則此豕魚腊宜各一人又此升鼎宜俱時明是副倅者非升豕者可知云倅者案諸子職云掌國子之倅鄭云是公卿大夫之副貳則此云倅亦副之別名以其副牲鼎故云副倅也

卒脀皆設扃鼏。乃舉陳鼎于廟門之外東方北面北上北面北上鄉內相隨古文鼏皆爲密

司宮尊兩甒于房戶之閒同棜皆有冪。甒

有玄酒房戶之閒房西室戶東也。楸無足禁者酒戒也大夫去足改名優尊者若不爲之戒然古文甒皆作廡今文鼏作幂。【疏】司宮至玄酒○注房戶至作幂○釋曰云楸無足禁者酒戒也大夫去足改名優尊者若不爲之戒然者此決特牲用楸仍云禁此改名曰楸是優尊者若不爲神戒然鄉飲酒雖是大夫禮猶名斯禁者尋常飲酒異於祭祀也

司宮設罍水于洗東有枓設篚于洗西南肆枓。㪺水器也凡設水用罍沃盥用枓禮在此也【疏】司宮至南肆○注枓㪺至此也○釋曰云凡設水用罍沃盥用枓禮在此也者言凡總儀禮一部內用水者皆須罍盛之沃盥水者皆用枓爲之鄭言禮在此者以士冠禮直言水在洗東士昏禮亦直言水在洗東鄉飲酒特牲記亦云然皆不言罍器亦不云有枓其燕禮大射雖云罍水又不言有枓故鄭。注。總云凡此等設水用罍沃盥用枓其禮具在此故餘文不具省文之義也

改饌豆籩于房中南面如饋之設實豆籩之實改更也爲實之更之威儀多也如饋之設如其陳之左右也饋設東面【疏】改饌至之實○注改更至東面○釋曰前司宮概豆籩訖饌豆籩放於西方今欲實之乃更設豆籩於房中南面如饋之禮東面設然者此大夫禮威儀多決特牲士禮視濯時豆籩鉶在東房至實豆籩時直云豆籩鉶陳於房中如初鄭云如初者取而實之既而反之是其不改豆籩之處因而實之是士禮威儀略也

小祝設槃匜與簞巾于西階東爲尸將盥【疏】小祝至階東○注爲尸將盥○釋曰案特牲直云尸盥匜水實于槃中簞巾在門內之右不言其人未聞也知非祝者彼下文始言祝筵几于室中注云至此使祝接神明前非祝也

主人朝服卽位于阼階東西面爲將祭也【疏】主人至西面○注爲將祭也○釋曰自此盡華順論祭時將至布設舉鼎。匕載之事

司宮筵于奧祝設几于筵上右之布陳神坐也室中西南隅謂之奧席東。面近南爲右【疏】司宮至右之○注布陳至爲右○釋曰案特牲云祝筵几鄭云使祝接神此使司宮者此大夫禮異於士故司宮設

席祝設几大夫官多故使兩官共其事亦是接神故祝設几也若主人出迎鼎除鼏士盥舉鼎主人先入道之也主人不盥不舉【疏】注道之至不舉○釋曰此決特牲主人降及賓盥士禮自舉鼎此大夫尊不舉故不盥也司宮取二勺于篚洗之兼執以升乃啓二尊之蓋冪奠于棜上加二勺于二尊覆之南柄二尊兩甒也今文啓爲開古文柄皆爲枋【疏】司宮至南柄○注二尊至爲枋○釋曰云二尊兩甒者卽上司宮尊兩甒于房戶之閒是也知二勺兩尊用之者玄酒雖有不酌重古如酌者然也

鼎序入雍正執一匕以從雍府執四匕以從司士合執二組以從司士贊者二人皆合執二組以相從入相助陳鼎于東方當序南于洗西皆西面北上膚爲下匕皆加于鼎東枋膚爲下以其加也南于洗西陳於洗西南【疏】陳鼎至東枋○注膚爲至西南○釋曰此云膚爲下門外陳鼎時不言至此言之者以膚者豕之實前陳鼎在門外時未有組據鼎所陳則膚在魚上今將載於組設之最在後故須分別之也云膚爲下以其加者以羊無別組而豕有膚組故謂之加以加爲下也云南于洗西陳于洗西南者洗當東榮近東也其陳鼎鼎當東序則近西也而言南于洗西則鼎陳于洗西稍近南東西不得與洗相當也

組皆設于鼎西西肆肵組在羊組之北亦西肆肵組在北將先載也異其設文不當鼎【疏】組皆至西肆○注肵組至當鼎○釋曰云異其設文不當鼎者羊組在羊鼎西今云肵組在羊組北不繼鼎明不當鼎也若繼鼎言者卽在鼎西也

宗人遺賓就主人皆盥于洗長枇長枇者長賓先次賓後也主人不枇言就主人者明親臨之古文枇作匕佐食上利升牢心舌載于肵組心皆安下切上午割勿沒其載于肵組末在上舌皆切

本末亦午割勿沒其載于肵横之皆如初爲之于爨也牢羊豕也安平也平割其下於載便也凡割本末食必正也午割使可絶也勿沒爲其分散也肵之爲言敬也所以敬尸也周禮祭尙肺事尸尙心舌心舌知滋味今文切皆爲刌【疏】佐食至爨也○注牢羊至爲刌○釋曰言皆如初爲之。于爨也者經言此者以前膚鼎時不見心舌爨不在爨故明之云皆如初爲之于爨。皆者。皆。羊。豕羊豕皆有心舌也案特牲記云肵俎心舌皆去本末午割之實于牲鼎載心立舌縮俎卽是未入鼎時則制此心舌然也既未入鼎時先制之是以雖出爨亦得爲皆如初爨也云凡割本末食必正也者鄉黨孔子云割不正不食故割本末爲食正也云肵之爲言敬也者郊特牲文彼云肵之爲言敬也言所以敬尸也云周禮祭尙肺者禮記明堂位云有虞氏祭首夏后氏祭心殷祭肝周祭肺是周之禮法祭肺而此肵俎不取肺而用心者以其事尸尙心舌心舌知滋味者故特牲記鄭注亦云心舌知食味者欲尸之饗此祭是以進之若然舌之所嘗五味乃是心之所知酸苦也故心舌併言之

佐食遷肵俎于阼階西西縮乃反佐食二人上利升羊載右胖髀不升肩臂臑膊骼正脊一脡脊一横脊一短脅一正脅一代脅一皆二骨以並腸三胃三長皆及俎拒舉肺一長終爯祭肺三皆切肩臂臑膊骼在兩端脊脅肺肩在上升之以尊卑載之以體次各有宜也拒讀爲介距之距俎距脛中當横節也凡牲體之數及載備於此【疏】佐食至在上○注升之至於此○釋曰升羊載右胖者準例實鼎曰升實俎曰載今實俎而言升者以其升者上也是以載俎升載兩言之也但此經所載牲體多少一依上文升鼎不異而重序之者以其載俎之時恐與入鼎時多少有異故重序之舉肺祭肺上已言今又言之者以其上升鼎時直言舉肺一祭肺三不言長短上所以不言長短者以其入鼎時二者未制故不辯長短至此載俎乃制長短及切之故具辯之

也若然上升鼎時不制者若升鼎制之恐二肺雜亂是以升俎乃制之若然心舌未升鼎時已午割勿沒不言至載俎乃言午割者彼二者其體殊異不雜亂故俎乃一辯。之而已云肩臂臑膊胳在兩端脊脅肺肩在上者此是在俎之次俎有上下猶牲體有前後故肩臑在上端膊胳在下端脊脅肺在中其載之次序肩臂臑正脊脡脊橫脊代。脅長脅短脅肺胃腸膊胳也云升之以尊卑者即上文上利升羊以下序其在鼎也云載之以體次者俎法四體尊於脊脅即經四體在兩端脊脅肺在中者故云各有宜也云拒讀爲介距之距者案左氏傳昭二十五年云季郈之雞鬬季氏介其雞服氏云擣芥子播其雞羽鄭氏云介甲爲雞著甲又云郈氏爲之金距注云金距以金踏距今鄭君合取季氏之介又取郈氏之距而云介距之距也引之者彼距在雞足爲距此俎距在俎爲橫也是。以云俎距脛中當橫節也案明堂位云俎有虞氏以梡夏后氏以嶡殷以椇周以房俎注云梡斷木爲四足而已嶡之言蹶也謂中足爲橫距之象周禮謂。之距彼注云周禮謂之距即指此俎距而言是距爲俎足中。央橫者也此言俎距脛中當橫節者案明堂位夏后氏以嶡謂中足之橫下仍有殷之椇謂橫下仍有曲橈之足下又有周之房俎謂四足下更有。跗鄭云上下兩閒有似於堂房是橫下更有二事故言脛中當橫節也云凡牲體之數及載備於此者案此經。即。折前體肩臂臑兩相爲六後體膊胳兩相爲四短脅正脅代脅兩相爲六脊有三總爲十九體唯不數觳二通之爲二十一體二觳正祭不薦於神尸故不言是牲體之數備於此言及載備於此者上經。云升於鼎此經。云載於俎是其及載備於此也

下利升豕其載如羊無腸胃體其載于俎皆進下

進下變於食生也所以交於神明不敢以食道敬之至也鄉飲酒禮進腠羊次其體豕言進下互相見

疏下利至進下○注進下至相見○釋曰云進下變於食生也者決公食大夫鄉飲酒牲體皆進腠腠是本是食生人之法此言進末末爲終謂骨之終食鬼神法故云變於食生也云所以交於神明元缺起此至卷末者郊特牲文云不敢以食道檀弓文云羊次其體豕言進下互相見者羊次其體即上終上利升羊以下

是次其體言互相見者羊言體亦進下豕言進下亦次其體也司士三人升魚腊膚魚用鮒十有五而俎縮載右首進腴右首進。腴亦變於食生也有司載魚橫之少儀曰羞濡魚者進尾【疏】注右首至進尾○釋曰云右首進腴亦變於食生也者凡載魚爲。生人首皆向右進鰭其祭祀亦首皆在右進腴。生人死人皆右首陳設在地地道尊右故也鬼神進腴者腴是氣之所聚故祭。祀進腴也生人進鰭者鰭是脊生人尚味故公食大夫云魚七縮俎寢右鄭注云右首也寢右進鰭也乾魚近腴多骨鯁是也云有司載魚橫之少儀曰羞濡魚者進尾引之者欲見正祭與儐尸載魚禮異又與生人食禮不同以其尸之禮上大夫載魚橫之於人爲縮於俎爲橫既見乾魚則進首可知不復取少儀者濡魚進尾見與乾魚異有司徹進首是上大夫繹祭儐尸之禮有乾魚橫於俎宜進其首則少儀羞濡魚者是天子諸侯繹祭可知以其天子諸侯繹祭乾濕皆有乾魚則進首鮮魚則進尾必知是天子諸侯繹祭者以其大夫儐尸云加膴祭少儀云祭膴又與儐尸加膴祭於上同故知義然也腊一純而俎亦進下肩在上如羊豕凡腊之體載禮在此【疏】注如羊至在此○釋曰以其諸經唯有腊文無升載之事唯有此經所載之法故云載禮在此也膚九而俎亦橫載革順列載於俎令其皮相順亦者亦其骨體【疏】注列載至骨體○釋曰云列載於俎令其皮相順者解經革順也載革順謂以此膚之體相次而作行列以膚革相順而載也云亦者亦其骨體者上牲體橫載文不明故舉膚亦橫載以明之此膚言橫則上羊豕骨體亦橫載可知也

儀禮疏卷第四十七元缺第十葉今補

珍倣宋版印

儀禮注疏卷四十七校勘記

阮元撰盧宣旬摘錄

少牢饋食禮第十六

少牢饋食之禮

唯據羊若豕則曰豢　豕上要義有犬字按疏下引槁人職明犬得稱豢也

故地官稾人職云　通解要義稾作槁○按稾乃槀之誤槁與槀同宋本周禮釋文作槁人不誤

非以爲禍　通解要義同毛本禍作禮○按樂記是禍字

故郊特牲與士特牲　通解要義俱作與士特牲毛本作特牲與士

日用丁巳　魏氏曰巳音紀陸音祀○按今本釋文祀亦誤作紀

謂冠昏祭祀　通解要義同毛本謂作爲

筮旬有一日

知旬十日者　要義同毛本通解旬下有爲字

吉事先近日故也　通解要義同毛本吉事作言是

主人曰孝孫某

某仲叔季　某集釋敖氏俱作其

桓十四年乙亥嘗　通解要義同毛本乙誤作己○按春秋桓十四年作乙

陰陽式法　式陳閩俱作武非也

若其在子上者　通解要義毛本其作某

若五十字　要義同通解毛本字下有以伯仲三字

故知取二十字爲謚也　要義同通解毛本十下有冠而二字

因生以賜姓　毛本生誤作主陳閩俱脫以字

胙之土而命之氏　通解要義同毛本氏誤作事○按左傳作氏

證伯某某或且字　證陳閩要義俱作謚毛本誤作謚

而非常祭祀　而通解要義俱作及按而字誤

史曰諾

蓍之德圜而神　徐本釋文集釋通解楊氏同毛本圜作圓

云易曰蓍之德圓而神者　魏氏曰圓本作圜

遂述命曰

謂之述命述命訖　通解要義同毛本述命二字不重出

即與即席西面命龜異　此句下異者二字通解毛本無要義有

繇辭則占龜之長　毛本占誤作古

乃釋韇立筮

以其蓍長立筮爲便　通解同毛本無立字非也

若然諸侯著七尺　通解同毛本無然字

卦者在左○乃書卦于木示主人　李氏曰示主人石本上有以字

六爻備書於版　毛本版作板張氏曰疏作版從疏

受以示主人也　毛本無受字

乃官戒

滌溉濯祭器　許宗彥云疏有濯字蓋陸本作溉祭器一本作濯祭器賈本則作溉濯祭器耳盧文弨云濯字衍者非

若不吉

近日卽上旬丁巳此句下是也若上旬丁巳七字毛本無要義有

宿

使知祭日當來來陳閩俱作求

以言前宿一日言前二字毛本誤倒

前宿一日

總解經前宿一日宿戒尸陳閩監本通解同毛本宿作肅

明日朝按張爾岐謂朝下有服字石本監本並脫今考各本俱無服字

筮尸如筮日之禮禮唐石經徐本集釋通解敖氏俱作禮是也楊氏毛本作儀

用薦歲事於皇祖伯某唐石經徐本集釋楊敖同通解毛本薦作爲

前祭一日筮尸通解同毛本筮下有宿字

吉則乃遂宿尸

以其諸官一肅陳閩監本通解要義同毛本肅作宿下肅尸同

其尸已宿訖尸字下此本空一字通解作上已宿尸訖按此本所空疑是上

主人再拜稽首

告尸以主人爲此事來肅 徐本集釋要義楊氏同敖氏肅作宿通解毛本無肅字

既宿尸反

言既肅尸 徐陳閩葛集釋通解楊敖同毛本既作及○按及非也

明日主人朝服

省也 通解毛本省下有文字徐本釋文集釋楊敖俱無與疏合

直言封擊告備乃退者省 要義同通解毛本省下有文字

必知人君視殺別日者 毛本知誤作如別作引要義亦作別

謂鄉祭之晨 陳本要義同毛本鄉作卿○按作鄉與周禮注合

及祀之日 陳本要義同毛本祀作禮非也

辟人君云 毛本君下有一字通解一作也

文互者省也者 毛本互者作元云○按毛本非也

如鄉所解 陳本同毛本鄉作卿

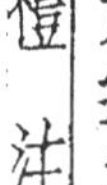

還使刲羊羊屬火故也 要義同毛本不重羊字

大夫又職職相兼 要義同毛本無又字

稾人摡甑甗匕與敦于稾爨

甗實二鬴 監本通解要義敖氏同毛本二作一〇按考工記作二

七穿 七通解監本俱作七陳本要義敖氏俱作匕閩本誤作士〇按戴震考工記補注云一穿爲甗七穿爲甑作匕非也

司宮摡豆籩勺爵觚觶几洗篚于東堂下 几唐石經徐陳通解俱作凡誤集釋楊敖俱作几與疏合

羹定

故使饔人也 要義同毛本無人字〇按毛本非也

二鼎在豕鑊之西 監本通解要義同毛本二作三陳閩俱誤作一

前注何知魚腊皆有竈 通解要義同毛本何作可

司馬升羊

上十一體 十上陳閩俱有有字

者取脡脡然直 毛本通解者上有脡字

次應先言正脊　陳本通解同毛本正作二

按特牲記肩臂臑肫胳　陳本通解同毛本胳作格○按格字誤

司士升豕

君子不食溷腴　溷集釋作圂按少儀作圂俗作溷

卒脀皆設扃鼏　鼏唐石經徐本集釋楊敖俱作鼏注同通解毛本作冪

司宮尊兩甒于房戶之閒○皆有冪　張氏曰經曰同棜皆有冪按注云今文鼏作冪鼏指經也經字必鼏後乃啓二尊之蓋鼏同從注

棜無足　毛本棜誤作於

今文鼏作冪　徐本張氏同與此本標目合毛本通解集釋鼏冪二字俱倒○按鼏冪尊冪在今文則皆作冪在古文則皆作密後人妄爲分別而刊本又復淆譌不可致詰此注當有誤字張氏据注以改經固非李黃据經以改注亦未爲得蓋以冪爲古鼏爲今儀禮中無此例

司宮設罍水於洗東

枓斞水器也　斞徐陳閩葛集釋通解楊敖俱作斞疏同毛本作㪷

故鄭注總云　通解要義同毛本無注總二字

主人朝服

布設舉鼎匕載之事　要義同毛本匕作上非也

司宮筵於奥

席東面近南爲右　徐本集釋同通解楊氏毛本面俱作西○按當作面

故司宮設席　通解要義同毛本席下有神字

故使兩官若共其事　毛本通解無若字

司宮取二勺於篚○加二勺於二尊　徐陳通解俱無下二字唐石經集釋楊敖俱有與注合

今文啓爲開古文柄皆爲枋　徐本集釋俱如是枋與此本標目合毛本脫六字又誤枋爲方按釋文有作枋二字

佐食上利升牢心舌

言皆如初爲之于爨也者　毛本無于字

云皆如初爲之于爨皆者　陳閩監本通解要義同毛本皆作也

皆羊豕羊豕皆有心舌也　要義同通解毛本無皆羊豕三字

佐食遷肵俎于阼階西

故俎乃一辯之而已　毛本通解無之字

代脅長脅短脅　通解同毛本上脅字作脊○按脅是也

是以云　以要義作以是也通解毛本作距

周禮謂之距　通解同毛本謂作爲下同要義誤脫

是距爲俎足中央横者也　央陳本通解要義俱作央是也毛本誤作決

謂四足下更有跗　陳本通解要義同毛本跗作距非也

按此經卽折前體肩臂臑兩相爲六　毛本卽折作節折○按卽折是也作節祈陳本作節析通解

上經云升於鼎此經云載於俎　陳本通解同毛本兩云字並作文

司士三人升魚腊膚

右首進腴　毛本腴誤作魚

凡載魚爲生人　生閩本誤作主下生人死人放此

故祭祀進腴也　陳本通解要義同毛本祀作初○按祀是也

儀禮注疏卷四十七校勘記

儀禮疏卷第四十八

唐朝散大夫行大學博士弘文館學士臣賈公彥等撰

卒脣祝盥于洗升自西階主人盥升自阼階祝先入南面主人從戶內西面將納祭也

【疏】卒脣至戶內西面○注將納祭也○釋曰自此盡主人又再拜稽首論先設置爲陰厭之事也

主婦被錫衣移袂薦自東房韭菹醓醢坐奠于筵前主婦贊者一人亦被錫衣移袂執葵菹蠃醢以授主婦主婦不與遂受陪設于東韭菹在南葵菹在北主婦興入于房被錫讀爲髲鬄古者或剔賤者刑者之髮以被婦人之紒爲飾因名髲鬄焉此周禮所謂次也不纚笄者大夫妻尊亦衣綃衣而侈其袂耳侈者蓋半士妻之袂以益之衣三尺三寸袪尺八寸韭菹醓醢朝事之豆也而饋食用之豐大夫禮葵菹在綼今文錫爲緆蠃爲蝸

【疏】主婦被錫衣至入于房○注被錫至爲蝸○釋曰云主婦贊者一人亦被錫者此被錫移袂與主婦同既一人與主婦同則其餘不得如主婦當與士妻同纚笄綃衣若士妻與婦人助祭一一皆纚笄綃衣以綃衣下更無服服窮則同故特牲云凡婦人助祭者同服是也云被錫讀爲髲鬄者欲見鬄取人髮爲之之義也云古者或剔賤者刑者之髮以被婦人紒爲飾因名髲鬄焉賤者此解名髲鬄之意案哀公十七年左傳說衛莊公登城望戎州見己氏之妻髮美使髡之以爲呂姜髢是其取賤者髮爲鬄之事也云此周禮所謂次也者案周禮追師云掌王后以下副編次三翟者首服副褘衣禮衣首服編緣衣首服次鄭彼注副首飾若今步搖編編列髮爲之若今假紒次次第髮長短爲之所謂髲鬄鄭云所謂髲鬄者指此文也是彼此相曉也云不纚笄者大夫妻尊者此決特牲主婦纚笄士妻卑故也云亦衣綃衣者亦如特牲

士妻主婦綃衣也綃衣者六服。外之。下者云而後其袂耳後者蓋半士妻之袂以益之衣三尺三寸袪尺八寸者士妻之袂二尺二寸袪尺二寸三分益一。故三尺三寸袪尺八寸也故內司服注亦為此解也或云衣三尺三寸或云袂俱合義是以喪服記云亦名袂為衣也云韭菹醓醢朝事之豆也者案周禮醢人職朝事之豆韭菹醓醢。昌本麋臡菁菹鹿臡茆菹。麋臡彼天子八豆今大夫取二豆為饋食用之豐大夫禮故也若然葵菹蠃醢亦天子饋食之豆今大夫用之。鄭不言者彼饋食當其節天子八豆此大夫取二而已故不須言之云葵菹在。繂者以其韭菹在南醓醢在北。今於次東葵菹在北蠃醢在南是其繂次之也

佐食上利執羊俎下利執豕俎司士三人執魚腊膚俎序升自西階相從入設俎羊在豆東豕亞其北魚在羊東腊在豕東特膚當俎北端相助也主婦自東房執一金敦黍有蓋坐設于羊俎之南婦贊者執敦稷以授主婦主婦興受坐設于魚俎南又興受贊者敦黍坐設于稷南又興。受贊者敦稷坐設于黍南敦皆南首主婦興入于房敦有首者尊者器飾也飾蓋象龜周之禮飾器各以其類龜有上下甲今文曰主婦入于房

疏注婦至于房○注敦有至于房○釋曰敦有首者尊者器飾也飾蓋象龜知有此義者以其經曰敦南首明象。龜。蟲獸之形故云首知象龜者以其蓋形龜象故也云周之禮飾器各以其類者案周禮梓人云外骨。內骨以脰鳴者以胷鳴者之類鄭云刻畫祭器博庶物也又周禮司尊彝有雞彝之等是周之禮飾器各以其類也云龜有上下甲者欲言此敦蓋取象之意以龜有上下甲故敦蓋象之是亦取其類也敦蓋既象龜明簋亦象龜為之故禮器云管仲鏤簋朱。紘注云謂刻而飾之大夫刻為龜耳諸侯飾以象天子飾以玉言以玉飾之還依大夫象形為飾也天子則簋敦兼有九嬪職云凡祭祀贊玉齍注云玉齍玉敦受黍稷器

是天子八簋之外兼用敦也特牲云佐食分簋鉶注云爲將餕敦有虞氏之器也周制士用之變敦言簋容同姓之士得從周制耳則同姓大夫亦用簋特牲少牢用敦者異姓大夫士也明堂位云有虞氏之兩敦夏后氏之四璉殷之六瑚周之八簋鄭注云皆黍稷器制之異同未聞案周禮舍人注圜曰簋孝經注直云外方曰簋者。據而言若然云未聞者據殷已上未聞周之簋則聞矣故易損卦云二簋可用享注云離爲日日圓巽爲木木器象是其周器有聞也孝經緯鉤命決云敦規首上下圓相連簠簋上圓下方法陰陽是有聞而鄭云未聞者鄭不信之故也

祝酌奠遂命佐食啓會佐食啓會蓋二以重設于敦南酌奠酌酒爲神奠之後酌者酒尊要成也特牲饋食禮曰祝洗酌奠奠于鉶南重累之 疏 注酌奠至累之〇釋曰酌奠酌酒爲神奠之者以其迎尸之前將爲陰厭爲神不爲尸故云爲神奠之也云後酌者酒尊要成也者上經先設餘饌此經乃酌者酒尊物設。饌要由尊者成故後設之也引特牲者酌奠之處當在鉶南此經不言故引爲證也云重累之者以黍稷各二二者各自當重累於敦南。卻合之也

主人西面祝在左主人再拜稽首祝祝曰孝孫某敢用柔毛剛鬣嘉薦普淖用薦歲事于皇祖伯某以某妃配某氏尚饗主人又再拜稽首羊曰柔毛豕曰剛鬣嘉薦菹醢也普淖黍稷也普大也淖和也德能大和乃有黍稷春秋傳曰奉粢以告曰絜粢豐盛謂其三時不害而民和年豐也 疏 注羊曰至豐也〇釋曰云羊曰柔毛豕曰剛鬣下曲禮文羊肥則毛柔。濡豕肥則鬣剛也彼注云號牲物者異於人用也引春秋者證黍稷。大和之義案彼左氏桓六年傳文楚武王侵隨使薳章求成焉軍於瑕以待之隨人使少師入楚軍董成楚以羸師而納少師少師還請追楚師季梁止之曰天方授楚楚之羸其誘我也臣聞小之能敵大也小道大淫所謂道忠於民而信於神也上思利民忠也祝史正辭信也今民餒而君逞欲祝史矯舉以祭臣不知其可也公曰吾牲牷肥腯粢盛豐備何則不信對曰夫

民神之主也是以聖王先成民而後致力於神故奉牲以告曰博碩肥腯謂民力之普存也奉盛以告曰絜粢豐盛謂其三時不害而民和年豐也則此之所言隨季梁辭也

祝出迎尸于廟門之外主人降立于阼階東西面祝先入門右尸入門左主人不出迎尸伸尊也特牲饋食禮曰尸入主人及賓皆辟位出亦如之祝入門右者辟尸盥也既則後尸

疏注主人至後尸○釋曰自此盡牢肺○正脊加于肵論尸入正祭之事云主人不出迎尸伸尊也者禮記云君迎牲而不迎尸別嫌也尸在廟門外則疑於臣在廟中則全於君故主人皆不出迎尸尸在廟門外爲臣道故主人不出迎尸伸尊也引特牲者尸出入時主人與賓西位上皆逡巡辟位敬尸也云既則後尸者下經云祝延尸尸升自西階入祝從注云由後詔相之曰延是後尸者也

宗人奉槃東面于庭南一宗人奉匜水西面于槃東一宗人奉簞巾南面于槃北乃沃尸盥于槃上卒盥坐奠簞取巾興振之三以授尸坐取簞興以受尸巾庭南沒霤

疏注庭南沒霤○釋曰庭南者於庭近南是沒盡門屋霤近門而盥也是以特牲亦云尸入門北面盥繼門而言卽此沒霤者也亦

祝延尸尸升自西階入祝從由後詔相之曰延延進也周禮曰大祝相尸禮祝從從尸升自西階

疏祝延至祝從○注由後至西階○釋曰周禮曰大祝相尸禮者案職云相尸禮注云延其出入詔其坐作是也

主人升自阼階祝先入主人從祝接神先入宜也尸升筵祝主人西面立于戶內祝在左主人由祝後而居右尊也祝從尸尸卽席乃卻居主人左

疏注主人至人左○釋曰祝先入至主人入而居祝之右者以祝從尸後詔侑之故在尸後主人前及尸卽筵主人與祝西面則主人尊故也云祝從尸尸卽席乃却居主人左者解祝在先居左之意也

祝主人皆拜妥尸尸不言尸荅拜遂坐拜妥尸拜

之使安坐也尸自此荅拜遂坐而卒食其閒有不啐奠不嘗鉶不告旨大夫之禮尸彌尊也不告旨者爲初亦不饗所謂曲而殺【疏】祝主至遂坐○注拜妥至而殺○釋曰案爾雅妥安也故云拜妥尸拜之使安坐也案特牲云尸啐酒告旨主人拜尸荅拜祭鉶嘗之告旨不得遂坐此經云荅拜遂坐。故鄭解其遂坐而卒食之意以其閒有不啐奠不嘗鉶不告旨也大夫之禮尸彌尊故無。拜事特牲所云嘗鉶謂嘗豕鉶此不嘗鉶謂不嘗豕鉶也知。非不嘗羊鉶者案下云嘗羊鉶故知。不嘗豕鉶也不告旨者。既不啐奠故無告也言彌尊者既不啐奠一尊又不嘗鉶不告者是彌尊也云。不告旨者爲初亦不饗者案特牲迎尸即席坐主人拜妥尸尸荅拜執奠祝饗主人拜如初注云饗勸強之也其辭取於士虞記則宜云孝孫某圭爲而孝薦之饗是士賤不嫌得與人君同大夫尊嫌與人君同故初不饗後亦不告旨故云不告旨者爲初亦不饗也云所謂曲而殺者禮器文彼注云謂若父在爲母期不得申大夫不得者亦不得申故引爲證若然曲而殺爲初不饗而言也

祝反南面

未有事也。墮祭爾敦官各肅其職不命【疏】注未有至不命○釋曰云未有事也者釋祝反南面也云。墮祭爾敦文在下經官各肅其職不命者言祝無事之義案宿諸官各肅其事不須命故祝得反南面

尸取韭菹辯擩于三豆祭于豆閒上佐食取黍稷于四敦下佐食取牢一切肺于俎以授上佐食上佐食兼與黍以授尸尸受。同。祭于豆祭

牢羊豕也同合也合祭於。俎豆之祭也黍稷之祭爲墮祭將食神餘尊之而祭之今文辯。爲偏【疏】注牢羊至爲偏○釋曰云黍稷之祭爲墮祭者肺與黍稷俱得爲墮故周禮守祧職既祭則藏其墮墮中豈不能兼肺肺與黍稷俱祭于菹上。上既藏之明肺與黍稷器不動人就器減取之故特得墮名舉肺則全取因上絕之不得墮稱及其藏之弁有墮名也云將食神餘尊之而祭之者謂陰厭是。神。食後尸來即席食尸餕鬼神之餘故尸亦尊神而祭之以其凡祭者皆不是盛主人之饌故以祭之爲尊也

上佐食舉尸牢肺正

脊以授尸。上佐食爾上敦黍于筵上右之爾近也或曰移也右之便尸食也重言上佐食明更起不相因

疏上佐至右之○注爾近至相因○釋曰曲禮云飯黍無以箸是古者飯食不用匕箸若然器即不動器中取之故移之於席上便尸食也云重言上佐食明更起不相因者前舉尸牢肺時坐而取之與以授尸不因此坐取肺即爾敦黍明更坐爾黍而起不因前坐也案特牲。云黍稷此及虞皆不云稷者此後皆黍稷連言明并黍稷食之不虛陳而不食不言爾之者文不具其實亦爾之也

主人羞肵俎升自阼階。置于膚北羞進也肵敬也親進之主人敬尸之加

疏主人至膚北○注羞進至之加○釋曰郊特牲訓肵爲敬今此主人親進之故鄭云敬尸之加以其爲尸特加故云加也若然特牲三俎膚從豕俎故肵在腊北此五俎有膚俎故肵在膚北

上佐食羞兩鉶取一羊鉶于房中坐設于韭菹之南下佐食又取一豕鉶于房中以從上佐食受坐設于羊鉶之南皆芼皆有柶尸扱以柶祭羊鉶遂以祭豕鉶嘗羊鉶芼菜也羊用苦豕用薇皆有酒

疏上佐至羊鉶○注芼菜至有滑○釋曰芼菜者菜是地之芼知羊用苦豕用薇皆有滑者案公食大夫記云鉶芼牛藿羊苦豕薇皆有滑是也

食舉。舉牢肺正脊也先飲啗之以爲道也

疏食舉○注舉牢至道也○釋曰此食舉在羞肵之下特牲食舉在羞肵之上不同者彼特牲食舉下乃云羞肵俎者是其正以食舉後尸即嚌幹之屬即加於肵俎故食舉後即進肵是正也此食舉不在羞肵之上。上佐食。羞鉶羹尸祭鉶訖乃得食舉故退食舉在祭鉶之下又不退羞肵在食舉下者由主人敬尸故不退在下也特牲爾敦下設大羹此不云者大羹不爲神直是爲尸者故此不言儐尸乃有也云舉牢肺正脊也者上文云上佐食舉尸牢肺正脊以授尸尸受祭肺明今食先云食舉是上牢肺正脊也云先食啗之以爲道也者案特牲舉肺脊以授尸尸受振祭嚌之左執之注肺氣之主也脊體之貴者先食啗之所以

道食通氣是也三飯食以黍疏三飯○注食以黍○釋曰知先食黍者以前文先言爾黍故知先食黍也上佐食舉尸牢幹尸

受振祭嚌之佐食受加于肵幹正脅也古文幹爲肝疏注幹正脅也○釋曰上文序體先言短脅次言正脅則正脅在中上

食舉是正脊故知此食幹亦先取正脅也特牲云食幹鄭注爲長脅也彼記上序九體有長脅無代脅者案鄭注云脊無中脅無前貶於尊者故與此異也

佐食羞胾兩瓦豆有醢亦用瓦豆設于薦豆之北設于薦豆之北以其加也四豆亦綼羊胾在南豕胾在北

無臐膮者尚牲不尚味疏上佐至之北○注設于至尚味○釋曰特牲略於少牢故有豕膮此少牢二牲故不尚味而無臐膮也尸又食食

胾上佐食舉尸一魚尸受振祭嚌之佐食受加于肵橫之又復也或言食或言飯食大名小數曰飯

魚橫之者異於肉疏尸又至橫之○注又復至於肉○釋曰云食大名者以其論語文多言食故云食大名也云小數曰飯者此少牢特牲言三飯五飯

九飯之等據一口謂之一飯五口謂之五飯之等據小數而言故云小數曰飯也云魚橫之者異於肉者魚在俎縮肉在俎則橫其同在肵俎仍橫之魚本縮

今則橫矣與牲體異故云魚橫異於肉也必知肉在肵仍橫者但言加于肵不云縮則與本俎同橫可知也大夫不儐尸者於此時亦當設大羹此主爲大夫

不儐尸者大羹之文也又食上佐食舉尸腊肩尸受振祭嚌之上佐食受加于肵腊魚皆一舉者

少牢二牲略之腊必舉肩以肩爲終也別舉魚腊崇威儀疏注腊魚至威儀○釋曰云腊元缺起此魚皆一舉者少牢二牲略之者以特牲三舉獸魚以其

牲少故也此少牢二牲略之者體足可舉故腊魚一舉以略之云腊必舉肩以肩爲終也者以腊如牲骨但舉一肩肩尊以爲終取其成義牲體舉肩爲終云

別舉魚腊崇威儀者特牲云尸三飯佐食舉獸幹魚一亦如之尸又三飯舉骼及獸魚如初尸又三飯舉肩及獸魚如初獸魚常一時同舉而此獸魚別舉大

夫之禮故云崇威儀案特牲先舉腊後魚此少牢後舉腊者彼特牲三俎腊皆三舉故後舉魚此少牢腊魚皆一舉故使腊在後肩取其終義故也

又食上佐食舉尸牢骼如初 如舉幹也 又食 不舉者。卿大夫之禮不過五舉須侑尸 疏 注不舉至侑尸○釋曰云五舉者舉牢肺一也又舉牢幹二也又舉一魚三也又舉腊肩四也又舉牢骼五也是卿大夫之禮五舉也

尸告飽祝西面于主人之南獨侑不拜侑曰皇尸未實侑 侑勸也。祝獨勸者更則尸飽實猶飽也祝既侑復反南面 疏 注侑勸至南面○釋曰云侑勸也祝獨勸者更則尸飽者此決特牲九飯三侑皆祝主人共侑不更以侑者欲使尸飽若其重侑則嫌相褻特牲重侑不更者以士禮九飯縱更亦不飽故不更此大夫禮十一飯更則飽故有更是以使祝獨侑與主人更之義云祝既侑復反南面者尸內主人及祝有事之位尸席北祝無事之位今侑訖亦復尸北南面位也此與特牲皆有尸飯法天子諸侯。亦。當有之故大祝九拜之下云以享侑祭祀注云侑勸尸食而拜若然士三飯即告飽而侑大夫七飯告飽而侑諸侯九飯告。飽而侑天子十一飯而侑也

尸又食上佐食舉尸牢肩尸受振祭嚌之佐食受加于肵 四舉牢體始於正脊終於肩尊於終始 疏 注四舉至終始○釋曰正脊及肩此體之貴者故先舉正脊爲食之始後舉肩者爲食之終故云尊於終始

尸不飯告飽祝西面于主人之南 祝當贊主人辭 疏 注祝當贊主人辭○釋曰以其西面是祝之有事之位故從南向西面位也

主人不言拜侑 祝言而不拜主人不言而拜親疏之宜 疏 注祝言至之宜○釋曰云親疏之者云祝言而不拜者疏也云主人不言而拜者親也事相成故云親疏之宜也

尸又三飯 爲祝一飯爲主人三飯尊卑之差。凡十一飯下人君也 上佐食受尸牢肺正脊加于肵 言受者尸授之也尸授牢幹而實舉于。俎豆食舉操以授佐食焉 疏 注言受至食焉○釋曰此案上文初食舉謂正脊與牢肺不言

置擧之所下文即言三飯上佐食擧尸牢幹尸受振祭嚌之佐食受加于肵至此尸十一飯後乃言上佐食受尸牢肺正脊加于肵者是卻本初食約特牲擧肺脊其時尸實擧于菹豆今尸食畢尸乃於菹豆上取而授上佐食上佐食受而加于肵故言受尸牢肺正脊加于肵也主人降洗爵升北面酳酒乃酳尸尸拜受主人拜送酳猶羨也既食之而又飲之所以樂之古文酳作酌【疏】注酳猶至作酌○釋曰自此盡折一膚謂主人酳尸之事云酳猶羨也者取饒羨之義故以爲樂之也尸祭酒啐酒賓長羞牢肝用俎縮執俎肝亦縮進末。鹽在右羞進也縮從也鹽在肝右便尸換之古文縮爲蹙【疏】注羞進至爲蹙○釋曰云鹽在肝右便尸換之者鹽在肝右據賓長西面手執而言尸東面若至尸前鹽在尸之左尸以右手取肝鄉左元缺止此換之是其便也尸左執爵右兼取肝換于俎鹽振祭嚌之加于菹豆卒爵主人拜受尸爵尸荅拜兼兼羊豕祝酌受。尸尸醋主人主人拜受爵尸荅拜主人西面奠爵又拜主人受酢酒俠爵。拜彌尊尸【疏】注主人至尊尸○釋曰云彌尊尸者此少牢與特牲尸酢主人使祝代尸酌者已是尊尸今主人拜受訖又拜爲俠拜是彌尊尸也上佐食取四敦黍稷下佐食取牢一切肺以授上佐食上佐食以綏祭綏或作挼挼讀爲墮將受嘏亦尊尸餘而祭之古文。墮爲肵【疏】注綏或至爲肵○釋曰經中綏是車綏或有禮本作挼者故亦讀從周禮守祧既葬則藏其墮。取。墮減之義也云將受嘏者下文主人。受嘏之時先墮祭是以佐食。授黍稷與主人爲墮禮主人佐。執爵右受佐食坐祭之又祭酒不興遂啐酒右受佐食右手受墮於佐食也至此言坐祭之者明尸與主人爲禮也【疏】注右手至則坐○釋曰云尸常坐有尸恆坐有事則起主人恆立有事則坐事則起主人常立有事則坐者案禮

器云周坐尸曲禮云立如齊鄭云齊謂祭。祀時則是尸常坐主人祭時則常立
經云坐祭之謂墮祭尸餘是尸與主人爲禮是主人有事乃坐也尸荅主人拜
乃立是尸有事則起也祝與二佐食皆出盥于洗入二佐食各取黍于一敦上佐食兼受
摶。之以授尸尸執以命祝命祝以嘏辭疏注命祝以嘏辭○釋曰謂命祝使出嘏辭以嘏於主人下文是也卒命祝
祝受以東北面于戶西以嘏于主人曰皇尸命工祝承致多福無疆于女孝孫
來女孝孫使女受祿于天宜稼于田眉壽萬年勿替引之。嘏大也予主人以大福工官也承猶傳也
來讀。曰釐釐賜也耕種曰稼勿猶無也替廢也引長也言無廢。止時長如是也古文嘏爲格祿爲福眉爲微替爲。袂。袂或爲。臷。臷替聲相近疏卒命至引
之○注嘏大至相近○釋曰云嘏大也者郊特牲云嘏長也大也故鄭云予主人以大福案特牲尸親嘏主人此尸使祝嘏主人者大夫尸尊故不親嘏特牲
無嘏文不具也主人坐奠爵興再拜稽首興受黍坐振祭嚌之詩懷之實于左袂挂于
季指執爵以興坐卒爵執爵以興坐奠爵拜尸荅拜執爵以興出宰夫以籩受
嗇黍主人嘗。之納諸內詩猶承也實於左袂便右手也季猶小也出出戶也宰夫掌飲食之事者收斂曰嗇明豐年乃有黍稷也復嘗
之者重之至也納猶入也古文挂作卦疏主人至諸內○注詩猶至作卦○釋曰云出。出戶也者以主人位在戶內西面今云出故知是出戶也此宰夫
以籩受嗇大夫之禮特牲主人出。寫嗇于房祝以籩受彼士禮與大夫異也案
春官鬱人云大祭祀與量人受舉斝之卒爵而飲之鄭云斝受福之嘏聲之誤
也王酳尸尸嘏王此其卒爵也少牢饋食禮主人受嘏詩懷之卒爵執爵以興
出宰夫以籩受嗇黍主人嘗之乃還獻祝此鬱人受王之卒爵亦王出房時也

是王受嘏與大夫同也案楚茨詩既齊既稷既匡既勑注云嘏之禮祝徧取黍稷牢肉魚擩於醢以授尸孝孫前就尸受之天子使宰夫受之以筐祝則釋嘏辭以勑之天子嘏辭與大夫同也云復嘗之者前已嚌之是已嘗今復言嘗是重受福之至也特牲不言復嘗者文不具也

主人獻祝設席南面祝拜于席上坐受室中迫狹疏主人至坐受○注室中迫狹○釋曰言迫狹大夫士廟室也皆兩下五架正中曰棟棟南兩架北亦兩架棟南一架名曰楣前承簷以前名曰庪棟北一架爲室南壁而開戶即是一架之開廣爲室故云迫狹也必知棟北一架後乃爲室者昏禮主人延賓升自西階當阿東面致命鄭云阿棟也入堂深明不入室是棟北乃有室也

主人西面荅拜不言拜送下尸疏主人西面荅拜○注不言拜送下尸○釋曰上主人酳尸尸拜受主人拜送今主人獻祝祝拜受主人荅拜拜送禮重荅拜禮輕今言荅拜故云不言拜送下尸也

薦兩豆菹醢葵菹蠃醢疏薦兩豆菹醢○注葵菹蠃醢○釋曰知者上云韭菹醓醢鄭云朝事之豆也而饋食用之豐大夫禮上亦云葵菹蠃醢是饋食之豆當饋食之節是其常事故不言豐大夫之禮今祝用之亦其常事故知用葵菹蠃醢也

佐食設俎牢髀橫脊一短脅一腸一胃一膚三魚一橫之腊兩髀屬于尻皆升下體祝賤也魚橫者四物共俎殊之也腊兩髀屬于尻尤賤不殊

疏注皆升至不殊○釋曰言升下體者髀與短脅橫脊皆羊豕之下體屬于尻又腊之下體爲祝賤故也云魚橫者四物共俎殊之也者以其魚猶在俎縮載今橫者爲四物共俎橫而殊之也縮。其七物而云四物者據羊豕魚腊故云四物也云尤賤者羊豕體不屬於尻以腊用左右胖故有兩髀言髀屬于尻尻在中謂髀與尻相連屬不殊是尤賤也周祝賤常連之也

祝取菹揳于醢祭于豆閒祝祭俎大夫祝俎無肺祭用膚遠下尸不嚌之膚不盛疏祝取至祭俎○注大夫主不盛○釋曰云大夫祝俎無肺祭用膚遠下尸者案特牲尸俎有祭肺離肺祝俎有離肺無祭肺是下尸今大

夫尸俎亦皆有祝則離肺祭肺俱無是遠下尸也云不嚌之膚不盛者決離肺以祭訖嚌之加于俎今以無肺祭不盛故也凡膚皆不齊獨於此言之者以其以膚替肺肺則嚌此則不嚌故須言之也 祭酒啐酒肝牢從祝取肝擩于鹽振祭嚌之不興加于俎卒爵興亦如佐食授爵乃興不拜既爵大夫祝賤也【疏】注亦如至賤也○釋曰亦如佐食授爵乃興者此經直云卒爵興不云授爵故特明之案下文主婦獻祝祝卒爵坐授主婦爵主婦又獻二佐食二佐食坐授主婦爵主婦獻祝。與獻二佐食同明主人獻祝祝授主人爵亦與二佐食同可知云不拜既爵大夫祝祝賤也者此決特牲祝卒角拜主人荅拜以士。卑故祝不賤此大夫尊故祝賤不拜既爵也 主人酌獻上佐食上佐食戶內牖東北面拜坐受爵主人西面荅拜佐食祭酒卒爵拜坐授。爵興不啐。而卒爵者大夫之佐食賤禮略【疏】注不啐至禮略○釋曰特牲士之佐食亦啐大夫佐食賤禮略天子諸侯禮雖亡或可對天子諸侯佐食啐乃卒爵貴故也 俎設于兩階之間其俎折一膚佐食不得成禮於室中折者擇取牢正體餘骨折分用之有脀而無薦亦遠下尸【疏】俎設至一膚○注佐食至下尸○釋曰云有脀而無薦亦遠下尸者有脀即經俎實是也無薦謂無菹醢也既無肺已是下尸又無薦是遠下尸也 主人又獻下佐食亦如之其脀亦設于階間西上亦折一膚上佐食既獻則出就其俎特牲記曰佐食無事則中庭北面謂此時 有司贊者取爵于篚以升授主婦贊者于房戶。男女不相因特牲饋食禮曰佐食卒角主人受角降反于篚【疏】有司至房戶○注男女至于篚○釋曰云自此盡入于房。論主婦亞。獻祝。獻。尸與佐食之事此直云有司授婦贊者于房案禮記內則云非祭非喪不相授器。其相授則女。受以篚其無篚則皆坐奠之而后取之此經雖不言受以篚及奠於地之事亦當然也云男女不相因者案特牲佐食卒角主人受角降反于篚升入復位訖主婦乃洗爵于房酌亞獻尸是不相因爵也引特牲者證男女不相因爵主婦不取此爵也婦贊者受以授主婦主婦洗于房中出酌入戶西面拜獻尸入戶西面拜由便也不北面者辟人君夫人也拜而後獻者當俠拜也昬禮曰婦洗在北堂直室東隅疏注入戶至東隅○釋曰云入戶西面拜由便也者下注云此拜於北則上拜於南矣由便也云不北面者辟人君夫人也者案特牲主婦北面拜注云北面拜者辟內子也則是士妻卑不嫌得北面與人君夫人同也尸拜受主婦主人之北西面拜送爵。拜於主人之北西面婦人位在內此拜於北則上拜於南由便也尸祭酒卒爵主婦拜祝受尸爵尸荅拜易爵洗酌授尸。祝出易爵男女不同爵主婦拜受爵尸荅拜上佐食綏祭主婦西面于主人之北受祭祭之其綏祭如主人之禮不綏卒爵拜尸荅拜不綏夫婦一體綏亦當作挼古文爲肵主婦以爵出贊者受易爵于篚以授主婦于房中贊者有司贊者也易爵亦以授婦贊者婦贊者受房戶外人授主婦疏注贊者至主婦○釋曰知贊者有司贊者也者上文云有司贊者取爵於篚此還是上有司贊者也主婦洗酌獻祝祝拜坐受爵主婦荅拜于主人之北卒爵不與坐授主婦不俠拜下尸也今文曰祝拜受主婦受酌獻上佐食于戶內佐食北面拜坐受爵主婦西面荅拜祭酒卒爵坐授主婦主婦獻下佐食亦如之主婦受爵以入于房不言拜於主人之北可知也爵奠於內篚賓長洗爵獻于尸尸拜受爵賓戶。西北面拜送爵尸祭酒卒爵賓拜祝受尸爵尸荅拜祝酌授尸賓拜受爵尸拜送爵賓坐奠爵遂拜執爵以興坐祭遂飲卒爵執爵以興坐奠爵拜尸荅拜賓酌獻祝祝拜坐受爵賓北面荅拜祝祭酒啐酒奠爵于其筵前啐酒而不卒爵祭事畢示醉也不獻佐食將儐尸禮殺

疏賓長至筵前○釋曰云尸祭酒卒爵者案特牲賓長獻爵止注云欲神惠之均於室中待夫婦致爵此大夫禮或有賓尸者致爵在儐尸之上故不致爵爵不止也若然有司徹尸作止爵三獻致爵於主人主人不酢主婦又不致爵于主婦下大夫不儐尸賓獻尸止爵主婦致爵于主人酢主婦主人不致於主婦特牲主人與主婦交相致爵參差不同者此以尊卑爲差降之數故有異也上大夫得儐尸故致爵上辟人君下大夫不儐尸故增酢主婦而已士卑不嫌與君同故致爵具也○注啐酒至禮殺○釋曰云不獻佐食將儐尸禮殺者以其祝與佐食俱是事神及尸是以獻尸并及之故主人主婦獻祝與佐食今賓獻祝不及佐食者但爲待賓尸故於賓長獻是祭末禮殺故不及佐食闕之也

主人出立于阼階上西面祝出立于西階上東面祝告曰利成利猶養也成畢也孝子之養禮畢祝入尸謖主人降立于阼階東西面謖起也謖或作休祝先尸從遂出于廟門事尸之禮訖於廟門

疏主人至廟門○釋曰自此盡廟門論祭祀畢尸出廟之事注事尸之禮訖於廟門者上祝迎尸於廟門今禮畢又送尸於廟門案禮記尸在廟門外則疑於臣是以據廟門爲斷

祝反復位于室中主人亦入于室復位祝命佐食徹肵俎降設于堂下阼階南徹肵俎不出門將儐尸也肵俎而以儐尸者其本爲不反魚肉耳不云尸俎未歸尸

疏祝反至階南○注徹肵至歸尸○釋曰自此盡篇末論徹肵俎行餕之事云徹肵俎不出門將儐尸也者決特牲佐食徹尸俎出廟門者送尸者也云肵俎而以儐尸者其本爲不反魚肉耳者案曲禮

云毋反魚肉謂食。時魚肉不反俎故尸食亦加肵俎本爲尸不反魚肉今。賓尸將更食魚肉當加於肵俎未得即送尸家故云本爲不反魚肉也故儐尸訖并後加者得歸之也

司宮設對席乃四人餕。大夫禮四人餕明惠大也

疏注大夫至大也○釋曰案祭統云凡餕之道而與施惠之象也是故上有大澤則惠必及下是以特牲二人餕惠之小者大夫四人餕明惠之大者也

上佐食盥升下佐食對之賓長二人備。備四人餕也三餕亦盥升

疏上佐至人備○注備四至盥升○釋曰下佐食對之者以不謂東西相。當直取上佐食東面下佐食西面爲對以其下佐食西面近北故不得東西相當也云賓長二人備者亦不東西相當以其一賓長在上佐食之北一賓長在下佐食之南是亦不東西相當也故云備不言對也

司士進一敦黍于上佐食又進一敦黍于下佐食皆右之于席上右之者東面在南西面在北

疏注右之至在北○釋曰東面在南據上佐食西面在北據下佐食右之者飯用手右之便故也

資黍于羊俎兩端兩下是餕。資猶減也減置於羊俎兩端則一賓長在上佐食之北一賓長在下佐食之南今文資作齎

疏注餕猶至作齎○釋曰云兩下是餕者據二賓長。以二佐食爲下故云一賓長在上佐食之北一賓長在下佐食之南以地道尊右故二佐食皆在右若然羊俎兩閑南北面置之故二賓長於俎一端取黍也必知上佐食東面近南下佐食西面近北者以其尸東面近南今尸起上佐食居尸坐處明知位次如此

司士乃辯舉羹者皆祭黍祭舉。舉舉膚今文辯爲偏

疏司士至祭舉○注舉舉至爲偏○釋曰知舉是舉膚者以其尸舉肺餕者下尸明不舉肺當舉膚是以特牲云佐食授餕者各一膚明此大夫禮亦舉膚也

主人西面三拜羹者羹者奠舉于俎皆荅拜皆反取舉三拜旅之示徧也言反者拜時或去其席在東面席者東面拜在西面席者皆南面拜

疏○主人至取舉○注三拜至面拜○釋曰知面位如此者以主人

在戶內西面三拜餕者餕者在東面而荅主人拜可知在西面位者以主人在南西面不得與主人同面而拜明迴身南面向主人而拜故鄭以義解之如此也

司士進一鉶于上養又進一鉶于次養又進二豆湆于兩下乃皆食食舉湆肉汁也疏司士至食舉○釋曰云又進二豆湆于兩下者以其神坐之上止有羊豕二鉶一進與上佐食一進與下佐食故更羞二豆湆于兩下湆者從門外鑊中來以兩下無鉶故進湆也

卒食主人洗一爵升酌以授上養贊者洗三爵酌主人受于戶內以授次養若是以辯皆不拜受爵主人西面三拜養者養者奠爵皆荅拜皆祭酒卒爵奠爵皆拜主人荅壹拜不拜受爵者。大夫餕者賤也荅壹拜略也古文。一爲。壹也疏注不拜至壹也○釋曰云不拜受爵者大夫餕者賤也者決特牲使嗣子與兄弟餕爲貴故拜受爵也云荅壹拜略也者特牲亦無再拜法此云略者以其四餕皆拜主人總荅一拜故云略也

養者三人興出出降實爵于篚反賓位

上養止主人受上養爵酌以酢于戶內西面坐奠爵拜上養荅拜坐祭酒啐酒主人自酢者上養獨止當尸位尊不酌也疏注主人至酌也○釋曰特牲上餕親自酢主人此上餕不酌者上餕將嘏主人故在尸位不可親酌特牲上餕酌者以上餕不嘏主人既卒爵三餕俱出上餕酢主人少牢禮備又嘏主人故不酌也

上養親嘏曰主人受祭之福胡壽保建家室親嘏不使祝授之亦以黍疏注親嘏至以黍○釋曰言亦者。亦上皇尸命。工祝嘏主人以黍此亦以黍上文司士進敦乃分黍于羊俎兩端下不言稷故知亦黍也

主人興坐奠爵拜執爵以興坐卒爵拜上養荅拜上養興出主人送乃退送佐食不拜賤疏注送佐食不拜賤○釋曰賓主之禮賓出主人

皆拜送此佐食送之而不拜故云賤也

儀禮卷第十六經二千九百七十九注二千七百八十七

儀禮疏卷第四十八元缺第五葉今補

儀禮注疏卷四十八校勘記　　阮元撰盧宣旬摘錄

卒晉祝盥於洗

注將納祭也　要義同毛本誤脫

主婦被錫衣移袂　移唐石經嚴本要義楊氏俱作移與疏文合徐本釋文集釋通解敖氏毛本俱作袳下同陸氏曰袳本又作移魏氏曰移本又作袳段玉裁云釋文當云移袂本又作袳後人倒之耳張忠甫依釋文改移爲袳非也作移者自是相傳古本羣經音辨曰移廣也音袳禮主婦人衣移袂此賈昌朝本作移也葉抄釋文移從衣殆非也臧庸云移字當作袳說文袳衣張也○按袳乃正字移卽袳之假借字作袳誤也葉本釋文移从衤蓋因衤而誤通志堂本從木又因衤而誤段謂釋文當云移袂本又作袳正與要義合追師注引此經亦作移表記衣服以移之注云移讀如水氾移之移移猶廣大也此古本作移之證

讀爲髮鬄　段玉裁校本鬄作鬄下同

以被婦人之紒爲飾　段玉裁挍本被作髲

衣三尺三寸　徐陳集釋通解楊氏同毛本三作二

葵菹在綼今文錫爲緆蠃爲蝸　今文二字陳閩監葛俱誤在葵字上在下集釋有此字案特牲疏引此注今本有北字單疏本則有北字而無綼字也毛本無無鬄爲緆三字徐本通解俱有嚴本集釋俱與徐本同惟鬄字作錫釋文有爲緆二字云音羊○按緆字不當從易疑

陸誤

此被錫移袂與主婦同 要義同毛本通解移作侈

因名髲鬄焉者 陳閩通解同要義毛本髲作髮

是其取賤者髮爲鬄之事也 髮爲鬄陳本通解俱作髲爲鬄要義作髮爲髲按當作髮爲髲鬄

鄭云所謂髲鬄者 上六字此本重出通解毛本無按疏意葢謂此注云周禮所謂次者指追師文追師注云所謂髲髮者即指此文也傳寫錯誤複衍六字

六服外之下者 外之下毛本誤作下之外

故三尺三寸 通解毛本故下有衣字

昌本麋臡 陳本通解同毛本昌作菖○按周禮作昌

茆菹麋臡 浦鏜云麋作麇

云葵菹在縡者 按在下亦當有北字或北誤爲縡

今於次東 毛本今誤作二

主婦自東房執一金敦黍○又與受贊者敦稷 毛本與誤作十

明象龜蟲獸之形通解要義同毛本無蟲字聶氏有蟲字無龜字

外骨內骨內閩本通解俱作肉誤

管仲鏤簋朱紘通解要義同毛本紘作紭○按當作紘字今本禮器亦有作弦者非也

據而言據下要義空一字一本增外字

祝酌奠

設饌要由尊者成陳閩通解要義同毛本饌作譔

卻合之也陳閩通解同毛本卻作欲

主人西面

羊肥則毛柔濡要義同毛本通解無濡字

證黍稷大和之義大陳閩監本要義俱作大是也通解毛本作太

宗人奉槃○振之三以授尸坐取簞興以受尸巾自以至與七字毛本脫唐石經徐本集釋楊敖俱有通解無

卽亦此沒霤者也通解同毛本無此字

祝延尸 延唐石經鍾本俱作筵誤

祝主人皆拜妥尸 拜上要義有再字

故鄭解其遂坐而卒食之意 通解要義同毛本無故字按毛本非也

故無拜事 拜乃三字之訛

知非不嘗羊鉶者 非要義作非是也毛本作此

故知不嘗豕鉶也 要義同毛本無不字

既不啐奠 通解要義同毛本既作卽

云不告旨者 通解要義俱有不字與注合毛本無

祝反南面

墮祭爾敦 墮釋文作隋下同

尸取韭菹○尸受同祭于豆祭 唐石經徐本集釋要義楊敖同通解毛本受同二字倒

合祭於俎豆之祭也 李氏曰俎豆當作菹豆張氏說見後

今文辯爲徧 爲釋文作作與疏標目異

俱祭于苴上上　浦鏜云菹誤苴要義重上字屬下句通解毛本上字不重

謂陰厭是神食後　神食二字要義重出

上佐食舉尸牢肺正脊以授尸　李氏曰授尸下賈氏有尸受祭肺四字

按特牲云黍稷　毛本無云字

主人羞肵俎〇置于膚北　置于釋文作直於云音值下注直室同

食舉

先飲啗之　飲釋文集釋楊氏俱作食陸氏曰作飲飯者皆非〇按疏亦作食

上佐食羞鉶羹　陳閩俱無上字羞下有於字

上佐食舉尸牢幹

故知此食幹　通解同毛本知此二字倒

尸又食食胾

此少牢特牲言三飯五飯九飯之等　通解要義同毛本無牲字

五口謂之五飯之等　要義同毛本無之字

今則横矣 通解同毛本横下有之字

則與本俎同横可知也 毛本與誤作尬

此主爲大夫不儐尸者大羹之文也 浦鏜云不當衍字者上當脫故無設三字

又食

卿大夫之禮 徐陳集釋通解楊氏同毛本卿作鄉

尸告飽

祝獨勸者 毛本獨誤作南

亦當有之 通解要義同亦當二字毛本倒

諸侯九飯告飽而侑 毛本飽誤作飯

尸又三飯

凡十一飯 徐本集釋通解楊敖同毛本凡作尸

上佐食受尸牢肺正脊

而實舉于俎豆 俎集釋楊氏俱作菹與疏合張氏曰疏于特牲之肺脊初在俎豆既作菹于此又作菹則此篇之上文注合祭于俎豆之

祭也之俎亦必菹字並從疏

尸祭酒啐酒○肝亦縮進末 末陳閩俱誤作未葛本作末

祝酳受尸 受集釋要義楊敖俱作授張氏曰經曰祝酳受尸按經上文祝受尸爵今酳以授尸作受非也從經○按唐石經作受

俠爵拜彌尊尸 徐本集釋通解楊氏同毛本拜下有爵字

上佐食取四敦黍稷

古文墮為肵 張氏曰經云上佐食以綏祭墮當為綏後注有云綏亦當為挼古文為肵此綏為肵之證也從經○按注似非誤說詳士喪禮

今文樓為緵下

則藏其墮取墮減之義也 通解要義同毛本無取墮二字

下文主人受嘏之時 毛本受誤作守

是以佐食授黍稷 通解要義同毛本授作受

主人佐執爵 徐本同毛本佐作左張氏曰經前後文執爵皆左此佐當為左從經前後文

齊謂祭祀時 通解要義同毛本祀作禮○按曲禮注作祀

祝與二佐食○摶之以授尸 摶唐石經陳本集釋通解楊氏俱作摶徐本毛本誤作搏

卒命祝

嘏大也此句上要義有命祝以嘏辭五字

來讀曰釐曰要義作爲

言無廢止時徐本集釋要義楊敖同通解毛本止作上

替爲柣柣或爲𢧵柣徐本並从木與宋本釋文合集釋通解要義毛本俱並从衣段玉裁云釋文袂音決今本乃作袂音決袂不當有決音此葉鈔本之可貴也儀禮嘉靖本鍾人傑本皆作袂錢大昕曰袂當爲秩字形相涉而譌也說文𢧵爲𢧵詩秩秩大猷說文引作𢧵𢧵大猷是秩與𢧵通

主人坐奠爵興○主人嘗之張氏曰巾箱杭本嘗誤作當從監嚴本

云出出戶也者通解重出字毛本不重

特牲主人出寫嗇于房通解同毛本寫作爲

祝徧取黍稷牢肉魚擩於醢擩陳本通解要義俱作擩是也閩本誤作儒毛本作臑

佐食設俎

縮其七物陳閩通解同毛本其作有

祭酒啐酒肝牢從

主婦獻祝與獻二佐食同 通解要義同毛本與作與

以士卑故祝不賤 卑要義作賤

主人酌獻上佐食○坐授爵與 李氏曰授石本作受

不啐而卒爵者 張氏曰監本啐誤作卒從諸本

有司贊者○授主婦贊者于房戶 毛本戶誤作中

論主婦亞獻祝獻尸與佐食之事 毛本論誤作中尸要義作祝按要義固非然獻尸宜在獻祝前諸本亦有誤

其相授則女受以篚 其陳本通解要義楊氏俱作其毛本作且受此本通解要義楊氏俱作受毛本作授

尸拜受

拜於主人之北 徐本集釋通解楊氏同毛本無人字

此拜於北 徐本集釋敖氏俱作此拜於北與上節疏合通解作始拜於北毛本北作此楊氏作也拜於北

尸祭酒卒爵○酌授尸 周學健云授石經作受字按唐石經作授

賓長洗爵獻于尸○賓尸西北面拜送爵 尸唐石經徐本集釋楊敖俱作尸通解要義毛本俱作戶

啐酒而不卒爵 卒徐本集釋楊氏俱作啐通解毛本作卒李氏曰啐爵當作卒爵○按飲酒之法或啐酒而不卒爵或不啐而卒爵各有所宜鄭注甚明舊本多誤此注卒爵嚴徐諸本以卒爲啐前主人獻佐食注不啐宋監本以啐爲卒聘禮注糟醴不卒本或多作不啐其誤並同

但爲待賓尸 陳本通解同毛本但作俱待作拜賓作儐

祝入○主人降 降唐石經徐陳閩葛集釋通解楊氏俱作降監本誤作祭毛本作出

諼或作休 按士虞注云古文諼或爲休此注諼上疑脫古文二字

祝先尸從

訖於廟門 毛本門下有外字徐本無與疏合集釋通解俱有楊氏有外無廟

主人至廟門 按主人者指前節主人出立于阼階上句也凡儀禮皆以一疏配一注此獨總三節爲一疏亦變例也然標目既云主人至廟門而疏乃云自此盡廟門論祭祀畢尸出廟之事殊不可解一本移自此句置前注孝子之養禮畢下則標目當改云主人至利成

上祝迎尸於廟門今禮畢 通解要義同毛本無今禮二字

祝反復位于室中

決特牲佐食徹尸俎出廟門者 通解要義同毛本佐作饋

謂食時魚肉不反俎 時要義作時是也毛本作將

今賓尸將更食魚肉　毛本通解賓作儐

司宮設對席

大夫禮四人餕　徐本集釋通解同楊氏毛本餕作𩜁

上佐食盥升

不謂東西相當　陳閩通解楊氏同毛本當作對

資黍于羊俎兩端兩下是餕　李氏曰餕當如上下文作𩜁

據二賓長以二佐食爲下　毛本通解以作於

卒食主人洗一爵升〇主人荅壹拜　唐石經徐本集釋俱作壹注同楊氏經作壹注作一通解敖氏毛本俱作一

大夫餕者賤也　毛本大誤作夫

古文一爲壹也　毛本作壹爲一徐本通解俱作一爲壹與此本標目合集釋與毛本同按經有兩一字一拜徐本作壹拜則所謂古文一爲壹者自指一爵言李氏誤認爲指壹拜言故倒注文耳至毛本經注不相應其誤更不待辨矣

上𩜁親嘏曰

亦上皇尸命工祝嘏主人以黍　亦通解作亦毛本誤作以工陳本通解俱作工毛本誤作二

儀禮注疏卷四十八校勘記

唐朝散大夫行大學博士弘文館學士臣賈公彥等撰

有司第十七　疏有司徹第十七○釋曰鄭目錄云少牢之下篇也大夫既祭儐尸於堂之禮祭畢禮尸於室中天子諸侯之祭明日而繹有司徹於五禮屬吉大戴第九小戴第十二別錄少牢下篇第十七○釋曰言大夫既祭儐尸於堂之禮者謂上大夫室內事尸行三獻禮畢別行儐尸於堂之禮又云祭畢禮尸於室中者據下大夫室內事尸行三獻無別行儐尸於堂之事即於室內為加爵禮尸即下文云若不儐尸以下是也

儀禮

鄭氏注

有司徹徹室中之饋及祝佐食之俎卿大夫既祭而儐尸禮崇也儐尸則不設饌西北隅以此薦俎之陳有祭象而亦足以厭飫神天子諸侯明日祭於祊而繹春秋傳曰辛巳有事于大廟仲遂卒于垂壬午猶繹是也爾雅曰繹又祭也　疏有司徹○注徹室至祭也○釋曰自此盡如初論徹室內之饋并更整設及温尸俎之事云徹室中之饋及祝佐食之俎者室內之饋主於尸饌薦俎黍稷皆名饋下大夫不儐尸餕訖云有司官徹饋饌於室中西北隅彼鄭注云官徹饋者司馬司士舉俎宰夫取敦及豆則此饋內兼數物唯無肵俎肵俎上篇佐食徹之先設於堂下也又言及祝佐食之俎者殊其尊卑為文祝亦有薦在室內北墉下佐食之俎在兩楹之閒無薦此等見於上篇今徹云祝與佐食并為文者賤者省文之義其實祝薦俎在室內佐食俎在階閒此直云有司不言官下大夫不儐尸云官徹者彼為更饌西北隅為陽厭故見官也肵俎亦用儐尸不使有司同時徹者肵俎本為尸故設之徹之皆不與正俎同時而後設先徹案楚茨詩云諸宰君婦廢徹不遲此不言者彼人君禮故不同也云卿大夫既祭而儐尸禮崇也者此對下大夫不儐尸禮不崇也云以此薦俎之

陳有祭象而亦足以厭飫神者對下大夫尸出之後改饌西北隅爲厭飫神今儐尸者雖不設饌西北隅以此薦俎之陳有祭象亦足以厭飫神亦下大夫也云天子諸侯明日祭於祊而繹者欲見天子諸侯尊別日爲之與卿大夫禮異但祊與繹二者俱時爲之故郊特牲云繹之於庫門內祊之於東方失之矣鄭注云祊之禮宜於廟門外之西室繹又於其堂神位在西此二者同時而大名曰繹其祭禮簡而事尸禮大引春秋傳者此宣八年左氏傳辛巳有事于大廟仲遂卒于垂卿佐卒輕于正祭不合廢但繹祭禮輕宜廢而不廢故譏之云壬午猶繹引之者證人君別日爲繹又見二者雖同時而大名繹故孔子書繹不書祊引爾雅者爾雅釋天文彼云周曰繹商曰肜夏曰復胙者復昨日之胙祭殷曰肜者義取肜肜祭不絕周曰繹者取尋繹前祭之事但祊者禮器云爲祊乎外注祊祭明日之繹祭也謂之祊者於廟門之旁因名焉其祭之禮既設祭於室而事尸於堂孝子求神非一處是也此祊是明日又祭故於廟門外若然正祭祊即於廟門內故楚茨詩云祝祭于祊祀事孔明毛傳云祊門內也鄭云孝子不知神之所在故使祝博求之于廟門內之旁待賓客之處祀禮於是甚明是正祭祊在門內也郊特牲云索祭祝于祊不知神之所在於彼乎於此乎或諸遠人乎祭于祊尚曰求諸遠者與亦是祭之明日祊故云求諸遠者但此大夫儐尸同日正祭之牲天子諸侯禮大別日又別牲故牛人云享牛求牛鄭云享獻也獻神之牛謂所以祭者也求終也終事之牛謂所以繹者也是其別牲也

埽堂爲賓尸新之少儀曰汎埽曰埽埽席前曰拚

疏 埽堂○注爲賓至曰拚○釋曰爲賓尸新之者正祭於室之時堂亦埽訖今將儐尸新又埽之故云爲儐尸新之引少儀者若直埽席前止可云拚今云埽不云拚明于堂廟汎埽引之見汎埽爲義也

司宮攝酒更洗益整頓之今文攝爲聶

疏 司宮攝酒○注更洗至爲聶○釋曰鄭云更洗益整頓之者案士冠禮再醮攝酒注云攝猶整也整酒謂撓之此更添益整頓則此洗當作撓此謂賓尸唯徹室中之饋亦因前正祭之酒更撓攪添益整新之也

乃爇尸俎爇溫也溫尸俎於爨肵亦溫焉獨言溫尸俎則祝與佐食不與賓尸

之禮古文燅皆作尋記或作燖春秋傳曰若可燖也亦可寒也疏乃燅尸俎○注燅溫至寒也○釋曰知溫尸俎於爨者見下文云卒燅乃升羊豕魚三鼎

故知先溫於爨之鑊乃後升之於鼎也肵亦溫焉知者案下文載俎所舉在肵肩胳脊脅皆在載於俎明亦溫可知又云獨言溫尸俎則祝與佐食不與賓尸

之禮者但正祭時尸祝及佐食皆有俎今獨言溫尸俎欲見賓尸時祝與佐食不與而別立侑也云古文燅皆作尋者論語及左傳與此古文皆作尋論語不

破至此疊古文不從者彼不破者或古文通用至此見有今作燅有火義故從今文也云記或作燖者案郊特牲云有虞氏之祭也尚用氣血腥爓祭用氣也

注云爓或爲燖今此義指彼記或讀之故云記或作燖也引春秋傳者案哀公十二年左傳夏公會吳于橐皐吳子使大宰嚭請尋盟公不欲使子貢對曰盟

所以周信也故心以制之玉帛以奉之言以結之明神以要之寡君以爲苟有盟焉弗可改也已若猶可改日盟何益今吾子曰必尋盟若可尋也亦可寒也

服注云尋之言重也溫也寒歇也亦可寒而歇之元缺一字鄭引之者證燅尸俎是重溫之義

卒燅乃升羊豕魚三鼎無腊與膚乃設扃鼏陳鼎于門外如初腊爲庶羞膚從豕去其鼎者賓尸之禮殺於初如初者如廟門之外東方北面北上今文扃爲鉉古文鼏爲密疏卒燅至如初○注腊爲至爲密○釋曰云腊爲庶羞者鄭解不燅腊之義案上燅尸俎則皆在其內今升鼎言無腊下載又不見腊體明從庶羞可知云膚從豕去其鼎知者下載體時膚猶在豕鼎不爲庶羞可知但正祭時五鼎今二者皆去其鼎故云賓尸之禮殺於初也

乃議侑于賓以異姓議猶擇也擇賓之賢者可以侑尸必用異姓廣敬也是時主人及賓有司已復內位古文侑皆作宥疏乃議至異姓○注議猶至作宥○釋曰自此盡侑荅拜論選侑幷迎尸及侑之事云是時主人及賓有司已復內位者下文侑出俟于廟門之外又云主人出迎尸侑言侑卽賓之賢者明賓有司主人皆復內位矣若然知賓主不先在內必知出復內位者上篇云四餕者二佐食二賓長餕訖皆出未見入主人送上餕言退皆有出事今議侑在內

故云是時賓主人已復內位也宗人戒侑戒猶告也南面告於其位戒。曰請子爲侑疏宗人戒侑○注戒猶至爲侑○釋曰知南面告於其位者

以賓位在門東北面請以爲侑明面鄉其位可知。知賓位在門東北面者下文將獻賓時云主人降南面拜衆賓門東三拜衆賓門東北面皆荅。壹拜是也云

戒曰請子爲侑者案燕禮公曰命某爲賓射人傳公命當云請子爲賓此處命侑當先云主人曰命某爲侑宗人傳主人辭戒曰請子爲侑鄭以互文約之故

云然也侑出俟于廟門之外俟待也待於。次當與尸更入主人與禮事尸極敬心也疏侑出至之外○注俟待至心也○釋曰云

主人與禮事尸極敬心也者正謂立侑以輔尸使出便迎之是極其敬心也司宮筵于戶西南面爲尸席也又筵于西序

東面爲侑席也尸與侑北面于廟門之外西上言與殊尊卑北面者賓尸而尸益卑西上統於賓客疏注言與至賓客

○釋曰云尸益卑者。以儐尸之禮以尸爲賓。客當在門西東面北上今執臣道門外北面故云益卑也主人出迎尸宗人擯賓客尸而

迎之主人益尊擯贊疏主人至人擯○注賓客至擯贊○釋曰案少牢宿尸祝擯此宗人擯者以祝不與儐尸故使宗人爲擯也云賓客尸而迎之主人益

尊者上篇正祭時主人不迎尸以申尸之尊至此賓客尸而迎之以尸同賓客是主人益尊故也主人拜尸尸荅拜主人又拜侑

侑荅拜主人揖先入門右道尸尸入門左侑從亦左揖乃讓沒霤相揖至階又讓疏注沒霤至又讓

○釋曰經直云揖乃讓鄭知沒霤相揖至階又讓者案上篇鄉飲酒之等入門三揖至階又讓故知也主人先升自阼階尸侑升

自西階西楹西北面東上東上統於其席疏注東上統於其席○釋曰尸在門外北面西上統於賓客至此升堂亦應西上故決

之云東上統於其席以其賓席以東爲上故也主人東楹東北面拜至尸荅拜主人又拜侑侑荅拜拜至

喜之

乃舉舉舉鼎也舉者不盥殺也【疏】乃舉○注舉舉至殺也○釋曰自此盡西。枋論門外舉鼎匕俎入陳于廟門之事云舉者不盥殺也者決正祭時皆盥訖乃舉鼎此儐尸禮殺舉者不盥故云殺也司馬舉羊鼎司士舉豕鼎舉魚鼎以入陳鼎如初如初如阼階下西面北上【疏】注如初至北上○釋曰云如初者此如上經正祭時陳鼎之事也雍正執一匕以從雍府執二匕以從司士。合執二俎以從司士贊者亦合執二俎以從匕。皆加于鼎東枋二俎設于羊鼎西西縮二俎皆設于二鼎西亦西縮雍正羣吏掌。辨體名肉物者府其屬凡三匕鼎一匕四俎爲尸侑主人主婦其二俎設于豕鼎魚鼎之西陳之宜具也古文縮皆爲蹙【疏】注雍正至爲蹙○釋曰云雍正羣吏掌辨體名肉物者案周禮內饔職云掌割亨煎和之事辨體名肉物注云體名脊脅肩臂臑之屬肉物胾燔之屬此士之雍正所掌亦依之也知四俎據尸侑主人主婦者據下文四者皆有俎知之也云陳之宜具者此四俎當俱陳于鼎之西分二俎陳豕鼎魚鼎之西者欲使三鼎之西並有俎故云陳之宜具也雍人合執二。俎陳于羊俎西並皆西縮覆二。疏匕于其上皆縮俎西枋。並。并也其南俎司馬以羞羊匕湆羊肉湆其北俎司士以羞豕匕尸豕肉匕豕脀湆魚疏匕匕柄有刻飾者古文並皆作併【疏】注並并至作併○釋曰云其南俎司馬以羞羊匕湆羊肉湆者匕湆謂無肉直汁以其在匕湆也即下文司馬在羊鼎之東二手執桃匕枋以挹湆注于疏匕是也云肉湆者直是肉從湆中來實無汁下文云羊肉湆臑折正脊一正脅一腸一胃一是也案下文次賓羞羊匕湆司馬羞羊肉湆此注并云司馬不云次賓者案上經正祭時云司馬刲羊據此正文沒次賓不言其賓羞羊匕湆者是次賓也又云其北俎司士以羞豕匕湆豕肉湆豕脀湆魚者此經陳二俎以爲益送之俎南俎已是司馬所用於羊湆之等則此北俎是司士羞豕湆之等若然案下文亦次賓羞豕匕湇司士羞豕脅此并云司士者亦據上經正文司士擊豕而言賓次賓羞豕匕湇也云疏匕匕柄有刻飾者以其言疏是疏通刻飾之名若禮記云疏屏之類故知柄有刻飾亦通柄刻雲氣以飾也

主人降受宰几尸侑降主人辭尸對 几所以坐安體周禮大宰掌贊玉几玉爵 【疏】注几所至玉爵○釋曰引大宰者證宰授主人几之義

宰授几主人受二手橫執几揖尸 獨揖尸几禮主於尸

主人升尸侑升復位 位阼階賓階上位 【疏】注位阼至上位○釋曰鄭言此者主人位常在阼階上其賓位在戶西及在西階上今恐尸復位在戶西以其未得在戶西故言賓階上位也

主人西面左手執几縮之以右袂推拂几三二手橫執几進授尸于筵前 衣袖謂之袂推拂去塵示新

尸進二手受于手閒 受從手閒謙也

主人退尸還几縮之右手執外廉北面奠于筵上左之南縮不坐 左之者異於鬼神生人陽長左鬼神陰長右不坐奠之者几輕 【疏】注主人至不坐○注左之至几輕○釋曰云主人退尸還几縮之者以主人橫執几進授尸時尸二手受於主人手閒時亦橫受之將欲縱設於席故還之使縮以右手執几外廉故鄉北面縮設于席也云左之者異於鬼神者謂若上篇以來設神几皆在右為生人皆左几之等是其生人陽故尚左鬼神陰故尚右也云不坐奠之者几輕者此決下文啐酒坐奠之不言坐是重之此言坐執之故也

主人東楹東北面拜 拜送几也

尸復位尸與侑皆北面荅拜 侑拜者從於尸 【疏】注侑拜者從於尸○釋曰以主人授几止為尸故主人拜送其尸獨荅拜今侑亦拜故云從於尸以其立侑以輔尸故侑從尸拜也

主人降洗尸侑降尸辭洗主人對卒洗揖主人升尸侑升尸西楹西北面拜洗主人東楹東北面奠爵荅拜降盥尸侑降主人

辭尸對卒盥主人揖升尸侑升主人坐取爵酌獻尸尸北面拜受爵主人東楹
東北面拜送爵降盥者爲上汙手不可酌疏主人至送爵○釋曰自此盡與退論主人主婦獻於尸之事云主人降洗尸侑降尸辭洗者案
鄉飲酒主人降洗賓降主人辭降賓對此中亦應主人降洗賓降主人辭降主婦自東房薦韭菹醢坐奠于筵前菹
在西方婦贊者執昌菹醢以授主婦主婦不與受陪設于南昌在東方興取籩
于房麷蕡坐設于豆西當外列麷在東方婦贊者執白黑以授主婦主婦不與
受設于初籩之南白在西方興退昌昌本也韭菹醓醢昌本麋臡麷熬麥也蕡熬枲實也白熬稻黑熬黍此皆朝事之豆籩
大夫無朝事而用之賓尸亦豐大夫之禮主婦取籩興者以饌異親之當外列辟鉶也退退入房也疏主婦至興退○注昌昌至房也○釋曰案此上下經
主人先獻主婦乃後薦者若正祭則先薦後獻若繹祭則先獻後薦故祭義云君獻尸夫人薦豆鄭注云謂繹日也則此儐尸禮與天子諸侯繹祭同故亦先
獻後薦也云昌本已下等物至此皆朝事豆籩麷蕡白黑形鹽膴鮑魚鱐醢人云朝事之豆韭菹醓醢昌本麋臡菁菹鹿臡茆菹麋臡故鄭注此皆據彼而言
又案彼注昌本昌蒲根有骨爲臡無骨爲醢云蕡熬枲實也者案喪服傳云苴者麻之有蕡者也牡麻者枲麻也若然蕡麻有實枲麻無實鄭云蕡枲實者舉
其類耳其實枲是雄麻無實若竹器圓曰簞方曰笥鄭注論語亦云簞笥亦是舉其類也白黑之等無正文鄭以形色而言之云大夫無朝事而用之儐尸亦
豐大夫之禮者案禮記坐尸於堂子北面而事之注云天子諸侯之祭朝事延尸於戶外是以有北面事尸之禮是特牲少牢正祭無朝事於堂直有室中之
事若然大夫雖用天子諸侯朝事之籩豆以其禮殺故八籩八豆之中各取其四耳其韭菹醢者則無骨之醢昌菹醢者即周禮麋臡麋臡散文亦名醢又案周

禮鄭注云䀋菹之稱菜肉通全物若䐑爲菹細切爲䀋彼昌本不言菹是細切爲䀋此云昌菹則大夫以昌本爲菹異於天子諸侯所用也云主婦取籩與者以饌異親之者鄭意以籩豆俱時設而籩不使婦贊者取籩以授主婦者以籩與豆不同所實又別故主婦宜親就房親取之也

乃升

升牲體於俎也

【疏】乃升○釋曰自乃升盡于其上論司馬載俎因歷說十一俎之事

司馬朼羊亦司馬載載右體肩臂肫骼臑。正脊一脡脊一橫脊一短脅一正脅一代脅一腸一胃一祭肺一載于一俎。

言𣪠尸俎復序體者明所舉肩骼存焉亦著脊脅皆一骨也臑在下者折分之以爲肉湇。貶也一俎謂司士所設羊鼎西第一俎

【疏】注言𣪠至一俎○釋曰云言𣪠尸俎復序體者明所舉肩骼存焉者上篇少牢載牲體十一脊脅皆加並骨二尸食特舉脊肩骼在於所俎上文直言𣪠尸俎嫌所舉在肵者不在故復序其體所舉肩骼則存焉所舉未知此正俎爲在下羊肉湇以本脊脅皆。二骨以並今皆。一骨故鄭云明所舉肩骼存焉以肩骼一骨前尸所舉今。復序之明在可知脊脅雖舉以其二以並今脊脅載一骨在正俎一骨在湇俎故鄭云亦著脊脅皆一骨也以其前所舉者未知在何俎故直注云著脊脅皆一骨不云存耳云一俎謂司士所設羊鼎西第一俎者此俎在侑俎之南故下文注侑俎云羊鼎西之北俎也鄭君知尸俎在南見羊肉湇俎在豕俎之南羊尊豕卑明尸俎在侑俎之南或解云言第一者最在北故侑俎下注云司士所設羊鼎西之北俎也明北俎在俎之南已下所注俎之次第皆據司士雍人所陳爲次義可知也

羊肉湇臑折正脊一正脅一腸一胃一嚌肺一載于南俎

肉湇肉在汁中者以增俎實爲尸加也必爲臑折上所折分者嚌肺離肺也南俎雍人所設在南者此以下十一俎俟時而載於此歷說之爾今文湇爲汁

【疏】羊肉至南俎○注肉湇至爲汁○釋曰云肉湇肉在汁中者以增俎實爲尸加也者以決正祭之鼎直升牲體無湇者以正祭之俎非加今儐尸增俎實。爲尸加故有湇也凡牲體皆出

汁不言湆又下豕脀亦出于汁皆不言湆此特得湆名者特牲少牢正祭升牲體於鼎時皆無匕湆故直云升體於俎設於尸前鼎內亦無匕湆升文今此升牲體於尸前匕湆亦升焉故得湆名以其俎實無汁故進羊肉湆必先進羊匕湆。然後進羊肉湆見此湆爲肉而有故在羊肉湆前進之使尸嘗之故鄭下注云嚌嚌者明湆肉加耳嘗之以其汁尚味是也若然豕亦有匕湆不名肉湆而名豕脀者互見爲文言脀者見在俎無汁言肉湆者見在鼎內時有汁也若然羊豕互見爲文魚何以不言魚湆而云湆魚者羊先言肉後言湆使肉前進匕湆明是湆從肉來可知魚前無進匕湆故先言湆以明魚在湆可知魚無匕湆者鄭下注云不羞魚匕湆略小味也羊有正俎羞匕湆肉湆豕無正俎。魚無匕湆隆汙之殺云必。爲膷折上所折分者上經退。膷在下者以折分故退之今此經云膷折卽上經所退膷在下者也左右體之膷而必取右體之膷折分用之貴神俎故也若然脊脅二骨亦分一骨爲肉湆者亦是貴神俎故也云此以下十有一俎俟時而載於此歷說之爾者案下文卒升賓長設羊俎於豆南賓降尸升筵唯設此一俎餘十一俎皆未又主人主婦升席時乃設之是其俟時而載今於此已下雖未載因前俎遂歷陳說之耳十一俎者卽尸之羊肉湆一也豕脀俎二也侑之羊俎三也豕俎四也主人羊俎五也羊肉湆俎六也豕脀七也主婦羊俎八也尸侑主人三者皆有魚俎是其十一通尸羊正俎爲十二俎其四俎尸侑主人主婦載羊體俎皆爲正俎其餘八俎雍人所執二俎益送往還故有八其賓止二俎也

司士朼豕亦司士載亦右體肩臂肫骼膷正脊一脡脊一橫脊一短脅一正脅一代脅一膚五嚌肺一載于一俎膷在下者順羊也俎謂雍人所設在北者

疏司士至一俎〇注膷在至北者〇釋曰云膷在下者順羊也者以其豕脀不折膷膷亦在下順上文羊膷在下由折分此雖不折順羊故亦在下也豕肉。湆。所以不折者由豕無正俎皆是肉湆故不順所折也

侑俎羊左肩左肫正脊一脅一腸一胃一切肺一載于一俎

侑俎豕左肩折正脊一脅一膚三。切肺一載于一俎侑俎用左體侑賤其羊俎過三體有胣尊之加也豕左肩折折分爲長兄弟俎也切肺亦祭肺互言之爾無羊湆下尸也豕又祭肺不嚌肺不備禮俎司士所設羊鼎西之北俎也豕俎與尸同

疏侑俎至一俎○注侑俎至尸同○釋曰侑俎用左體者案少牢載尸俎皆右體脊脅皆二骨舉肺一切肺三尸主人主婦盡用腸三胃三尸正俎用一湆俎用一。唯有一在此是以自侑已下及主人主婦皆用左體脊脅若然數尸俎時左體亦同升於鼎上不云者文已不具是以前陳俎時皆設于鼎西若不同升鼎則侑主人主婦俎如特牲執事之俎陳在階閒不應在鼎側也若然特牲執事與主人主婦之俎亦不升鼎彼爲自異於神少牢祝與佐食俎亦不升鼎亦自異於神此自侑已下悉與尸同鼎者以儐尸禮益卑唯尸尊禮詳侑已下禮略故也云其羊俎過三體有胣尊之加也者鼎俎數奇今體數四故云侑加若禮緯云禮六十已上籩豆有加是以少牢祝羊豕。體各三又下文主人羊肉湆俎體亦三今儐尸之有侑猶正祭之有祝侑四體必知以胣爲加者侑。豕俎無胣主人羊肉湆俎亦無胣故知有胣爲加以立侑以輔尸尊之故以胣爲加體也云豕左肩折折分爲長兄弟俎也者以下文設薦俎而注云衆兄弟儀禮文薦脅皆不云折唯兄弟云先生之脅折鄭云先生長兄弟折豕左肩之折是以知義然也云無羊湆下尸也者直云無羊湆不云肉者以匕湆肉湆皆無故直云無羊湆以包二者皆無此二湆尸皆有侑皆無故云下尸也云豕又祭肺不嚌肺不備禮者上尸羊俎有祭肺。豕俎有嚌肺是備禮侑羊俎豕俎皆切肺故曰不備禮也

阼俎羊肺一祭肺一載于一俎羊肉湆臂一脊一脅一腸一胃一嚌肺一載于一俎豕脅臂一脊一脅一膚三嚌肺一載于一俎阼。俎主人俎無體遠下尸也以肺代之肺尊也加羊肉湆而有體崇尸惠亦尊主人臂左臂也侑用肩主人用臂下之也不言左臂者大夫尊空其文也降於侑羊體一而增豕膚三有所屈有所申亦所謂順而。摭也阼俎

司士所設豕鼎西俎也其湆俎與尸俎同豕俎又與尸豕俎同

【疏】阼俎至一俎○注阼俎至俎同○釋曰無體遠下尸者尸用右體主人用左禮是其相下之義今主人正俎全無牲體故云遠下尸也云以肺代之肺尊也者尸侑一肺今主人一俎有兩肺故。知。以肺代體肺者氣之主食所先祭尊於腸胃故以一肺代體云加羊肉湆而有體崇尸惠亦尊主人者以俎物雖。與尸不同者肉湆與尸同至尸。酢主人而設之故曰崇尸惠正俎所以不崇尸惠者遠下尸故無正俎遠下則無肉湆者近下尸故侑無羊肉湆注但云下此非。直崇尸惠亦見尊主人者侑無羊匕湆無豕匕湆而主人盡有是其尊主人所有者尊見下文受酢致爵。時云不言左臂者大夫尊空其文者牲右體貴左體賤侑用左體皆言左肩左肫今主人用左臂直云臂不云左者大夫尊故空其文似若得用右體然必知是左臂者以右臂。在尸俎故也云降於侑羊體一而增豕膚三有所屈有所申亦所謂順而摭也者案禮器注云謂若君沐粱大夫沐稷士沐粱大夫不沐粱屈於君士則申與君同是亦屈申之義故引爲證也云其湆俎與尸俎同豕俎又與尸豕俎同者以其共用益送之俎故知同也

主婦俎羊左臑脊一脅一腸一胃一膚一嚌羊肺一載于一俎

無豕體而有膚以主人無羊體不敢備也無祭肺有嚌肺亦下侑也祭肺尊言嚌羊肺者文承膚下嫌也膚在羊肺上則羊豕之體名同相亞也其俎司士所設在魚鼎西者

【疏】主婦至一俎○注無豕至西者○釋曰云無豕體而有膚以主人無羊體不敢備也者以主人俎無羊體故主婦俎亦無豕體以主人遠下尸主婦亦遠下尸也云無祭肺有嚌。肺亦下侑也祭肺尊者言亦者亦主人下侑也侑用肩主人用臂祭肺尊嚌肺卑侑俎皆祭肺主婦皆嚌肺故云下侑也云嚌羊肺者文承膚下嫌也者肺文承膚下俎有豕肺之嫌故須辨之云。嚌羊肺者以別之也云膚在羊肺上則羊豕之體名同相亞也者羊豕雖異脊脅之等體名則同今豕雖直言膚不言體以豕之膚在羊肺之上使緐羊之體故云相亞若然下文主人獻賓之時司士設俎羊骼一腸一胃一切肺一膚一所以膚又在肺下者彼取用之先後故退膚在下

司士

枕魚亦司士載尸俎五魚橫載之侑主人皆一魚亦橫載之皆加膴祭于其上橫載之者異於牲體彌變於神膴讀如殷冔之冔刳魚時割其腹以為大臠也可用祭也其俎又與尸豕俎同【疏】司士至其上○注橫載至俎同○釋曰案上歷說十一俎尸侑主人之下皆次言豕俎。魚俎亦是歷說十一俎獨不陳魚俎於豕俎之下而。陳。幷於此者欲見魚水物別於正牲又欲見魚獨副賓長獻三故幷於此序之云橫載之者異於牲體彌變於神者以其牲體皆橫載於俎於人為縮鬼進下。生人進腠上篇少牢正祭升體時云下利升豕其載如羊無腸胃體其載于俎皆進下鄭注進下變於食生也所以。交於神明不敢以食道敬之至也引鄉飲酒禮進腠羊次其體豕言進下互相見明正祭之時牲體皆橫載進下可知至此儐尸事神禮簡儐尸禮隆以尸為賓客故從生人禮牲體皆。進腠橫載於俎異於儐尸載魚於正祭之時縮載故少牢云司士升魚十有五而俎縮載右首進腴於俎為縮縮於尸為橫首向右腹腴向尸鄭注云右首進腴亦變於食生也若生人則亦縮載於人為橫首亦向右進鰭脊向人腹腴向外今儐尸之禮載魚宜亦同生人縮載進鰭今橫載於人為縮不與正祭同又與生人異欲見儐尸之禮異於正祭又不得全與生人同鄭云彌變於神者牲體既進腠是已變於神至於魚載又橫於俎是彌變於神也云膴讀如殷冔之冔者讀從士冠禮郊牲牲周弁殷冔冔覆也可以覆首此亦取魚腹反覆於上以擬祭云其俎又與尸豕俎同者謂上司士所設於豕鼎之西。者也

卒升卒已也已載尸羊俎【疏】卒升○注卒已至羊俎○釋曰自此盡立于筵末論薦獻於尸之事云卒升者案上有主人酌獻尸主婦薦籩豆又升羊俎進於尸前因歷說十一俎之事今言卒升還計上升羊俎故云卒是以鄭亦云已載尸羊俎而言之此事從上文獻尸下盡乃卒爵有五節五節者從主人獻酒於尸幷主婦設籩豆是其一也賓長設俎二也。次賓羞羊燔尸乃卒爵五也

賓長設羊俎于豆南賓降尸升筵自西方坐左執爵右取韭菹擩于三豆祭于豆間

尸取𩞄蕡宰夫贊者取白黑以授尸尸受兼祭于豆祭賓長上賓疏注賓長至豆祭〇〇釋曰上文載羊俎退卒升於十一俎下者欲就此賓長設羊俎之事故此言賓長設羊俎于豆南賓乃降注云賓長上賓者案下三獻時云上賓洗爵注云上賓長也是以鄭上下交相曉爲一人者也雍人授次賓疏匕與俎受于鼎西左手執俎左廉縮之卻右手執匕枋縮于俎上以東面受于羊鼎之西司馬在羊鼎之東二手執桃匕枋以挹湆注于疏匕若是者三桃謂之歃讀如或舂或抌之抌字或作桃者秦人語也此二匕者皆有淺升狀如飯橾桃長枋可以抒物於器中者注猶寫也今文桃作抌挹皆爲扱疏注桃謂至爲扱〇釋曰云讀如或舂或抌之抌者讀從詩或舂或抌彼注抌抒臼也云此二匕者皆有淺升狀如飯橾此以漢法況之言淺升元缺一字對尋常勺升深此淺耳尸興左執爵右取肺坐祭之祭酒興左執爵肺羊祭肺疏注肺羊祭肺〇釋曰知羊祭肺者見上載尸羊正俎而云祭肺一故知此羊俎上祭肺其羊肉湆雖有嚌肺一此下經乃升此時未升故知非嚌肺也次賓縮執匕俎以升若是以授尸尸卻手授匕枋坐祭嚌之興覆手以授賓賓亦覆手以受縮匕于俎上以降嚌湆者明湆肉加耳嘗之以其汁尚味疏次賓至以降〇注嚌湆至尚味〇釋曰云嚌湆者明湆肉加耳嘗之以其汁尚味者此匕湆似大羹案特牲大羹不祭不嚌以不爲神非盛此嚌之者明湆肉加先進其汁而嘗之尚味故也以湆肉加在鼎有汁在俎無汁故以匕進汁是以上注云肉湆肉在汁中者以增俎實爲尸加是也特牲大羹自門入本不在鼎不調之此肉湆在鼎已調之故云尚味也尸席末坐啐酒興坐奠爵拜告旨執爵以興主人北面于東楹東

荅拜旨美也拜告酒美荅主人意古文曰東楹之東疏尸席至荅拜○注旨美至之東○釋曰案上篇少牢尸不啐奠不告旨大夫之禮尸彌尊至於儐尸啐酒告旨者異於神奠具尸禮彌儐故也司馬羞羊肉湆縮執俎尸坐奠爵興取肺坐絕祭嚌之興反加于俎司馬縮奠俎于羊湆俎南乃載于羊俎卒載俎縮執俎以降絕祭絕肺末以祭周禮曰絕祭湆使次賓肉使司馬大夫禮多崇敬也疏司馬至以降○注絕祭至敬也○釋曰引周禮者案大祝職辨九祭七曰絕祭注云絕末以祭引之證絕祭與此同也云湆使次賓肉使司馬大夫禮多崇敬也者司馬火官羊又火畜則羊湆與肉皆當司馬載之案上文次賓載湆此經司馬羞肉者以大夫官多各所載其一是以云大夫禮多崇敬也尸坐執爵以興次賓羞羊燔縮執俎縮一燔于俎上鹽在右尸左執爵受燔揳于鹽坐振祭嚌之興加于羊俎賓縮執俎以降燔炙疏注燔炙○釋曰案詩云載燔載烈注云傅火曰燔貫之加于火曰烈烈則炙也彼以燔炙相對則異此云燔炙者燔之傅火亦是炙類故曰燔炙尸降筵北面于西楹西坐卒爵執爵以興坐奠爵拜執爵以興主人北面于東楹東荅拜主人受爵尸升筵立于筵末主人酌獻侑侑西楹西北面拜受爵主人在其右北面荅拜不洗者俱獻閒無事也主人就右者賤不專階疏主人至荅拜○注不洗至專階○釋曰自此盡主人荅拜論主人獻侑并薦俎從獻之事也此節內從獻有三事主人獻時主婦薦籩豆一也司馬羞羊俎二也次賓羞羊燔三也侑降於尸二等無羊匕湆又無肉湆云不洗者俱獻閒無事也者此則以其獻尸訖即獻侑中閒無別酢酬之事故不洗几爵行爵從尊者來向卑者俱獻閒無事則不洗爵從卑者來向尊雖獻閒無事亦

洗是以此文獻尸訖俱獻侑不洗是爵從尊者來故特牲賓致爵於主人洗爵者鄭云洗乃致爵爲異事新之以其承佐食賤雖就獻閒以其爵從卑者來故洗之故不儐尸鄭注云洗致爵者以承佐食賤新之是爵從卑者來故洗也云主人就右者賤不專階者對主人不就尸階者尸尊得專階故也主婦
薦韭菹醓坐奠于筵前醓在南方婦贊者執二籩麷蕡以授主婦主婦不與受
之奠麷于醓南蕡在麷東主婦入于房醓在南方者立侑爲尸使正饌統焉疏注醓在至統焉○釋曰凡設菹常在右便其擩今菹在醓北者以其立侑以輔尸故菹在北統於尸也侑升筵自北方司馬橫執羊俎以升設于豆
東侑坐左執爵右取菹擩于醓祭于豆閒又取麷蕡同祭于豆祭興左執爵右
取肺坐祭之祭酒興左執爵次賓羞羊燔如尸禮侑降筵自北方北面于西楹
西坐卒爵執爵以興坐奠爵拜主人荅拜荅拜拜於侑之右疏注荅拜至之右○釋曰知拜於侑之右者以其前拜爵時尸在侑之右元缺一字尸受侑爵降洗侑降立于西階西東面主人降自阼階辭洗
尸坐奠爵于篚興對卒洗主人升尸升自西階主人拜洗尸北面于西楹西坐
奠爵荅拜降盥主人降尸辭主人對卒盥主人升尸升坐取爵酌酌者將酢主人疏尸受至爵酌○注酌者將酢主人○釋曰自此盡就筵論主人受尸酌幷薦籩豆及俎之事就此事中亦有五節行事尊主人故與尸同者尸酢主人時主婦亦設籩豆一也賓長設羊俎二次賓羞羊匕湇三司馬羞肉湇四也次賓羞羊燔主人乃卒爵五也但特牲少牢主人獻尸尸卽酢主人主人乃獻祝及佐食此尸

待主人獻侑乃酢主人主人不同者此尸卑達主人之意欲得先進酒於侑。乃自飲彼尸尊不達主人欲自達己意故先酢主人乃使主人獻祝與佐食故不同是以下文賓長獻尸致爵主人尸乃酢之遂賓意亦此類也

司宮設席于東序西面主人東楹東北面拜受爵尸西楹西北面荅拜主婦薦韭菹醢坐奠于筵前菹在北方婦贊者執二籩麷蕡主婦不與受設麷于菹西北蕡在麷西主人升筵自北方主婦入于房

設籩于菹西北亦辟鉶今。文。無。二。籩

疏 司宮至于房○注設籩至二籩○釋曰此乃陳主人受酢設席之位案特牲篇士案少牢下大夫皆致爵乃設席此儐尸受。酢卽設席者以其儐尸尸益卑主人益尊故明一等受酢卽設席案上設尸籩云與取籩於房麷蕡注云以饌異親之與此婦贊者執二籩麷蕡主婦不與受文不同者凡執籩豆之法皆兩雙執之此侑與主人皆二籩故主婦與婦贊者各執其二於事便故主婦不與受設之上尸籩豆各四故主婦與取籩豆于房亦見異饌親之義也云設籩于菹西北亦辟鉶者上設侑籩正當豆此在西北明辟鉶云亦亦尸籩當豆西外列以辟鉶故也

長賓設羊俎于豆西主人坐左執爵祭豆籩如侑之祭與左執爵右取肺坐祭之祭酒興次賓羞匕湆如尸禮席末坐啐酒執爵以興司馬羞羊肉湆縮執俎主人坐奠爵于左興受肺坐絕祭嚌之興反加于湆俎司馬縮奠湆俎于羊俎西乃載之卒載縮執虛俎以降

奠爵于左者神惠變於常也言受肺者明有授言虛俎者羊湆俎訖於此虛不復用

疏 注奠爵至復用○釋曰云言虛俎者羊湆俎訖於此虛不復用者此俎雍人所執陳奠於羊俎西在南者自此賓羞匕湆司馬羞羊肉湆於尸次賓。又羞匕湆於主人同用此俎三降皆不言虛欲

見後將更用至於此言虛俎明其不復用此俎又見下次賓羞羊燔於主人。則。北之豕俎用北之豕俎而得羞羊燔者以其禮殺故也主人坐取爵以興次賓羞燔主人受如尸禮主人降筵自北方北面于阼階上坐卒爵執爵以興坐奠爵拜執爵以興尸西楹西荅拜主人坐奠爵于東序南不降奠爵於篚急崇酒【疏】主人至序南○注不降至崇酒○釋曰直云次賓羞燔者燔即羊燔知者以其主人與尸侑皆用羊體鄉主婦獻尸以後悉用豕體賓長獻尸後悉用魚從是以知主人之燔羊燔也云不降奠爵于篚急崇酒者此下唯有崇酒之文更無餘事故云急崇酒案鄉飲酒介荅拜主人卒爵坐奠於西楹南介右再拜崇酒注云奠爵西楹南以當獻衆賓與此不同者彼賓有獻衆賓之事故云當獻衆賓亦得見急崇酒兩見之也侑升尸侑皆北面于西楹西見主人不反位知將與己爲禮主人北面于東楹東再拜崇酒崇充也拜謝尸侑以酒薄充滿尸侑皆荅再拜主人及尸侑皆升就筵司宮取爵于篚以授婦贊者于房東以授主婦房東房。戶外之東【疏】司宮至主婦○注房東至之東○釋曰自此盡主婦荅拜論主婦亞獻尸幷見從獻之事上文主人獻節凡有三爵有主人獻尸獻侑幷受酢此主婦獻內凡有四。爵即分爲四節解之四者主婦獻尸一也獻侑二也致爵於主人三也受尸酢四也下文賓長爲三獻爵止故與主婦亞獻同此主婦亞獻尸一節之內從獻有五五者主婦亞獻。主婦設兩鉶一也主婦又設糗與脩二也次賓羞豕匕湆三也司士羞豕脀四也次賓羞豕燔尸乃卒爵五也主婦洗。于房中出實爵尊南西面拜獻尸尸拜于筵上受尊南西面拜由便也【疏】尸拜于筵上受○注尊南至便也○釋曰賓主獻酢無在筵上受法今尸於筵上受者以婦人所獻故尸不與行賓主之禮故不得各就其階若然少牢主人祝拜於席上坐受者注云室內迫狹故拜簉上與此禮異云尊南西面拜由便也者此。決下文西面於主人之北拜送爵今酌尊因在尊南西面拜獻尸者便也言便者便其西面授尸故不退主人之北 主婦西面于主人之席北拜送爵入于房取一羊鉶坐奠于韭菹西主婦贊者執豕鉶以從主婦不興受設于羊鉶之西興入于房取糗與腶。脩執以出坐設之糗在蕢西脩在白西興立于主人席北西面。飲酒而有鉶者祭之餘鉶無黍稷殺也糗糗餌也腶脩擣肉之。脯今文腶爲斷【疏】注飲酒至爲斷○釋曰云無黍稷殺也者決正祭時有黍稷故也 尸坐左執爵祭糗脩同祭于豆祭以羊鉶之柶挹羊鉶遂以挹豕鉶祭于豆祭祭酒次賓羞豕匕湇如羊匕湇之禮尸坐啐酒左執爵嘗上鉶執爵以興坐奠爵拜主婦荅拜執爵以興司士羞豕脀尸坐奠爵興受如羊肉湇之禮坐取爵興次賓羞豕燔尸左執爵受燔如羊燔之禮坐卒爵拜主婦荅拜受爵酌獻侑侑拜受爵主婦主人之北西面荅拜酌獻者主婦今文無西面【疏】酌獻至荅拜○注酌獻至西面○釋曰同有三等降於尸二等無鉶羹與豕匕湇云三等者主婦酌獻侑主婦羞糗脩一也司士羞豕脀二也次賓羞燔侑乃卒爵三也 主婦羞糗脩坐奠糗于簻南脩在蕢南侑坐左執爵取糗脩兼祭于豆祭司士縮執豕脀以升侑興取肺坐祭之司士縮奠豕脀于羊俎之東載于羊俎卒乃縮執俎以降侑興豕脀無湇於侑禮殺【疏】主婦至侑興○注豕脅至禮殺○釋曰案上下文尸與侑及主人主婦。但是正俎皆橫執俎以升又橫設於席前若益送之俎皆縮執之又縮於席前今司士所羞豕脅是益送之俎縮執是其常而言縮執者以其文承上主人獻侑。時無羊肉湆故主婦獻侑司士羞豕脅不得。相如是以經特著縮執俎見異於正俎諸文特云橫執縮執者皆此類

次賓羞豕燔侑受如尸禮坐卒爵拜主婦荅拜受爵酌以致于主人主人筵上拜受爵主婦北面于阼階上荅拜主婦易位拜于阼階上辟併敬

疏受爵至荅拜○注主婦至併敬○釋曰自此盡荅拜受爵論主婦致爵於主人之事此科亦有五節行事主婦致爵于主人時主婦設二鉶一也又設糗脩二也豕匕湆三也豕脅四也豕燔主人卒爵五也云主婦易位拜於阼階上辟併敬者前主婦獻尸侑拜送於主人北今致爵於主人拜於阼階上者辟併敬主人與尸侑故易位也若然案特牲三獻爵止乃致爵此未三獻已致爵者以上篇已有獻於尸故此不待三獻又見儐尸禮殺故。早致

主婦設二鉶與糗脩如尸禮主人其。祭糗脩祭鉶祭酒受豕匕湆拜。啐酒皆如尸禮嘗鉶不拜主人如尸禮尊也其異者不告旨

疏主婦至不拜○注主人至告旨○釋曰云主人拜啐酒嘗鉶不拜若然則啐酒有拜嘗鉶無拜案前主婦獻尸尸坐啐酒左執爵嘗上鉶執爵以興坐奠爵拜拜在嘗鉶之下則嘗鉶有拜坐啐酒不拜與此違者彼拜雖在嘗鉶下其拜仍為啐酒拜在嘗鉶下者以因坐啐酒不與即嘗鉶嘗鉶訖執爵興坐奠爵拜拜仍為啐酒是以特牲少牢尸嘗鉶皆不拜或此經啐酒之上無拜文有者衍字也

其受豕脅受豕燔亦如尸禮坐卒爵拜主婦北面荅拜受爵。尸。降筵受主婦爵以降將酢主婦

疏尸降至以降○注將酢主婦○釋曰自此盡皆就筵論尸酢主婦之事此科內從酢有三。三。者主婦受酢之時婦贊者設豆籩一也司馬設羊俎二也次賓羞羊燔主婦卒爵三也

以其主婦受從與侑同三主人受從與尸同五尊卑差也主人降侑降主婦入于房主人立于洗東北西面

侑東面于西階西南俟尸洗尸易爵于篚盥洗爵易爵者男女不相襲爵主人揖尸侑將升主

人升尸升自西階侑從主人北面立于東楹東侑西楹西北面立俟尸酌尸酌主

婦出于房西面拜受爵尸北面于侑東荅拜主婦入于房司宮設席于房中南

面主婦立于西席設席者主婦尊今文曰南面。立于席西疏注設席者主婦尊○釋曰以賓長以下皆無設席之文唯主婦與主人同

設席故云主婦尊特牲及下大夫主婦設席亦是主婦尊婦贊者薦韭菹醢坐奠于筵前菹在西方婦人贊

者執豐蕡以授婦贊者婦贊者不與受設豐于菹西蕡在豐南婦人贊者宗婦之少者疏

注婦人至少者○釋曰案特牲記云宗婦北堂東面北上注云宗婦族人之婦其夫屬于所祭爲子孫者是也彼直云宗婦是特牲宗婦一人而已不言贊或

少未可定此大夫禮隆贊非一人而稱贊贊主婦及長婦故云宗婦之少者主婦升筵司馬設羊俎于豆南主婦坐

左執爵右取菹擩于醢祭于豆閒又取豐蕡兼祭于豆祭主婦奠爵興取肺坐

絕祭嚌之興加于俎坐挩手祭酒啐酒挩手者于帨帨佩巾內則曰婦人亦左佩紛帨古文。帨作說次賓羞

羊燔主婦興受燔如主人之禮主婦執爵以出于房西面于主人席北立卒爵

執爵拜尸西楹西北面荅拜主婦入立于房尸主人及侑皆就筵出房立卒爵宜鄉尊不坐

者變於主人也執爵拜變於男子也【疏】注出房至子也○釋曰云不坐者變於主人也者上主人受酢坐卒爵故云變於主人也執爵拜變於男子者上下經凡男子拜卒爵皆奠爵乃拜故云變於男子也上賓洗爵以升酌獻尸尸拜受爵賓西楹西北面拜送爵尸奠爵于薦左賓降上賓賓長也謂之上賓以將獻異之或謂之長賓奠爵爵止也【疏】上賓至賓降○注上賓至止也○釋曰此一經論賓長備三獻獻尸其尸奠於薦左未舉之事尸不舉者以三獻訖正禮終欲使神惠均於庭偏得獻乃舉之故下文主人獻及衆賓以下訖乃作止爵若然特牲及下大夫尸在室內始行三獻未行致爵尸奠爵欲得神惠均於室此儐尸之禮室內已行三獻至此儐尸夫婦又已行致爵訖儐尸又在堂故爵止者欲得神惠均於庭與正祭者異云上賓賓長者上文云賓長設羊俎是此與上文。長。賓互見爲一人云謂之上賓以將獻異之者言長賓賓中長尊稱輕若言上賓賓中上尊稱重故以將獻變言上賓云或謂之長賓者或少牢文案彼云長賓洗爵獻于尸此異之稱上賓者少牢尸有父尊屈之故但云長賓耳若然不儐尸亦云長賓特牲云賓三獻如初又不言長賓者士賓卑又闕之云奠爵爵止者特牲云賓三獻如初燔從如初爵止不儐尸者亦然是其爵止之事案下經爵止者多非爲。均神惠之事故此特解之主人降洗觶。尸侑降主人奠爵于篚辭尸對卒洗揖尸升侑不升侑不升尸禮益殺不從【疏】主人至不升○注侑不至不從○釋曰自此盡皆左之論主人酬尸設羞之事云侑不升尸禮益殺於初今侑不升又殺故云益殺也主人實觶。酬尸東楹東北面坐奠爵拜尸西楹西北面荅拜坐祭遂飲卒爵拜尸荅拜降洗尸降辭主人奠爵于篚對卒洗主人升尸升主人實觶尸拜受爵主人反位荅拜尸北面坐奠爵于薦左降洗者主人【疏】

尸北至薦左○注降洗者主人○釋曰此主人酬尸尸奠於薦左者不舉案下經不舉二人舉觶于尸侑侑奠爵于右注云奠於右者不舉也神惠右不舉變於飲酒與此不同者特牲及下不儐尸皆無酬尸之事此特有之由儐尸如與賓客飲酒無故有酬異於神惠神惠右不舉侑奠於右是也侑一名加者少牢無侑尸此乃有故無無加稱是以主人酬賓賓奠於左亦是神惠故卽舉之特牲及不儐尸皆有酬賓同是神惠故皆奠於左也

尸侑主人皆升筵乃羞宰夫羞房中之羞于尸侑主人主婦皆右之司士羞庶羞于尸侑主人主婦皆左之二羞所以盡歡心房中之羞其籩則糗餌粉餈其豆則酏食糝食庶羞羊臐豕膮皆有胾醢房中之羞內羞也內羞在右陰也庶羞在左陽也

疏注二羞至陽也○釋曰以二羞是內羞房中之羞以儐尸用之故云盡歡心云房中之羞其籩是周禮籩人職云羞籩之實案彼鄭注云此二物皆粉稻米黍米所爲也合蒸曰餌餅之曰餈糗者擣粉熬大豆爲餌餈之粘著以粉之耳餌言糗餈言粉互相足是也云其豆則酏食糝食者周禮醢人職羞豆之實案彼鄭云酏餈也肉則曰取稻米舉糔溲之小切狼臅膏以與稻米爲餈又曰糝取牛羊豕之肉三如一小切之與稻米稻米二肉一合以爲餌煎之是也若然案王制云庶羞不踰牲注云祭以羊則不以牛肉爲羞依內則羞用三牲者據得用大牢者若大夫已下不用大牢者則無牛矣而此引之者舉其成文以曉人耳云庶羞羊臐豕膮皆有胾知者案公食大夫牲皆臐及炙胾今此鄭直云臐胾不言炙者此儐尸飲酒之禮故主人獻尸皆羊燔從當主婦獻皆豕燔從公食大夫是食禮故庶羞並陳此飲酒之禮故先以膰從酬賓之後乃言司士羞庶羞則知止有羊臐豕膮羊胾豕胾以其燔炙前已從獻訖故知止有臐胾而已云房中之羞內羞也者案下大夫不儐尸云乃羞宰夫羞房中之羞司士羞庶羞于尸祝主人主婦內羞在右庶羞在左是也云內羞在右陰也者以其是穀物故云陰也云庶羞在左陽也者以其是牲物故云陽大宗伯亦云天產作陰德地產作陽德鄭亦云天產六牲之屬地產九穀之屬是其

穀物陰牲物陽者也

儀禮疏卷第四十九

儀禮注疏卷四十九校勘記　阮元撰盧宣旬摘錄

有司徹第十七 唐石經徐本釋文俱無徹字集釋通解俱有陸氏曰本或作有司徹○按此本卷四十九起篇題有徹字他篇注疏引此篇亦多有徹字

釋曰鄭目錄云 按此獨有釋曰二字下文又重出釋曰正與考工記篇題疏同例明鄭目錄乃作疏者所引非鄭氏自引也

大夫既祭 通解要義楊氏同毛本大上有上字按疏下云言大夫既祭儐尸于堂之禮者則無上字明矣釋文引鄭目錄亦無上字此大夫兼上下言之儐尸于堂上大夫也禮尸于室中下大夫也

若下大夫 此本通解要義楊氏俱無此四字集釋毛本有在之禮二字下○按毛本上句既加上字則此句不得不增此四字

無別行儐尸于堂之事 此本要義通解楊氏俱無此句毛本集釋有按此乃賈氏語誤入

有司徹于五禮屬吉 吉下集釋有禮字

謂上大夫室內事尸 通解要義同毛本內作中

有司徹

卿大夫既祭而賓尸 徐本同毛本賓作儐○按通篇儐尸之儐或作賓或作儐諸本錯互今不悉校据經文作儐則當以儐爲正賓儐或古字通用其作擯者誤

在室內北墉下通解要義同毛本墉作牖

賤者省文之義通解要義同毛本義作事

繹之于庫門內通解要義同毛本庫作廟○按郊特牲是庫字

又于其堂神位在西此二者同時要義同毛本通解此作北

博求之于廟門內之旁于廟陳本要義俱作平生與楚茨箋合通解作乎廟按平字似乎因改爲乎并改生爲廟

祀禮于是甚明陳閩通解同毛本祀作祝

同日正祭之牲日通解要義俱作用

埽堂

汎埽曰埽張氏曰釋文云氾芳劍反與禮記同從釋文○按毛本釋文作氾亦誤

司宮攝酒

更洗益整頓之按疏謂此洗當作撓

整酒謂撓之毛本撓作橈通解要義楊氏俱從手○按士冠禮注作撓毛本誤

亦因前正祭之酒通解要義同毛本無亦字

更撓攪添益整新之也　通解要義同毛本攪作擾

乃𤔲尸俎

乃後升之於鼎也　通解要義同毛本乃作及

而別立侑也　通解要義同毛本立作豆

彼不破者或古文通用　要義同毛本不破者或作尋者論語

至此見有今作𤔲　要義同毛本今作人

案哀公十二年左傳　通解要義同毛本無公字

卒𤔲

今文扃爲鉉　徐本集釋同通解始誤鉉作鉉毛本亦誤從通解

乃議侑于賓

言侑卽賓之賢者明賓有司主人皆復內位矣若然知賓主不先在內必

知出復內位者　下二十七字毛本脫通解要義俱有

主人送上餕言退　通解要義同毛本無上字

宗人戒侑

戒曰張氏曰注曰戒日請子爲侑按疏日作曰從疏○按徐本作曰

知賓位在門東北面者通解要義同毛本無知字

皆荅壹拜要義同毛本通解壹作一

侑出

待於次次徐本楊敖俱作次是也集釋通解毛本俱作外

尸與侑

以儐尸之禮毛本通解無以字

以尸爲賓客通解同毛本客誤作各

乃舉

自此盡西枋陳本要義同毛本枋作舫

雍正執一匕以從○司士合執二俎以從毛本士誤作事○匕皆加于鼎匕鍾本誤作從

羣吏掌辨體名肉物者 辨徐本作辨集釋通解楊氏俱作辨

雍人合執二俎 二聶氏作貳下二疏匕同 ○西枋 枋閩監葛本俱誤作祊

並拼也 毛本並作竝徐本釋文集釋通解要義楊氏拼俱作併按併拼今多溷用此注下云古文並皆作併此云並併也是以古文解今文也不得岐出故辨之

主人降受宰几

證宰授主人几之義 通解同毛本證作正

主人升尸侑升

其賓位在戸西 毛本戸作尸下同通解唯未得在尸西作尸餘亦竝作戸

主人退尸還几縮之

尸二手 毛本二作一陳本通解要義俱作二

若上篇 通解要義同毛本上下有一字

不言坐是重之此言坐執之 許宗彥云上句衍不字下句脫不字執乃輕字之訛

主人降洗

爲上汚手不可酌　上徐陳集釋通解楊氏毛本俱誤作士

主婦自東房薦韭菹醢　菹石經補缺誤作苴

韭菹醓醢　毛本醓誤作醢

昌本麋臡　麋徐本作麇釋文集釋通解楊敖俱作麋與醢人合案徐本臡下空一字

蕡熬枲實也　釋文無實字

案此上下經　要義同毛本無下字

至此皆朝事豆籩　毛本事下有之字通解有之字無豆字

茆菹麋臡　浦鏜云麋誤麇○按汪道昆翻刻岳板周禮亦作麇

苴者麻之有蕡者也　毛本苴誤作菹

細切爲韲　通解要義同毛本韲作虀

司馬枇羊○載右體肩臂肫骼臑　骼釋文敖氏俱作胳陸氏曰本亦作骼

折分之以爲肉湇貶也　徐本集釋同通解楊氏毛本貶俱作俎

皆二骨以並　毛本二作上浦鏜云二骨誤上骨

今皆二骨毛本二作一

今復序之陳本通解同毛本復作後

羊肉湇臑折

以增俎實爲尸加也通解要義同毛本無實字

必先進羊匕湇通解要義同毛本湇下有焉字

豕無正俎魚無匕湇通解要義同毛本無魚字

云必爲臑折毛本爲作有

上經退臑在下者通解同毛本臑作縮

司士杝豕○亦右體肩臂肫骼臑亦監本作載

豕肉湇所以不折者湇所二字毛本倒

侑俎○膚三三楊氏作一周學健云下阼俎注云降于侑羊體一而增豕膚三謂膚三爲增於侑俎似侑俎無膚三也然諸本皆同無可取正存疑於此○按楊氏獨作膚一不知何據

唯有一在此唯陳閩俱誤作雖

是以少牢祝羊豕體各三 毛本豕誤作尸下脩豕俎無肫豕俎有嚌肺二句並同

胙俎

胙俎主人俎 毛本上俎字誤作階

亦所謂順而撫也 毛本撫作撫徐陳釋文集釋通解楊氏俱作撫按从扌是也

故知以肺代體 通解要義同毛本故知以誤作故以己

以俎物雖與尸不同者 通解同毛本與作有

至尸酢主人而設之 通解同毛本酢作胙

此非直崇尸惠 通解同毛本直作値

見下文受酢致爵時云 通解同毛本無時字

似若得用右體 通解同毛本右作左

以右臂在尸俎故也 通解同毛本在作左

主婦俎

有嚌肺亦下脩也 通解同毛本重肺字○按通解與注合

云嚌羊肺者　嚌通解作嚌與注合毛本作祭

司士杝魚

皆次言豕俎魚俎　陳本通解要義同毛本魚作多○按魚是也

而陳幷於此者　陳幷二字要義倒

生人進腠　毛本生誤作主

所以交於神明　通解要義同毛本交作變○按交是也

牲體皆進腠　通解要義同毛本皆下有自字

謂上司士所設於豕鼎之西者也　通解同毛本者作首

卒升

賓長設俎二也　此句下通解毛本有次賓羞羊匕湆三也司馬羞肉湆四也十五字此本與要義俱無

賓長設羊俎于豆南

上賓長也　浦鏜云脫一賓字

雍人授次賓疏匕與俎○二手執桃匕枋以挹湆　桃唐石經徐陳通解要義楊氏俱作桃注同釋文集釋敖

氏毛本俱作挑盧文弨云注云字或作挑則經文本作桃明矣○按經文自當以桃爲正諸本經文作桃者注中四挑字亦俱作桃注云字或作桃蓋對今文作挑言之盧說未是

讀如或舂或抌之抌 抌集釋通解敖氏並從手下同楊氏作揄注疏本抌誤杬

字或作桃者 毛本桃作挑宋本釋文作桃云本或作抌○按釋文於經作挑於注中此句作桃與盧說相反若依或本作抌則或字指今文言似亦有理

狀如飯橾 橾集釋敖氏俱作操要義作橾疏同宋本釋文作橾今本釋文作操楊氏誤作糝魏氏曰橾當如此糝七消反周學健云操摻經史互譌橾摻等字亦然蓋曹魏時避諱所改其實音義迥別○按方言卷五云臿燕之東北朝鮮洌水之間謂之斛趙魏之間謂之喿然則歃桃操猶臿斛喿也此橾字當從喿之證也操摻俱从手橾摻俱从木今本作摻从木此橾字當从木之證也

可以抒物於器中者 徐本釋文集釋通解同毛本楊氏抒作杼盧文弨云杼亦非誤

注猶寫也 徐本聶氏集釋通解楊氏同毛本寫作瀉

今文桃作抌 毛本桃作挑抌作枕監本唯此桃作挑嚴本唯此抌作抌

彼注抌抒臼也 抌毛本作杬抒要義作杼

尸與左執爵

故知非嚌肺也 通解同毛本肺作味

次賓縮執匕俎以升○尸卻手授匕枋 授楊敖俱作受張氏曰按經文次第次賓執俎授尸尸卻手受以祭復覆手授賓賓亦覆手受以降諸本誤以受爲授周學健云石經亦作授而刓其才旁知受字是也○覆手以授賓 授嚴本作受按如張說則嚴本誤也張氏於此字無辨何也○賓亦覆手以受 受唐石經徐本集釋通解楊敖俱作受毛本作授

此嚌之者明湇肉加 陳本通解同毛本湇肉二字倒

司馬羞羊肉湇○卒載俎縮執俎以降 周學健云石經載下無俎字○按今本石經載縮二字已壞補缺誤補俎字遂脫縮字周所据猶未壞本也又戴校集釋謂唐石經執下無俎字亦不然

絕肺末以祭 末徐作未張氏曰諸本末作未從諸本

七曰絕祭 通解同毛本曰作日

尸坐執爵以興○賓縮執俎以降 毛本降誤作爵

傅火曰燔 毛本傅作傳通解作傅是也下同

彼以燔炙相對則異 通解同毛本無炙字

尸受侑爵

主婦亦設籩豆 毛本婦誤作人

乃自飲 要義同通解毛本乃作迺

司宮設席于東序

亦辟鉶今文無二籩 下五字毛本脫徐本集釋俱有通解無

此儐尸受酢卽設席者 陳本通解要義同毛本酢作酌

長賓設羊俎于豆西○席末坐啐酒 毛本末作未唐石經徐陳閩葛集釋通解楊敖俱作末

次賓又羞匕湇於主人 毛本又作及浦鏜云又誤及

則北之豕俎 毛本作則用此之豕俎通解有用字此作北此句上俱有北之豕俎四字楊氏與毛本無

此下唯有崇酒之文 下陳閩通解俱作不

與此不同者 毛本此上無與字

主人坐取爵以興

司宮取爵于篚

房戶外之東 毛本戶誤作屋

凡有四爵　通解要義同毛本爵作節

主婦設兩鉶　主通解要義俱作主是也毛本誤作三

主婦洗於房中　唐石經徐本集釋通解敖氏同要義楊氏毛本洗下有爵字○按嚴杰云特牲饋食主婦設兩敦節疏引無爵字與石經合

此決下文　通解同毛本決作法

主婦西面于主人之席北○取糗與腶脩　陸氏曰腶本又作段音同

西面　唐石經徐本集釋通解楊敖同毛本作面西

擣肉之脯　陸氏曰擣劉本作搗同

主婦羞糗脩

但是正俎　陳本通解要義同毛本但作俱

以其文承上主人獻侑時　通解要義同毛本時作尸

不得相如　陳監通解要義同毛本相作清

受爵酌以致于主人

故早致　毛本早誤作畢

主婦設二鉶與糗脩○主人其祭糗脩其唐石經徐本楊敖俱作其集釋通解毛本俱作共張氏曰經曰主人其祭糗脩糲疑其者共字之誤上文尸兼祭于豆祭侑同祭于豆祭下文主婦兼祭于豆祭彼得以言兼言同此不得以言共乎今改其為共從上下文兼同之義金曰追云其今誤共依唐石經改正按下經云其受豕脊受豕燔亦如尸禮又後經云其綏祭其嘏亦如儐其獻祝與二佐食其位其薦脀皆如儐主婦其洗獻于尸亦如儐並可證此經用其字之例然則其改作共是識誤始集解從之非也○拜啐酒敖氏無拜字云從疏之所謂或本者○按疏云或此經啐酒之上無拜文有者衍字也或者疑而不定之辭敖氏以為或本非也經文拜疑當作坐

尸降筵尸字唐石經在上句爵字上顧炎武張爾岐皆云石經誤

此科內從酢有三此句下要義俱有三者二字通解毛本無

尸酌主婦出于房

南面立於席西徐本集釋通解同毛本立作尸

主婦升筵

古文帨作說帨集釋作挩

上賓洗爵以升

此與上文長賓互見為一人要義同毛本長賓二字倒

非爲均神惠之事　毛本均作賓○按均是也

主人降洗觶　觶唐石經徐本集釋要義敖氏俱作觶通解楊氏毛本俱作爵石經考文提要云正德嘉靖舊監本尙作觶下同

主人賓觶酬尸　觶唐石經徐本集釋敖氏俱作觶通解楊氏毛本俱作爵下賓爵同

按下經不舉二人舉觶於尸侑　通解毛本無不舉二字

尸侑主人皆升筵

其籩　要義楊氏同通解毛本籩下有則糗餌粉餈者六字

皆粉稻米黍米所爲也　皆此本作持似誤通解毛本作皆今從之

庶羞不踰牲　通解要義同毛本牲作特○按作牲與王制合

公食大夫是食禮故庶羞並陳　此十二字毛本在皆豕燔從前此下此飲酒之禮故先以燔從十字通解毛本俱無

當主婦獻皆豕燔從　要義同毛本無當字

故云陰也　陰陳閩俱誤作陽

大宗伯亦云　毛本大誤作太

儀禮注疏卷四十九校勘記

儀禮疏卷第五十

唐朝散大夫行大學博士弘文館學士臣賈公彥等撰

主人降南面拜衆賓于門東三拜衆賓門東北面皆荅壹拜拜于門東明少南就之也言三拜者衆賓賤旅之也衆賓。一拜賤也卿大夫尊賓賤純臣也位在門東。古文壹爲一疏主人至壹拜○注拜于至爲一○釋曰自此盡賓降論主人獻長賓已下弁主人受酢之事云拜于門東明少南就之也者以其繼門言之明少南就之云言三拜者衆賓賤旅之也者案周禮司士職孤卿特揖大夫以其等旅揖注云特揖一一揖之旅衆也大夫爵同者衆揖之此云旅之者旅衆也衆人共得一拜云衆賓一一拜賤也者以賤不得備禮故云賤也云純臣也位在門東者此對特牲記云公有司門西北面東上獻次衆賓私臣門東北面西上獻次兄弟此賓皆在門東故云純臣者指北面時也得獻訖在西階下。亦不純臣故下經云獻私人于阼階上注云私人家臣已所自謁云獻私人于阼階上注云私人家臣已所自謁除也大夫言私人明不純臣也若然大夫云私人見不純臣士言私臣不言人者大夫尊近君若言私臣則臣與君不異故名私人士卑無辟君臣之名不嫌故名私臣

主人洗爵長賓辭主人奠爵于篚興對卒洗升酌獻賓于西階上長賓升拜受爵主人在其右北面荅拜

宰夫自東房薦脯醢醢在西司士設俎于豆北羊骼一腸一胃一切肺一膚一羊骼羊左骼上賓一體賤也薦與設俎者既則俟于西序端古文骼爲胳疏注羊骼至爲胳○釋曰云設俎者既則俟于西序端者案鄉飲酒司正升相。旅受酬者降席司正退立于序端然則先事既設後事未至其退立之位當在於序端知此不降者下文。賓執祭以降宰夫執薦以從司士執俎以從無升文明

此不降退立於序端可知賓坐左執爵右取肺。擩于醢祭之執爵興取肺坐祭之祭酒遂飲卒爵執。以興坐奠爵拜執爵以興主人荅拜受爵賓坐取祭以降西面坐委于西階西南成祭於上尊賓也取祭以降反下位也反下位而在西階西南已獻尊之祭脯肺疏注成祭至脯肺○釋曰云取祭以降反下位也反下位而在西階西南已獻尊之者凡言反位者或反初位或上下位異亦爲反此則初位在門東今得獻反在西階南與主人相對已獻尊之故也若燕禮士得獻位于東方亦是尊之者也云祭脯肺者案經云取脯取肺祭之明祭是脯肺宰夫執薦。以從設于祭東司士執俎以從設于薦東衆賓長升拜受爵主人荅拜坐祭立飲卒爵不拜既爵既盡也長賓升者以次第升受獻言衆賓長拜則其餘不拜疏注既盡至不拜○釋曰云長賓升者以次第升受獻者知不直次上賓後一人爲衆賓長時受獻必以長幼次第受獻者以其下文云宰夫贊主人酌若是以辯鄭云每獻一人奠空爵于篚宰夫酌授於尊南是。奠。爵。故以長幼次第受獻也宰夫贊主人酌若是以辯主人每獻一人奠空爵于篚宰夫酌授於尊南今文若爲如辯皆。爲徧辯受爵其薦脯醢與脅設于其位其位繼上賓而南皆東面其脅體儀也徧獻乃薦略之亦宰夫薦司士脅。用儀者尊體盡儀度餘骨可用而用之尊者用尊體卑者用卑體而已亦有切肺膚今文儀皆。作。騰或爲議疏辯受至儀也○注徧獻至爲議○釋曰卽薦謂若燕禮三卿已上得獻卽薦大夫徧獻乃薦亦其類云亦宰夫薦司士脅者此約上賓此衆賓亦同此二人爲之云儀者尊體盡儀度餘骨可用而用之尊者用尊體卑者用卑體而已者以其言儀取尊卑得其儀但尊體既盡就卑體之中度尊卑之儀而用之不可辯其尊體故鄭以意解之尊者用尊體卑者用卑體而已也云亦有切肺膚者案特牲用離肺知此衆賓用切肺膚者以其脩用切肺不敢殊於尸明衆賓亦不敢殊於脩若然不儐尸者。亦。用。切。肺。者亦是不敢變於儐尸禮也乃升長賓主人酌酢于長賓西階上北面賓在左。主人酌自酢序賓意賓卑不敢酢疏乃升至在左○注主人至敢酢○釋曰特牲主人獻長賓訖即酢此辯獻乃酢者主人益尊先自達其意特牲主人獻內賓辯乃自酢注云爵辯乃自酢以初不殊其長也則此大夫尊初則殊其長故也主人坐奠爵拜執爵以興賓荅拜坐祭遂飲卒爵執爵以興坐奠爵拜賓荅拜賓降降反位宰夫洗觶以升主人受酌。降酬長賓于西階南北面賓在左主人坐奠爵拜賓荅拜坐祭遂飲卒爵拜賓荅拜宰夫授主人觶則受其虛爵奠于篚。古。文。酌。爲爵。疏宰夫至荅拜○注宰夫至爲爵○釋曰自此盡于薦左論主人酬長賓於堂下之事也云宰夫授主人觶則受其虛爵奠于篚者謂上主人受賓之酢爵今宰夫既。授。觶。訖。因受取酢之虛爵降奠於篚也知然者上文主人受爵訖賓降主人無降文即云宰夫授觶主人受之明主人手中虛爵宰夫受之奠于篚可知若然知不待酬賓虛觶受之奠於篚者以其下文賓之虛觶奠於薦左故知。非。賓。虛。觶。其賓奠薦左者後舉之。以爲無筭爵也主人洗賓辭主人坐奠爵于篚對卒洗升酌降復位賓拜受爵主人拜送爵賓西面坐奠爵于薦左主人洗升酌獻兄弟于阼階上兄弟之長升拜受爵主人在其右荅拜坐祭立飲不拜既爵皆若是以辯兄弟長幼立飲賤不別大夫之賓尊於兄弟宰夫不贊酌者兄弟以親昵來不以官待之疏主人至以辯○注兄弟至待之○釋曰自此盡其衆儀也論主人獻兄弟於阼階之事云兄弟長幼立飲賤不別者案特牲云獻長兄弟于阼階上如賓儀者。士卑長兄弟爲。貴殊貴賤故云如賓儀長賓坐飲也此大夫禮長賓坐飲衆賓立飲至於大夫貴兄弟賤兄弟長幼皆立飲不得如賓儀故立飲賤不別也云大夫之賓尊於兄弟宰夫不贊酌者兄弟以親暱來不以官待之者決上文大夫賓貴使宰夫贊酌今兄弟酌不使宰夫贊酌者爲兄弟以是親暱不以官待之故兄弟雖賤於賓不得使人贊酌而親之也

辯受爵其位在洗東西面北上升受爵其薦脀設于其位亦辯獻乃薦既云辯矣復言升受爵者爲衆兄弟言也衆兄弟升不拜受爵先著其位於上乃後云薦脀設於其位明位初在是也位不繼於主人而云洗東卑不統於尊此薦脀皆使私人

【疏】辯受至其位○注亦辯至私人○釋曰云既云辯矣復言升受爵者爲衆兄弟言也者以上經云兄弟之長升拜受爵嫌衆兄弟亦升拜受爵是以此更云升受爵直爲衆兄弟不拜受爵長而言鄭即云衆兄弟升不拜受爵也若然上賓拜受爵又拜既爵衆賓拜受爵不拜既爵長兄弟得與衆賓同衆兄弟又不拜受爵是其差也云先著其位於上乃後云薦脀設於其位明位初在是者初位謂經云其位在洗東西面北上是先著其位於上乃云升受爵者謂發此位升堂受爵又云薦脀設於其位者謂受爵時設薦脀於。其東西面位是先著其位於上乃後云薦脀設於其位明位初在是也故先云洗東位以此而言則衆賓亦先有位在門東北面繼上賓後獻訖亦薦脀於位皆是先有位不繼於門東。而在西階西南者彼謂已獻薦之故也云位不繼於主人而云洗東卑不統於尊者案特牲主人卑故兄弟助祭之位得繼主人於阼階下南陳又得辟夫人不敢自尊也此以大夫尊故兄弟之位在洗東不繼主人卑不統於尊故也云此薦脀皆使私人者上獻賓長及。衆賓使宰夫設薦司士設俎又使宰夫贊酌至於此獻兄弟爲親暱不以官待之主人親酌明亦不以官使私人人薦脀可知

其。先生之脀折脅一膚一先生長兄弟折豕左肩之折

【疏】注先生至之折○釋曰知先生是長兄弟者以其文承長兄弟之下故知。先生。非老人教學者知。折是豕左肩之折者以上初。亨牲體明脩俎豕左肩折注云折分爲長兄弟

俎是也

其衆儀也主人洗獻內賓于房中南面拜受爵主人南面于其右荅拜內賓姑姊妹及宗婦獻于主婦之席東主人不西面尊不與爲賓主禮也南面於其右主人之位恆左人疏主人至荅拜○注內賓至左人○釋曰自此盡亦有薦脀論主人獻姑姊之等於房中之事知內賓是姑姊妹及宗婦者約特牲記而知也云獻於主婦之席東主人不西面尊不與爲賓主禮也者案特牲獻內兄弟於房中如獻衆兄弟之儀主人西面荅拜此大夫禮主人南面拜故決之不與爲賓主之禮也云南面於其右主人之位恆左人者謂人在主人左若鄉飲酒鄉射之等於西階上北面主人在東賓在西此南面則主在西賓在東故云恆左人也

坐祭立飲不拜既爵若是以辯

亦有薦脀亦設薦脀於其位特牲饋食禮記曰內賓立于房中西墉下東面南上宗婦北堂東面北上疏坐祭至薦脀○注亦設至北上○釋曰云亦設薦脀於其位者言亦者亦上先生之等引特牲記者欲見內賓設薦之位處

主人降洗升獻私人于阼階上拜于下升受主人荅其長拜乃降坐祭立飲不拜既爵若是以辯宰夫贊主人酌

主人於其羣私人不荅拜其位繼兄弟之南亦北上亦有薦脀私人家臣己所自謁除也大夫言私人明不純臣也士言私臣明有君之道北上不敢專其位亦有薦脀初亦北面在衆賓之後爾言繼者以爵既獻爲文凡獻位定疏主人至薦脀○注私人至位定○釋曰自此盡主人就筵論主人獻私人之事云私人家臣己所自謁除也者此對公士得君所命者此乃大夫自謁請於君除其課役以補任爲之云大夫言私人明不純臣也者大夫尊近於君故屈己之臣名爲私人云士言私臣明有君之道者士卑不嫌近君故得名屬吏爲私臣也云北上不敢專其位者以其兄弟北上今繼兄弟之南亦北上與兄弟位同故云不敢專其位云。兄。弟位定者與上衆兄弟云其位在洗東西面北上升受爵其薦脀設于其位注云先著其位於上明位初在是此不先著位於上俱言繼凡獻者是據獻位爲言則未獻時在衆賓後矣案特牲記云私臣位在門東北面是衆賓後也云凡獻位定則是凡獻以前非定位也

主人就筵古文曰升就筵

尸作三獻之爵上賓所獻爵不言三獻作之者賓尸而尸益卑可以自舉疏尸作三獻之爵○注上賓至自舉○釋曰自此盡降賓于筵論舉三獻之爵賓長又獻侑弁致爵之事云上賓所獻爵者若然三獻是上賓不言上賓而言三獻者以其主人主婦弁此賓長備三獻因號上賓爲三獻是以事名官者也云不言三獻作之者對特牲云三獻作止爵故決之下大夫不儐尸自作爵者順上大夫爲文作其爵者以神惠均於庭誋欲使尸飲此酒但此一節之內有四爵行事四者尸作三獻之爵一也獻侑二也致爵於主人三也受尸酢四也

司士羞湆魚縮執俎以升尸取膴祭祭之祭酒卒爵不羞魚匕湆略小味也羊有正俎羞匕湆肉湆豕無正俎魚無匕湆隆汙之殺疏注不羞至之殺○釋曰云不羞魚匕湆略小味也者對羊豕牲之大有匕湆之等魚無以魚爲小味故略之也云隆汙之殺者以有者爲隆減無者爲殺少也

司士縮奠俎于羊俎南橫載于羊俎卒乃縮執俎以降尸奠爵拜三獻北面荅拜受爵酌獻侑侑拜受三獻北面荅拜司馬羞湆魚一如尸禮卒爵拜三獻荅拜受爵司馬羞湆魚變於尸疏注司馬至於尸○釋曰上文尸使司士羞魚此侑使司馬羞魚故云變於尸也

酌致主人主人拜受爵三獻東楹東北面荅拜賓拜於東楹東以主人拜受於席就之疏注賓拜至就之○釋曰就之者賓於禮當在西階上今在東楹之東以主人席在於阼階是以賓拜於東楹東就之也

司士羞一湆魚如尸禮卒爵拜三獻荅拜受爵尸降筵受三獻爵酌以酢之既致主人尸乃酢之遂賓意疏注既

致至賓意○釋曰遂賓意者賓雖不言其意欲得與主人抗獻酢之禮今尸見致爵於主人訖卽酌以酢賓是遂達賓之意

三獻西楹西北面拜受爵尸在其右以授之尸升筵南面荅拜坐祭遂飲卒爵拜尸荅拜執爵以降實于篚二人洗觶升實爵西楹西北面東上坐奠爵拜執爵以與尸侑荅拜坐祭遂飲卒爵執爵以與坐奠爵拜尸侑荅拜皆降三獻而禮小成使二人舉爵序殷勤於尸侑

疏二人至皆降○注三獻至尸侑○釋曰自此盡及私人論旅酬從尸及上下無不偏之事云三獻而禮小成者以此獻爲正後仍有舉奠加爵之等終備乃是禮之大成故云小成也云使二人舉爵序殷勤於尸侑者飲酒之禮酬與無筭爵乃盡歡心故以旅酬及無筭乃爲殷勤於尸侑也案鄉飲酒及鄉射特牲等皆一人舉觶爲旅酬始二人舉觶爲無筭爵始今儐尸乃以二人爲旅酬始者此儐尸別一禮與彼不同以其初時主人酬尸尸奠之侑未得酬故使二人舉觶侑乃得奠而不舉卽與亦奠一爵一爵遂酬於下是以須二人舉觶兄弟之後生者舉觶於其長爲無筭爵者以其賓長所舉奠酬亦爲無筭爵以此二觶者皆在堂下故爲無筭爵尸不與無筭爵故舉堂下觶爲無筭爵其爲旅酬皆從上發尸爲首故特牲等使一人舉觶爲旅酬與賓長所舉爲右之觶此賓不舉旅一酬皆從尸舉故所鄉者爲無筭一爵亦是異於特牲

洗升酌反位尸侑皆拜受爵舉觶者皆拜送侑奠觶于右奠于右者不舉也神惠右不舉變於飲酒尸遂執觶以與北面于阼階上酬主人主人在右尸拜於阼階上酬禮殺

疏注尸拜至禮殺○釋曰決上文尸酢主人主人東楹東北面拜受爵尸西楹西北面荅拜是各。各於其階今尸酬主人同于阼階故云禮殺也

坐奠爵拜主人荅拜不祭立飲卒爵不拜既爵酬就于阼階上酬主

人言就者主人立待之〔疏〕注言就至待之○釋曰言立待之者以其不言適阼階上酢主人明主人不去立待之可知主人拜受爵。尸
拜送酬不奠者急酬侑也〔疏〕注酬不至侑也○釋曰此決上主人酬賓奠之也尸就筵主人以酬侑于西楹西侑
在左坐奠爵拜執爵興侑荅拜不祭立飲卒爵不拜既爵酌復位侑拜受主人
拜送言酌復位明受於西階上主人復筵乃升長賓侑酬之如主人之禮遂旅也言升長賓則有贊呼之〔疏〕
注遂旅至呼之○釋曰知者若不贊呼之則當如上文衆賓長升兄弟之長升拜受爵故知有贊呼之也至于衆賓遂及兄弟亦如
之皆飲于上上西階上遂及私人拜受者升受下飲私人之長拜於下升受兄弟之長爵下飲之〔疏〕注私人至飲之
○釋曰私人位在兄弟之南今言下飲之則私人之長一人在西階下飲之其餘私人皆飲於其位故下經云卒爵升酌以之其位相酬辯是也卒爵
升酌以之其位相酬辯其位兄弟南位亦拜受拜送升酌由西階卒飲者實爵于篚。末受酬者雖無所旅猶飲〔疏〕
卒飲至于篚○注末受至猶飲○釋曰凡旅酬之法皆執觶酒以酬前人前人領受其意乃始自飲此私人。末受酬者。後雖無人可旅猶自飲之訖乃實爵於
篚以其酒是前人所酬不可不飲故也乃羞庶羞于賓兄弟內賓及私人無房中之羞賤也此羞同時羞則酌房中亦旅
其始主婦舉。酬於內賓遂及宗婦〔疏〕乃羞至私人○注無房至宗婦○釋曰此經論無算爵時羞庶。羞於賓及兄弟之等事云此羞同時羞則酌房中亦
旅者旅酬之下云乃羞庶羞內賓羞在私人之上私人得旅酬則房中內賓亦旅可知兄弟之後生者舉觶于其長。後。生年少
也古文觶皆。爲爵延熹中設校書定作觶〔疏〕兄弟至其長○注後生至作觶○釋曰自此盡爵止論後生舉觶於長兄弟主人酬兄弟之事洗升酌

降北面立于阼階南長在左坐奠爵拜執爵以與長荅拜長在左辟主人疏注長在左辟主人○釋曰凡獻酬之法主人常。左。人若北面則主人在東今長兄弟北面云長在左則在西故辟主人坐祭遂飲卒爵執爵以與坐奠爵拜執爵以與長荅拜洗升酌降長拜受于其位舉爵者東面荅拜爵止。拜受荅拜不北面者儐尸禮殺長賓言奠兄弟言止互相發明相待也疏注拜受至待也○釋曰云儐尸禮殺者案特牲兄弟之後生舉觶於其長爲旅酬又兄弟弟子舉觶於其長爲無算爵拜送皆北面此云東面決上儐尸禮殺也云長賓言奠兄弟言止互相發明者上文主人酬賓奠爵于薦左是長賓言奠此言爵止是兄弟言止長賓言奠明止而未行此言止明亦奠薦。左故云互相發明也云相待也者酬賓雖在前及其行之相待俱時舉行故下文云賓及兄弟交錯其酬皆遂及私人爵無算是也若二人舉觶于尸侑奠于右不舉尸卽酬主人主人酬侑侑酬長賓至于衆賓遂及兄弟遂及私人依次第行徧不交錯所謂旅酬也賓長獻于尸如初無涪爵不止。如初如其獻侑酌致主人受尸酢也無涪爵不止別不如初者不使兄弟不稱加爵大夫尊也不用觚大夫尊者也疏賓長至不止○注如初至者也○釋曰此一經論衆賓長加爲爵數多與上賓異何者上賓獻侑致爵於主人時皆有涪魚從今無涪魚從故經云無涪也云爵不止者上賓獻尸時亦。止爵待獻堂下畢乃舉觶今尸不止爵卽飲故云爵不止云賓長者賓之長次上賓者非卽上賓者以其上賓將獻異之言上賓此不異其文明非上文上賓爲賓長者故以爲次上賓者也經云無涪爵不止文在如初之下不蒙如初之文則知與上異故文在如初下也云不使兄弟不稱加爵大夫尊也者此決特牲云長兄弟爲加爵又衆賓長爲加爵不言獻此言獻者尊大夫若三獻之外更容其獻故云大夫尊也云不用觚大夫尊者此亦決特牲云長兄弟洗觚爲加爵此用爵爵尊於觚故云大夫尊者也賓一人舉爵于尸如初。

亦遂之於下一人次賓長者如初如二人洗觶之爲也遂之於下者遂及賓兄弟下至于私人。是言亦遂之于。下。言。上無湆爵不止互相發明

【疏】賓一至於下○注一人至發明○釋曰此一經論次賓舉觚于尸更爲旅酬如上旅酬之事但前二人舉觶於尸侑尸舉旅酬從上至下皆徧飲今亦從上至下故云亦遂之於下云上言無湆爵不止互相發明者上經云爵止與上賓奠爵云互相發明今此又與上文無湆爵不止相發明是以二文皆在如初之下

賓及兄弟交錯其酬皆遂及私人爵無筭筭數也長賓取觶酬兄弟之黨長兄弟取觶酬賓之黨唯己所欲無有次第之數也

【疏】賓及至無筭○注筭數至數也○釋曰自此盡有司徹論堂下行無筭爵禮終尸侑出主人送於廟門外之事云長賓取觶者是主人酬賓觶云長兄弟取觶者是兄弟之後生者舉觶于其長之觶也

尸出侑從主人送于廟門之外拜尸不顧拜送之

【疏】尸出至不顧○注拜送之○釋曰儐尸之禮尸侑賓也故孔子亦云賓不顧矣

拜侑與長賓亦如之衆賓從從者不拜送也

司士歸尸侑之俎尸侑尊送其家主人退反於寢也有司徹徹堂上下之薦俎也外賓尸雖堂上婦人不徹

【疏】有司徹○注徹堂至不徹○釋曰云徹堂上下之薦俎也者案上文堂上有尸侑之薦俎堂下有賓及兄弟之薦俎皆徹之也云外賓尸雖堂上婦人不徹者案特牲云宗婦徹祝。豆。籩入于房徹主婦薦俎此篇首云有司徹鄭注云徹室中之饋及祝佐食之俎爲將儐尸故使有司徹之下大夫不儐尸改饋饌。于西北隅云有司官徹饋饌於室中西北隅至篇末禮終云婦人乃徹注云徹祝之薦及房中薦俎不使有司者下上大夫之禮然則此篇首云有司徹別無婦人也下大夫有司饌陽厭婦人徹之篇末云徹室中之饌注云有司饌之婦人徹之外內相兼禮殺此戶外儐尸亦禮殺嫌婦人亦徹之故云雖堂上婦人不徹婦人必不徹者異於下大夫也堂上儐尸猶如堂內之陽厭故鄭注篇首云賓尸則不設饌西北隅以此薦俎之陳有祭象而亦足以厭飫神是也

若不賓。尸

不儐尸謂下大夫也其牲物則同不得備其禮耳舊說云謂大夫有疾病攝昆弟祭曾子問曰攝主不厭祭不旅不假不綏祭不配布奠于賓賓奠而不舉而此備有似失之矣疏若不賓尸○注不賓至之矣○釋曰自此盡牢舉如賓論下大夫不賓尸之事云不賓尸謂下大夫者從尸飲七已前皆與上大夫賓尸者同已後則以此祝侑續之是儐尸之禮故云不賓尸謂下大夫也云其牲物則同不得備其禮耳者謂不備儐尸禮也引曾子問者破舊說案彼上云若宗子有罪居于他國庶子為大夫其祭也祝曰孝子某使介子某執其常事攝主不厭祭不旅不假不綏祭不配注云皆辟正主厭厭飫神也厭有陰有陽迎尸之前祝酌奠奠之且饗是陰厭也尸謖之後徹薦俎敦設于西北隅是陽厭也此不厭者不陽厭也不旅不旅酬也假讀為嘏不嘏不嘏主人也不綏祭謂今主人也又云布奠於賓賓奠而不舉是也云而此備有似失之矣者謂此不儐尸者不厭已下皆有則非如舊說使昆弟攝者故云似失之矣

則祝侑亦如之謂尸七飯時疏則祝侑亦如之○注謂尸七飯時○釋曰案上篇尸食七飯告飽祝西面于主人之南獨侑不拜侑曰皇尸未實侑尸也

尸食八飯疏尸食○注八飯○釋曰上已七飯故知此當八飯也

乃盛俎臑臂肫脡脊橫脊短脅代脅皆牢盛者盛於肵俎也此七體羊豕其脊脅皆取一骨也與所舉正脊幹骼凡十矣肩未舉既舉而俎猶有六體焉疏乃盛至皆牢○注盛者至體焉○釋曰案特牲尸食訖乃盛今八飯即盛者大夫禮與士相變若然此先言臑者見從下起不言盛肩肩未舉舉乃盛不言骼骼已舉先在俎有司徹不盛俎者更無所用全以歸尸故也云盛者盛於肵俎也者以特牲云盛肵俎俎釋三个故知盛於肵以歸尸故也云此七體羊豕者以其五鼎下有魚腊膚又不升故唯羊豕也云其脊脅皆取一骨也與所舉正脊幹骼凡十矣者案上篇載時皆二骨以並今但盛一骨不云正脊長脅者先舉一骨故不序也凡骨體之數左右合為二十一體案少牢注云肩臂臑肱骨也膞骼股骨鄉飲酒注前脛骨三肩臂臑也然脛骨二膞骼也又後有髀觳折特牲記云主婦俎觳折注云觳後足

也昏禮不數者凡體前貴於後觳賤於臑故數臑不數觳是以不升於鼎又以髀在肫上以竅賤正組不用又脊有三分一分以爲正脊次中爲脡脊後分爲橫脊脅亦爲三分前分爲代脅次中爲中脅後分爲短脅是其二十一體也云而組猶有六體焉者謂三脊三脅皆取一骨盛於肵各有一骨體在組不取以備陽厭也故云而組猶有六體焉也

魚七

盛半也魚十有五而組其一已舉必盛半者魚無足翼於牲象脊脅而已

疏 魚七〇注盛半至而已〇釋曰云魚十有五而組者案少牢載魚鮒云十有五而組云其一已舉者謂尸食時已舉其一唯有十四在云必盛半者魚無足翼於牲象脊脅而已者案中候云魚者水精隨流出入得申朕意鄭注引春秋緯璇璣樞曰魚無足翼紂如魚乃討之是也紂雖有臣無益於股肱若魚雖有翼不能飛若然此注云魚無翼者亦從彼文魚雖有翼不能飛云象脊脅者六體十二骨盛六是半魚無足象牲脊脅亦盛半盛半相似數則不同以其牲之脊脅則六魚之半則七也

腊

辯無髀

亦盛半也所盛者右體也脊屬焉言無髀者云一純而組嫌有之古文髀作脾

疏 腊辯無髀〇注亦盛至作脾〇釋曰云亦盛半者謂除尸舉其餘兩半亦似魚十四盛七爲半必知盛半者以其此腊在魚下明盛半與魚同此腊亦盛右體知者以其牲用右故此亦盛右體知脊屬焉者案上篇少牢云腊一純而組脊不折直爲一段代脅長脅短脅各一骨左右三脅脅骨合爲六體幷脊爲七通肩臂等十爲十七體與牲體同如腊肩尸食既舉而組唯有十六在言盛半明脊屬又且凡牲載體者脊皆屬焉下經云乃撫于魚腊組組釋三个其餘皆取之明不盡盛可知若然案士虞禮升腊左胖髀不升實于組下鼎注云腊亦七體牲之類又特牲記云腊如牲骨鄭注云不但言體以有一骨二骨者以此言之腊與牲體設骨多少盡同而云腊脊脅皆一骨者以其左右盡升欲使祝及主婦已下俱取於此腊故下云祝主人之魚腊取于是注云祝主人主婦組之魚腊取於此者大夫之禮文待神餘也三者各取一魚其腊主人臂主婦臑祝則骼也今若復分一骨二骨則數多於特牲祝以下組無腊體不升腊右胖故云腊如牲骨與右胖同皆祝組所不用上篇少牢雖祝組

有腊兩髀屬竅上大夫禮又異於此士虞禮祝。以下亦無腊體故鄭注士虞禮腊亦匕體牲之類鄭注云凡腊用純者據上下大夫以上祭祀及士之嘉禮士祭禮則腊不用純辟大夫云言無髀者云一純而俎嫌有之者案上篇少牢載腊云一純而俎不云髀不升故此明之而云一腊辯無髀也案上篇少牢祝俎云腊兩髀在祝俎不升於鼎不在神俎已自明矣今此更明之者以少牢陳鼎上下大夫皆同今此下大夫不儐尸其祝俎腊骼不云無。髀何以明之

卒盛

乃舉牢肩尸受振祭嚌之佐食受加于肵。卒。已。佐食取一俎于堂下以入奠于羊俎東不言魚俎東主於尊疏注不言至於尊○釋曰案少牢云設俎羊在豆東豕亞其北魚在羊東腊在豕東特膚當俎北端今撫魚腊宜在魚俎東而繼羊俎言之以羊尊為主也

乃撫于魚腊俎俎釋三个其餘皆取之實于一俎以出个猶枚也魚撫四枚腊撫五枚其所釋者腊則短脅正脅代脅魚三枚而已。古文撫為揲。疏乃撫至以出○注个猶至為揲○釋曰知魚撫四枚腊撫五枚者以魚盛半其俎猶有七个在故撫去四枚釋三个腊盛半而俎猶有八體在撫去五枚釋三个皆為改饌西北隅也云腊則短脅正脅代脅魚三枚而已者以腊右體已盛脊又屬焉唯有左在下文云主人腊臂主婦腊臑祝則骼所釋者故知脅又牲體所釋者是脅脊此腊脊已在盛半限故知所釋唯有三脅耳

祝主人之魚腊取于是祝主人主婦俎之魚腊取於此者大夫之禮文待神餘也三者各取一魚其腊主人臂主婦臑祝則骼也與此皆於鼎側更載焉不言主婦未聞疏祝主至于是○注祝主至未聞○釋曰案特牲士禮不待神餘故主人主婦祝皆無腊上大夫之祝當有腊俎至於儐尸腊為庶羞又不載於俎與此異此下大夫待神餘故祝主人主婦皆有腊體也云其腊主人臂主婦臑祝則骼也與者主人用臂主。婦用臑見於下經祝無文而知用骼者其骼無正文故云與以疑之也云此皆於鼎側更載焉者上撫時共在一俎以出及下設時主人主婦及祝各異俎又不同時故知更載俎云鼎側則不復

升鼎也云不言主婦未聞者下有主婦俎腊臑則主婦用腊可知此經直云祝主人不云主婦未聞其義或轉寫者脫耳尸不飯告飽主人拜侑不言尸又三飯凡十一飯士九飯大夫十一飯其餘有十三飯十五飯【疏】尸不至三飯○注凡十至五飯○釋曰上篇士禮九飯少牢上下大夫同十一飯士大夫既不分命數爲尊卑則五等諸侯同十三飯天子十五飯可知佐食受牢舉如儐舉肺脊主人洗酌醑尸賓羞肝皆如儐禮卒爵主人拜祝受尸爵尸荅拜祝酌授尸尸以醋主人亦如儐其綏祭其嘏亦如儐肝牢肝也綏皆當作挼挼讀爲藏其墮之墮古文爲挼【疏】○主人至如儐○釋曰自此盡薦脀皆如賓禮論主人獻尸祝及佐食之事此主人獻有五節主人獻尸一也酢主人二也獻祝三也獻上佐食四也獻下佐食五也○注肝牢至爲挼○釋曰云綏皆當作挼者案經唯有一綏而云皆者鄭幷下佐食綏總破之故云皆也云讀爲藏其墮之墮者讀從周禮守祧職云既祭則藏其隋必讀從之者義取墮減之事也其獻祝與二佐食其位其薦脀皆如儐主婦其洗獻于尸亦如儐自尸侑不飯告飽至此與賓同者在上篇【疏】主婦至如儐○注自尸至上篇○釋曰自此盡入于房論主婦亞獻尸及祝幷獻二佐食之事此一節之內獻數與主人同唯不受嘏爲異云與儐同者經既云如儐而注復云與儐同者爲事在上篇而發也主婦反取籩于房中執棗糗坐設之棗在稷南糗在棗南婦贊者執栗脯主婦不興受設之栗在糗東脯在棗東主婦興反位棗饋食之籩糗羞籩之實雜用之下賓尸也栗脯加籩之實也反位反主人之北拜送爵位【疏】○主婦至反位○釋曰此設籩實纔在少牢室內西南隅陰厭神饌也○注棗饋至爵位○釋曰案周禮籩人職云饋食之籩棗㮚桃乾䕩榛實羞籩之實糗餌粉餈又加籩之實蔆芡㮚

脯是鄭據籩人職而言也云雜用之下儐尸也者案上儐尸者醴蕡白黑糗餌之等朝事之籩羞籩之實各用之而不雜也案上賓尸主婦亞獻尸設籩直有脯脩二籩下大夫之禮主婦亞獻有四籩者賓尸之禮主人獻尸主婦設四籩麷蕡白黑故至主婦獻時直設糗餌與脯脩二籩通前四籩六籩此主人初獻如上篇無籩從故至主婦亞獻設四籩猶自少於賓尸兩籩

尸左執爵取棗糗祝取栗脯以授尸尸兼祭于豆祭祭酒啐酒次賓羞牢燔用俎鹽在右尸兼取燔抧于鹽振祭嚌之祝受加于肵卒爵主婦拜祝受尸爵尸荅拜自主婦反籩。至受加于肵此異于賓【疏】注自主至于賓○釋曰上篇主婦但有獻而已無籩燔從之事此篇首儐尸主婦亞獻尸乃有籩餌之事其物又異唯糗同耳故云此異于儐也上注云自尸侑不飯告飽至此與儐同者在上篇此注云此異于儐者上注云至此與儐。同者皆與儐禮同在上篇故注云至此也此自卒爵下至荅拜與儐同在上篇自祝受加于肵以上至主婦反籩。儐尸異所得。相。決鄭所以不在卒爵上注而在尸荅拜下注者取終一事故也

祝易爵洗酌授。尸尸以醋主婦主婦主人之北拜受爵尸荅拜主婦反位又拜上佐食綏祭如儐卒爵拜尸荅拜主婦夾爵拜爲不賓尸降崇敬今文。酢曰。酌【疏】注主婦至曰酌○釋曰案特牲主婦獻尸不夾爵拜上篇上大夫賓尸主婦獻尸夾爵拜此下大夫既不賓尸主婦宜與士妻同今夾爵拜者爲拜賓尸降崇敬故夾爵拜與上大夫同言降謂降賓尸之禮也

主婦獻祝其酌如儐拜坐受爵主婦主人之北荅拜自尸卒爵至此亦與賓同者亦在上篇【疏】注自尸至上篇○釋曰經無尸卒爵之文鄭注云尸者以經有卒爵之文多故言尸以別之也

宰夫薦棗糗坐設棗于菹西糗在棗南祝左執爵取棗糗祭于豆祭祭

酒啐酒次賓羞燔如尸禮卒爵內子不薦籩祝賤使官可也自宰夫薦至賓羞燔亦異于賓

【疏】注內子至于賓○釋曰案特牲主婦設籩者士妻卑也案上尸與主人籩皆主婦設之至此祝不使主婦而使宰夫設籩故云祝賤使官可也案禮記注內子卿妻引春秋趙姬請。逆叔隗以為內子證卿妻為內子今此下大夫妻得稱內子者欲見此下大夫妻於祝。不薦籩兼見上大夫妻亦不薦籩故變言內子也或可散文下大夫妻亦得為內子也云自宰夫薦至賓羞燔亦異于賓者少牢主婦獻祝亦無籩燔從一事此有籩燔從者亦異于賓也

主人受爵酌獻二佐食亦如儐主婦受爵以入于房賓長洗爵獻于尸尸拜受賓戶。西北面荅拜爵止尸止爵者以三獻禮成欲神惠之均於室中是以奠而待之

【疏】賓長至爵止○注尸止至待之○釋曰自此盡庶羞在左論賓長獻尸祝佐食并致爵之事此一節之內凡有十爵獻尸一也主婦致爵於主人二也主人酢主婦三也尸作止爵飲訖酢賓長四也賓獻長五也又獻上佐食六也又獻下佐食七也賓致爵於主人八也又致爵于主婦九也賓受主人酢十也云賓戶西北面荅拜者案上少牢正祭賓獻與此篇首賓長獻皆云拜送此特言荅拜者下大夫故也言拜送者禮重云荅拜者禮輕

主婦洗于房中酌致于主人主人拜受主婦戶西北面拜送爵司宮設席拜受乃設席變於士也

【疏】主婦至設席○注拜受至士也○釋曰此下大夫夫婦致爵之禮祭統云夫祭有十倫之義七曰見夫婦之別焉又曰尸酢夫人執柄夫人受尸執足夫婦相授受不相襲處酢必易爵彼據夫婦致爵而言又詩既醉序云醉酒飽德謂見十倫之義志意充滿是天子諸侯皆有夫婦致爵之事但少牢上大夫受致。不。酢。下。大。夫。受。致。又酢不致士受致自致是上大夫尊辟君受致不酢下大夫與士卑不嫌得與人君同夫婦致爵也云拜受乃設席變於士也者案特牲禮未致爵已設席故云異於士其上大夫正祭未致爵至賓尸尸酢主人設席以有尸賓故設席在前也

案周禮司几筵云祀先王。胙席亦如之鄭注。云謂祭祀及王受酢之席彼受酢時已設席與大夫禮異也鄭注周禮司几筵又云后諸臣致爵乃設席與此禮同者士卑不嫌多與君同故也

主婦薦韭菹醢坐設于席前菹在北方婦贊者執棗糗以從主婦不與受設棗于菹北糗在棗西佐食設俎臂脊脅肺皆牢膚三魚一腊臂臂左臂也特牲五體此三者以其牢與腊臂而七牢腊俱臂亦所謂腊如牲體

疏注臂左至牲體○釋曰知是左臂者右臂尸所用故知左臂也云特牲五體此三者以其牢與腊臂而七者以經云臂脊脅皆牢牢謂羊豕也既羊豕臂脊脅俱有是六也通腊臂而七是以牲體唯有三也云牢腊俱臂亦所謂腊如牲體者腊如牲體特牲記文案彼云腊如牲骨骨即體也故以體言之以其上腊撫五。枚左肩臂臑肫骼今主人不用肩而用臂者以其羊豕皆用臂故腊亦用臂是以鄭云腊如牲體但此腊臂直一骨無並故須云腊如牲體也

主人左執爵右取菹抨于醢祭于豆閒遂祭籩奠爵興取牢肺坐絕祭嚌之興加于俎坐挩手祭酒執爵以興坐卒爵拜無從者變於士也亦所謂順而撫也

疏主人至爵拜○注無從至撫也○釋曰云無從者變於士也者案特牲主婦致爵於主人肝燔並從此無肝燔從故云變於士也

主婦荅拜受爵酌以醋戶內北面拜自酢不更爵殺

疏注自酢不更爵殺○釋曰此決上主婦受酢時祝易爵洗酌授尸尸以。醋主婦今自酢又不更爵故云殺也

主人荅拜卒爵拜主人荅拜主婦以爵入于房尸作止爵祭酒卒爵賓拜祝受爵尸荅拜作止爵乃祭酒亦變於士自爵止至作止爵亦異於賓

疏注作止至於賓○釋曰云作止爵乃祭酒亦變於士者特牲賓三獻如初燔從如初爵止無祭酒之文至三獻作止爵尸卒爵亦無祭酒之文知特牲祭酒訖乃止爵者以經

云燔從如初乃云爵止鄭注云初亞獻也亞獻時祭酒訖乃始燔從則三獻燔
從如初始云爵止明是祭酒既訖乃始止爵今大夫作止爵乃祭酒故云變於
士云自爵止至作止爵亦異於賓者此篇首賓尸禮賓長獻尸奠爵又云尸作
三獻之爵不解以爲與賓同云異者賓尸止爵在致爵後其作之在獻私人後
欲神惠之均於庭此止爵在主婦致爵前作之在致爵後欲神惠均於室中與
特牲燔從如初爵止同少牢上篇所以不致爵者爲賓尸賓尸止爵者欲室中
神惠均於庭故止爵也特牲再止爵者一止爵欲神惠均於室中一止爵者順上大夫之禮也祝酌授尸賓拜受爵尸拜送坐
祭遂飲卒爵拜尸荅拜獻祝及二佐食洗致爵于主人洗致爵者以承佐食賤新之主人席
上拜受爵賓北面荅拜坐祭遂飲卒爵拜賓荅拜受爵酌致爵于主婦主婦北
堂司宮設席東面北堂中房以北東面者變於士妻賓尸不變者賓尸禮異矣內子東面則宗婦南面西上內賓自若東面南上【疏】注北
堂至南上○釋曰云東面者變於士妻者案特牲記宗婦北堂東面北上注云
宗婦宜統於主婦主婦南面此東面故云變於士妻云內子東面則宗婦南面
西上者此無正文鄭以意解之何者宗婦位繼於主婦今主婦準特牲在宗婦
位易處則宗婦位亦易處在主婦位南面西上可知云內賓自若東面南上者
亦約特牲記文主婦席北東面拜受爵賓西面荅拜席北東面者北爲下【疏】注席北至爲下○釋曰案特牲宗婦東面
北上今主婦在宗婦之位東面鄭以北爲下者若宗婦之衆則北爲上今
主婦特位立則依曲禮席東鄉西鄉以南方爲上因於陰陽故北爲下婦贊
者薦韭菹醓菹在南方婦人贊者執棗糗授婦贊者婦贊者不與受設棗于菹
南糗在棗東婦人贊者宗婦之弟婦也今文曰婦也贊者執棗糗授婦贊者不與受佐食設俎于豆東羊臑豕折

羊脊脅祭肺一膚一魚一腊臑豕折豕折骨也不言所折略之特牲主婦觳折豕無脊脅下主人羊豕四體與腊臑而五疏注豕折至而五○釋曰云豕折豕折骨也者謂不全體就體骨中折之故云折骨云不言所折略之者謂不言所折骨名是略之引特牲主婦觳折者證略而不言骨名其折是觳折也云豕無脊脅下主人者主人於上文有脊脅也云羊豕四體與腊臑而五者上主人牢與腊臂而七此五是其略也主婦升筵坐左執爵右取菹揳于醢祭之祭籩奠爵興取肺坐絕祭嚌之興加于俎坐挩手祭酒執爵興筵北東面立卒爵拜立飲拜既爵者變於大夫賓荅拜賓受爵易爵于篚洗酌醋于主人戶西北面拜主人荅拜卒爵拜主人荅拜賓以爵降奠于篚自賓及二佐食至此亦異於賓疏注自賓至於賓○釋曰異者謂賓獻及二佐食以下至此奠于篚異於少牢賓長獻直及祝不及佐食故鄭彼注云不獻佐食將儐尸禮殺是也

乃羞宰夫羞房中之羞司士羞庶羞于尸祝主人主婦內羞在右庶羞在左主人降拜衆賓洗獻衆賓其薦脀其位其酬醋皆如儐禮主人洗獻兄弟與內賓與私人皆如儐禮其位其薦脀皆如儐禮卒乃羞于賓兄弟內賓及私人辯自乃羞至私人之薦脀此亦與儐同者在此篇不儐尸則祝猶侑耳卒已也乃羞者羞庶羞疏主人降至人辯○注自乃至庶羞○釋曰此一經論主人獻堂下衆賓兄弟下及私人幷房中內賓皆與上大夫禮同之事

賓長獻于尸尸醋獻祝致醋賓以爵降實于篚致謂致爵于主人主婦不言如初者爵不止又不及佐食疏賓長至于篚○注致謂至佐食○釋曰此經論次賓長獻尸已下之事以其上

賓長。上已獻尸訖明此是次賓長爲加爵也云不言如初者爵不止又不及佐食者謂不言同上文云賓長獻于尸如初無湆爵不止注云如初如其獻侑酢致主人受尸酢也無湆爵不止別不如初者此文不與彼同者爲經不可如一故鄭注彼此各申經意

賓兄弟交錯。其酬無筭爵此亦與儐同者在此篇

疏賓兄至筭爵○注此亦至此篇○釋曰此一經論堂下賓及兄弟行無筭爵之事此堂下兄弟及賓行無筭爵似。上大夫無旅酬故鄭云此亦與儐同者在此篇若此經兼有旅酬鄭不得言與儐同案特牲爲。尸在室內亦不與旅酬之事而堂下賓及兄弟行旅酬又使弟子二人舉觶爲無筭爵者下大夫雖無儐尸之禮堂下亦與神靈共尊不敢與人君之禮同既與神靈共尊故闕旅酬直行無筭爵而已特牲堂下得獻之後與神別尊故旅酬無筭爵並皆行之。士賤不嫌與君同故得禮備也

利洗爵獻于尸尸酢獻祝祝受祭酒啐酒奠之利獻不及主人殺也此亦異於賓

疏利洗至奠之○注利獻至於賓○釋曰此一經論佐食事尸禮將畢爲加爵獻尸及祝之事云利獻不及主人殺也者此對上文賓長爲加爵及主人此不及主人是殺也又云此亦異於賓者案上少牢無利獻賓三獻尸卽止此篇首儐尸之禮佐食又不與故無佐食獻故云異也

主人出立于阼階上西面祝出立于西階上東面祝告于主人曰利成祝入主人降立于阼階東西面尸謖祝。前尸從遂出于廟門祝反復位于室中祝命佐食徹尸俎佐食乃出尸俎于廟門外有司受歸之徹阼薦俎自主人出至此與賓雜者也先養徹主人薦俎者變于士特牲饋食禮曰徹阼俎豆籩設于東序下

疏釋曰云自主人出至此與賓雜者也者謂有同者不同故上少牢直云祝告曰利成此云祝告于主人曰利成上少牢云祝入尸謖主人降立于阼階東西面此云祝入主人降立于阼階東西面尸謖彼云祝先此云祝前彼云祝命佐食徹肵俎降

設于堂下此云祝反復位于室中祝命佐食徹尸俎佐食乃出尸俎于廟門外有司受歸之故云雜云先養徹主人薦俎者變於士者特牲既餕祝命佐食徹阼。俎此餕前徹阼薦俎故云變於士引特牲者證徹阼薦俎所置之處也乃養如儐。謂上篇自司宮設對席至上餕與出也古文養作餕卒養有司官徹饋饌于室中西北隅南面如饋之設右几厞用席官徹饋者司馬司士舉俎宰夫取敦及豆此於尸謖改饌當室之白孝子不知神之所在庶其饗之於此所以為厭飫不令婦人改徹饌敦豆變於始也尙使官也佐食不舉羊豕俎親餕尊也厞隱也古文右作侑厞作茀疏卒養至用席○注官徹至作茀○釋曰自此下盡篇末論餕訖改饌於西北隅為陽厭之事云官徹饋者司馬司士舉俎者經云官徹則司馬主羊司士主豕明還遣此二人舉俎可知卽上經云司馬封羊司士擊豕是。之云宰夫取敦及豆者以其宰夫多主主婦之事此敦及豆本主婦設之今云官徹明非婦人知是宰夫為之也是以上文云宰夫羞房中之羞又上主婦獻祝宰夫薦鄭注云內子不薦籩祝賤使官可也以此言之則宰夫代主婦設籩豆及敦可知云當。室之白孝子不知神之所在庶其饗之於此所以為厞飫者此言雜取曾子問郊特牲祭義之文案曾子問說陽厭之事云當。室之白尊于東房鄭云得戶明者也郊特牲云索祭祝于祊不知神之所在於彼乎於此乎尙曰求諸遠者與祭義云勿勿乎其欲饗之是鄭所取陽厭及祊祭求神之事云不令婦人改饌敦豆變於始也尙使官也者此決少牢初設饌主婦薦兩豆宗婦一人贊兩豆主婦設一敦宗婦贊三敦是其始時婦人設之今使宰夫徹豆敦者尙使官故也納一尊于室中陽厭殺無玄酒司宮埽祭埽豆間之祭舊說云埋之西階東疏注埽豆至階東○釋曰引舊說者案曾子問凡幣帛皮圭為。主命埋之階間此豆間之祭案舊說埋之西階東以神位在西故近西階是以鄭亦依用也主人出立于阼階上西面祝執其俎以出立于西階上東面司宮闔牖戶閉牖與戶為鬼神或者欲

幽闇祝告利成乃執俎以出于廟門外有司受歸之衆賓出。主人拜送于廟門外

乃反拜送賓者亦拜送其長不言長賓者下大夫無尊賓也疏注拜送至賓也○釋曰此決賓尸時尸出侑從主人送於廟門之外拜尸不顧拜侑於長賓亦如之衆賓從鄭注云從者不拜送也言從者不拜送則此云拜送者拜。送長可知不言長者下大夫賤無尊賓故不別其長也婦人乃徹徹祝之薦及房中薦俎不使有司者下上大夫之禮疏注徹祝至之禮○釋曰云不使有司者下上大夫之禮。者決上大夫祭畢將儐尸有司徹賓尸禮終亦有司徹今婦人徹故云下上大夫之禮也徹室中之饌有司饌之婦人徹之外內相兼禮殺疏注有司至禮殺○釋曰云有司饌之婦人徹之外內相兼禮殺者此徹室中之饌者於上經有司徹饋饌於室中西北隅者今使婦人徹之故云外內相兼外者謂有司官改饌西北隅內者謂今婦人元缺一字徹饋故云相兼也

儀禮卷第十七經四千七百九十注三千四百五十六○經共五萬六千一百十五注共七萬九千八百一十

儀禮疏卷第五

十計肆拾柒萬伍阡捌伯肆拾捌字○推忠協謀翊戴佐理功臣特進守司空兼門下侍郎同中書門下平章事昭文館大學士上柱國東平郡國公食邑

五千七百戶臣呂蒙正○推忠協謀佐理功臣光祿大夫尚書右僕射兼門下侍郎同中書門下平章事監脩國史上柱國隴西郡開國公食邑三千八百戶

臣李沆○朝散大夫守尚書刑部侍郎參知政事柱國瑯琊郡開國侯食邑一千戶食實封四伯戶賜紫金魚袋臣王旦○朝散大夫給事中參知政事柱國

大原縣開國伯食邑八百戶食實封貳伯戶賜紫金魚袋臣王欽若○大宋景德元年六月元空二字日○翰林侍講學士大中大夫守尚書工部侍郎兼國子監祭酒權同句當官院事柱國河閒郡開國侯食邑一千戶食實封四伯戶賜紫金魚袋臣邢昺都校○朝奉郎守國子博士騎都尉臣李慕清再校○南宮元缺二字朝請郎中守大理寺丞臣元缺二字文再校○朝請大夫尚書虞部郎中崇文院檢討元缺三字護軍臣杜鎬校定○朝散大夫行尚書職方員外郎祕閣校理上柱國臣舒雅校定○承奉郎守尚書屯田員外郎直集賢院騎都尉臣李維校定○諸王府侍講承奉郎守尚書屯田員外兼國子監直講賜金魚袋臣孫奭校定○通直郎守太子洗馬國子監直講騎都尉杭州監彫印版臣王煥校定○宣德郎守大理寺丞國子監直講賜緋魚袋臣崔偓佺校定

儀禮注疏卷五十校勘記　阮元撰盧宣旬摘錄

主人降

衆賓一拜　一集釋作壹按經文雖作壹注自從省作一不必與經同也諸本俱作一集釋恐係臆改

古文壹爲一　徐本集釋同毛本古作今按全部注內壹爲一並云古文

亦不純臣　要義同毛本亦作卽

故下經云獻私人于阼階上注云私人家臣已所自謁云獻私人于阼階上注云私人家臣已所自謁除也　自云獻至自謁十八字此本要義俱誤複當從毛本

主人洗爵

司正升相旅　毛本通解旅作依

下文賓執祭以降　陳本通解同毛本賓作實

賓坐左執爵右取肺　肺集釋楊敖俱作脯張氏曰注云祭脯肺疏曰按經云取脯取肺祭之明祭是脯肺今諸本右取脯作肺從注疏石經考文提要云監本作取肺沿唐石經之誤　○卒爵執以興　執下唐石經有爵字敖氏曰執以興似脫一爵字○按敖氏蓋未見唐石經

宰夫執薦以從　唐石經徐本集釋楊敖同毛本通解薦作爵

衆賓長升

是奠爵故以長幼次第受獻也　通解毛本無奠爵故三字

宰夫贊主人酌

辯皆爲徧　徐本集釋通解同毛本爲作作

辯受爵

用儀者尊體盡　徐本楊敖同集釋通解毛本無用字按疏亦無

今文儀皆作⿰月義　毛本作⿰月義作爲曦徐本釋文集釋敖氏俱作作⿰月義通解作爲⿰月義按五經文字九經字樣俱無⿰月義字○按葉抄釋文作⿰月義集韻⿰月義魚羈切度牲體骨也曦字非也

若然不儐尸者　下句亦用切肺者五字毛本無

乃升長賓

主人酌自酢　此句上集釋敖氏俱有言升長賓則有贊者爲之十字按各本俱無未知二家復何所据下旅酬章主人復筵節注云言升長賓則有贊呼之敖氏引注往往彼此移易此或敖氏所增校集釋者轉据敖氏補入非李氏之舊矣敖氏增此删彼李則於後重出因襲之迹顯然

宰夫洗觶以升主人受酌降　酌要義作爵

奠于篚古文酌爲爵　下五字毛本脫徐本集釋通解俱有與此本標目合

今宰夫既授觶訖　陳本要義同通解毛本授作受

故知非賓虛觶　通解要義同毛本非作升

以爲無筭爵也　毛本脫以字

主人洗升

士卑　陳監通解要義同毛本士作十閩本誤作上

長兄弟爲貴　貴要義作賓誤

辯受爵

設薦脀於其東　通解毛本其作洗

而在西階西南者　而陳閩俱作面

上獻賓長及衆賓　陳本通解要義同毛本衆作求○按衆是也

其先生之脀　唐石經徐本集釋通解要義楊敖同毛本無其字

故知先生非老人教學者　非字通解要義俱在先生上

知折是豕左肩之折者通解要義同毛本無知字○按知字當有

以上初亨牲體陳監要義同通解毛本亨作享

坐祭立飲

東面南上毛本面誤作西

主人降洗升獻私人于阼階上阼石經補缺誤作降

云兄弟位定者通解毛本兄弟作凡獻

俱言繼凡獻者通解毛本凡獻作兄弟

是衆賓後也通解同毛本無後字○按後字當有

尸作三獻之爵

注上賓至自舉毛本作注上賓所獻爵至可以自舉陳閩監本俱作注上賓至自舉按此因監本司士縮奠俎節有衍文十四字毛本刪去乃於各節標目增多字數以就之自此至乃羞庶羞於賓凡增字者七節陳閩監本俱依常例

論舉三獻之爵要義同毛本三作主

羿致爵之事毛本羿誤作升致陳閩俱作取

司士縮奠俎于羊俎南〇侑拜受三獻北面荅拜此下陳閩監葛通解俱誤複受爵酌獻侑侑拜受三獻北面荅拜十四字石經考文提要云崇正重補監本已刪此十四字〇按康熙重脩監本仍有

司士羞一湆魚〇受三獻爵酌以酢之唐石經徐本集釋楊敖同通解毛本無爵字石經考文提要云正德舊監本尙有爵字案酢唐石經作醋

今尸見致爵於主人訖通解毛本尸作乃

是遂達賓之意賓陳閩通解俱作之

二人洗觶

乃爲殷勤於尸侑也乃要義作爵

故特牲等使一人舉觶要義同通解毛本一作二

與賓長所舉薦右之觶要義同通解毛本右作君

尸遂執觶以與

是各各於其階通解要義同毛本不重各字

主人拜受爵唐石經無爵字

卒飲者

未受酬者 未集釋敖氏俱作末與單疏疏文合

此私人末受酬者 要義同通解毛本末作未

後雖無人可旅 後通解要義俱作後是也毛本作彼

乃羞庶羞于賓兄弟

其始主婦舉酬於內賓 徐本通解要義同毛本集釋楊氏酬俱作觶

羞庶羞於賓 通解要義同毛本庶下無羞字

兄弟之後生者舉觶于其長 觶張氏從古文作爵按注既云古文觶爲爵則鄭本自從今文作觶張氏識誤務存鄭舊而此條顯與鄭背殊不可解今削其說而存其異字以備參考

後生年少也 生下楊氏有者字

古文觶皆爲爵 爲要義作作

延熹中 熹徐本釋文集釋要義俱作熹通解毛本作景盧文弨云延熹漢桓帝年號然此實熹平之誤○今按延熹校書熹平刊石似屬兩事

洗升酌

主人常左人陳本通解要義同毛本左人作在左

坐祭遂飲卒爵○爵止止徐本作上誤

此言止明亦奠薦左左陳閩通解俱作右

賓長獻于尸

賓長者賓之長次上賓者非卽上賓也此本徐本楊氏俱無此十五字集釋通解毛本俱有按疏內述注有之李氏蓋據疏補入唯非卽上賓句乃賈氏語非注也通解引疏刪非卽上賓者五字蓋亦知爲賈氏語故可刪

上賓獻尸時亦止爵要義同毛本止作於陳本通解俱誤作並

賓一人舉爵于尸如初此下陳閩俱有無字葛本有無湆二字皆誤

是言亦遂之于下徐本集釋楊氏同通解毛本是作故下下有也字

上言無湆爵不止毛本楊氏同上言二字徐本倒與疏不合通解誤作止言

有司徹

宗婦徹祝豆籩入于房通解要義同毛本豆籩二字倒○按特牲作豆籩

改饌饌于西北隅通解要義同毛本于下有室中二字

若不賓尸 賓唐石經作儐石經考文提要云此以下注疏中儐賓雜出然經文儐凡十三見皆作儐不應此獨作賓

不綏祭 陸氏曰綏本亦作隋同

厭厭飫神也 陳本通解要義同毛本上厭字作獻○按曾子問注作厭不作獻

乃盛俎

此匕體羊豕 匕閩監葛本俱誤作士疏同

更無所用 通解毛本更上有賓尸之禮四字此本與楊氏無

魚七

得申朕意 監本同毛本朕作俟

乃討之 通解同毛本討作紂

腊辯無髀

士虞禮祝以下 毛本以作與

不云無髀 通解同毛本髀作脾陳閩作骼

卒盛乃舉牢肩

卒已 徐本集釋通解同毛本楊氏卒已作舉七

乃摭于魚腊俎

古文摭爲摕 古徐本集釋通解俱作古毛本作今摕徐本作摕毛本作楪葛本集釋俱作揲按宋本釋文亦作摕今本作揲五經文字手部有摕字云之石反見禮經

祝主人之魚腊

主婦用臑 毛本婦誤作人

尸不飯告飽

凡十一飯 一陳閩監葛俱誤作三

士九飯 徐陳集釋通解楊氏同毛本飯作飲

佐食受牢舉如儐 儐石經補缺作賓

主人洗酌酳尸 酳石經補缺閩監葛本俱誤作酪

挼讀爲藏其墮之墮 墮徐本楊氏並作隋與述注合陳本釋文集釋並作隋通解上作隨下作隋毛本作惰按當以釋文爲正

古文爲挼 徐陳集釋通解同毛本挼作捼

云讀爲藏其墮之墮者墮毛本並作惰陳本通解並作隋要義並作隋按唐人書隋字多從心後遂誤爲惰

既祭則藏其隋陳本通解要義同毛本隋作惰

義取墮減之事也墮減毛本作惰藏要義作隋減陳本通解俱作隋藏

其獻祝與二佐食

論主婦亞獻尸及祝及要義作并

主婦反取籩于房中

反主人之北拜送爵位送陳閩監葛通解俱作還

尸左執爵

至受加于肵徐本同集釋通解毛本至下有祝字

至此與儐同者毛本無同字

儐尸異通解毛本儐上有與字此句下無所得相決四字

祝易爵洗酌授尸授唐石經徐本集釋通解楊敖俱作授鍾本毛本作受

今文酢曰酌徐陳通解同酢曰酌集釋作醋曰酌閩監葛本俱作酌曰酌按曰酌二字諸本俱與疏標目合毛本作醋曰酢

宰夫薦棗糗

引春秋趙姬請逆叔隗以爲內子　通解要義同毛本逆作送

於祝不薦籩　不陳閩俱作至

主人受爵酌獻二佐食　人陳閩葛本集釋通解楊敖俱作婦石經考文提要云監本沿唐石經之誤此節乃主婦亞獻其獻二佐食與少牢饋食主婦獻二佐食同非主人也

賓長洗爵獻于尸○賓戶西北面荅拜　毛本戶作尸唐石經徐陳集釋通解要義楊敖俱作戶疏同

主婦洗于房中

上大夫受致不酢下大夫受致又酢　陳閩俱脫不酢下大夫受致七字

祀先王胙席亦如之　胙此本通解俱作昨要義毛本作胙今從要義

鄭注云　通解毛本云下有胙讀如酢四字此本要義無

主婦薦韭菹醢

以其牢與腊臂而七　徐本集釋通解楊氏同毛本臂作脅

以其上腊撫五枚　毛本枚作牧浦鏜云枚誤牧

主婦荅拜受爵

尸以醋主婦通解同毛本醋作酢

酌致爵於主婦

在主婦位南面西上可知通解同毛本在作則

婦贊者薦韭菹醢

宗婦之弟婦也今文曰婦也贊者執棗糗授婦贊者不與受下十七字毛本脫徐本集釋俱有通解無今文曰婦也五字棗誤作景餘與徐本同

佐食設俎于豆東○祭肺一唐石經無祭字敖氏曰此肺嚌羊肺也曰祭者誤衍爾○按此亦敖氏未見唐石經之證

證略而不言骨名毛本證作鄭○按證是也

主婦升筵坐

變於大夫周學健云一本作丈夫此謂主婦故對丈夫而言丈夫則兼尸賓非專指大夫也

易爵于篚

自賓及二佐食至此徐本楊氏同集釋毛本賓下有獻字通解有獻無自

賓長獻于尸

以其上賓長上已獻尸訖要義通解同毛本楊氏無下上字

賓兄弟交錯其酬錯陳閩監葛俱誤作醋

似上大夫無旅酬上通解要義俱作下

案特牲尸在室內通解要義同毛本尸作只○按尸不誤

士賤不嫌與君同士陳閩俱誤作事

主人出立于阼階上○尸謖祝前祝徐本作祀誤

祝命佐食徹阼俎通解同毛本俎下有者字

乃養如儐

至上餕興出也徐本集釋敖氏同通解楊氏毛本上俱作止

卒養

司士擊豕是之之要義作也

云當室之白毛本室誤作設

司宮埽祭

凡幣帛皮圭爲主命 毛本圭作王浦鏜云圭誤王

祝告利成○衆賓出 毛本出誤作及

拜侑於長賓 陳閩同毛本於誤作與

拜送長可知 通解楊氏毛本送下有其字

婦人乃徹

下上大夫之禮者 毛本者作有

儀禮注疏卷五十校勘記